Miguel de Cervantes Saavedra, geboren am 29. September 1547 in Alcalá de Henares, ist am 23. April 1616 in Madrid gestorben.

»... ich glaube – wie es denn auch wirklich ist – der erste zu sein, der in kastilianischer Sprache Novellen geschrieben hat. Denn die vielen, die in dieser Sprache gedruckt wurden, sind insgesamt aus fremden Sprachen übersetzt; diese Novellen aber gehören mir und sind weder nachgeahmt noch gestohlen: mein Kopf hat sie erzeugt, meine Feder hat sie zur Welt gebracht, und unter den Händen der Druckerei sollen sie nun groß werden,« sagt der Autor des »Don Quixote«, als 1613 seine »novelas ejemplares« erscheinen. »Ich habe sie exemplarische Erzählungen genannt, und wenn du sie recht betrachtest, findet sich wirklich keine darunter, aus der sich nicht irgendein nützliches Beispiel entnehmen ließe«, fährt Cervantes fort, und so sind denn seine Novellen realistische Sittenbilder, reich an farbigen Milieuschilderungen, die durch lebendige Sprache und die Vielfalt an Personen und Handlungen bestechen.

Die Weltklugheit und Menschenkenntnis des Cervantes entzücken den Leser heute wie je.

insel taschenbuch 1007

Miguel de Cervantes

Die Novellen

Miguel de Cervantes

Die Novellen

Übersetzt von Konrad Thorer

Insel Verlag

insel taschenbuch 1007
Erste Auflage 1987

Hinweise zu dieser Ausgabe am Schluß des Bandes
Vertrieb durch den Suhrkamp Taschenbuch Verlag
Umschlag nach Entwürfen von Willy Fleckhaus
Satz: Fotosatz Otto Gutfreund, Darmstadt
Druck: Nomos Verlagsgesellschaft, Baden-Baden
Printed in Germany

1 2 3 4 5 6 - 92 91 90 89 88 87

Inhalt

Vorrede an den Leser

Gern möchte ich mich, wenn es möglich wäre, liebenswürdiger Leser, einer Vorrede gänzlich enthalten; denn mit der Vorrede, die ich meinem Don Quijote vorausgeschickt habe, ging es mir nicht so gut, als daß ich große Lust verspürte, mit dieser die Probe noch einmal zu machen. Die Schuld daran trägt einer der vielen Freunde, die ich mir im Verlauf meines Lebens mehr durch meinen Charakter als durch Geistesvorzüge erworben habe. Er hätte mich nämlich gar wohl, wie es Brauch und Sitte ist, auf dem ersten Blatte dieses Buches in Kupfer stechen lassen können. Der berühmte Don Juan de Jauregui hätte ihm mein Bild geliefert, und damit wäre dann sowohl mein eigner Ehrgeiz wie die Neugier der Leute befriedigt worden, die gern die Züge und Gestalt des Menschen kennen lernen, der sich herausnimmt, mit so vielen Fabeln vor die Welt und unter die Augen der Menschen zu treten. Hätte man doch unter das Bild nur zu schreiben brauchen: »Der, den ihr hier seht, mit dem Adlergesicht, dem lichtbraunen Haar, der glatten, freien Stirn, den muntern Augen, der gebogenen, übrigens wohlproportionierten Nase, dem silbernen Kinnbart, der vor noch nicht zwanzig Jahren von Golde war, dem großen Knebelbart, dem kleinen Mund, den unansehnlichen Zähnen (denn er zählt ihrer nur noch ein halbes Dutzend, die obendrein in argem Zustand sind und in noch ärgerer Stellung stehn, da sie einander nicht einmal entsprechen), – der Mann von mittlerer Statur, weder groß noch klein, von lebhafter, eher weißer als brauner Farbe, etwas gebeugt in den Schultern und nicht sonderlich rasch auf den Füßen: dieser, sage ich, ist der Verfasser der ›Galatea‹ und des ›Don Quijote de la Mancha‹, der auch nach dem Vorbild des Cäsar Caporali von Perugia ›Die Reise auf den Parnaß‹ sowie noch andre

Werke geschrieben hat, die hier und da, vielleicht ohne den Namen ihres Herrn, in der Irre gehn. Er nennt sich in der Regel Miguel de Cervantes Saavedra, war viele Jahre lang Soldat und fünf und ein halbes Gefangener, was ihn Geduld im Unglück lehrte. In der Seeschlacht bei Lepanto verlor er die linke Hand durch einen Musketenschuß: eine Verstümmelung, die er trotz ihrer scheinbaren Häßlichkeit für etwas Schönes hält, weil er sie bei der denkwürdigsten und erhabensten Gelegenheit davontrug, die die Vergangenheit sah und die Zukunft zu sehen hoffen darf: als er nämlich unter den siegreichen Fahnen eines Sohnes jener Kriegsfackel, Karls V., gepriesenen Andenkens, Dienste tat.« Wäre dann dem Freund, über den ich mich beklage, nichts weiter eingefallen, so hätte ich mich noch selbst mit zwei Dutzend Ehrenzeugnissen erhoben und sie ihm heimlich zugeraunt, um meinem Namen einige Bedeutung und meinem Geist ein wenig Ansehen zu verschaffen; denn die Annahme, solche Lobeserhebungen sagten aufs Haar die Wahrheit, ist unzutreffend, da weder Lob noch Tadel je genau und zuverlässig sind. Kurz jedoch: da jene Gelegenheit vorüber ist und ich ohne Bild und Unterschrift geblieben bin, so sehe ich mich genötigt, mich des eignen Schnabels zu bedienen, der, wenn er auch etwas stottert, doch die Wahrheit unverkümmert herausbringt, und die versteht man ja selbst dann, wenn sie sich nur durch Zeichen kundgibt. So sage ich dir denn, geliebter Leser, daß du aus den Erzählungen, die ich dir hier biete, auf keine Weise ein Frikassee machen kannst, da sie weder Fuß, noch Kopf, noch Eingeweide, noch sonst dergleichen haben; das heißt die verliebten Redensarten, die du in einigen finden wirst, sind so züchtig und durch Vernunft und Christentum so gemäßigt, daß sie weder den leichtfertigen noch den besonnenen Leser auf üble Gedanken werden bringen können. Ich habe sie exemplarische Erzählungen genannt, und wenn du sie recht betrachtest, findet sich wirklich keine darunter, aus der sich nicht irgendein nützliches Beispiel entnehmen ließe, auch würde ich dir gern, wenn es mich nicht zu weit führte, die schmackhaften und reinen Früchte nachweisen, die du aus ihrer Gesamtheit wie aus jeder einzelnen gewinnen könntest. Meine Absicht war, mitten in unserm Vaterland einen Spieltisch aufzustellen, an den zum Zeitvertreib ein jeder treten könnte, ohne durch den Einsatz Schaden zu erleiden (ich meine den Schaden an Seele oder Leib), da eine ehrbare und angenehme Unterhaltung eher Vorteil als Nachteil bringt. Wie man nicht immer in der Kirche ist, wie sich die Betzimmer bisweilen leeren und man nicht immer seinen Geschäften nachgeht, seien sie noch so wichtig: so gibt es Erholungsstunden, in denen der ermüdete Geist sich ausruht. Zu diesem Zwecke pflanzt man Pappelgänge, sucht Quellen auf, ebnet Hügel und legt mit Sorgfalt Gärten an. Auch möchte ich noch etwas sagen: überzeugte ich mich auf irgendeine Art, daß die Lektüre dieser Novellen ihren Leser zu einem bösen Wunsch oder Gedanken verleiten könnte, so wollte ich mir lieber die Hand abschlagen, mit der ich sie schrieb, als sie der Öffentlichkeit übergeben; ich bin nicht mehr in dem Alter, um mit dem andern Leben Spaß treiben zu können, denn ich stehe im vierundsechzigsten Jahre und lebe von meiner Hände Arbeit. Darauf verweist mich mein Geist, dahin treibt mich meine Neigung, und zwar um so mehr, als ich glaube (wie es denn auch wirklich ist) der erste zu sein, der in kastilianischer Sprache Novellen geschrieben hat. Denn die vielen, die in dieser Sprache gedruckt wurden, sind insgesamt aus fremden Sprachen übersetzt; diese Novellen aber gehören mir und sind weder nachgeahmt noch gestohlen: Mein Kopf hat sie erzeugt, meine Feder hat sie zur Welt gebracht, und unter den Händen der Druckerei sollen sie nun groß werden. Für die Zukunft verspreche ich dir, wenn ich am Leben bleibe, die »Leiden des Persiles«, ein Buch, das sich erkühnt, mit Heliodor in die Schranken zu treten, wenn es nicht gleich für diese Keckheit auf die Nase fällt. Vorher aber, und zwar in kurzem, wirst du noch eine Fortsetzung der Taten des Don Quijote und der anmutigen Reden Sancho Pansas erhalten, und zuletzt die »Gartenwochen«. Ich verspreche viel bei so schwachen Kräften, wie meine es sind; aber wer kann seinen Wünschen Zügel anlegen? Endlich möchte ich dir noch zu bedenken geben, daß diese Novellen, da ich mir die Freiheit nahm, sie dem erlauchten Grafen von Lemos zuzueignen, ein Geheimnis enthalten müssen, das sie wichtig macht. Und jetzt nichts weiter, als daß Gott dich behüten und mir Geduld geben möge, alles Schlimme zu ertragen, was ein Dutzend Witzbolde und Pedanten über mich sagen werden. Damit Gott befohlen!

Geschichte des Zigeunermädchens

Es scheint, daß die Zigeuner und Zigeunerinnen nur auf die Welt kommen, um Spitzbuben zu werden. Sie stammen von Eltern, die Spitzbuben sind, werden mit Spitzbuben erzogen, studieren das Spitzbubenhandwerk und werden endlich Spitzbuben, die auf alle Fälle gemacht und bedacht sind; die Lust am Stehlen und das Stehlen selbst sind gleichsam unabtrennbare Teile ihres Wesens, das sie erst mit dem Tode verlieren. Eine nun von diesem Volk, eine alte Zigeunerin, die in der Kunst des Cacus[1] bereits ihr Jubiläum gefeiert haben mochte, erzog als ihre Enkelin ein junges Mädchen, dem sie den Namen Preciosa gab und das sie in all ihren Zigeunerstreichen, Gaunereien und Diebeskünsten unterrichtete. Preciosa wurde die vortrefflichste Tänzerin im ganzen Zigeunervolk und das schönste und verständigste Kind, das man nicht nur unter Zigeunern, sondern unter allen Schönen und Klugen finden konnte, deren Ruhm je erschollen ist. Weder Sonne noch Luft, noch auch alle Unbilden der Witterung, denen die Zigeuner mehr ausgesetzt sind als andre Leute, vermochten ihrer Schönheit Abbruch zu tun oder ihre Hände zu bräunen. Ja, was noch mehr ist, die rauhe Erziehung, die sie erhielt, konnte nicht verdecken, daß sie von gesitteteren Eltern abstammte, als es Zigeuner sind; denn sie war äußerst gewandt und sehr verständig. Bei all dem war sie frei, ohne die Grenzen der Sittsamkeit zu überschreiten; sie war vielmehr bei allem Witze so züchtig, daß in ihrer Gegenwart keine Zigeunerin, mochte sie alt oder jung sein, ein unanständiges Lied zu singen oder üble Worte zu sprechen wagte. Kurz, die Großmutter erkannte, welchen Schatz sie in der Enkelin besaß, und so beschloß

1 Cacus: von Herkules erschlagener Riese und Räuber.

denn die alte Dohle, ihr junges Dohlchen ausfliegen zu lassen und es zu lehren, sich den Unterhalt mit den eignen Fängen zu gewinnen. Preciosa zog aus, reich versehen mit Festgesängen, Volksliedern, Seguidillas, Sarabanden und andern Versen, besonders Romanzen, die sie mit eigentümlicher Anmut vortrug; denn die schlaue Alte erkannte, daß bei der Jugend und Schönheit ihrer Enkelin dergleichen Schwänke und Spiele ein sehr glückliches Reiz- und Lockmittel abgeben müßten, das ihr Vermögen vermehren würde. So hatte sie denn auf allen möglichen Wegen nach solchen Dingen gesucht, und es fehlte nicht an Dichtern, die sie damit versahen; denn es gibt ebensogut Poeten, die sich mit den Zigeunern verstehen und Werke an sie verkaufen, wie es andre für die Blinden gibt, denen sie Wundergeschichten erfinden, um den Gewinn mit ihnen zu teilen. In der Welt kommt alles vor, und der Hunger treibt manche Köpfe, Dinge zu tun, die ihnen nicht an der Wiege gesungen worden sind.

Preciosa war in verschiedenen Gegenden Kastiliens aufgewachsen; in ihrem fünfzehnten Jahre aber führte ihre angebliche Großmutter sie in die Residenz, und zwar auf ihren alten Lagerplatz, die Felder der heiligen Barbara, wo sich die Zigeuner gewöhnlich aufhalten. Sie hoffte, in der Hauptstadt, wo alles gekauft und alles verkauft wird, werde auch sie ihre Ware losschlagen können. An dem Tage, als Preciosa ihren ersten Einzug in Madrid hielt, war das Fest der heiligen Anna, der Patronin und Schutzherrin der Stadt. Acht Zigeunerinnen, vier ältere und vier junge, führten unter der Leitung eines Zigeuners, eines vorzüglichen Tänzers, einen Tanz auf, und wenn sie auch alle sauber und geputzt erschienen, so trat doch Preciosas Zierlichkeit so sehr hervor, daß sie allmählich die Blicke aller Zuschauer auf sich zog. Durch den Klang der Schellentrommel und Kastagnetten, durch die Wirbel des Tanzes scholl der Ruf, der die Schönheit und Anmut des Zigeunermädchens pries. Jünglinge und Männer strömten herbei, um sie zu sehn; als man sie aber gar singen hörte (denn der Tanz war mit Gesang verbunden), wurde der Lärm so groß, daß das Lob der Zigeunerin von allen Seiten widerhallte und die Vorsteher des Festes ihr einstimmig den Preis für den besten Tanz zuerkannten. Nachher führten die Zigeuner in der Kirche der heiligen Maria, vor dem Bildnis der glorreichen Anna, den Reigen noch einmal auf, und nachdem er beendigt war, ergriff Preciosa ein Tamburin, zu dessen Klang sie sich aufs leichteste und zierlichste im Kreis bewegte, und sang folgende Romanze:

Köstlichster von allen Bäumen,
  Der so lang nicht Frucht getragen,
Jahre, die wie einer Trauer
  Hülle düster auf ihm lagen.

Und auf reine Herzenswünsche
  Eines liebevollen Gatten,
Überwölkend seine Hoffnung,
  Schatten trüb geworfen hatten.

So daß aus der langen Säumnis
  Kummer ward, der bitter nagte,
Und der aus dem heilgen Tempel
  Den gerechten Mann verjagte.

Heilig unfruchtbarer Boden,
  Dem im Anfang doch entsprossen
Jene überreiche Fülle,
  Die die ganze Welt genossen.

Haus der königlichen Münzstatt
  Wo der Stempel ward geschlagen,
Der dem Gott die Form gegeben,
  Die als Mensch er hat getragen.

Mutter du von einer Tochter,
  In der wollt und konnt entfalten
Alle Tugenden der Höchste,
  Die sonst Menschen nie erhalten.

Durch dich selbst und durch die Tochter
  Bist die Zuflucht du, o Anne,
Welcher wir zur Rettung nahen
  Hier in unsres Elends Banne.

In gewisser Art auch darfst du,
  Keinen Zweifel laß ich walten,
Über deinem heilgen Enkel
  Als gerechte Herrin schalten.

Mitzuthronen, gleich dir Hohen,
  In der höchsten Himmelsfeste,
Hielten wohl viel tausend Eltern
  Für der Glückesgaben beste.

Welche Tochter! Welch ein Enkel!
  Welcher Eidam! Hier ist wieder,
Ist gerechterweise Anlaß
  Für Triumph- und Siegeslieder.

Aber du in deiner Demut
  Bist ihr still voraufgeschritten:
Drauf hat demutsvoll dir deine
  Heilge Tochter nachgelitten.

Und jetzt neben ihrer Seite
  Vor den Höchsten zugelassen,
Schmeckest du die hohen Wonnen,
  Die wir ahnend kaum erfassen.

Preciosas Gesang erregte bei allen Zuhörern Bewunderung. Die einen sagten: »Gott segne dich, Kind.« Andre: »Wie schade, daß das Mädchen eine Zigeunerin ist; wahrlich und wahrhaftig, sie verdiente, die Tochter eines großen Herrn zu sein!« Und wieder andre, die derber waren, sprachen: »Laßt das Dirnchen nur heranwachsen, sie wird schon ihre Streiche machen; bei Gott, sie wird ein hübsches Schleppnetz zum Fischen der Herzen.« Wieder ein andrer, artiger, aber plump und ungeschickt in seinen Ausdrücken, rief, als er sie so flink im Tanz dahinschweben sah: »Auf, Töchterchen, auf! Und die Füße gerührt, mein Liebchen, damit es staubt.« »Und ich Euch den Staub wieder ausklopfe«, erwiderte sie, ohne den Tanz zu unterbrechen.

Als die Vesper und das Fest der heiligen Anna vorüber war, fühlte Preciosa sich ein wenig erschöpft, aber um ihrer Schönheit, ihres Witzes und Verstandes und ihrer Tanzkunst willen war sie auch schon so berühmt, daß man in der ganzen Residenz auf allen Straßen von ihr sprach. Vierzehn Tage nachher kam sie abermals nach Madrid, und zwar in Begleitung von drei andern Mädchen, mit Schellentrommeln und einem neuen Tanze. Alle waren sie ausgerüstet mit Romanzen und munteren, aber sittsamen Liedchen; denn Preciosa gab nie zu, daß ihre Gefährtinnen unschickliche Lieder sangen, so wenig sie selbst jemals mit dergleichen vortrat. Viele merkten das denn auch und hielten sie deshalb besonders hoch. Nie trennte sich die alte Zigeunerin, die sie wie ein Argus bewachte, von ihr; denn sie war immer in Angst, man könnte ihr das Mädchen entführen. Sie nannte sie ihre Enkelin, und Preciosa hielt sie für ihre Großmutter. Um den Zuschauern ein Vergnügen zu machen, stellten sie sich in der schattigen Toledostraße zum Reigen auf, und bald sammelte sich das ihnen nachziehende Volk zu einem großen Kreise. Während des Tanzes bat die Alte die Umstehenden um einen Beitrag, und die Achtel- und die Viertelrealen regneten wie Hagelschauer auf sie ein; denn die

Schönheit hat die Kraft, die schlafende Freigiebigkeit zu wecken. – Als der Tanz zu Ende war, sprach Preciosa: »Wenn mir jeder vier Viertelrealen gibt, so will ich euch allein eine gar schöne Romanze singen über den ersten Kirchgang, den unsre Königin Doña Margarita nach ihrem Wochenbett in Valladolid gehalten hat, und zwar zur Sankt-Lorenz-Kirche; und ich sage euch, es ist ein Meisterstück, von einem Kapitalpoeten, der seinen Mann zu stellen vermag.«

Kaum hatte sie dies ausgesprochen, als alle Umstehenden mit lauter Stimme riefen: »Singe, Preciosa, da sind meine vier Quartos.« Und von neuem hagelten die Geldstücke auf sie ein, so daß die Alte kaum Hände genug hatte, um sie zu sammeln. Als die Ernte geborgen war, griff Preciosa nach ihrem Tamburin und sang zu dem rauschenden Geklingel folgende Romanze:

Ersten Kirchgang nach den Wochen
Hielt der Fürstinnen Europens
Größte, die nach Wert und Namen
Strahlet über jedem Lobe.

Wie die Augen sie emporschlug,
Hat die Herzen sie erhoben
Aller, die bewundernd schauten
Ihre Andacht, ihre Hoheit.

Und zu zeigen, daß der Himmel
Raum hat auf der Erde Boden,
Wandelt hier die Sonne Östreichs,
Dort die schmelzende Aurora.

Hinter ihr kam nachgezogen
Hell der lichte Stern des Morgens,
Der so plötzlich aufgegangen,
Daß von Tau die Himmel flossen.

Und wenn Sterne hat der Himmel,
Die umstrahlte Wagen formen,
Schönre Sterne ihrem Himmel
Hier auf irdschen Wagen folgten.

Hier der alternde Saturnus
Glättet und verjüngt den Bart sich
Und geht schnell, der sonst so langsam,
Denn von Gicht heilt ihn die Wonne.

Und der Gott der leichten Rede
Spricht in süßen Schmeichelworten;
Und in bunten Chiffern Amor,
Die Rubin und Perl' umbortet.

Dort geht Mars, der Muterfüllte,
Wunderbar herausgeputzt,
Wie ein kecker Jüngling, der sich
An dem eignen Schatten stößt.

Hart am Haus der Sonne schreitet
Jupiter; denn was erobert
Nicht das innige Vertrauen,
Das durch Klugheit wird gewonnen?

Luna folgt ihm, auf den Wangen
Mancher Menschengöttin thronend;
Venus, in den Zügen jener,
Welche diesen Himmel bilden.

Kleine, holde Ganymede
Schwärmen, drängen, gehen, kommen
Um den goldumstrahlten Gürtel
Dieses hehren Himmelsbogens.

Und damit sich alles wundre,
Alle ihr Erstaunen zollen,
Steigt die strahlende Verschwendung
Nun hinan zum Wundervollen.

Mailands reiche Prachtgewebe
Liegen hier der Menge offen,
Indiens helle Diamanten
Und Arabiens Arome.

Denen, welche bösen Sinnes,
Muß der Neid im Herzen toben,
Aber Jubel füllt den Busen
Jedes echten span'schen Sohnes.

Fliehend aus der Trauer Banden
Zieht der allgemeine Frohsinn
Durch die Straßen, durch die Plätze,
Wie auf lauten Wahnsinns Wogen.

Zu viel tausend Segenswünschen
Tut der Mund sich auf der Stille,
Und es wiederholt die Jugend,
Was das Alter ausgesprochen.

Einer spricht: »Ergiebge Rebe,
Wachs empor und schling dich eng
Her um die geliebte Ulme,
Daß ihr Schatten dich umflore,

Dir zu deinem eignen Ruhme
Und zu Spaniens Ehr und Frommen
Und zur Förderung der Kirche
Wie zum Grausen des Mahoma!«

Eine andre Stimme rufet:
»Lebe hoch, o Taube, holde,
Die für uns du hast geboren
Einen Aar mit zweien Kronen.

Zu vertreiben aus den Lüften
Jeden raubergebnen Vogel,
Mit dem Fittich zu bedecken
Jeder Tugend bange Sorgen!«

Noch ein andrer, der noch feiner
Gab des raschen Witzes Proben,
Sprach, in Augen und im Munde
Ausgedrückt das Herz, das frohe:

»Diese Perle, die du schenktest,
Östreichs Perlenmutter, große,
Wieviel List hat sie vereitelt,
Wieviel Wünsche sie gebrochen!

Was zerstört sie nicht an Ränken,
Was gewährt sie nicht an Hoffnung,
Welche Fehlgeburten treibt sie
Jetzt nicht aus dem Zeitenschoße!«

Mittlerweile kam zum Tempel
Man des Phönix, der in Roma
Hat den Flammentod bestanden
Und nun lebt in ewger Glorie.

Und zum Bild des ewgen Lebens,
Zu der Königin dort oben,
Die, weil sie in Demut wallte,
Über Sterne ward erhoben.

Zu der Mutter und der Jungfrau,
Zu der Tochter und Verlobten
Gottes hat, aufs Knie gesunken,
Margarita so begonnen:

»Was du gabst, geb ich dir wieder,
Hand zum Geben stets erschlossen;
Denn wem deine Gnade fehlet,
Der wird stets vom Weh getroffen.

Sieh, den Erstling meiner Früchte
Bring ich, Jungfrau, dir zum Opfer;
Wie sie ist, nimm hin die Gabe,
Und laß herrlicher sie sprossen.

Seinen Vater auch empfehl ich,
Der, ein Atlas, unverdrossen
Sich der Last so vieler Reiche
Beugt, so vieler fernen Zonen.

Denn ich weiß, das Herz des Königs
Ruhet in den Händen Gottes,
Und ich weiß, daß Gott nie weigert,
Was du bittest, Demutvolle!«

Als geendet diese Rede,
Haben andre sich ergossen
In Gesänge, die bewiesen,
Daß auf Erden Himmel rollen.

Als vorüber dann des Hochamts
Königliche Zeremonien,
Kehrte heim der hehre Himmel
Mit den wundervollen Sonnen.

Als Preciosa ihre Romanze beendet hatte, erhob sich aus dem glänzenden Kreis ihrer Zuhörer einstimmig der Ruf: »Singe noch einmal, Preciosa, es soll Geld absetzen wie Sand am Meer!«

Nun sahen dem Tanz der Zigeunerinnen mehr als zweihundert Personen zu, und alle lauschten ihrem Gesang, als zufällig (eben war das Gedränge am stärksten geworden) einer der Stadtschultheißen des Weges kam, und da er so viele Leute beisammen sah, fragte er, was es gäbe. Auf die Antwort, man höre der schönen Zigeunerin zu, die eben singe, trat der Schultheiß neugierig näher und horchte selbst ein Weilchen hin, wartete aber, um seiner Würde keinen Eintrag zu tun, das Ende der Romanze nicht ab. Da ihm jedoch das Mädchen außerordentlich gut gefallen hatte, befahl er seinem Pagen, der Alten zu sagen, sie möge gegen Abend mit den Zigeunerinnen in sein Haus kommen; er wünsche, daß auch seine Gemahlin, Doña Clara, sie höre. Der Page gehorchte, und die Alte versprach, sich einzufinden.

Als Tanz und Gesang zu Ende waren und man sich eben an einen anderen Ort begeben wollte, trat ein zweiter, sehr wohl gekleideter Page zu Preciosa, gab ihr ein zusammengefaltetes Papier und sprach: »Precioschen, singe die Romanze, die hier steht; sie ist sehr gut, und ich werde dir von Zeit zu Zeit noch andre geben, durch die du den Ruf der ersten Romanzensängerin der Welt erlangen sollst.«

»Ich werde sie mit großem Vergnügen lernen«, entgegnete Preciosa, »und vergeßt ja nicht, mein Herr, mir auch die andern Romanzen zu bringen, von denen Ihr sprecht. Doch müssen sie anständig sein. Wollt Ihr, daß ich sie bezahle, so wollen wir nach Dutzenden miteinander abrechnen, so daß ich für ein Dutzend bezahle, wenn ich es gesungen habe. Im voraus zu zahlen ist mir unmöglich.«

»Wenn mir Jungfer Precioschen dies schwarz auf weiß geben will«, erwiderte der Page, »so bin ich's zufrieden, und obendrein soll eine Romanze, die nicht gut und ehrbar ausfällt, nicht gerechnet werden.«

»Die Wahl muß mir überlassen bleiben«, antwortete Preciosa und ging mit ihren Begleiterinnen weiter, als einige Kavaliere sie aus einem Fenstergitter anriefen. Preciosa trat an das niedrige Gitter und sah in einem kühlen, freundlichen Saal mehrere vornehme Herren, von denen einige auf und ab gingen, andre sich mit allerlei Spielen unterhielten.

»Wollt ihr mir ein Aufgeld geben, meine Herren?« fragte Preciosa mit dem lispelnden Ton der Zigeuner, der ihnen übrigens nicht natürlich, sondern künstliche Angewöhnung ist. Da bei diesen Worten auch Preciosas Gesicht im Fenster erschien, verließen die Spieler die Tische, die Umhergehenden blieben stehn, und alle eilten sofort ans Fenster, um sie zu sehn; denn sie hatten bereits von ihr vernommen. »Kommt herein, kommt herein, ihr Zigeunerinnen«, riefen sie, »wir wollen euch Aufgeld geben.«

»Es könnte uns teuer zu stehen kommen, wenn ihr uns da in die Falle locktet!« antwortete Preciosa.

»Nein, auf Ritterwort«, entgegnete einer, »du kannst getrost eintreten, Kleine, und bei dem Kreuz, das ich hier auf der Brust trage, du darfst sicher sein, daß dir niemand ein Haar krümmen wird.« Damit legte er die Hand auf sein Calatravakreuz.

»Wenn du hinein willst, Preciosa«, sprach eine ihrer drei Gefährtinnen, »so geh in Gottes Namen; ich für meine Person bleibe fort, wo so viele Männer sind.«

»Nicht doch! Cristina«, antwortete Preciosa. »Vor einem einzelnen Mann mußt du dich hüten, und wenn du allein bist. Sind viele beisammen, so brauchst du keine Angst zu haben, daß man dich ungebührlich behandle. Merk dirs, Cristinchen, und glaube mir, wenn ein Mädchen entschlossen ist, seinen guten Ruf zu bewahren, so kann sie ihn selbst mitten in einem Heere bewahren. Freilich soll man die Versuchung fliehen, aber die geheime, nicht die öffentliche.«

»So laß uns hineingehen, Preciosa«, erwiderte Cristina; »du weißt mehr als ein Gelehrter.«

Auch die alte Zigeunerin ermunterte sie, und sie traten ein. Kaum war Preciosa drinnen, als der Herr mit dem Kreuz das Papier bemerkte, das sie im Busen stecken hatte; er trat auf sie zu und griff danach. Preciosa aber rief: »Nehmt es mir nicht, mein Herr, es ist eine Romanze, die ich in diesem Augenblick bekommen und noch nicht einmal gelesen habe.«

»So kannst du lesen, mein Kind?« fragte einer.

»Und auch schreiben!« entgegnete die Alte. »Ich habe meine Enkelin erzogen, als wäre sie eine Gelehrtentochter.«

Der Kavalier faltete das Papier auseinander, fand einen Goldtaler dareingewickelt und rief: »Zum Kuckuck, Preciosa, dem Brief ist das Porto gleich beigeschlossen! Da hast du einen Taler; er lag in der Romanze!«

»Gut!« antwortete Preciosa, »der Dichter hat mich als ein armes Ding behandelt, und schließlich ist es ein größeres Wunder, daß ein Dichter mir einen Taler schenkt, als daß ich ihn nehme. Kommen all seine Romanzen mit solcher Zugabe, so mag er ruhig den ganzen Romancero ausschreiben und mir Stück für Stück schicken; ich werde ihnen schon den Puls fühlen, und sind sie hart, so will ich weich sein und sie annehmen.«

Die Zuhörer bewunderten den Witz und die Anmut ihrer Worte; sie aber fuhr fort: »Leset, mein Herr, und zwar recht laut; wir wollen sehn, ob der Witz des Dichters so groß ist wie seine Freigebigkeit.«

Und der Kavalier las vor:

Du Zigeunerin, als Rose
Aller Schönheit wohl zu preisen,
Die du wirst mit Recht geheißen,
Gleich dem Edelstein, Pretiose.

Auch aus dir ist jener Rede
Richtigkeit leicht zu ersehen,
Daß stets miteinander gehen
Schönheit und die härtste Spröde.

Wenn, wie du im Wert dich hebest,
Willst die eigne Schätzung steigern,
Mußt du jeden Kauf wohl weigern
Dem Geschlecht, in dem du lebest.

Traun, ein Basiliske nistet
Dir im Herzen, der uns tötet,
Und so weich dein Mund auch flötet,
Ists doch Herrschaft, was dich lüstet.

Unter armen Bettlern war es,
Daß solch Lichtbild ward geboren?
Wie zu solchem Glück erkoren
Ward der stille Manzanares?

Ja, in hellen Ruhms Geleite
Wird er jetzt, wie Tajo, fließen,
Um Preciosa mehr gepriesen
Als des Ganges Meeresbreite.

Wohl willst Glück voraus du sehen,
Doch du kannst nur Unglück bringen,
Da nach zwei verschiedenen Dingen
Blick bei dir und Wille gehen.

Denn in der Gefahr, der großen,
Daß wir unverweilt dir huldgen,
Will dein Wille dich entschuldgen,
Doch dein Blick will uns durchstoßen.

Sagt man, daß im Zauber mächtig
Sämtliche Zigeuner seien,
So sind deine Zaubereien
Wahrer und mehr unheilsträchtig.

Daß du alle hast am Fädchen,
Die dir jemals nah gewesen,
Dieses Zaubers böses Wesen
Liegt in deinem Aug, o Mädchen.

Und du wirst es weiterbringen,
Denn du blickst uns an im Tanze,
Tötest mit des Auges Glanze
Und bezauberst uns im Singen.

Tausend Zauberein zusammen
Übst im Sprechen du und Schweigen;
Magst verstecken dich, dich zeigen,
Immer schürst du unsre Flammen.

Selbst die allerfreisten Seelen
Werden dir als Sklaven eigen,
Davon kann die meine zeugen,
Folgend deines Winks Befehlen.

Köstliches Juwel der Liebe,
Dieses wagte der zu schreiben,
Der, im Tod selbst, dein wird bleiben,
Arm zwar, doch mit reinem Triebe.

»Mit ›arm‹ fängt die letzte Zeile an«, sagte Preciosa, »das ist ein schlimmes Zeichen; Verliebte sollten nie sagen, daß sie arm sind, denn am Anfang, scheint mir, ist die Armut eine große Feindin der Liebe.«

»Wer hat dich das gelehrt, Kind?« fragte einer.

»Wer brauchte es mich zu lehren?« antwortete Preciosa. »Habe ich keine Seele im Leibe? Bin ich nicht schon fünfzehn Jahre alt? Mein Verstand ist weder lahm, noch verstümmelt, noch verkrüppelt. Die Köpfe der Zigeunerinnen stehn unter einem andern Stern als die der übrigen Leute; sie sind ihren Jahren immer voraus. Es gibt keinen dummen Zigeuner und keine linkische Zigeunerin. Da sie ihren Lebensunterhalt nur durch Schlauheit, Scharfsinn und List verdienen, so schleifen sie den Verstand bei jedem Schritt und lassen nirgends Rost daran. Seht meine jungen Begleiterinnen, die stehn so still da wie die Rohrkolben. Steckt ihnen aber einmal den Finger in den Mund und fühlt nach den Weisheitszähnen, so sollt ihr euer Wunder erleben. Keine Zigeunerin von zwölf Jahren, die nicht so viel wüßte wie ein andres Mädchen von fünfundzwanzig; denn sie haben zum Meister und Lehrer den Teufel und die Übung, die ihnen in einer Stunde beibringen, woran andre ein Jahr studieren.«

Durch solche Reden setzte das Mädchen ihre Zuhörer in Verwunderung, und alle, ob sie spielten oder nicht, gaben Kartengeld. Die Büchse der Alten wurde um dreißig Realen schwerer, und reicher und besser gelaunt als am Palmsonntag sammelte sie ihre Lämmer und führte sie ins Haus des Herrn Stadtschultheißen, indem sie versprach, sie würde nächster Tage mit ihrer Herde wiederkommen, um den freigebigen Herren noch einmal aufzuwarten.

Señora Doña Clara, die Frau des Herrn Stadtschultheißen, war bereits benachrichtigt, daß die jungen Zigeunerinnen in ihr Haus kommen würden, und mit ihren Mädchen und Jungfern und denen der Frau Nachbarin, die sich alle versammelt hatten, um Preciosa zu sehn, harrte sie ihrer voller Ungeduld. Kaum aber waren sie eingetreten, so strahlte Preciosa unter den übrigen hervor wie das Licht einer Fackel unter kleinen Lampen. Darum lief ihr alles entgegen; die einen umarmten sie, die andern betrachteten sie, diese wünschten den Segen des Himmels auf sie herab, und jene ergossen sich in Lobeserhebungen.

»Ja«, rief Doña Clara, »das nenne ich goldene Haare, das nenne ich Azuraugen!«

Die Frau Nachbarin ging sie prüfend von oben bis unten durch, unterwarf all ihre Glieder und Gelenke einer Besichtigung, kam schließlich mit ihrem Lobe zu einem Grübchen in Preciosas Kinn und rief: »Welch ein Grübchen! In diese Grube muß ja jedes Auge fallen, das sie sieht!«

Dies hörte ein langbärtiger, hochbejahrter Kavalier der Doña Clara, der anwesend war, und sagte:

»Das nennen Euer Gnaden ein Grübchen? Ich müßte mich schlecht auf Gruben verstehen, wenn dies ein Grübchen ist und nicht vielmehr ein Grab lebendiger Wünsche. Bei Gott, die Kleine könnte nicht niedlicher sein, und wenn sie aus Silber oder Marzipan wäre. Kannst du auch wahrsagen, Kleine?«

»Auf drei- bis viererlei Arten«, erwiderte Preciosa.

»Das auch noch?« rief Doña Clara. »Beim Leben des Stadtschultheißen, meines Gemahls, du sollst mir wahrsagen, Goldkind, Silberkind, Perlenkind, Karfunkelkind, Himmelskind! Das ist der höchste Name, den ich für dich finde.«

»Gebt der Kleinen die Hand und etwas, womit sie das Kreuz machen kann«, sagte die Alte, »und man wird sehn, was sie zu sagen weiß, denn sie versteht mehr als ein Doktor der Heilkunst.«

Die Frau Stadtschultheiß griff in die Tasche, fand aber keinen Quarto darin; sie bat ihre Mädchen um einen Viertelreal, doch keine vermochte einen aufzufinden, und ebensowenig die Frau Nachbarin.

Als Preciosa das sah, rief sie: »Jedes Kreuz, wenn es nur ein Kreuz ist, taugt; die silbernen oder goldenen aber sind besser, und ich darf Euer Gnaden nicht vorenthalten, daß es dem Glücke schadet, wenn man auf der Hand das Zeichen des Kreuzes mit einem Kupferstück macht, wenigstens wenn ich es tue. Daher mache ich das erste Kreuz gar gern mit einem Goldtaler oder doch mit einem schweren oder leichten Real; ich bin wie die Küster, die sich freuen, wenn ein großes Opfergeld fällt.«

»Du bist nicht auf den Kopf gefallen, Kleine«, bemerkte die Frau Nachbarin, wandte sich an den Kavalier und fragte: »Señor Contreras, habt Ihr nicht einen leichten Real zur Hand? Gebt ihn mir! Sobald mein Mann, der Doktor, kommt, gebe ich ihn Euch zurück.«

»Ich habe wohl einen«, erwiderte Contreras, »aber ich habe ihn für zweiundzwanzig Maravedis versetzt, um die ich gestern zu Nacht gespeist; gebt mir so viel, und ich will ihn auf der Stelle holen.«

»Wir alle haben keinen Viertelreal«, entgegnete Doña Clara, »und ihr wollt zweiundzwanzig Maravedis? Geht, Contreras, Ihr wart immer ein alberner Kerl.«

Endlich sagte ein Mädchen, da das ganze Haus so unfruchtbar blieb, zu Preciosa: »Kleine, schadet es denn, wenn man das Kreuz mit einem silbernen Fingerhut macht?«

»Im Gegenteil«, erwiderte Preciosa, »das größte Kreuz in der Welt wird mit silbernen Fingerhüten gemacht, wie gar mancher weiß!«

»Ich habe einen«, versetzte das Mädchen; »tut er die gleichen Dienste, so nimm ihn, jedoch unter der Bedingung, daß du auch mir Glück prophezeist.«

»Für einen Fingerhut so viel Glück!« rief die Alte. »Töchterchen, tummle dich, es wird Nacht!«

Preciosa nahm den Fingerhut sowie die Hand der Frau Stadtschultheiß und begann also:

Schönes Weibchen, schönes Weibchen,
Mit der Hand aus Silberplatten,
Nicht den Alpujarrenkönig
Liebt wie dich dein treuer Gatte.

Bist ein Täubchen ohne Galle,
Aber oft auch bist du flammend
Wie die Löwenmutter Orans,
Wie die Tigerin Ocañas.

Doch eh man die Hand umdrehet,
Ist der Sturm vorbeigegangen,
Und du bist wie Gerstenzucker,
Gleichst an Sanftmut einem Lamme.

Zankest viel und issest wenig,
Etwas Eifersucht auch hast du,
Denn der Schultheiß liebt sein Späßchen,
Ob er auch nach Würde trachtet.

Dich als Mädchen schon begehrte
Einer von gar feinem Ansehn,
Doch zum Henker mit den Kupplern,
Die des Hauses Frieden schaden.

Wärst du etwa Nonne worden,
Würdst du ganz im Kloster schalten;
Denn du hast zu der Äbtissin
Mehr wohl als vierhundert Gaben.

Sollt es eigentlich nicht kund tun,
Doch gleichviel, es muß zu Tage:
Zweimal wirst du Wittib werden,
Zweimal wirst du wieder Gattin.

Weine nicht, o meine Herrin,
Evangelium ist nicht alles,
Was Zigeunerinnen sprechen,
Weine nicht, sei ruhig, Herrin.

Würdest du vom Tod gefordert
Vor dem Schultheiß, dem Gemahle,
So genügt dies, dich vor schlimmem
Witwenstande zu bewahren.

Erben wirst du, und zwar nächstens,
Ein bedeutendes Vermögen;
Domherr wird dein Sohn einst werden,
Welcher Kirch, ist schwer zu sagen.

Doch unmöglich in Toledo.
Wirst gebären, rot von Wangen,
Eine Tochter: wird sie Nonne,
Wird sie wohl auch einst Prälatin.

Wenn dein Gatte nicht verscheidet
Noch im Lauf von dreißig Tagen,
So bekommt ihn noch zum Richter
Burgos oder Salamanca.

Hast ein Muttermal! wie lieblich!
Jesus! wie der Mond so glanzhell!
Welch ein Glanz! bei Antipoden
Dringt er noch in dunkle Tale!

Ihn zu sehn gäb mancher Blinder
Mehr als einen halben Taler!
Und jetzt lächelst du darüber;
Ah, wie steht dir das so artig!

Aber hüte dich, zu stürzen,
Und nach hinten zu vor allem;
Denn solch Fallen ist gefährlich
Für die angesehnen Damen.

Vieles gäbs noch auszusprechen;
Willst du bis zum Freitag warten,
Wirst du's hören und dich freuen,
Doch auch grollen über manches.

Damit schloß Preciosa ihre Prophezeiung, die in allen Anwesenden den Wunsch geweckt hatte, gleichfalls ihr Glück zu erfahren. Daher baten sie insgesamt, auch ihnen wahrzusagen, aber Preciosa verwies sie auf den kommenden Freitag, und sie versprachen, Silberrealen zur Zeichnung des Kreuzes mitzubringen. Unterdes kam der Herr Stadtschultheiß, dem man von der kleinen Zigeunerin Wunder über Wunder erzählte. Er ließ sie und ihre Gefährtinnen ein wenig tanzen, erklärte das Preciosa erteilte Lob für gerecht und verdient, fuhr mit der Hand in die Tasche und machte Miene, ihr etwas zu geben. Als er die Tasche jedoch zu wiederholten Malen durchstöbert, gerüttelt und geschüttelt hatte, zog er endlich die Hand leer heraus und rief: »Bei Gott, ich habe keinen Quarto! Doña Clara, gebt Ihr doch Precioschen einen Real, ich werde ihn Euch wiedergeben.«

»Vortrefflich, Bester, da müßte ich erst einen haben! Wir alle zusammen haben keinen Viertelreal aufbringen können, um das Zeichen des Kreuzes damit zu machen, und Ihr verlangt einen ganzen von uns!«

»Nun, so gebt ihr einen Eurer Hemdkragen oder irgend etwas; Preciosa kommt ja noch einmal zu uns, und dann wollen wir sie besser bedenken.«

»Aber damit sie wiederkommt«, versetzte Doña Clara, »will ich ihr diesmal lieber gar nichts geben.«

»Nein«, entgegnete Preciosa, »wenn ich nichts erhalte, so komme ich auch niemals wieder. Oder doch, ich will wiederkommen, um so vornehmen Herrschaften einen Gefallen zu tun; aber ich finde mich schon im voraus darein, daß ich auch dann nichts erhalte, und erspare mir so die Mühe, auf etwas zu hoffen. Laßt Euch brav schmieren, Herr Stadtschultheiß, laßt Euch schmieren, so werdet Ihr Geld haben; führt keine neuen Sitten ein, sonst sterbt Ihr Hungers. Ich habe immer gehört, Euer Gnaden, (und so jung ich bin, so weiß ich doch, daß es kein gar gutes Wort ist), man müsse aus den Ämtern Geld ziehn, um bei den Visitationen die Strafen zahlen und neue Ämter erwerben zu können.«

»So sprechen und handeln gewissenlose Leute«, erwiderte der Stadtschultheiß, »ein Richter, der bei der Visitation gut besteht, braucht keine Strafe zu zahlen, und hat er sein Amt gut verwaltet, so spricht das genug für ihn, wenn er ein neues sucht.«

»Euer Gnaden reden wie ein Heiliger«, entgegnete Preciosa. »Fahrt so fort, und man wird Euch die Lumpen als Reliquien vom Leibe schneiden.«

»Was du nicht alles weißt, Preciosa!« sagte der Stadtschultheiß. »Sei nur ruhig, ich werde es einzurichten wissen, daß die Majestäten dich vor sich kommen lassen, denn du bist eine Ware für Könige.«

»Sie werden mich zur Höfnärrin haben wollen«, versetzte Preciosa, »und dazu bin ich verdorben. Wünschen sie mich aber, weil ich gescheit bin, so brauchen sie mich nur holen zu lassen; doch in manchen Palästen gedeihen die Narren besser als die Gescheiten. Übrigens befinde ich mich als arme Zigeunerin wohl, und das Schicksal mag alles fügen, wie der Himmel es will.«

»He, Kleine«, rief die alte Zigeunerin, »schwatze nicht weiter, du hast genug geredet und weißt mehr, als ich dich gelehrt habe. Machs nicht zu fein. Allzu scharf macht schartig! Sprich von dem, was sich für deine Jahre schickt, und fliege mir nicht zu hoch hinaus, denn Hochmut kommt vor dem Fall.«

»Die Zigeunerinnen haben den Teufel im Leib!« sagte der Stadtschultheiß.

Sie nahmen Urlaub; aber ehe sie gingen, sagte das Mädchen, das den Fingerhut hergegeben hatte: »Preciosa, sag mir wahr oder gib mir den Fingerhut zurück, denn ich habe keinen andern für meine Arbeit.«

»Werte Jungfer«, antwortete Preciosa, »bildet Euch ein, ich hätte Euch schon prophezeit, und verschafft Euch einen andern Fingerhut, oder näht an Euren Säumen bis zu unserm Wiedersehn am nächsten Freitag gar nichts; da will ich Euch dann mehr Glück und Begebenheiten prophezeien, als ein ganzer Ritterroman enthält.«

So gingen sie und schlossen sich den vielen Bäuerinnen an, die zur Zeit des Ave Maria Madrid zu verlassen pflegen, um in ihre Dörfer zu ziehn. Einige gehörten zu ihren gewöhnlichen Begleiterinnen, an die sie sich anzuschließen pflegten, da die alte Zigeunerin in beständiger Angst lebte, man könnte ihr Preciosa entführen.

Nun geschah es, daß sie eines Morgens auf der Wanderung nach Madrid, als sie dort wieder einmal mit den übrigen Zigeunerinnen ihre Steuer erheben wollten, in einem etwa fünfhundert Schritt von der Stadt entfernten kleinen Tal einen hübschen jungen Mann in reicher Reisekleidung erblickten. Sein Degen und sein Dolch glühten ordentlich von Gold; der Hut war mit einer kostbaren Schnur und vielfarbigen Federn geschmückt. Die Zigeunerinnen blieben bei seinem Anblick stehn, um ihn in aller Gemächlichkeit zu betrachten; denn sie wunderten sich, einen so schönen Jüngling zu solcher Stunde an solchem Orte zu Fuß und allein zu treffen. Er trat auf sie zu und redete die alte Zigeunerin an: »Bei Eurem Leben, Mütterchen, tut mir den Gefallen und kommt mit Preciosa hier auf die Seite, um zwei Worte anzuhören, die Euch von Nutzen sein sollen.«

»Wenn es nicht zu weit abführt und nicht zu lange aufhält, in Gottes Namen!« versetzte die Alte und rief Preciosa. Sie entfernten sich etwa zwanzig Schritte von den andern, worauf der junge Mann ohne weitere Einleitung also begann:

»Ich bin vom Geist und von der Schönheit Preciosas so

hingerissen, daß ich trotz aller Anstrengungen, die ich machte, um es nicht so weit kommen zu lassen, immer mehr überwältigt wurde und immer weniger imstande war, Widerstand zu leisten. Meine Gebieterinnen, (denn diesen Namen werde ich euch fortan geben, wenn der Himmel mein Vorhaben begünstigt), ich bin ein Ritter, wie euch mein Orden beweisen kann« – damit schlug er den Mantel zurück und zeigte auf der Brust eines der angesehensten Ordenskreuze Spaniens – »bin der Sohn des ...« (sein Name wird aus guten Gründen hier noch nicht genannt), »unter dessen Vormundschaft und Obhut ich stehe; sein einziger Sohn, der ein ansehnliches Erbe zu erwarten hat. Mein Vater bewirbt sich hier am Hofe um ein Amt, für das er schon vorgeschlagen ist und das er so gut wie sicher erhalten wird. Trotz des Standes und Adels, von dem ich rede und den ihr wohl auch ohne meine Worte schon erkannt habt, möchte ich schon jetzt ein großer Herr sein, um die Niedrigkeit Preciosas zu meiner Höhe erheben zu können, indem ich sie zu meiner Gemahlin und meinesgleichen mache. Ich bewerbe mich nicht um sie, um sie zu täuschen, wie denn in dem Ernst der Liebe, die ich für sie fühle, irgendein Trug nicht liegen kann. Ich will nur das, was ihr gefällt; ihr Wille ist der meinige. Ihr gegenüber ist meine Seele von Wachs, für jeden Eindruck empfänglich; aber dennoch wird sie den Eindruck bewahren, als sei er nicht in Wachs, sondern in Marmor gegraben, dessen Härte der Dauer der Zeit widersteht. Glaubt ihr mir dies, so wird sich meine Hoffnung durch nichts erschüttern lassen; glaubt ihr mir aber nicht, so wird mich euer Zweifel, selbst wenn ich eure Gunst gewinnen sollte, doch in ewiger Angst erhalten. Mein Name ist ...« (hier nannte er ihn); »den meines Vaters habe ich euch schon gesagt. Sein Haus steht in der und der Straße und hat die und die Kennzeichen. Ihr werdet Nachbarn finden, bei denen ihr Erkundigungen einziehen könnt; auch könnt ihr dies ebensogut bei solchen, die nicht zu unsern Nachbarn gehören, denn meines Vaters und mein eigner Name und Stand sind nicht so unansehnlich, daß man sie in den Höfen des Schlosses und überhaupt irgendwo in der Residenz nicht kennen sollte. Hier habe ich hundert Goldtaler, um sie euch als Aufgeld und Pfand dessen zu geben, was ihr noch von mir bekommen sollt; denn die Hand darf nicht zurückhalten, wenn das Herz einmal geschenkt hat.«

Während der Kavalier also sprach, betrachtete ihn Preciosa aufmerksam, und augenscheinlich hatten ihr seine Worte und seine Gestalt nicht mißfallen. Sie wandte sich an die Alte und sprach: »Erlaubt mir, Großmutter, diesem verliebten Herrn selbst zu antworten.«

»Antworte ihm, was du willst, Kind«, erwiderte die Alte, »denn ich weiß, du bist zu allem verständig genug.« Und Preciosa sprach:

»Herr Ritter, bin ich auch nur eine arme und niedrig geborene Zigeunerin, so habe ich doch ein etwas schwärmerisches Köpfchen, das mich zu großen Dingen hinzieht. Mich rühren weder Versprechungen, noch machen mich Geschenke wankend, noch erweicht mich Unterwürfigkeit, noch bringen mich Liebesworte außer Fassung, und wenn ich auch nach der Rechnung meiner Großmutter am kommenden Michaelistage erst mein fünfzehntes Jahr vollende, so bin ich dem Geist nach doch schon gereift und weiter, als mein Alter vermuten läßt, freilich eher durch Mutterwitz als durch Erfahrung. Aber beides sagt mir, daß die Regungen der Liebe in denen, die zum ersten Mal verliebt sind, blind wütenden Stürmen gleichen, die den Willen aus seinen Angeln heben, so daß er alle Hindernisse niederwirft, töricht dem Ziel seiner Wünsche nachstürzt und, während er in den Himmel zu fliegen glaubt, den ihm seine Augen vorspiegeln, in die Hölle seines Unglücks fällt. Erreicht er das, was er wünscht, so schwindet der Wunsch mit dem Besitz des ersehnten Gegenstandes, und wohl ist's möglich, daß sich dann die Augen des Verstandes öffnen und er nun verabscheut, was er früher angebetet hat. Diese Besorgnis macht mich so behutsam, daß ich keinen Worten glaube und bei gar vielen Taten mißtrauisch bin. Ich habe ein einziges Juwel, das ich höher schätze als das Leben selbst: das ist meine jungfräuliche Unschuld, und die mag ich weder um Versprechungen noch um Geschenke verkaufen, denn immer wäre sie schließlich verkauft; und wäre sie mir feil, so würde ich sie sehr gering anschlagen. Auch werden sie mir weder eine List noch Vorspiegelungen entreißen, und eher soll sie mit mir ins Grab oder vielleicht in den Himmel gehn, als daß ich sie der Gefahr aussetze, von Hirngespinsten und Träumereien verletzt zu sehn. Die Jungfräulichkeit ist eine Blume, die sich womöglich nicht einmal durch Gedanken berühren lassen sollte. Wie schnell und leicht verwelkt eine vom Strauch gebrochene Rose! Der eine betastet sie, der andre riecht daran, ein dritter zerblättert sie, und endlich verdirbt sie unter rohen Händen. Wenn Ihr, mein Herr, nur auf diese Beute ausgeht, so könnt Ihr sie nicht anders bekommen als gebunden mit den Schnüren und Banden der Ehe. Soll die Jungfräulichkeit sich beugen, so kann es nur unter diesem heiligen Joch geschehn; denn dann geht sie nicht verloren, sondern wird zu einem freien Geschenk, das seinerseits wiederum einen herrlichen Gewinn verspricht. Wollt Ihr mein Gatte sein, so werde ich Eure Gattin; dem müssen jedoch erst gar manche Bedingungen und Prüfungen vorangehen. Zunächst muß ich erforschen, ob Ihr das, was Ihr sagt, wirklich seid. Bestätigt es sich, so müßt Ihr das Haus Eurer Eltern verlassen und es mit unsern Hütten vertauschen; Ihr müßt Zigeunertracht anlegen und zwei Jahre lang in unsre Schule gehn. Inzwischen kann ich mich dann genügend über Eure Gemütsart unterrichten so wie Ihr Euch über meine. Nach Ablauf dieser Frist will ich Euch, falls Ihr mit mir zufrieden seid, als Eure Gattin angehören; bis dahin aber werde ich im Umgang nur Eure Schwester und Eure gehorsame Dienerin sein. Auch müßt Ihr bedenken, daß Ihr in der Zeit dieses Noviziats vielleicht Eure Sehkraft wiedererlangt, die gegenwärtig geschwunden oder doch getrübt sein muß, und dann vielleicht gewahr werdet, wie sehr Ihr zu fliehen habt, was Ihr gegenwärtig mit so großem Eifer verfolgt. Erlangt Ihr aber die verlorene Freiheit wieder, so erhaltet Ihr durch aufrichtige Reue auch Verzeihung für jede Schuld. Wollt Ihr unter diesen Bedingungen als Schüler in unsre Schar eintreten, so steht es in Eurer Hand; aber keinen Finger der meinigen bekommt Ihr zu fassen, wenn Ihr gegen eine einzige Bedingung fehlt.«

Der Jüngling staunte über Preciosas Worte und sah ganz verstört auf den Boden, während er allem Anschein nach über eine Antwort nachsann. Als Preciosa dies bemerkte, hob sie von neuem an:

»Es ist dies nicht von so geringer Bedeutung, daß es sich in den wenigen Minuten, die wir jetzt zur Verfügung haben, entscheiden ließe oder entschieden werden müßte. Kehrt in die Stadt zurück, mein Herr, und überlegt des weitern, was Ihr tun wollt. An dieser Stelle hier könnt Ihr mich an jedem Festtage sprechen, wenn ich nach Madrid gehe oder von dort zurückkomme.«

»Als der Himmel mir die Liebe zu dir eingab, meine Preciosa«, erwiderte der Edelmann, »beschloß ich, alles für dich zu tun, was du von mir fordern würdest, wobei mir freilich nicht in den Sinn kam, was du nun von mir verlangst. Da es jedoch dein Wille ist, daß ich mich dir füge und anschließe, so sieh mich von diesem Augenblick als einen Zigeuner an; denn du wirst in mir stets den gleichen finden, der sich dir jetzt zeigt. Sag mir nur, wann ich meine Kleidung vertauschen soll; ich wollte, es geschähe sogleich. Denn da ich eben Veranlassung hätte, nach Flandern zu gehn, so könnte ich meine Eltern jetzt am ehesten täuschen und mir auf einige Zeit Geld verschaffen; ich werde nur etwa acht Tage für die Vorbereitungen brauchen. Meine Reisegefährten will ich schon so hinters Licht führen, daß mir mein Vorhaben gelingt. Aber um eins bitte ich dich, wenn ich mich erkühnen darf, dich um etwas zu bitten und anzuflehen, daß du nämlich außer heute, da du über meinen und meiner Eltern Stand Erkundigungen einziehen wirst, nicht mehr nach Madrid gehst; denn ich möchte nicht, daß mich eine der unzähligen Gefahren, die dich dort umlauern, des teuer erkauften Glückes beraubte.«

»Daraus wird nichts, mein schöner Herr«, entgegnete Preciosa; »wisset ein für allemal, daß ich mir meine Freiheit unverkümmert vorbehalte und sie mir von keiner lästigen Eifersucht beeinträchtigen oder stören lasse. Freilich werde ich keinen übermäßigen Gebrauch davon machen, und Ihr werdet sehn, wie eng ich meine Sittsamkeit mit meiner Ungebundenheit zu verbinden weiß. Die erste Pflicht jedoch, die ich Euch auferlege, besteht darin, daß Ihr Vertrauen in mich setzt; denn laßt Euch gesagt sein: Liebhaber, die der Eifersucht nachgeben, sind entweder töricht oder vermessen.«

»Du hast den Satan im Kopf, Mädchen«, rief hier die alte Zigeunerin; »du redest von Dingen, die kein Professor von Salamanca im Munde führt; du weißt von Liebe, von Eifersucht, von Vertrauen: wie kommt das? Steh ich doch vor dir wie eine Gans und höre dir zu wie einer, die in der Verzükkung lateinisch redet, ohne es gelernt zu haben.«

»Schweigt, Großmutter,« antwortete Preciosa, »und wisset, daß alles, was Ihr von mir hörtet, nur ein Kinderspiel ist im Vergleich zu den viel wichtigeren Dingen, von denen mir das Herz voll ist.«

Preciosas Worte und der Geist, den sie verriet, gossen Öl in die Flamme, die in der Brust des verliebten Kavaliers entbrannt war. Endlich kam man überein, daß man sich nach acht Tagen an diesem Ort wiedersehn wollte; da sollte er dann vom Stande seiner Angelegenheiten Nachricht geben, und sie hätte inzwischen Zeit gefunden, sich von der Wahrheit seiner Angaben zu überzeugen. Der Jüngling zog eine

Börse aus Goldstoff hervor, die, wie er sagte, hundert Goldtaler enthielt, und überreichte sie der Alten. Als Preciosa durchaus nicht zugeben wollte, daß die Zigeunerin sie annahm, bemerkte diese:

»Schweig, Kleine! Das sicherste Zeichen, daß der Herr sich gefangen gibt, liegt eben in der Auslieferung seiner Waffen an den Sieger. Zu schenken, sei es aus welcher Ursache es wolle, hat immer als Beweis eines großmütigen Herzens gegolten. Denk an das alte Sprichwort: ›Von Gott soll man's bitten und in Scheffeln verschütten.‹ Überdies möchte ich nicht, daß die Zigeuner durch mich den seit Jahrhunderten behaupteten Ruf verlören, sie seien betriebsam und fürs Nehmen. Hundert Taler, meinst du, soll ich fahren lassen, die man in den Saum eines Rockes, der keine zwei Realen wert ist, einnähen und bei sich tragen kann wie eine Rente aus den Wiesen in Estremadura? Und wenn nun einer von unsern Söhnen, Enkeln oder Verwandten das Unglück hätte, der Justiz in die Hände zu fallen, könnte er eine bessere Fürsprache vor dem Ohr des Richters und Gerichtsschreibers finden, als wenn diese Taler in ihren Beutel wandern? War ich doch schon dreimal wegen verschiedener Delikte eben daran, auf den Schandesel gesetzt und gesteupt zu werden; aber das eine Mal ermöglichte mir eine silberne Kanne den Rückzug, das andre Mal eine Perlenschnur und das dritte Mal vierzig schwere Realen, die ich für leichte eingewechselt hatte, wobei ich nur zwanzig in den Kauf zu geben brauchte. Bedenke, Kind, daß wir ein gar gefährlich Handwerk treiben voller Schwierigkeiten und Fallstricke, und daß es keine Hilfe gibt, die uns schneller zur Hand wäre und kräftiger unter den Arm griffe, als die unbesiegten Waffen des großen Philipp; denn über dies Nonplusultra geht nichts. Für eine Dublone mit ihren zwei Gesichtern klärt sich das griesgrämige des Prokurators und sämtlicher Diener des hochpeinlichen Gerichts auf, die wahre Stoßvögel für uns arme Zigeunerinnen sind und sich mehr darauf einbilden, uns zu rupfen und zu schinden als einen Straßenräuber. Nie, so zerlumpt und erbärmlich sie uns auch sehn, halten sie uns für arme Leute, sondern sie sagen, wir seien wie die Wämser der Strauchdiebe aus Belmonte, zerrissen und schmutzig, aber voller Dublonen.«

»Um des Himmels willen, Großmutter, hört auf, Ihr führt am Ende, um das Geld behalten zu dürfen, so viele Gesetze an, daß Ihr die römischen Kaiser überbietet. Behaltet es, wohl bekomm's Euch, und wolle Gott, daß Ihr es in ein Grab senkt, wo es das Tageslicht nie wieder zu sehn bekommt, noch zu sehn braucht. Unsern Begleiterinnen werden wir übrigens etwas davon abgeben müssen, denn sie warten schon lange auf uns, und sie werden verdrießlich geworden sein.«

»Von diesem Geld sollen sie so wenig zu Gesicht bekommen«, erwiderte die Alte, »wie vom Großtürken. Der gute Herr da sieht wohl nach, ob er noch einiges Silbergeld oder ein paar Viertelstücke hat; die will ich unter sie verteilen, denn sie sind mit dem Geringsten zufrieden.«

»Die habe ich«, entgegnete der Liebhaber und zog drei schwere Realen aus der Tasche, die jene sofort unter die drei Zigeunermädchen verteilte und sie froher und zufriedener machte als einen Theaterdichter, den man nach einem Wettstreit an den Straßenecken als Sieger ausruft. – Es wurde also, wie schon gesagt, beschlossen, in acht Tagen wieder zusammenzukommen, den jungen Mann aber, falls er Zigeuner würde, den ›Herren-Andres‹ zu nennen, weil es schon mehrere Zigeuner dieses Namens unter ihnen gab. Andres, denn so wollen auch wir ihn fortan nennen, wagte es nicht, Preciosa zu umarmen, übergab ihr aber mit einem Blick seine ganze Seele und machte sich, wenn man so sagen darf, ohne Seele auf den Weg nach Madrid; die andern folgten ihm in vergnügtester Stimmung. Preciosa, in der durch das gewinnende Wesen des Andres wenn auch noch keine Liebe, so doch eine gewisse Zuneigung geweckt war, wollte sich gern bald erkundigen, ob er wirklich der sei, für den er sich ausgab. Sie kam in die Stadt, und kaum war sie durch einige Straßen gegangen, als sie dem Pagen begegnete, von dem die Verse mit dem eingewickelten Goldtaler stammten. Sobald er ihrer ansichtig wurde, trat er auf sie zu und sprach: »Guten Tag, Preciosa; hast du vielleicht die Verse schon gelesen, die ich dir neulich gab?«

Preciosa erwiderte: »Ehe ich dir eine Antwort gebe, mußt du mir ohne allen Rückhalt und beim Leben dessen, was du am meisten liebst, etwas sagen.«

»Einer solchen Beschwörung«, entgegnete der Page, »kann ich nicht widerstehn, sollte mich meine Geschwätzigkeit auch das Leben kosten.«

»Nun, ich wünsche von dir zu erfahren«, antwortete Preciosa, »ob du etwa ein Dichter bist?«

»Wäre ich es, so müßte ich es zufällig geworden sein«, versetzte der Page; »du mußt jedoch wissen, Preciosa, daß nur sehr wenige den Namen eines Dichters verdienen, und so bin denn auch ich keiner, sondern nur ein Liebhaber der Dichtkunst und brauche mir deshalb für meine eignen Zwecke keine fremden Verse zu erbetteln. Die ich dir neulich gab, sind von mir, und die ich dir jetzt gebe, ebenfalls; darum bin ich aber noch kein Dichter: davor soll mich Gott bewahren!«

»Ist es denn so schlimm, ein Dichter zu sein?« fragte Preciosa.

»Nicht schlimm«, erwiderte der Page; »aber nur Dichter zu sein, das halte ich nicht eben für sonderlich gut. Man muß mit der Poesie verfahren wie mit einem höchst kostbaren Kleinod, das der Besitzer nicht jeden Tag bei sich trägt und nicht allen Leuten und bei jedem Schritte vorzeigt, sondern nur bei schicklicher Gelegenheit. Die Poesie ist ein wunderschönes Mädchen, keusch, sittsam, verständig, witzig und zurückhaltend, das sich in den Schranken der höchsten Klugheit bewegt. Es liebt die Einsamkeit, die Quellen sprechen mit ihm, die Fluren trösten es, die Bäume spielen mit ihm, die Blumen machen es froh; selbst aber erfreut und belehrt es alle, die mit ihm verkehren.«

»Trotzdem«, versetzte Preciosa, »habe ich gehört, sei das Mädchen sehr arm, ja fast eine Bettlerin.«

»Im Gegenteil«, antwortete der Page, »es gibt keinen Dichter, der nicht reich wäre; denn sie sind alle mit ihrer Lage zufrieden: eine Philosophie, zu der es nur wenige Menschen bringen. Was aber veranlaßt dich, Preciosa, mir diese Frage zu stellen?«

»Der Anlaß«, erwiderte Preciosa, »war, daß mich bei meinem Glauben an die Armut aller oder doch der meisten Dichter der in Eure Verse eingewickelte Goldtaler in Erstaunen setzte. Jetzt aber, da ich weiß, daß Ihr kein Dichter, sondern nur ein Liebhaber der Poesie seid, mögt Ihr vielleicht reich sein, obwohl ich dies bezweifle; denn da Euch ein Teil Eures Wesens treibt, Verse zu machen, so würde durch ihn auch Euer Vermögen draufgehn; denn man sagt, es gebe keinen Dichter, der ein Vermögen, das er hat, zu erhalten und eins, das er nicht hat, zu erwerben wüßte.«

»Aber ich gehöre nicht zu ihnen«, entgegnete der Page; »ich mache Verse und bin weder arm noch reich; und ohne viel darauf zu achten oder Rechnung darüber zu führen, kann ich wie die Genueser bei ihren Gastmählern dem, dem ich wohlwill, einen oder zwei Taler schenken. Nimm, kostbare Perle, dieses zweite Papier mit dem zweiten Taler darin, ohne dir Gedanken darüber zu machen, ob ich ein Dichter sei oder nicht. Denke und glaube nur, daß der, der dir dies gibt, gern den Reichtum des Midas hätte, um ihn dir schenken zu können.«

Damit übergab er ihr ein Papier, in dem Preciosa den Taler wirklich fand, daher sagte sie:

»Dies Papier wird sicherlich sehr alt, denn es hat zwei Seelen; die eine ist der Taler, die andre sind die Verse, die immer voller Seelen und Herzen stecken. Der Herr Page wisse jedoch, daß ich nicht so viele Seelen bei mir haben mag, und nimmt Er nicht die eine zurück, so glaube Er auch nicht, daß ich die andre annehme; denn ich will ihm wohl, weil er ein Dichter ist, aber nicht etwa, weil er Geschenke austeilt. Unter dieser Beschränkung jedoch können wir eine dauernde Freundschaft schließen; denn an einem Taler, so stark das Wohlwollen auch sei, kann es eher einmal fehlen als an der Stimmung für eine Romanze.«

»Steht es so«, antwortete der Page, »und willst du, Preciosa, durchaus, daß ich arm sei, so verschmähe mindestens die Seele, die in diesem Papier enthalten ist, nicht; den Taler aber gib mir zurück, denn da ihn deine Hand einmal berührt hat, so werde ich ihn zeitlebens als eine Reliquie aufbewahren.«

Preciosa nahm den Taler aus dem Papier und behielt nur dies zurück, ohne es jedoch auf offener Straße zu lesen. Der Page entfernte sich höchst zufrieden, denn er hielt Preciosa schon für gewonnen, da sie so freundlich mit ihm gesprochen hatte. Ihr aber lag jetzt vor allem daran, Andres' väterliches Haus zu suchen; sie wollte sich nirgends aufhalten noch tanzen und gelangte schnell in die ihr wohlbekannte Straße, in der das Gebäude liegen sollte. Als sie ungefähr bis in die Mitte gekommen war, warf sie einen Blick auf ein paar vergoldete Balkone, die man ihr als Kennzeichen genannt hatte. Dort stand ein Kavalier von etwa fünfzig Jahren, mit einem farbigen Ordenskreuz auf der Brust und von achtunggebietender Erscheinung. Kaum hatte er das Zigeunermädchen bemerkt, so rief er ihr zu: »Kommt herauf, Kinder, ihr sollt ein Almosen haben.«

Bei diesem Ruf eilten noch drei andre Herren auf den Balkon, unter denen auch Andres war, und als er Preciosa gewahr wurde, erblich er und verlor fast die Besinnung, so überraschend wirkte ihr Anblick auf ihn. Sämtliche Zigeunerinnen stiegen hinauf, mit Ausnahme der Alten, die unten blieb, um bei der Dienerschaft Erkundigungen darüber einzuziehn, ob Andres die Wahrheit gesagt hatte. Als die Mädchen den Saal betraten, sagte der alte Herr eben zu den übrigen: »Das ist ohne Zweifel die schöne, junge Zigeunerin, die gegenwärtig in Madrid umherziehen soll.«

»Sie ist es«, erwiderte Andres, »und sie ist ohne Zweifel das schönste Geschöpf, das man je sah.«

»So sagt man«, entgegnete Preciosa, die jene Worte im Hereintreten gehört hatte; »aber man täuscht sich wahrlich um wenigstens die Hälfte meines wirklichen Wertes. Hübsch glaube ich freilich zu sein, aber daß ich so schön wäre, wie die Leute behaupten, das glaube ich nicht.«

»Beim Leben meines Sohnes, meines Juanico«, erwiderte der alte Herr, »du bist noch schöner, als man sagt, niedliche Zigeunerin.«

»Und wer ist Euer Juanico?« fragte Preciosa.

»Der hübsche junge Mann da neben dir«, erwiderte der Kavalier.

»Glaubte ich doch wahrhaftig«, versetzte Preciosa, »Euer Gnaden schwüren bei einem Kind von zwei Jahren! Seht einmal, welch ein Don Juanico! Welch eine Pracht! Auf mein Wort, der könnte schon eine Frau nehmen; und nach den Linien auf seiner Stirne werden auch keine drei Jahre ins Land gehn, ehe er eine hat, und zwar ganz nach seinem Geschmack, falls er ihn bis dahin nicht verliert oder gegen einen andern umtauscht.«

»Seht mir doch«, bemerkte einer der Anwesenden, »was das Mädchen von Linien versteht!«

Unterdessen hatten sich die drei Begleiterinnen Preciosas in einen Winkel des Zimmers gedrängt, steckten die Köpfe zusammen und flüsterten, um nicht gehört zu werden, ganz leise miteinander.

»Mädchen«, sagte Cristina«, das ist der Herr, der uns heute früh die drei schweren Realen gegeben hat.«

»Freilich, freilich«, antworteten die andern, »aber wir

wollen kein Wort darüber verlieren, wenn er selbst nichts sagt; wissen wir doch nicht, ob er sich gern zu erkennen gibt!«

Während dies unter den dreien vorging, erwiderte Preciosa dem, der die Bemerkung über die Deutung der Linien in der Hand gemacht hatte: »Was ich nicht mit den Augen sehe, das sagt mir mein kleiner Finger. So weiß ich vom Herrn Juanico, ohne seine Hand gesehen zu haben, daß er ein wenig verliebt, ungestüm, vorschnell ist und gern Dinge verspricht, die unmöglich scheinen; und wolle Gott, daß er nicht etwa gar lügnerisch ist, denn das wäre das schlimmste von allem. Er hat jetzt eine Reise an einen weit entfernten Ort zu machen; aber anders denkt der Rappe und anders der, der ihn sattelt. Der Mensch denkt, und Gott lenkt. Vielleicht vermeint er nach Oñez zu gehn und kommt nach Gamboa.«

Da erwiderte Don Juan: »Wahrhaftig, Zigeunermädchen, du hast manches von meiner Gemütsart erraten; was aber die Neigung zum Lügen betrifft, so bist du auf ganz falschem Wege, denn ich rühme mich, in jedem Fall die Wahrheit zu sagen. In betreff der weiten Reise hast du wiederum recht; gefällt es Gott, so werde ich allerdings in vier oder fünf Tagen nach Flandern aufbrechen, und zwar trotz deiner Prophezeiung, daß ich den Weg verfehlen werde; denn ich hoffe nicht, daß mir unterwegs irgendein Unfall zustößt, der mich daran hindern könnte.«

»Still, kleiner Herr!« erwiderte Preciosa. »Empfiehl dich Gott, so wird alles gut gehn, und sei versichert, daß ich nichts von dem, was ich zu wissen behauptet habe, wirklich wußte; und das ist auch weiter kein Wunder, denn da ich aufs Geratewohl allerlei herausschwatze, so treffe ich mitunter auch die Wahrheit. Jetzt möchte ich nur, ich könnte dich mit ebensoviel Erfolg überreden, nicht abzureisen, sondern ruhigen Herzens bei deinen Eltern zu bleiben und ihnen ein glückliches Alter zu bereiten; denn bei diesem Hin- und

Herreisen nach Flandern kommt nichts Gutes heraus, besonders für junge Leute von so zartem Alter. Werde erst ein wenig älter, um die Beschwerden des Kriegs ertragen zu können, um so mehr, als du Krieg genug im eignen Hause hast und genug der Liebeskämpfe in deinem Herzen stürmen. Ruhig, ruhig, kleiner Brausekopf, und bedenke, was du tust, ehe du heiratest; uns aber gib ein Almosen um Gottes und deiner selbst willen, denn ich glaube wahrhaftig, du bist aus trefflichem Stamme; und kommt die Wahrhaftigkeit noch hinzu, so will ich, wenn sie sich erprobt hat, ein Jubellied anstimmen, weil ich in all meinen Angaben das richtige getroffen habe.«

»Ich sagte dir schon, mein Kind«, entgegnete der Don Juan, der zum ›Señor-Andrés‹ werden sollte, »daß du in allem die Wahrheit triffst; nur in deiner Besorgnis, ich sei nicht sonderlich wahrheitsliebend, irrst du völlig. Das Wort, das ich dir im Felde gebe, halte ich in der Stadt und wo du sonst willst, ohne mich erst mahnen zu lassen; denn wer dem Laster der Lüge verfällt, darf sich für keinen Ritter achten. Mein Vater wird dir um Gottes und meinetwillen ein Almosen reichen; denn wahrlich, ich habe, was ich bei mir hatte, heute früh einigen Damen gegeben, die mir keine sonderlichen Zinsen zahlen werden, wenn sie, besonders die eine unter ihnen, so leichtfertig sind wie schön.«

Als Cristina das hörte, flüsterte sie den übrigen Zigeunerinnen ebenso heimlich wie das erste Mal zu: »Kinder, ich will des Todes sein, wenn er da nicht die drei schweren Realen meint, die er uns heute morgen gegeben hat.«

»Das kann nicht sein«, erwiderte eine von ihnen, »denn er sagt ja, es seien Damen gewesen, was wir nicht sind, und da er so wahrhaftig zu sein behauptet, wird er auch hierin nicht lügen.«

»Eine Lüge«, antwortete Cristina, »die niemandem zum Schaden, dem aber, der sie sagt, zu Nutz und Vorteil gereicht, ist nicht von so großer Bedeutung; übrigens sehe ich bei all dem noch nicht, daß wir einen Pfennig erhielten oder daß man uns tanzen ließe.«

Inzwischen kam auch die alte Zigeunerin herauf und sprach: »Kind, mach, daß du fertig wirst; es wird spät, und es gibt noch viel zu tun und noch mehr zu reden.«

»Nun, was gibt es denn, Großmutter?« fragte Preciosa, »einen Jungen oder ein Mädchen?«

»Einen Jungen, und einen hübschen«, entgegnete die Alte, »komm, Preciosa, und du sollst deine Wunder hören.«

»Wolle Gott, daß er keines jähen Todes sterbe!« erwiderte Preciosa.

»Alles wird gut gehn«, versetzte die Alte, »besonders da die Geburt bis jetzt gehörig vor sich gegangen; und das Kind ist ein wahres Goldbübchen.«

»Ist eine Dame in die Wochen gekommen?« fragte der Vater des Señor-Andrés.

»Ja, mein Herr«, erwiderte die Zigeunerin, »aber die Geburt fand so im stillen statt, daß niemand davon weiß als Preciosa und ich und noch jemand; und somit können wir nichts darüber verlauten lassen.«

»Wir wollen auch nichts wissen«, sagte einer der Anwesenden; »aber Gott gnade derjenigen, die ihr Geheimnis auf eure Zungen niederlegt und ihre Ehre eurem Beistand anvertraut.«

»Wir sind nicht alle so schlimm«, erwiderte Preciosa; »vielleicht gibt es eine unter uns, die sich der Verschwiegenheit und der Wahrheitsliebe ebensosehr rühmen kann wie der vornehmste Mann in diesem Saal. Kommt, Großmutter, man schätzt uns hier zu niedrig ein, denn wahrhaftig, wir sind weder Diebe noch Bettler.«

»Werde nicht böse«, sagte der Vater, »denn wenigstens von dir, Preciosa, läßt sich, denke ich, Schlimmes nicht sagen; dein unschuldiges Gesicht bürgt für die Unschuld deines Treibens. Aber tu mir die Liebe, Precioschen, und tanze ein wenig mit deinen Begleiterinnen. Ich habe da eine Golddublone mit zwei Gesichtern, von denen jedoch keins dem deinigen gleichkommt, obwohl die Köpfe Königen angehören.«

Kaum hatte die Alte das vernommen, so rief sie: »Auf, Mädchen, tummelt euch und macht den Herren ein Vergnügen!«

Preciosa ergriff die Schellentrommel, und sie tanzten ihre Wendungen und verschlungenen Schritte mit so viel Leichtigkeit und freiem Anstand, daß die Augen aller Zuschauer ihren Füßchen folgten, besonders die des Andrés, die an Preciosas Füßen hingen, als fänden sie dort den Mittelpunkt ihres Himmels. Das Schicksal aber trübte ihm diesen Himmel plötzlich so, daß er sich in eine Hölle verwandelte; denn es traf sich, daß in der Lebhaftigkeit des Tanzes Preciosas das Papier entfiel, das ihr der Page gegeben hatte. Kaum aber war es gefallen, so hob jener Herr, der von den Zigeunerinnen eine so schlimme Meinung hatte, es auf, öffnete es unverweilt und rief: »Vortrefflich! ein Sonettchen! haltet ein mit dem Tanze und hört mir zu; denn nach dem ersten Vers zu schließen, ist es gar nicht übel.«

Preziosa war dies verdrießlich, da sie den Inhalt noch nicht kannte. Sie bat, man möchte es ihr ungelesen zurückgeben; der Eifer aber, mit dem sie darum bat, schärfte in Andrés nur die Begierde, es zu hören. Kurz, der Kavalier las mit lauter Stimme diese Verse:

Wenn Preciosa greift zum Spiel der Glocken
Und in die Luft die süßen Klänge hallen,
So läßt sie Perlen ihrer Hand entfallen,
Und aus dem Munde streut sie Blütenflocken.

Die Seele staunt, es steht das Herz erschrocken
Vor dieses Geistes holdem Erdenwallen,
Den nach des Himmels staubentrückten Hallen
Die Unschuld und die Reinheit wieder locken.

Gefesselt führt sie an dem kleinsten Haare
Viel tausend Seelen, und von ihren Füßen
Hervor läßt Amor Pfeil um Pfeile fliegen.

Sie hellt und blendet mit dem Sonnenpaare,
Worin der Liebe ewge Throne liegen,
Und läßt auf höhern Glanz noch für sich schließen.

»Bei Gott!« rief der Kavalier, der vorgelesen hatte, »der Dichter, der dies schrieb, versteht sich auszudrücken!«

»Es ist kein Dichter«, sagte Preciosa, »sondern ein sehr höflicher und freigebiger Page.«

Bedenke, was du gesagt hast und was du sagen willst, Preciosa, denn es ist nicht sowohl ein Lob des Pagen, wie ein Dolchstoß durch die Brust deines Zuhörers Andrés. Willst du ihn sehn, Kind? Wende nur die Augen, und du wirst ihn ohnmächtig, mit Angstschweiß bedeckt, auf dem Stuhl erblicken. Denke nicht, Mädchen, Andrés liebe dich nur zum Scherz, und ihn verwunde und ängstige nicht die kleinste deiner Unbesonnenheiten! Um Gottes willen, tritt zu ihm hin und sage ihm ein paar Worte ins Ohr, die ihm zu Herzen gehn und ihn wieder zu sich bringen. Willst du das nicht, so bringe nur jeden Tag ein Sonett zu deinem Lobe zum Vorschein, und bald wirst du sehn, wohin ihn das führt.

All das begab sich wirklich so, denn als Andrés dem Sonett lauschte, durchzuckten ihn tausend Bilder der Eifersucht. Er sank zwar nicht in Ohnmacht, aber er wurde so blaß, daß sein Vater es bemerkte und fragte: »Was ist dir, Don Juan? Du wechselst die Farbe, als wolltest du ohnmächtig werden.«

»Keine Sorge!« rief Preciosa, »laßt mich ihm nur ein Wörtchen ins Ohr sagen, und Ihr werdet sehn, daß es zu keiner Ohnmacht kommt.«

Damit trat sie auf ihn zu und flüsterte, beinahe ohne die Lippen zu bewegen: »Ein schöner Mut für einen Zigeuner!

Wie willst du die Folter aushalten, Andrés, wenn du nicht einmal ein Stück Papier erträgst?«

Zugleich machte sie ihm ein halb Dutzend Kreuze aufs Herz und trat zurück. Andrés begann wieder zu atmen, was darauf schließen ließ, daß Preciosas Worte wohltätig auf ihn eingewirkt hatten. Kurz, sie erhielt die doppelköpfige Dublone und sagte ihren Gefährtinnen, sie werde sie wechseln lassen und ehrlich mit ihnen teilen.

Andrés' Vater bat sie, ihm den Spruch, mit dem sie Don Juan zugesprochen hatte, aufzuschreiben, da er ihn für alle Fälle zur Hand haben möchte. Sie erwiderte, sie wolle ihm die Worte gern angeben; er dürfe versichert sein, obwohl sie scheinbar nur Unsinn seien, besäßen sie doch die besondere Kraft, Ohnmachten und Schwindel zu vertreiben. Sie lauteten also:

Köpflein, du hast selbst die Schuld;
Woll dich nicht so sehr erhitzen,
Und erwähle, dich zu stützen,
Die gesegnete Geduld.
Rascher Mut
Kühle dein Blut.

Wolle nicht wanken
Zu schlimmen Gedanken,
Und bald wirst du Wunder sehn,
Wie sie nicht zu oft geschehn.
Somit Gott gepriesen
Und Sankt Christoph, den Riesen!

»Nur die Hälfte dieses Spruches«, sagte Preciosa, »braucht man dem Ohnmächtigen zuzuflüstern, indem man sechsmal das Zeichen des Kreuzes macht, so ist er alsbald wieder frisch wie ein Apfel.«

Als die alte Zigeunerin diesen angeblichen Segen hörte,

war sie ganz erstaunt, und noch mehr war es Andrés, der wohl sah, daß alles nur eine Erfindung ihres schnell besonnenen Geistes war. Das Sonett behielt man zurück, weil Preciosa es nicht fordern mochte, um Andrés nicht neue Qualen zu bereiten; denn ohne daß man es sie gelehrt hatte, wußte sie bereits, was es heißt, wenn man einem Liebenden, der sich ganz hingibt, die Angst und Pein und die Schrecken der Eifersucht einflößt. Als die Zigeunerinnen Abschied nahmen, sagte sie zu Don Juan: »Bedenkt, mein Herr, daß jeder Tag dieser Woche für Eure Abreise günstig und keiner unheilvoll ist; beschleunigt Euren Aufbruch, so sehr Ihr könnt, denn es wartet Eurer ein reiches, freies und gar angenehmes Leben, falls Ihr Euch ihm bequemen wollt.«

»Mir scheint im Gegenteil«, erwiderte Don Juan, »als böte das Soldatenleben mehr des Zwanges als der Freiheit; aber ich will sehn, wie ich mich dahinein schicke.«

»Ihr werdet mehr sehn, als Ihr denkt«, entgegnete Preciosa; »Gott schütze und erhalte Euch, wie Euer gutmütiges Gesicht es verdient.«

Diese letzten Worte heiterten Andrés auf, die Zigeunerinnen aber waren voller Freude; sie ließen die Dublone wechseln und verteilten sie gleichmäßig unter sich, nur daß die Alte, wie von allen Sammlungen, anderthalb Teile bekam, und zwar erstens ihrer hohen Jahre wegen, und zweitens weil sie die Magnetnadel war, nach der die andern sich auf dem hohen Meer ihrer Tanzkünste, Scherze und Schelmenstücke richteten.

Endlich kam der Morgen, an dem sich der Señor Andrés in aller Frühe auf einem gemieteten Maultier, ohne irgend einen Bedienten, an dem Orte einstellte, wo wir ihn zuerst gefunden haben. Dort traf er Preciosa und deren Großmutter, die ihn voll Freuden empfingen. Er bat, sie möchten ihn vor Anbruch des Tages nach dem Lager führen, damit man nicht auf seine Spur geriete, falls man ihn etwa suchen sollte. Sie, die vorsichtig genug gewesen waren, allein zu kommen, traten sofort den Rückweg an und gelangten in kurzer Zeit mit ihm zu ihren Hütten. Andrés ging in eins der Zelte, das größte des Lagers, und alsbald eilten zehn bis zwölf Zigeuner zu seinem Empfang herbei, insgesamt junge, starke, wohlgestaltete Leute, denen die Alte den neuen Gefährten, der kommen sollte, schon gemeldet hatte. Verschwiegenheit brauchte sie ihnen dabei nicht erst besonders zu empfehlen, da sie Geheimnisse stets gewissenhaft und klug bewahren. Sie warfen sogleich ein Auge auf das Maultier, und einer sagte: »Das kann man am Donnerstag in Toledo verkaufen.«

»Nein«, erwiderte Andrés, »denn es gibt keinen Maultiertreiber in Spanien, der nicht jedes gemietete Maultier auf den ersten Blick kennte.«

»Bei Gott, Señor Andrés«, versetzte einer von den Zigeunern, »hätte das Tier auch mehr Zeichen an sich, als dem Jüngsten Tage vorausgehen werden, wir würden es hier schon so verwandeln, daß es weder die Mutter, die es geboren, noch der Herr, der es aufgezogen hat, mehr erkennen sollte!«

»Trotzdem«, entgegnete Andrés, »muß diesmal meine Meinung entscheiden: Das Tier muß sterben und wird so verscharrt, daß auch kein Knochen von ihm je wieder zum Vorschein kommt.«

»Das wäre eine große Sünde«, bemerkte ein andrer Zigeuner. »Einem Unschuldigen soll man das Leben nehmen? Sprecht nicht so, guter Andrés, sondern merkt auf: Betrachtet das Tier genau, prägt Euch all seine Kennzeichen recht ins Gedächtnis ein und laßt es mich dann fortnehmen: Erkennt Ihr es in zwei Stunden noch wieder, so mag man mich peitschen wie einen entlaufenen Neger.«

»Ich kann durchaus nicht zugeben«, sagte Andrés, »daß das Tier am Leben bleibe, und wenn Ihr mir noch so viel von seiner Verwandlung erzählt. Solange die Erde es nicht bedeckt, bin ich in Gefahr, entdeckt zu werden; handelt es sich aber um den Nutzen, der aus seinem Verkauf zu gewinnen wäre, so trete ich keineswegs so arm unter meine neuen Kameraden, um nicht als Eintrittsgeld den Wert von vier Maultieren erlegen zu können.«

»Nun, wenn der Señor Andrés es durchaus will«, erwiderte ein andrer Zigeuner, »so möge das Unschuldige sterben, und Gott weiß, daß es mir leid tut sowohl um seine Jugend, denn es hat noch seine Füllenzähne, was man bei einem Mietsmaultier fast niemals trifft, wie auch, weil es einen guten Schritt haben muß, denn es hat keine Striemen in den Weichen und keine Sporenmäler.«

Sein Tod wurde indessen bis auf den Abend verschoben, und der Rest des Tages wurde für die Feierlichkeiten verwandt, unter denen Andrés im Volk der Zigeuner aufgenommen wurde. Sie bestanden in folgendem: Man räumte ihm eins von den größten Zelten des Lagers ein, schmückte es mit Zweigen und Cypergras, ließ den Ankömmling auf dem Stumpf eines Korkbaumes Platz nehmen, gab ihm einen Hammer und ein paar Zangen in die Hand und ließ ihn beim Klang zweier von Zigeunern gespielten Gitarren zwei Luftsprünge machen. Dann entblößte man ihm den einen Arm und gab ihm mit einem neuen seidenen Band und einem Stöckchen zwei leichte Streiche. Bei all dem waren Preciosa und viele andre alte und junge Zigeunerinnen zugegen; die einen betrachteten ihn mit Bewunderung, die andern mit geheimer Neigung; denn so gefällig war seine Gestalt, daß sie selbst Zigeunern Liebe einflößte. Als die Zeremonien vorüber waren, nahm ein alter Zigeuner Preciosa bei der Hand, führte sie Andrés vor und sprach: »Dieses Mädchen, die Blume und den Ausbund aller Zigeunerschönheit in Spanien, übergeben wir dir zum Weibe oder zur Liebsten, denn hierin kannst du tun, was am meisten nach deinem Geschmack ist; unser reiches, freies Leben ist keinen Zierereien und Förmlichkeiten unterworfen. Betrachte sie genau und sieh, ob sie dir recht ist, oder ob du irgend etwas an ihr bemerkst, was dir mißfällt; denn dann wähle dir unter den andern Mädchen, die hier stehn, diejenige aus, mit der du am meisten zufrieden bist, und wir werden sie dir überlassen. Wisse aber, wenn du sie einmal gewählt hast, so darfst du sie nicht um einer andern willen wieder verlassen oder mit andern, sei es Verheirateten oder Mädchen, zusammenhalten, denn wir beobachten das Gesetz der Freundschaft unverbrüchlich. Keiner streckt die Hand nach dem Gute des andern aus, wir leben frei und ledig von der Pest der Eifersucht, und gibt es auch manche Ehe unter Blutsverwandten, so gibt es doch keinen Ehebruch bei uns. Kommt bei einem Eheweib oder bei einer Liebsten eine Untreue vor, so gehen wir nicht erst vor Gericht, um Strafe zu fordern, sondern wir selbst sind die Richter und Nachrichter unsrer Weiber und Liebsten, die wir so ohne alle Umstände auf den Bergen und in den Wüsten umbringen und begraben, als wären sie schädliche Tiere. Da gibt es keinen Verwandten, der Rache für sie nähme, keine Eltern, die uns wegen ihres Todes verklagten. So wird durch Angst und Furcht die Zucht unter den Frauen erhalten, und wir selber leben in Sicherheit. Außer der Frau oder der Liebsten jedoch, die stets dem verbleibt, dem sie durch das Schicksal zufiel, haben wir wenig, was nicht gemeinsames Eigentum wäre. Außer dem Tod aber scheidet bei uns auch das Alter den Ehebund. Wer will, kann, falls er selbst jung ist, eine alte Frau verlassen und eine andre wählen, die dem Geschmack seiner Jahre mehr zusagt. Durch diese und einige andre Gesetze, und Bedingungen halten wir unsre Gesellschaft aufrecht und leben in Freuden. Wir sind die Herren der Felder, der Äcker, der Wälder, der Berge, der Quellen und Flüsse. Die Berge geben uns unentgeltlich Holz, die Bäume Obst, die Reben Trauben, die Gärten Gemüse, die Quellen Wasser, die Flüsse Fische, die Gehege Wildbret, die Felsen Schatten, die Schluchten Kühlung, die Höhlen Häuser. Für uns sind die Unbilden der Witterung Erfrischungen, der Schnee dient uns zur Erquickung, der Regen zum Bade, der Donner als Musik, der Blitz als Fackel. Für uns ist die harte Erde ein weiches Federbett, die schwielige Haut unsres Leibes dient uns als undurchdringlicher Harnisch; für unsre Gewandtheit sind weder Gitter ein Hindernis, noch halten uns Gräben zurück, noch können Mauern uns bannen. Unsern Mut fesseln weder Stricke, noch schüchtern ihn Fußblöcke ein, noch ersticken ihn Daumenschrauben, noch bändigt ihn der Pranger. Zwischen Ja und Nein machen wir, wenn unser Vorteil es heischt, keinen Unterschied. Stets setzen wir eine größere Ehre darein, Märtyrer als Bekenner zu sein. Für uns wachsen die Lasttiere auf den Feldern auf, und für uns schneidet man in den Städten die Taschen zurecht. Kein Adler noch irgend ein andrer Raubvogel stürzt schneller auf seine Beute, als wir uns auf die Gelegenheit stürzen, aus der wir Nutzen zu ziehen gedenken. Kurz, wir sind in manchen Dingen geschickt, die uns ein glückliches Ende sichern; denn im Gefängnis singen, am Pranger schweigen wir, bei Tage arbeiten und bei Nacht stehlen wir, oder besser, wir warnen die Leute, daß keiner sein Eigentum unordentlich hinwerfe, wo er gerade gehe und stehe. Uns plagt keine Angst, unsre Ehre einzubüßen, noch raubt uns die Sucht, sie zu mehren, den Schlaf. Wir brauchen uns keine Gönner zu gewinnen noch früh aufzustehen, um Bittschriften zu überreichen; wir brauchen keinen großen Herren das Geleit zu geben, noch um Gunstbezeugungen zu betteln. Diese Hütten und tragbaren Zelte sehen wir an als goldene Dächer und prächtige Paläste; statt der Gemälde und niederländischen Landschaften betrachten wir die Reize der Natur in diesen hohen Klippen und beschneiten Kuppen, diesen weitgedehnten Wiesen und dichten Gesträuchen, die sich unserm Blick bei jedem Schritte bieten. Zu Astronomen werden wir von selbst, denn da wir fast immer im Freien schlafen, so wissen wir jederzeit, welche Stunde des Tages oder der Nacht es sei. Wir sehn, wie die Morgenröte die Sterne des Himmels verdrängt und zertritt und mit ihrer

Gefährtin, der Tagesdämmerung, emporsteigt, Freude in der Luft, Kühlung im Wasser und Feuchte auf der Erde verbreitend, und dann die Sonne, die ›Wipfel vergoldend‹ (wie ein Dichter sagt) ›und die Berge umzitternd‹. Wir fürchten nicht, zu erfrieren, wenn sie fern ist und uns nur mit schrägen Strahlen trifft, und ebensowenig zu verbrennen, wenn sie senkrecht auf uns herabbrennt. Der Sonne wie dem Frost, der Unfruchtbarkeit wie dem Überfluß bieten wir gleichermaßen die Stirn, kurz, wir sind Leute, die durch ihre Kunst und auf ihr Glück hin leben, ohne uns um das alte Sprichwort zu kümmern: Kirche, Meer oder Königshaus[1]. Wir haben, was wir wollen, weil wir mit dem zufrieden sind, was wir haben. All das aber sage ich Euch, edler Jüngling, damit Ihr das Leben, in das Ihr eintretet, und die Art, wie Ihr Euch zu benehmen habt, nach dieser meiner kurzen Schilderung ein wenig kennen lernt; noch gar viel andres, das der Beachtung nicht minder wert ist als das, was Ihr soeben vernommen habt, werdet Ihr in Zukunft bei uns finden.«

Der beredte alte Zigeuner verstummte, und der Novize entgegnete, er freue sich sehr, so löbliche Gesetze vernommen zu haben; er gedenke allerdings in einen so sehr auf Vernunft und Staatsklugheit gegründeten Orden zu treten, und er bedaure nur, nicht schon früher Kunde von einem so lustigen Leben erhalten zu haben; so entsage er denn in diesem Augenblick dem Stande eines Ritters und dem eitlen Ruhme der erlauchten Abkunft; er stelle alles unter das Joch, oder besser, unter die Gesetze, nach denen seine neuen Freunde lebten, da sie seinen Wunsch, ihnen zu Diensten zu sein, durch eine so hohe Belohnung anerkannt und ihm die göttliche Preciosa zugesprochen hätten, um deretwillen er Kronen und Kaiserreichen entsagen oder sie doch einzig begehren würde, um sie ihr zu Füßen zu legen.

1 Als die drei Wege nämlich, auf denen man sein Glück machen kann.

Preciosa erwiderte: »Haben es auch die Herren Gesetzgeber kraft ihrer Gesetze für richtig erfunden, daß ich die Deine sei, und mich dir übergeben, so habe doch ich durch das Gesetz meines eignen Willens (und das ist stärker als alle) bestimmt, daß ich es nur unter den Bedingungen sein will, die wir beide vor deiner Ankunft an diesem Ort miteinander verabredet haben: Zwei Jahre lang mußt du in unsrer Gesellschaft leben, ehe du in meinen Besitz gelangst, damit nicht du nachher einen vorschnellen Schritt zu bereuen hast und ich durch Übereilung ins Unglück gerate. Persönliche Bedingungen brechen das allgemeine Gesetz; du weißt, welche ich dir auferlege, und willst du sie beobachten, so werde ich vielleicht die Deine und du der Meine. Willst du nicht, so ist ja dein Maultier noch nicht getötet, deine Kleider sind unversehrt, und von deinem Gelde fehlt kein Pfennig. Noch bist du keinen Tag aus deinem Hause fort, verwende die Zeit bis zur Nacht, um zu überlegen, was du tun sollst. Diese Herren können dir wohl meinen Leib, aber nicht meine Seele übergeben; die ist frei, wurde frei geboren und soll frei bleiben, solange es mir gefällt. Bleibst du hier, so werde ich dich schätzen; kehrst du zurück, so werde ich dich deshalb nicht geringer achten, denn mir scheint, die Leidenschaft jagt verhängten Zügels davon, bis sie auf die Vernunft oder auf eine Enttäuschung trifft; und ich möchte nicht, daß du es mit mir machtest wie der Jagdhund, der den verfolgten Hasen kaum erreicht und gefaßt hat, so läßt er ihn wieder fahren, um einem andern nachzulaufen, der ihm weit voraus ist. Die Augen sind bisweilen geblendet, so daß sie auf den ersten Blick Rauschgold von echtem Golde nicht unterscheiden, aber gar bald erkennen sie den Unterschied zwischen dem Wahren und Falschen. Weiß ich, ob dir die Schönheit, die du mir zuschreibst und über Sonnenlicht und Gold erhebst, bei näherem Betrachten nicht als glanzlos und bei der Prüfung als Tombak erscheinen wird? Zwei Jahre gebe ich dir, um zu erwägen und herauszufinden, was du tun oder lassen sollst; hast du einmal zugegriffen, so kannst du es nur durch den Tod wieder rückgängig machen. Daher ist es gut, daß du Zeit hast, und lange Zeit, um den Gegenstand deiner Wahl zu betrachten und zu prüfen, und Fehler und Tugenden an ihm zu entdecken. Denn ich erkenne das barbarische und vermessene Vorrecht nicht an, das meine Vettern da sich nehmen, die ihre Frauen verstoßen oder mißhandeln, wenn sie ihrer überdrüssig werden. Da ich nichts zu tun gedenke, was Züchtigung verdient, so mag ich auch keinen Gefährten, der mich nach Belieben wegschicken könnte.«

»Du hast recht, Preciosa«, entgegnete Andrés; »willst du also, daß ich dir deine Besorgnis und deinen Argwohn nehme, indem ich dir schwöre, nicht um Haaresbreite deinen Anordnungen zuwiderzuhandeln, so sage nur, welchen Schwur du von mir verlangst, oder welches sonstige Sicherheitspfand ich dir geben soll; du wirst mich zu allem bereitfinden.«

»Schwüre und Versprechungen«, erwiderte Preciosa, »die ein Gefangener ausspricht, um die Freiheit zu erlangen, werden selten erfüllt, wenn er sie erlangt hat. Und ebenso, glaube ich, ist es mit den Eiden der Verliebten, die die Flügel Merkurs und die Blitze Jupiters versprechen würden, um ihr Ziel zu erreichen; hat sie mir doch schon ein Dichter versprochen und noch dazu bei den stygischen Fluten geschworen. Ich verlange weder Eide noch Versprechungen, Herr Andrés, sondern alles soll auf die Probe dieses Noviziats ankommen; ich werde schon auf meiner Hut sein, falls Ihr etwas Unrechtes gegen mich unternehmen solltet.«

»So sei es!« antwortete Andrés; »nur um eins bitte ich meine Herren Kameraden: daß sie mich nämlich nicht nötigen, vor Ablauf von etwa einem Monat zu stehlen, denn ich glaube, ich werde ein sehr schlechter Spitzbube sein, wenn ich nicht zuvor noch viele Lektionen genommen habe.«

»Gemach, mein Sohn«, rief der alte Zigeuner, »wir wollen dich schon so einfuchsen, daß du ein Meister im Handwerk werden sollst; und verstehst du es einmal, so wirst du genug Gefallen daran finden, um dir die Finger danach zu lecken. Wahrlich, es ist keine Kinderei, morgens leer auszuziehen und abends mit einer hübschen Tracht ins Lager zurückzukehren.«

»Mit einer Tracht Prügel habe ich Leute, die leer auszogen, wohl auch schon zurückkehren sehn«, bemerkte Andrés.

»Wenn man Fische fängt, werden die Hände naß«, antwortete der Alte. »Alles im Leben hat seine Gefahr; dem Spitzbuben drohen die Galeere, die Peitsche und der Galgen, aber wenn ein Schiff in einen Sturm gerät oder versinkt, sollen die andern deshalb die Fahrt aufgeben? Es wäre was Rechtes, wenn man keine Soldaten mehr halten wollte, weil der Krieg Menschen und Pferde frißt! Wir aber können um so weniger auf solche Dinge Rücksicht nehmen, als jeder, der von der Justiz gepeitscht wird, in unsern Augen ein Ordenskreuz auf dem Rücken trägt, das uns ehrenhafter dünkt als eines der vornehmen Kreuze auf der Brust. Die Hauptsache ist, daß man nicht schon in der Blüte der Jugend und gleich nach den ersten Verstößen mit des Seilers Tochter tanzt; aber so ein Fliegenstreich auf den Rücken, oder eine Spazierfahrt auf der Galeere – das kann uns weiter nicht schrecken. Sohn Andrés, bleibt immerhin für jetzt noch im Nest unter unsern Flügeln; wir wollen Euch schon eines Tages zum Fluge hervorziehen, und zwar an einem Ort, wo Ihr nicht ohne Beute zurückkehren sollt. Wie gesagt, Ihr werdet Euch noch die Finger nach jedem Diebstahl lecken.«

»Als Ersatz für das, was ich in der Zeit stehlen könnte, da ich noch Urlaub habe«, erwiderte Andrés, »will ich jetzt unter sämtliche Mitglieder der Bande zweihundert Goldtaler verteilen.«

Kaum hatte er dies ausgesprochen, als eine Schar Zigeuner auf ihn zustürzte, ihn auf die Schultern hob und ausrief:

»Vivat, vivat der große Andrés!« Und andre fügten hinzu: »Vivat, vivat Preciosa, sein geliebter Schatz!« Die Zigeunerinnen taten desgleichen mit Preciosa, nicht ohne in Cristina und andern Zigeunermädchen einen gewissen Neid zu wekken, denn in den Lagern der Wilden und den Hütten der Schäfer findet der Neid seine Stätte so gut wie in den Palästen der Fürsten; und wenn ich einen Nachbar emporkommen sehe, während ich glaube, er habe nicht mehr Verdienst als ich, so ist das immer eine verdrießliche Sache.

Als das vorüber war, hielt man ein fröhliches Mahl, verteilte das Geld gerecht und billig, lobte Andrés von neuem und erhob Preciosas Schönheit abermals zum Himmel. Die Nacht kam; man tötete das Maultier durch einen Genickfang und verscharrte es so, daß Andrés seine Besorgnis, es könnte ihn verraten, völlig beschwichtigt sah. Mit dem Tier begrub man das Geschirr: Sattel, Zaum und Gurt, wie bei den Indianern, die ihre kostbarsten Kleinode mit sich beerdigen lassen.

Andrés war über alles, was er gehört und gesehn hatte, und über den feinen Geist der Zigeuner nicht wenig erstaunt. Er war entschlossen, sein Vorhaben durchzuführen, ohne sich jedoch auf die Gebräuche seiner Gefährten einzulassen; wenigstens wollte er sie auf jede mögliche Weise umgehen und hoffte, sich von dem ihm auferlegten Gehorsam in unsauberen Dingen mit Geld loskaufen zu können. Am folgenden Tage bat er sie, ihren Aufenthalt zu ändern und sich von Madrid zu entfernen, da er bei längerem Verweilen entdeckt zu werden fürchtete. Sie erwiderten, sie hätten bereits beschlossen, sich in die Berge von Toledo zu begeben und von dort aus die ganze Umgegend zu brandschatzen. Wirklich brachen sie das Lager ab und gaben dem Andrés eine Eselin zur Reise; er zog es jedoch vor, zu Fuß zu gehn, und zwar als Diener Preciosas, die auf einer andern Eselin ritt. Sie freute sich des Triumphs, den sie über ihren schönen Stallmeister feierte, und er sah sich mit nicht minderem

Entzücken an der Seite derer, die er zur Herrin seines Willens gemacht hatte. O mächtige Gewalt dessen, den man den süßen Gott der Bitterkeit nennt (ein Name, den ihm unser Müßiggang und unsre Sorglosigkeit gegeben), wie tyrannisch unterjochst und wie rücksichtslos behandelst du uns! Andrés ist ein Kavalier und ein junger Mann von trefflichem Verstande, sein Leben lang in der Residenz und von seinen reichen Eltern mit aller Sorgfalt erzogen; aber seit gestern hat sich in ihm eine solche Wandlung vollzogen, daß er Dienern und Freunden entflieht, die Hoffnungen täuscht, die seine Eltern in ihn setzten, vom Wege nach Flandern, wo er sich persönlich Ehre erwerben und den Ruhm seines Geschlechtes mehren sollte, entweicht und sich als Diener einem jungen Mädchen zu Füßen wirft, das, wenn auch noch so schön, doch nur eine Zigeunerin ist! Aber es gehört zu den Vorrechten der Schönheit, daß sie selbst den ungebundensten Willen an einem Haare leitet.

Nach vier Tagen gelangten sie zu einem Flecken, zwei Stunden von Toledo, wo sie ihr Lager aufschlugen und zunächst dem Schulzen des Orts einige silberne Gerätschaften als Pfand dafür gaben, daß sie weder im Dorf noch auf dessen Markung einen Diebstahl begehn würden. Sofort zerstreuten sich sämtliche alte und einige junge Zigeunerinnen, sowie die Männer, in die umliegenden Ortschaften oder doch in solche, die nicht mehr als vier bis fünf Stunden von dem Flecken entfernt waren, bei dem sie ihr Lager aufgeschlagen hatten. Andrés ging mit, um den ersten Unterricht im Stehlen zu nehmen; so viel Lektionen man ihm jedoch auf diesem Ausflug auch erteilte, es haftete keine bei ihm, vielmehr ging ihm jeder Diebstahl, den seine Lehrer verübten, seinem edleren Blute gemäß, durchs Herz, und bisweilen vergütete er sogar die von seinen Gefährten begangenen Diebereien mit seinem Gelde, denn er vermochte es nicht, die Tränen der Beraubten mit anzusehn. Darüber aber jammerten die Zigeuner sehr, und sie versicherten, solches widerstreite ihren Gesetzen und Verordnungen, die dem Mitleid den Eintritt in ihr Herz streng untersagten; sonst müßten sie aufhören, Spitzbuben zu sein, was sich nimmermehr für sie schicken würde. Als Andrés dies hörte, sagte er, er wolle fortan für sich allein stehlen, ohne irgendwelche Gefährten mitzunehmen, denn er sei gewandt genug, um etwaigen Gefahren zu entgehen, und ihnen zu trotzen fehle es ihm nicht an Mut; er wünsche also, Gewinn und Strafe seiner Diebstähle sollten ihn allein treffen. Die Zigeuner suchten ihm diesen Vorsatz auszureden, indem sie ihm zu bedenken gaben, es könnten Fälle eintreten, in denen die Gesellschaft mehrerer sowohl zum Angriff wie zur Verteidigung nötig wäre, und eine Person allein könnte niemals große Beute machen. Allein je mehr sie sprachen, desto eifriger wünschte Andrés auf eigne Faust Spitzbub zu sein; denn seine Absicht war, ohne Zeugen für sein Geld dies oder jenes zu kaufen und es für gestohlene Ware auszugeben, um auf diese Art sein Gewissen so rein zu erhalten wie möglich.

Durch diesen Kunstgriff hatte er denn wirklich in weniger als einem Monat der Bande mehr Nutzen gebracht, als vier der verschmitztesten Beutelschneider gemeinsam zu tun vermocht hätten, und Preciosa freute sich nicht wenig, in ihrem zarten Liebhaber einen so geschickten und aufgeweckten Spitzbuben zu finden. Dabei war sie jedoch beständig in Angst, es möchte ihm irgend ein Unfall begegnen, denn um alle Schätze Venedigs hätte sie ihn nicht in Not wissen mögen, zumal sie sich infolge seiner vielen Liebesdienste und Gefälligkeiten einer wachsenden Zuneigung nicht erwehren konnte.

Sie blieben nicht viel länger als vier Wochen in dem Bezirk von Toledo, machten aber, obwohl es bereits September war, aus dieser Zeit ihren Erntemonat und zogen dann nach Estremadura, als einem reichen und warmen Lande. Andrés führte mit Preciosa sittsame, verständige und liebeglühende

Gespräche, und sie verliebte sich allmählich in den Verstand und das züchtige Benehmen ihres Freundes, wie er in ihres verliebt war. Hätte seine Liebe noch wachsen können, sie wäre gewachsen, so groß waren seiner Preciosa Sittsamkeit, Geist und Schönheit. Wo sie nur hinkamen, gewann er den Preis in Wettlauf und Tanz vor allen andern; im Ball- und Kugelspiel tat es ihm keiner gleich; den Ger warf er mit großer Kraft und ausgezeichneter Geschicklichkeit, und nach kurzer Zeit flog sein Ruhm durch ganz Estremadura, so daß es keine Ortschaft gab, wo man nicht von dem mannhaften Wesen des Zigeuners Andrés, von seiner Anmut und Gewandtheit gesprochen hätte. Mit seinem Ruf aber hielt der Ruhm von der Schönheit des Zigeunermädchens gleichen Schritt, und bald blieb keine Stadt, kein Flecken und kein Dorf mehr übrig, wohin man sie nicht zur Verherrlichung der Kirchweihen oder andrer besondrer Festlichkeiten berufen hätte. Auf diese Art wurde die Bande reich, angesehen und zufrieden, und die Liebenden waren schon glücklich, sich nur sehen zu können.

Nun geschah es einst, als das Lager abseits von der Landstraße zwischen einigen Steineichen aufgeschlagen war, daß man gegen Mitternacht die Hunde mit ungewöhnlicher Heftigkeit bellen hörte. Einige Zigeuner, unter ihnen auch Andrés, standen auf, um zu sehn, wen sie anbellten, und bald fanden sie einen weiß gekleideten Menschen, den zwei Hunde am Bein gepackt hielten, und der sich heftig gegen sie wehrte. Sie eilten hinzu, befreiten ihn, und einer von den Zigeunern rief: »Was zum Teufel treibt dich um diese Stunde und so abseits von der Straße hierher, du Bursche? Willst du vielleicht stehlen? Wahrhaftig, da bist du vor die rechte Tür gekommen!«

»Ich komme nicht, um zu stehlen«, erwiderte der Gebissene, »und weiß nicht, ob ich auf der Straße bin oder nicht. Freilich sehe ich, daß ich mich verirrt habe; aber sagt mir, ihr Herren, ist ein Wirtshaus oder ein Hof in der Nähe, wo ich mich die Nacht über etwas erholen und für die Wunden sorgen könnte, die eure Hunde mir gebissen haben?«

»Ein Hof oder ein Wirtshaus«, versetzte Andrés, »in das wir Euch weisen könnten, ist nicht in der Nähe, aber um für Eure Wunden zu sorgen und Euch diese Nacht zu beherbergen, soll es Euch auch in unsern Hütten an keiner Bequemlichkeit fehlen. Kommt mit uns, denn sind wir auch nur Zigeuner, so versagen wir darum doch unsre Hilfe nicht.«

»Gott vergelte es Euch«, antwortete der Fremde; »führt mich, wohin Ihr wollt, denn der Schmerz in meinem Bein ermattet mich.«

Andrés und ein andrer mitleidiger Zigeuner (denn wie unter den Teufeln einige schlimmer sind als die andern, so gibt es unter vielen bösen Buben auch den einen oder andern besseren) nahmen ihn in ihre Mitte und führten ihn fort. Die Nacht war mondhell, und sie konnten sehn, daß der Fremde noch jung, von zartem Gesicht und Wuchs war. Er war ganz in weiße Leinwand gekleidet, und quer über den Rücken hing ihm eine Art Hemd oder Quersack, ebenfalls von Leinwand, die um die Brust gegürtet war. Man gelangte in Andrés' Hütte, wo sogleich Feuer und Licht gemacht wurde; dann eilte Preciosas Großmutter herbei, um die Wunde, von der sie gehört hatte, zu verbinden. Sie nahm ein paar Haare von den Hunden, brühte sie in Öl und legte, nachdem sie zuvor die beiden Wunden im linken Beine des Gastes mit Wein gewaschen hatte, die Haare samt dem Öl in die Bisse ein, worauf sie noch ein wenig frischen, gekauten Rosmarin darauf tat, alles mit reiner Leinwand verband, das Kreuz darüber machte und dann sprach: »Schlaft, Freund; mit Gottes Hilfe wird es nun nicht von Bedeutung sein.«

Während sie den Verwundeten verband, stand Preciosa daneben und schaute ihn mit unverwandtem Blicke an, wie er auch sie, so daß es Andrés' Aufmerksamkeit nicht entging; er glaubte jedoch, nur ihre große Schönheit ziehe die Augen des Jünglings an. Als er verbunden war, ließ man ihn auf einem Lager von trockenem Heu allein und fragte ihn weder nach dem Ziel seines Weges, noch sonst nach irgend etwas.

Kaum aber hatten sie ihn verlassen, als Preciosa Andrés zu sich rief und fragte: »Erinnerst du dich eines Papiers, das mir in deinem Hause entfiel, als ich mit meinen Begleiterinnen tanzte, und das dir, wie ich glaube, ziemlich verdrießlich war?«

»Wohl erinnere ich mich dessen«, entgegnete Andrés; »es war ein Sonett zu deinem Lobe, und zwar kein übles.«

»Nun, du mußt wissen, Andrés«, erwiderte Preciosa, »daß der Verfasser des Sonetts dieser junge Fremde ist, den die Hunde gebissen haben, und den wir eben im Zelt verließen; ich täusche mich gewiß nicht, denn er hat in Madrid zwei- bis dreimal mit mir gesprochen und mir auch eine sehr gute Romanze geschenkt. Dort trug er sich, soviel ich sehen konnte, wie ein Page, jedoch nicht wie die gewöhnlichen, sondern wie einer, der von einem vornehmen Herrn besonders begünstigt wird. Und wahrhaftig, Andrés, ich kann dir sagen, der junge Mensch ist sehr verständig und einsichtig und über die Maßen gesittet, so daß ich nicht weiß, wie ich mir seine Reise und seine Tracht erklären soll.«

»Wie du dir das erklären sollst, Preciosa?« versetzte Andrés. »Nicht anders, als daß die gleiche Gewalt, die mich zu einem Zigeuner machte, ihn, wie es scheint, in einen Müller verwandelt hat, um dich aufzusuchen. Ha, Preciosa, Preciosa, jetzt wird es mir klar, daß du dich rühmen willst, mehr als einen überwunden zu haben. Ist dies der Fall, so töte erst mich und dann diesen andern, aber opfere nicht uns beide zugleich auf dem Altar deiner Falschheit; denn ich kann nicht mehr sagen: deiner Schönheit.«

»Bei Gott«, entgegnete Preciosa, »du bist sehr leicht verletzt, Andrés, und mußt deine Hoffnungen und den Glauben an mich an ein gar dünnes Haar gehängt haben, wenn das harte Schwert der Eifersucht deine Seele so leicht durchbohren kann. Sprich, Andrés, wenn hier eine List oder ein Betrug im Spiel wäre, hätte ich nicht eher verschweigen müssen, wer dieser Jüngling ist? Bin ich so töricht, daß ich dir Anlaß geben sollte, meine Tugend und meine Aufrichtigkeit in Zweifel zu ziehn? Um des Himmels willen, schweig, Andrés, und sieh, daß du morgen früh dem Gegenstand deines Schreckens das Geheimnis entlockst, wohin er gehe, oder was er eigentlich suche; denn es wäre ja möglich, daß deine Vermutung ebenso falsch wäre wie das, was ich von ihm gesagt habe, richtig ist. Und zu deiner noch größeren Beruhigung – da ich nun schon einmal so weit gekommen bin, für deine Ruhe sorgen zu müssen – verabschiede den jungen Menschen, welches auch die Art und Absicht seiner Reise sei, sogleich wieder und eile, daß er dir aus den Augen kommt. Die ganze Bande gehorcht dir ja, und niemand wird ihm gegen deinen Willen Aufenthalt im Zelt gewähren. Geschieht dies aber nicht, so gebe ich dir mein Wort, daß ich meine Hütte nicht verlassen und mich weder von ihm, noch von irgend jemand werde blicken lassen, der dir nicht genehm ist.«

Und sie fügte noch hinzu: »Sieh, Andrés, es tut mir nicht weh, dich eifersüchtig zu sehn, aber es würde mir sehr weh tun, wenn ich dich nicht mehr mit deiner bisherigen Klugheit handeln sähe.«

»Solange du mich noch nicht wahnsinnig siehst, Preciosa«, erwiderte Andrés, »wird dir nichts die bittere, furchtbare Angst der Eifersucht noch die Qualen meiner Brust verraten können; indessen will ich tun, was du mir gebietest, und ich will, wenn möglich, zu erfahren suchen, was dieser Herr Page und Dichter will, wohin er geht und was er sucht, denn vielleicht bekomme ich durch irgendeinen unvorsichtig von ihm hingeworfenen Faden den ganzen Knäuel in die Hände, mit dem er mich, wie ich fürchte, umgarnen wollte.«

»Die Eifersucht«, entgegnete Preciosa, »scheint mir, läßt

den Verstand niemals so frei, daß er die Dinge beurteilen könnte, wie sie sind. Sie sieht immer durch Brillen, die kleine Dinge groß, Zwerge zu Riesen und Vermutungen zur unzweifelhaften Gewißheit machen. Bei deinem und meinem Leben beschwöre ich dich, Andrés, handle in dieser Angelegenheit sowie in allem, was unsre Übereinkunft betrifft, vorsichtig und klug. Tust du dies, so stehe ich meinerseits dafür ein, daß du mir den Preis der Sittsamkeit, Vorsicht und Offenheit wirst zuerkennen müssen.«

Damit verabschiedete sie sich von Andrés, der mit Verlangen dem Anbruch des Tages entgegensah, um dem Verwundeten seine Beichte abzunehmen. Die Seele voll tausend widersprechender Vorstellungen, vermochte er nicht, den Glauben zu bannen, der Page sei durch Preciosas Schönheit herbeigelockt worden; denn wer stiehlt, hält alle andern auch für Diebe. Er sagte sich jedoch, Preciosa habe ihm ein hinlänglich starkes Sicherheitspfand gegeben, so daß er sich beruhigen und sein ganzes Glück in die Hände ihrer Tugend legen könne.

Endlich brach nach, wie ihm schien, ungewöhnlich langem Zaudern der Tag an; er begab sich zu dem Fremden und fragte ihn, wie er heiße, wohin er gehe und warum er so spät und so abseits der Landstraße reise, doch hatte er sich zuvor nach seinem Befinden erkundigt und gefragt, ob die Bisse ihn noch schmerzten. Der junge Mensch erwiderte, er befinde sich nun besser und sei ohne allen Schmerz, so daß er sich wieder auf den Weg machen könne. Über seinen Namen und das Ziel seiner Reise sagte er weiter nichts, als daß er Alonso Hurtado heiße und in einer gewissen Angelegenheit zu »Unsrer Frau von Peña de Francia«[1] wandere. Um schneller dorthin zu kommen, reise er auch bei Nacht; er habe in der eben vergangenen den Weg verloren und sei zufällig in dieses Lager geraten, wo ihn die Wachhunde auf die

1 Ein Flecken in der Provinz Leon, elf Stunden südöstlich von Ciudad Rodrigo.

geschilderte Art zugerichtet hätten. Andrés hielt diese Erklärung keineswegs für wahrheitsgemäß; von neuem fuhr ihm sein Argwohn über die Seele, und er sprach:

»Freund, wäre ich Richter, und Ihr wäret wegen irgendeines Vergehens meiner Gerichtsbarkeit verfallen, so daß ich Euch diese Fragen stellen müßte, ich wäre durch Eure Antwort genötigt, Gewalt gegen Euch zu gebrauchen. Ich will jetzt nicht mehr wissen, wer Ihr seid, wie Ihr heißet und wohin Ihr geht; aber ich rate Euch: Wenn es Euch auf dieser Reise von Nutzen sein sollte zu lügen, so bringt Eure Lüge wahrscheinlicher vor. Ihr sagt, Ihr reiset nach Peña de Francia und habt diesen Ort doch hier, wo wir sind, schon volle dreißig Stunden rechts hinter Euch. Ihr reiset bei Nacht, um schneller anzukommen, und streicht doch außerhalb der Straße unter Büschen und Bäumen umher, wo es kaum Fußpfade, geschweige denn Landstraßen gibt. Steht auf, Freund, lernet lügen und geht mit Gott. Aber werdet Ihr mir für den guten Rat, den ich Euch hiermit gebe, nicht eine Wahrheit sagen? Ich denke wohl, da Ihr Euch ja doch so schlecht aufs Lügen versteht! Sagt mir denn, seid Ihr vielleicht ein Mensch, so in der Mitte zwischen Page und Kavalier, den ich oft in der Residenz gesehen habe, wo er in dem Rufe eines großen Dichters stand und eine Romanze und ein Sonett an ein Zigeunermädchen richtete, das unlängst in Madrid umherzog und als eine ausgezeichnete Schönheit galt? Sagt mir's; ich verspreche Euch auf Zigeunerehre, Euer Geheimnis so gut zu bewahren, wie Ihr es nur wünschen könnt. Bedenkt, daß es zu nichts führen kann, wenn Ihr die Wahrheit leugnet, da ich Euer Gesicht, das ich vor mir sehe, sicher erkenne; denn natürlich veranlaßte mich der Ruf Eurer ausgezeichneten Geistesgaben, Euch als einen seltenen und besondern Menschen mehr als einmal ins Auge zu fassen, und so habe ich mir denn Eure Gestalt so ins Gedächtnis eingeprägt, daß ich Euch wiedererkannte, obgleich Eure jetzige Tracht von Eurer damaligen so verschieden ist.

Macht Euch deshalb keine Sorge, seid guten Muts und glaubt nicht unter einen Haufen Spitzbuben, sondern an einen Zufluchtsort geraten zu sein, an dem man Euch gegen die ganze Welt zu schützen und zu verteidigen weiß. Seht, ich denke mir etwas, und verhält es sich so, wie ich es mir denke, so hat Euch Euer guter Stern mit mir zusammengeführt. Ich denke mir nämlich, daß Ihr in Preciosa, das schöne Zigeunermädchen, auf das Ihr die Verse machtet, verliebt seid und hierher kamt, um sie aufzusuchen; ich schätze Euch darum auch nicht geringer, sondern um vieles höher. Bin ich auch nur ein Zigeuner, so weiß ich doch aus Erfahrung, wie weit die mächtige Gewalt der Liebe sich erstreckt und welchen Verwandlungen sie alle unterwirft, die unter ihr Joch geraten. Verhält es sich wirklich so mit Euch, worüber denn wohl kaum ein Zweifel walten dürfte, so ist die kleine Zigeunerin hier.«

»Ja, sie ist hier«, erwiderte der Fremde, »ich habe sie heute nacht gesehn«, – ein Wort, das Andrés wie der Tod durchs Herz ging, denn es schien ihm seinen Argwohn zu bestätigen. »Ich habe sie heute nacht gesehn«, fuhr der Jüngling fort, »aber nicht gewagt, ihr zu sagen, wer ich bin, weil es mir nicht geraten schien.«

»So seid Ihr«, rief Andrés, »wirklich der Dichter, von dem ich sprach?«

»Ja, ich bin es«, entgegnete der junge Mann, »ich kann und will es nicht leugnen. Vielleicht daß ich jetzt gerade da, wohin ich zu meinem Unglück gekommen zu sein glaubte, mein Glück finde, wenn anders man Treue in den Wäldern und gastliche Aufnahme in den Bergen trifft.«

»Die trifft man allerdings«, versetzte Andrés, »und überdies unter uns Zigeunern die größte Verschwiegenheit. In dieser Zuversicht könnt Ihr mir Euer Herz eröffnen, Herr, denn Ihr werdet in meinem nicht die geringste Arglist finden. Das Zigeunermädchen ist meine Verwandte und unterwirft sich, falls Ihr sie etwa zur Frau haben wollt, ganz dem, was ich ihr rate; ich und all ihre übrigen Verwandten, wir hätten Vorteil davon und würden es gern sehn. Wollt Ihr sie nur zur Freundin, so werden wir auch gegen einen Mann nicht sonderlich heikel sein, der Geld hat, denn nie verläßt die Habgier unser Lager.«

»Geld habe ich«, antwortete der Jüngling; »in den Ärmeln des Hemdes da, das ich mir um den Leib geknüpft, bringe ich vierhundert Goldtaler mit.«

Das war für Andrés ein zweiter Todesstreich; denn er glaubte, man werde nicht so viel Geld bei sich tragen, wenn man nicht eine teure Ware zu kaufen denke. Mit unsicherer Stimme sagte er:

»Das ist ein hübsches Sümmchen; Ihr braucht Euch nur noch zu entdecken, und dann ans Werk! Denn das Mädchen ist nicht auf den Kopf gefallen und wird wohl einsehn, wie gut es für sie ist, wenn sie die Eure wird.«

»Ach, Freund«, erwiderte der Jüngling, »die Gewalt, die mich genötigt hat, meine Tracht so zu ändern, ist weder die Liebe, von der Ihr sprecht, noch überhaupt eine Sehnsucht nach Preciosa; denn es gibt Schönheiten in Madrid, die einem ebensogut, ja besser als die reizendsten Zigeunerinnen das Herz rauben und die Seele gefangennehmen können, wenn ich auch zugeben muß, daß die Reize Eures Bäschens alles übertreffen, was ich je gesehn habe. In diese Kleidung aber, auf die Wanderschaft und unter die Zähne der Hunde hat mich nicht die Liebe, sondern mein Unglück getrieben.«

Bei diesen Worten kehrten Andrés die verlorenen Lebensgeister wieder zurück, denn die Rede des jungen Mannes schien einem andern Ziele zuzulenken, als er hatte glauben müssen. Begierig, diese Verwirrung zu lösen, gab er dem Gaste von neuem die Versicherung, daß er sich ohne Rückhalt entdecken dürfe, und dieser fuhr also fort:

»Ich lebte in Madrid im Hause eines Herrn vom hohen Adel, dem ich jedoch nicht als einem Gebieter, sondern als meinem Verwandten diente. Er hatte einen einzigen Sohn zum Erben, der mich sowohl wegen unsrer Verwandtschaft, als auch weil wir beide in einem Alter standen und gleichen Charakters waren, vertraulich als seinen Freund behandelte. Nun geschah es, daß dieser Kavalier sich in ein vornehmes Fräulein verliebte, welches er gern zur Gemahlin erwählt hätte; als guter Sohn jedoch unterwarf er seinen Willen dem seiner Eltern, die ihn noch höher zu verheiraten trachteten, machte aber jener, von allen Augen, die seine geheime Neigung hätte verraten können, unbemerkt, noch fortwährend die Aufwartung; nur ich war Zeuge seines Tuns. Nun sahen wir an einem Abend, den das Unglück für das Ereignis, das ich sogleich erzählen werde, eigens ausgewählt haben mußte, sahen wir, als wir eben aus dem Hause jener Dame traten, zwei Männer von scheinbar guter Herkunft an der Türe lehnen. Mein Vetter wollte sehn, wer sie seien; kaum aber war er auf sie zugetreten, als sie mit großer Schnelligkeit nach den Degen und nach zwei kleinen Schilden griffen und auf uns eindrangen. Natürlich zogen auch wir, und so griffen wir uns denn mit gleichen Waffen an. Der Kampf dauerte nicht lange, denn schnell war es um das Leben unsrer beiden Gegner getan; sie waren gleich nach den beiden ersten Streichen verloren. Meinem Vetter verlieh die Eifersucht und mir das Bestreben, ihn zu verteidigen, Kraft und Schwung – gewiß ein wunderbarer und seltener Fall! Wir kehrten mit unserm ungesuchten Sieg nach Hause zurück, rafften so viel Geld zusammen, wie wir konnten, und begaben uns in das Kloster des heiligen Januarius, wo wir den Tag erwarteten, der den Vorfall ans Licht bringen und zeigen mußte, auf wen der Verdacht der Täterschaft fallen würde. Wir erfuhren jedoch, daß nicht das geringste Zeichen gegen uns spräche; daher rieten uns die klugen Geistlichen, nach Hause zurückzukehren, um nicht durch unsre Abwesenheit Verdacht zu erregen. Schon wollten wir ihrem Rate folgen, als wir Nachricht erhielten, die Herren Hofrichter hätten die Eltern des Fräuleins und das Fräulein selbst in ihrem Hause verhaftet, und von den Bedienten, die man ins Verhör genommen, habe eine Magd ausgesagt, mein Vetter sei bei Nacht und bei Tage oftmals bei ihrer Gebieterin gewesen. Auf diese Anzeige hin sei man sogleich davongeeilt, um uns herbeizuschaffen, und da man nicht uns, wohl aber viele Spuren unsrer Flucht gefunden, habe sich bei dem ganzen Gerichtshof die Ansicht festgesetzt, daß wir jene beiden Kavaliere (denn das waren sie, und zwar aus sehr angesehenen Häusern) getötet hätten. Kurz, auf den Rat des Grafen, meines Verwandten, und der Geistlichen wandte sich mein Gefährte, nachdem wir uns vierzehn Tage lang im Kloster aufgehalten hatten, in Mönchstracht, begleitet von einem andern Mönch, nach Aragonien, um sich dann nach Italien und von dort aus nach Flandern zu begeben, wo er den Verlauf der Sache abwarten wollte. Ich für mein Teil wollte mein Schicksal von dem seinen trennen und schlug daher, damit unser Geschick nicht den gleichen Lauf nähme, zu Fuß und in der Tracht eines Laienbruders einen andern Weg ein, begleitet von einem andern Geistlichen, der mich in Talavera verließ. Von dort bin ich allein und abseits von der Straße weiter gezogen, bis ich bei Nacht zu Eurem Lager gelangte, wo mir begegnete, was Ihr ja wißt. Wenn ich von dem Wege nach Peña de Francia sprach, so geschah es nur, um Euch auf Eure Frage irgend eine Antwort zu geben, denn in Wahrheit weiß ich nichts weiter von jenem Orte, als daß er oberhalb Salamancas liegt.«

»Das ist richtig«, entgegnete Andrés, »und Ihr habt es schon fast zwanzig Stunden weit von hier zur rechten Hand liegen lassen, und daraus könnt Ihr sehn, wie wunderlich mir Euer Weg erscheinen mußte, wenn Ihr wirkich dorthin wolltet.«

»Eigentlich wollte ich nach Sevilla«, versetzte der Jüngling, »denn ich kenne dort einen vertrauten Freund des Grafen, meines Vetters, einen genuesischen Kavalier, der große Silbersendungen nach Genua zu schicken pflegt. Ich wollte ihn bitten, mich den Leuten, die den Transport besorgen, einzureihen; denn so gedachte ich, da in kurzer Zeit wieder zwei Galeeren eintreffen sollen, um das Silber an Bord zu nehmen, nach Cartagena und von dort nach Italien zu gelangen. Das, lieber Freund, ist meine Geschichte; urteilt selbst, ob mich nicht eher das Unglück treibt als die Liebe. Wenn die Herren Zigeuner mich aber, falls sie selber nach Sevilla gehn, dorthin mitnehmen wollen, so will ich sie gut dafür bezahlen, denn ich sehe, daß ich in ihrer Begleitung sicherer und ohne Besorgnis reisen kann.«

»Sie werden Euch wohl mitnehmen«, antwortete Andrés, »und wenn Ihr nicht mit unsrer Truppe reisen könnt (denn bis jetzt weiß ich noch nicht, ob wir nach Andalusien gehn), so könnt Ihr Euch einer andern anschließen, mit der wir in zwei oder drei Tagen zusammentreffen werden. Gebt Ihr der ein wenig von dem, was Ihr bei Euch habt, so werdet Ihr Euch den Weg zu jeder Unmöglichkeit bahnen.«

Andrés verließ ihn und erstattete den andern Zigeunern Bericht von der Erzählung und von den Wünschen des jungen Mannes sowie von seinem Anerbieten, gut zu zahlen. Alle waren der Ansicht, er sollte in der Bande bleiben, nur Preciosa wollte es nicht, und die Großmutter sagte, sie könnte weder nach Sevilla gehn, noch in die Umgegend, und zwar wegen eines Scherzes, den sie sich vor einigen Jahren mit einem in jener Stadt sehr bekannten Mützenmacher, namens Triguillos, erlaubt hätte. Sie habe ihn nämlich veranlaßt, splitternackt, mit einem Zypressenkranz auf dem Kopf, bis an den Hals in ein Faß mit Wasser zu steigen und so die Mitternacht zu erwarten, um dann herauszusteigen und einen Schatz zu heben, der, wie sie ihm vorgelogen hätte, an einem bestimmten Orte seines Hauses liege. »Wie nun«, fuhr sie fort, »der gute Kappenmacher die Frühmesse läuten hörte, hatte er, um nicht den rechten Augenblick zu versäumen, solche Eile, aus dem Faß herauszukommen, daß er damit umfiel und sich durch den harten Sturz und die losspringenden Splitter den nackten Leib übel zerfetzte. Das Wasser lief heraus, er plätscherte darin herum und schrie aus vollem Hals, er ertrinke. Sein Weib und seine Nachbarn rannten unverzüglich mit Lichtern herbei und fanden ihn, wie er allerlei Schwimmbewegungen machte, prustete, den Bauch auf dem Boden fortschleppte, mit Armen und Beinen zappelte und laut rief: ›Zu Hilfe, zu Hilfe, ich ertrinke!‹ Denn die Angst hatte sich seiner so bemächtigt, daß er allen Ernstes zu ertrinken glaubte. Sie faßten ihn bei den Armen und entrissen ihn der Gefahr; er kam zu sich und erzählte den Zigeunerstreich. Nichtsdestoweniger aber und allen zum Trotz, die da behaupteten, das Ganze sei nur eine Prellerei, grub er an dem bezeichneten Ort bis über Mannshöhe hinunter, und hätte ihn nicht ein Nachbar gehindert, an dessen Hausfundament er schon streifte, so hätte er beide Häuser zum Einsturz gebracht. Die Geschichte machte die Runde in der ganzen Stadt, so daß selbst die Kinder mit Fingern auf ihn zeigten und von seiner Leichtgläubigkeit und meinem Schwank erzählten.«

So berichtete die alte Zigeunerin und sagte, deshalb könnte sie nicht nach Sevilla gehn. Die Zigeuner aber, die vom Señor Andrés bereits wußten, daß der junge Mensch Geld in Fülle bei sich hatte, nahmen ihn mit Vergnügen in ihre Gesellschaft auf und waren bereit, ihn zu hüten und zu verbergen, solange er nur wollte. Da sie jedoch zugleich beschlossen, statt nach Sevilla nach links weiterzuziehn und sich in die Mancha und das Königreich Murcia zu begeben, so riefen sie den Jüngling herbei und eröffneten ihm, was sie für ihn zu tun vermöchten. Er dankte und gab ihnen hundert Goldtaler, die sie unter sich verteilen sollten. Durch diese Freigebigkeit wurden sie geschmeidiger als ein Marderpelz. Nur Preciosa war nicht sonderlich damit zufrieden, daß Don Sancho, wie er sich nannte, dablieb: ein Name, den die Zigeuner sofort in Clemens verwandelten. Auch Andrés war verdrießlich und hatte keine rechte Freude an dem neuen Gefährten; denn ihm schien, er habe seinen ursprünglichen Plan ohne Grund aufgegeben. Aber als läse er in Andrés' Seele, warf der Gast gelegentlich die Bemerkung hin, er freue sich, bald nach Murcia zu kommen, weil er auf diesem Wege ebenfalls in die Nähe von Cartagena gelange; liefen dann die Galeeren dort ein, woran er nicht zweifle, so könne er mit Leichtigkeit nach Italien übersetzen. Andrés aber erwählte ihn, um ihn mehr vor Augen zu haben, sein Tun beobachten und seine Gedanken erforschen zu können, zu seinem Zeltkameraden, und Clemens betrachtete diese Freundschaft als eine große Auszeichnung. Sie hielten immer zusammen, ließen fleißig auftischen und sparten die Taler nicht, liefen, tanzten, sprangen, warfen den Ger besser als irgendein Zigeuner, standen bei den Zigeunerinnen keineswegs in Ungunst und wurden von den Zigeunern im höchsten Grade geachtet.

Man verließ Estremadura, durchzog die Mancha und näherte sich allmählich dem Königreich Murcia. In allen Dörfern und Flecken, durch die man kam, hielt man Wettkämpfe im Ballspiel, im Fechten, Laufen, Springen, Gerwerfen und sonstigen Übungen der Kraft und Behendigkeit ab, und aus jedem Kampf gingen Andrés und Clemens wie früher Andrés allein als Sieger hervor. Während dieser ganzen Zeit, mehr als anderthalb Monate hindurch, fand und suchte Clemens nie Gelegenheit, Preciosa zu sprechen, bis er eines Tages, als sie und Andrés beisammen standen, von diesen herbeigerufen, an ihrem Gespräche teilnahm.

»Auf den ersten Blick«, sagte Preciosa, »erkannte ich dich, als du in unser Lager kamst, Clemens, und gleich fielen mir die Verse ein, die du mir in Madrid gegeben hast. Ich wollte aber nichts sagen, weil ich nicht wußte, aus welchem Grunde du zu uns gestoßen sein mochtest. Als ich jedoch von deinem Unglück hörte, ging es mir durch die Seele, und mein erschrockenes Herz beruhigte sich erst wieder bei dem Gedanken: Wie es in der Welt einen Don Juan gebe, der sich in einen Andrés verwandelt habe, so möge wohl auch ein Sancho einen neuen Namen annehmen können. Ich spreche so offen mit dir, weil Andrés mir gesagt hat, er habe dir anvertraut, wer er sei und in welcher Absicht er Zigeuner wurde.« (Und wirklich hat Andrés ihn ins Geheimnis gezogen, um sich freier mit ihm aussprechen zu können.) »Glaube übrigens nicht, der Umstand, daß ich dich erkannte, sei ohne weiteren Nutzen für dich geblieben; denn nur aus Rücksicht auf mich und auf das, was ich von dir sagte, ging deine Aufnahme in unsre Gesellschaft so leicht vonstatten. Nun möge Gott dir alles Gute daraus erwachsen lassen, das du nur wünschen kannst. Ich aber verlange dafür, daß du Andrés sein Streben nicht als zu niedrig darstellst, noch ihm vorhältst, wie schlecht es ihm anstehe, in diesem Verhältnis zu beharren. Denn wenn ich auch überzeugt bin, daß sein Wille sich ganz unter meinen beugt, so würde es mir doch schmerzlich sein, wenn er nur im geringsten eine Reue über das, was er tat, erkennen ließe.«

Clemens erwiderte: »Glaube nicht, einzige Preciosa, daß Don Juan mir leichtsinnig entdeckt habe, wer er sei; ich selbst habe es zuerst entdeckt, und seine Augen verrieten mir zuerst seine Seele. Ich war der erste, der ihm sagte, wer er sei, und ich erriet, daß sein Herz, wie du eben angedeutet hast, gefesselt war. Da erst schenkte er mir das verdiente Vertrauen und gestand sein Geheimnis. Nun aber kann er selbst am besten bezeugen, welches Lob ich seinem Entschluß und seiner Beharrlichkeit in dem übernommenen Dienste spendete; denn ich bin nicht so engen Sinnes, Preciosa, daß ich nicht begriffe, wie weit sich die Macht der Schönheit erstrecken kann. Und die deine, die die höchsten Reize übertrifft, könnte noch weit größere Verirrungen entschuldigen, wenn anders man das eine Verirrung nennen kann, was so unwiderstehlichen Gewalten entspringt. Ich danke dir, schöne Freundin, für alles, was du in meiner Sache getan hast, und hoffe es dir durch den Wunsch zu vergelten, daß diese Liebe, die mit so vielen Hindernissen kämpft, ihr Ziel glücklich erreichen und du in den Besitz deines Andrés, Andrés mit voller Einwilligung seiner Eltern, in den Besitz seiner Preciosa gelangen möge, damit aus einer so schönen Verbindung die schönsten Sprößlinge hervorgehn, die die sorgsame Natur zu bilden vermag. Dies wünsche ich, Preciosa, und nur dies werde ich zu deinem Andrés sagen, nichts aber, was ihn von seinem wohlüberlegten Entschluß abbringen könnte.«

Clemens sprach diese Worte mit solcher Wärme, daß Andrés zweifelte, ob er nur als Mann von Welt so redete oder als Verliebter; denn der höllische Krankheitsstoff der Eifersucht ist so fein, daß er sich selbst an Sonnenstäubchen anhängt und durch alles, was den Gegenstand der Liebe berührt, dem Liebenden Angst und Verzweiflung einflößt. Indessen vermochte er doch keine weitere Bestätigung seines Argwohns zu finden, wobei er freilich mehr auf Preciosas Tugend als auf sein Glück baute; denn Liebende halten sich nun einmal für unglücklich, solange sie das, was sie wünschen, noch nicht erreicht haben. Kurz, Andrés und Clemens blieben Kameraden und warme Freunde, da Clemens' ehrenhafte Gesinnung und Preciosas Klugheit und Zurückhaltung, die jeden Anlaß zur Eifersucht sorgfältig vermied, Andrés vollkommen beruhigten.

Clemens war in der Dichtkunst keineswegs ohne Begabung, wie er schon in den Preciosa gewidmeten Versen gezeigt hatte. Auch Andrés hatte ein wenig Talent, und beide liebten die Musik. Als nun einst das Lager vier Stunden von Murcia in einem Tale aufgeschlagen war, nahm eines Nachts Andrés unter einem Korkbaum, Clemens ihm gegenüber, unter einer Steineiche Platz, wo sie, der Einladung der nächtlichen Stille folgend, zu ihren Gitarren wechselseitig folgende Verse sangen:

Andrés

Clemens, sieh das Sterngewimmel,
Das im kühlen Hauch der Nächte,
Greifend in des Tages Rechte,
Lichtumflossen schmückt den Himmel.
Und in diesen holden Zügen –
Wenn so hoch dein Geist kann fliegen –
Mög das Antlitz dir erscheinen,
Wo der Schönheit Höhen sich vereinen.

Clemens

Wo der Schönheit Höhen sich vereinen
Und worin die frohe Jugend
Und der spröde Reiz der Tugend
Sich zur süß'sten Milde reinen:
Dies in Menschenlob zu bringen,
Wird dem Geiste nie gelingen,
Wenn er nicht sich himmelan geschwungen
In den höchsten Dichterzungen.

Andrés

In den höchsten Dichterzungen
Nie gebrauchter Redeweise,
Wie empor zum Sternenkreise
Nie ein Weg noch ist gedrungen,
Mögst du, Mädchen, dich erheben!
Wär mir Wunderkraft gegeben,
O daß ich der Ruhm dann wäre,
Dich zu tragen so zur Himmelssphäre!

Clemens

Dich zu tragen so zur Himmelssphäre
Hieße nur das Rechte singen,
Hieß dem Himmel Freude bringen,
Wenn dein Name ihm erklungen wäre;

Und wenn in des Staubes Enge
Dann herab der holde Name klänge,
Würde Wohllaut in das Ohr sich gießen,
Ruh das Herz und Lust den Sinn durchfließen.

Andrés

Ruh das Herz und Lust den Sinn durchfließen,
Wann des holden Liedes Töne
Also anstimmt die Sirene,
Daß die Klügsten selbst das Ohr erschließen!
Doch von ihres Wesens Grunde
Gibt selbst Schönheit nur geringe Kunde:
Sie ist höchste aller Seelenwonnen,
Von der Anmut holdem Kleid umsponnen.

Clemens

Von der Anmut holdem Kleid umsponnen,
Schönste der Zigeunerinnen,
Purpur bei des Tags Beginnen,
Milder Zephyr in der heißen Sonnen;
Strahl, durch den das Herz erblindet
Und das kälteste wird entzündet;
Kraft, der solcher Zauber ist gegeben,
Daß sie tötet und durchhaucht mit Leben.

Allem Anschein nach hätten sowohl der Freie wie der Liebessklave so bald noch nicht in ihrem Gesange innegehalten, wäre nicht hinter ihnen eine Stimme erklungen: Es war Preciosa, die ihr Lied mit angehört hatte. Beide verstummten, und bewegungslos horchten sie mit gespannter Aufmerksamkeit. Wunderbar lieblich sang sie wie zur Antwort folgende Verse, von denen ich nicht weiß, ob sie sie in jener Stunde erfand, oder ob irgend jemand sie ihr früher gewidmet hatte:

In dem Liebesunterfangen,
Draus die Liebe mir entsprungen,
Hab ich mehr des Ruhms errungen
Mir durch Zucht als schöne Wangen.

Selbst die allerkleinste Pflanze
– Finde aufwärts sie nur Wege,
Sei's Natur, sei's Menschenpflege! –
Steigt empor zum Himmelsglanze.

Meiner armen Kupferwürde
Leiht die Reinheit Goldesschimmer,
Und mein Herz entbehret nimmer
Großen Reichtums schwere Bürde.

Nimmer stört es meinen Frieden,
Wenn man mich nicht ehrt noch achtet,
Denn ich habe stets getrachtet,
Mir mein eigen Glück zu schmieden.

Sei nur stets von mir geübet,
Was da führt zum Tugendpfade,
Und dann mag des Himmels Gnade
Tun, was ihr zu tun beliebet.

Möchte doch wahrhaftig sehen,
Obs der Schönheit sei gegeben,
Auf die Höhe mich zu heben,
Drauf ich wünsche einst zu stehen.

Wenn von gleichem Stoff die Seelen,
Kann, wer mit dem Pflug sich nährte,
Wohl nach seinem innern Werte
Gleich sich einem Kaiser zählen!

Preciosa unterbrach ihren Gesang, und die beiden erhoben sich, um ihr entgegenzugehen. Ein anziehendes Gespräch entspann sich zwischen den dreien, und Preciosa verriet so viel Klugheit, Anmut und Geist, daß Clemens seines Gefährten Tun völlig begriff, was bisher nicht ganz der Fall war, da er seinen kühnen Entschluß mehr der Jugend als der Überlegung zuschrieb.

Am folgenden Morgen brach die Truppe auf und zog bis zu einem Dorfe weiter, das zur Gerichtsbarkeit von Murcia gehörte und drei Stunden von der Stadt entfernt lag. Hier begegnete Andrés ein Unfall, der ihm beinahe das Leben gekostet hätte. Nachdem man der Sitte gemäß einige silberne Gefäße als Sicherheitspfand hinterlegt hatte, nahmen Preciosa, deren Großmutter, Cristina, zwei andere Zigeunermädchen, Clemens und Andrés in dem Hause einer reichen Wirtin Wohnung, einer Witwe, deren Tochter, ein Mädchen von siebzehn bis achtzehn Jahren, nicht sowohl schön wie von etwas lockern Sitten war und, wohl aus diesem Grunde, Juana Carducha[1] hieß. Als nun diese die Zigeuner und Zigeunerinnen tanzen sah, plagte sie der Teufel, und sie verliebte sich so sehr in Andrés, daß sie beschloß, es ihm geradeheraus zu sagen und ihn, wenn er selbst wollte, all ihren Verwandten zum Trotz als Mann zu nehmen. Sie suchte deshalb eine Gelegenheit, mit ihm zu sprechen, und fand sie in einem Hof, wohin Andrés sich begeben hatte, um zwei Esel zu besorgen. Dort trat sie auf ihn zu und sagte in aller Eile, damit kein Zeuge sie störte: »Andrés« (sie wußte seinen Namen bereits), »ich bin noch unverheiratet und reich; denn meine Mutter hat kein andres Kind als mich, dies Wirtshaus gehört ihr, und außerdem hat sie noch viele Weinberge und zwei andre ebenso große Häuser. Du gefällst mir, und wenn du mich zur Frau willst, so steht es bei dir. Gib mir schnell Antwort, und wenn du gescheit bist, so

1 Hanne Wollkratze.

bleibe bei mir, da sollst du sehn, was für ein Leben wir führen werden.«

Andrés war über die Entschlossenheit Carduchas nicht wenig erstaunt und antwortete so schnell, wie sie es verlangt hatte. »Teure Jungfer, ich bin schon versagt, und wir Zigeuner heiraten nur Zigeunerinnen. Segne Gott Sie für die Gnade, die Sie mir angedeihen lassen wollten und deren ich nicht würdig bin.«

Es fehlte wenig, so wäre Carducha ob Andrés' bitterer Antwort tot zu Boden gesunken. Eben wollte sie entgegnen, als sie einige Zigeunerinnen in den Hof treten sah. Beschämt und bestürzt eilte sie fort, fest entschlossen, sich sobald wie möglich zu rächen. Andrés beschloß als verständiger Mensch, sich aus dem Staube zu machen und dieser Schlinge, die ihm der Teufel legte, aus dem Wege zu gehn; denn er las in Carduchas Augen, daß sie sich ihm auch ohne die Bande der Ehe hingeben würde, und es gelüstete ihn keineswegs, sich allein in diesen Kampf einzulassen. So bat er denn die andern Zigeuner, noch am nämlichen Abend aufzubrechen. Sie trafen sogleich, wie sie ihm stets Folge leisteten, die nötige Veranstaltung, holten ihre Pfänder noch am Abend ab und machten sich auf den Weg. Carducha, die fühlte, daß mit Andrés die Hälfte ihres Lebens wegzog, und sah, daß ihr keine Zeit blieb, um das Ziel ihrer Wünsche zu erreichen, beschloß, den Geliebten mit Gewalt zurückzuhalten, da es ihr mit guten Worten nicht gelingen wollte. Sie schmuggelte also heimlich und listig, wie ihr arger Plan es verlangte, in Andrés' Gepäck, das sie kannte, einige wertvolle Korallen sowie zwei silberne Schaumünzen und noch andre von ihren Kostbarkeiten ein. Kaum waren die Gäste aus dem Hause, als sie lautes Geschrei erhob: Die Zigeuner hätten ihr ihren Schmuck gestohlen, worauf die Büttel und Dorfbewohner herbeieilten. Die Zigeuner machten halt und schworen, sie hätten nicht die geringste Kleinigkeit mitgenommen, und sie wollten alle Säcke und Behältnisse der

Truppe öffnen. Die alte Zigeunerin geriet in nicht geringe Angst, bei dieser Durchsuchung möchten Preciosas Geld und Andrés' Kleider, die sie in strengster Heimlichkeit und Vorsicht verbarg, zutage kommen. Allein die gute Carducha benahm ihr die Sorge auf kürzestem Wege, indem sie schon bei Besichtigung des zweiten Päckchens sagte, man möchte nur fragen, wo das Gepäck des großen Tänzers sei; denn diesen habe sie zweimal in ihr Zimmer treten sehn, und es sei daher gar wohl möglich, daß er ihr die Sachen gestohlen habe. Andrés merkte wohl, daß er gemeint sei, und sagte lächelnd: »Werte Jungfer, da ist mein Reisegerät, und da ist mein Esel! Findet Sie in jenem oder auf diesem, was Ihr fehlt, so will ich's Ihr siebenfach ersetzen und mich überdies der Strafe unterwerfen, die das Gesetz den Dieben zuerkennt.«

Die Büttel eilten sogleich herbei, um den Esel abzupakken, und hatten nach wenigen Griffen das gestohlene Gut gefunden, worüber Andrés so bestürzt und erstaunt war, daß er stumm wie eine Bildsäule dastand.

»Habe ich nicht recht gehabt?« rief Carducha. »Seht doch, hinter welch ehrlichem Gesicht sich ein solcher Spitzbube verstecken kann!«

Der Schulze, der zugegen war, überschüttete Andrés und alle Zigeuner sogleich mit tausend Schmähworten und nannte sie Diebe und Straßenräuber. Andrés schwieg zu allem, stand sinnend und in sich versunken da, erriet aber mit keinem Gedanken Carduchas Verräterei. Inzwischen kam ein stolzierender Soldat, ein Neffe des Schulzen, herbei und rief:

»Seht einmal, welche Angst dem Zigeuner da sein eigner Diebstahl macht! Ich will wetten, er macht noch Umstände und leugnet den Raub auch dann noch, wenn er ihn schon in den Händen davonträgt. Es wäre am besten, man schickte das ganze Gesindel auf die Galeeren. Wäre es nicht besser, der Schurke da diente Seiner Majestät, als daß er von Dorf zu Dorf tanzt und von Wirtshaus zu Wirtshaus stiehlt? Auf Soldatenehre, ich will ihm eine Ohrfeige geben, daß er vor mir zu Boden stürzt!«

Damit hob er ohne weiteres die Hand und gab Andrés einen solchen Backenstreich, daß er aus seiner Betäubung erwachte und sich plötzlich entsann, daß er nicht der Señor Andrés war, sondern Don Juan und ein Kavalier. Mit unglaublicher Schnelligkeit und noch größerer Wut stürzte er sich auf den Soldaten, riß ihm den eignen Degen aus der Scheide und stieß ihn ihm in den Leib, so daß er tot zu Boden fiel. Doch nun, wie schrie das Volk, und wie tobte der Oheim! Preciosa fiel in Ohnmacht, und Andrés graute, sie so zu sehn. Alles griff zu den Waffen und fiel über den Mörder her. Die Verwirrung und der Lärm wuchsen; Andrés eilte der ohnmächtigen Preciosa zu Hilfe und dachte nicht mehr an seine Verteidigung. Überdies wollte das Schicksal, daß Clemens bei dem unglücklichen Ereignis nicht zugegen war, da er mit seinem Gepäck das Dorf schon verlassen hatte. Kurz, man fiel in solcher Zahl über den Mörder her, daß er überwältigt und mit zwei schweren Ketten gefesselt wurde. Der Schulze hätte ihn gern auf der Stelle hängen lassen, wenn es in seiner Macht gelegen wäre; aber so mußte er ihn nach Murcia abliefern, in dessen Gerichtssprengel das Dorf gehörte. Erst am folgenden Tage führte man ihn dorthin, und inzwischen hatte der Gefangene genug der Qualen und Schmähungen zu erdulden, die der entrüstete Schulze und sein Büttel, sowie die ganze Einwohnerschaft des Fleckens über ihn ausgossen. Jener nahm alle Zigeuner und Zigeunerinnen, deren er habhaft werden konnte, gefangen; die Mehrzahl jedoch war entflohen, unter ihnen auch Clemens, der bei einer Verhaftung erkannt zu werden fürchtete. Kurz, der Schulze zog mit dem Protokoll über den Hergang und einer Karawane von Zigeunern, in der sich Preciosa und auf einem Esel der arme mit Ketten, Handschellen und Fußeisen gefesselte Andrés befanden, umgeben von Bütteln und vielen andern bewaffneten Leuten, in Murcia ein. Die ganze Stadt strömte heraus, um die Gefangenen zu sehn, denn schon hatte man von der Tötung des Soldaten gehört. Preciosa strahlte jedoch an diesem Tage in solcher Schönheit, daß jeder, der sie gewahr wurde, in Lobeserhebungen ausbrach, und das Gerücht von ihrem Reize gelangte denn auch der Frau Stadtrichterin zu Ohren. Begierig, das Wunder zu sehn, bat sie ihren Mann, den Stadtrichter, diese Zigeunerin nicht in das Gefängnis zu sperren, in das alle übrigen kamen. Andrés dagegen warf man in ein enges Loch, wo ihn die Finsternis und die Trennung von seiner zweiten Sonne, von Preciosa, so bedrückten, daß er nicht mehr hoffte, das Licht des Tages vor seinem Todesgange wiederzusehn.

Preciosa und ihre Großmutter führte man sofort der Stadtrichterin vor, die, als sie sie kaum gesehn hatte, schon rief: »Mit Recht preist man ihre Schönheit!« Damit trat sie auf Preciosa zu, umarmte sie und konnte sich an ihr nicht satt sehn und fragte die Großmutter, wie alt die Kleine sei.

»Ein paar Monate mehr oder weniger als fünfzehn Jahre«, antwortete die Zigeunerin.

»So alt wäre jetzt eben auch meine arme Constanza!« entgegnete die Stadtrichterin. »Ach, ihr guten Leute, wie ruft mir dies Mädchen mein Unglück zurück!«

Da ergriff Preciosa die Hände der Dame, küßte sie zu wiederholten Malen, bedeckte sie mit ihren Tränen und sprach: »Gnädige Frau, der verhaftete Zigeuner trägt keine Schuld, denn er wurde sehr gereizt. Man nannte ihn einen Dieb, was er doch nicht ist, und gab ihm einen Streich in das Gesicht, auf dem seine Herzensgüte so deutlich geschrieben steht. Um Gottes und Eurer selbst willen, gnädige Frau, sorgt, daß man ihm Gerechtigkeit widerfahren lasse und daß der Herr Stadtrichter sich nicht zu sehr beeile, die Strafe, mit der die Gesetze ihn bedrohn, an ihm zu vollziehn. Wenn meine Schönheit Euer Wohlgefallen erregt, so erhaltet sie mir, indem Ihr den Gefangenen erhaltet, denn sein Tod würde auch meinen herbeiführen. Er soll mein Gatte werden, aber Recht und Ehre haben uns bis jetzt gehindert, einander die Hände zu reichen. Sollte Geld vonnöten sein, um die Begnadigung zu erlangen, so soll unser ganzes Lager in öffentlicher Versteigerung verkauft und noch mehr gegeben werden, als man verlangt. Ach, gnädige Frau, wenn Ihr wißt, was Liebe ist, und wenn ihr sie je empfunden habt und noch jetzt gegen Euern Gemahl empfindet, so erbarmt Euch meiner, die ich meinem Verlobten mit zärtlicher und reiner Liebe zugetan bin.«

Während sie dies sprach, ließ sie die Hände der Frau keinen Augenblick los und sah sie unverwandt unter Strömen bitterer, schmerzlicher Tränen an. Doch auch die Stadtrichterin hielt Preciosa bei den Händen und sah sie nicht weniger aufmerksam und unter nicht minder zahlreichen Tränen an. Da trat der Stadtrichter ein, und als er das Mädchen und seine Frau in dieser Situation erblickte, blieb er, ergriffen von den Tränen wie von der Schönheit der Fremden, stehn. Er fragte nach der Ursache ihrer Bewegung, und zur Antwort ließ Preciosa die Hände der Stadtrichterin fahren, umschlang die Füße des Stadtrichters und rief: »Erbarmen, gnädiger Herr, Erbarmen! Wenn mein Verlobter stirbt, so bin auch ich des Todes. Er ist schuldlos; und ist er es nicht, so treffe die Strafe mich; und kann dies nicht sein, so werde wenigstens der Prozeß so lange hingehalten, bis man alles aufgeboten hat, ihn zu befreien; denn es ist ja möglich, daß der Himmel dem, der nicht aus bösem Willen fehlte, das Heil der Gnade sendet.«

Der Stadtrichter war gerührt durch die treffenden Worte des Zigeunermädchens, und hätte er sich nicht geschämt, ein Zeichen der Schwäche zu verraten, so hätten seine Tränen sich mit den ihrigen vereint. Inzwischen stand die alte Zigeunerin in mannigfaltige Betrachtungen verloren da und rief endlich nach langem Sinnen aus: »Wollet die Gnade haben, meine Herrschaften, einen Augenblick zu warten; ich will diese Tränen in Lachen verwandeln, und sollte es mich auch das Leben kosten.«

Damit eilte sie raschen Schrittes hinaus und ließ die Anwesenden in Verwunderung über ihre Worte zurück. Bis zu ihrer Rückkehr hörte Preciosa nicht auf, unter Weinen und Bitten darauf zu dringen, man möge das Urteil über ihren Verlobten hinausschieben; denn sie beabsichtigte im stillen, seinem Vater Nachricht zu geben, damit er komme und eingreife. Bald kehrte die Zigeunerin mit einem Kästchen unterm Arm zurück und bat den Stadtrichter, mit seiner Gemahlin und ihr in ein andres Zimmer zu treten, da sie ihm insgeheim etwas sehr Wichtiges mitzuteilen habe. Der Stadtrichter glaubte, sie wollte ihm irgendeinen Diebstahl der Zigeuner entdecken, um ihn dadurch für den Prozeß des Gefangenen günstig zu stimmen, und so zog er sich denn mit ihr und seiner Frau in sein Kabinett zurück, wo die Alte sich vor den beiden auf die Knie warf und also begann:

»Sollte die frohe Nachricht, die ich Euch geben will, gnädige Herrschaften, mir nicht zum Dank Verzeihung für ein schweres Vergehen verschaffen, so mag mich auch jede Züchtigung treffen, die Ihr mir auferlegen wollt. Ehe ich mich jedoch genauer erkläre, möchte ich, daß Ihr mir sagtet, ob Ihr diesen Schmuck kennt.« Damit zog sie das Kästchen hervor, in dem sich Preciosas Kostbarkeiten befanden, und überreichte es dem Stadtrichter, der es öffnete und einen Kinderschmuck darin erblickte, jedoch ohne daß ihm deutlich wurde, was für eine Bewandtnis es damit habe. Auch die Stadtrichterin betrachtete die Schatulle verständnislos und bemerkte nur: »Das ist der Putz eines kleinen Mädchens.«

»Ganz recht«, erwiderte die Zigeunerin, »und welches Mädchens, das sagt die Schrift in diesem zusammengelegten Papier.«

Hastig öffnete der Stadtrichter es und las, wie folgt: »Die Kleine heißt Doña Constanza de Acevedo und de Meneses;

ihre Mutter ist Doña Guiomar de Meneses und ihr Vater Don Fernando de Acevedo, Ritter des Calatrava-Ordens. Sie ward geraubt am Himmelfahrtstage, morgens um acht Uhr, im Jahr Eintausend fünfhundert und fünfundneunzig. Sie hatte den Schmuck an, den dieses Kästchen enthält.«

Kaum hatte die Stadtrichterin den Inhalt des Papiers vernommen, als sie den Schmuck plötzlich wiedererkannte und indem sie ihn an den Mund drückte und mit unzähligen Küssen bedeckte, ohnmächtig niedersank. Der Stadtrichter eilte ihr erst zu Hilfe, ehe er die Zigeunerin weiter nach seinem Kinde fragte; sie aber rief, sobald sie wieder zu sich gekommen war: »Liebstes Mütterchen, mehr Engel als Zigeunerin, wo ist die Besitzerin, ich meine das Kind, dem dieser Putz gehörte?«

»Wo, gnädige Frau?« erwiderte die Zigeunerin. »In Eurem Hause habt Ihr sie; dem Zigeunermädchen, das Euch die Tränen in die Augen trieb, gehört der Putz, und sie ist ohne Zweifel Eure Tochter, die ich in Madrid an dem Tage und zu der Stunde, die der Zettel angibt, aus Eurem Hause gestohlen habe.«

Als die erregte Dame das hörte, schleuderte sie in der Eile die Pantoffeln von sich und eilte in vollem Lauf in den Saal, wo sie Preciosa zurückgelassen hatte und sie nun, umgeben von ihren Mädchen und Dienerinnen, immer noch weinend fand. Sie stürzte auf sie zu, entblößte ihr in voller Hast, ohne ein Wort zu sagen, den Busen und sah nach, ob sie unter der linken Brust ein kleines Mal in Form eines weißen Fleckes habe, mit dem sie auf die Welt gekommen war. Wirklich fand sie es noch, wenn auch durch die Zeit bedeutend größer geworden. Dann zog sie ihr ebenso schnell den Schuh aus, enthüllte einen Fuß, der wie aus Schnee und Elfenbein gedrechselt war, und entdeckte auch dort, was sie suchte, nämlich daß die zwei letzten Zehen des rechten Fußes in der Mitte durch ein wenig Fleisch verbunden waren, das man ihr als Kind nicht hatte durchschneiden wollen, um ihr keinen

Schmerz zu machen. Brust, Zehen, Schmuck, Tag des Diebstahls, das Geständnis der Zigeunerin und endlich der freudige Schreck, den die Eltern bei ihrem Anblick empfunden hatten – all das ließ in der Seele der Stadtrichterin keinen Zweifel mehr übrig, daß Preciosa ihre Tochter war. Sie schloß sie daher in die Arme und kehrte mit ihr zum Stadtrichter und der Zigeunerin zurück. Preciosa war ganz verwirrt, da sie nicht wußte, weshalb man diese Untersuchung mit ihr vorgenommen hatte, zumal die Stadtrichterin sie jetzt gar in ihre Arme schloß und sie mit Küssen bedeckte. Endlich kam Doña Guiomar mit ihrer kostbaren Bürde bei ihrem Gatten an, legte sie ihm in die Arme und sprach:

»Empfanget hier, mein Gemahl, Eure Tochter Constanza; sie ist es, Ihr dürft nicht den geringsten Zweifel hegen, denn ich habe das Zeichen an den Zehen und an der Brust gesehn, und mehr noch als diese hat mein Herz es mir gesagt, vom ersten Augenblick an, da meine Augen sie sahen.«

»Ich zweifle nicht daran«, entgegnete der Stadtrichter, als er Preciosa in den Armen hielt, »denn dieselben Gefühle sind auch durch mein Herz gegangen; und überdies könnten so viele Einzelheiten bei einer, die nicht unser Kind wäre, nur durch ein Wunder zusammentreffen.«

Sämtliche Diener im Hause waren der Verwunderung voll, und die einen fragten die andern, was dies denn heißen sollte. Keiner aber traf das Rechte, und wer hätte sich auch denken können, daß das Zigeunermädchen die Tochter der Herrschaft sei? Der Stadtrichter ermahnte Frau und Kind und die alte Zigeunerin, die Sache so lange geheim zu halten, bis er selbst sie kundtun würde. Zugleich versicherte er der Alten, daß er ihr alles, was sie ihm durch den Raub seines Kindes angetan, verzeihe; ja die Entschädigung, die sie ihm durch dies Wiedersehn gewähre, verdiene noch obendrein Lohn. Es kränke ihn nur, daß sie, die doch von Preciosas Stande gewußt, sie mit einem Zigeuner, ja einem Räuber und Mörder verlobt habe.

»Ach, mein Vater«, rief Preciosa, »er ist weder ein Zigeuner noch ein Räuber, wenn er auch einen Menschen erschlagen hat; denn er erschlug nur den, der ihm seine Ehre rauben wollte; und um zu zeigen, wer er sei, konnte er nichts Geringeres tun als ihn töten.«

»Wie, er ist kein Zigeuner, mein Kind?« fragte Doña Guiomar.

Da erzählte die alte Zigeunerin kurz die Geschichte des Señor Andrés: Daß er der Sohn des Don Francisco de Carcamo, Ritters von Sant Jago, sei, Don Juan de Carcamo heiße und denselben Orden trage, wie sie denn seine Ordenstracht, die er gegen die Zigeunerkleider umgetauscht, noch bei sich habe. Ebenso berichtete sie von der zwischen Preciosa und Don Juan getroffenen Abrede, nach der er vor der Verlobung eine Probezeit von zwei Jahren bestehen sollte, und pries die Sittsamkeit beider und Don Juans liebenswürdigen Charakter. Die beiden wunderten sich hierüber fast ebensosehr wie über das Wiedersehn mit ihrer Tochter, und der Stadtrichter ließ deshalb die Alte Don Juans Kleider holen. Sie ging und kehrte bald mit einem andern Zigeuner zurück, der sie trug. Während ihrer Abwesenheit hatten die Eltern hunderttausend Fragen an Preciosa gerichtet, die sie mit so viel Verstand und Anmut beantwortete, daß sie das ganze Herz der Fragenden gewonnen hätte, wenn sie auch nicht gewußt hätten, daß sie ihre Tochter war. Sie fragten, ob sie Don Juan liebte, und sie erwiderte: nicht mehr, als sie aus Erkenntlichkeit einen Menschen lieben müßte, der um ihretwillen bis zum Zigeuner herabgestiegen sei; sie werde jedoch ihre Dankbarkeit nie weiter ausdehnen, als ihre verehrten Eltern ihr gestatten würden.

»Still, meine Preciosa«, erwiderte der Vater, »denn dieser an das Kostbarste erinnernde Name soll dir zur Erinnerung an dein Verschwinden und deine Wiederauffindung bleiben; ich als dein Vater nehme es auf mich, einen Gemahl für dich auszuwählen, der deines Standes nicht unwürdig ist.«

Preciosa seufzte, und ihre Mutter merkte, zartfühlend, wie sie war, daß dieser Seufzer auf Liebe zu Don Juan deutete, daher sagte sie zu ihrem Gatten: »Mein Gemahl, da Don Juan de Carcamo von so gutem Hause und unsrer Tochter so ergeben ist, so würde es uns nicht zur Unehre gereichen, wenn wir sie ihm zur Frau gäben.«

Er erwiderte: »Erst heute haben wir sie gefunden, und Ihr wollt schon, daß wir sie verlieren? Erfreuen wir uns ihrer eine Zeitlang, denn wenn Ihr sie verheiratet, gehört sie nicht mehr Euch, sondern ihrem Manne an.«

»Ihr habt recht, mein Gemahl«, versetzte sie; »aber gebt mindestens Befehl, daß Don Juan, der sich sicher in einem unterirdischen Kerker befindet, an einen andern Ort gebracht werde.«

»Gewiß befindet er sich in einem solchen«, rief Preciosa, »denn einem Räuber und Mörder, der obendrein ein Zigeuner ist, hat man schwerlich einen bessern Aufenthaltsort eingeräumt.«

»Ich will selbst zu ihm gehn«, erwiderte der Stadtrichter, »als wollte ich ihn ins Verhör nehmen. Noch einmal trage ich Euch auf, meine Gemahlin, daß niemand etwas von dieser Geschichte erfahre, bis ich es für gut halte.«

Damit umarmte er Preciosa, begab sich unverweilt in das Gefängnis und von da ohne jede Begleitung in das unterirdische Verlies, in dem Don Juan lag. Er fand ihn mit beiden Beinen in einen Block geschlossen und mit Handschellen gefesselt; ja selbst das Fußeisen hatte man ihm noch nicht abgenommen. Die Zelle war ganz finster; der Stadtrichter ließ aber einen nach oben gehenden Kellerhals öffnen, so daß notdürftig ein wenig Licht hereinfiel, und sobald er den Gefangenen sehen konnte, hub er also an:

»Wie geht's, mein sauberer Vogel? Wenn ich nur alle Zigeuner Spaniens so aneinandergekoppelt bekäme, dann würde man an einem einzigen Tage mit ihnen fertig, wie Nero es gern mit ganz Rom auf einen einzigen Streich geworden wäre. Wisset, Meister Spitzbube, ich bin der oberste Richter dieser Stadt und will von Euch erfahren, ob wirklich ein Zigeunermädchen unter Eurer Begleitung Eure Braut ist.«

Als Andrés dies hörte, glaubte er, der Stadtrichter habe sich in Preciosa verliebt; denn die Eifersucht gehört zu den flüchtigen Körpern, die andre Körper durchdringen, ohne sie zu durchbrechen, zu trennen oder zu zerteilen. Indessen erwiderte er: »Wenn sie gesagt hat, ich sei ihr Verlobter, so ist dies ganz richtig; und wenn sie gesagt hat, ich sei es nicht, so ist es ebenfalls richtig; denn Preciosa kann keine Lüge aussprechen.«

»Ist sie so wahrheitsliebend?« fragte der Stadtrichter. »Das ist nicht wenig für eine Zigeunerin! Nun gut, Bursche, sie hat gesagt, sie sei Eure Braut, habe Euch aber die Hand noch nicht gegeben. Sie hat erfahren, daß Ihr Eures Verbrechens wegen sterben müßt, und bat mich deshalb, sie noch vor Eurem Tode mit Euch zu vermählen, denn sie setze eine Ehre darein, die Witwe eines so großen Spitzbuben zu sein.«

»So mögen denn Euer Gnaden tun, wie sie gebeten hat. Bin ich ihr angetraut, so werde ich mit Freuden ins andre Leben gehn, da ich das gegenwärtige als ihr Gatte verlasse.«

»Ihr scheint sie sehr zu lieben?« fragte der Stadtrichter.

»So sehr«, antwortete der Gefangene, »daß meine Liebe nichts wäre, wenn ich sie aussprechen könnte. Kurz, Herr Richter, kommt zum Schluß! Ich habe den getötet, der mir die Ehre rauben wollte; ich bete dieses Zigeunermädchen an, ich sterbe gern, wenn ich in ihrer Gunst sterbe, und ich weiß, daß die Gnade Gottes uns nicht fehlen wird, denn wir beide haben ehrlich und gewissenhaft gehalten, was wir einander gelobten.«

»So werde ich Euch denn heute nacht holen lassen«, sagte der Stadtrichter, »Euch in meinem Hause mit Preciosa vermählen, und morgen mittag hängt Ihr am Galgen, wodurch ich der Gerechtigkeit wie auch Eurem beiderseitigen Wunsch Genüge tue.«

Andrés dankte, und der Stadtrichter kehrte in sein Haus zurück und erzählte seiner Gemahlin, was er mit Don Juan gesprochen hatte, und was er weiteres zu tun gedächte. Während seiner Abwesenheit hatte Preciosa ihrer Mutter ihren ganzen Lebenslauf berichtet: Wie sie sich immer für eine Zigeunerin und für die Enkelin jener Alten gehalten, sich jedoch stets viel höher geachtet habe, als man von einer wirklichen Zigeunerin hätte erwarten können. Die Mutter bat sie, ihr aufrichtig zu gestehn, ob sie Don Juan de Carcamo zugetan sei. Errötend und mit gesenkten Augen erwiderte sie, da sie sich für eine Zigeunerin gehalten habe und ihr Stand durch die Heirat mit einem Ordensritter und einem so vornehmen jungen Mann, wie Don Juan de Carcamo, sehr gehoben worden wäre; da ferner auch sein gutes Gemüt und sittsames Wesen ihr aus Erfahrung bekannt gewesen sei, so habe sie ihn hie und da mit Neigung betrachtet, doch habe sie ja schon gesagt, daß sie keinen andern Willen zu haben sich erlaube als den ihrer Eltern.

Die Nacht kam, und gegen zehn Uhr holte man Andrés ohne die Handschellen und den Fußblock aus dem Gefängnis, aber noch war er mit einer großen Kette gefesselt, die ihm von den Füßen aufwärts den ganzen Körper umschloß. So gelangte er, von niemandem gesehn als von seinen Wächtern, ins Haus des Stadtrichters, wo man ihn in größter Stille in ein Zimmer führte und allein ließ. Nach einiger Zeit trat ein Geistlicher ein und hieß ihn beichten, weil er am folgenden Tage sterben müsse. Andrés erwiderte: »Ich will von Herzen gern beichten, aber wird man mich nicht zuvor trauen? Wahrhaftig, nach der Trauung erwartet mich ein schlimmes Brautbett.«

Doña Guiomar, die dies von einem Nebengemach aus hörte, sagte zu ihrem Gemahl, er bürde Don Juan allzu schwere Qualen auf; er möge sie ihm doch erleichtern, denn der Gefangene könnte sonst dabei sterben. Das schien dem Stadtrichter richtig; so trat er denn ein und sagte dem Beichtvater, er wolle zuvor den Zigeuner mit der Zigeunerin trauen lassen; er solle nachher beichten und sich Gott von ganzem Herzen empfehlen, denn oft lasse Gott sein Erbarmen gerade dann herabtauen, wenn die Hoffnung am geringsten sei. Kurz, Andrés trat in einen Saal, in dem sich nur Doña Guiomar, der Stadtrichter, Preciosa, die Alte, der Geistliche und zwei Bediente des Hauses befanden. Als jedoch Preciosa Don Juan von der großen Kette umwunden, mit bleichem Gesicht und Tränenspuren in den Augen vor sich stehn sah, da wurde sie schwach, und sie mußte sich auf den Arm der neben ihr stehenden Mutter stützen. Diese drückte sie ans Herz und sprach: »Komm zu dir, Kind; alles, was du siehst, wird sich dir noch in Freude und zum Guten kehren.« Sie aber wußte nicht, wie sie sich trösten sollte, da sie von all dem nichts begriff; die alte Zigeunerin war verwirrt und alle andern höchst gespannt, was für ein Ende das nehmen würde. Der Stadtrichter begann: »Herr Pfarrverweser, dieser Zigeuner und diese Zigeunerin sind die Personen, die Euer Hochwürden trauen sollen.«

»Das kann ich nicht tun, wenn nicht die für einen solchen Fall nötigen Förmlichkeiten vorhergegangen sind. Wo geschah das Aufgebot? Wo ist der Erlaubnisschein meines Obern, daß ich dieses Paar trauen darf?«

»Das ist eine Unachtsamkeit von mir«, entgegnete der Stadtrichter, »aber ich werde dafür sorgen, daß der Generalvikar die Erlaubnis erteilt.«

»Solange ich sie nicht gesehn habe«, versetzte der Pfarrverweser, »mögen mir die Herrschaften verzeihn.« Und ohne ein weiteres Wort verließ er, um kein Ärgernis zu erregen, das Haus, und alle blieben in Verwirrung zurück.

»Der ehrwürdige Vater hat ganz recht getan«, rief endlich der Stadtrichter, »und vielleicht ist dies ein Wink der Vorsehung, damit Andrés' Hinrichtung weiter hinausgeschoben werde. Denn er soll nun einmal Preciosa heiraten, und der Heirat müssen die Aufgebote vorausgehn; so wird ein Tag um den andern verstreichen, Zeitgewinn aber verhilft gar oft in schlimmer Lage endlich noch zu einem glücklichen Ausgang. Indessen möchte ich denn doch von Andrés wissen, ob er, falls das Schicksal seine Lage so wendet, daß er Preciosa ohne seine gegenwärtige Angst und Sorge zur Frau erhielte, dadurch glücklich würde, sei er nun der Señor Andrés oder Don Juan de Carcamo.«

Als Andrés sich bei seinem Namen nennen hörte, sagte er: »So wollte sich also Preciosa nicht in den Schranken des Schweigens halten und hat entdeckt, wer ich bin! Wenn mich das Schicksal aber auch zum Fürsten der Welt gemacht hätte, ich würde dennoch nur sie als das Ziel meiner Wünsche sehn und außer ihr nach keinem Glücke streben als nach der Gnade des Himmels.«

»Nun, für die gute Gesinnung, die Ihr gezeigt, Herr Don Juan de Carcamo, will ich seinerzeit dafür sorgen, daß Preciosa Eure rechtmäßige Gemahlin werde, und ich gebe Euch schon jetzt die Anwartschaft auf sie, als den kostbarsten Schatz meines Hauses, meines Lebens und meiner Seele; haltet sie immer so hoch, wie Ihr sagt, denn ich gebe Euch in ihr Doña Constanza de Meneses, meine einzige Tochter, die Euch an Abkunft nicht nachsteht, wie ihre Liebe der Euren gleichkommt.«

Andrés stand ganz erschrocken da, als ihm plötzlich so viel Liebe kundgegeben wurde, und Doña Guiomar erzählte in wenigen Worten, wie ihre Tochter verloren war und wiedergefunden wurde, und sie berichtete von den untrüglichen Zeichen, die die alte Zigeunerin zum Beweise ihres Raubes angegeben hatte, so daß Don Juan in immer größeres Staunen geriet. Zugleich aber umarmte er in einem Taumel des Entzückens, der sich nicht schildern läßt, seine Schwiegereltern, nannte sie Vater und Mutter und seine Gebieter und küßte Preciosa die Hände, die ihm mit Tränen um die seinen bat.

Das Geheimnis wurde laut; die Nachricht von dem Vorfall verbreitete sich, sobald die beiden Bedienten, die Zeugen davon gewesen waren, zur Tür hinaus kamen. Als der Schulze, der Oheim des Getöteten, Kunde davon erhielt, sah er wohl, daß ihm der Weg zur Rache verschlossen war, da sich die Strenge des Gesetzes gegen den Eidam des Stadtrichters nicht leicht würde anwenden lassen. Don Juan legte die Reisekleider an, die die Zigeunerin herbeigebracht hatte; Kerker und Ketten aus Eisen verwandelten sich in Freiheit und Ketten aus Gold und die Trauer der verhafteten Zigeuner in Freude; dem Oheim des Getöteten versprach man zweitausend Dukaten, wenn er die Klage fallen ließe und Don Juan verziehe. Dieser vergaß auch seinen Kameraden Clemens nicht und ließ ihn suchen. Man fand ihn aber nicht und erfuhr auch nichts über ihn, bis nach vier Tagen die sichere Nachricht einlief, daß er an Bord einer der beiden genuesischen Galeeren gelangt sei, die im Hafen von Cartagena gelegen hatten und jetzt bereits abgesegelt waren. Der Stadtrichter aber sagte Don Juan, er habe zuverlässige Kunde, daß sein Vater, Don Francisco de Carcamo, zum Richter in jener Stadt ernannt worden sei; man werde daher gut tun, auf seine Ankunft zu warten, damit die eigentliche Hochzeitsfeier mit seiner Einwilligung und Zustimmung vor sich gehe. Don Juan erwiderte, er werde keiner dieser Anordnungen widersprechen, vor allen Dingen aber müsse man ihn mit Preciosa trauen. Wirklich erteilte der Erzbischof die Erlaubnis, daß die Trauung nach nur einmaligem Aufgebot stattfinden durfte, und da der Stadtrichter sehr beliebt war, so feierte die Einwohnerschaft diesen Tag durch Beleuchtung, Stiergefechte und Lanzenbrechen. Die alte Zigeunerin blieb im Hause, denn sie wollte sich von ihrer Enkelin Preciosa nicht trennen.

Die Nachricht von den Begebenheiten und der Vermählung des Zigeunermädchens gelangte auch in die Residenz, und Don Francisco de Carcamo erfuhr, daß sein Sohn der Zigeuner und Preciosa das Zigeunermädchen gewesen sei, das bei ihm im Hause war. Mit ihrer Schönheit entschuldigte er den Leichtsinn seines Sohnes, den er schon für verloren gehalten hatte, denn er wußte, daß er nicht nach Flandern gegangen war. Mehr noch diente ihm der Gedanke als Entschuldigung, daß ihm die Heirat mit der Tochter eines so angesehenen und reichen Kavaliers, wie Don Fernando de Acevedo, gar gut anstehe. Er brach also eilends auf, um so schnell wie möglich bei seinen Kindern einzutreffen, und schon nach zwanzig Tagen kam er in Murcia an, wo jetzt die Freude von neuem begann, die Hochzeit festlich begangen und das Erlebte erzählt wurde. Die Dichter der Stadt aber, unter denen es einige vortreffliche gab, nahmen es auf sich, die außerordentliche Geschichte sowie die unvergleichliche Schönheit des Zigeunermädchens zu feiern, und bei dieser Gelegenheit schrieb der berühmte Lizentiat Pozo, daß durch seine Verse der Ruhm Preciosas dauern würde, solange die Jahrhunderte kreisten.

Vergessen habe ich zu bemerken, daß die verliebte Wirtstochter der Obrigkeit entdeckte, der angebliche Diebstahl des Zigeuners Andrés sei erlogen gewesen, und daß sie ihre Liebe wie ihre Schuld bekannte. Sie entging jedoch der Strafe, da in der Freude über das Wiedersehn der Neuvermählten die Rache begraben wurde und die Milde auferstand.

Geschichte von dem großmütigen Liebhaber

Bejammernswerte Trümmer des unseligen Nikosia[1], kaum trocken vom Blute eurer tapfern, unglücklichen Verteidiger! Hättet ihr, die ihr des Gefühls beraubt seid, in dieser Öde noch Empfindung, so könnten wir gemeinsam unser Ungemach beklagen, und vielleicht würde das Beisammensein unsre Qual erleichtern. Euch, ihr eingestürzten, mächtigen Türme, kann zwar immer die Hoffnung bleiben, daß ihr euch wieder erheben werdet, wenn auch nicht mehr zur Verteidigung einer so gerechten Sache wie der, wofür ihr stürztet; ich Armer aber, auf welches Glück könnte ich in meiner kläglichen Bedrängnis hoffen, wenn auch meine jetzige Lage sich wieder in die frühere verwandelte? Ich bin so elend, daß ich auch in der Freiheit kein Glück hatte und nun in der Gefangenschaft nicht einmal eines erhoffe.«

Also sprach ein christlicher Gefangener, der von einer Anhöhe auf die geschleiften Mauern des gefallenen Nikosia hinabsah und sich mit ihnen unterhielt, indem er sein Unglück dem ihren verglich, als seien sie imstande, ihn zu hören. Denn so machen es die Trauernden: Sie tun und reden, von ihrer Einbildungskraft fortgerissen, Dinge, die jeder Vernunft und Wirklichkeit widersprechen.

Unterdes trat aus einem Pavillon oder Zelt, deren dort vier aufgeschlagen waren, ein junger Türke von sehr edlem, stattlichem Äußern, näherte sich dem Christen und sprach: »Ich wette, Freund Ricardo, daß deine alten Gedanken dich wieder hierhergeführt haben.«

»Sie haben es«, erwiderte Ricardo (denn so hieß der Gefangene); »allein was hilft es mir, wenn ich nirgends Ruhe

1 Nikosia, die Hauptstadt Cyperns, wurde im September 1570, nach einer 42 tägigen Verteidigung, von den Türken erobert.

oder Frieden vor ihnen finde, wohin ich auch das Auge wende, und sie hier beim Anblick der Ruinen nur in verstärktem Grade auf mich einstürmen?«

»Du meinst die Ruinen von Nikosia?« fragte der Türke.

»Welche sollte ich sonst wohl meinen«, versetzte Ricardo, »da sich dem Blick hier keine andern bieten!«

»Ja, du magst wohl weinen«, erwiderte der Türke, »wenn du dich auf solche Betrachtungen einläßt. Denn wer noch vor zwei Jahren diese bevölkerte, reiche Insel Cypern in Ruhe und Behaglichkeit gesehn hat, als ihre Bewohner im Genuß all dessen waren, was dem Menschen nur irgend gewährt werden kann, und wer sie jetzt entweder aus dem Lande vertrieben oder hier als gefangene, armselige Geschöpfe wiedersieht, wer könnte sich da des Mitleids mit ihrem Jammer und ihrem Unglück enthalten? Aber lassen wir das, da es doch zu nichts führt, und sprechen wir von dir; denn ich möchte wissen, ob hier Hilfe möglich ist, und ich beschwöre dich bei allem, was du der Zuneigung, die ich dir bewiesen habe, was du unsrer gemeinsamen Abstammung aus einem Lande und unsrer gemeinsam verlebten Kindheit schuldig bist, mir zu sagen, was dich in so tiefe Trauer versenkt. Denn wenn auch die Gefangenschaft allein schon das freudigste Herz in der Welt zu verdüstern vermag, so vermute ich doch immer, daß deine Schmerzen einer tiefern Quelle entstammen; denn edle Seelen lassen sich von den alltäglichen Unglücksfällen nicht so überwältigen, daß sie übermäßigen Schmerz verraten. In dieser Vermutung bestärkt mich, daß du, wie ich weiß, keineswegs so arm bist, um nicht das geforderte Lösegeld aufbringen zu können; auch hat man dich nicht in die Türme am Schwarzen Meer geworfen, wie man es sonst wohl mit vornehmen Gefangenen tut, die dann nur spät oder nie die ersehnte Freiheit wieder erhalten. Also hat dir dein Unstern die Hoffnung auf Freiheit nicht benommen, und doch sehe ich an dir die schmerzlichen Gebärden des Jammers. So ist es denn kein

Wunder, wenn ich auf den Gedanken komme, dein Schmerz entspringe einer andern Quelle als dem Verlust der Freiheit, und ich bitte dich, mir diese Quelle zu nennen, und verspreche dir zugleich jede Hilfe, die ich zu leisten vermag. Vielleicht hat das Schicksal mich absichtlich in diese Kleider gesteckt, die ich verabscheue, damit ich dir dienen kann. Du weißt, Ricardo, mein Herr ist Kadi dieser Stadt (und das heißt etwa so viel wie Bischof); du weißt, wieviel er vermag, und wieviel ich bei ihm gelte. Zudem ist dir bekannt, wie sehr ich wünsche, nicht in meinem scheinbaren Glaubensbekenntnis zu sterben; und wenn ich auch sonst nichts zu tun vermag, so will ich wenigstens dereinst die Religion Jesu, von der ich aus Jugend und Unreife abfiel, laut bekennen, obwohl ich weiß, daß ein solches Geständnis mich das Leben kosten wird; aber um das Leben der Seele nicht zu verlieren, will ich mit Freuden das des Leibes opfern. Aus all dem magst du sehn, daß dir meine Freundschaft von einigem Nutzen sein mag; damit ich aber beurteilen kann, welche Hilfe dein Unglück erfordert, mußt du es mir nennen: Der Arzt braucht den Bericht des Kranken, und ich versichere dich meiner tiefsten Verschwiegenheit.«

Auf all diese Reden schwieg Ricardo; schließlich aber, als er nicht mehr auszuweichen vermochte, erwiderte er:

»Wenn du, Freund Mahmud« (so hieß der Türke), »wie du den wahren Grund meiner Trauer entdeckt hast, auch das rechte Mittel dagegen fändest, so würde ich doch den Verlust meiner Freiheit als einen Segen preisen und mein Unglück nicht mit dem größten Glück vertauschen. Doch wenn auch jedermann den Grund wüßte, so fände sich doch auf der ganzen Welt vielleicht kein Mensch, der imstande wäre, nur ein Linderungsmittel, geschweige denn eine Heilung zu entdecken. Damit du selbst beurteilen kannst, will ich dir in möglichster Kürze meine Geschichte erzählen. Ehe ich mich aber in das wirre Labyrinth meiner Leiden verliere, möchte ich von dir wissen, weshalb Hassan Pascha, mein Herr, die

Zelte hier auf freiem Felde aufschlagen ließ, statt in Nikosia einzuziehn, zu dessen Vizekönig oder, wie die Türken es nennen, Pascha er ernannt worden ist.«

»Darauf will ich dir mit wenigen Worten antworten«, versetzte Mahmud. »Es ist bei den Türken Sitte, daß, wer als Vizekönig in irgendeine Provinz kommt, die Stadt, in der sich sein Vorgänger aufhielt, nicht eher betritt, als bis dieser fort ist und so der unbeschränkten Untersuchung seiner bisherigen Amtsführung nicht mehr im Wege steht. Während nun sein Nachfolger diese Aufgabe erfüllt, bleibt der Vorgänger auf dem Felde und wartet ab, zu welchem Ergebnis die Untersuchung führt, die ihren Gang nimmt, ohne daß er sie durch Bestechung oder durch Freundschaften beeinflussen kann, wenn er das nicht schon im voraus getan hat. Ist die Prüfung beendet, so händigt man dem vom Amt Zurücktretenden ihr Ergebnis in einem verschlossenen und versiegelten Pergament aus, mit dem er sich der großherrlichen Pforte, d. h. dem türkischen Geheimen Rat, vorzustellen hat. Wenn der Wesir und vier andere, dem Range nach geringere Paschas (sie entsprächen bei uns dem Präsidenten und den Auditoren des königlichen Rates) das Papier gelesen haben, so müßte er eigentlich dem Inhalt des Visitationsberichts gemäß belohnt oder bestraft werden, kann jedoch, falls er angeklagt werden sollte, die Strafe jederzeit durch Geld abkaufen. Wird er weder bestraft noch belohnt, wie es gewöhnlich der Fall ist, so erkauft er sich mit Geschenken und Bestechungen die Stellung, die ihm am meisten zusagt, denn Ämter und Stellen werden dort nicht nach Verdienst, sondern nach Geld ausgeteilt: Alles wird verkauft, und alles kann man kaufen. Wer ein Amt zu vergeben hat, beraubt den, der es haben möchte, und schadet ihm auf jede Weise. Gleichwohl verdient man durch eine so erkaufte Stellung genug, um eine andre kaufen zu können, die noch größern Gewinn verspricht. Alles geht so, wie ich es dir schildere; das ganze Reich beruht auf Gewalt, ein Wesenszug, der ihm keine sonderliche Dauer verspricht. Anderseits glaube ich jedoch, und es ist sicherlich richtig, daß unsre Sünden seine Stützen sind; ich meine die Sünden derer, die sich scham- und zügellos gegen Gott vergehn, wie ich es tat: Möge er sich meiner in seiner Barmherzigkeit erinnern. Aus diesem Grunde also weilt dein Herr, Hassan Pascha, schon seit vier Tagen auf diesem Felde, und wenn der bisherige Pascha von Nikosia noch nicht fort ist, so hat das seinen Grund in einer schweren Krankheit. Doch er befindet sich bereits besser, und ohne Zweifel wird er noch heute oder morgen ausziehn und sich hinter jener Anhöhe dort, die du noch nicht besichtigt hast, in Zelten niederlassen, worauf dann dein Herr unverweilt in die Stadt einzieht. Dies ist alles, was ich dir auf deine Frage zu erwidern weiß.«

»So höre denn«, hob Ricardo an; »ich weiß jedoch nicht, ob ich, wie versprochen, mein Unglück in kurzen Worten werde schildern können, denn es ist so groß und unermeßlich, daß es sich mit keiner Rede erschöpfen läßt. Doch will ich tun, was ich vermag und die Zeit erlaubt, und ich frage dich also, ob du in unsrer Vaterstadt Trapana[1] ein Mädchen kennst, das der Ruf als das schönste Frauenbild in ganz Sizilien pries; ein Mädchen, sage ich, von dem die Zungen aller Schwätzer unter dem Beifall der feinsten Kenner versicherten, sie sei die vollkommenste Schönheit, die die Vergangenheit besessen habe, die Gegenwart besitze und die Zukunft je besitzen werde; ein Mädchen, von dem die Dichter sangen, sie habe goldene Haare, ihre Augen seien zwei strahlende Sonnen, ihre Wangen Purpurrosen, ihre Zähne Perlen, ihre Lippen Rubinen, ihr Hals Alabaster, und jeder einzelne Teil bilde mit dem Ganzen, das Ganze mit jedem einzelnen Teil eine wunderbare Harmonie, da die Natur über alles ein so vollkommenes und lebendiges Farbenspiel ausgegossen habe, daß selbst der Neid keinen Fehler zu finden vermöge.

1 Bedeutende Stadt in Sizilien, 18 Stunden östlich von Palermo: das alte Drepanum.

Doch wie ist es möglich, Mahmud, daß du mir nicht schon gesagt hast, wer sie ist und wie sie heißt? Entweder du hast nicht gehört, was ich eben sprach, oder du hattest, als du in Trapana warst, keine Sinne!!«

»Nun«, erwiderte Mahmud, »wenn du mit diesem Gipfel der Schönheit, den du schilderst, nicht Leonissa meinst, die Tochter des Rodolfo Florencio, so weiß ich nicht, wen du im Auge hast, denn nur sie stand in solchem Rufe.«

»Sie ist es, Mahmud«, entgegnete Ricardo; »sie ist die Hauptursache all meines Glücks und Unglücks; um sie und nicht um den Verlust der Freiheit haben meine Augen unzählige Tränen vergossen, vergießen sie noch und werden sie künftig vergießen; um ihretwillen füllen meine Seufzer weit und breit die Luft und ermüden meine Worte den Himmel, der auf mich horcht, und das Menschenohr, das auf mich hört; um ihretwillen hast du mich für einen Tropf gehalten oder mir doch wenig Nervenkraft und noch weniger Willensstärke zugeschrieben. Diese Leonissa – für mich eine Löwin, für andre ein sanftes Lamm – erhält mich in diesem traurigen Zustand; denn du mußt wissen, von den zartesten Jahren an, oder mindestens seit ich meinen Verstand gebrauchen lernte, liebte ich sie nicht nur, nein, ich betete sie an und diente ihr mit solcher Andacht, als gäbe es weder auf Erden noch im Himmel eine andre Gottheit für meine Anbetung und meinen Dienst. Ihre Verwandten und Eltern wußten von meinen Wünschen, und nie deuteten sie mir an, daß sie mit ihnen unzufrieden wären, denn sie sahen, daß mir ein ehrliches und reines Ziel vor Augen schwebte; ja ich weiß, sie wandten sich mehrmals sogar an Leonissa und suchten sie zu bewegen, daß sie mich um meines Charakters und meiner edlen Geburt willen zum Gemahl erwählte. Aber sie, die ihre Augen auf den dir wohlbekannten Cornelio, den Sohn des Ascanio Rotulo, geworfen hatte, einen feinen, geputzten Jungen mit weißen Händen, krausen Haaren, honigsüßer Stimme und verliebten Redensarten, kurz ein Püppchen aus lauter Ambra und Zuckerteig, mit Seide besetzt und mit Goldstoff verbrämt, sie wollte den Blick nicht auf meine minder zarten Züge senken und sich meine beharrliche Huldigung nicht gefallen lassen, sondern vergalt meine Zuneigung mit Verachtung und Abscheu. Meine Liebe hatte aber einen solchen Grad erreicht, daß ich noch froh gewesen wäre, hätte sie mich mit ihrer Verachtung und Undankbarkeit unter den Boden gebracht, wenn sie nur Cornelio nicht auf so unzweideutige, obwohl ehrbare Art ihre Gunst geschenkt hätte. Aber stelle dir vor, wie meine Seele, als nun zur Drangsal der Verachtung und des Verschmähtseins die furchtbare Qual der Eifersucht noch hinzukam, durch zwei so tödliche Gifte leiden mußte! Leonissas Eltern suchten mir zu verheimlichen, daß sie Cornelio mir vorzog; denn sie hofften, nicht ohne Berechnung, der junge Mensch werde sie, gelockt von ihrer unvergleichlichen Schönheit, zur Gemahlin wählen und sie in ihm einen reichern Schwiegersohn gewinnen als in mir. Es hätte sich freilich so verhalten können; allein ohne Anmaßung sei es gesagt, sie hätten in ihm kein besseres Gemüt, keinen höhern Flug der Gedanken und keinen anerkannteren Mut gefunden. Nun geschah es, daß ich im Laufe meiner Bewerbungen erfuhr, wie einmal im vergangenen Mai (es ist jetzt eben ein Jahr, drei Tage und fünf Stunden her) Leonissa mit ihren Eltern, mit Cornelio und den Seinen, ihrer ganzen Verwandtschaft und allen Dienern des Hauses eine Lustpartie nach dem Garten des Ascanio gemacht habe, der nahe bei der Küste, auf dem Wege zu den Salzgruben, liegt.«

»Den kannte ich ehedem gar wohl«, bemerkte Mahmud; »ich habe dort, solange es Gott gefiel, manchen frohen Tag und manchen guten Scherz erlebt.«

»Ich erfuhr es«, erzählte Ricardo weiter, »und im nämlichen Augenblick packte meine Seele mit so furchtbarer Gewalt eine Wut, eine Hölle der Eifersucht, daß ich ganz von Sinnen kam, wie du aus dem, was ich dann tat, erfahren wirst. Ich eilte nämlich in den bezeichneten Garten, in dem ich eine Menge Lustwandler traf; Cornelio und Leonissa aber saßen, wenn auch ein wenig entfernt voneinander, unter einem Nußbaum. Was bei meinem Anblick in ihnen vorging, weiß ich nicht, doch das weiß ich: Ich war so ergriffen, daß mir war, als erblindete ich, und daß ich wie eine stumme, reglose Bildsäule stehn blieb. Es dauerte jedoch nicht lange, so hatte mir der Verdruß die Galle, die Galle das Herzblut, das Herzblut den Zorn, der Zorn die Hände und Zunge in Bewegung gesetzt. Meine Hände wurden zwar durch die Ehrfurcht, die ich dem reizenden Antlitz vor mir schuldig zu sein glaubte, wieder gebunden, die Zunge aber brach das Schweigen mit folgenden Worten: ›Es wird dich freuen, tödliche Feindin meiner Ruhe, ungestört ihn vor deinen Augen zu haben, der den meinigen fortwährend so schmerzliche Tränen entlockt. Nähere dich ihm noch etwas mehr, du Grausame, und schlinge deinen Efeu um diesen unnützen Stamm, der dich sucht. Kräusle und locke die Haare dieses neuen Ganymed, der sich so lau um dich bewirbt. Ergib dich ganz der keimenden Jugend dieses Knaben, den du ansiehst; denn wenn ich die Hoffnung, dich zu erringen, verliere, so wird mit ihr auch mein mir verhaßtes Leben endigen. Glaubst du vielleicht, stolzes, unbesonnenes Mädchen, die Gesetze und Rechte, die der Welt in solchen Fällen gelten, würden bei dir ihre Kraft verlieren? Meinst du, dieser Jüngling werde, stolz auf seinen Reichtum, eitel auf seine Gestalt, unerfahren in seiner Jugend, trotzig auf seine Abkunft, wie er es ist, Treue in seiner Liebe üben wollen und können, werde das Unschätzbare zu schätzen wissen, werde erkennen, wofür nur ein reifes und erfahrenes Alter Erkenntnis hat? Hoffe es nicht, denn die Welt hat das einzige Gute an sich, daß sie sich immer gleich bleibt, so daß jeder nur durch seine eigne Unerfahrenheit hintergangen wird. Das Wesen der Jugend ist Unbeständigkeit, Reichtum erzeugt Hochmut; der Eitle ist anmaßend, der Schöne behandelt andre mit Verachtung, und Menschen, die all dies zugleich sind, verfallen der Narrheit, der Mutter alles Unglücks. Und du, Knabe, der du so einfach den Preis zu erringen glaubst, der meinem aufopfernden Streben mehr gebührt, als deiner Untätigkeit: Warum erhebst du dich nicht von dem Blumenlager und reißest mir die Seele aus, die dich so sehr verabscheut, – verabscheut, nicht weil du dich durch dein Verhalten an mir versündigst, sondern weil du das Gut, das das Glück dir zugewiesen hat, nicht zu schätzen weißt! Sieht man doch deutlich, wie gering du es achtest, da du dich nicht einmal rührst, es zu verteidigen, weil du dich sonst der Gefahr aussetzen könntest, den zierlichen Wurf deines prächtigen Gewandes zu stören. Wäre Achill so gelassen gewesen, so hätte Ulysses mit seiner List sicherlich nichts ausgerichtet, hätte er ihm auch noch so viel glänzende Waffen und eiserne Schwerter vor die Augen gehalten. Fort, fort! treibe Kurzweil mit den Kammermädchen deiner Mutter und sorge dort für deine Locken und deine Hände, die eher taugen, weiche Seide zu wickeln, als den harten Stahl zu fassen.‹

Während all dieser Worte erhob Cornelio sich nicht von seinem Sitz, sondern starrte mich reglos an. Ich hatte aber so laut gesprochen, daß alle, die in dem Garten lustwandelten, stehen blieben und so die noch unziemlicheren Worte zu hören bekamen, mit denen ich Cornelio alsbald überschüttete. Als nun so viele Menschen zusammenliefen, faßte er sich ein Herz, zumal sie insgesamt oder doch zumeist seine Verwandten, Diener oder Anhänger waren, und machte Miene, sich zu erheben. Ehe er jedoch noch auf den Füßen stand, hatte ich schon den Degen gezogen und zückte ihn gegen ihn und alle Anwesenden. Kaum aber sah Leonissa meine Klinge funkeln, so sank sie in Ohnmacht, so daß ich nur noch mehr in Wut und Raserei geriet. Ich kann nicht sagen, ob die vielen, die mir gegenüberstanden, sich auf die Verteidigung beschränken wollten, wie man sich gegen einen tollen

Wahnsinnigen verteidigt, oder ob es mein Glück und meine Geschicklichkeit oder vielleicht auch die Fügung des Himmels war, der mich für größere Leiden aufsparen wollte: Kurz, ich verwundete sieben bis acht von denen, die mir am nächsten standen. Cornelio half seine Behendigkeit, denn er machte sich mit solcher Hast auf die Beine, daß er meinen Händen entrann. In dieser unzweideutigen Gefahr nun, als meine erbitterten Feinde mich rachedurstig umringten, kam mir das Glück zu Hilfe; und doch wäre es mir lieber gewesen, ich hätte damals, statt so unerwartet gerettet zu werden, das Leben verloren, um es fortan in jeder Stunde tausend und tausendmal zu verlieren. Unversehens stürzte, nämlich aus zwei bisertanischen[1] Korsarenschiffen, die, unbemerkt von den Wachen auf den Küstentürmen und den Strandhütern, in eine nahe Bucht eingelaufen waren, ein Haufe Türken in den Garten. Als meine Gegner sie erblickten, ließen sie von mir ab und suchten ihr Heil eilends in der Flucht, so daß die Türken von allen im Garten Befindlichen nicht mehr als drei Personen gefangen nahmen, außer der noch immer ohnmächtigen Leonissa. Mich selbst überwältigten sie, als ich vier schwere Wunden bekommen hatte, die ich aber im voraus mit eigner Hand an vier Türken rächte, indem ich sie leblos zu Boden streckte. Die Korsaren hatten den Angriff mit ihrer gewohnten Schnelligkeit ausgeführt, zogen sich, mit dem Erfolg nicht sonderlich zufrieden, an Bord zurück, stachen unverweilt in See und gelangten mit den vereinten Kräften der Segel und Ruder bald nach der Insel Fabiana. Hier wurde Musterung gehalten, um zu sehn, wer ihnen fehle, und als sie entdeckten, daß die vier Toten zu den sogenannten Levantinern, ihren am höchsten geschätzten Kriegern, gehörten, wollten sie Rache dafür an mir nehmen, und der Arraez[2] des Hauptschiffes befahl, den Mast herabzulassen, um mich daran aufzuknüpfen. All dies sah Leonissa, die

1 Biserta, eine Stadt in der Berberei, unweit von Tunis.
2 Befehlshaber

unterdessen wieder zu sich gekommen war, mit an. Als sie zuerst bemerkt hatte, daß sie in der Gewalt der Korsaren war, vergoß sie einen Strom perlender Tränen, rang die zarten Hände und horchte, lautlos, ob sie nicht verstände, was die Türken untereinander sprachen. Als ihr aber einer der christlichen Rudersklaven auf italienisch sagte, der Arraez habe befohlen, den Christen da, wobei er auf mich zeigte, aufknüpfen zu lassen, weil er in ihrer Verteidigung vier der besten Galeotensoldaten getötet habe, verriet Leonissa zum ersten Mal Mitleid mit mir und bat durch den Sklaven die Türken, sie sollten mir nicht das Leben nehmen, denn sie würden dadurch ein hohes Lösegeld verlieren; sie möchten vielmehr nach Trapana zurückkehren, wo man mich sogleich auslösen werde. Diese Worte waren die erste Barmherzigkeit, die mir Leonissa erwies, und sie werden wohl auch die letzte bleiben; zudem schlug das Ganze völlig zu meinem Unglück aus. Die Türken hatten kaum vernommen, was der italienische Sklave ihnen sagte, als sie sogleich auf Leonissas Rat eingingen, da die Habgier ihre Rachsucht überwog. Sie kehrten schon am Morgen des folgenden Tages mit aufgesteckter Friedensflagge nach Trapana zurück; die Schmerzen aber, unter denen ich diese Nacht zubrachte, lassen sich denken, und zwar waren sie nicht so sehr die Folge meiner Wunden, wie vielmehr des Gedankens an die Gefahr, in der sich meine grausame Feindin unter diesen Barbaren befand. Als wir wieder vor der Stadt ankamen, lief die eine Galeote in den Hafen ein, die andre blieb draußen liegen. Sogleich füllte sich der ganze Hafen und das anstoßende Ufer mit Christen, und der Affe Cornelio sah von weitem zu, was auf der Galeote vorging. Mein Haushofmeister eilte herbei, um wegen meines Lösegeldes zu unterhandeln; ich sagte ihm aber, er sollte zunächst nicht meine Lösung, sondern die Leonissas betreiben und mein ganzes Vermögen dafür geben. Zugleich hieß ich ihn wieder ans Land zurückkehren und Leonissas Eltern sagen, sie möchten nur ihn allein über die Freiheit ihrer Tochter unterhandeln lassen und sich nicht erst selbst bemühn. Als dies geschehen war, forderte der erste Arraez, der ein griechischer Renegat mit Namen Issuf war, für Leonissa sechstausend Taler und für mich viertausend, und er fügte hinzu, er werde die eine Person nicht ohne die andre hergeben. Diese hohe Summe verlangte er, wie ich nachher erfuhr, weil er in Leonissa verliebt war und sie im Ernst durchaus nicht verkaufen wollte, sondern beabsichtigte, mich, den er auf viertausend Taler schätzte, und tausend Taler in Geld, zusammen also fünftausend Taler, dem Arraez der andern Galeote zu übergeben, mit dem er die Beute zu gleichen Hälften teilen mußte, Leonissa aber, die er ebenfalls auf fünftausend Taler schätzte, für sich zu behalten. Das war der Grund, weshalb er für uns beide zusammen zehntausend Taler verlangte. Leonissas Eltern boten ihrerseits nichts, da sie sich auf die Zusage verließen, die ihnen mein Haushofmeister gegeben hatte. Auch Cornelio rührte sich nicht, um seine Geliebte zu retten, und so schloß denn endlich mein Haushofmeister nach vielem Hin- und Herreden den Handel in der Weise ab, daß für Leonissa fünf-, für mich dreitausend Taler erlegt werden sollten. Issuf hatte diesen Vorschlag angenommen, genötigt durch das Zureden seines Genossen und die Vorstellungen all seiner Soldaten; da jedoch mein Haushofmeister eine solche Menge Geldes nicht beisammen hatte, verlangte er drei Tage Frist bis zur Zahlung der Summe, denn um das Lösegeld zu vervollständigen, wollte er mein Eigentum um jeden Preis losschlagen. Das kam Issuf ganz gelegen; denn er hoffte, während dieser Zeit irgendeinen Anlaß zu finden, um den Handel abzubrechen. So kehrte er denn nach der Insel Fabiana zurück und versprach, nach Ablauf der drei Tage zum Empfang des Geldes wieder da zu sein. Allein das feindselige Schicksal, dem meine Qualen noch nicht genügten, fügte es, daß ein auf dem höchsten Punkt jener Insel aufgestellter türkischer Wächter weit im Meere sechs lateinische Segel endeckte und ganz richtig schloß, es müsse entweder das maltesische oder ein sizilianisches Geschwader sein. Sogleich lief er hinab, die Nachricht mitzuteilen, und im Nu schifften sich die Türken, die, teils um ihr Essen zuzurichten, teils um ihre Linnen zu waschen, an Land gegangen waren, wieder ein, lichteten blitzschnell die Anker, senkten die Ruder ins Wasser, hißten die Segel und waren in der Richtung auf die Berberei zu in weniger als zwei Stunden den Galeeren aus dem Gesichte, so daß sie sich, gedeckt durch die dazwischenliegende Insel und die hereinbrechende Nacht, bald von dem ausgestandenen Schrecken erholten.

Ich überlasse es deiner eignen Phantasie, Freund Mahmud, dir vorzustellen, was meine Seele auf dieser Fahrt gelitten hat, besonders da am folgenden Tage die beiden Galeoten an der Südseite der Insel Pantanalea[1] anlegten und ans Land gingen, um, wie sie sagten, Holz und Fleisch einzunehmen; dort sah ich denn, daß die beiden Arraeze Anstalt machten, ihre gesamte Beute unter sich zu teilen. Jeder dieser Schritte war ein langsamer Tod für mich; und als man daran ging, mich und Leonissa zu verteilen, gab Issuf dem Feth-Ala, dem Arraez der andern Galeote, sieben Christen, nämlich vier Rudersklaven, zwei wunderschöne Knaben aus Korsika und mich, um dafür im Besitz Leonissas zu bleiben, womit sich jener zufrieden gab. Obwohl ich dem ganzen Hergang beiwohnte, verstand ich doch nicht, was sie untereinander sprachen, wenn ich auch sah, was sie taten. Ich hätte auch von dieser Teilung nichts geahnt, wäre Feth-Ala nicht auf mich zugetreten, um mir auf italienisch zu sagen: ›Christ, jetzt gehörst du mir; man hat dich mir mit zweitausend Goldtalern angerechnet: Willst du deine Freiheit, so mußt du mir viertausend verschaffen, oder du bleibst bis zu deinem Tode hier.‹ Ich fragte ihn, ob ihm auch die Christin

1 Auch Pantellarea oder Causera, zwischen Tunis und Sizilien gelegen, mit dem Hauptort Oppidola.

zugefallen sei; er erwiderte: Nein, die habe Issuf behalten, um sie zur Maurin zu machen und zu heiraten. So verhielt es sich denn auch wirklich, wie mir ein Rudersklave sagte, der das Türkische gut verstand und den Teilungsvertrag zwischen Issuf und Feth-Ala mit angehört hatte. Ich entgegnete meinem Herrn, er möchte die Christin für sich zu bekommen suchen, ich wollte ihm dann als Lösegeld für sie zehntausend Goldtaler bar auszahlen lassen. Er erwiderte, das sei nicht möglich, er wolle aber Issuf wissen lassen, eine wie hohe Summe ich biete, vielleicht werde der, durch den schönen Gewinn verlockt, seinen Vorsatz ändern und die Sklavin hergeben. Feth-Ala tat dies wirklich, gab aber zugleich Befehl, daß die Mannschaft seiner Galeote unverweilt an Bord ginge, da er sich nach Tripolis in der Berberei, seiner Heimat, begeben wollte. Ebenso beschloß Issuf, nach Biserta zu gehn, und beide schifften sich mit der Eile ein, die dieses Volk zu beobachten pflegt, wenn Galeeren, die Gefahr bringen, oder Kauffahrer, die sie berauben können, in Sicht sind. Diesmal aber lag der Grund der Hast in den drohenden Anzeichen eines heraufziehenden Sturmes. Leonissa war ebenfalls am Lande, aber nirgends, wo ich sie hätte sehen können, und nur in dem Augenblick, als wir beide an Bord gehn wollten, trafen wir am Ufer zusammen. Ihr neuer Herr und Liebhaber führte sie an der Hand, und eben als sie den Fuß auf die Leiter setzen wollte, die vom Land in die Galeote führte, wandte sie die Augen auf mich; und meine, die nicht von ihr ließen, blickten sie mit solcher Zärtlichkeit und solchem Schmerz an, daß sich, ohne daß ich wußte, wie mir geschah, eine Wolke auf sie senkte, die mich der Sehkraft beraubte und mich blind und besinnungslos zu Boden warf. Dasselbe, sagte man mir nachher, sei auch Leonissa widerfahren: Man habe sie von der Leiter ins Meer stürzen sehn, Issuf aber sei ihr sogleich nachgesprungen und habe sie in seinen Armen wieder ans Land gebracht. Dies erzählte man mir später auf der Galeote meines Herrn, wohin man mich bewußtlos getragen hatte. Als ich dort wieder zu mir kam und sah, daß ich allein auf dem Schiffe war, das andre Fahrzeug aber, das einen andern Weg eingeschlagen hatte und sich immer weiter von uns entfernte, die Hälfte meiner Seele oder vielmehr meine ganze Seele dahinführte, da verlor ich fast von neuem die Besinnung, verfluchte abermals mein Geschick und rief laut nach dem Tode; ja die Ausbrüche meiner Wut waren derart, daß mein Herr mich nicht länger anhören wollte und mich zu prügeln drohte, wenn ich nicht verstummte. Ich preßte die Tränen zurück und schluckte die Seufzer hinunter und hoffte, sie würden durch die Gewalt, die ich ihnen antat, so stark von neuem ausbrechen, daß sich der Seele, die sich so sehr von diesem elenden Körper zu befreien strebte, eine Pforte öffnen müßte. Allein das Schicksal, nicht zufrieden damit, daß es mich in diese Bedrängnis versetzt hatte, beschloß, alles aufs Äußerste zu treiben und mir jede Hoffnung auf Rettung abzuschneiden; denn plötzlich brach der Sturm, der längst gedroht hatte, aus, und der Wind, der von Süden her uns gerade entgegenblies, wurde so stark, daß man das Schiff wenden und unter großer Gefahr für alle, die dem Fahrzeug ihr Leben anvertraut hatten, treiben lassen mußte, wohin der Orkan es treiben wollte. Der Arraez beabsichtigte, die Insel zu umsegeln und auf der Nordseite Schutz zu suchen, allein er erreichte nur das gerade Gegenteil von seiner Absicht; denn der Sturm packte uns mit solcher Wucht, daß wir die ganze Strecke, zu der wir volle zwei Tage gebraucht hatten, in nicht viel mehr als vierzehn Stunden zurückgetrieben wurden und schließlich kaum noch sechs bis sieben Meilen von dem Eiland entfernt lagen, von welchem wir ausgefahren waren. Wehrlos mußten wir gerade dagegen laufen, und zwar nicht etwa gegen den flachen Strand, sondern gegen einige weit vorragende Klippen, in denen uns schon von fern unser unabwendbarer Tod bedrohte. Uns zur Seite entdeckten wir die andre Galeote, auf der sich Leonissa befand. Auf ihr boten Türken und Sklaven die ganze Kraft der Ruder auf, um das Schiff von den Felsen abzuhalten. Desgleichen tat die Mannschaft auf unserm Schiff, jedoch mit mehr Erfolg und Ausdauer als jene, die, ermattet von der Arbeit und überwältigt von der Unbeugsamkeit des Windes, endlich die Ruder wegwarfen und sich vor unsern Augen gerade gegen die Klippen antreiben ließen, an denen die Galeote durch die Gewalt des Stoßes gänzlich zersplitterte. Die Nacht begann zu dunkeln, und in dem Geschrei der Untergehenden, dem Schrecken unsrer eignen Mannschaft, die das gleiche Los für sich selbst fürchtete, vernahm und vollzog niemand mehr die Befehle des Arraez. Man achtete auf nichts mehr, als daß man die Ruder nicht aus den Händen verlor und wieder vor den Wind zu kommen suchte, und endlich warf man zwei Anker, um dadurch den unabwendbar scheinenden Tod noch eine Zeitlang abzuhalten. Mitten in der allgemeinen Todesangst schwebte ich jedoch in einer gerade entgegengesetzten Empfindung, denn in der trügerischen Hoffnung, die in der andern Welt zu treffen, die eben aus dieser geschieden war, schien mir jeder weitere Augenblick, in dem unsre Galeote noch nicht untersank oder gegen die Klippe trieb, ein Jahrhundert des grausamsten Todes. Aufmerksam blickte ich in die geschwellten Wogen, die hoch über das Schiff und mein Haupt hingingen, ob mit ihnen vielleicht der Leib der unglücklichen Leonissa dahergetrieben käme. Ich will mich jetzt nicht damit aufhalten, Mahmud, dir noch ausführlicher all die Schrecken, all die Befürchtungen, Qualen und Gedanken zu schildern, die mich in jener langen, bittern Nacht durchtobten, um mich beim Bericht von meinem Unglück, wie versprochen, kurz zu fassen. Aber sei versichert, ich litt so sehr und so lange, daß es den Tod sehr geringe Mühe gekostet hätte, mir das Leben zu nehmen, wäre er mir in jener Nacht genaht. Endlich kam der Tag und mit ihm die Anzeichen eines noch heftigeren Sturmes; zugleich aber sahen wir, daß das Schiff sich eine ziemliche Strecke von den Klippen entfernt hatte und einer Landspitze der Insel näher gekommen war. Da nun Christen und Türken die Rettung so nahe sahen – denn sie brauchten diese Landspitze nur zu umschiffen –, schöpften sie neue Hoffnung und neue Kraft und kamen in sechs Stunden wirklich um die Spitze herum, wo wir das Meer stiller und ruhiger fanden, so daß wir uns der Ruder leichter bedienen konnten und uns endlich an einer windsicheren Stelle der Insel vor Anker legten. Jetzt benutzten die Türken die Gelegenheit, ans Land zu gehn und nachzuforschen, ob noch irgendein Überbleibsel der Galeote vorhanden sei, die in der Nacht zuvor gegen die Klippen gelaufen war; allein der Himmel wollte mir den erwarteten Trost, Leonissas Leiche in den Armen zu halten, nicht gewähren; – denn selbst tot und zerschmettert hätte sie mich getröstet, da der Tod wenigstens den Bann des Schicksals gebrochen hätte, der bisher eine Vereinigung mit ihr, wie meine Liebe sie ersehnte, gehindert hatte. So bat ich denn einen Renegaten, der ans Land gehn wollte, nach ihrem Körper zu suchen und nachzusehn, ob etwa das Meer ihn an den Strand geworfen habe. Aber, wie gesagt, der Himmel gewährte mir keinen solchen Trost, denn in eben diesem Augenblick brach der Wind von neuem mit solcher Gewalt herein, daß die Insel uns gar keinen Schutz mehr gewährte. Als Feth-Ala das sah, wollte er nicht länger gegen das Schicksal kämpfen, das ihn so sehr verfolgte, ließ im Focksegel ein wenig Leinwand aus und nahm den Wind in den Rücken; er griff selbst zum Steuer und hielt aufs offene Meer, da er darauf vertraute, daß ihm nun kein Hindernis mehr in den Weg treten werde. Die Ruder wurden auf den Mittelgang gelegt, die gesamte Mannschaft setzte sich auf die Bänke und Brustwehren, und auf der ganzen Galeote sah man keinen Menschen als den Rudervogt, der sich zu größerer Sicherheit fest an einen Balken hatte binden lassen. Das Schiff flog mit solcher Geschwindigkeit dahin, daß es nach drei Tagen und drei Nächten, an

Trapana, Melasso und Palermo vorüber, vor dem Leuchtturm von Messina ankam, zum Staunen all derer, die sich an Bord befanden, wie nicht weniger der Zuschauer vom Lande her. Um jedoch den Orkan nicht ebenso weitläufig zu schildern, wie er hartnäckig war, so sage ich nur, daß wir endlich matt, hungrig und erschöpft von dem langen Umherschweifen – denn wir hatten ja die ganze Insel Sizilien umschifft – in Tripolis in der Berberei einliefen, wo mein Herr, ehe er noch mit seinen Levantinern über die Beute abgerechnet und ihnen ihren Anteil, sowie dem Dei, der Sitte gemäß, ein Fünftel des Ganzen übergeben hatte, ein solches Seitenstechen bekam, daß er nach drei Tagen in die Hölle fuhr. Seine ganze Habe nahmen sogleich der Dei von Tripolis und der Totenrichter in Besitz, den der Großherr dort hält – wie du weißt, ist dieser der Erbe aller, die ohne direkte Erben sterben –; diese beiden, sage ich, nahmen das ganze Vermögen meines Herrn für sich, und dabei fiel ich dem damaligen Pascha von Tripolis zu. Vierzehn Tage nachher erhielt er die Bestallung als Vizekönig von Cypern, und mit ihm bin ich hierher gekommen, ohne daß ich mich loszukaufen gedächte. So oft er mir auch sagte, ich sollte mich auslösen, da ich ja, wie ihm die Leute Feth-Alas verraten hätten, ein angesehner Mann sei, bin ich doch nie drauf eingegangen, sondern erwiderte ihm stets, wer ihm von meinem großen Reichtum erzählt, hätte ihn belogen. Soll ich dir nun meine aufrichtige Meinung sagen, Mahmud, so mußt du wissen, daß ich wirklich keine Lust habe, dahin zurückzukehren, wo ich nicht den geringsten Trost finden würde; vielmehr mögen die Gedanken und Erinnerungen an Leonissas Tod, die mich nie verlassen, vereint mit meiner Gefangenschaft alles tun, damit ich nie mehr Freude am Leben gewinne. Wenn es wahr ist, daß fortwährender Schmerz entweder selbst ein Ende nehmen oder das Leben dessen enden muß, der ihn empfindet, so soll der meine bei mir gewiß diese Folge haben; denn ich will ihm die Zügel so schießen lassen, daß er in wenigen Tagen das elende Leben überwältigen wird, das ich so ganz gegen meinen Willen noch fortführe. Dies, Freund Mahmud, ist mein trauriges Schicksal, dies ist die Ursache meiner Tränen und Seufzer; erwäge nun selbst, ob sie nicht stark genug ist, sie aus der Tiefe meines Herzens hervorzupressen und sie in der Öde meiner kummervollen Brust zu hegen. Leonissa starb und mit ihr meine Hoffnung; denn wenn auch die Hoffnung, die ich während ihres Lebens hatte, nur an einem schwachen Härchen hing, so war doch ... doch ...«

Bei diesem »doch« stockte ihm die Zunge im Munde, so daß er kein Wort mehr herauszubringen noch die Tränen zurückzudrängen vermochte, die ihm in Strömen das Gesicht herabrannen und den Boden unter ihm befeuchteten. Mahmud weinte mit ihm, und als der Anfall, den die Erinnerung, neu belebt durch die qualvolle Erzählung, hervorgerufen hatte, vorüber war, suchte er Ricardo mit den besten Gründen, die er finden konnte, zu trösten. Der aber unterbrach ihn mit den Worten:

»Ich verlange von dir, Freund, nur einen Rat: Was muß ich tun, um bei meinem Herrn und allen, mit denen ich umgehe, in Ungnade zu fallen, damit er und sie mich verabscheuen und so mißhandeln und verfolgen, daß ich unter den gehäuften Qualen und Schmerzen bald das Ziel meiner Wünsche, den Tod, erreiche.«

»Jetzt sehe ich«, entgegnete Mahmud, »mit welchem Recht man behauptet: Was man zu empfinden vermöge, das könne man auch aussprechen, obwohl anderseits die Empfindung zuweilen die Zunge verstummen läßt. Dem sei jedoch, wie ihm wolle, mag dein Schmerz deinen Worten gleichkommen, Ricardo, oder mögen sie stärker sein als er, – du wirst stets in Rat und Tat einen wahren Freund in mir finden. Mögen meine jugendliche Unerfahrenheit und die Torheit, die ich beging, indem ich dies Kleid anlegte, noch so laut sprechen, man dürfe sich weder auf den Rat noch auf die Tat, zu der ich mich erbiete, verlassen, so will ich mich doch bemühn, durch Tatsachen eine solche Meinung zu widerlegen. Willst du auch weder Rat noch Hilfe annehmen, so werde ich doch zu deinem Besten handeln, wie man einem Kranken nicht gibt, was er verlangt, sondern was zu seiner Heilung dient. In der ganzen Stadt vermag niemand mehr, hat niemand größern Einfluß als der Kadi, mein Gebieter; selbst dein Herr, der als Vizekönig hierher kam, übt hier keine so große Gewalt aus. Unter diesen Umständen kann ich nun sagen, daß eigentlich ich es bin, der in der ganzen Stadt am meisten vermag; denn durch meinen Herrn kann ich alles ausrichten, was ich will. Ich sage dies, weil sich dir so vielleicht die Möglichkeit bietet, bei ihm in Dienst zu treten; und bist du dann einmal in meiner Gesellschaft, so wird uns die Zeit schon lehren, was wir beide zu tun haben, du, um dich zu trösten, falls du Trost annehmen willst oder kannst, und ich, um ein gottgefälligeres Leben zu beginnen oder mindestens ein Dasein, in dem ich mein jetziges Leben mit weniger Sorge aufgeben kann.«

»Ich danke dir, Mahmud, für den angebotenen Freundschaftsdienst«, antwortete Ricardo; »und doch weiß ich nur zu gut, du wirst, was du auch tun magst, nichts zu meinem Heil zu ersinnen vermögen. Aber lassen wir das jetzt, und tritt mit mir in die Zelte, denn wie ich sehe, kommen viele Leute aus der Stadt; ohne Zweifel ist es der abtretende Pascha. Er wird jetzt sein Lager im offenen Feld aufschlagen, um meinem Herrn den Platz zu räumen, der sich nun in die Stadt begeben wird, um seine Amtsführung zu prüfen.«

»So ist es!« entgegnete Mahmud: »Komm, Ricardo, und sieh die Zeremonien mit an, unter denen man ihn empfängt; ich weiß, dies Schauspiel wird dich zerstreuen.«

»Gehn wir denn«, sagte Ricardo, »vielleicht brauche ich dich, falls mich etwa der Sklavenaufseher meines Herrn vermißt hat, ein korsischer Renegat von nicht gar mitleidigem Herzen.«

Damit brachen sie das Gespräch ab und langten eben bei den Zelten an, als der abziehende Pascha ankam und der neue heraustrat, um jenen an der Zeltpforte zu empfangen. Ali Pascha (so hieß dieser, der sein Amt niederlegte) war von sämtlichen Janitscharen begleitet, die die gewöhnliche Besatzung in Nikosia bildeten, seit die Türken diese Stadt erobert hatten. Sie zogen in zwei Reihen, die einen mit Musketen, die andern mit entblößten Säbeln, vor die Pforte des neuen Pascha, schlossen sein Zelt von allen Seiten ein, und Ali Pascha begrüßte Hassan mit einer tiefen Verbeugung. Mit einer etwas geringeren gab dieser den Gruß zurück, worauf Ali in Hassans Zelt trat, die Türken aber Hassan auf ein stattliches, reich geschmücktes Pferd hoben und um sämtliche Zelte und um einen großen Teil des offenen Feldes führten, indem sie unter großem Geschrei in ihrer Sprache riefen: »Hoch lebe Sultan Soliman und in seinem Namen Hassan Pascha!« Diesen Ruf wiederholten sie mehrmals unter immer größerem Lärm und Toben, worauf sie ihn wieder in das Zelt zurückbrachten, in dem er Ali zurückgelassen hatte, und jetzt blieb dieser mit dem Kadi und Hassan über eine Stunde lang allein. Mahmud sagte Ricardo, sie hätten sich eingeschlossen, um sich über die Dinge zu verständigen, die Ali in der Stadt begonnen hatte. Nach einiger Zeit trat der Kadi an die Zeltpforte und verkündete laut in türkischer, arabischer und griechischer Sprache, daß jeder, der hineinwolle, um Beschwerden oder sonst etwas gegen Ali Pascha vorzubringen, freien Eintritt habe, da sich der vom Großherrn als Vizekönig nach Cypern gesandte Hassan Pascha darin befinde und ihnen Recht und Gerechtigkeit angedeihen lassen werde. Darauf entfernten sich die Janitscharen, die bisher die Zeltpforte besetzt gehalten hatten, und ließen jeden, der wollte, hinein. Mahmud zog Ricardo mit, denn schon als einem Sklaven Hassans stand ihm der Eintritt offen. Auch ein paar griechische Christen und einige Türken traten ein, um ihr Recht zu erlangen, alle aber wegen so unbedeutender Angelegenheiten, daß der Kadi die meisten ohne Protokoll über die amtliche Verhandlung, ohne Akten und ohne näheres Verhör entschied. Denn alle Rechtshändel, mit Ausnahme der Ehesachen, werden aus dem Stegreif und mehr nach gesundem Menschenverstand als nach Gesetzen erledigt, wie denn unter diesen Barbaren, wenn man sie in diesem Punkt zu den Barbaren rechnen darf, der Kadi in allen Prozessen oberster Richter ist, gegen dessen Spruch man an kein andres Tribunal appellieren kann.

Während dieser Verhandlungen trat ein Tschausch, das heißt ein Türhüter, ein und meldete, es sei ein Jude vor der Zeltpforte, der eine wunderschöne Christin zu verkaufen habe. Der Kadi befahl, ihn hereinzubringen; der Tschausch ging hinaus und kam sogleich in Gesellschaft eines ehrwürdigen Juden wieder, der ein so kostbar und prachtvoll in Berbertracht gekleidetes Mädchen an der Hand führte, daß die reichste Mohrin von Fez oder Marokko, die im Schmuck alle Afrikanerinnen, selbst die Frauen von Algier mit ihren vielen Perlen überragt, neben ihr verblaßt wäre. Sie hatte das Gesicht mit einem scharlachenen Taft bedeckt, an dem Knöchel der entblößten Füße sah man zwei Karkachen (wie man die Spangen im Arabischen nennt), allem Anschein nach von gediegenem Golde; an den Armen, die durch ein Hemd von feinem Flor wie nackt durchschienen, trug sie ebenfalls goldene, mit Perlen übersäte Spangen, kurz, ihre ganze Kleidung zeugte von verschwenderischer Pracht. Erstaunt über diesen Anblick befahlen der Kadi und die beiden Paschas dem Juden, ehe sie irgend etwas andres sagten oder fragten, er möge die Christin das Gesicht enthüllen lassen. Er tat es, und sie entschleierte ein Antlitz, das die Augen der Anwesenden so blendete und ihre Herzen so erfrischte, wie die Sonne, wenn sie nach langer Trübe durch dichte Wolken in das sehnende Auge dringt: So groß war die Schönheit der Christensklavin und so bezaubernd ihre Anmut und Lieblichkeit. Noch stärker aber wirkte das enthüllte Wunderlicht auf den armen Ricardo; denn er kannte es besser als irgendein andrer, da die Sklavin seine geliebte, seine grausame Leonissa war, die er mit so vielen Tränen als tot beweint hatte. Bei dem plötzlichen Anblick der Reize der Christin ward indessen auch Alis Herz ins Innerste getroffen, die gleiche Wunde drang in Hassans Brust, und selbst der Kadi blieb nicht frei von der Liebesseuche, so daß er, mehr noch als die andern hingerissen, den Blick von den holden Augen Leonissas nicht abzuwenden vermochte. Und wie um die Gewalt der Liebe noch zu steigern, erhob sich zugleich im Herzen eines jeden die feste Hoffnung, sich in den Besitz des Mädchens zu setzen, und so fragten denn alle drei den Juden, ohne danach zu forschen, wie, woher und wann die Sklavin in seine Gewalt gekommen war, welchen Preis er für sie verlange. Der Jude, der einen Gewinn nicht verschmähte, antwortete: viertausend Dublonen; das sind etwa so viel wie zweitausend Taler. Kaum hatte er die Summe genannt, so erklärte Ali Pascha, er wolle sie ihm geben und das Geld sogleich in seinem Zelte auszahlen. Hassan Pascha jedoch, der durchaus nicht geneigt schien, das Mädchen fahren zu lassen, und sollte er auch sein Leben gefährden, rief: »Auch ich gebe die viertausend Dublonen, die der Jude verlangt, würde sie jedoch nicht geben noch mich überhaupt dem Anspruch Alis entgegensetzen, nötigte mich nicht ein Grund, den selbst er als gebieterisch und unabweisbar anerkennen wird, und dies ist der Umstand, daß diese reizende Sklavin sich für keinen von uns, sondern einzig für den Großherrn eignet. Daher sage ich, daß ich sie in seinem Namen kaufe, und will nun sehen, wer kühn genug ist, sie mir streitig zu machen.«

»Ich«, erwiderte Ali, »denn ich kaufe sie zum gleichen Zweck, und es ist jedenfalls richtiger, wenn nicht du, sondern ich dem Großherrn dieses Geschenk mache, da ich gerade Gelegenheit habe, es nach Konstantinopel zu bringen und mir damit das Wohlwollen des Sultans zu gewinnen; dann muß ich auch, wie du wohl einsiehst, Hassan, als Mann ohne Amt auf Mittel denken, mir ein neues zu verschaffen, während du auf drei Jahre versorgt bist, da du heute die Regierung über das reiche Cypernland antrittst. Um dieser Gründe willen, und weil ich der erste war, der das Geld für die Sklavin bot, ist es nicht mehr als recht und billig, wenn du sie mir überlässest.«

»Gerade mir«, entgegnete Hassan, »wird es um so mehr Dank eintragen, wenn ich sie dem Großherrn zum Geschenk mache, als ich es ohne allen Eigennutz tue; sie zu überbringen werde ich eigens eine Galeote mit eignen Sklaven bemannen, die sie sicher an ihren Bestimmungsort führen soll.«

Über diese Worte ergrimmt, sprang Ali auf, griff nach dem Säbel und rief: »Da wir beide die gleiche Absicht haben, diese Christin für den Großherrn zu erwerben, ich aber der erste Käufer war, so ist es dem Recht und der Gerechtigkeit gemäß, daß du sie mir überlässest; bist du aber andrer Ansicht, so soll dieser Säbel mein Recht verteidigen und deine Anmaßung strafen.«

Der Kadi, der all dies aufmerksam angehört hatte und, nicht minder als die beiden für die Sklavin entbrannt, besorgt, sie könnte ihm entgehn, sann auf ein Mittel, wie er das Zornesfeuer zwischen jenen löschen und sich zugleich den Besitz der Christin sichern könnte, ohne daß ihn der mindeste Verdacht einer sträflichen Absicht und eines verräterischen Herzens träfe. Er sprang auf, warf sich zwischen die beiden, die schon Aug in Auge standen, und sprach:

»Beruhige dich, Hassan, und du, Ali, sei still; ich bin hier und glaube euren Zwist so beilegen zu können, daß ihr beide eure Absicht erreicht, der Großherr aber sein Geschenk nach eurem Wunsche bekommt und euch beiden im gleichen Grade dafür dankbar und verpflichtet ist.«

Beide gehorchten den Worten des Kadi auf der Stelle, und

sie hätten es getan, wenn er ihnen auch noch Schwereres zugemutet hätte, so groß ist die Ehrerbietung, die diese Ungläubigen ihren Grauköpfen erweisen. Der Kadi aber fuhr also fort:

»Du, Ali, sagst, du wolltest diese Christin für den Großherrn kaufen, und Hassan sagt das gleiche. Du behauptest, weil du das Kaufgeld zuerst botest, müsse sie dir auch verbleiben; Hassan widerspricht dir, und weiß er sein Recht auch nicht zu begründen, so finde ich doch, daß er wirklich den gleichen Anspruch hat wie du, und zwar stützt er sich auf seine Absicht, die Sklavin zum gleichen Zweck zu kaufen. Diese Absicht entstand ohne Zweifel im gleichen Augenblick, nur daß du ihm in deinen Worten zuvorkamst; das aber kann nicht die Folge haben, daß er die Frucht seines guten Willens gänzlich verliere. Ich hielte es daher für gut, wenn ihr euch in der Art verglichet, daß die Sklavin im Besitz von euch beiden bliebe; da aber das eigentliche Recht an sie dem Großherrn, für den sie gekauft wird, verbleiben soll, so stehe es auch bei ihm, des fernern über sie zu verfügen. Einstweilen zahlst Du, Hassan, zweitausend Dublonen, du, Ali, die andern zweitausend, und die Sklavin verbleibt in meiner Obhut, damit ich sie dann in euer beider Namen nach Konstantinopel schicke und so auch nicht ganz ohne Dank ausgehe; wäre es auch nur, weil ich bei dem Kaufe zugegen war. Ich erbiete mich deshalb auch, sie auf meine Kosten abzusenden, und zwar mit all der Würde und dem Prunk, wie es sich für den gebührt, dem die Sendung bestimmt ist; und dann werde ich dem Großherrn schriftlich alles vermelden, was sich hier zugetragen hat, und ihm rühmen, wie eifrig ihr ihm zu dienen bemüht seid.«

Die zwei verliebten Türken konnten und wollten nicht widersprechen, und sahen sie auch wohl, daß sie auf diesem Wege ihr Ziel nicht erreichen würden, so mußten sie die Meinung des Kadi doch gelten lassen, wobei freilich jeder in seinem Innern noch die, wenn auch zweifelnde, Hoffnung nährte, dennoch das ersehnte Ziel zu erlangen. Hassan nämlich, der als Vizekönig von Cypern zurückblieb, gedachte den Kadi so mit Geschenken zu überhäufen, daß dieser nicht umhin könnte, ihm die Sklavin herauszugeben; Ali sann auf eine andre List, in ihren Besitz zu gelangen, und da jeder seinen Plan für ziemlich sicher hielt, so gingen beide gern auf den Vorschlag des Kadi ein, übergaben ihm mit beiderseitiger Zustimmung die Christin, und jeder zahlte dem Juden zweitausend Dublonen. Dieser sagte jedoch, mit den Kostbarkeiten, die sie trage, könne er sie um solchen Preis nicht hergeben, da ihr Kostüm nochmals zweitausend Dublonen wert sei. So verhielt es sich auch wirklich: denn in ihrem Haar, das ihr teils auf die Schultern herabfiel, teils in einem Knoten auf der Stirn zusammengebunden war, schimmerten mehrere kunstvoll eingeflochtene Perlenschnüre; die Bänder an Händen und Füßen waren gleichfalls voll großer Perlen; ihr Kleid bestand in einer arabischen Malafa[1] aus grünem Atlas, mit Gold bestickt und voll kleiner goldner Tressen. Kurz, es schien allen, der Jude sei im Preis, den er für ihr Kostüm forderte, noch mäßig, und um nicht minder freigebig zu erscheinen als die beiden Paschas, erklärte der Kadi, er wolle diese Summe bezahlen, damit die Christin dem Großherrn ganz in ihrer jetzigen Tracht übergeben werde. Die beiden Käufer waren damit zufrieden, denn jeder hoffte, dic Sklavin werde doch ihm allein gehören.

Nun aber bleibt noch zu schildern, was Ricardo empfand, als er die Geliebte, seine Seele, also versteigert sah, und welche Gedanken ihn durchstürmten, welche Ängste ihn erfaßten, als er sie nur wiederfand, um sie desto unwiederbringlicher zu verlieren. Er wußte nicht, ob er wache oder träume, und traute den eignen Augen nicht, was sie sahen; denn es schien ihm fast unmöglich, daß sie so unverhofft Leonissa

1 Oberkleid, Mantel.

erblicken sollten, die seiner Meinung nach ihre Augen auf immer geschlossen hatte. So trat er denn auf Mahmud zu und sprach: »Kennst du sie nicht, Freund?«

»Nein«, erwiderte Mahmud.

»So wisse denn«, versetzte Ricardo, »es ist Leonissa.«

»Was sagst du?« rief Mahmud.

»Was du gehört hast«, entgegnete Ricardo.

»So schweig und verrate sie nicht«, sagte Mahmud; »das Glück wird sich zu deinen Gunsten wenden, da sie in die Hand meines Herrn kommt.«

»Meinst du wohl«, fragte Ricardo, »ich sollte mich an einen Ort stellen, wo sie mich sehn kann?«

»Nein«, antwortete Mahmud, »du darfst sie nicht erschrecken und selbst nicht ergriffen werden; laß auch nicht merken, daß du sie kennst oder auch nur gesehn hast, denn das könnte meinem Plane hinderlich sein.«

»Ich will deinen Rat befolgen«, erwiderte Ricardo, und so vermied er es, mit dem Blick dem Leonissas zu begegnen. Sie heftete während dieses Vorgangs die Augen auf den Boden und trocknete sich ein paarmal die Tränen, die mit den orientalischen Perlen an Glanz wetteifern konnten.

Dann trat der Kadi auf sie zu, nahm sie bei der Hand, übergab sie Mahmud und befahl ihm, sie in die Stadt zu bringen und seiner Gemahlin Halima zu sagen, sie solle sie wie eine Sklavin des Großherrn behandeln. Mahmud tat, wie ihm aufgetragen wurde, und schied von Ricardo, der seinem Stern mit den Augen folgte, bis er hinter den Mauern Nikosias unterging. Darauf näherte er sich dem Juden und fragte ihn, wo er die Christin gekauft habe, oder wie sie sonst in seinen Besitz gekommen sei. Jener erwiderte, er habe sie auf der Insel Pantanalea von einigen Türken gekauft, die dort Schiffbruch erlitten hätten. Er wollte noch weiter fortfahren, wurde aber durch die Paschas unterbrochen, die ihn zu sich riefen, da sie ihm die gleiche Frage stellen wollten.

Auf dem Wege von den Zelten bis zur Stadt benutzte

Mahmud die Gelegenheit, Leonissa in italienischer Sprache zu fragen, woher sie sei. Sie erwiderte: »Aus der Stadt Trapana«, und Mahmud fragte nun, ob sie dort einen reichen und vornehmen Kavalier namens Ricardo kenne. Als Leonissa diesen Namen hörte, seufzte sie tief und erwiderte: »Ja, wohl kenne ich ihn, zu meinem Unglück.«

»Warum zu Eurem Unglück?« fragte Mahmud.

»Weil es zu seinem Leiden und meinem Unheil ausschlug, daß er mich kannte«, entgegnete Leonissa.

»Und kanntet Ihr«, fuhr Mahmud fort, »in jener Stadt vielleicht auch einen andern Kavalier von feinem Wesen, den Sohn sehr reicher Eltern, und einen tapfern Mann, freigebig und verständig, mit Namen Cornelio?«

»Auch ihn kenne ich«, antwortete Leonissa, »und ich kann sagen: noch mehr zu meinem Unglück als Ricardo; aber wer seid Ihr, mein Herr, daß Ihr sie kennt und mich nach ihnen fragt?«

»Ich bin«, sagte Mahmud, »aus Palermo gebürtig und geriet durch allerlei Zufälle in diese mir ursprünglich fremde Tracht; jene beiden aber lernte ich kennen, weil ich sie erst vor wenigen Tagen unter meiner Aufsicht hatte. Cornelio nämlich machten einige Mohren aus Tripolis zum Gefangenen und verkauften ihn an einen türkischen Kaufmann in Rhodus, der ihn auf einem Warenschiff mit hierher brachte und ihm sein ganzes Vermögen anvertraute.«

»Das wird er gewiß wohl zu hüten wissen«, entgegnete Leonissa, »denn sein eignes Geld versteht er recht gut zu schützen. Aber sagt, mein Herr, wie oder mit wem kam Ricardo hierher?«

»Er kam«, versetzte Mahmud, »mit einem Korsaren, der ihn in einem Garten an der Küste von Trapana gefangengenommen hatte. Er sagte mir, man habe mit ihm auch ein Fräulein zur Gefangenen gemacht, deren Namen er mir jedoch nie anvertraute. Er verweilte mehrere Tage hier, und zwar mit seinem Herrn, der auf einer Pilgerfahrt zum Grabe

Mohammeds in der Stadt Medina begriffen war. Zur Zeit der Abreise wurde Ricardo jedoch so krank, daß sein Herr ihn mir, als seinem Landsmanne, übergab, um ihn heilen zu lassen und bis zur Wiederkehr seines Gebieters unter meine Obhut zu nehmen, oder um, wenn er nicht hierher zurückkäme, meinen Schützling nach Konstantinopel zu schicken, sobald er mich benachrichtigen werde, daß er dort eingetroffen sei. Aber der Himmel hatte es anders bestimmt; denn der unglückliche Ricardo beschloß schon nach wenigen Tagen, ohne daß ihn eine eigentliche Krankheit ergriffen hätte, sein ihm zur Last gewordenes Dasein, indem er beständig nach einer gewissen Leonissa rief, die ihm, wie er mir sagte, teurer war als sein Leben und seine Seele; sie sei, bemerkte er, auf einer Galeote umgekommen, die an der Insel Pantanalea Schiffbruch litt. Fortwährend beklagte und beweinte er ihren Tod, bis diese Klagen schließlich den Verlust des eignen Lebens zur Folge hatten; denn, wie gesagt, ich nahm keine Krankheit an seinem Leibe wahr, sondern nur Zeichen des Schmerzes in seinem Gemüte.«

»Sagt mir doch, mein Herr«, erwiderte Leonissa, »hat der andre junge Mensch, von dem Ihr spracht, in seiner Unterhaltung mit Euch (die, als mit einem Landsmanne, gewiß gar manches berührte) ebenfalls diese Leonissa erwähnt und angegeben, wie sie und Ricardo gefangengenommen wurden?«

»Allerdings«, entgegnete Mahmud; »auch fragte er mich, ob vielleicht eine Christin dieses Namens mit den Kennzeichen, die er mir nannte, auf unsre Insel gebracht worden sei; er würde sie gern loskaufen, wenn ihr Herr bereits erfahren habe, daß sie nicht so reich sei, wie er wohl anfangs geglaubt hatte, oder wenn er sie vielleicht nach dem Genuß nicht mehr so hoch anschlage; koste sie nicht über drei- bis vierhundert Taler, so werde er diese Summe mit Vergnügen für sie erlegen, da er ehedem einige Neigung für sie empfunden habe.«

»Diese Neigung mußte wohl ziemlich gering sein«, bemerkte Leonissa, »da sie nicht über vierhundert Taler hinausreichte. Ricardo ist großmütiger, heldenhafter und bescheidener. Gott verzeihe der Ursache seines Todes, nämlich mir, denn ich bin die Unglückliche, die er als tot beweinte. Gott weiß, wie es mich freuen würde, wenn er noch lebte, da ich ihn dann mit der Teilnahme, die ich seinem Unglück entgegenbringe, für die entschädigen könnte, die er an meinem Lose nahm. Wie gesagt, mein Herr, ich bin die von Cornelio so wenig Geliebte, von Ricardo so tief Beklagte, die durch viele Zufälle in die klägliche Lage geriet, in der ich mich jetzt befinde. Trotz aller Gefahren ist es mir jedoch bisher durch die Gnade des Himmels gelungen, meine Ehre unversehrt zu erhalten, so daß ich in meinem Elend zufrieden sein muß. Jetzt weiß ich übrigens nicht, wo ich mich befinde, noch wer mein Herr ist, noch was mein feindliches Schicksal mit mir beginnen will. Ich bitte Euch also um Eures Christenblutes willen, mein Herr, mir in meinem Leiden mit Rat beizustehn; denn hat auch all mein Unglück mich einigermaßen über mein Verhalten belehrt, so stürmen doch jeden Augenblick so viele neue Übel auf mich ein, daß ich nicht weiß, wie ich mich darin zurechtfinden soll.«

Mahmud erwiderte, er werde sein möglichstes tun, um ihr Erleichterung zu verschaffen, und ihr mit Rat und Tat zur Seite stehn. Zugleich unterrichtete er sie von dem Streit, der um ihretwillen zwischen den beiden Paschas ausgebrochen war, und sagte ihr, sie stehe jetzt unter der Obhut seines Herrn, des Kadi, der sie dem Großtürken Selim als Geschenk nach Konstantinopel schicken werde. Er hoffe jedoch bei dem wahren Gott, an den er glaube, obgleich er ein schlechter Christ sei, die Vorsehung werde, ehe jener Plan sich verwirkliche, anders über sie verfügen, und er rate ihr, sich mit Halima zu befreunden, der Gemahlin des Kadi, seines Herrn, in dessen Gewalt sie bis zur Absendung nach Konstantinopel zu bleiben habe. Zu diesem Zweck belehrte er sie über Halimas Charakter und gab ihr noch mehrere andre nützliche Winke, bis er sie endlich im Hause der Obhut ihrer neuen Gebieterin übergab, der er den Auftrag seines Herrn ausrichtete.

Die Mohrin empfing sie, als sie ihren reichen Schmuck und ihre Schönheit bemerkte, gütig, und Mahmud kehrte zu den Zelten zurück, um Ricardo sein Gespräch mit Leonissa zu erzählen. Sowie er ihn fand, berichtete er ihm alles, Punkt für Punkt, und als er auf die Teilnahme kam, die seine Begleiterin ihres Liebhabers vermeintlichem Tode gezeigt, traten ihm die Tränen in die Augen. Mahmud erzählte ihm ferner das Märchen von Cornelios Gefangenschaft, das er erfunden hatte, um zu sehn, wie Leonissa sich dabei benähme, und unterrichtete ihn von der Gleichgültigkeit, ja dem Unwillen, mit dem sie von Cornelio gesprochen hatte. All dies war Arznei für Ricardos bekümmertes Herz, so daß er zu Mahmud sagte: »Ich erinnere mich einer Geschichte, Freund Mahmud, die mir mein Vater erzählte; er interessierte sich, wie du weißt, für alles Merkwürdige und stand in großen Ehren bei Kaiser Karl V., der ihm stets die ehrenvollsten Kriegsaufgaben übertrug. Er erzählte mir also: Als während der Belagerung von Tunis, das später samt der Festung Goletta eingenommen wurde, der Kaiser eines Tages in seinem Zelte saß, habe man ihm eine wunderschöne Mohrin vorgeführt; in diesem Augenblick seien einige Sonnenstrahlen durch ein Loch des Zeltes eingedrungen und gerade auf die Haare der Gefangenen gefallen, die man in ihrem Goldglanz mit Recht dem Sonnenlicht vergleichen konnte – eine große Seltenheit bei den Mohrinnen, die vielmehr stets die schwarzen Haare schätzen. Bei dieser Gelegenheit nun seien unter vielen andern auch zwei spanische Ritter im Zelte gewesen, der eine ein Andalusier, der andre ein Katalane, beide sehr geistreich und beide Dichter. Als der Andalusier die Mohrin erblickte, habe er in seiner Bewunderung einige Verse mit schwierigen Reimen, die man in seinem

Lande Coplas nenne, herzusagen begonnen, aber nach den ersten fünf Versen innegehalten, ohne die Copla oder auch nur den Satz zu vollenden, weil ihm aus dem Stegreif die nötigen Reime nicht einfielen. Der andre Ritter aber, der neben ihm stand und die Verse gehört hatte, habe ihm, als er seine Verlegenheit bemerkte, die Copla gleichsam aus dem Mund gestohlen, sie fortgesetzt und mit den gleichen Reimen zu Ende geführt, zum nicht geringen Wohlgefallen des Kaisers. Dies fiel mir ein, als die unvergleichliche Leonissa ins Zelt des Pascha trat und nicht nur die Sonnenstrahlen dort, wo sie sie berührten, sondern den ganzen Himmel mit all seinen Lichtern und Sternen verdunkelte ...«

»Nicht weiter!« rief Mahmud, »halt inne, Freund Ricardo, denn ich fürchte jeden Augenblick, du werdest im Lobe deiner schönen und reizenden Leonissa alles Maß und Ziel so überschreiten, daß du nicht mehr wie ein Christ, sondern wie ein Heide erscheinst. Sage mir geschwind jene Verse oder Coplas oder wie du sie nennst, und dann wollen wir von gescheitern und wohl auch nützlichern Dingen sprechen.«

»Mit Vergnügen«, versetzte Ricardo, »und erinnere dich noch einmal, daß die ersten fünf Verse der eine, die andern fünf der zweite aus dem Stegreif hersagte. Sie lauten also:

Wie die Sonne im Feuerkranze
Erst des Hügels Saum verklärt
Und dann jäh im Strahlentanze
Auch auf uns herniederfährt,
Blendend uns mit ihrem Glanze,

Dem Rubin gleich, der im Glanze
Strahlend niemals sich verzehrt,
So strahlst, Acha, du verklärt:
Du, Mahomas feste Lanze,
Der mein Herz sich niemals wehrt.«

»Sie fallen mir angenehm ins Ohr«, sagte Mahmud, »und noch angenehmer wird mir ihr Ton dadurch, daß du sie mir hersagst, Ricardo, denn Verse herzusagen oder zu machen erfordert ein ruhiges Gemüt.«

»Indessen«, versetzte Ricardo, »gibt es doch auch Trauerlieder wie Freudengesänge, und beides sind Verse; aber lassen wir das und sage mir: Was denkst du in unsrer Angelegenheit zu tun? Denn habe ich auch nicht verstanden, was die beiden Paschas im Zelt miteinander verhandelten, so hat es mir doch, während du Leonissa wegführtest, ein venezianischer Renegat im Gefolge meines Herrn erklärt, der ebenfalls zugegen war und das Türkische sehr gut versteht. Vor allem müssen wir einen Ausweg finden, damit Leonissa nicht in die Hände des Großherrn gerate.«

»Zunächst«, entgegnete Mahmud, »mußt du selbst in den Dienst meines Herrn übertreten; ist dies geschehn, so wollen wir uns dann schon über die Schritte beraten, die wir unternehmen müssen.«

Unterdessen kam der Aufseher der Christensklaven Hassans und führte Ricardo fort. Der Kadi kehrte mit Hassan in die Stadt zurück, und dieser war in wenigen Tagen mit der Prüfung der Amtsführung seines Vorgängers fertig und händigte ihm das Ergebnis verschlossen und versiegelt ein, damit er es nach Konstantinopel bringe. Wirklich reiste er auch sogleich ab, nachdem er dem Kadi zuvor noch aufs eifrigste eingeschärft hatte, die Sklavin dem Großherrn bald zu schicken und ihm dabei so zu schreiben, daß seine, Alis, Gesuche in seinem Briefe eine Stütze fänden. Der Kadi versprach es mit trügerischem Herzen; denn er war von der Liebe zu eben jener Sklavin bis ins Innerste getroffen. Ali zog in eitlen Hoffnungen davon, und Hassan blieb nicht ohne ähnliche zurück; Mahmud aber wußte es so einzurichten, daß Ricardo in die Dienste des Kadi trat. Ein Tag um den andern verstrich, und die Sehnsucht, Leonissa zu sehn, trieb Ricardo so umher, daß er keinen Augenblick zur Ruhe kam. Dabei hatte er seinen Namen in Mario umgewandelt, damit sein wirklicher Name ihr nicht zu Ohren käme, bevor er sie gesehn hatte. Leonissa zu sehn war jedoch sehr schwer, denn die Mohren sind äußerst eifersüchtig, und ihre Frauen müssen vor jedem Manne das Gesicht verhüllen. Freilich hat es weniger zu bedeuten, wenn sie es vor einem Christen sehn lassen; vielleicht, weil die Gefangenen nicht voll als Männer gelten.

Nun geschah es, daß eines Tages Halima ihren Sklaven Mario zu Gesicht bekam und ihn so lange ansah und betrachtete, bis er ihr im Herzen und Gedächtnis tief innewohnte. Und da sie mit den matten Umarmungen ihres alternden Eheherrn vielleicht wenig zufrieden war, so gab sie gern einem bösen Wunsche Raum und teilte ihn ebenso rasch Leonissa mit, die wegen ihres liebenswürdigen Charakters und ihres feinen Benehmens bei ihr in hoher Gunst stand und als Eigentum des Großherrn von ihr mit vieler Achtung behandelt wurde. Sie sagte ihr, der Kadi habe einen Christensklaven ins Haus gebracht von so edler Haltung und Erscheinung, daß ihr in ihrem Leben kein schönerer Mann vor die Augen gekommen sei; man sage, er sei Tschilibi, ein Ritter, und aus derselben Stadt wie der Renegat Mahmud gebürtig; sie wisse aber nicht, wie sie ihm ihre Neigung mitteilen solle, ohne daß der Christ wegen einer solchen Erklärung gering von ihr denke. Leonissa fragte, wie der Sklave heiße, und Halima erwiderte, er nenne sich Mario, worauf jene erwiderte: »Wenn er ein Kavalier wäre und aus dem genannten Orte ist, so müßte ich ihn kennen; allein es gibt in Trapana keinen mit Namen Mario. Willst du mir übrigens Gelegenheit verschaffen, ihn zu sehn und zu sprechen, so will ich dir sagen, wer er ist und was du von ihm zu erwarten hast.«

»So sei es«, entgegnete Halima. »Nächsten Freitag, wenn der Kadi in der Moschee seine Kniebeugen macht, will ich ihn hierher kommen lassen, so daß du ihn allein sprechen kannst; und glaubst du ihm meine Wünsche andeuten zu können, so tue es auf die bestmögliche Art.«

Noch waren kaum zwei Stunden seit diesem Gespräche Halimas mit Leonissa verflossen, als der Kadi Mahmud und Mario zu sich rief; und nicht weniger lebendig, als Halima ihr Herz Leonissa eröffnet hatte, enthüllte der verliebte Alte den beiden Sklaven das seine und fragte sie um Rat, wie er es anfangen müsse, um in den Besitz der Christin zu gelangen und doch zugleich seine Pflicht gegen den Großherrn, dessen Eigentum sie sei, zu erfüllen; denn er gestand, er wolle lieber tausendmal sterben, als sie ein einziges Mal dem Großtürken übergeben. Der Mohr sprach seine Leidenschaft mit solchem Feuer aus, daß er sie auch auf seine beiden Sklaven übertrug, erregte aber dadurch in ihnen nur Gedanken, die den seinen stracks entgegenliefen. Man verabredete, Mario solle als Landsmann der Sklavin (obwohl er sie seiner Angabe nach nicht kannte) mit ihr reden, um ihr Anträge zu machen und ihr die Neigung seines Herrn zu erklären. Könne der Kadi sie auf diese Weise nicht für sich gewinnen, so solle er Gewalt anwenden, da sie sich ja doch in seiner Macht befinde. Nachher solle er sich mit der Ausrede, sie sei gestorben, von der Verpflichtung, sie nach Konstantinopel zu schicken, befreien. Der Kadi war mit dem Rate seiner Sklaven sehr zufrieden, und in der Freude seines schönen Traumes versprach er Mahmud auf der Stelle die Freiheit und nach seinem Tode die Hälfte seines Vermögens. Auch Mario sagte er, wenn er durch ihn sein Ziel erreiche, die Freiheit und eine Belohnung zu, mit der er reich, geehrt und zufrieden in sein Land zurückkehren könne. War jedoch schon er freigebig im Versprechen, so waren seine Sklaven geradezu Verschwender: Sie erboten sich, ihm selbst den Mond vom Himmel zu holen, wieviel leichter Leonissa; nur müsse er für eine Gelegenheit sorgen, daß Mario mit ihr sprechen könnte.

»Die will ich Mario verschaffen, wie er sie sich nur wünschen kann«, erwiderte der Kadi; »ich werde dafür sorgen, daß Halima auf einige Tage einen Besuch bei ihren Eltern macht, die griechische Christen sind, und solange sie weg ist, werde ich dem Pförtner befehlen, daß er Mario ins Haus läßt, sooft er nur will; Leonissa aber werde ich sagen, sie dürfe mit ihrem Landsmann ungescheut sprechen, wenn es ihr Vergnügen mache.«

So begann Ricardos Glückswind zu wehn, und seine eignen Gebieter machten sich, ohne zu wissen, was sie taten, zu seinem Segel. Nachdem nämlich jene Verabredung unter den dreien getroffen worden war, gab Halima selbst den ersten Anlaß, daß seine Hoffnung bald verwirklicht wurde; denn die Frauen sind vorschnell und leicht erregbar, wenn etwas ihre Neigungen zu fördern verspricht. Der Kadi hatte noch am selben Tage zu Halima gesagt, wenn sie Lust habe, könne sie sich zu ihren Eltern begeben und sich, solange es ihr beliebe, ihres Umgangs erfreuen. Sie aber schwelgte nun in den Hoffnungen, die Leonissa ihr gemacht hatte, und so hätte sie es jetzt nicht nur abgeschlagen, ihre Eltern zu besuchen, sondern sie wäre nicht einmal in Mohammeds Paradies gegangen. Sie erwiderte also, sie habe jetzt keine Lust zu einem solchen Besuch, wolle es aber sagen, sobald es ihr beliebe; doch werde sie dann die Christensklavin mitnehmen.

»Nicht doch«, entgegnete der Kadi, »eine Schönheit, die für den Großherrn bestimmt ist, darf niemand sehn, und vor allem muß man vermeiden, sie mit Christen zusammenzubringen; denn du weißt ja, sobald sie in den Besitz des Sultans kommt, wird sie in den Serail gesperrt und zur Türkin gemacht, ob sie nun will oder nicht.«

»Da ich bei ihr bin«, antwortete Halima, »so schadet es nichts, wenn sie sich im Hause meiner Eltern aufhält und mit ihnen umgeht; denn ich gehe ja noch weitmehr mit ihnen um und bin deshalb doch nicht minder eine gute Türkin; überdies werde ich ja höchstens vier bis fünf Tage dort bleiben, da meine Liebe zu dir mir eine längere Abwesenheit nicht gestattet.«

Der Kadi konnte keinen Einwand erheben, wollte er nicht den Verdacht auf sein Vorhaben lenken. So kam der Freitag, und er begab sich in die Moschee, wo er etwa vier Stunden bleiben mußte. Kaum aber hatte Halima ihn über die Schwelle des Hauses treten sehn, so ließ sie Mario rufen. Ein korsischer Christensklave jedoch, der Pförtner am Hoftor war, wollte ihn durchaus nicht einlassen, bis Halima ihm mit lauter Stimme zurief, er möge jenem den Zutritt gestatten, worauf er denn verwirrt und mit pochendem Herzen eintrat, als hätte er ein feindliches Heer zu bekämpfen.

Leonissa saß im selben Kostüm, in dem sie das Zelt des Pascha betreten hatte, am Fuß einer großen Marmortreppe, die zu den Korridoren hinaufführte. Sie hatte den Kopf in die offene rechte Hand gelehnt, den Arm auf das Knie gestützt und die Augen von der Tür, durch die Mario eintrat, abgewendet, so daß sie ihn nicht bemerkte, obwohl er gerade auf sie zuging.

Er selbst hatte gleich beim Eintritt die Augen durch das ganze Haus schweifen lassen, aber nichts als tiefe, ruhige Stille bemerkt, bis er dorthin kam, wo Leonissa sich seinen Blicken darbot. Da stürmten tausend heitere und schmerzliche Vorstellungen auf ihn ein, denn er stand nur zwanzig Schritte von dem Inbegriff seiner Seligkeit und Wonne entfernt; zugleich aber bedachte er, daß er nur ein Sklave und die Geliebte in fremder Gewalt war. Unter solchen Betrachtungen trat er langsam vor und näherte sich unter Angst und Schaudern, froh und traurig dem Mittelpunkte seines Himmels, als Leonissa plötzlich das Gesicht umwandte und ihre Augen auf die Ricardos heftete, der sie aufmerksam ansah. In dem Augenblick, da ihre Blicke zusammentrafen, waren jedoch die Empfindungen beider, die sie durch ihre Haltung aussprachen, sehr verschieden: Ricardo blieb stehn und vermochte keinen Fuß von der Stelle zu rühren; Leonissa, die Ricardo nach Mahmuds Erzählung für tot gehalten hatte, war bei seinem unerwarteten Anblick von Furcht und Schrecken erfüllt, und ohne die Augen von ihm abzuwenden oder sich umzukehren, sprang sie vier bis fünf Stufen weiter hinauf, zog ein kleines Kreuz aus dem Busen, küßte es mehrmals und machte unzähligemal das heilige Zeichen, als erblicke sie ein Gespenst oder sonst etwas aus der andern Welt. Endlich erholte sich Ricardo aus seiner Bestürzung, kam wieder zu sich und erriet aus Leonissas Gebärden die wahre Ursache ihrer Furcht und sprach:

»Es schmerzt mich, schöne Leonissa, daß Mahmuds Nachricht von meinem Tode nicht wahr ist; denn in diesem Fall wäre ich frei von der quälenden Angst, die Strenge, die du mir ehemals bewiesen, könne noch immer unverändert fortbestehn. Beruhige dich, meine Herrin, steige herab, und willst du dich erkühnen zu tun, was du nie getan hast, nämlich dich mir zu nähern, so nähere dich, und du wirst finden, daß ich kein Gespenst bin. Ich bin Ricardo, Leonissa, der Ricardo, der nur dann glücklich sein kann, wenn du es willst.«

Hier legte Leonissa den Finger auf den Mund, und Ricardo deutete das als ein Zeichen, daß er schweigen oder leiser sprechen solle. Er wurde mutiger und näherte sich ihr so weit, daß er folgende Worte vernehmen konnte:

»Rede leise, Mario (ich glaube, so heißest du jetzt), und sprich von nichts anderm, als wovon ich sprechen werde; hätte man uns eben gehört, so könnte das leicht die Wirkung haben, daß wir uns nie wieder sähen. Ich glaube, Halima, unsre Gebieterin, belauscht uns. Sie hat mir gesagt, sie bete dich an, und mich zur Vermittlerin für ihre Wünsche erkoren. Willst du sie erfüllen, so mußt du dich mehr deines Leibes als deiner Seele bedienen; willst du sie jedoch nicht erfüllen, so mußt du dich wenigstens so stellen, schon weil ich dich darum bitte und weil dies die offen erklärte Liebe eines Weibes immer verdient.«

Ricardo erwiderte: »Nie hätte ich gedacht, noch mir vorstellen können, schöne Leonissa, daß ich irgend eine deiner Bitten zu erfüllen nicht über mich vermögen würde; allein deine eben ausgesprochene Bitte hat mich eines andern belehrt. Ist denn das Herz so leicht beweglich, daß man es nach jedem Orte richten kann, wenn man nur will? Oder steht es einem Mann von Ehre und Wahrhaftigkeit an, in Dingen von solcher Bedeutung mit falschem Schein zu spielen? Bist du aber der Ansicht, es müsse oder könne eins von beidem geschehn, so entscheide, was dir am liebsten ist, denn du bist ja die Herrin meiner Seele. Doch ich weiß, du täuschest mich auch hierin wieder, denn du hast diese Seele ja nie gekannt und weißt also nicht, wofür du dich in ihrem Namen entscheiden sollst. Doch damit du nicht sagtest, ich habe dir in der ersten Forderung, die du mir jemals stelltest, nicht Folge geleistet, will ich dem, was ich mir selber schuldig bin, zuwiderhandeln und mit verstelltem Herzen deinen Wunsch erfüllen, der ja, wie du sagst, auch Halimas Wunsch ist, wenn ich dadurch das Glück erringe, dich zu sehn. Erfinde du also nach deinem Gutdünken eine Antwort, ich bestätige sie mit meinem verstellten Herzen. Doch zur Belohnung dessen, was ich damit für dich tue (des Schwersten, was man, scheint mir für jemanden tun kann, wenn ich dir damit auch von neuem meine Seele gebe, die ich dir so oft schon gab), bitte ich dich, mir kurz zu sagen, wie du aus den Händen der Korsaren entkamst und in die des Juden gerietest, der dich hierher verkauft hat.«

»Die Erzählung meines Unglücks«, antwortete Leonissa, »erfordert zwar mehr Zeit; ich will dir aber, soweit ich es jetzt vermag, dennoch zu Willen sein. Wisse also: Einen Tag nach unsrer Trennung wurde Issufs Schiff auf dieselbe Insel Pantanalea zugetrieben, in deren Nähe wir auch eure Galeote erblickten; allein die unsrige scheiterte an den Klippen, ohne daß eine Abwehr möglich gewesen wäre. Als mein Herr seinen Untergang so nahe vor Augen sah, leerte er in größter Schnelligkeit zwei Wasserfässer, verschloß sie gut, band sie mit Stricken aneinander und mich zwischen beide, warf dann die Kleider ab, nahm ein drittes Faß in die Arme, band sich ein Seil um den Leib, dessen andres Ende er an meinen Fässern befestigte, und stürzte sich mit großem Mut ins Meer, wobei er mich nachzuziehn suchte. Ich hatte nicht das Herz, mich ebenfalls hineinzustürzen; allein ein andrer Türke gab mir einen Stoß und schleuderte mich Issuf nach, so daß ich bewußtlos hinunterfiel und erst wieder zu mir kam, als ich mich in den Armen zweier Türken auf dem Lande befand, die mir den Mund zu Boden hielten und so eine Menge Wassers, das ich eingeschluckt hatte, ausströmen ließen. Bestürzt und schwindlig öffnete ich die Augen und erblickte neben mir Issuf mit zerschmettertem Kopfe, denn wie ich nachher erfuhr, war er bei der Annäherung ans Land gegen die Felsen geschleudert worden und hatte so ein Ende gefunden. Auch mich, sagten mir die Türken, hätten sie als tot ans Land gezogen. Acht Menschen hatten sich nur von der unglücklichen Galeote gerettet. Wir blieben eine Woche lang auf der Insel, und die Türken behandelten mich mit soviel Achtung, als wäre ich ihre Schwester, ja noch mehr. Wir verbargen uns in einer Höhle, da die Türken fürchteten, es möchten aus einem auf dem Eilande befindlichen Fort Christen herabkommen und uns gefangennehmen. Unsere Nahrung bestand in dem durchwässerten Zwieback, den das Meer von der Galeote ans Ufer warf und den man bei Nacht einsammelte. Zu meinem Unglück wollte das Schicksal, daß sich in dem Fort damals kein Befehlshaber befand, da der letzte wenige Tage zuvor gestorben war und die Besatzung nur zwanzig Mann betrug. Dies erfuhr man von einem jungen Menschen, den die Türken gefangennahmen, als er von der Feste herabkam, um an der Meeresküste Muscheln zu suchen. Nach acht Tagen landete dort am Ufer eines jener maurischen Fahrzeuge, die man Karamussale nennt. Sobald die Türken dessen ansichtig wurden, kamen sie aus ihrem Versteck hervor und winkten dem vor Anker liegenden Schiff so lange, bis die Besatzung erkannte, daß sie Mohammedaner waren. Sie erzählten ihr Unglück, und die Mohren nahmen sie an Bord, wo sich auch ein Jude befand, ein sehr reicher Kaufmann, dem die ganze Ladung des Fahrzeugs oder doch ihr größerer Teil gehörte. Sie bestand aus Wollstoff, maurischen Mänteln und anderen Waren, die aus der Berberei nach der Levante ausgeführt werden und mit denen die Juden gewöhnlich Handel treiben. In diesem Schiff begaben sich die Türken nach Tripolis, und unterwegs verkauften sie mich an den Juden, der den ungewöhnlich hohen Preis von zweitausend Dublonen für mich zahlte; allein die Liebe, die mir der Jude selbst gestand, machte ihn freigebig. Als das Fahrzeug die Türken in Tripolis abgesetzt hatte, folgte es von neuem seinem ursprünglichen Kurs, und der Jude bewarb sich auf schamlose Weise um mich. Ich zeigte ihm die Stirn, wie seine schändlichen Gelüste es verdienten, und als er daran verzweifelte, zu seinem Ziel zu gelangen, beschloß er, sich meiner bei der ersten besten Gelegenheit zu entledigen. Da er nun wußte, daß die beiden Paschas, Ali und Hassan, sich hier in Cypern befanden, wo er seine Waren ebensogut losschlagen konnte wie in Chios, denn dort gedachte er sie anfangs zu verkaufen, begab er sich hierher, um mich an einen der Paschas zu verhandeln; um sie aber noch mehr zum Kaufe zu reizen, versah er mich mit dem Kostüm, das du jetzt an mir siehst. Ich habe erfahren, daß dieser Kadi mich an sich gebracht hat, um mich dem Großtürken zum Geschenk zu machen, was mich nicht wenig beängstigt. Zugleich erhielt ich auch die falsche Nachricht von deinem Tode, und ich kann dir sagen, wenn anders du mir glauben willst, daß ich sie tief empfand, obwohl ich dich mehr beneidete als beklagte, nicht aus Übelwollen (denn bin ich auch nicht verliebt, so bin ich doch ebensowenig undankbar und unerkenntlich), sondern weil du angeblich das Trauerspiel deines Lebens geendet hattest.«

»Du hättest ganz recht gehabt«, erwiderte Ricardo, »wenn mich der Tod nicht des Glücks beraubt hätte, dich wiederzusehn. Diesen Augenblick der Seligkeit aber, die ich durch deinen Anblick genieße, schlage ich höher an als irgend ein Glück, das ich mit Ausnahme des Himmels im Leben oder im Tode hätte erreichen können. Übrigens hegt mein Herr, der Kadi, in dessen Gewalt ich durch eine Kette von nicht minder mannigfaltigen Zufällen geraten bin als du, nach dir das gleiche Verlangen, das Halima nach mir trägt. Er hat mich zum Unterhändler seiner Absichten gemacht, und ich bin darauf eingegangen, nicht, um mich ihm gefällig zu erweisen, sondern weil ich so Gelegenheit erhielt, mit dir zu sprechen; und daraus kannst du ersehn, Leonissa, wie weit unser Unglück uns getrieben hat: Dich macht es zur Vermittlerin in einer Sache, deren Unmöglichkeit du wohl selbst einsiehst; mir aber legt es das Amt des Vermittlers in einer Angelegenheit auf, in der ich es nie zu werden erwartet hätte, und für deren Nichtgelingen ich das Leben geben würde, so hoch ich es auch jetzt anschlage, da es mir das große Glück verschafft, dich zu sehn.«

»Ich weiß weder, was ich dir erwidern soll«, entgegnete Leonissa, »noch welcher Ausgang sich aus dem Labyrinth darbietetet, in das uns, wie du richtig sagtest, unser unseliges Schicksal warf: Ich kann nur sagen, daß wir hier unabwendbar gerade das nötig haben, was sich unter andern Umständen von unsrer Gemütsart am wenigsten erwarten ließe: nämlich Verstellung und Trug; und so will ich denn Halima einige Worte über dich berichten, die sie in ihrer Hoffnung eher bestärken als enttäuschen sollen. Du kannst von mir dem Kadi sagen, was dir am besten geeignet scheint, mir meine jungfräuliche Ehre zu sichern und ihn zu täuschen. Da ich meine Ehre in deine Hände lege, so darfst du überzeugt sein, daß ich sie noch fleckenlos bewahrt habe, so unwahrscheinlich auch die vielen Wege, die ich durchziehn, die vielen Kämpfe, die ich bestehn mußte, diese Versicherung erscheinen lassen. Uns künftig zu sprechen ist leicht, und es wird mir eine große Freude sein, vorausgesetzt, daß du nie von deiner schon so oft ausgesprochenen Bewerbung redest. Sowie du das tust, werde ich mich deinen Augen entziehn, denn ich will nicht, daß du meinen Wert gering genug anschlägst, um zu glauben, die Sklaverei vermöge über mich, was die Freiheit nicht vermochte. Ich hoffe mit Hilfe des Himmels dem Golde gleich zu werden, das um so reiner und gediegener wird, je mehr man es läutert. Begnüge dich mit der Versicherung, daß mir dein Anblick jetzt nicht mehr, wie wohl früher, zuwider ist, denn du magst immerhin wissen, Ricardo, daß ich dich früher für rauh und hochfahrend und ein wenig zu sehr von dir eingenommen hielt. Ich glaube jedoch, daß ich irrte, daß mich die Erfahrung, die ich jetzt mache, aufklären wird, und daß ich, einmal aufgeklärt, wohl auch bei aller Zurückhaltung milder gegen dich werden dürfte. Geh nun mit Gott! Ich fürchte, Halima hat uns belauscht, denn sie versteht die Christensprache ein wenig, oder mindestens das Gemisch von Sprachen, das hier üblich ist und durch das wir uns sämtlichen Bewohnern des Hauses verständlich machen können.«

»Du hast recht, meine Herrin«, erwiderte Ricardo, »und ich danke dir von Herzen für die Erklärung, die du mir gegeben hast, und die ich ebenso hoch anschlage wie die Gunst, die du mir durch deinen Anblick erzeigst. Vielleicht dürfte dich künftig die Erfahrung, wie du dies selber sagst, belehren, wie mild und demütig mein Charakter ist, vor allem, wenn es sich darum handelt, dir die Andacht meines Herzens zu beweisen, das dir, hättest du auch meinem Verhalten keine Richtschnur gezogen, so bescheiden erscheinen würde, wie du es nur wünschen kannst. Den Kadi werde ich hinhalten, darüber sei ohne Sorge. Verfahre du ebenso mit Halima, und wisse, es regt sich in mir, seit ich dich erblickte, eine so freudige Hoffnung, daß ich versichert bin, wir werden in kurzem die ersehnte Freiheit erlangen. Damit sei Gott befohlen; die Wege, auf denen das Schicksal mich, seit ich von dir schied oder vielmehr geschieden wurde, in meine jetzige Lage brachte, will ich dir ein ander Mal erzählen.«

Damit trennten sie sich. Leonissa war über das ruhige Benehmen Ricardos sehr erfreut, und er war selig, einmal ein nicht rauhes Wort aus Leonissas Munde vernommen zu haben.

Halima war unterdessen auf ihrem Zimmer und flehte zu Mohammed, Leonissa möge ihr eine günstige Nachricht auf ihr Verlangen bringen. Der Kadi befand sich in der Moschee, wo er seiner Frau ihre Wünsche durch seine vergalt, da auch er mit ängstlicher Sehnsucht der Antwort entgegensah, die er von seinem Sklaven über das ihm aufgetragene Gespräch mit Leonissa vernehmen sollte; denn trotz Halimas Anwesenheit im Hause hatte Mahmud sich erboten, für eine Gelegenheit zu der Begegnung zu sorgen. Leonissa steigerte in Halima die unzüchtige Begierde und Liebe, indem sie ihr volle Hoffnung machte, Mario werde alles tun, was sie begehre, müsse jedoch, ehe er sich dazu verstehn könne, obgleich er sich selbst noch weit mehr danach sehne als sie, zwei Monate verstreichen lassen; diese Frist fordere er, um eine Gebetreihe vollenden zu können, die er gelobt habe, um seine Freiheit wieder zu erlangen. Halima war mit der Entschuldigung und Antwort ihres geliebten Mario zufrieden, hätte ihm jedoch gar gern vor Ablauf jenes Gelübdes die Freiheit verschafft, damit er sich etwas früher herbeilassen möchte, ihre Wünsche zu erfüllen. Sie bat daher Leonissa, ihn um Kürzung der Frist und Beschleunigung der Gebete zu bitten, da sie ihm alles bezahlen wolle, was der Kadi als Lösegeld von ihm verlange.

Ricardo beriet sich, ehe er seinem Herrn die Antwort brachte, mit Mahmud, und sie kamen überein, er solle ihm alle Hoffnung nehmen und ihm raten, die Christin sobald wie möglich nach Konstantinopel abzuschicken; unterwegs könne er dann sein Ziel durch gütliche Überredung oder durch Gewalt erreichen. Um sich gegen die Ansprüche des Großherrn zu sichern, werde er gut daran tun, eine andre Sklavin zu kaufen, unterwegs die Nachricht verbreiten, Leonissa sei krank geworden, und dann bei Nacht die gekaufte Sklavin ins Meer zu werfen, indem man vorgebe, es sei der Leichnam der an ihrer Krankheit verstorbenen Leonissa, der Sklavin des Sultans. Dies könne so geschehn, daß die Wahrheit nie an den Tag komme, den Kadi von seiten des Großherrn kein Vorwurf treffe und er zum Ziel seiner eignen Wünsche gelange. Damit der Genuß dann ein dauernder bleibe, müsse man noch ein schickliches Auskunftsmittel finden.

Der arme alte Kadi war so verblendet, daß er noch tausend andre Ungereimtheiten geglaubt hätte, wenn sie nur seinen Hoffnungen schmeichelten. Ihm schien, was man ihm vorschlug, ganz vortrefflich und höchst zweckmäßig; und es wäre auch wirklich so gewesen, wenn die beiden Ratgeber nicht beabsichtigt hätten, sich mit dem Schiffe davonzumachen und ihrem Herrn zum Lohn für seine albernen Gedanken den Tod zu geben. Dem Kadi selbst stellte sich jedoch eine seiner Ansicht nach weit größere Schwierigkeit entgegen als alles, woran man bisher gedacht hatte, nämlich die Überzeugung, seine Frau, Halima, werde ihn nicht nach Konstantinopel gehn lassen, ohne daß er sie mitnähme. Indessen überwand er bald auch dieses Hindernis, indem er vorschlug, statt der zweiten Sklavin, die man erst kaufen müßte, damit sie statt Leonissa sterbe, Halima zu nehmen, da er sich ohnehin jetzt mehr danach sehnte, von ihr befreit zu sein, als vom Tode selbst. So leicht, wie er diesen Plan entwarf, fand er auch Mahmuds und Ricardos Billigung, und da man nun im reinen war, so eröffnete der Kadi noch am nämlichen Tage Halima, daß er eine Reise nach Konstantinopel zu machen gedenke, um die Christin dem Großherrn persönlich zu überbringen, der ihn, edelmütig, wie er sei, dafür vielleicht gar zum Großkadi von Kairo oder Konstantinopel erheben werde. Halima entgegnete ihm, sein Entschluß gefalle ihr sehr wohl; denn sie glaubte, er werde Mario zu Hause lassen. Als ihr jedoch der Kadi zu wissen tat, er werde ihn sowie Mahmud mitnehmen, wurde sie alsbald entgegengesetzter Ansicht und riet ihm von dem, was sie anfangs empfohlen hatte, mit den nachdrücklichsten Gründen ab, die ihre Leidenschaft nur zu erfinden vermochte. Sie schloß mit der Eröffnung, wenn er sie nicht mitnähme, werde sie ihn nimmermehr ziehn lassen. Mit Vergnügen willigte er in ihr Verlangen, denn er hoffte, sich diese beschwerliche Last gar bald vom Halse zu schaffen.

Währenddessen aber ließ Hassan Pascha nicht ab, in den Kadi zu dringen, er möge ihm die Sklavin herausgeben, für die er ihm goldene Berge versprach. Für Ricardo, dessen Preis er auf zweitausend Taler berechnete, nahm er keine Bezahlung an und schlug, um Leonissas Auslieferung zu erleichtern, dieselbe List vor, auf die man schon verfallen war, nämlich die Sklavin, falls der Großtürke nach ihr schicken sollte, für gestorben auszugeben. Allein alle Geschenke und Versprechungen führten beim Kadi zu keinem andern Entschluß als dem, seine Reise zu beschleunigen, so daß er, gedrängt von seiner Begierde wie Hassans und selbst Halimas Zudringlichkeit (denn sie baute so gut wie er ihre Luftschlösser), innerhalb dreier Wochen eine Brigantine von fünfzehn Bänken ausgerüstet und mit guten maurischen Seeleuten und einigen griechischen Christen bemannt hatte. Auf ihr schiffte er sein ganzes Vermögen ein. Auch Halima ließ nichts von Wert im Hause zurück und bat ihren Mann sogar, ihre Eltern mitnehmen zu dürfen, damit auch sie Konstantinopel sähen. Dabei hatte sie dieselbe Absicht wie Mahmud, nämlich sich mit seiner und Ricardos Hilfe unterwegs der Brigantine zu bemächtigen. Sie wollte den beiden jedoch ihren Plan erst an Bord mitteilen und gedachte sich dann nach einem christlichen Lande zu begeben, wieder zu dem Glauben zurückzukehren, den sie ursprünglich bekannt hatte, und Ricardo zu heiraten; denn sie meinte, er werde keine Bedenken tragen, sie zum Weibe zu nehmen, wenn sie ihm so viele Schätze zubringe und wieder zum Christentum übertrete.

Unterdessen hatte Ricardo noch einmal eine Unterredung mit Leonissa gehabt und ihr seinen ganzen Plan mitgeteilt; dafür vertraute sie ihm den Halimas, die sie ins Geheimnis gezogen hatte, an. Beide empfahlen einander Schweigen, sich selbst aber vertrauten sie dem Schutze Gottes an und harrten des Tages der Abreise. Als dieser kam, begleitete Hassan sie mit all seinen Soldaten bis zur Küste und wich nicht eher von ihrer Seite, als bis sie unter Segel gegangen waren, ja er wandte die Augen nicht eher von der Brigantine, als bis sie seinem Gesicht entschwand; und es war, als schwellten die Seufzer des verliebten Mohren die Segel, die ihm sein Liebstes entführten. Doch da die Liebe ihn nun schon so lange verfolgte und rastlos machte, so hatte er längst überlegt, was er beginnen mußte, um nicht vor Sehnsucht zu sterben; und jetzt schritt er unverweilt zur Ausführung des Planes, den er lange bedacht und fest beschlossen hatte. Er bemannte ein Fahrzeug von siebzehn Bänken, das er in einem andern Hafen ausgerüstet hatte, mit fünfzig Soldaten, lauter Freunden und Vertrauten von ihm, die er durch viele Geschenke und Versprechungen verpflichtet hatte. Er wies sie an, unverweilt in See zu gehn und das Schiff des Kadi samt den darauf befindlichen Reichtümern wegzunehmen, die ganze Besatzung aber über die Klinge springen zu lassen, mit Ausnahme der Sklavin Leonissa, die er von allen Schätzen der Brigantine als einzige Beute sich selber ausbedingte. Das Schiff selbst sollten sie in den Grund bohren, damit kein Zeichen übrigbleibe, das über die Art seines Untergangs aufzuklären vermöchte. Die Habgier lieh diesen Menschen Flügel und ihren Herzen Kraft, obwohl sie schon ohnehin annehmen konnten, sie würden nur geringen Widerstand auf der Brigantine finden, da ihre Mannschaft unbewaffnet war und sich eines solchen Angriffs keineswegs versah.

Die Brigantine war bereits seit zwei Tagen unterwegs, und diese Zeit wurde dem Kadi, der seinen Entschluß gern gleich am ersten ausgeführt hätte, so lang wie zwei Jahrhunderte; allein seine Sklaven bedeuteten ihm, man müsse zunächst den Schein erwecken, als sei Leonissa krank geworden, damit ihr Tod, der erst nach mehreren Tagen der Krankheit eintreten dürfe, an Wahrscheinlichkeit gewinne. Er selbst hätte nun zwar gar zu gern die Nachricht verbreitet, sie sei eines plötzlichen Todes gestorben, um sofort alles schnell ins reine zu bringen: sein Weib zu befördern und den Brand zu löschen, der ihm allmählich die Eingeweide verzehrte; aber er mußte sich der Meinung jener beiden fügen.

Mittlerweile hatte auch Halima Mahmud und Ricardo ihren Anschlag mitgeteilt, und wirklich wollten beide den Plan, soweit es ihren Absichten entsprach, darauf einzugehn, ausführen, sobald man die Kreuze von Alexandria oder die Schlösser von Natolien passiert hätte. Allein der Kadi drängte sie seinerseits so, daß sie versprachen, den Anschlag bei der ersten Gelegenheit auszuführen. Am Schluß des sechsten Tages glaubte der Alte, jetzt habe Leonissas angebliche Krankheit lange genug gedauert, und so trieb er denn seine Sklaven mit allen Mitteln, Halima am folgenden Tage zu töten und ihre Leiche als die der großherrlichen Sklavin, eingenäht in ein Totenlaken, in die Fluten zu werfen. Am Morgen jenes Tages jedoch, an dem der Kadi nach Mahmuds und Ricardos Beschluß sein Ziel erreichen oder vielmehr seine letzte Stunde sehn sollte, entdeckte man ein Fahrzeug, das mit Segeln und Rudern auf die Brigantine Jagd machte. Man glaubte, es seien christliche Korsaren, von denen niemand Gutes zu erwarten hatte; denn es stand zu befürchten, daß sie die Mohren zu Sklaven machten, die

Christen aber, wenn sie auch freiblieben, berauben und plündern würden. Zwar wären Ricardo und Mahmud mit der Freiheit, die somit Leonissa und ihnen selbst bevorstand, ganz zufrieden gewesen, allein sie fürchteten die Roheit des Korsarenvolkes, da Leute, die sich diesem Handwerk hingeben, welcher Nation oder welchem Glauben sie auch angehören mögen, immer grausamen Sinnes und rauhen Gemütes sind. Man rüstete sich zur Verteidigung, ohne deshalb die Ruder aus der Hand zu legen oder die Fahrt zu verlangsamen. Nach nicht sehr langer Zeit sah man den Feind jedoch so schnell aufrücken, daß er sich in weniger als zwei Stunden auf Kanonenschußweite nähern mußte. Da zog man die Segel ein, legte die Ruder bei, griff zu den Waffen und erwartete den Angriff. Der Kadi aber rief, man solle ohne Sorge sein, es sei ein türkisches Schiff, das ihnen keinen Schaden zufügen werde. Er ließ sogleich auf der hintern Stange zum Zeichen für die Leute, die in blinder Gier auf die wehrlose Brigantine zustürmten, eine weiße Friedensflagge hissen. In diesem Augenblick wandte Mahmud den Kopf und sah, daß auch von Westen her eine seinem Ermessen nach etwa zwanzig Bänke starke Galeote kam. Er meldete es dem Kadi, und einige christliche Ruderer erklärten das neu auftauchende Schiff sogleich für ein christliches. Dies alles steigerte noch die Verwirrung und Furcht. Man wußte nicht, was man beginnen sollte, und sah dem Ausgang, den Gott geben würde, unter Angst und Hoffnung entgegen. Ich glaube, der Kadi hätte in diesem Augenblick die ganze Aussicht auf seinen Genuß darum gegeben, wenn er wieder in Nikosia gewesen wäre; in solcher Angst und Ungewißheit schwebte er. Die Ungewißheit freilich nahm ihm das erste Fahrzeug gar bald; denn ohne Rücksicht auf seine Friedensflagge oder Religion rannte es so wütend gegen die Brigantine an, daß es sie beinahe übersegelt hätte. Der Kadi erkannte in der Mannschaft sogleich Soldaten aus Nikosia, erriet den Zusammenhang und gab sich verloren. Und wirklich, wären diese Leute nicht mehr darauf ausgewesen, zu plündern als zu morden, so wäre niemand am Leben geblieben. Aber als sie gerade eifrig mit der Beute beschäftigt waren, rief plötzlich ein Türke: »Zu den Waffen, Freunde, ein christliches Schiff greift uns an!«

So war es in der Tat; denn das Fahrzeug, das man vorher von der Brigantine aus an der Flagge und an den sonstigen Abzeichen als ein christliches erkannt hatte, segelte in voller Fahrt gegen Hassans Galeote an. Vor dem Zusammenprall vernahm man jedoch vom Vorderteil des Angreifenden aus in türkischer Sprache die Frage, wem dieses Schiff gehöre.

»Hassan Pascha, dem Vizekönig von Cypern!« lautete die Antwort.

»Wie?« erwiderte der Türke, »wenn ihr Muselmanen seid, warum plündert ihr dies Fahrzeug, da uns doch wohlbekannt ist, daß es den Kadi von Nikosia an Bord hat?«

Sie wüßten weiter nichts, entgegneten die Befragten, als daß ihr Herr ihnen befohlen habe, sie sollten das Schiff wegnehmen, und als seine Soldaten und Untergebenen hätten sie dem Befehl Folge geleistet.

Mit dieser Auskunft zufrieden, ließ der Kapitän der unter christlicher Flagge segelnden Galeote von dem Angriff auf Hassans Schiff ab, legte sich breitseits an die Brigantine, streckte mit der ersten Salve mehr als zehn Türken auf ihr nieder und enterte dann unverweilt mit großer Unerschrokkenheit und Eile. Kaum jedoch hatte er den Fuß aufs Deck gesetzt, als der Kadi erkannte, daß der Angreifer kein Christ war, sondern Ali Pascha, der dritte Liebhaber Leonissas, der ihm in der gleichen Absicht wie Hassan aufgelauert und seine Leute, um nicht erkannt zu werden, als Christen verkleidet hatte; denn er hoffte, diese List werde seinen Raub genügend verschleiern. Der Angegriffene durchschaute sogleich die Pläne der beiden verräterischen Verliebten und hielt ihnen ihre Arglist mit lauter Stimme also vor:

»Was ist das, du hinterlistiger Ali Pascha? Was greifst du,

ein Muselman« (das heißt ein Türke), »mich in der Maske eines Christen an? Und ihr, treubrüchige Soldaten Hassans, welcher böse Geist hat euch zu solchen Freveln angestachelt? Wie um der unzüchtigen Lust dessen, der euch gesandt hat, Nahrung zu verschaffen, wollt ihr euch gegen euren natürlichen Oberherrn empören?«

Bei diesen Worten senkten alle die Waffen, sahen einander an und erkannten sich gegenseitig; denn alle waren Krieger desselben Obersten gewesen und hatten unter einer Fahne gedient. Bestürzt ob der Frage des Kadi und ihrer eignen Missetat hielten sie die Säbel reglos in den Händen, und ihnen entsank das Herz. Nur Ali hatte für all das weder Auge noch Ohr, stürzte auf den Kadi los und versetzte ihm einen solchen Hieb über den Kopf, daß er ihn sicher gespalten hätte, wäre er nicht mit hundert Ellen Binden umwickelt gewesen, die als Schutzwehr dienten. Immerhin warf der Schlag ihn doch zwischen den Schiffsbänken nieder, und er rief noch vom Boden aus:

»Ha, grausamer Renegat, Feind meines göttlichen Propheten, ist es möglich, daß niemand deine Ruchlosigkeit züchtigt? Wie, Verfluchter, du wagst es, Hand und Waffe gegen deinen Kadi zu erheben, gegen einen Diener Mohammeds?«

Diese Worte verstärkten den Eindruck der frühern, jedoch in der Weise, daß Hassans Leute, als sie sie hörten, die Angst ankam, die Soldaten Alis möchten sie der bereits gewonnenen Beute wieder berauben, und daher beschlossen sie, alles für ihre Schätze aufs Spiel zu setzen. Einer begann, die andern folgten, und so fielen sie in rascher, wilder Wut über Alis Krieger her, die sie in wenigen Augenblicken so überwältigten, daß sie trotz ihrer Überzahl bald zu einem kleinen Häuflein zusammenschmolzen. Plötzlich aber kamen die Überlebenden zur Besinnung, rächten ihre Kameraden und ließen jetzt ihrerseits von Hassans Mannschaft kaum vier am Leben, die obendrein noch schwer verwundet waren. Ricardo und Mahmud beobachteten sie, indem sie von Zeit zu Zeit den Kopf aus der Luke der hintern Kajüte steckten, um zu sehn, was für ein Ende die Metzelei nehmen werde. Als sich nun zeigte, daß die Türken fast alle tot, die noch Lebenden aber arg zugerichtet waren, und daß es sehr leicht sein mußte, ihnen vollends den Garaus zu machen, rief Ricardo Mahmud und zwei Neffen Halimas, die sie mit an Bord genommen hatten, zu, sie sollten ihm das Schiff wegnehmen helfen, bemächtigte sich mit ihrer Hilfe und mit Halimas Vater der Säbel der Gefallenen und stürzte unter dem Ruf »Freiheit«! Freiheit!« auf das Verdeck. Dort wurden sie zudem von den griechischen Christen, die Matrosendienste taten, unterstützt und hieben mit leichter Mühe und ohne eine Wunde zu erhalten allen noch lebenden Türken den Kopf ab. Dann sprang Ricardo auf Alis Galeote hinüber und unterwarf sich unschwer auch diese mit allem, was sie enthielt. Unter denen, die in dem zweiten Gefecht das Leben verloren hatten, war Ali Pascha einer der ersten gewesen; er wurde von einem Türken zur Sühne für den Kadi mit Säbelhieben zu Boden gestreckt.

Auf Ricardos Rat schaffte man alles Wertvolle, was sich auf den Schiffen des Kadi und Hassans befand, in Alis Galeote, die größer und für jede Fracht und Reise eingerichtet war; sie hatte sogar auch christliche Ruderer, die sich, entzückt von der erlangten Freiheit und den vielen Geschenken, die Ricardo unter sie verteilte, erboten, ihre Retter nach Trapana, ja, wenn man wolle, bis ans Ende der Welt zu führen. Voller Jubel über dieses Glück begaben sich Mahmud und Ricardo zu der Türkin Halima und kündigten ihr an, wenn sie nach Cypern zurückkehren möchte, so wollten sie ihr Schiff mit den Freiwilligen bemannen und ihr die Hälfte der Schätze, die sie mit an Bord genommen hatte, herausgeben. Sie aber vergaß mitten in ihrem Unglück keinen Augenblick ihre zärtliche Liebe zu Ricardo und erklärte, sie wolle mit ihnen in christliche Lande gehn, worüber sich ihre Eltern aufs höchste freuten. Der Kadi kam wieder zur Besinnung; man verband ihn, so gut es die Umstände erlaubten, und ließ ihm ebenfalls die Wahl, ob er lieber in ein christliches Land mitgehn oder auf seinem eignen Schiff nach Nikosia zurückkehren wolle. Er erwiderte, da ihn einmal das Schicksal in solche Not gebracht habe, müsse er für die Freiheit, die man ihm hierin lasse, dankbar sein; er gedenke, nach Konstantinopel zu gehn, um sich beim Großherrn über den Schimpf zu beschweren, der ihm von Hassan und Ali angetan worden war. Als er zudem erfuhr, daß Halima ihn verlassen und wieder Christin werden wollte, verlor er fast den Verstand. Kurz also, man bemannte sein eignes Fahrzeug, versah es mit allem, dessen er zur Reise bedurfte, und gab ihm sogar noch ein paar von seinen Zechinen heraus. Als er sich dann von allen verabschiedet hatte, bat er noch, ehe er unter Segel gehe, möge ihn Leonissa umarmen; denn eine solche Gnade und Gunst genüge, um all sein Unglück in Vergessenheit zu bringen. Jedermann bat Leonissa, ihm den ersehnten Wunsch zu erfüllen, da nichts an ihm gegen Anstand und Ehrbarkeit verstoße. Sie willigte ein, und der Kadi flehte sie an, ihm die Hände auf den Kopf zu legen, da er hoffe, dadurch schnell von seiner Wunde zu genesen. Leonissa ging auf alles ein.

Als nun all dies geschehen war und man in Hassans Schiff ein Loch gebohrt hatte, setzte man die Segel, da ein günstiger Ostwind dazu einlud, und nach wenigen Stunden war man dem Fahrzeug des Kadi aus dem Gesicht; dieser aber sah mit Tränen in den Augen, wie die Winde sein Vermögen, seine Lebensannehmlichkeiten, sein Weib und die geliebte schöne Sklavin entführten. Mit ganz andern Empfindungen segelten Ricardo und Mahmud dahin. Ohne daß sie irgendwo hätten landen mögen, passierten sie den langgestreckten Golf von Alexandria und gelangten, ständig unter Segel und ohne die Hilfe der Ruder, zu der Insel Corfu, wo man Wasser einnahm und dann unverzüglich durch die berüchtigten akrokeraunischen Klippen fuhr. Am Tage darauf bemerkte man in der Ferne Paquino, ein Vorgebirge des fruchtbaren Trinakriens[1], an dem man, wie auch an der berühmten Insel Malta, nur vorüberflog, so leicht und schnell segelte das glückliche Fahrzeug dahin. Sie umschifften das Eiland und entdeckten am vierten Tage Lampedusa[2] und dann die Insel, an der sie dem Untergang so nahe gewesen waren; Leonissa schauderte bei ihrem Anblick zusammen, da ihr die bestandene Gefahr wieder lebhaft vor das Gedächtnis trat. Am folgenden Tage endlich sahen sie die geliebte und ersehnte Heimat vor sich: Von neuem schlug die Freude in aller Herzen, und ihre Lebenslust brandete vor Entzücken empor; denn es ist eine der höchsten Glücksempfindungen, die man in diesem Leben erfahren kann, wenn man nach langer Gefangenschaft gesund und wohlbehalten wieder im Vaterland anlangt, und ihr kommt die Freude am Siege gleich, den man über den Feind errungen hat. In der Galeote hatte sich eine Kiste mit Wimpeln und Fähnchen aus verschiedenfarbiger Seide gefunden, mit denen Ricardo nun die Segel schmücken ließ. Noch war der Morgen wenig vorgerückt, da lagen sie schon kaum eine Meile weit von der Stadt entfernt. Indem sie einander im Rudern ablösten und von Zeit zu Zeit ein Jubelgeschrei erhoben, kamen sie dem Hafen immer näher, an dem sich alsbald eine dichte Menschenmenge sammelte; denn als man sah, wie das geschmückte Fahrzeug so gemächlich herankam, blieb niemand in der Stadt, sondern alles eilte ans Ufer hinab.

Mittlerweile hatte Ricardo Leonissa gebeten, sich so zu kleiden und so zu schmücken, wie sie in das Zelt des Pascha getreten war; denn er wollte ihren Eltern eine erfreuliche Überraschung bereiten. Sie willigte ein und häufte Pracht auf Pracht, Perlen auf Perlen und Schönheit auf Schönheit, die die Freude immer noch steigerte, und bald war sie so

1 Siziliens.
2 Eine kleine Insel zwischen Malta und Tunis.

angetan, daß sie von neuem Bewunderung und Staunen erregte. Auch Ricardo und Mahmud legten türkische Tracht an, desgleichen taten sämtliche christlichen Matrosen, denn die Kleider der getöteten Türken reichten für alle aus. Als sie nun vor dem Hafen ankamen, mochte es um die achte Stunde des Morgens sein, der klar und heiter dem lustigen Einzug mit Wohlgefallen zuzusehn schien. Ehe sie einliefen, ließ Ricardo das Geschütz der Galeote abfeuern, das in einer Schiffskanone von größtem Kaliber und aus zwei Feldschlangen bestand, und die Stadt erwiderte mit ebenso vielen Schüssen. Niemand wußte recht, was er aus dem herrlichen Fahrzeug machen sollte, und begierig sah man seiner Ankunft entgegen. Als es aber näher kam und man es an den deutlicher hervortretenden Turbanen der scheinbaren Türken als ein maurisches zu erkennen glaubte, griff man aus Furcht, hier könnte eine List im Spiele sein, zu den Waffen; die ganze Stadtwehr eilte zum Hafen, und die Reiterei stellte sich längs dem Meeresstrande auf. Über all dies freuten die Heimkehrenden sich sehr, fuhren langsam heran, warfen hart am Ufer Anker, legten das Brett hinüber, verließen die Ruder und gingen, einer hinter dem andern, wie in einer Prozession, ans Land, das sie unter Freudentränen vielmals küßten. Da wurde es denn allen klar, daß sie Christen waren, die sich auf diesem Fahrzeug gerettet hatten. Zuletzt kamen Halimas Vater und Mutter und ihre beiden Neffen, alle in türkischer Kleidung, und den Schluß und die Krone bildete die reizende Leonissa, das Gesicht mit einem scharlachroten Schleier bedeckt. Zu ihren beiden Seiten gingen Ricardo und Mahmud: Ein Schauspiel, das die Augen der ganzen, unzähligen Menge auf sich zog. Als sie das Land betraten, taten auch sie wie die andern: warfen sich nieder und küßten den Boden. Da näherte sich ihnen der Kommandant und Gouverneur der Stadt, der wohl sah, daß sie die Vornehmsten unter den Landenden waren. Kaum aber war er zu ihnen getreten, so erkannte er Ricardo und eilte mit offenen

Armen und unter den Zeichen der größten Freude auf ihn zu. Mit dem Gouverneur kamen auch Cornelio und dessen Vater, Leonissas Eltern und Verwandte, sowie die Verwandten Ricardos, die alle zu den angesehensten Leuten der Stadt gehörten. Ricardo umarmte den Gouverneur und dankte für die Glückwünsche, die er von allen Seiten empfing. Dann nahm er Cornelio bei der Hand (der erbleichte und vor Angst fast zitterte, als er Ricardo erkannte und seinen Griff spürte), hielt mit der andern die Hand Leonissas und sprach: »Ehe wir nun in die Stadt und in den Tempel eintreten, um dem Herrn gebührenden Dank zu sagen für die große Gnade, die er uns in unserm Unglück erwiesen hat, ersuche ich euch gehorsamst, ihr Herren, einige Worte anzuhören, die ich euch sagen möchte.«

Der Gouverneur erwiderte, er möge nur sprechen, jedermann werde ihn mit Vergnügen und ohne Störung anhören. Die Vornehmsten schlossen einen Kreis um ihn her, und er begann mit leicht gehobener Stimme also: »Ihr werdet euch des Unglücks entsinnen, ihr Herren, das mich vor einigen Monaten im Garten bei den Salzgruben traf, und bei dem auch Leonissa geraubt wurde. Auch habt ihr wohl noch nicht vergessen, mit welchem Eifer ich ihr die Freiheit zu verschaffen suchte; denn ich bot, ohne an mich selbst zu denken, mein ganzes Vermögen als Lösegeld für sie. Freilich kann ich mir diese scheinbare Freigebigkeit durchaus nicht zum Ruhme anrechnen, da das Gebot der Befreiung meiner eignen Seele galt. Um zu erzählen, was nachher mit uns beiden geschah, dazu bedarf es einer günstigeren Zeit und Gelegenheit und einer ruhigeren Sprache, als ich sie jetzt zu finden vermag. Für den Augenblick nur so viel, daß der barmherzige Himmel uns nach vielen seltsamen Begebenheiten, und nachdem tausend Hoffnungen auf Hilfe in unserm Elend fehlgeschlagen waren, ohne daß uns selbst irgend ein Verdienst dabei zukäme, freudigen Sinnes und mit Schätzen beladen in die geliebte Heimat zurückgeführt hat.

Doch weder diese Reichtümer noch die wiedergewonnene Freiheit verleihen mir das nie gefühlte Entzücken, das ich nun empfinde, sondern der Gedanke, daß meine in Krieg und Frieden liebliche Feindin ebenfalls entzückt sein muß, und zwar nicht sowohl, weil sie wieder frei ist, als weil sie hier gleich dem Abbild ihrer Seele begegnet. So freue ich mich auch über das Entzücken derer, die im Unglück meine Gefährten waren. Wenn aber Not und traurige Erlebnisse das Gemüt jemals zu verändern und den Mut der Seele zu verzehren vermögen, so war dies bei der Zerstörerin meiner schönsten Hoffnungen nie der Fall; denn sie hat mit einer Kraft und Standhaftigkeit, die ich in Worten zu schildern außerstande bin, dem Schiffbruch ihres Glückes und meinen glühenden, wenn auch sittsamen Bewerbungen widerstanden; an ihr hat sich der Spruch bewährt, daß die, deren Charakter einmal feststeht, wohl die Länder tauschen, aber ihr Wesen nicht ändern können. Aus allem jedoch, was ich bisher gesagt habe, will ich nur den Schluß ziehn, daß ich ihr in meinem Vermögen ihr Lösegeld und in meiner Liebe meine Seele bot, daß ich ihr zu ihrer Freiheit verhalf und mehr für ihre als für meine Rettung das Leben wagte, und daß ich doch all dies, wenn es auch einer Natur, die mehr zu Dankbarkeit neigt, keine sehr geringe Verbindlichkeit auferlegen würde, keineswegs als etwas angesehn wissen will, was einen Dank verdient, sondern einzig wünsche, daß man mir Dank weiß für das, was ich jetzt tun werde.«

Damit erhob er die Hand und schlug mit achtungsvoller Gebärde den Schleier von Leonissas Gesicht zurück, so daß es nicht anders war, als träte das holde Licht der Sonne hinter einer verhüllenden Wolke hervor. Dann fuhr er fort:

»Sieh, Cornelio, ich übergebe dir hiermit ein Gut, das du über alles Schätzenswerte schätzen mußt; und sieh, reizende Leonissa, ich übergebe dich hiermit dem, der dir immer im Sinn gelegen hat, und das möchte ich allerdings als ein Zeichen der Großmut anerkannt wissen, gegen das ein Opfer des Vermögens, des Lebens und der Ehre nichts ist. Nimm die Braut hin, beglückter Jüngling, nimm sie hin! Reicht dein Geist aus, den Wert einer so hohen Gabe zu fassen, so halte ich dich für den glücklichsten Menschen auf Erden. Zugleich gebe ich dir meinen ganzen Anteil an dem, was der Himmel uns Rückkehrenden zusammen geschenkt hat, eine Gabe, die, denke ich, einen Wert von mehr als dreißigtausend Talern haben muß. Das alles kannst du nach deinem Geschmack in Freiheit und Ruhe und, wolle der Himmel, auf lange Jahre genießen. Ich Unglücklicher will, da ich Leonissa entbehre, auch arm an Gütern bleiben; denn wem Leonissa fehlt, für den ist das Leben überflüssig.«

Hier hielt er inne, als hafte ihm die Zunge am Gaumen. Nach kurzer Zeit aber fuhr er, ehe noch irgend jemand das Wort ergriffen hatte, also fort: »Bei Gott, wie doch heftige Schmerzen den Verstand verwirren! In dem Wunsche, alles gut zu machen, ihr Herren, habe ich nicht bedacht, was ich sagte. Niemand kann an dem, was ihm nicht gehört, seine Freigebigkeit erweisen. Was für ein Recht habe ich an Leonissa, daß ich sie einem andern schenken dürfte? Oder wie kann ich das anbieten, was gar nicht mir gehört? Leonissa gehört sich selber an, und zwar so unumschränkt, daß mit Ausnahme ihrer Eltern, die noch viele glückliche Jahre leben mögen, niemand Einspruch gegen ihren Willen erheben darf. Tritt ihr vielleicht die Verpflichtung in den Weg, die sie bei dem ihr eignen Zartgefühl gegen mich zu haben glauben könnte, so vernichte, tilge und durchstreiche ich sie von diesem Augenblick an, nehme meine früheren Worte zurück, gebe Cornelio nichts, weil ich ihm nichts geben kann, und bestätige nur, daß ich Leonissa mein Eigentum überlasse, ohne einen andern Lohn dafür zu verlangen, als daß sie keinen Zweifel an der Lauterkeit meiner Gesinnungen hege und glaube, daß ich nie ein andres Ziel gekannt habe als das, das die unvergleichliche Reinheit, der hohe Wert und die unaussprechliche Schönheit der Geliebten mir vors Auge führten.«

Ricardo verstummte, und Leonissa antwortete ihm also: »Wenn du denkst, Ricardo, ich habe Cornelio zur Zeit, als du dich eifersüchtig um mich bewarbst, Beweise meiner Gunst gegeben, so darfst du auch glauben, daß sie nicht nur in den Schranken der strengsten Sitte blieben, sondern dem Willen und dem Befehl meiner Eltern entsprachen. Sie erteilten mir die Erlaubnis, so zu handeln, weil sie hofften, er werde sich dadurch bewegen lassen, mit mir den Bund der Ehe zu schließen. Bist du mit dieser Erklärung zufrieden, so wirst du es sicher noch mehr mit dem sein, was du aus eigner Erfahrung von meiner Sittsamkeit und Zurückhaltung weißt. Ich sage das nur, um dir anzudeuten, daß ich stets nur mir selbst angehört habe, ohne mich um einen andern Willen als den meiner Eltern zu kümmern; und sie ersuche ich auch jetzt wieder mit aller gebührenden Unterwürfigkeit, mir zu erlauben, daß ich die Freiheit, die dein Heldensinn und deine Großmut mir zurückgegeben haben, frei gebrauche.«

Ihre Eltern erwiderten, sie gäben ihr jede Erlaubnis, da sie zu ihrem ausgezeichneten Verstande das Vertrauen hätten, sie werde ihn nie anders als zu ihrer Ehre und ihrem Glück benutzen.

»Mit dieser Erlaubnis«, fuhr die kluge Leonissa fort, »bitte ich also, man möge es mir nicht übel deuten, wenn ich mich, um nicht undankbar zu erscheinen, nicht ganz mädchenhaft benehme. So erklärt sich denn meine bisher scheue, unsichere und zweifelnde Neigung zu deinen Gunsten, tapferer Ricardo. Damit die Männer wissen, daß nicht alle Frauen undankbar sind, will wenigstens ich mich dankbar erweisen. Ich bin die Deine, Ricardo, und werde es bleiben bis zum Tode, wenn nicht etwa bessere Erkenntnis dich bewegen sollte, die Hand zurückzuweisen, die ich dir als meinem Gatten biete.«

Ricardo stand ob dieser Worte wie außer sich da und vermochte Leonissa nur dadurch zu antworten, daß er vor ihr auf die Knie sank, heftig nach ihren Händen griff, sie küßte und mit zärtlichen Tränen benetzte. Cornelio weinte aus Verdruß, Leonissas Eltern aus Entzücken und alle, die zugegen waren, aus freudiger Bewunderung. Der Bischof oder Erzbischof der Stadt, der ebenfalls anwesend war, führte die beiden sofort unter Erteilung seines Segens in die Kirche und traute sie augenblicklich, indem er sie von der gesetzlichen Frist entband. Der Jubel verbreitete sich in der ganzen Stadt, und in der folgenden Nacht fand zum Beweise dessen eine prächtige Beleuchtung statt, während Ricardos und Leonissas Eltern noch viele Tage hindurch allerlei Spiele und Lustbarkeiten veranstalten ließen. Mahmud und Halima kehrten in den Schoß der Kirche zurück, und da diese ihren Wunsch, Ricardos Gattin zu werden, jetzt unmöglich verwirklichen konnte, begnügte sie sich mit Mahmud als Gatten. Halimas Eltern und Neffen schenkte der freigebige Ricardo von dem auf ihn entfallenden Teil der Beute so viel, daß sie mit Behaglichkeit leben konnten, kurz, jedermann war zufrieden, frei und froh. Ricardos Ruhm erscholl unter dem Namen des großmütigen Liebhabers bis über die Grenzen Siziliens hinaus durch ganz Italien und viele andre Länder, und er lebt noch heute in den vielen Söhnen fort, die Leonissa ihm gebar, während sie selber ein seltenes Muster von Verstand, Zucht, Tugend, und Schönheit bleibt.

Geschichte von Rinconete und Cortadillo

In der Schenke zur kleinen Mühle, die am Ende der berühmten Gefilde von Alcudia liegt, wenn man von Kastilien nach Andalusien reist, saßen an einem heißen Frühlingstage zwei Burschen, von denen der eine vierzehn bis fünfzehn, der andre nicht über siebzehn Jahre alt war. Beide waren wohlgebaut, aber sehr abgerissen, zerlumpt und verwahrlost. Mäntel hatten sie nicht, ihre Hosen waren aus Leinwand und ihre Strümpfe aus ihrer eignen Haut. Freilich wurde das durch die Schuhe wieder ins Gleichgewicht gebracht, denn die des einen bestanden aus Binsen, die ebenso mitgegangen wie mitgenommen waren, und denen des andern fehlten die Sohlen, so daß sie mehr als Fußblöcke dienten denn als Schuhe. Der eine trug eine grüne Jägermütze und der andre einen Hut ohne Schnur, mit niederm Kopf und breiter Krempe. Über Schultern und Brust hing dem einen ein gemslederfarbiges Hemd, das ganz in den einen Ärmel gestopft und eingewickelt war; der andre ging frei und ohne alles Gepäck einher, außer daß sich auf seiner Brust ein großer Wulst abhob, der, wie sich in der Folge zeigte, eine Halskrause war, und zwar eine von der Art, die man Wallonen nennt: mit Schmutz gestärkt und vom Alter so ausgefasert, daß das Ganze eigentlich nur wie ein Gitter von Fäden erschien. In diesem Wulst war ein Spiel Karten von eiförmiger Gestalt verwahrt, denn die Ecken waren durch den Gebrauch abgerieben; um sie haltbarer zu machen, hatte man sie beschnitten und in besagte Form gebracht. Beide Gäste zeigten eine sonnenverbrannte Haut, schmutzige Nägel und nicht sonderlich reine Hände. Der eine trug einen kurzen Degen, der andre ein Messer mit gelbem Heft, einen sogenannten Ochsenziemer.

Beide waren in die Laube getreten oder unter das Vordach

vor dem Wirtshaus, um hier Mittagsruhe zu halten, und als sie sich von Angesicht zu Angesicht gegenübersaßen, begann der dem Anschein nach Ältere den Jüngern also anzusprechen: »Aus welchem Lande sind Euer Gnaden, gestrenger Herr, und woher kommt Ihr des Weges?«

»Mein Vaterland, Herr Ritter«, erwiderte der Befragte, »kenne ich nicht, und ebensowenig weiß ich, woher ich komme.«

»Da es aber nicht den Anschein hat, als seien Euer Gnaden vom Himmel gefallen«, entgegnete der Ältere, »und da dies nicht der Ort ist, um hier dauernd Aufenthalt zu nehmen, so werdet Ihr wohl genötigt sein, weiter zu reisen.«

»So ist es«, versetzte der Jüngere, »ich habe aber gleichwohl die Wahrheit gesagt. Mein Vaterland ist nicht mein Vaterland; denn ich habe dort nur einen Vater, der mich nicht für seinen Sohn hält, und eine Stiefmutter, die mich als Stiefkind behandelt. Mein Weg geht ins Blaue hinein und wird dort aufhören, wo ich jemanden finde, der mir das Nötige gibt, um dies elende Leben loszuwerden.«

»Und verstehn Euer Gnaden ein Handwerk?« fragte der Große; worauf der Kleine erwiderte: »Ich verstehe nur zu laufen wie ein Hase, zu springen wie ein Gemsbock und sehr zierlich mit der Schere zu schneiden.«

»Das alles ist sehr gut, nützlich und förderlich«, sagte der Große; »denn gewiß findet sich ein Küster, der Euer Gnaden die Opferspende des Allerheiligenfestes gibt, damit Ihr ihm zum Gründonnerstag die papiernen Rosen für das heilige Grab schneidet.«

»Nicht auf diese Art schneide ich«, erwiderte der Kleinere; »mein Vater wurde durch die Barmherzigkeit des Himmels Schneider und Strumpfmacher, und er hat mich Überstrümpfe machen gelehrt, das sind, wie Euer Gnaden wohl wissen, Gamaschen mit Vorschuhen, die mit ihrem eigentlichen Namen Stiefeletten heißen; die schnitt ich so gut zurecht, daß ich mich hätte als Meister prüfen lassen können, hätte mich mein ungünstiges Schicksal nicht auch dieser Ehre beraubt.«

»So und noch schlimmer«, entgegnete der Große, »geht es allen tüchtigen Menschen, und ich habe von je gehört, die nützlichsten Fertigkeiten seien die undankbarsten. Indessen stehen Euer Gnaden noch in dem Alter, um Dero Glück verbessern zu können; auch gebieten Hochdieselben, wenn ich mich nicht täusche und mein Auge mich nicht trügt, noch über andre geheime Geschicklichkeiten, die Sie nicht bekannt machen wollen.«

»Über die gebiete ich«, antwortete der Kleinere, »aber sie sind nicht für die Öffentlichkeit, wie Euer Gnaden ganz richtig bemerkten.«

Darauf der Große erwiderte: »So kann ich Euch denn sagen, daß ich einer der verschwiegensten Burschen bin, die sich weit herum finden, und um Euer Gnaden dahin zu bringen, daß Sie mir Ihr Herz enthüllen und meinetwegen ganz ruhig sind, will ich als erster Euch mein Herz eröffnen, denn ich denke, das Schicksal hat uns nicht ohne geheime Absicht hier zusammengeführt, und ich meine, wir werden von diesem Augenblick bis zum letzten Tage unsres Lebens aufrichtige Freunde bleiben. Ich, Herr Ritter, bin aus Fuenfrida gebürtig, einem bekannten Ort, berühmt durch die vielen vornehmen Reisenden, die fortwährend hindurchkommen; mein Name lautet Pedro del Rincón, und mein Vater ist ein Mann von Stande, denn er ist Beamter der heiligen Kreuzbulle oder, wie das gemeine Volk es nennt, Bullenschreier oder Bullenkrämer[1]. Einige Zeit stand ich meinem

1 Die Kreuzbulle war ein Ablaßbrief für die Könige von Portugal und Spanien und diejenigen ihrer Untertanen, die Geldbeiträge zur Bekämpfung der Ungläubigen in Afrika lieferten. Gedruckte Auszüge aus dieser Bulle, durch die jeder, der sie sich kaufte, von der Enthaltung von Eier- und Milchspeisen während der Fasttage freigesprochen wurde, wurden öffentlich zum Verkauf ausgeboten, und da die Leute, die sich mit dem Verkauf dieses Handelsgegenstandes befaßten, meistens der Hefe des Volkes angehörten, war das Wort Bullenkrämer zum Schimpfnamen geworden.

Vater in seinem Amte bei, und bald verstand ich es so aus dem Grunde, daß ich im Verkauf der Bullen dem Geschicktesten nichts nachgab. Da ich aber eines Tages lebhaftere Neigung zu dem Bullengeld als zu den Bullen selbst in mir wahrnahm, umarmte ich einen Geldsack und wanderte mit ihm nach Madrid, wo ich ihm mit Hilfe der verschiedenen Gelegenheiten, die sich dort immer bieten, in wenigen Tagen alle Eingeweide so auszog, daß er mehr Falten bekam als das Schnupftuch eines Bräutigams am Hochzeitstage[1]. Der Kassenbeamte holte mich ein, ich wurde festgenommen und fand nicht viel Gnade; mit Rücksicht auf meine Jugend begnügten sich die Herren jedoch damit, mich an den Türklopfer zu stellen, mir die Fliegen ein wenig vom Rücken zu scheuchen und mir den Aufenthalt in der Residenz auf vier Jahre zu untersagen. Ich faßte mich in Geduld, zog die Schultern ein, fügte mich in die Fliegenabwehr und hatte es so eilig, die mir auferlegte Verbannung zur Wirklichkeit zu machen, daß ich nicht einmal Zeit fand, für eine Montur zu sorgen. Von meinem Gepäck nahm ich mit, was ich tragen konnte und was mir am nötigsten schien, unter anderm auch die Karten da« (hier nahm er das schon beschriebene Spiel aus der Krause), »mit denen ich mir im Einundzwanzig[2] auf dem Wege von Madrid bis hierher in Schenken und Wirtshäusern meinen Lebensunterhalt verdiente. Obgleich diese Karten, wie Euer Gnaden sie jetzt sehn, schmutzig und verwahrlost sind, besitzen sie doch für den, der sie kennt, eine bewunderungswürdige Tugend, da beim Abheben immer ein As unten bleibt; und falls Euer Gnaden mit dem erwähnten Spiel bekannt sind, werdet Ihr einsehn, welchen Vorteil derjenige hat, der bestimmt weiß, daß die erste Karte ein As ist, denn dies kann er als eins und auch als elf zählen, so daß das Geld ihm zufließt, wenn er auf einundzwanzig bietet.

1 Anspielung auf einen Volksbrauch in Spanien, der ehedem auch in Frankreich üblich war.

2 Vingt et un: ein Kartenspiel.

Außerdem lernte ich vom Koch eines gewissen Gesandten allerlei Kunstgriffe im Quinola[1] und im Parieren, so daß, wie Euer Gnaden sich gerichtlich im Gamaschenschneiden prüfen lassen können, ich in der Gaunerkunst Anspruch auf den Meistertitel machen darf. Somit bin ich sicher, nicht Hungers zu sterben, denn wenn ich in ein Bauernhaus komme, so findet sich immer jemand, der sich durch ein kleines Spiel die Zeit vertreiben will, und auch hier wollen wir beide gleich die Probe machen. Spannen wir das Netz aus und laßt sehn, ob sich nicht unter den Maultiertreibern, die hier einkehren, ein Vogel findet, der hineingeht; ich meine: Laßt uns miteinander Einundzwanzig spielen, als sei es uns Ernst, damit, wer Lust bekommen sollte, den dritten Mann zu machen, der erste sei, der sein Geld in der Falle läßt.«

»In Gottes Namen«, erwiderte der andre; »zugleich bin ich Euer Gnaden höchlichst verbunden für den Beweis von Wohlwollen, den Sie mir durch den Bericht über Ihr Leben geben, so daß ich nun auch das meine nicht länger verschweigen kann. Es ist in Kürze dieses: Ich bin in El Pedroso, einem Orte zwischen Salamanca und Medina del Campo, geboren. Mein Vater, ein Schneider, unterrichtete mich in seinem Beruf, und vom Schneiden mit der Schere schwang ich mich durch mein Genie zum Beutelschneiden auf. Das enge Dorfleben und die lieblose Behandlung meiner Stiefmutter wurden mir zuwider; ich verließ meinen Flecken, begab mich nach Toledo, um mein Handwerk zu treiben, und tat Wunder darin. Kein Reliquienkäpselchen hing von einer Haube, keine Tasche war so verborgen, die mein Wunsch nicht besucht und meine Schere nicht abgeschnitten hätten, ob auch Argusaugen sie bewachten. Dabei wurde ich während der vier Monate, die ich in jener Stadt verbrachte, nie zwischen vier Wänden ertappt, nie überrumpelt, nie von einem Ohrenbläser angeschwärzt, nie

1 Ein Spiel, in dem gewinnt, wer vier gleiche Karten von verschiedener Farbe hat.

blieb ich an einem Polizeidiener hängen; nur vor acht Tagen gab ein zweizüngiger Spion dem Stadtrichter Nachricht von meiner Geschicklichkeit, und von meinen Talenten eingenommen, wünschte der mich zu sehn. Ich jedoch bin ein bescheidner Mensch, der nicht gern mit so vornehmen Leuten zu tun hat, und sorgte dafür, daß er mich nicht zu Gesicht bekam, indem ich die Stadt so schnell verließ, daß ich nicht einmal Gelegenheit nahm, mich um eine Reitgelegenheit, Geld, eine Retourkutsche oder auch nur einen Karren zu bemühn.«

»Dergleichen vergißt man«, entgegnete Rincón, »und da wir uns jetzt kennen, so brauchen wir den Mund nicht mehr so voll zu nehmen. Gestehn wir ruhig, daß wir keinen Quarto und nicht einmal Schuhe haben.«

»Meinetwegen«, antwortete Diego Cortado (wie der Jüngere sich nannte); »und da unsere Freundschaft, wie Euer Gnaden bemerkt haben, bis zum Grabe fortdauern soll, so wollen wir sie mit heiligen und löblichen Zeremonien beginnen.«

Er stand auf und umarmte Rincón, und Rincón umarmte wiederum ihn aufs zärtlichste und innigste. Dann machten sie sich unverweilt mit den schon erwähnten Karten, von denen sie erst den Staub und die Spreu, aber freilich weder das Fett noch die Spitzbüberei abwischten, an Einundzwanzig. Nach wenigen Übungen hob Cortado so gut ein As ab wie sein Meister Rincón. Inzwischen trat, um sich abzukühlen, ein Maultiertreiber unter das Vordach und bat, man möge ihn als dritten Mann annehmen. Beide gewährten ihm sein Gesuch mit Vergnügen, und in kaum einer halben Stunde hatten sie ihm zwölf Realen und einundzwanzig Maravedís abgewonnen, was für ihn soviel bedeutete, als hätte man ihm zwölf Kolbenstöße und einundzwanzigtausend Hiebe versetzt. So weigerte er sich denn, in der Meinung, die beiden würden sich, jung, wie sie waren, nicht zur Wehr setzen, ihnen das Geld zu lassen. Aber der eine griff nach seinem Degen, der andre nach seinem gelben Messer, und sie machten ihm damit soviel zu schaffen, daß es ihm ohne Zweifel sehr übel ergangen wäre, hätte er nicht seine Kameraden zur Hand gehabt. Zufälligerweise kam in diesem Augenblick ein Trupp berittener Reisender des Wegs, die in dem eine halbe Meile weiterhin gelegenen Wirtshaus zum Schulzen ihre Mittagsruhe halten wollten. Als sie den Streit des Maultiertreibers mit den beiden Burschen bemerkten, legten sie sich ins Mittel und sagten ihnen, wenn ihre Reise etwa nach Sevilla ginge, so sollten sie mit ihnen kommen.

»Ja, dahin gehn wir«, rief Rincón, »und wir wollen Euer Gnaden in allem zu Diensten sein, was Sie uns auftragen.« Und ohne sich weiter aufzuhalten, sprangen sie vor den Maultieren her, und ihr Spielgenosse blieb voll Ärger und Wut, die Wirtin aber voll Verwunderung über die vornehmen Umgangsformen der beiden Gauner zurück; denn sie hatte, ohne daß sie es bemerkten, ihre Unterhaltung belauscht. Als sie dem Treiber kundtat, sie wisse aus ihrem eignen Munde, daß die Karten, die sie bei sich hatten, falsch gewesen seien, raufte er sich den Bart und wollte ihnen bis in die nächste Schenke nachlaufen, um sein Geld zurückzufordern; denn er behauptete, es sei eine ewige Schmach und Schande, daß zwei Buben einen so alten Kerl wie ihn übers Ohr gehauen hätten. Seine Kameraden rieten ihm jedoch davon ab, damit seine Einfalt und sein Ungeschick nicht obendrein öffentlich würden, und sie hielten ihm solange Reden, daß sie ihn wenigstens bewogen, da zu bleiben, wenn sie ihn auch nicht zu trösten vermochten.

Unterdessen befleißigten sich Cortado und Rincón so angelegen, den Reisenden gefällig zu sein, daß sie den größeren Teil des Wegs über hinter ihnen aufsitzen durften, und obgleich sie des öftern Gelegenheit hatten, die Felleisen ihrer vorn sitzenden Herren zu untersuchen, machten sie doch keinen Gebrauch davon, um nicht eine so gute Reisegelegenheit nach Sevilla einzubüßen, wohin zu kommen ihr sehnlicher Wunsch war. Gleichwohl konnte sich Cortado beim Einzug in die Stadt, der um die Vesperzeit und des Zolls und der Visitation halber durch das Zolltor geschah, nicht enthalten, den Mantelsack eines zur Gesellschaft gehörigen Franzosen anzuschneiden, und er brachte dem Säcklein denn auch mit seinem gelbgehefteten Messer eine so weite und tiefe Wunde bei, daß die Eingeweide bloßlagen und er hurtig zwei gute Hemden, eine Sonnenuhr und ein Schreibbuch herauszog. Freilich machten diese Dinge, als sie sie näher besichtigten, weder ihm noch seinem Gefährten sonderliche Freude. Überzeugt, der hübsche Mantelsack, den der Franzose hinter sich führte, werde nicht durchweg mit so wertlosen Dingen, wie den erbeuteten, angefüllt sein, wollten sie schon eine zweite Untersuchung beginnen; allein der Gedanke, das Entwendete werde bereits vermißt und das übrige in Sicherheit gebracht worden sein, hielt sie wieder ab. Sie hatten sich schon, ehe sie den Streich ausführten, von ihren bisherigen Wohltätern getrennt. Am folgenden Tage verkauften sie die Hemden auf dem Trödelmarkt vor dem Sandtor und lösten zwanzig Realen dafür ein.

Dann besahen sie die Stadt und bewunderten die Größe und Pracht der Kathedrale und das Menschengewühl am Flusse, denn es war eben die Zeit, da die Flotte befrachtet wurde, und sechs Galeeren, deren Anblick ihnen einen kleinen Seufzer erpreßte, lagen vor Anker: er mahnte sie nämlich an den schauerlichen Tag, da sie sich durch ihre Spitzbübereien lebenslänglichen Aufenthalt auf diesen Fahrzeugen verschafft haben würden. Desgleichen bemerkten sie die vielen Burschen, die mit Körben hin und her gingen. Sie erkundigten sich bei einem, was für ein Gewerbe das sei, ob es viel Mühe mache und welchen Gewinn es abwerfe. Der Befragte, ein asturischer Knabe, erwiderte, das Handwerk sei mühelos, man habe keine Gewerbesteuer zu zahlen, und bisweilen bringe es im Tage fünf bis sechs Realen ein; davon könne man essen, trinken und sichs wohl sein lassen wie ein König. Man brauche nicht erst einen Herrn zu suchen, dem man ein Haftpfand geben müsse, und sei zugleich sicher, jeden beliebigen Augenblick eine Mahlzeit zu bekommen, denn in der kleinsten Garküche, deren es in der Stadt übrigens auch sehr große und gute gebe, sei zu jeder Stunde angerichtet. Der Bericht des kleinen Asturiers klang den beiden Freunden so übel nicht, und auch das Handwerk schreckte sie nicht ab, da es Gelegenheit bot, sich in jedem Hause Zutritt zu verschaffen, und so einen bequemen Deckmantel für ihr eignes Gewerbe abgeben mußte, das sie dann, vor jeder Entdeckung sicher, zu treiben gedachten. Unverzüglich beschlossen sie, sich die nötigen Geräte anzuschaffen, da sie das neue Handwerk ohne vorherige Prüfung antreten konnten. Sie fragten den Asturier, was sie dazu benötigten; er erwiderte: ein paar saubere, neue Säckchen und für jeden drei Handkörbe, zwei große und einen kleinen, in denen man Fleisch, Fische und Früchte austrage, wie in den Säcken das Brot. Er selbst führte sie an den Ort, wo man diese Gerätschaften feilbot; sie kauften alles von dem Erlös der beim Franzosen gemachten Beute, und nach zwei Stunden konnten sie in dem neuen Amt als geprüft und erprobt gelten, so gut trugen sie die Körbe, und so hübsch standen ihnen die Säcke. Ihr Führer gab ihnen die Stellen an, wo sie zu stehn hätten: morgens bei der Fleischbank und beim Sankt Salvatorsplatze; an den Fasttagen auf dem Fischmarkt und der Costanilla; jeden Abend beim Fluß, und donnerstags auf dem Großen Markt.

Diese ganze Lektion prägten sie sich gut ins Gedächtnis, stellten sich andern Tags frühzeitig auf dem Sankt Salvatorsplatze auf und hatten ihre Stelle kaum eingenommen, als andre Burschen dieses Handwerks sie umdrängten, da sie an den nagelneuen Säcken und Körben sahen, daß ihre Träger Neulinge auf dem Platze waren. Man stellte ihnen tausend

Fragen, die sie mit Verstand und Höflichkeit beantworteten. Da traten ein älterer Student und ein Soldat herzu, und gelockt von den saubern Körben der beiden Novizen, rief der eine, der Student zu sein schien, Cortado, der Krieger aber Rincón herbei.

»In Gottes Namen!« antworteten beide.

»Meine Tätigkeit fängt gut an«, sagte Rincón, »da Euer Gnaden der erste sind, der mir Handgeld gibt.«

»Das Handgeld soll nicht schlecht sein«, erwiderte der Kriegsmann, »denn ich habe gewonnen, bin verliebt und will heute einigen Freundinnen meiner Geliebten ein Fest geben.«

»Nun so laden mir Euer Gnaden nur nach Belieben auf, denn ich habe Lust und Kraft, den ganzen Markt fortzuschleppen, und soll ich auch beim Kochen helfen, so tue ich's von Herzen gern.«

Dem Soldaten gefiel das geweckte Wesen des Knaben; er sagte daher, wenn er bei ihm in Dienst treten möchte, so wolle er ihn von dieser niederen Beschäftigung befreien. Rincón erwiderte, da dies der erste Tag sei, an dem er sich in ihr versuche, eile es ihm nicht so sehr damit, sie wieder aufzugeben. Zum mindesten wolle er doch zuvor sehn, welche Vorteile und Nachteile sie ihm biete; sage sie ihm nicht zu, so gebe er ihm sein Wort, daß er lieber bei ihm in Dienst treten wolle als bei einem Kanonikus.

Der Soldat lachte, belud ihn schwer und ging mit ihm zum Hause seiner Dame, damit er es für die Zukunft kenne und, wenn er wieder einmal dahin geschickt werde, seines Geleits nicht mehr bedürfe. Rincón versprach Treue und gute Führung, der Krieger gab ihm drei Quartos, und Rincón kehrte im Flug auf den Markt zurück, um keine Gelegenheit zu versäumen; denn diese Emsigkeit hatte ihm der Asturier anempfohlen, indem er beiläufig bemerkte, wenn man kleine Fische zu tragen habe, Lauke, Sardellen oder Flundern, so könne man sehr wohl ein paar davon nehmen und mit eignem Munde versuchen, wie sie schmeckten, wenigstens so viel, wie man für den Bedarf des Tages nötig habe. Nur müsse es mit aller Vorsicht und Pfiffigkeit geschehn, damit man nicht das Vertrauen verscherze, das bei diesem Handwerk äußerst wichtig sei.

So schnell indessen Rincón zurückkehrte, fand er doch Cortado schon wieder an seiner Stelle. Er trat auf ihn zu und fragte, ob er ein gutes Geschäft gemacht habe. Dabei öffnete er selber die Hand und zeigte jenem die drei Quartos. Cortado griff in den Busen und zog ein Beutelchen heraus, das in vergangenen Zeiten gelb gewesen zu sein schien; es war ziemlich geschwollen. Er sprach:

»Damit haben mich Se. Ehrwürden, der Herr Pfarrer, bezahlt, und überdies mit zwei Quartos. Für alle Fälle aber nehmt das Beutelchen zu Euch, Rincón.«

Kaum hatte er es ihm heimlich zugesteckt, siehe, da kam auch schon der Geistliche schweißtriefend und zum Tode erschreckt daher und fragte, als er Cortado erblickte, ob er nicht vielleicht einen Beutel mit den und den Kennzeichen und fünfzehn Talern in Gold, drei Doppelrealen und so und so viel Maravedís in Quartos und Ochavos gesehn habe, der ihm fehle. Er möge ihm sagen, ob er ihn vielleicht während seiner Einkäufe an sich genommen habe.

Cortado erwiderte mit höchster Verstellung und ohne das geringste Zeichen von Befangenheit: »Ich wüßte von diesem Beutel nur zu sagen, daß er nicht verloren sein kann, wenn Euer Gnaden ihn nicht schlecht verwahrt hatten.«

»Da steckt's eben, daß Gott erbarm«, antwortete jener; »ich muß ihn allerdings schlecht verwahrt haben, sonst hätte man ihn mir nicht stehlen können.«

»Das sage auch ich«, versetzte Cortado; »aber gegen alles, außer dem Tod, gibt es ein Mittel, und das erste und wichtigste ist, daß Euer Gnaden sich in Geduld fassen müssen, denn Gott hat uns aus gar wenigem erschaffen; ein Tag kommt nach dem andern, wenn der eine gibt, so nimmt der andre; und vielleicht, daß mit der Zeit den Dieb die Reue anwandelt und er den Beutel Euer Gnaden wohldurchräuchert zurückstellt.«

»Die Räucherung schenke ich ihm gern«, erwiderte der Schwarzrock.

»Zudem«, fuhr Cortado fort, »bleibt ja noch das Mittel der Exkommunikation und des Bannedikts, und schließlich ist die unverdrossene Emsigkeit jedwedes Glückes Mutter. Übrigens möchte ich wahrhaftig nicht der Dieb des Beutels sein; denn wenn Euer Gnaden schon die heilige Weihe erhalten haben, so hat er, scheint mir, Blutschande oder Kirchenraub begangen.«

»Freilich hat er Kirchenraub begangen«, entgegnete der betrübte Student; »denn bin ich auch noch kein Geistlicher, sondern nur erst Küster in einem Nonnenkloster, so gehörte doch das Geld im Beutel zur Einnahme einer Pfründe, und ein Priester, ein Freund von mir, hatte es mir zur Aufbewahrung gegeben; es war also heiliges und geweihtes Geld.«

»Nun, er esse, was er sich eingebrockt hat«, bemerkte nun Rincón; »ich möchte ihm seinen Gewinn nicht abpachten; es kommt ein Tag des Gerichts, an dem sich, wie man sagt, beim Aufwaschen alles findet, und da wird man schon innewerden, wer Galgenstrick und Wagehals genug war, die Einnahme einer Pfründe zu verkürzen, zu bestehlen und zu berauben. Und wieviel trägt sie jährlich ein? Sagt doch, Herr Küster!«

»Den Henker trägt sie ein! Habe ich jetzt Zeit, Euch zu sagen, was sie einträgt?« rief der Küster und wollte ärgerlich werden. »Sagt mirs, Bursche, wenn Ihr was von dem Beutel wißt; wenn nicht, so geht Eurer Wege, dann will ich ihn ausrufen lassen.«

»Das scheint mir kein übles Mittel«, entgegnete Cortado; »aber ich rate Euer Gnaden, kein Kennzeichen des Beutels zu vergessen, und ebenso die Summe des darin enthaltenen Geldes genau anzugeben, denn fehlt es hierin auch nur um einen Quarto, so wird die Börse, solange die Welt steht, nicht wieder zum Vorschein kommen, das sage ich Euch im voraus.«

»Da brauche ich nichts zu fürchten«, antwortete der Küster, »denn ich habe die Summe besser im Kopf als das Glokkenläuten und werde um keinen Nadelknopf irren.« Zugleich zog er ein mit Spitzen besetztes Schnupftuch aus der Tasche, um sich den Schweiß abzutrocknen, der ihm wie aus einem Destillierkolben vom Gesicht herabströmte. Kaum hatte Cortado das Tuch bemerkt, als er es sich schon für eine neue Erwerbung vormerkte. Sowie also der Küster fort war, lief er ihm nach, holte ihn an der Treppe, die auf den Markt führte, wieder ein, rief ihn beiseite und redete ihm dort so viele Flausen über den Diebstahl und den Fund seines Beutels vor, indem er ihm immerfort Hoffnungen machte, ohne jemals einen angefangenen Satz zum Schluß zu bringen, daß es dem unglücklichen Kirchendiener ganz wirr im Kopfe wurde und er ihn seine Worte zwei- und dreimal wiederholen ließ, da er ihn nie verstand. Cortado sah ihm aufmerksam ins Gesicht und folgte mit den Augen dem Blick seines Hörers; der aber betrachtete ihn ebenso und hing an seinen Lippen. Die Verwirrung des Küsters half dem Burschen an sein Ziel; sachte zog er ihm das Schnupftuch aus der Tasche, verabschiedete sich und sagte, er möge ihn gegen Abend wieder aufsuchen, denn er habe einen Burschen seines Handwerks und seiner Statur, der ein wenig langfingrig sei, in Verdacht, den Beutel gestohlen zu haben, und er mache sich anheischig, dies über kurz oder lang genau zu erfahren.

Das tröstete den Küster ein wenig, und er ging weiter. Cortado aber kehrte zu Rincón zurück, der aus einiger Entfernung alles mitangesehen hatte. Ein paar Schritte weiterhin stand ein Korbträger, der ebenfalls den ganzen Vorgang beobachtet hatte; als Cortado das Schnupftuch Rincón übergab, trat er zu ihnen und sprach: »Sagt mir doch, meine verehrten Herren, schießen Euer Gnaden ins Schwarze oder nicht?«

»Diese Frage verstehn wir nicht, Herr Kavalier«, antwortete Rincón.

»Wie, ihr ratet das nicht, meine Herren Murcier?« fragte jener.

»Wir sind weder aus Murcia noch aus Galgendorf«, erwiderte Cortado. »Wollt Ihr sonst noch etwas von uns, so sprecht; wo nicht, so geht in Gottes Namen.«

»Ihr versteht mich nicht?« sagte der Bursche. »Nun so will ich es Eurem Verständnis mit einem silbernen Löffel einflößen: Ich meine, ihr Herren, ob Euer Gnaden Spitzbuben sind. Doch eigentlich brauche ich das nicht erst zu fragen, denn ich weiß es schon. Aber sagt mir, warum habt ihr euch nicht in das Zollamt des Herrn Monipodio[1] begeben?«

»Bezahlen die Spitzbuben hierzulande Eingangszoll, Herr Kavalier?« fragte Rincón.

»Zahlen sie den auch nicht?« erwiderte der Junge, »so werden sie doch beim Herrn Monipodio registriert; denn der ist ihr Vater, Meister und Beschützer. Daher rate ich euch, mit mir zu gehn und ihm den Lehnseid zu leisten. Untersteht euch nicht, ohne seine Erlaubnis zu stehlen; das würde euch teuer zu stehn kommen.«

»Ich dachte«, versetzte Cortado, »das Stehlen sei eine freie Kunst, die keine Steuer und Abgabe kenne, und entrichte man jemals eine, so geschehe es in Bausch und Bogen, mit dem Hals und mit dem Buckel. Da es aber einmal so ist und jedes Land seinen eignen Brauch hat, so wollen wir uns in den hiesigen schicken; denn diese Stadt ist die erste der Welt, da wird hier auch die beste Ordnung herrschen, und so mögen uns Euer Gnaden besagtem Kavalier zuführen. Nach dem, was ich eben hörte, vermute ich, daß er das Handwerk aus dem Grunde versteht.«

1 Monipodio bedeutet nach dem Wörterbuch der kgl. Akademie zu Madrid etwa: Heimlicher Verband zu unredlichen Zwecken.

»Versteht?« rief der Bursche: »Ja, er versteht es so gut, daß während der vier Jahre, die er als unser Zunftmeister und Vater seines Amtes gewaltet hat, nur vier mit des Seilers Tochter tanzten, etwa dreißig ausgebürstet wurden und zweiundsechzig aufs Wasserschloß kamen.«

»Wahrhaftig, mein Herr«, entgegnete Rincón, »wir verstehn diese Redensarten so wenig wie das Fliegen.«

»Machen wir uns auf den Weg«, erwiderte der Bursche, »so will ich sie euch unterdes samt etlichen andern erklären, deren Kenntnis euch so nötig ist wie das Brot, das ihr eßt.«

Damit gab er ihnen das Geleit und erläuterte ihnen im Gespräch – da der Weg lang war, war es nicht kurz – noch verschiedene andre Ausdrücke aus dem sogenannten Rotwelsch oder der Gaunersprache. Rincón fragte unterwegs seinen Führer: »Sind Euer Gnaden vielleicht selbst Spitzbube?«

»Ja«, entgegnete er, »Gott und guten Leuten zu Gefallen, obwohl ich noch nicht zu den Geübten gehöre, denn ich stehe noch im Jahre meines Noviziats.«

»Mir«, bemerkte Cortado, »ist es neu, daß es Spitzbuben, ›Gott und guten Leuten zu Gefallen‹ gibt.«

»Mein Herr«, erwiderte der andre, »ich pfusche den Theologen nicht ins Handwerk; ich weiß nur, daß jeder in seinem Berufe Gott gefällig sein kann, zumal Monipodio unter seinen sämtlichen Zöglingen treffliche Zucht hält.«

»Sie muß allerdings gut und heilig sein«, sagte Rincón »wenn sie bewirkt, daß die Spitzbüberei zum Gottesdienste wird.«

»So gut und heilig«, erwiderte der Bursche, »daß ich nicht weiß, ob sich für unsre Kunst eine bessere finden ließe. Er verordnet, daß wir einen Teil von dem, was wir stehlen, zum Lampenöl für ein sehr heiliges Bild in unsrer Stadt hergeben, und wirklich haben wir schon die unglaublichsten Folgen so frommen Handelns erlebt. Erst neulich bekam ein Vierfuß, der zwei Griller geschornt hatte, dreimal die Verlegenheit, und obwohl er schwächlich und von viertägigem Fieber befallen war, hielt er doch aus, ohne zu singen, als wäre es nichts. Wir Eingeweihten konnten das nur seiner Frömmigkeit zuschreiben, denn aus eigner Kraft hätte er nimmermehr auch nur den ersten Pelzschuh überstanden. Da ich schon weiß, daß ihr mich jetzt nach dem Sinn verschiedener Wörter fragen werdet, die ich eben brauchte, so will ich vorbeugen und reden, ehe ich gefragt werde. Euer Gnaden mögen denn wissen: ein Vierfuß ist ein Viehdieb, die Verlegenheit die Folter, ein Griller mit Ehren zu melden ein Esel, Schornen ist Stehlen, Singen auf der Folter bekennen, der erste Pelzschuh ist die erste Drehung der Daumenschraube, wenn der Folterknecht sie anzieht. Übrigens tun wir noch mehr: Wir beten wöchentlich unsre Rosenkränze, viele von uns stehlen am Freitag nicht und geben sich am Sonnabend mit keinem Weib ab, das María heißt.«

»All das scheint mir herrlich«, bemerkte Cortado; »aber sagen mir Euer Gnaden doch, ob es noch andre Heiligenabgaben und Bußübungen gibt, als die eben genannten.«

»Von weitern Abgaben an die Heiligen kann keine Rede sein«, erwiderte der Bursche; »denn da der Raub in viele Teile zerfällt, so wäre das ganz unmöglich. Jeder Helfershelfer und Mitgeselle bekommt seinen Anteil, und so kann der eigentliche Dieb nichts mehr abgeben. Überdies hält uns, da wir nie beichten, niemand zu dieser Pflicht an; und erläßt man auch Exkommunikationsbriefe gegen uns, so gelangen sie doch nie zu unsrer Kunde, weil wir nicht in die Kirche gehn, wenn sie verlesen werden; das tun wir nur an großen Festtagen, wenn uns das Gedränge der Leute Gewinn verspricht.«

»Und einzig dadurch«, fragte Cortado, »wird nach Ansicht dieser Herren ihr Leben heilig und gut?«

»Was wäre denn Schlimmes daran?« versetzte der andre. »Ist es nicht sündlicher, ein Ketzer oder Renegat oder Vater- oder Muttermörder oder Solomiter zu sein?«

»Sodomiter wollen Euer Gnaden sagen«, bemerkte Rincón.

»Ja, so mein ich's«, sagte der Bursche.

»Das alles ist sehr sündlich«, entgegnete Cortado; »da aber unser Schicksal einmal will, daß wir in diese Verbrüderung eintreten, so mögen euer Gnaden den Schritt ein wenig beschleunigen; denn ich möchte den Herrn Monipodio, von dem ich so viel Rühmliches vernehme, gar gern bald zu Gesicht bekommen.«

»Euer Wunsch wird sogleich erfüllt sein«, lautete die Antwort, »denn da sehe ich schon sein Haus. Wollen Euer Gnaden an der Türe warten, ich will erst hinein und sehn, ob er Zeit hat; es ist jetzt eben die Stunde, um die er Audienz zu geben pflegt.«

»In Gottes Namen«, sagte Rincón, und der Bursche ging ein paar Schritte voraus und trat, während die beiden an der Türe harrten, in ein Haus von nicht sehr gutem, ober besser sehr verdächtigem Aussehen ein. Gleich darauf kam er wieder, rief sie und hieß sie auf einem mit Backsteinen gepflasterten Höfchen, das infolge kräftigen Wischens und Fegens aussah, als sei es mit dem feinsten Karmin gestrichen, abermals warten. An der einen Wand dieses Raumes stand eine Bank mit drei Füßen, an einer andern ein halsloser irdener Krug nebst einem Kochtopf, der nicht minder zerbrochen war als der Krug; wieder an einem andern Ort lag eine Matte aus Pfeilkraut, und in der Mitte prangte ein Blumengefäß von der Art, die man in Sevilla Basilientöpfe nennt. Bis der Herr Monipodio herabkam, betrachteten die Knaben aufmerksam das Hausgerät, und da es ziemlich lange dauerte, wagte sich Rincón in eins von zwei kleinen, auf das Höfchen mündenden Zimmern und sah in ihm an vier Nägeln hängend zwei Raufdegen und zwei Korkschilde, ferner eine große Kiste ohne Deckel oder sonstigen Schutz und drei weitere Matten aus Pfeilkraut, die auf dem Boden ausgebreitet lagen. An der dem Eingang gegenüberstehenden Wand klebte

ein schlechter Kupferstich der heiligen Jungfrau, weiter unten hing ein Armkorb, und in die Wand eingelassen war ein weißes Handbecken, woraus Rincón schloß, der Korb werde zur Aufnahme von frommen Gaben und das Becken als Behältnis für Weihwasser dienen; so war es denn auch wirklich.
Inzwischen traten zwei Burschen ins Haus, beide etwa zwanzig Jahre alt und nach Art der Studenten gekleidet; bald darauf kamen zwei Korbknaben und ein Blinder, und alle begannen ohne ein Wort im Hofraum auf und ab zu gehn. Es währte nicht lange, so kamen noch zwei in Fries gekleidete Alte mit Brillen vor den Augen, die ihnen einen ernsten, Ehrfurcht heischenden Ausdruck verliehen. In den Händen hielten sie Rosenkränze, deren Kugeln ein gewaltiges Geräusch machten. Ihnen folgte eine aufgeschürzte alte Frau, trat, ohne zu reden, ins Zimmer, nahm mit großer Andacht von dem Weihwasser, ließ sich vor dem Kupferstich auf die Knie nieder und erhob sich erst wieder, nachdem sie dreimal den Boden geküßt und Arme und Blicke ebensooft zum Himmel erhoben hatte, worauf sie ihre fromme Gabe in den Korb warf und zu den andern in den Hof hinaustrat. Kurz, es hatten sich dort bald gegen vierzehn Personen verschiedener Tracht und verschiedenen Standes versammelt, zu denen sich zuletzt noch zwei kecke, kräftige Burschen mit großen Knebelbärten, breitrandigen Hüten, wallonischen Kragen, farbigen Strümpfen, gewaltigen Kniegurten und überlangen Degen gesellten. Statt des Dolches trugen beide mehrere Pistolen im Gurt, an dem noch ein Schild hing. Als sie eintraten, warfen sie einen Seitenblick auf Rincón und Cortado, gingen, da ihnen die unbekannten Gesichter auffielen, auf sie zu und fragten, ob sie zur Brüderschaft gehörten.

»Ja«, erwiderte Rincón, »und wir sind Euer Gnaden ergebenste Diener.«

Endlich kam der Augenblick, in dem der ebenso ersehnte

wie von der ganzen tugendhaften Gesellschaft gern gesehene Herr Monipodio heraustrat. Er schien fünf- bis sechsundvierzig Jahre alt zu sein und war von hohem Wuchs und schwarzbrauner Gesichtsfarbe; seine Brauen waren zusammengewachsen, sein Bart schwarz und dicht, und seine Augen lagen tief. Er ging in Hemdärmeln, und durch die Busenöffnung zeigte sich ein Wald, so dicht war seine Brust behaart. Ein wollener Mantel reichte ihm bis fast auf die Füße, an denen er niedergetretene Schuhe trug; die Beine bedeckten weite, bis auf die Knöchel herabgehende Hosen aus Leinwand. Der Hut war keck, mit glockenförmigem Kopf und breitem Rand. Über Schulter und Brust hing ein Gehenk, in dem, einem Hirschfänger ähnlich, ein breiter, kurzer Degen stak. Die Hände waren kurz und haarig, die Finger dick, und die Nägel krumm und verwachsen. Die Beine konnte man nicht sehn, die Füße aber schienen außerordentlich breit und hatten an den Zehen gewaltige Schwielen. Kurz, er sah aus wie der wildeste, häßlichste Kerl der Welt. Mit ihm kam der Bursche, der jenen beiden als Führer gedient hatte, nahm sie bei den Händen, stellte sie Monipodio vor und sprach:

»Da sind die beiden wackern Jungen, von denen ich Euer Gnaden sprach, Herr Monipodio; Euer Gnaden mögen sie prüfen, Ihr werdet finden, daß sie der Ehre würdig sind, in unsre Gilde einzutreten!«

»Das werde ich mit Vergnügen tun«, erwiderte Monipodio.

Ich vergaß zu bemerken, daß, als Monipodio eintrat, alle, die auf ihn warteten, eine tiefe Verbeugung machten, mit Ausnahme der beiden Raufbolde, die nur flüchtig an den Hut faßten und sogleich wieder auf der einen Seite des Hofes umherschlenderten, während Monipodio auf der andern die Neulinge nach Handwerk, Heimat und Eltern fragte. Rincón erwiderte:

»Das Handwerk haben wir schon genannt, indem wir zu

Euer Gnaden kamen; die Heimat scheint mir nicht von sonderlichem Belang, und ebensowenig die Eltern, denn es handelt sich hier ja nicht um die Aufnahme in einen Orden, der die Ahnenprobe verlangt.«

Monipodio entgegnete: »Wohl gesprochen, mein Sohn! Es ist immer am sichersten, die erwähnten Dinge zu verschweigen; denn irrt sich das Schicksal im Wege, so ist es immer verdrießlich, wenn unter dem Namenszug des Schreibers oder im Registerbuch steht: ›der und der, Sohn des und des, gebürtig aus dem und dem Orte, wurde an dem und dem Tage gehenkt, ausgepeitscht‹ oder sonst etwas dergleichen. Wenigstens klingt es für kitzliche Ohren schlecht. Daher sage ich nochmals, nur die Urkunde ist vorteilhaft, die die Heimat verschweigt, die Eltern nicht angibt und den Namen verwechselt. Nun darf es zwar unter uns kein Geheimnis geben; doch ich verlange von euch zur Stunde nur euern Namen.«

Den nannten ihm Rincón und Cortado.

»So verlange und will ich denn«, erwiderte Monipodio, »daß Ihr, Rincón, Euch fortan Rinconete und Ihr Cortado, Euch Cortadillo nennt; denn diese Namen passen vortrefflich für euer Alter und unsre Verordnungen. Nach ihnen müssen wir noch den Namen der Eltern unsrer Brüder wissen, da wir alljährlich für die Seelen unsrer verstorbenen Wohltäter einige Messen lesen lassen. Dabei nehmen wir das Stupendum für den, der sie liest, von einem Teil des Geschuppten, und die also gelesenen und bezahlten Messen sollen jenen Seelen als Naufragium[1] zugute kommen. Unter unsre Wohltäter aber rechnen wir den Advokaten, der uns verteidigt, den Polizeidiener, der uns einen Wink gibt, den Büttel, der Mitleid mit uns hat, den Mann, der sich, wenn einer von uns durch die Straße flieht und man hinter ihm her schreit: »Ein Dieb! ein Dieb! packt ihn!« ins Mittel legt und

1 Monipodio meint Suffragium, das Gebet für die Verstorbenen, Seelenmesse.

dem Strom der Verfolger mit den Worten entgegenstemmt: ›Laßt den Unglücklichen doch laufen, der ist übel genug daran; seine Sünde wird ihn strafen!‹ Ferner gehören zu unsern Wohltätern die barmherzigen Schwestern, die uns im Schweiße ihres Angesichts zu Hilfe kommen, sowohl im Gefängnis wie mitten unter den Dienern der Polizei; desgleichen die Väter und Mütter, die uns zur Welt gebracht haben, und der Schreiber, der Einsicht mit uns hat und kein Vergehen als Schuld und keine Schuld als besonders strafwürdig ansieht. Für all diese hier aufgezählten Leute gibt unsre Brüderschaft alljährlich ihr Affensarium mit größter Pumpe und Solizität ab.«

»Ohne Zweifel«, versetzte Rinconete (der diesen Namen jetzt schon führte), »eine Einrichtung, die des hohen und tiefen Verstandes, den wir als eine Eigenschaft von Euer Gnaden rühmen hörten, würdig ist. Allein unsre Eltern erfreuen sich zur Zeit noch des Lebens. Überleben wir sie, so werden wir dieser preiswürdigen und gesegneten Brüderschaft sogleich Nachricht geben, damit für ihre Seelen jenes Naufragium oder Affensarium, das Euer Gnaden erwähnten, mit gewohntem Pomp und aller Solennität oder auch, wie Sie sich ebenso richtig ausdrückten, mit größter Pumpe und Solizität stattfinde.«

»Das soll geschehn, oder es soll kein Stück von mir übrig bleiben«, antwortete Monipodio. Dann rief er den Kleinen, der die beiden hergeführt hatte, und sprach:

»Komm her, Ganchvelo, sind die Posten ausgestellt?«

»Ja«, erwiderte Ganchvelo, denn so hieß ihr Führer; »drei Wachen stehn auf dem Posten, wir haben keinen Überfall zu befürchten.«

»Also zur Sache«, entgegnete Monipodio. »Ich möchte wissen, meine Söhne, was ihr versteht, um euch ein eurer Neigung und Fähigkeit angemessenes Amt und Geschäft übertragen zu können.«

»Ich«, erwiderte Rinconete, »verstehe mich ein wenig auf

Eckenkurzweil und auf Mantelsäcke, kann durch den Rauch sehn, spiele mit einer, mit vier und mit acht Karten, und es gibt keinen Kniff noch Pfiff, den ich nicht anzuwenden wüßte; ich fahre in eine Rocktasche, als wäre es meine Haustür, und ich getraue mir, dem Ausgelerntesten eher einen Ratscher anzuhängen, als ihm zwei Realen zu leihen.«

»Die Anfangsgründe«, bemerkte Monipodio; »es sind aber lauter abgebrauchte, alte Allerweltsblumen, die jeder Anfänger kennt, und sie taugen nur gegen den, der Tropf genug ist, uns am hellen Tage die Gurgel hinzuhalten. Doch wer Gott vertraut, bekommt die Braut, und so hoffe ich, wenn wir auf dieser Grundlage ein halbes Dutzend Lektionen nehmen, werdet Ihr ein famoser Geselle, wenn nicht gar Meister werden.«

»Jedenfalls werde ich stets Euer Gnaden und der Herren Mitbrüder ergebenster Diener sein«, antwortete Rinconete.

»Und Ihr, Cortadillo, was versteht Ihr?« fragte Monipodio.

»Ich«, erwiderte Cortadillo, »verstehe den Pfiff, den man Zwei hinein und Fünf heraus nennt, und ich weiß eine Tasche mit vieler Genauigkeit und Fertigkeit zu visitieren.«

»Versteht Ihr noch mehr?« fragte Monipodio.

»Nein! Es ist zum Erbarmen!« entgegnete Cortadillo.

»Nehmt es Euch nicht zu Herzen, mein Sohn«, versetzte Monipodio. »Ihr seid in einen Hafen und in eine Schwimmschule geraten, in der Ihr nicht ertrinken sollt. Vielmehr werdet Ihr sie verlassen, ausgerüstet mit allem, was Euch von Nutzen sein kann. Wie steht es aber um den Mut, meine Kinder?«

»Wie soll es anders darum stehn als sehr gut!« rief Rinconete. »Wir haben Mut genug für jeden Schritt, der zu unserm Beruf und Gewerbe gehört.«

»Das ist schön!« erwiderte Monipodio; »doch möchte ich, ihr hättet auch den Mut, nötigenfalls ein halbes Dutzend

Verlegenheiten auszuhalten, ohne daß ihr die Lippen verzieht und den Mund auftut.«

»Wir wissen schon«, sprach Cortadillo, »was das Wort Verlegenheit besagen will, Herr Monipodio, und wir haben zu allem Mut, denn wir sind nicht so dumm, um uns darüber im unklaren zu sein, daß die Gurgel zahlt, was die Zunge spricht. Der Himmel erzeigt ja einem unerschrockenen Kerl, um ihm keinen andern Titel zu geben, schon dadurch Gnade genug, daß er Leben und Tod in die Gewalt seiner Zunge gibt, da doch ein Nein nicht schwerer auszusprechen ist als ein Ja.«

»Genug, mehr brauche ich nicht!« rief Monipodio. »Diese Rede allein überzeugt, verpflichtet, zwingt und nötigt mich, Euch auf der Stelle als Gesellen zuzulassen und des Lehrlingsjahrs zu überheben.«

»Auch ich bin dieser Ansicht«, sagte einer der Raufer, und einhellig stimmten ihm sämtliche Anwesenden bei, die dem Gespräche aufmerksam zugehört hatten; sie baten Monipodio, die beiden sogleich an den Vorrechten der Brüderschaft teilnehmen zu lassen, da ihr einnehmendes Wesen und ihre wackere Sprache es vollauf verdienten. Er erwiderte, er genehmige, um allen gefällig zu sein, ihr Gesuch auf der Stelle, und er ermahnte die Burschen, diese Gunst als etwas ganz Besonderes zu betrachten, da sie so der Verpflichtung überhoben seien, die Hälfte des ersten Diebstahls als Eintrittsgeld abzugeben und während des ersten Jahres niedrige Dienste zu leisten, wie zum Beispiel von einem ältern Bruder im Gefängnis oder im Hause Abgaben einzutreiben; sie hätten das Vorrecht, den Wein unverdünnt zu trinken, sich wann, wie und wo sie wollten, gütlich zu tun, ohne ihren Vorgesetzten um Erlaubnis zu bitten, auf der Stelle gleichen Anteil mit den ältern Brüdern an den Einkünften zu fordern und noch andres mehr. All das erkannten sie als die rühmlichste Gnadenbezeigung an, und in den höflichsten Worten sprachen sie ihren innigen Dank aus.

In diesem Augenblick stürzte im vollen Lauf und außer Atem ein Knabe herein und rief: »Der Landstreichervogt kommt aufs Haus zu, er hat aber keine Beller bei sich.«

»Seid unbesorgt«, versetzte Monipodio, »er ist doch unser Freund, und wenn er kommt, so ist es nie zu unserm Schaden. Bleibt hier ruhig beisammen, ich will hinaus und mit ihm sprechen.«

Alles beruhigte sich, obwohl man anfangs etwas erschrokken war. Monipodio ging hinaus, traf den Vogt, blieb eine Weile im Gespräch bei ihm stehn, trat dann wieder ein und fragte: »Auf wen fiel heute der Sankt Salvatorsplatz?«

»Auf mich!« rief der Bursche, der die beiden Kameraden hergebracht hatte.

»Nun«, fuhr Monipodio fort, »warum ist denn ein gelbes Beutelchen mit fünfzehn Goldtalern, drei Doppelrealen und ich weiß nicht wieviel Quartos noch nicht abgeliefert worden, das heute früh auf diesem Platz geschornt worden ist?«

»Ja«, entgegnete der Junge, »der Beutel ist heute abhanden gekommen, aber ich habe ihn nicht genommen und kann mir nicht denken, wer es getan haben soll.«

»Keine Gaunereien!« rief Monipodio. »Der Beutel muß her, denn der Vogt verlangt ihn; er ist unser Freund und erweist uns tausend Gefälligkeiten in einem Jahr!«

Der Bursche schwor, er wisse nichts; aber Monipodio geriet in solchen Zorn, daß seine Augen Funken zu sprühn schienen. »Niemand«, rief er, »treibe Possen mit dem geringsten unsrer Gesetze, oder es soll ihn das Leben kosten. Der Beutel muß her, und wenn ihn jemand unterschlägt, um die Gebühren zu sparen, so will ich ihm seinen Anteil unverkürzt geben und das übrige aus Eignem dazutun; denn der Vogt muß durchaus befriedigt werden.«

Der Bursche beteuerte nochmals, er habe den Beutel mit keinem Finger berührt und mit keinem Auge gesehn; all das aber reizte Monipodios Zorn nur noch mehr, und die ganze Gesellschaft wurde unruhig, weil ihre Gesetze und Anordnungen also gebrochen wurden. Als nun Rinconete all diesen Hader und Aufruhr sah, schien es ihm das beste, wenn er wieder Ruhe schaffte und den Meister, der vor Wut bersten wollte, zufriedenstellte. Er beratschlagte sich daher mit Freund Cortadillo, zog nach gemeinsamem Gutbefinden den Beutel des Küsters heraus und rief:

»Der ganze Streit ist nichtig, meine Herren, hier ist der Beutel, und von der Summe, die der Vogt nennt, fehlt kein Quarto; mein Kamerad Cortadillo ist heute dem Börslein auf die Spur gekommen und auch einem Schnupftuch, das er nachher demselben Herrn noch als Zugabe abnahm.«

Rasch zog Cortadillo das Tuch und zeigte es vor. Als Monipodio das sah, rief er:

»Cortadillo, der Wackere (denn diesen Titel und Beinamen soll er von nun an führen), mag das Tuch behalten, und ich nehme es auf mich, ihn für diese ausgezeichnete Tat zu belohnen; den Beutel aber muß der Vogt bekommen, denn er gehört einem seiner Verwandten, einem Küster, und wir müssen uns nach dem Sprichwort richten: Wirf mit der Wurst nach dem Schinken! Der gute Vogt übersieht für uns an einem Tage mehr, als wir ihm in hundert Tagen vergelten können.«

Alle priesen einstimmig die Ritterlichkeit der beiden Novizen und Spruch und Urteil des Meisters, der hinausging, um dem Vogt den Beutel einzuhändigen; Cortadillo aber behielt den Beinamen ›der Wackere‹, wie ehedem Don Alonso Pérez de Guzmán, der das Messer über die Mauern von Tarifa warf, mit dem man seinem einzigen Sohne den Kopf abschneiden sollte.

Als Monipodio wieder eintrat, begleiteten ihn zwei Mädchen mit geschminkten Gesichtern, stark bemalten Lippen und Bleiweiß auf den Brüsten. Sie trugen Halbmäntel aus Sersche und waren die Frechheit und Unverschämtheit selbst. Rinconete und Cortadillo erkannten, sowie sie sie sahen, an diesen Zeichen, welches Gewerbe sie trieben; und wirklich irrten sich die beiden Novizen keineswegs. Sowie sie eintraten, flog die eine mit offenen Armen auf Chiquiznaqve, die andre auf Maniferro zu; denn so hießen die beiden Raufer, und zwar Maniferro, weil er statt der wirklichen, die ihm von Gerichts wegen abgehauen worden war, eine Hand aus Eisen hatte. Beide umarmten die Mädchen in großer Freude und fragten sie, ob sie etwas mitgebracht hätten, um den Hauptkanal anzufeuchten.

»Wie könnte es daran fehlen, mein Schatz?« antwortete die eine, namens Gananciosa. »Dein Scharwenzel, Silbatillo, wird auf der Stelle einen Waschkorb bringen, der mit allem angefüllt ist, was uns Gott verliehen hat.«

So verhielt es sich denn wirklich, denn im nächsten Augenblick trat ein Bursche mit einem Waschkorb ein, den ein Bettuch bedeckte. Alle freuten sich über Silbatillos Erscheinen, und unverzüglich befahl Monipodio, eine der Binsenmatten aus dem Zimmer zu holen und sie mitten im Hofe auszubreiten. Dann hieß er alle im Kreis herum Platz nehmen, um den eben verrauchten Zorn abzukühlen und von dem zu sprechen, was an der Zeit sei. Dagegen bemerkte die Alte, die zu dem Bilde gebetet hatte:

»Sohn Monipodio, ich für meine Person tauge nicht für ein Fest; denn ich habe seit zwei Tagen einen Schwindel im Kopf, der mich fast der Besinnung beraubt. Überdies bin ich willens, noch heute vormittag meine Andacht abzuhalten und vor unsrer Frau zum Wasser und Sankt Augustins Kruzifix meine Lichtlein aufzustecken, was ich nicht unterlassen würde, wenn es auch schneite und stürmte. Ich kam nur hierher, weil mir gestern abend Renegado, und Centopiés einen noch größern Waschkorb, als dieser da, voll Wäsche ins Haus brachten, und bei Gott und meiner Seele, es war noch die Lauge und alles dran, denn die armen Kerle hatten wohl keine Zeit gefunden, sie auszudrücken. Der dikke Schweiß stand ihnen auf der Stirn; es war ein Anblick zum Erbarmen, als sie keuchend hereintraten und aussahen wie die heiligen Engel, während ihnen das Wasser von den Gesichtern lief. Sie sagten mir, sie seien hinter einem Viehhändler her, der einige Stück Hämmel im Schlachthaus gewogen habe, und sie wollten sehn, ob sie nicht einen Griff in seine große Geldkatze tun könnten. Die Wäsche ließen sie ungezählt im Korbe, da sie meiner Rechtlichkeit vertrauten, und so wahr Gott meine guten Wünsche erfüllen und uns alle aus der Gewalt der Obrigkeit befreien möge, ich habe den Korb nicht angerührt, er steht noch ganz so da, wie er auf die Welt kam.«

»Wir glauben Euch alles, Frau Mutter«, erwiderte Monipodio; »der Korb mag einstweilen bei Euch stehn bleiben. Mit Einbruch der Nacht komme ich, ihn Stück für Stück zu visitieren und jedem seinen Anteil zuzuweisen, treu und redlich, wie es meine Art ist.«

»Wie Ihr befehlt, mein Sohn«, erwiderte die Alte; »aber es wird spät, gebt mir also ein Schlückchen, wenn Ihr eins habt, damit ich mir meinen Magen stärke, der immer elender wird.«

»Wollt Ihr von diesem da, Mutter?« fragte Escalanta, denn so hieß die Gefährtin von der Gananciosa. Damit deckte sie den Korb auf und zeigte einen ledernen Schlauch von etwa zwei Arroben Wein[1] und einen Korkbecher, der ohne Schwierigkeit einen Azumbre[2] halten mochte. Escalanta füllte ihn und reichte ihn der frommen Alten, die ihn in beide Hände nahm, ein wenig Schaum abblies und ausrief:

»Du schenkst tüchtig ein, Escalanta, aber Gott wird zu allem Kraft geben.«

Damit setzte sie den Becher an die Lippen, goß in einem Zug und ohne Atem zu holen alles in den Magen und bemerkte zum Schluß:

1 Die Arroba enthält 16 Liter 12 Centiliter französischen Maßes und wiegt 34 Pfund.

2 Der Azumbre ist ein Flüssigkeitsmaß von etwa drei bis vier Pfund Gewicht. Acht Azumbres gehn auf eine Arroba.

»Das Herrchen ist aus Guadalcanal und schmeckt leicht nach Kalk. Gott tröste dich, Tochter, wie du mich getröstet hast. Ich fürchte aber doch, er könnte mir übel bekommen, da ich noch nicht gefrühstückt habe.«

»Das wird er nicht, Mutter«, sagte Monipodio; »er hat seine Jahre.«

»So hoff ich zur Heiligen Jungfrau«, entgegnete die Alte und fügte hinzu: »Seht doch zu, Kinder, ob eine von euch einen Quarto hat, damit ich die Lichtlein für meine Andacht kaufen kann; denn als ich herlief, um die Nachricht von dem Korb zu melden, habe ich in der Eile und Geschwindigkeit die Geldtasche zu Hause gelassen.«

»Ja, ich habe einen, Frau Pipota« (so hieß die gute Alte), erwiderte Gananciosa; »da habt Ihr zwei Quartos: seid so gut und kauft für den einen ein Licht auch für mich und steckt es dem heiligen Michael auf. Bekommt Ihr zwei, so gebt das andre dem heiligen Blasius, denn beide sind meine Patrone. Es wäre mir lieb, wenn Ihr auch der heiligen Lucia noch eins aufstecken könntet (denn um der Augen willen bete ich zu ihr), aber ich habe kein kleines Geld mehr. Ein andermal will ich schon mit allen dreien fertig werden.«

»Daran tust du sehr gut, Tochter, sei ja nicht geizig; denn es kommt viel darauf an, daß man die Lichter selbst aufsteckt, ehe man stirbt, und nicht wartet, bis es die Erben oder Testamentsvollstrecker tun.«

»Mutter Pipota hat recht«, sagte die Escalanta, griff in den Beutel, gab ihr noch einen Quarto und bat sie, den Heiligen, die ihr als die nützlichsten und dankbarsten erschienen, zwei weitere Lichter aufzustecken. Dann ging Frau Pipota, indem sie bemerkte:

»Freut euch, Kinder, daß ihr noch Zeit habt; denn das Alter wird kommen, und ihr werdet, wie ich, Stunden, die ihr in der Jugend verlort, zu beweinen haben. Empfehlt mich Gott in euern Gebeten, denn das will auch ich jetzt für mich und für euch tun, damit er uns in unserm gefährlichen

Lebenswandel vor den Überfällen der Polizei beschütze und bewahre.« So zog sie davon.

Als die Alte fort war, setzten sich alle rund um die Matte, und die Gananciosa breitete das Bettuch als Tischdecke aus. Das erste, was sie aus dem Korb hervorzog, waren ein großes Büschel Rettiche, zwei Dutzend Pomeranzen und Zitronen und eine große Schüssel voll Schnitten gebackenen Kabeljaus. Dann brachte sie einen halben holländischen Käse und einen Topf voll köstlicher Oliven zum Vorschein; hierauf eine Platte mit Seekrebsen und eine große Menge Krabben mit der dursterregenden Zugabe der in Pfeffer getauchten Kapern sowie drei schneeweiße Brote von Gandul. Der Teilnehmer an der Mahlzeit mochten etwa vierzehn sein, und niemand zögerte, sein Messer mit gelbem Heft zu ziehn, nur Rinconete zog seinen Halbdegen. Den beiden Alten mit den Wollröcken und Brillen fiel das Schenkenamt mit dem Korkbecher zu. Kaum aber hatte man den ersten Angriff auf die Pomeranzen getan, als wiederholte Schläge gegen die Tür alles in großen Schrecken setzten. Monipodio hieß sie ruhig sein, trat in das Zimmer, nahm einen Schild vom Nagel, zog den Degen und trat zum Hoftor, indem er mit rauher, furchtbarer Stimme fragte: »Wer da?«

Draußen antwortete es: »Ich bin's; es ist nichts weiter, Herr Monipodio. Ich bin der Tagarete, der heute die Vormittagswache hat, und ich komme nur, um zu melden, daß die Juliana gleich hinter mir drein folgt, ganz zerzaust und verweint; ihr muß ein Unglück zugestoßen sein.«

Da kam die Genannte schon selber schluchzend herbei. Sowie Monipodio sie hörte, öffnete er das Tor und ließ Tagarete auf seinen Posten zurückkehren, indem er ihn anwies, künftig seine Meldungen unter weniger Lärm und Geräusch zu machen, was er versprach. Juliana trat ein. Sie war ein Mädchen gleichen Schlages und Gewerbes wie die andern. Die Haare hingen ihr herab, ihr Gesicht war voller Beulen, und sowie sie auf den Hof trat, fiel sie ohnmächtig zu Boden.

Die Gananciosa und die Escalanta eilten ihr zu Hilfe und entblößten ihr die Brust, die ganz blau und wie gequetscht aussah. Sie spritzten ihr Wasser ins Gesicht, bis sie wieder zu sich kam und laut ausrief:

»Gottes und des Königs Gericht komme über diesen spitzbübischen Schurken, diesen feigen Hundsfott, diesen niederträchtigen Lausekerl, den ich öfter vom Galgen befreit habe, als er Haare im Bart hat. Ich Unglückselige! Seht, ich habe meine Jugend und die Blüte meiner Jahre für einen gewissenlosen, schändlichen, unverbesserlichen Bösewicht verloren und hingegeben.«

»Sei ruhig, Cariharta«, bemerkte Monipodio, »ich bin auch noch da, und ich werde dir Gerechtigkeit verschaffen. Erzähle uns dein Leid; doch du wirst mehr Zeit dazu brauchen als ich, um dich zu rächen. Sag mir nur, ob du etwas mit deinem Schatz gehabt hast; denn wenn es so ist und du Rache verlangst, so brauchst du nur den Mund aufzutun.«

»Was für einen Schatz!« rief Juliana. »Eher soll künftig der Teufel in der Hölle mein Schatz sein als dieser Löwe unter Schafen, dieses Lamm unter Männern. Mit dem sollt ich wieder von einem Stück Brot essen oder unter einer Dekke liegen? Eher sollen mir die Wölfe das Fleisch von den Knochen fressen, das er zugerichtet hat, wie ihr gleich sehn sollt.«

Und damit hob sie den Rock bis an die Knie und wohl noch ein wenig höher und zeigte ihre Beine voller Beulen.

»So«, fuhr sie fort, »hat mich dieser undankbare Repolido zugerichtet, obgleich er mir mehr Dank schuldig ist als der Mutter, die ihn geboren hat. Und warum, glaubt ihr wohl, hat er's getan? Weil ich ihm etwa Ursache dazu gegeben hätte? Nein, wahrhaftig, er tat es nur, weil er spielte und verlor, und weil ich ihm, als er von mir durch seinen Scharwenzel, den Cabrillas, dreißig Realen fordern ließ, nicht mehr als vierundzwanzig schickte, die ich mit so viel Mühe und Arbeit verdient hatte, daß der Himmel sie mir auf meine Sünden anrechnen möge! Zum Lohn nun für diese Höflichkeit und Liebestat (im Glauben, ich hätte einen Teil von dem, was ich seiner Meinung nach haben sollte, unterschlagen) führte er mich heute morgen auf das Feld hinter dem Königlichen Garten, hob mir dort unter ein paar Olivenbäumen das Kleid auf und versetzte mir mit seinem Gürtel, ohne auch nur die Eisenhaken loszumachen (käme ihm doch alles Eisen und Schießzeug auf den Leib!), so viele Hiebe, daß er mich für tot liegen ließ. Für die Wahrheit dieses Berichts sind die Beulen, die ihr da seht, die besten Zeugen.«

Damit begann sie von neuem zu schreien, forderte abermals Gerechtigkeit, und Monipodio und sämtliche übrigen anwesenden Raufer sagten sie ihr von neuem zu. Die Gananciosa aber nahm sie tröstend bei der Hand und versicherte ihr, sie würde eines ihrer besten Schmuckstücke darum geben, wenn ihr mit ihrem Liebsten das gleiche begegnet wäre. »Denn«, sprach sie, »du mußt wissen, Schwester Cariharta, wenn du es noch nicht weißt, daß man das züchtigt, was man lieb hat; und wenn uns diese Schurken schlagen, bleuen und Fußtritte geben, so beten sie uns nachher an. Oder kannst du eins leugnen? Hat dich der Repolido, seit er dich abdrosch, nicht schon einmal wieder geliebkost?«

»Einmal?« rief die Weinende; »hunderttausendmal, und er hätte Finger von der Hand darum gegeben, wenn ich mit ihm in seine Schenke gegangen wäre. Ja, ich glaube, ihm traten fast die Tränen in die Augen, als er mich durchgegerbt hatte.«

»Kein Zweifel«, versetzte die Gananciosa; »sicher hat er vor Kummer geweint, als er sah, wie er dich zugerichtet hatte. Denn so sind die Männer in solchen Dingen: Kaum ist die Schuld begangen, so kommt die Reue, und du sollst sehn, Schwester, noch ehe wir gehn, ist er hier, um dich zu suchen, dich für alles um Verzeihung zu bitten und sich dir hinzugeben wie ein Lamm.«

»Wahrhaftig«, erwiderte Monipodio, »der feige Schurke

soll mir nicht zu dieser Tür herein, wenn er nicht zuvor öffentliche Buße für den begangenen Frevel getan hat. Wie! Er soll sich erkühnen, Hand ans Gesicht und Fleisch der Cariharta zu legen, die es in Sauberkeit und Einträglichkeit selbst mit der Gananciosa aufnehmen kann; das Höchste, was sich wohl zu ihrem Lobe sagen läßt!«

»Ach!« entgegnete Juliana, »Euer Gnaden, Herr Monipodio sprecht nicht so schlimm von dem Kerl; denn so schlimm er auch ist, ich hab ihn doch lieber als die Haut meines Herzens, was mir meine Kameradin Gananciosa eben zu seinen Gunsten sagte, hat mir die Seele im Leib umgekehrt, und wahrhaftig, ich will gleich fort und ihn aufsuchen.«

»Wenn ich dir einen guten Rat geben soll«, antwortete die Gananciosa, »so laß das, denn dann würde er sich breit machen und brüsten und auf dir herumtreten wie auf einem toten Aas. Sei ruhig, Schwester, denn es wird nicht lange dauern, so wirst du ihn, wie ich dir sagte, reuig ankommen sehn; und sollte er nicht kommen, so schreiben wir ihm einen Brief in Versen, der ihm bitter schmecken soll.«

»Gut«, sagte die Cariharta, »ich habe ihm ja ohnehin tausend Dinge zu schreiben.«

»Ich will den Sekretär spielen, wenn's not tut«, bemerkte Monipodio. »Und bin ich auch kein Poet, so kann ein Mensch doch, wenn er sich nur tüchtig ins Zeug wirft, Mut genug haben, um zweitausend Verse zu machen, wie man eine Hand umkehrt; sollten sie mir nicht recht heraussprudeln wollen, so habe ich einen Barbier zum Freunde, einen großen Dichter, der uns jeden Augenblick zu Gebote steht. Also laßt uns jetzt unsre Mahlzeit beenden; alles andre wird sich nachher finden.«

Juliana gehorchte dem Meister mit Vergnügen, alle kehrten zu ihrem Schmause zurück, und in kurzer Zeit sah man den Grund des Korbes und die Hefe des Schlauches. Die Alten tranken sine fine, die Jungen meisterhaft, und die

Damen nicht minder. Endlich baten die Alten um die Erlaubnis, sich zu entfernen, und Monipodio erteilte sie, indem er ihnen auftrug, pünktlich von allem Nachricht zu geben, was für die Gemeinde nützlich und ersprießlich werden könnte. Sie erwiderten, sie wollten dafür Sorge tragen, und gingen.

Rinconete, der von Natur neugierig war, nahm sich jetzt die Freiheit und fragte Monipodio, wozu zwei so graue, ernste und ehrwürdig aussehende Leute in der Brüderschaft hülfen. Monipodio erwiderte, sie hießen in ihrer Sprache Schnüffler und dienten dazu, tagsüber in der ganzen Stadt umherzugehn und teils auszuschnüffeln, in welchem Hause man nachts einbrechen könne, teils denen nachzufolgen, die Geld aus der Börse oder dem Münzhause wegtrügen, um zu sehn, wohin sie es brächten oder wo sie es niederlegten. Wüßten sie dies, so untersuchten sie die Stärke der Mauer eines solchen Gebäudes und bezeichneten den Ort, wo man die Hühnerleiter (die Steigelöcher) am passendsten anbringe, um den Einbruch zu erleichtern. Kurz, er sagte, es seien die nützlichsten Leute, die er in der Brüderschaft habe, oder mindestens seien sie ebenso nützlich wie irgendein andrer, und sie bezögen das Fünftel von allem, was mit Hilfe ihrer Betriebsamkeit gestohlen werde, genausoviel wie Seine Majestät von gefundenen Schätzen. Dabei seien sie sehr wahrhafte und sehr angesehene Männer, von gutem Ruf und Leben, die Gott und ihr Gewissen fürchteten und täglich mit der höchsten Andacht die Messe hörten. »Einige von ihnen«, fuhr er fort, »und besonders die, die eben gingen, sind so bescheiden, daß sie sich mit weit weniger begnügen würden als dem, was ihnen nach unsrer Sporteltaxe zufällt. Zwei andre sind Lastträger, die, da sie fortwährend in andre Häuser kommen, in der ganzen Stadt die Ein- und Ausgänge kennen und wissen, wo sich etwas machen läßt und wo nicht.«

»Wahrhaftig, lauter Gold und Perlen!« rief Rinconete;

»könnte ich doch einer so herrlichen Brüderschaft ebenfalls von einigem Nutzen sein!«

»Gott ist guten Wünschen immer gnädig«, erwiderte Monipodio.

Bei diesen Worten wurde abermals an die Tür gepocht. Monipodio sprang auf, um zu sehn, wer es wäre, und erhielt auf seine Frage die Antwort: »Macht auf, Euer Gnaden, Herr Monipodio, es ist der Repolido!«

Als die Cariharta seine Stimme hörte, erhob sie ihre zum Himmel und rief: »Macht nicht auf, Euer Gnaden, Herr Monipodio; macht diesem tarpejischen Seebär, diesem okanischen Tiger nicht auf!«

Monipodio ließ sich jedoch nicht abhalten, dem Repolido zu öffnen. Als die Cariharta das sah, sprang sie auf, lief eilends in das Stübchen, in dem die Schilde hingen, schloß die Tür hinter sich zu und schrie mit lauter Stimme:

»Schafft mir dies Paviansgesicht vom Halse, diesen Henker der Unschuld, diesen Schrecken zahmer Tauben!«

Maniferro und Chiquiznaque hielten den Repolido, der um jeden Preis zu der Cariharta hinein wollte, und da sie ihn durchaus nicht losließen, rief er von außen: »Laß es gut sein, mein Zörnchen; sei ums Himmelswillen ruhig, wenn du noch heiraten willst!«

»Heiraten, Schurke!« erwiderte Cariharta; »seht einmal, aus welchem Loch er jetzt pfeift! Das möchtest du wohl, daß ich dich heirate; ich aber will lieber des Doktors Gliedermann heiraten als dich!«

»Närrin!« entgegnete Repolido, »machen wir hier ein Ende, denn es ist spät, und mache dich nicht zu breit, weil ich hier so sanft rede und mich so nachgiebig zeige; denn so wahr Gott lebt, wenn mir der Koller noch einmal unter den Hut steigt, so kommst du vom Regen in die Traufe! Demütige dich, und wir wollen uns alle demütigen, damit wir dem Teufel keine Suppe kochen.«

»Ich wollt ihm das Vesperbrot noch dazu geben«, schrie

die Cariharta, »wenn er dich dahin führte, wo meine Augen dich nie wieder zu sehn bekämen!«

»Sagt ich's nicht?« entgegnete Repolido. »Bei Gott, ich rieche es schon, Jungfer Strohsack, daß ich den Teufel werde überschreien müssen, obwohl es ihm nicht an Lunge fehlt.«

»In meiner Gegenwart«, fiel Monipodio ein, »darf nichts Unziemliches vorfallen. Die Cariharta wird herauskommen, nicht dieser Drohungen wegen, sondern mir zuliebe, und alles wird gut werden; denn ein Zwist zwischen Leuten, die sich lieben, bringt nur noch größere Liebe hervor, wenn Friede geschlossen wird. Heda, Juliana, meine Kleine, mein Pausbäckchen, tu es mir zu Gefallen und komme ein wenig heraus! Ich will schon dafür sorgen, daß der Repolido dich auf den Knien um Verzeihung bittet.«

»Tut er das« bemerkte die Escalanta, »so wollen wir alle für ihn sein und Juliana bitten, daß sie herauskommt.«

»Wenn diese Unterwerfung auf Spott gegen meine Person abzielen soll«, rief Repolido, »so werde ich mich einer Armee Schweizer in Reih und Glied nicht unterwerfen. Wenn sie aber darauf abzielt, der Cariharta einen Gefallen zu tun, so will ich nicht nur die Knie beugen, sondern mir auch einen Nagel in den Kopf schlagen.«

Chiquiznaque und Maniferro lachten, worüber Repolido, der sich verspottet glaubte, so böse wurde, daß er unter den Zeichen unendlichen Zornes ausrief:

»Wer über das lacht oder zu lachen Lust hat, was die Cariharta gegen mich, oder ich gegen sie gesagt habe, oder was wir noch sagen werden, der lügt, sooft er lacht oder zu lachen gedenkt, wie ich schon sagte.«

Chiquiznaque und Maniferro warfen einander so finstere Blicke zu, daß Monipodio sah, es werde sehr übel ablaufen, wenn er nicht hindernd eintrat; er sprang daher unverweilt zwischen sie und sprach:

»Nicht weiter, Kavaliere! All diese Redensarten mögen

hiermit aufhören und zwischen den Zähnen ersticken. Und da die bisher gesprochenen noch niemandem über die Leber gefahren sind, so soll sie auch keiner so aufnehmen.«

»Wir wissen gar wohl«, erwiderte Chiquiznaque, »daß jene Ermahnungen nicht uns galten noch je gelten können; denn wäre es denkbar, daß es doch so wäre, dann hätten wir eine Trommel zur Hand, auf der wir zu pauken verstünden.«

»Auch ich habe meinen Besen, Herr Chiquiznaque«, versetzte Repolido, »und einen Ausklopfer dazu, wenn er nötig sein sollte, und ich sagte schon, wer sich lustig macht, der lügt, und wenn er andrer Meinung ist, so komme er nur mit; denn ein Mann kann auch mit einem Degen, der um einen Zoll kürzer ist als der seines Gegners, dafür sorgen, daß gesagt bleibt, was er gesagt hat.« Mit diesen Worten wollte er zum Tor hinaus. Die Cariharta aber hatte zugehört, und als sie ihn jetzt ergrimmt weggehn sah, sprang sie hervor und rief: »Haltet ihn, laßt ihn nicht fort, sonst macht er wieder einen von seinen Streichen! Seht ihr nicht, daß er im Gift weglaufen will, und dann ist er ein wahrer Judas Makaböhmer, so schlägt er um sich! Kehre um, mein Weltenfresser, Augapfel!« Damit packte sie ihn fest am Mantel, und auch Monipodio lief hinzu und half ihn halten.

Chiquiznaque und Maniferro wußten nicht, ob sie böse werden sollten oder nicht, und beide warteten ab, was Knollkopf beginnen würde. Als der nun sah, wie angelegentlich Cariharta und Monipodio sich bemühten, kehrte er um und sprach: »Freunde sollten Freunde niemals erzürnen noch sich über Freunde lustig machen, besonders wenn sie sehn, daß die Freunde sich darüber erzürnen.«

»Hier ist kein Freund«, entgegnete Maniferro, »der einen Freund erzürnen oder verspotten will, und da wir insgesamt Freunde sind, so wollen wir uns als Freunde die Hände geben.«

Monipodio bemerkte: »Euer Gnaden haben insgesamt

wie wahre Freunde gesprochen, und als solche Freunde gebt euch die Freundeshände.«

Sie gaben sie sich unverzüglich, und die Escalanta zog einen Holzschuh aus, den sie wie eine Schellentrommel zu handhaben begann. Die Gananciosa faßte einen neuen Handbesen, der zufällig dastand, und brachte, indem sie damit hin und her kratzte, einen Ton hervor, der, wenn auch rauh und scharf, doch mit dem des Holzschuhs in Einklang stand. Monipodio brach einen Teller in zwei Scherben, die er zwischen die Finger nahm und mit großer Beweglichkeit gegeneinander schlug, so daß er den Kontrapunkt zum Besen und zum Holzschuh bildete. Rinconete und Cortadillo wunderten sich über diesen neuen Gebrauch des Besens, denn bis jetzt hatten sie so etwas noch nie gesehn. Maniferro bemerkte es und fragte:

»Wundert ihr euch über den Besen? Da habt ihr recht; denn eine Musik, die schneller zur Hand und wohlfeiler wäre und weniger Schwierigkeit machte, ist in der Welt noch nicht erfunden worden. Und wahrhaftig, neulich hörte ich einen Studenten sagen, weder der Negrofeo, der die Arauz aus der Hölle geholt, noch der Marión, der auf dem Delphin ritt und aus dem Meer hervorgaloppierte wie ein Kavalier auf einem Mietesel, noch der andre große Musikant, der eine Stadt mit hundert Toren und ebenso vielen Torpförtchen baute, hätten je eine bessere Musik erfunden, die so leicht zu begreifen, so bequem zu handhaben, so ohne Griffe, Wirbel und Saiten zu spielen wäre, und bei der so wenig gestimmt zu werden brauchte. Auf mein Wort, man sagt, die Erfindung habe ein Galan aus hiesiger Stadt gemacht, der sich etwas darauf zugute tat, in der Musik ein Hektor zu sein.«

»Das glaube ich gern!« erwiderte Rinconete; »aber hören wir, was unsre Musikanten singen wollen; denn ich glaube, Jungfer Gananciosa hat ausgespuckt, ein Zeichen, daß sie etwas vortragen möchte.«

So verhielt es sich auch wirklich, denn Monipodio hatte gebeten, ein paar der üblichen Seguidillas zu singen. Die Escalanta machte den Anfang und sang mit hoher, tremulierender Stimme:

»In Sevilla, ein Rotkopf in Landsknechtstracht:
Der hat mir das Herz im Leibe entfacht.«

Die Gananciosa folgte nach mit den Worten:

»Ein schwarzbrauner Junge mit frischem Gesicht:
Welche Jungfer mit warmem Blut liebte den nicht?«

Monipodio fiel ein, indem er seine Scherben mit großer Handfertigkeit rührte:

»Zwei Herzliebste streiten, der Friede kommt:
Zu größerer Lust der Ärger nur frommt.«

Wirklich ließ die Cariharta ihre Freude nicht still vorübergehn. Sie zog gleichfalls den einen Schuh aus, begann zu tanzen und begleitete die übrigen mit dem Vers:

»Halt inne im Zorn und im grimmigen Pochen!
Bedenke, du schlägst nur die eigenen Knochen.«

»Ohne Anspielung sei's gesungen!« fiel Repolido ein, »und nichts von alten Geschichten, denn dazu ist keine Veranlassung. Das Vergangene sei vergangen. Jetzt auf einen neuen Weg, und damit basta!«

Nach all dem schien es, als werde man den einmal begonnenen Gesang nicht so bald abbrechen, hätte man nicht plötzlich an die Tür pochen hören. Monipodio sprang auf, um zu sehn, wer es sei, und die Schildwache meldete, am Ende der Straße zeige sich der Alkalde, und die beiden neutralen Häscher Tordillo und Cernícalo schritten vor ihm her. Als die drinnen das hörten, erschraken sie so, daß die Cariharta und die Escalanta ihre Holzschuhe verkehrt anzogen, Ganançiosa den Besen, Monipodio die Scherben fallen ließ und die ganze Musik furchtsam verstummte. Chiquiznaque schwieg, Repolido sperrte den Mund auf, Maniferro war verwirrt, und alle verschwanden, der eine hierhin, der andre dorthin, indem sie ihren Rückzug über die Söller und Dächer hinweg nahmen, um von da in eine andre Straße zu gelangen. Nie erschreckte eine unvermutet abgeschossene Muskete oder ein plötzlicher Donnerschlag eine Schar sorgloser Tauben so sehr, wie die Nachricht vom Nahen des Alkalden diese ganze auserlesene Gesellschaft wackerer Leute in Furcht und Angst versetzte. Die beiden Novizen Rinconete und Cortadillo wußten nicht, was sie tun sollten, und blieben ruhig da, um abzuwarten, wie dieser unversehene Sturm ausgehen werde. Doch schließlich wurde nichts daraus, denn die Schildwache kam abermals und meldete, der Polizeimeister sei ohne Aufenthalt vorübergegangen und habe nicht das geringste Zeichen eines Verdachts gegeben.

Als eben Monipodio dieser Bericht erstattet wurde, trat in nachlässiger Hauskleidung ein junger Herr ans Tor. Monipodio hieß ihn eintreten und befahl, Chiquiznaque, Maniferro und Repolido zu rufen; von den übrigen aber solle niemand herabkommen. Da Rinconete und Cortadillo im Hof geblieben waren, konnten sie das ganze Gespräch zwischen Monipodio und dem eben gekommenen Herrn mitanhören, der jenen mit der Frage ansprach, warum er seinen Auftrag so schlecht vollzogen habe.

Monipodio erwiderte, er wisse noch nicht, was geschehen sei, der Beamte jedoch, dem seine Sache übertragen worden, sei hier und werde vollkommene Rechenschaft ablegen können. Da trat auch schon Chiquiznaque herein, und Monipodio fragte ihn, ob er den ihm übertragenen Messerschnitt von vierzehn Linien ausgeführt habe.

»Welchen?« entgegnete Chiquiznaque. »Den an dem Kaufmann in der Kreuzstraße?«

»Eben den«, erwiderte der Herr.

»Was das anlangt«, entgegnete Chiquiznaque, »so lauerte ich gestern nacht vor seiner Haustür auf ihn, und er kam auch noch vor dem Abendläuten. Ich trat dicht zu ihm, maß sein Gesicht mit den Augen und fand, da es so winzig ist, daß es zum Unmöglichsten aller Unmöglichkeiten gehört, einen Messerschnitt von vierzehn Linien darauf anzubringen; und da ich nun keine Möglichkeit sah, mein Versprechen zu erfüllen und zu tun, was in meiner Destruktion stand ...«

»Instruktion wollen Euer Gnaden sagen«, bemerkte der Kavalier, »nicht Destruktion.«

»Ja, so meint ich's«, entgegnete Chiquiznaque. »Ich sage, da ich sah, daß die vorgeschriebenen Linien auf einem so engen und schmalen Gesicht keinen Raum hätten, so gab ich, um keinen ganz vergeblichen Gang getan zu haben, den Messerschnitt einem seiner Bedienten, der mir volle Sicherheit bot, daß der Schnitt sogar noch etwas länger werden konnte.«

»Es wäre mir lieber gewesen«, versetzte der Kavalier, »Ihr hättet dem Herrn sieben Linien gegeben, als dem Bedienten vierzehn. Wirklich, ich bin nicht bedient worden, wie sich's gebührt. Aber gleichviel! Die dreißig Dukaten, die ich im voraus gab, werden mir nicht zu wehe tun. Also gehorsamer Diener!«

Damit nahm er den Hut ab und wandte den Rücken, um zu gehn. Monipodio aber hielt ihn an seinem bunten Mantel fest und rief: »Bleibt, Euer Gnaden, und haltet Euer Versprechen, denn wir haben das unsre ehrlich und redlich erfüllt. Zwanzig Dukaten fehlen, und Euer Gnaden dürfen nicht von hier fort, ohne sie zu erlegen oder ein Pfand von gleichem Wert zu geben.

»Wie können Euer Gnaden das eine Erfüllung des Versprechens nennen«, erwiderte der Kavalier, »wenn man den Messerschnitt dem Diener gibt statt dem Herrn?«

»Das geht doch auf Rechnung des Herrn!« rief Chiquiznaque. »Ihr scheint das Sprichwort vergessen zu haben: ›Wer Hans liebt, liebt auch Hansens Hund‹.«

»Und wie sollte dieses Sprichwort hier seine Anwendung finden?« fragte der Kavalier.

»Heißt es nicht ebensoviel«, fuhr Chiquiznaque fort, »wie ›Wer den Hans nicht leiden kann, kann auch Hansens Hund nicht leiden‹? Der Kaufmann ist der Hans. Euer Gnaden können ihn nicht leiden. Sein Bedienter ist sein Hund. Wer den Hund schlägt, schlägt den Herrn. Die Schuld ist abgetragen und jeder Forderung vollkommen Genüge geschehn. Bleibt also nichts übrig, als unweigerlich sogleich zu zahlen.«

»Das kann auch ich beschwören«, fügte Monipodio hinzu, »und alles, was du gesagt hast, Freund Chiquiznaque, hast du mir aus dem Munde genommen. Daher wolle sich Euer Gnaden nicht in Spitzfindigkeiten mit dero Dienern und Freunden einlassen, sondern meinen Rat annehmen und alsbald die Arbeit vergüten. Liegt Euch nebenher daran, daß man dem Herrn noch einen Schnitt gebe, so groß ihn sein Gesicht zu fassen vermag, so könnt Ihr so sicher darauf rechnen, als hätten ihn die Chirurgen schon unter den Händen.«

»Nun, das ist mir recht«, entgegnete der Kavalier, »dann will ich von Herzen gern beide Schnitte bezahlen.«

»Der zweite folgt nach, so gewiß Ihr ein Christ seid«, sagte Monipodio; »Chiquiznaque wird auch den Herrn so meisterlich zeichnen, daß er aussehen soll, als wäre er so geboren.«

»Auf diese Zusage und Versicherung hin«, erwiderte der Kavalier, »empfangt diese Kette als Pfand für die noch rückständigen zwanzig Dukaten und für die weiteren vierzig, die ich für den neuen Messerschnitt biete. Sie ist tausend Realen wert, und vielleicht fällt sie Euch ganz anheim; denn mir ist, als werde noch ein dritter vierzehnliniger nötig werden.«

Damit nahm er eine fein gearbeitete Kette vom Halse und reichte sie Monipodio, der am Gefühl und Gewicht wohl merkte, daß sie nicht aus Tombak war. Er nahm sie sehr freundlich und höflich entgegen, denn er war ausnehmend wohlerzogen, und die Ausführung des Auftrags wurde Chiquiznaque übertragen, der sich nur bis zum Abend Frist erbat. Der Kavalier ging sehr zufrieden fort, und Monipodio rief unverweilt alle Abwesenden und im Schreck Entflohenen herbei. Sie kamen insgesamt; Monipodio trat in ihre Mitte, zog ein Notizbuch hervor, das er in der Mantelkappe hatte, und gab es Rinconete zum Vorlesen, denn er selbst war des Lesens nicht kundig. Rinconete schlug auf und fand auf dem ersten Blatte folgendes:

»Verzeichnis der Messerschnitte, die in dieser Woche ausgeführt werden sollen.

Der erste dem Kaufmann in der Kreuzstraße; gilt fünfzig Dukaten; dreißig bar bezahlt. Exkuter: Chiquiznaque.«

»Ich glaube nicht, daß hier noch weiteres kommt«, sagte Monipodio. »Schlage um und suche die Überschrift: Verzeichnis der Prügel.«

Rinconete wandte das Blatt und fand wirklich über dem folgenden Absatz die Worte: »Verzeichnis der Prügel.« Weiter unten hieß es:

»Dem Speisewirt zum Kleeblatt zwölf Hiebe aus dem Salz, jeder einen Taler. Acht im voraus bezahlt. Frist sechs Tage. Exkuter: Maniferro.«

»Diesen Posten können wir streichen«, sagte Maniferro, »denn heute abend bringe ich die Quittung.«

»Es steht noch mehr da, mein Sohn«, bemerkte Monipodio.«

»Ja«, erwiderte Rinconete, »noch ein Posten, der also lautet:

›Dem bucklichten Schneider, mit dem Spitznamen der

Gimpel, sechs Hiebe aus dem Salz, auf Antrag der Dame, der er das Halsband zurückbehalten hat. Exkuter: der Desmochado.‹«

»Mich wundert«, sagte Monipodio, »daß dieser Posten noch nicht erledigt ist. Gewiß ist der Desmochado krank, denn es sind schon zwei Tage über den Termin verflossen, und er hat noch keinen Streich in der Sache getan.«

»Ich traf ihn gestern«, erwiderte Maniferro, »und er sagte mir, da der Corcovado krankheitshalber nicht ausgegangen sei, habe er seine Schuldigkeit noch nicht tun können.«

»Das habe ich mir gedacht«, versetzte Monipodio; »denn der Desmochado ist so gewissenhaft in seinem Amt, daß er ohne ein schweres Hindernis schon viel Größeres verrichtet hätte. Steht noch mehr da, Kleiner?«

»Nein, Herr«, erwiderte Rinconete.

»So schlage um«, sprach Monipodio, »und suche die Überschrift: Verzeichnis gewöhnlicher Kränkungen.«

Rinconete schlug um und fand auf einem folgenden Blatt geschrieben:

»Verzeichnis gewöhnlicher Kränkungen, als da sind: Bewerfen mit Tintenflaschen, Beschmieren mit Wacholderöl, Anheften von Teufelsbildern und Hörnern, Hänseln, Erschrecken, Ängstigen, Drohen mit Messerschnitten, Verbreiten von Spottnamen.«

»Wie heißt es weiter unten?« fragte Monipodio.

»Es heißt«, fuhr Rinconete fort: »Beschmieren mit Wacholderöl im Hause ...«

»Das Haus brauchst du nicht erst zu lesen«, unterbrach ihn Monipodio, »ich weiß schon, wo es ist; ich bin der tu autem und Vollstrecker dieses Bagatells. Vier Taler sind mir auf Abschlag gezahlt, und acht trägt das Ganze ein.«

»So verhält es sich allerdings«, bemerkte Rinconete, »denn dies alles steht hier geschrieben. Weiter unten heißt es: Aufstecken von Hörnern ...«

»Haus und Ort sind auch hier nicht zu lesen«, rief Monipodio. »Es ist genug, wenn die Kränkung geschieht, auch ohne daß man sie unter die Leute bringt. Das wäre eine große Bürde fürs Gewissen. Wenigstens will ich lieber hundert Hörner anheften und ebenso viele Teufelsbilder (wenn man mir meine Arbeit bezahlt), als es nur ein einziges Mal verraten, und wäre es auch der Mutter, die mich geboren hat.«

»Der Vollstrecker«, fuhr Rinconete fort, »ist Nariqueta.«

»Schon ausgeführt und bezahlt«, sagte Monipodio. »Sieh, ob noch mehr dasteht; denn wenn ich mich recht erinnere, muß hier ein Erschrecken von zwanzig Talern kommen. Die Hälfte ist vorausbezahlt, Vollstreckerin ist die ganze Gesellschaft, die Zeit der laufende Monat; es soll auch wirklich alles buchstäblich ausgeführt werden, ohne daß ein Strichlein fehlt, und es wird einen der besten Späße geben, die seit vielen Jahren in hiesiger Stadt erhört sind. Gib mir das Buch, Junge, ich weiß, sonst steht nichts darin, und ich weiß damit freilich auch, daß das Handwerk sehr flau geht. Aber später wird es wieder anders kommen, dann haben wir vielleicht mehr zu tun, als uns lieb ist. Denn kein Blatt bewegt sich ohne Gottes Willen, und wir können niemanden zwingen, sich gewaltsam zu rächen, zumal jeder die eigne Sache am besten zu führen pflegt und niemand für etwas Arbeitslohn ausgeben mag, was er mit eignen Händen verrichten kann.«

»So ist es allerdings«, bemerkte Repolido; »aber wollen Euer Gnaden uns jetzt sagen, was Sie zu befehlen haben; denn es wird spät, und die Hitze nimmt zu.«

»Was es zu tun gibt?« erwiderte Monipodio. »Jedermann begibt sich auf seinen Posten, und niemand nimmt bis Sonntag etwas andres vor. Dann treffen wir uns an diesem Orte, und ohne jemanden zu beeinträchtigen, wird alles verteilt, was eingegangen ist. Rinconete und Cortadillo, den Wakkern, weise ich bis zum Sonntag den Bezirk vom Goldturm außerhalb der Stadt bis zum Schloßpförtchen zu, wo sie ihre

Kartenkünste üben können, ohne nur aufzustehn; denn ich habe wohl schon andre, die weniger gewandt waren als sie, Tag für Tag mit mehr als zwanzig Realen in Kupfer nach Hause gehen sehn, das Silber nicht gerechnet. Das leisteten sie mit einem einzigen Kartenspiel, an dem noch überdies vier Karten fehlten. Ganchoso soll euch den Bezirk zeigen; und greift ihr auch bis San Sebastian und Sant Elmo hinüber, so schadet es nichts, obwohl nach den Grundsätzen des Rechts niemand die Pertinenz eines andern betreten soll.«

Die beiden küßten ihm die Hand für die erwiesene Gnade und versprachen, ihr Amt treu und redlich, mit Fleiß und Sorgfalt zu verwalten. Dann zog Monipodio ein gefaltetes Papier aus der Mantelkappe, auf dem die Liste sämtlicher Brüder stand, und forderte Rinconete auf, auch seinen und Cortadillos Namen darauf zu schreiben. Da er jedoch keine Tinte zur Hand hatte, gab er ihm das Papier, um es mitzunehmen und in der nächsten Apotheke einzutragen: Rinconete und Cortadillo zur Kompagnie gehörig. Kein Noviziat. Rinconete zum Vorspiel, Cortadillo zum Fagott. Ferner Tag, Monat und Jahr; doch keine Angabe über Eltern und Heimat.

Da trat einer der alten Schnüffler ein und sprach: »Ich komme, Euer Gnaden zu melden, daß ich eben auf den Stufen den Lobillo aus Malaga traf, der mir sagte, er habe in seiner Kunst solche Fortschritte gemacht, daß er mit einer neuen Karte dem Teufel selbst das Geld abnehmen wolle. Ihm sei aber übel mitgespielt worden, und er komme deshalb nicht sogleich, um sich einschreiben zu lassen und die gehörige Aufwartung zu machen; am Sonntag aber werde er unfehlbar da sein.«

»Für mich stand es immer fest«, erwiderte Monipodio, »daß dieser Lobillo in seiner Kunst einzig werden würde, denn er hat die besten und geschicktesten Hände dazu, die man nur wünschen kann; und um in einem Handwerk

Tüchtiges zu leisten, braucht man ebensosehr gute Werkzeuge zur Ausübung wie einen feinen Kopf zum Lernen.«

»Auch«, berichtete der Alte weiter, »traf ich in einer Schenke in der Färberstraße den Juden als Pfarrer verkleidet, der dort seine Herberge genommen hat, weil er hörte, daß zwei reiche Peruaner dort logieren. Nun will er sehn, ob er sie in ein Spiel verwickeln kann; handle es sich anfangs auch um wenig, so lasse sich der Einsatz doch später höher treiben. Er sagte gleichfalls, er werde am Sonntag im Verein nicht fehlen und Rechenschaft über sich geben.

»Auch dieser Jude«, entgegnete Monipodio, »ist ein großer Falke, und er versteht sich auf seine Künste. Es ist lange her, seit ich ihn nicht zu Gesicht bekommen habe, und daran tut er nicht wohl; denn, meiner Treu, wenn er sich nicht bessert, werde ich ihm die Glatze zeichnen! Hat doch der Spitzbube so wenig die Priesterweihe wie der Großtürke, und er versteht nicht mehr Latein als meine Mutter. Gibt es sonst noch Neues?«

»Nein«, sagte der Alte, »wenigstens nicht, daß ich wüßte.«

»Nun gut«, versetzte Monipodio, »so nehmen denn Euer Gnaden diese Kleinigkeit« (damit verteilte er unter alle ungefähr vierzig Realen), »und daß mir am Sonntag niemand fehle; denn da wird es auch nicht an Handgeld fehlen.«

Alle dankten ihm; Repolido und die Cariharta, die Gananciosa und Chiquiznaque, die Escalanta und Maniferro umarmten sich und kamen überein, sich abends, nach der Hausarbeit, bei Frau Pipota zu treffen, zu der auch Monipodio zu kommen versprach, um den Waschkorb zu untersuchen und dann auf dem gleichen Wege das Geschäft der Wacholderschmiere abzumachen. Er umarmte Rinconete und Cortadillo, gab ihnen seinen Segen und entließ sie, indem er ihnen einschärfte, niemals ein bestimmtes Quartier oder sonst eine Wohnnung zu nehmen; denn so verlange es das allgemeine Wohl. Ganchoso begleitete sie, bis er ihnen ihren

Posten angewiesen hatte, und er ermahnte sie nochmals, am Sonntag nicht zu fehlen; denn wie er glaube und vermute, werde Monipodio eine Lektion über Dinge ihrer Kunst abhalten. Damit ging er und ließ die beiden voller Verwunderung über das, was sie gesehn hatten, allein.

Rinconete war immerhin ein Bursche von großem Verstand und guten natürlichen Anlagen, und da er seinem Vater im Bullenverkauf lange an die Hand gegangen war, so hatte er ein wenig von der gebildeteren Sprache aufgefangen, und der Gedanke an die von Monipodio und der übrigen preiswürdigen Gesellschaft gebrauchten Ausdrücke machte ihm viel Vergnügen. So hatte jener zum Beispiel gesagt statt: als Suffragium »als Naufragium«; dann »man gebe von der Einnahme ein Stupendum«, statt ein Stipendium; die Cariharta nannte Repolido einen tarpejischen Seebär und einen okanischen statt einen hyrkanischen Tiger, und was der tausend andern Verkehrtheit mehr waren. Besonders belustigte es ihn, daß sie gesagt hatte, der Himmel möge ihr die Mühe, mit der sie die vierundzwanzig Realen verdient habe, auf ihre Sünden anrechnen; vor allem jedoch wunderte er sich über die Sicherheit und das Vertrauen, mit dem diese Menschen mitten im Diebstahl und Mord und in der Sünde wider Gott in den Himmel zu kommen hofften, wenn sie es nur nicht an ihren Andachtsübungen fehlen ließen. Er lachte von Herzen über Frau Pipota, die den gestohlenen Waschkorb in ihrem Hause so sicher aufbewahrte, den Heiligenbildern Wachslichter weihte und dadurch mit Haut und Haar ins Paradies zu wandeln dachte. Nicht minder wunderte er sich über den Gehorsam und die Achtung, die alle Monipodio, einem so rohen, gewissenlosen Menschen, entgegenbrachten. Er machte sich seine Gedanken über das, was er in dem Notizbuch gelesen hatte, und über das Handwerk, das alle trieben; er konnte keine Worte dafür finden, wie sorglos die Justiz in dieser berühmten Stadt Sevilla sein mußte, da hier ein so verdorbenes, der Natur zuwiderhandelndes Volk fast offenkundig sein Wesen treiben konnte. Auch beschloß er bei sich selbst, seinem Gefährten zu raten, sie wollten nicht gar zu lange in einem so verworfenen, schlechten, unruhigen, frechen und gesetzlosen Leben verharren; aber dessenungeachtet brachte er, verleitet von seiner Jugend und seinem Mangel an Erfahrung, mehrere Monate darin zu, während derer ihm Dinge begegneten, die eine umfassendere Darstellung erfordern. Daher möge die Erzählung seines Lebens mit all seinen wunderbaren Begebenheiten sowie der Schicksale seines Meisters Monipodio und der übrigen Mitglieder jener Sündenakademie auf eine andre Gelegenheit verschoben bleiben; sie verdienen insgesamt hohe Beachtung und können allen, die sie lesen, als Beispiel und Warnung dienen.

Die englische Spanierin

Unter der Beute, die die Engländer aus der Stadt Cadiz wegnahmen, führte Clotaldo, ein englischer Ritter, der Befehlshaber eines Schiffsgeschwaders, ein Mädchen von etwa sieben Jahren nach London, und zwar ohne Wissen und Willen des Grafen von Essex, der das Kind mit allem Eifer suchen ließ, um es seinen Eltern zurückzugeben. Sie beklagten sich nämlich bei ihm über den Verlust ihrer Tochter und baten ihn, da er sich sonst mit der Einziehung des Vermögens begnüge und den Bewohnern der Stadt ihre Freiheit lasse, möge er sie, die schon ohnehin verarmt seien, nicht auch noch dadurch unglücklich machen, daß er sie ihrer Tochter beraube, die das Licht ihrer Augen sei und das schönste Geschöpf in der Stadt. Der Graf erließ auf seiner ganzen Flotte den Befehl, wer immer das Mädchen habe, solle es bei Todesstrafe herausgeben; allein keine Drohung und keine Furcht vor der Strafe vermochte Clotaldo zum Gehorsam zu bewegen. Er hielt das Mädchen in seinem Schiffe verborgen und war, obwohl in den Grenzen christlicher Sitte, ganz verliebt in die unvergleichliche Schönheit Isabels, denn so hieß das Kind. Kurz, die Eltern erhielten es nicht zurück und waren betrübt und trostlos, während Clotaldo frohlockend in London ankam und seiner Gattin als reichste Beute das schöne Kind übergab. Ein günstiges Schicksal fügte es, daß alle Mitglieder der Familie Clotaldos insgeheim Katholiken waren, obgleich sie öffentlich dem Bekenntnis ihrer Königin huldigten. Clotaldo hatte einen zwölfjährigen Sohn namens Ricaredo, den seine Eltern lehrten, Gott zu fürchten und zu lieben und an den Wahrheiten des katholischen Glaubens festzuhalten. Catalina, Clotaldos Gattin, eine edle, christliche und kluge Frau, faßte eine solche Neigung zu Isabel, daß sie sie erzog, pflegte und unterrichtete, als wäre sie ihre eigne Tochter, und das Mädchen war von Natur so trefflich begabt, daß sie mit Leichtigkeit alles lernte, was man sie lehrte. Mit der Zeit vergaß sie zwar unter der guten Behandlung ihre wirklichen leiblichen Eltern ein wenig, doch nicht so ganz, daß sie sich nicht manchmal ihrer erinnert und um sie geseufzt hätte; und wenngleich sie die englische Sprache lernte, so vergaß sie doch auch die spanische nicht. Clotaldo sorgte zudem dafür, daß heimlich Spanier ins Haus kamen, die mit ihr sprachen. Auf diese Art lernte sie, ohne, wie gesagt, ihre Muttersprache zu vergessen, das Englische, als wäre sie in London geboren. Nachdem man sie in all den Arbeiten unterrichtet hatte, die ein Mädchen von guter Herkunft verstehen muß, lehrte man sie auch gründlicher, als es gemeinhin geschieht, lesen und schreiben. Zu außerordentlicher Vollkommenheit aber brachte sie es in der Musik; sie spielte alle Instrumente, die einer Frau erlaubt sind, so vollkommen und begleitete sie mit der schönen Stimme, die der Himmel ihr geschenkt hatte, so reizend, daß sie alle bezauberte, die sie hörten. Diese erworbenen Reize entzündeten im Verein mit den ihr angeborenen Vorzügen allmählich das Herz Ricaredos, den sie als den Sohn ihres Gebieters liebte und achtete. Anfangs überraschte ihn die Liebe durch eine Art von Wohlgefühl und Behagen, so oft er Isabels unvergleichliche Schönheit erblickte und ihre unendlichen Tugenden und Reize betrachtete. Er liebte sie, als wäre sie eine Schwester, ohne daß seine Wünsche die Grenzen der Sittsamkeit und Tugend überschritten. Als aber Isabel heranwuchs (sie war, als Ricaredo für sie erglühte, schon zwölf Jahre alt), verwandelte sich jene erste Neigung, jenes Behagen und Wohlgefühl bei ihrem Anblick in das heißeste Verlangen, sie zu besitzen und zu genießen. Doch dachte er dies keineswegs durch andre Mittel zu erreichen als durch die Vermählung mit ihr, denn von Isabels unvergleichlicher Sittsamkeit (in diesem Rufe stand sie wenigstens) ließ sich sonst nichts erwarten; und hätte er es auch gekonnt, er hätte nichts andres erwarten wollen, da sein edles Gemüt und die Achtung, mit der er zu Isabel aufsah, keinen bösen Gedanken in seiner Seele Wurzeln schlagen ließen. Tausendmal beschloß er, den Eltern seinen Wunsch zu entdecken, aber ebensooft verwarf er diesen Entschluß, weil er wußte, daß sie ihn zum Gatten eines sehr reichen und vornehmen schottischen Fräuleins bestimmt hatten, das wie sie heimlich Katholikin war. So hielt er es für natürlich, daß sie einer Sklavin, wenn Isabel diesen Namen verdiente, nicht das würden geben wollen, was sie schon einem Edelfräulein zu geben verabredet hatten. In dieser Verwirrung und Sorge und in der Ungewißheit, welchen Weg er einzuschlagen habe, um das Ziel seiner schönen Wünsche zu erreichen, führte er ein so trauriges Leben, daß er nahe daran war, es ganz zu verlieren. Er betrachtete es jedoch als eine große Feigheit, sich so hinsiechen zu lassen, ohne auch nur eine Heilung seiner Leiden zu versuchen, und darum ermannte und zwang er sich, Isabel seine Absichten zu eröffnen. Alle im Hause trauerten und sorgten sich um Ricaredos Niedergeschlagenheit, denn alle liebten ihn, namentlich seine Eltern, und zwar ebensosehr, weil sie keinen andern Sohn hatten, wie auch, weil er es um seiner vielen Vorzüge, seiner männlichen Tüchtigkeit und seines Verstandes willen nicht anders verdiente. Kein Arzt erriet die Ursache seiner Krankheit, und er selbst wagte und vermochte sie nicht zu offenbaren. Endlich war er also entschlossen, die Hindernisse zu durchbrechen, die er zu finden erwartete. Als daher eines Tages Isabel ins Zimmer trat, um ihn zu pflegen, und er sie so allein sah, sagte er mit schwacher Stimme und stockender Zunge zu ihr: »Schöne Isabel, dein Wert, deine hohe Tugend und große Schönheit machen mich zu dem, den du hier vor dir siehst. Wenn du nicht willst, daß ich unter dem Druck der größten Leiden, die man sich denken kann, das Leben verliere, so laß deinen Willen meinem redlichen Willen entsprechen. Der aber begehrt nichts andres, als daß du ohne Wissen meiner Eltern meine Gattin werdest; denn ich fürchte, sie werden mir das Glück versagen, das mir so viel wert ist, da sie deinen Wert nicht so erkennen wie ich. Wenn du mir versprichst, die Meine zu werden, so verspreche ich dir augenblicklich als wahrhafter Mann und als Christ, der Deine zu sein; denn wenn ich auch das Ziel, dich ganz zu besitzen, noch nicht erreiche (das wird nur unter dem Segen der Kirche und meiner Eltern geschehn), so wird mir doch schon der Gedanke, daß du ganz sicher mir gehörst, die Gesundheit zurückgeben und mich heiter und zufrieden machen, bis der glückliche Augenblick erscheint, nach dem ich mich sehne.«

Während Ricaredo sprach, hörte Isabel mit niedergeschlagenen Augen zu, und sie zeigte bei dieser Gelegenheit, daß ihre Sittsamkeit ihrer Schönheit, ihre große Klugheit aber ihrer Bescheidenheit gleichkam. Als sie nun sah, daß Ricaredo schwieg, antwortete ihm das edle, schöne und verständige Mädchen also: »Da es der Zorn oder die Gnade des Himmels (denn ich weiß nicht, welcher dieser widersprechenden Regungen ich es zuschreiben soll) so gefügt hat, daß ich meinen Eltern geraubt und den Euren gegeben wurde, Herr Ricaredo, so habe ich aus Dankbarkeit für die unzähligen Wohltaten, die sie mir erwiesen, beschlossen, daß mein Wille niemals von dem ihren abweichen solle, und darum könnte ich die unschätzbare Gnade, die Ihr mir erweisen wollt, ohne ihre Zustimmung nicht als Glück, sondern nur als ein Unglück betrachten. Wäre ich aber so glücklich, Euch mit ihrer Einwilligung zu gewinnen, so würde ich die Freiheit, die sie mir ließen, alsbald Euch unterwerfen. Bis dahin aber, und selbst wenn es niemals eintritt, begnügt Euch damit, zu wissen, daß meine reinen Wünsche ewig dahin gehn werden, für Euch jedes Glück zu erflehen, das der Himmel nur verleihen kann.«

Hier schloß Isabel ihre sittsame und verständige Rede; mit ihr begann Ricaredos Genesung, und die Hoffnungen seiner Eltern, die während seiner Krankheit geschwunden waren, lebten von neuem auf. Freundlich nahmen die beiden voneinander Abschied, er mit Tränen in den Augen, sie im Innern verwundert, das Herz Ricaredos so ganz in Liebe an sie gebunden zu sehn.

Als Ricaredo das Bett verließ, was seinen Eltern wie ein Wunder erschien, wollte er nun auch ihnen seine Gedanken nicht länger verbergen. Er entdeckte sie eines Tages seiner Mutter und sagte ihr am Schluß seiner langen Rede, er verlange, nur mit Isabel vermählt zu werden; denn wenn man ihm dies verweigere, so sei das so gut, wie wenn man ihm den Tod gäbe. Dabei hob Ricaredo Isabels Tugenden mit so lobenden Worten in den Himmel, daß es seiner Mutter scheinen mußte, als sei Isabel die Betrogene, wenn man ihren Sohn zu ihrem Gatten machte. Sie nährte seine Hoffnung, daß sie seinen Vater zu dem Bunde überreden wolle, dem sie selber ihre Zustimmung schon nicht mehr versage. Und wirklich bewog sie ihren Gatten, als sie ihm mitteilte, was ihr Sohn zu ihr gesagt hatte, ohne große Mühe, Ricaredos sehnlichste Wünsche gutzuheißen und auf Schwierigkeiten zu sinnen, die man der schon fest beschlossenen Verbindung mit dem schottischen Fräulein entgegenstellen konnte. Isabel war damals vierzehn und Ricaredo zwanzig Jahre alt, aber schon in diesem jugendlichen, blühenden Alter konnte man sie ihres großen Verstandes und ihrer anerkannten Klugheit wegen als völlig gereift ansehn.

Vier Tage fehlten noch, bis Ricaredo nach dem Willen seiner Eltern den Nacken unter das heilige Joch der Ehe beugen sollte; denn die Eltern schätzten sich klug und glücklich, die Gefangene zur Gattin ihres Sohnes erwählt zu haben, da sie die Mitgift ihrer Tugend höher anschlugen als den großen Reichtum, den die Schottin ihnen bot. Die Festkleider waren fertig, die Eltern und Freunde geladen, und nichts fehlte mehr, als daß man die Königin von dieser Verbindung in Kenntnis setzte; denn ohne ihren Willen und ihre Beistimmung durfte unter Personen von erlauchtem Blute keine Vermählung vollzogen werden. Indes zweifelte niemand an der Genehmigung, und eben deshalb säumte man, sie einzuholen. Das war der Stand der Dinge, und es fehlten, wie gesagt, nur noch vier Tage bis zur Hochzeit, da wurde eines Abends ihre ganze Freude durch einen Abgesandten der Königin gestört, der Clotaldo den Befehl überbrachte, am andern Morgen Ihrer Majestät die gefangene Spanierin aus Cadiz vorzustellen. Clotaldo erwiderte, er werde dem Befehle Ihrer Majestät mit Vergnügen Folge leisten. Der Bote ging, und allen Zurückbleibenden bebte das Herz vor Verlegenheit, Furcht und Schrecken.

»Ach«, sagte Frau Catalina, »wenn die Königin erfahren hat, daß ich dieses Mädchen katholisch erzogen habe, so wird sie gewiß daraus schließen, daß wir alle hier im Hause Katholiken sind! Und wenn die Königin fragt, was sie in den acht Jahren gelernt hat, seit sie unsre Gefangene ist, was soll die Arme antworten, und wäre sie auch noch so klug, ohne daß es unsre Verdammung nach sich zöge?«

Als Isabel das hörte, sagte sie: »Macht Euch keine Sorge, meine Gebieterin; denn ich vertraue dem Himmel, daß er mir in jenem Augenblick durch seine göttliche Barmherzigkeit Worte eingeben wird, die nicht allein keinen Nachteil für Euch nach sich ziehn, sondern vielmehr sogar zu Eurem Vorteil gereichen sollen.«

Ricaredo zitterte, als ahne er ein Unheil. Clotaldo suchte nach Mitteln, seine große Besorgnis zu beschwichtigen, doch fand er nur in seinem festen christlichen Gottvertrauen und in der Zuversicht auf Isabels Klugheit einigen Trost. Er empfahl ihr angelegentlichst, auf jede Weise zu verhüten, daß sie als Katholiken vor Gericht gezogen würden; denn wenn auch ihr Geist zu jedem Martyrium bereit sei, so sträube sich doch das schwache Fleisch gegen eine so herbe Prüfung. Ein übers andre Mal versicherte ihnen Isabel, durch sie werde sich ihre trübe Ahnung und ihre Furcht nicht erfüllen. Wenn sie auch noch nicht wisse, was sie auf die Fragen antworten werde, die man ihr stellen könne, so hege sie doch die gewisse und zuversichtliche Hoffnung, so antworten zu können, daß ihre Antworten ihnen, wie gesagt, nur nützlich sein würden.

Sie unterhielten sich im Laufe des Abends noch über mancherlei Dinge, und sie sagten sich schließlich, wenn die Königin in Erfahrung gebracht hätte, daß sie Katholiken seien, so hätte sie ihnen keine so freundliche Botschaft geschickt; und daraus könne man schließen, daß sie Isabel nur sehn wolle, weil sie so gut wie die ganze Stadt von ihrer unvergleichlichen Schönheit und Anmut gehört hatte. Und waren sie auch darin schuldig, daß sie Isabel noch nicht vorgestellt hatten, so meinten sie sich doch leicht entschuldigen zu können, indem sie sagten, daß sie sie von dem Augenblick an, da sie in ihre Gewalt gekommen sei, ihrem Sohne Ricaredo zur Gattin erkoren und bestimmt hatten. Jedoch selbst das war eine Schuld, daß sie die Vermählung ohne Erlaubnis der Königin beschlossen hatten; indes schien ihnen ein solches Vergehen keine schwere Strafe zu verdienen. Damit trösteten sie sich und verabredeten, Isabel solle sich nicht demütig wie eine Gefangene kleiden, sondern wie eine Braut, und zwar wie die Braut des vornehmen Bräutigams, ihres Sohnes.

Als sie nun dies beschlossen hatten, kleideten sie des andern Tages Isabel in spanische Tracht: ein Kleid aus grüner Seide, geschlitzt und gefüttert mit reichem Goldstoff; die Schlitze waren mit Perlenstreifen besetzt und das ganze Kleid mit den reichsten Perlen verbrämt. Halsschmuck und Gürtel waren aus Diamanten, und nach Art der vornehmen spanischen Damen trug sie einen Fächer. Ihr volles, goldiges, langes Haar war durchflochten und besät mit Diamanten und Perlen und bildete so ihren Kopfputz. Sie zeigte sich an diesem Tage der Stadt London in einem prachtvollen Wagen, überreich geschmückt und vollkommen heiter in ihrer wunderbaren Schönheit, so daß Augen und Herzen aller, die sie sahen, von ihrem Anblick gefesselt waren. Clotaldo, seine Gattin und Ricaredo fuhren mit ihr im Wagen, und viele ihrer hochgeborenen Verwandten begleiteten sie zu Pferde. Clotaldo wollte die Königin durch all diese seiner Gefangenen bewiesene Ehre bewegen, sie als die Braut seines Sohnes zu behandeln. Als sie nun im Palast und bei dem großen Saale angekommen waren, in dem sich die Königin befand, trat Isabel im vollen Glanze der Schönheit, wie sie die menschliche Phantasie sich nur vorzustellen vermag, als erste ein. Der Saal war groß und geräumig. Ein paar Schritte vom Eingang entfernt blieb Isabels Geleite stehn, sie selber aber trat vor, und als sie so allein stand, glich sie einem glänzenden Stern oder einem Meteor, der in einer heitern, ruhigen Nacht am Himmel aufgeht, oder einem Sonnenstrahl, der beim Anbruch des Tages zwischen zwei Bergen hervorblitzt. Und obendrein glich sie einem Kometen, der unter denen, die zugegen waren und die die Liebe mit den Strahlen der schönen Sonne Isabel versengte, von mehr als einem entflammten Herzen Kunde gab. Sie aber fiel in Demut und höflichem Anstand vor der Königin auf die Knie und sagte in englischer Sprache zu ihr: »Mögen Eure Majestät dieser Ihrer Magd die Hand reichen, die sich von heute an um so mehr für ein Edelfräulein halten wird, da sie so glücklich war, Eure Majestät zu erblicken.«

Die Königin betrachtete sie geraume Zeit, ohne ein Wort zu ihr zu sprechen; denn ihr war, wie sie später ihrer Kammerfrau sagte, als sähe sie einen gestirnten Himmel vor sich, dessen Sterne die vielen Perlen und Diamanten waren, die Isabel trug; ihr reizendes Gesicht aber und ihre Augen waren die Sonne und der Mond, und ihre ganze Erscheinung ein nie gesehenes Wunder der Schönheit. Die Damen, die bei der Königin standen, wären gern ganz Auge geworden, damit sie nichts an Isabel übersähen. Die eine lobte das Feuer ihrer Augen, die andre die Farbe ihres Gesichts, eine dritte den herrlichen Wuchs, eine vierte ihre anmutige Stimme, und eine fünfte sagte in hellem Neid: »Die Spanierin ist schön, aber ihre Kleidung gefällt mir nicht.«

Als die Königin sich von ihrem Staunen ein wenig erholt hatte, hieß sie Isabel aufstehn und sagte zu ihr: »Sprecht spanisch mit mir, Fräulein! Ich verstehe es gut und höre es gern.« Dann wandte sie sich zu Clotaldo und sprach: »Clotaldo, Ihr tatet unrecht, mir diesen Schatz so lange verborgen zu halten; er war ja freilich geeignet, Euch zum Eigennutz zu verleiten. Jetzt aber müßt Ihr ihn mir überlassen, denn er ist mein rechtmäßiges Eigentum.«

»Gnädigste Frau«, erwiderte Clotaldo, »was Eure Majestät gesagt haben, ist sehr wahr. Ich bekenne meine Schuld, wenn es als solche gelten kann, daß ich dies Kleinod solange bewahrte, bis es die Vollendung erreichte, die erforderlich war, um vor dem Angesicht Eurer Majestät zu erscheinen. Jetzt aber, da es so weit ist, dachte ich es noch dadurch zu erhöhen, daß ich Eure Majestät um die Erlaubnis bitte, Isabel meinem Sohne Ricaredo zur Gattin zu geben; denn so wollte ich Euch, hohe Majestät, in beiden alles darbringen, was ich Euch darbringen kann.«

»Selbst ihr Name[1] gefällt mir«, versetzte die Königin. »Es fehlte sonst nichts, als daß diese Spanierin noch Isabel hieß, damit sie mir als ganz vollkommen erschien. Aber merkt Euch wohl, Clotaldo, ich weiß ganz gut, Ihr habt sie ohne meine Genehmigung mit Eurem Sohne verlobt!«

»Allerdings, gnädigste Frau«, versetzte Clotaldo; »aber es geschah in der Zuversicht, daß die vielen bedeutenden Dienste, die ich und meine Vorfahren dieser Krone geleistet haben, Eurer Majestät noch weit größere Gnadenbezeigungen entlocken würden als diese Erlaubnis, zumal mein Sohn noch nicht wirklich vermählt ist.«

»Und er soll auch nicht mit Isabel vermählt werden«, sag-

1 Isabel=Elisabeth.

te die Königin, »bis er sie selbst verdient; das heißt, weder Eure Dienste noch die Eurer Vorfahren sollen ihm dabei helfen. Er selbst soll sich bereit machen, mir zu dienen und sich selbst dieses Kleinod erringen; denn ich betrachte sie als meine eigne Tochter.«

Kaum hatte Isabel dies letzte Wort vernommen, als sie von neuem vor der Königin auf die Knie sank und in kastilischer Sprache sagte: »Die Ungnade, die eine solche Sühne fordert, durchlauchtigste Frau, ist eher als ein Glück anzusehen denn als ein Mißgeschick. Eure Majestät haben mir den Namen Eurer Tochter gegeben! Was kann ich da Schlimmes fürchten, nachdem ich ein solches Pfand erhielt, und wieviel Segen darf ich nicht erwarten?« Isabel sagte alles, was sie sprach, mit soviel Anmut und Reiz, daß die Königin sie außerordentlich liebgewann und ihr befahl, in ihrem Dienst zu bleiben. Sie übergab sie sofort einer hohen Dame, ihrer Oberkammerfrau, damit sie sie in der Art unterweise, wie sie hier zu leben habe.

Ricaredo, der zusehen mußte, wie man ihm sein Leben nahm, indem man ihm Isabel raubte, war nahe daran, die Besinnung zu verlieren. Zitternd und erschrocken warf er sich der Königin zu Füßen und sagte: »Um mich anzuspornen, daß ich mich ganz dem Dienste Eurer Majestät hingebe, bedarf es keines andern Lohnes als dessen, den meine Väter und meine Vorfahren für die ihren Königen gewidmeten Dienste erhielten. Da es aber Eurer Majestät beliebt, daß ich Euch mit neuen Wünschen und Erwartungen diene, so möchte ich nur erfahren, auf welche Weise und in welchem Berufe ich zeigen kann, was ich unter den Bedingungen auszurichten imstande bin, die mir Eure Majestät jetzt auferlegen.«

»Zwei Schiffe«, erwiderte die Königin, »liegen eben bereit, um unter Segel zu gehn und auf dem Meere zu kreuzen. Zum Admiral des einen habe ich den Freiherrn von Lansac gemacht, und Euch ernenne ich zum Kapitän des andern.

Der Adel, dem Ihr entstammt, gibt mir die Überzeugung, daß er ersetzen wird, was Euch an Jahren fehlt. Erkennt die Gnade, die ich Euch erzeige; denn ich gebe Euch damit Gelegenheit, auf eine Eures Ranges würdige Art im Dienste Eurer Königin die Kraft Eures Geistes und Eures Arms zu zeigen und Euch den schönsten Lohn zu erringen, den ihr Euch, denke ich, nur wünschen könnt. Ich selbst will über Isabel wachen, obwohl man ihr ansieht, daß ihre Sittsamkeit ihre beste Wächterin sein wird. Geht mit Gott; denn da ich mir denke, daß Ihr liebt, so verspreche ich mir große Dinge von Euren Taten. Glücklich wäre ein kriegführender König, der in seinem Heere zehntausend liebende Krieger hätte, die als Lohn für ihre Siege den Besitz der Geliebten erhoffen! Steht auf, Ricaredo, und bedenkt, ob Ihr Isabel noch etwas zu sagen habt oder noch etwas wünscht, denn morgen früh sollt Ihr fort.«

Ricaredo küßte der Königin die Hand und dankte ihr sehr für die Gnade, die sie ihm erzeigte. Dann kniete er vor Isabel nieder und wollte sprechen; doch er vermochte es nicht, so schnürte sich ihm die Kehle zusammen und war ihm die Zunge gelähmt. Heiße Tränen stürzten ihm aus den Augen; er suchte sie zwar mit allen Kräften zurückzudrängen, aber es gelang ihm nicht, sie dem Blicke der Königin zu verbergen, denn sie sprach zu ihm: »Schämt Euch Eurer Tränen nicht, Ricaredo, noch schätzet Euch gering, weil Ihr in diesem wichtigen Augenblick die Zärtlichkeit Eures Herzens verraten habt; denn es ist etwas ganz andres, mit dem Feinde zu kämpfen und sich von jemandem, den man liebt, zu verabschieden. Isabel, umarmt Ricaredo und gebt ihm Euren Segen; denn sein Gefühl für Euch verdient das wohl.«

Isabel war so betroffen und bestürzt, als sie die Demut und den Schmerz Ricaredos sah, den sie wie ihren Gatten liebte, daß sie den Befehl der Königin nicht verstand. Ohne zu wissen, was sie tat, begann sie zu weinen, und sie stand so still und reglos da, daß es war, als vergösse eine Bildsäule aus

Alabaster Tränen. Und viele unter denen, die zugegen waren und diesen Schmerz der beiden zärtlich Liebenden sahen, mußten mit ihnen weinen. Ohne daß Ricaredo ein Wort weiter sprach und ohne daß er auch nur eine Silbe mit Isabel gewechselt hatte, machten Clotaldo und alle, die mit ihm gekommen waren, der Königin eine Verbeugung und verließen voll Mitleid, in Kummer und Tränen den Saal. Isabel blieb wie eine Waise zurück, der man eben die Eltern begraben hat, und sie fürchtete, ihre neue Gebieterin würde verlangen, daß sie die Gewohnheiten ändere, in denen die frühere sie erzogen hatte. Doch sie blieb.

In zwei Tagen ging Ricaredo unter Segel. Unter all den Gedanken, die ihn quälten, waren ihm zwei vor allem schmerzlich. Erstens bedachte er nämlich, daß er Taten ausführen müsse, durch die er Isabel verdienen könnte, und zweitens, daß er nicht imstande sei, eine einzige zu unternehmen, wenn er seiner katholischen Gesinnung treu bleiben wollte. Verbot sie ihm doch, das Schwert gegen Katholiken zu ziehen; und unterließ er das, so machte er sich als Katholik verdächtig oder galt als Feigling, und beides brachte sein Leben in Gefahr und war ein Hindernis für seine Wünsche. Schließlich entschloß er sich, das Sehnen der Liebe dem katholischen Gewissen unterzuordnen, und er bat in seinem Herzen den Himmel, ihm eine Gelegenheit zu verleihen, bei der er sich tapfer zeigen könne, ohne seine Christenpflicht zu verletzen, so daß er seine Königin zufriedenstellen und Isabel verdienen könnte.

Sechs Tage lang segelten die beiden Schiffe mit günstigem Winde, und sie nahmen ihren Kurs auf die Terzerischen Inseln zu, einen Punkt, wo es nie an portugiesischen Schiffen fehlt, die von Ostindien kommen oder von Westindien dorthin verschlagen werden. Nach Verlauf dieser sechs Tage erhob sich ein sehr frischer seitlicher Wind, der im Ozean einen andern Namen hat als im Mittelmeer, wo er Südwind heißt. Dieser Wind war so anhaltend und so heftig, daß er sie hinderte, die Inseln zu erreichen, und sie zwang, auf Spanien zuzusteuern. An der Küste dieses Landes, und zwar am Eingange der Meerenge von Gibraltar, entdeckten sie drei Schiffe, von denen eines stark und groß, die beiden übrigen aber klein waren. Ricaredo fuhr zum Flaggschiff, um von seinem General zu erfahren, ob er die drei Schiffe, die in Sicht seien, angreifen wolle. Ehe er es aber noch erreichte, sah er am Hauptmast eine schwarze Flagge hissen, und als er näher kam, hörte er auf dem Schiffe gedämpfte Hörner und Trompeten spielen, ein deutliches Zeichen, daß entweder der Befehlshaber des Schiffes oder ein andrer Offizier von Rang gestorben sei. Ehe sie sich noch von ihrem Staunen erholt hatten, kamen sie einander so nahe, daß sie sich sprechen konnten, was, seit sie den Hafen verlassen hatten, nicht mehr geschehen war. Vom Hauptschiffe her kam ein Ruf, der Kapitän Ricaredo solle herüberkommen, denn der Admiral sei in vergangener Nacht an einem Schlagfluß verschieden. Alle trauerten, bis auf Ricaredo, der sich zwar nicht über den Verlust seines Admirals, wohl aber darüber freute, daß er nun auf beiden Schiffen frei gebieten konnte; denn so lautete der Befehl der Königin: Wenn der Admiral umkäme, sollte Ricaredo an seine Stelle treten. Er begab sich also in aller Eile an Bord des Hauptschiffes, wo die einen den verstorbenen Admiral beweinten, die andern dem lebenden zujubelten. Alle gelobten ihm sogleich Gehorsam und erklärten ihn durch Zuruf kurz als ihren Admiral; denn zu großen Zeremonien hatten sie keine Zeit, da sich die zwei kleinen von den drei Schiffen, die sie entdeckt hatten, von dem großen trennten und auf sie zukamen.

Sie erkannten bald, daß es Galeeren waren, und zwar türkische, denn sie führten Halbmonde in ihren Flaggen. Ricaredo freute sich sehr darüber; denn er dachte, er könnte hier, wenn der Himmel ihm gnädig wäre, eine gute Prise machen, ohne daß er dabei einem Katholiken etwas zuleide tat. Die beiden türkischen Galeeren kamen näher, um die englischen

Schiffe zu rekognoszieren; sie aber trugen nicht die Abzeichen Englands, sondern die Spaniens, um erstens alle zu täuschen, die etwa kommen mochten und sie rekognoszieren wollten, und zweitens, damit man sie nicht für Korsaren hielte. Die Türken glaubten, es seien verschlagene Indienfahrer, deren sie sich mit Leichtigkeit würden bemächtigen können. Sie segelten also nach und nach heran, und Ricaredo ließ sie absichtlich so nahe kommen, bis sie ihm für sein Geschütz ganz schußgerecht lagen. Dann aber ließ er es im rechten Augenblick so spielen, daß er mit fünf Kugeln eine der Galeeren genau in die Mitte traf und einfach spaltete; sie legte sich auf die Seite und begann zu sinken, ohne daß man ihr helfen konnte. Als die andre Galeere dies Unglück bemerkte, nahm sie sie in größter Eile ins Schlepptau und zog sie fort, um sie unter den Schutz des großen Schiffes zu bringen; allein Ricaredo, dessen Schiffe schnelle, leichte Segler waren, die in die Wellen stachen, als hätten sie Ruder, ließ seine Geschütze wieder laden und verfolgte sie bis zum großen Schiff, indem er sie mit einer Unzahl von Kugeln überschüttete. Die Mannschaft von der beschädigten Galeere verließen sie, sobald sie das große Schiff erreicht hatten, und suchten sich in möglichster Eile an dessen Bord zu retten. Als Ricaredo das sah und die unbeschädigte Galeere sich mit der besiegten zu beschäftigen begann, setzte er ihr mit seinen beiden Fahrzeugen heftig zu, ließ ihr keine Zeit, zu wenden noch sich der Ruder zu bedienen, und trieb sie so in die Enge, daß auch ihre Türken sich auf das große Schiff zu flüchten für geraten hielten, und zwar nicht, um sich dort zu verteidigen, sondern einzig, um für den Augenblick ihr Leben zu retten. Die Christensklaven, mit denen die Galeeren bemannt waren, rissen die Bankringe los, zerbrachen die Ketten und mischten sich unter die Türken. Sie flüchteten sich mit ihnen auf das große Schiff, und als sie insgesamt an Bord kletterten, schoß man sie von den englischen Schiffen aus mit Büchsen nieder, wie man nach der Scheibe zielt.

Ricaredo jedoch befahl, nur auf die Türken, nicht aber auf die Christen zu zielen. So wurden fast alle Türken getötet, und die, die das Schiff erreichten, wurden von den Christen, die sich unter sie gemischt hatten und sich nun ihrer eignen Waffen bedienten, in Stücke gehauen. Denn die Kraft der fallenden Starken geht auf die Schwäche derer über, die sich erheben; und so taten die Christen, um ihre Freiheit zu erlangen, Wunder, zumal der Gedanke, die englischen Schiffe seien spanische, ihren Mut noch erhöhte.

Als nun fast alle Türken getötet waren, traten einige Spanier an die Brustwehr des Schiffes und riefen den Engländern, die sie ja auch für Spanier hielten, mit lauter Stimme zu, sie möchten kommen und den Lohn ihres Sieges genießen. Ricaredo fragte sie auf spanisch, was für ein Schiff es sei. Man erwiderte ihm, es komme aus dem portugiesischen Indien und sei beladen mit Spezereien und mit so viel Perlen und Diamanten, daß es mehr als eine Million Goldgulden wert sei; ein Sturm habe es in diese Gegend verschlagen, es sei ganz zerstört, und man habe all sein Geschütz ins Meer geworfen; die Mannschaft sei krank und sterbe fast vor Hunger; jene zwei Galeeren, die dem Korsaren Arnaute Mami gehörten, hätten es am Tage zuvor gekapert, ohne daß es sich hätte verteidigen können. Da sie nun (so hatten sie sagen hören) so viele Schätze auf ihren zwei Booten nicht hätten unterbringen können, so hätten sie es ins Schlepptau genommen, um es in die nahgelegene Larachemündung hineinzubugsieren. Ricaredo erwiderte ihnen, wenn sie glaubten, die beiden Schiffe seien spanische, so täuschten sie sich, denn sie gehörten keiner andern als der Königin von England. Diese Nachricht erfüllte jene, die sie vernahmen, mit Angst und Schrecken, denn sie dachten (und dazu hatten sie ja auch allen Grund), sie seien aus einer Schlinge in die andre geraten. Ricaredo sagte ihnen jedoch, sie sollten nichts fürchten, und sie könnten ihrer Freiheit gewiß sein, wenn sie sich nur nicht wehren wollten. »Das wäre uns auch gar nicht möglich«, versetzte man; »denn, wie schon gesagt, fehlt es diesem Schiff an Geschütz und uns an Waffen. Wir sind also gezwungen, uns der Großmut und der Rechtlichkeit eures Admirals auszuliefern. Und gewiß wird billigerweise der, der uns aus der unerträglichen Gefangenschaft der Türken befreit hat, diese seine Gnade und Wohltat vollkommen machen; denn überall wird er sich dadurch Ruhm erwerben, wo man von diesem denkwürdigen Sieg und von seiner Großmut vernehmen wird, auf die wir mehr hoffen, als daß wir sie fürchteten.«

Die Worte des Spaniers gefielen Ricaredo nicht übel. Er berief seine Offiziere zur Beratung und fragte sie, wie er es anfangen könne, alle Christen nach Spanien zu schicken, ohne daß er sich der Gefahr eines Überfalls aussetzte; denn ihre Überzahl werde sie vielleicht ermutigen, sich zu empören. Manche hielten dafür, er sollte sie einen um den andern auf sein Schiff herüberkommen lassen und, sowie sie unter Deck seien, umbringen; auf diese Weise könnte man alle töten und das große Schiff ohne Sorge und Gefahr nach London schaffen. Ricaredo aber erwiderte: »Da uns Gott so viel Gnade erzeigt und uns so viel große Reichtümer überliefert hat, will ich ihm nicht mit Grausamkeit und Undank entgelten, noch da mit dem Schwerte helfen, wo man mit Klugheit auskommen kann. Ich bin also der Meinung, daß kein katholischer Christ sterben soll, nicht weil ich ihnen, sondern weil ich mir selber wohl will. Ich möchte nicht, daß die heutige Tat mir oder euch, die ihr meine Gefährten wart, neben dem Namen der Tapferen auch den Beinamen der Grausamen einträgt; denn Grausamkeit und Tapferkeit vereint ergeben keinen guten Klang. Wir müssen sämtliche Geschütze von einem unsrer Schiffe auf das große portugiesische hinüberschaffen, so daß weder Waffen noch überhaupt irgend etwas auf dem Fahrzeug bleibt, außer Lebensmitteln. Das große Schiff bemannen wir sodann mit unsern Leuten und nehmen es mit nach England, während die Spanier mit unserm

Fahrzeug nach Spanien gehn.« Niemand wagte dem Vorschlag Ricaredos zu widersprechen. Einige erklärten ihren Admiral für tapfer, großmütig und verständig, andre aber hielten ihn in ihrem Innern für einen besseren Katholiken, als recht war.

Sowie nun Ricaredo seinen Entschluß gefaßt hatte, begab er sich mit fünfzig Musketieren, alle schußfertig und mit brennenden Lunten, auf das portugiesische Schiff. Er fand dort fast dreihundert Personen vor, die sich von den Galeeren gerettet hatten, und verlangte sogleich das Schiffsregister. Er erhielt aber von eben dem, der zuerst von Bord aus mit ihm gesprochen hatte, zur Antwort, der Korsar der beiden Fahrzeuge habe es bei sich gehabt und sei damit ertrunken. Ricaredo ließ sogleich die Schiffswinde in Ordnung bringen, sein zweites Fahrzeug an das große Schiff legen und in wunderbarer Geschwindigkeit mit Hilfe starker Gangspillen alles Geschütz von dem kleinen Fahrzeug auf das große Schiff hinüberschaffen. Dann hielt er eine kurze Anrede an die Christen, befahl ihnen, sich in das ausgeräumte Fahrzeug zu begeben, wo sie Lebensmittel finden würden, die auch für eine noch zahlreichere Mannschaft mehr als ausreichend seien. Und als sie sich entfernten, gab er einem jeden vier spanische Goldtaler, die er von seinem Schiffe herüberbringen ließ, um, wenn sie an Land gelangten, ihrer ersten Not ein wenig abzuhelfen; die Küste war so nahe, daß man schon von hier aus die hohen Berge von Avila und Calpe erblickte.

Alle dankten ihm unendlich für die Gnade, die er ihnen erzeigte. Der letzte, der sich einschiffte, war der Wortführer, der für die übrigen gesprochen hatte, und jetzt fügte dieser hinzu: »Ich würde es für ein noch größeres Glück halten, tapferer Ritter, wenn du mich mit dir nach England nähmst. Denn wenn auch Spanien mein Vaterland ist und ich es erst vor kaum sechs Tagen verließ, so kann ich dort doch nichts finden, was mir nicht Trauer und Vereinsamung bedeuten würde. Wisse, mein Herr, daß ich, als Cadiz eingenommen wurde, vor etwa fünfzehn Jahren eine Tochter verlor, die die Engländer wahrscheinlich mit nach England nahmen; mit ihr verlor ich die Ruhe meines Alters und das Licht meiner Augen, denn seit sie mir fehlt, hat mir nichts, was ich noch erlebte, Freude gemacht. Der schwere Kummer, den ihr Verlust mir brachte, nagte zusammen mit dem Verlust meines Vermögens, das ich gleichzeitig eingebüßt hatte, so an mir, daß ich keinen Handel mehr treiben wollte noch konnte, obwohl er mir den Ruf des reichsten Kaufherrn in der ganzen Stadt eingetragen hatte. Und ich war es auch in der Tat; denn außer dem Kredit, der sich auf viele hunderttausend Taler erstreckte, betrug das Vermögen in meinem Haus über fünfzigtausend Dukaten. Ich verlor alles; aber doch wäre nichts verloren gewesen, wenn ich nicht meine Tochter verloren hätte. Nach diesem allgemeinen Unglück, das mich besonders schwer traf, brach die Not so gewaltsam über mich herein, daß meine Gattin – es ist die Unglückliche, die hier sitzt – und ich ihr nicht mehr widerstehen konnten. Wir beschlossen, nach Indien zu fahren, dem gewöhnlichen Zufluchtsort armer, edeldenkender Menschen. Als wir nun vor sechs Tagen in einem Postschiffe unter Segel gegangen waren, fielen wir gleich beim Auslauf aus Cadiz jenen beiden Raubfahrzeugen in die Hände. Sie nahmen uns gefangen, und damit begann unser Unglück von neuem. Noch schlimmer aber wäre es gewesen, wenn die Korsaren nicht dieses portugiesische Schiff genommen hätten; denn das hielt sie so lange auf, bis geschah, was ihr gesehn habt.«

Ricaredo fragte ihn, wie seine Tochter heiße. »Isabel«, erwiderte er. Das bestärkte Ricaredo in seiner Vermutung, der Spanier sei der Vater seiner geliebten Isabel. Ohne ihm jedoch ein Wort von ihr zu sagen, erklärte er, er werde ihn und seine Gattin mit Vergnügen nach London bringen, wo sie vielleicht Nachricht finden würden von der, nach der sie sich so sehr sehnten. Er ließ sie sogleich auf sein Hauptschiff herüberkommen und versah das portugiesische hinlänglich mit Matrosen und Wachen. Noch am selben Abend gingen sie unter Segel, und sie beeilten sich, von der spanischen Küste fortzukommen; denn immer noch fürchteten sie das Schiff mit den freigelassenen Gefangenen, unter denen auch etwa zwanzig Türken waren; auch ihnen hatte Ricaredo die Freiheit gegeben, um zu zeigen, daß ihn mehr seine Menschlichkeit und sein Edelsinn als seine Liebe zu den Katholiken trieb, wenn er sich großmütig erwies. Er bat die Spanier, den Türken bei der ersten besten Gelegenheit die volle Freiheit zu schenken, so daß auch sie sich ihm dankbar zeigten.

Der Wind, der erst günstig aufzufrischen versprach, legte sich jedoch wieder etwas, und diese Windstille weckte in den Engländern bange Besorgnis. Sie tadelten Ricaredo und seine Großmut und sagten, die Freigelassenen könnten in Spanien von dem Vorfall Nachricht geben, und wenn zufällig Kriegsschiffe im Hafen lägen, so könnten sie ihnen nachsetzen, sie arg bedrängen und schließlich gar vernichten. Ricaredo sah wohl ein, daß sie recht hatten, allein er beschwichtigte alle und brachte sie durch Überredung zur Ruhe. Noch leichter freilich gelang dies dem Wind, der von neuem einsetzte und all ihre Segel schwellte, so daß sie sich, ohne sie einziehn oder viel richten zu brauchen, in der Zeit von neun Tagen im Angesicht von London befanden.

Als sie so im Triumph heimkehrten, waren seit ihrer Abfahrt dreißig Tage vergangen. Aus Rücksicht auf den Tod des Admirals wollte Ricaredo nicht mit vollen Freudenzeichen in den Hafen einziehn; er mischte also leise Trauerklänge in die Siegesfanfaren. Bald ertönten heitere Hörner, bald gedämpfte Trompeten; jetzt vernahm man lustiges Trommelwirbeln und Waffengetöse, jetzt die klagenden Töne der Pfeifen. Von einem Maste hing eine umgekehrte, mit Halbmonden besäte Flagge herab, auf dem andern erblickte man einen langen Wimpel aus schwarzem Taft, deren Spitzen das Wasser berührten. Unter diesen widerspruchsvollen Zeichen lief er mit seinem kleinen Schiffe in den Fluß bei London ein; denn das große portugiesische hatte nicht Wasser genug, um fahren zu können, und blieb daher weiter draußen auf der Reede. Diese einander so widersprechenden Zeichen und Signale setzten die zahllose Volksmenge, die sich am Ufer sammelte, sehr in Erstaunen; man erkannte wohl an einigen Merkmalen, daß das kleinere Schiff das Hauptschiff des Freiherrn von Lansac war, konnte aber nicht begreifen, wie das andre Fahrzeug sich in jenes große, gewaltige Schiff verwandelt habe, das dort auf hoher See geblieben war. Alle Zweifel aber lösten sich, als der tapfere Ricaredo in seiner vollen, reichen und glänzenden Rüstung ins Boot sprang und sofort, ohne weiteres Geleite als das einer unzähligen Volksmenge, die ihm folgte, zu Fuß nach dem Palast ging, wo die Königin in einer Galerie auf Nachricht von den Schiffen harrte. Bei der Königin befand sich unter andern Damen, und zwar in englischer Tracht, auch Isabel. Sie sah in dieser Kleidung ebenso reizend aus wie in der kastilischen. Ehe aber Ricaredo selbst erschien, kam ein Bote, der der Königin Nachricht von seiner Ankunft brachte. Isabel erschrak, als sie Ricaredos Namen hörte, denn sie schwebte zwischen Furcht und Hoffnung über den Erfolg seiner Fahrt.

Ricaredo war hoch von Statur, wohlgebildet und ebenmäßig gebaut, und da er an Brust, Rücken, Hals, Armen und Beinen in eine reich mit Gravierungen geschmückte, vergoldete, mailändische Rüstung gehüllt war, gefiel er allen, die ihn sahen, äußerst wohl. Sein Haupt war nicht mit einem Helm bedeckt, sondern mit einem grauen, breitrandigen Hut, der mancherlei auf wallonische Art in drei Büsche geteilte Federn trug. In einem kostbaren Wehrgehänge hing ihm ein breites Schwert auf der Hüfte, und seine Hosen waren nach schweizer Art geschnitten. Viele verglichen ihn, als er in diesem Schmuck so stolz einherschritt, mit Mars, dem Gott der Schlachten; andre sollen ihn, verleitet von der

Schönheit seines Gesichts, mit Venus verglichen haben, die sich so verkleidet habe, um mit Mars irgendeinen Scherz zu treiben.

Endlich trat er vor die Königin. Er fiel auf die Knie und sprach: »Erhabene Majestät, kraft Eures Glückes und im Einklang mit meinen Wünschen geschah es, nachdem Admiral von Lansac an einem Schlagfluß gestorben war, daß, als ich dank Eurer Huld kaum seine Stelle eingenommen hatte, mir das Geschick zwei türkische Galeeren zuführte, die jenes große Schiff bugsierten, das Ihr von hier aus seht. Ich griff sie an, Eure Soldaten fochten wie immer, die Fahrzeuge der Korsaren wurden in den Grund gebohrt. Auf einem der unsern gab ich in Eurem königlichen Namen den Christen, die der Gewalt der Türken entronnen waren, die Freiheit. Nur einen Mann und eine Frau, beide Spanier, nahm ich mit, da sie das Vergnügen genießen wollten, Eure Majestät zu sehn. Jenes Schiff ist eines von denen, die aus dem portugiesischen Indien kommen; es geriet durch einen Sturm in solche Not, daß es den Türken in die Hände fiel, die es mit geringer Mühe, oder besser mühelos überwältigten. Wie einige der Portugiesen sagten, die an Bord waren, beträgt der Wert der Spezereien und andern Waren, der Perlen und Diamanten, die sich in der Ladung befinden, mehr als eine Million Goldgulden. Nichts ist bisher angerührt worden, und auch die Türken hatten noch nichts entnommen; denn der Himmel fügte es so, und auch ich sorgte durch meine Befehle dafür, daß alles für Eure Majestät bewahrt blieb. Bin ich doch für ein einziges Kleinod, das Ihr mir gebt, noch mit zehn weiteren Schiffen in Eurer Schuld. Dieses Kleinod haben mir Eure Majestät schon versprochen; es ist meine gute Isabel. Durch sie werde ich reichlich belohnt sein, nicht nur für diesen Dienst, den ich Eurer Majestät geleistet habe, wieviel er auch wert sein mag, sondern noch für viele andre, die ich Euch zu leisten gedenke, um einen Teil der fast unermeßlichen Schuld abzutragen, in die ich gerate, wenn Eure Majestät mir dieses Kleinod übergeben.«

»Steht auf, Ricaredo«, versetzte die Königin, »und glaubt mir, wenn ich Euch Isabel als Lohn geben sollte, so könntet Ihr sie, wie ich sie schätze, weder mit dem, was dieses Schiff enthält, bezahlen, noch mit allem, was in Indien zurückgeblieben ist. Ich gebe sie Euch, weil ich sie Euch versprochen habe, weil sie Euch und weil Ihr sie verdient. Eure Tapferkeit allein soll sie Euch gewinnen. Habt Ihr die Kleinode des Schiffes für mich aufgehoben, so habe ich Euer Kleinod für Euch aufbewahrt. Scheint es Euch auch, als tue ich nicht viel, wenn ich Euch das zurückgebe, was Euer Eigentum ist, so weiß ich doch, daß ich Euch damit eine große Gnade erweise; denn ein Schatz, den man durch die Liebe erwirbt und dessen Wert in der Seele des Erwerbers liegt, ist so viel wert wie die Seele selbst, und es gibt keinen Preis auf der Welt, der ihn aufwiegen könnte. Isabel ist die Eure! Seht, hier steht sie! Sobald Ihr wollt, könnt Ihr den vollen Besitz antreten, und ich glaube, sie hat nichts dagegen; denn sie ist klug, und sie wird die Freundschaft, die Ihr ihr beweist, zu schätzen wissen. Ich sage nicht Gnade, sondern Freundschaft; denn gern möchte ich mich rühmen, daß ich allein ihr Gnade erweisen kann. Geht jetzt und ruht Euch aus, und besucht mich morgen wieder, denn ich will ausführlicher von Euren Taten hören. Bringt mir dann auch jene beiden mit, die Euch, wie Ihr sagtet, aus eignem Antrieb begleitet haben, um mich hier zu sehn. Ich will ihnen dafür danken.«

Ricaredo küßte der Königin die Hand für die große Gnade, die sie ihm erzeigte. Die Königin trat in einen Saal, die Damen aber umringten Ricaredo, und eine von ihnen, die schon in inniger Freundschaft mit Isabel verbunden war (sie hieß Fräulein Tansi und galt als die klügste, freimütigste und anmutigste von allen), sagte zu Ricaredo: »Was ist das, Herr Ricaredo? Was für Waffen sind dies? Glaubet Ihr etwa, Ihr müßtet mit Euren Feinden kämpfen? Nun wahrlich, wir sind hier alle Eure Freundinnen, außer etwa Fräulein Isabel, die Euch als Spanierin nicht wohlgesinnt sein darf!«

»Wenn sie sich nur überhaupt entsinnt, Fräulein Tansi, daß sie mir irgendeine Gesinnung bewahren muß«, erwiderte Ricaredo. »Wenn ich nur in ihrem Gedächtnis lebe, so bin ich überzeugt, daß sie mir gut gesinnt ist, denn mit ihrem guten Herzen, ihrem Verstande und ihrer seltenen Schönheit ist die Falschheit des Undanks unvereinbar.«

Da sagte Isabel: »Herr Ricaredo, da ich die Eure werden soll, so habt Ihr ein Recht, Euch für die Lobsprüche, die Ihr mir erteilt, und für die Gnade, die Ihr mir widerfahren zu lassen gedenkt, an mir schadlos zu halten.«

Diese und andre sittsame Gespräche führte Ricaredo mit Isabel und den Damen, unter denen sich auch ein Fräulein in zartem Alter befand, das immer nur staunend auf Ricaredo blickte, solange er da war. Sie hob ihm die Taschenklappen auf, um zu sehn, was darunter sei, faßte seinen Degen an und wollte sich in kindischer Einfalt seiner Rüstung wie eines Spieles bedienen, indem sie ganz nahe herzutrat, um sich darin zu beschauen. Als er fort war, wandte sie sich zu den Damen und sagte: »Jetzt, meine Damen, kann ich mir erst vorstellen, wie wunderschön der Krieg sein muß, da sich bewaffnete Männer selbst unter Frauen so gut ausnehmen.«

»Freilich nehmen sie sich gut aus«, erwiderte Fräulein Tansi. »Seht nur Ricaredo! Ist es nicht, als wäre die Sonne zur Erde herabgestiegen und wandelte in diesem Aufzug durch die Straßen?«

Alle lachten über des Mädchens Worte und den unsinnigen Vergleich des Fräulein Tansi. Dabei fehlte es auch nicht an bösen Zungen, die es für ungeziemend erklärten, daß Ricaredo bewaffnet im Palast erschienen sei. Doch andre entschuldigten ihn und meinten, er habe als Soldat so handeln können, um seinen ritterlichen Sinn zu zeigen.

Ricaredo wurde von seinen Eltern, Verwandten, Freunden und Bekannten sehr freundlich und mit den Zeichen aufrichtiger Liebe empfangen. An jenem Abend wurden in London allgemein aus Freude über den glücklichen Erfolg seines Streifzugs Feste gefeiert. Isabels Eltern befanden sich bereits im Haus Clotaldos, dem Ricaredo gesagt hatte, wer sie seien. Doch hatte er gebeten, man möge ihnen nichts von Isabel sagen, bis er es selbst tun werde. Auch Frau Catalina, seiner Mutter, und allen Dienern und Dienerinnen des Hauses gab er den gleichen Wunsch zu erkennen. Noch in derselben Nacht begann man mit vielen Fahrzeugen, Kähnen und Barken vor einer zahlreichen Menge von Zuschauern das große Schiff zu entladen; allein nach acht Tagen hatte man die Mengen von Gewürzen und andern köstlichen Waren, die es in seinem Bauche verschlossen hielt, immer noch nicht ganz geborgen.

Am folgenden Tage begab sich Ricaredo mit Isabels Eltern in den Palast; zuvor hatte er ihnen neue englische Kleidung verschafft und gesagt, die Königin wolle sie sehn. Sie fanden dort die Königin mitten unter ihren Damen, Ricaredo erwartend, dem sie eine besondere Gnade und Auszeichnung erweisen wollte, indem sie Isabel neben sich stehn ließ, und zwar in ganz derselben Tracht, in der sie das erste Mal vor der Königin erschien, und in der sie auch nicht minder schön aussah als damals. Isabels Eltern waren verwundert und erstaunt, so viel Glanz und Pracht hier vereint zu erblikken. Sie richteten ihre Augen auf Isabel, erkannten sie aber nicht, obgleich ihnen das Herz, voll von der Ahnung des Glücks, das ihnen so nahe lag, im Busen zu klopfen begann, und zwar nicht mit dem Ungestüm, das sie traurig gemacht hätte, sondern mit einem Wohlgefühl, das sie sich selbst nicht zu deuten vermochten. Die Königin ließ nicht zu, daß Ricaredo vor ihr kniete; sie hieß ihn vielmehr aufstehn und sich auf ein Taburett setzen, das man eigens aus diesem Anlaß vor sie hingestellt hatte. Das war bei der stolzen Sinnesart der Königin eine ungewohnte Gnade, und einer der Anwesenden sagte zu einem andern: »Ricaredo sitzt heute nicht auf dem Sessel, den man ihm gegeben, sondern auf dem Pfeffer, den er mitgebracht hat.« Ein andrer trat hinzu und sagte: »Nun bewährt sich das Sprichwort, daß Geschenke Felsen sprengen; denn die, die Ricaredo mitgebracht hat, haben unsrer Königin das harte Herz erweicht.« Ein dritter aber meinte: »Jetzt, da er so gut im Sattel sitzt, wird mehr als einer ihn reiten wollen.«

In der Tat schlich sich infolge der ungewohnten Ehre, die die Königin Ricaredo erwies, der Neid in die Herzen vieler ein, die diese Auszeichnung sahen; denn ein Fürst kann keinem seiner Vertrauten eine Gnade erweisen, ohne daß sie nicht wie eine Lanze das Herz des Neiders durchbohrt. Die Königin wollte von Ricaredo den genauen Hergang des Gefechts mit den Fahrzeugen der Korsaren erfahren. Er erzählte ihn der Königin also nochmals und gab Gott und den tapfern Soldaten die Ehre des Sieges, wobei er allen das größte Lob erteilte und die Taten einzelner, die sich mehr ausgezeichnet hatten als die übrigen, noch besonders hervorhob. Das bewog die Königin, ihnen allen Belohnungen auszuteilen und vorzüglich den von ihm besonders Genannten. Als er nun berichtete, wie er im Namen Ihrer Majestät den Türken und Christen die Freiheit geschenkt habe, fügte er hinzu, indem er auf Isabels Eltern deutete: »Diese Frau und dieser Mann, die hier vor Euch stehn, sind die beiden, von denen ich Eurer Majestät schon gestern sagte; das Verlangen, Eure Majestät zu sehn, bewog sie, mich inständig zu bitten, daß ich sie mit mir nähme. Sie sind aus Cadiz, und nach dem, was sie mir erzählten und was ich selbst an ihnen gesehn und beobachtet habe, weiß ich, daß es vornehme und rechtschaffene Leute sind.«

Die Königin befahl ihnen, näher zu treten. Isabel blickte auf, um die zu betrachten, die Spanier sein sollten und noch dazu aus Cadiz kamen; denn sie wünschte von ihnen zu erfahren, ob sie etwa ihre Eltern kennten. Als nun Isabel die

Augen aufschlug, richtete auch ihre Mutter die ihren auf sie und hielt inne, um sie aufmerksamer zu betrachten. Zugleich erwachten in Isabels Gedächtnis allmählich dunkle, unklare Erinnerungen, daß sie diese Frau, die hier vor ihr stand, schon früher einmal gesehen haben müsse. Ihr Vater war in derselben Verwirrung, wagte aber der Wirklichkeit, die sich seinen Blicken darbot, keinen Glauben zu schenken. Ricaredo wandte all seine Aufmerksamkeit den Regungen und Bewegungen in den drei überraschten, zweifelnden Gemütern zu, die zwischen dem Ja und dem Nein der Wiedererkennung schwankten. Die Königin bemerkte die Überraschung der beiden und auch Isabels Unruhe; denn sie sah, wie ihr die Glut zu Kopfe stieg und wie sie mehrmals die Hand zu den Haaren hob, als wollte sie sie ordnen. Indessen wünschte Isabel, sie, die sie für ihre Mutter hielt, möchte reden; vielleicht würde dann ihre Stimme sie dem Zweifel entreißen, den ihre Augen in ihr weckten. Die Königin befahl Isabel, die Leute in spanischer Sprache zu fragen, was sie bewogen habe, die Freiheit auszuschlagen, die Ricaredo ihnen gegeben hatte, da doch die Freiheit als das teuerste Gut gelte, und zwar nicht allein vernünftigen Menschen, sondern selbst den Tieren, die der Vernunft entbehren. Isabel richtete nun diese Frage an ihre Mutter. Sofort und ohne ihr ein Wort zu erwidern, ganz in Gedanken versunken und halb strauchelnd, näherte sie sich Isabel, hob, ohne sich um höfische Rücksichten, um Angst oder Ehrfurcht zu kümmern, ihre Hand an das rechte Ohr Isabels und entdeckte dort ein schwarzes Muttermal. Dieses Zeichen bestätigte ihre Ahnung vollends, und sie sah nun deutlich, daß Isabel ihre Tochter war. Sie umarmte sie und rief laut: »O mein Herzenskind! Du teures Kleinod meiner Seele!« Außerstande, noch einen Schritt zu tun, sank sie Isabel ohnmächtig in die Arme. Ihr Vater, nicht weniger zärtlich als klug, gab seine Empfindungen durch keine andre Sprache kund, als durch die der Tränen, deren Ströme sein ehrwürdiges Gesicht und seinen Bart benetzten. Isabel legte ihr Gesicht an das ihrer Mutter, wandte die Blicke auf den Vater und sah ihn mit einem Ausdruck an, der ihm deutlich zeigte, mit wieviel Freude und Befriedigung sie ihre Eltern hier erblickte. Die Königin war hierüber voller Verwunderung und sagte zu Ricaredo: »Ich glaube, Ricaredo, Ihr habt dieses Wiedersehn absichtlich so herbeigeführt; aber ich weiß nicht, ob ich Euch dafür loben soll, denn es ist bekannt, daß plötzliche Freude ebenso zu töten vermag wie die Trauer.« Mit diesen Worten wandte sie sich zu Isabel und trennte sie von ihrer Mutter, die wieder zu sich kam, als man ihr Gesicht mit Wasser benetzte. Und sobald sie sich ein wenig gesammelt hatte, kniete sie vor der Königin nieder und sprach: »Eure Majestät verzeihen meine Dreistigkeit! Aber es ist kein Wunder, wenn ich vor Freude, dieses geliebte Kleinod wiederzufinden, die Besinnung verlor.« Die Königin erwiderte ihr, sie habe recht. Sie bediente sich, um sich verständlich zu machen, Isabels als ihrer Dolmetscherin.

So fanden also Isabel ihre Eltern und diese ihre Tochter wieder. Die Königin befahl ihnen, im Palaste zu bleiben, damit sie ihre Tochter nach Belieben sehn, sprechen und sich ihrer erfreuen könnten. Ricaredo freute sich hierüber sehr und bat die Königin von neuem, ihr Versprechen zu erfüllen und ihm Isabel zu geben, wenn er sie verdiene. Sei dem jedoch nicht so, so bitte er sie, ihm sogleich Aufgaben zu stellen, die ihn würdig machen könnten, das Ziel seiner Wünsche zu erreichen.

Die Königin merkte sehr wohl, daß Ricaredo sich seiner selbst und seiner Tapferkeit bewußt war, und also bedurfte es keiner weiteren Proben, sie zu erweisen. Sie antwortete ihm daher, sie werde ihm Isabel in vier Tagen übergeben und ihnen beiden alle Ehre antun, die sie ihnen antun könnte. Da nahm Ricaredo Abschied, voller Freude über die nahe Hoffnung, die man ihm gab, Isabel zu besitzen, ohne daß er zu befürchten brauchte, sie wieder zu verlieren; und das ist ja das letzte Ziel der Wünsche aller Liebenden. – Die Zeit entfloh, doch seinen Wünschen nicht schnell genug; denn wer der Erfüllung eines Versprechens harrt, dem scheint es nie, als fliege die Zeit, sondern als gehe sie auf den Füßen der Trägheit selber. Endlich aber kam der Tag, an dem Ricaredo seinen Wünschen nicht ein Ziel zu setzen, sondern vielmehr in Isabel neue Reize zu finden hoffte, um deretwillen er sie noch inniger lieben würde. Aber während der kurzen Spanne Zeit, in der er meinte, das Schiff seines Glücks segle mit günstigem Winde nach dem ersehnten Hafen, erregte sein Unstern auf seinem Meere einen solchen Sturm, daß er tausendmal zu ertrinken fürchtete.

Die Oberkammerfrau der Königin nämlich, der Isabel anvertraut war, hatte einen Sohn von zweiundzwanzig Jahren, namens Graf Ernesto. Sein hoher Stand, sein Adel und die große Gunst, die seine Mutter bei der Königin genoß, machten ihn über Gebühr anmaßend, hoffärtig und zuversichtlich. Dieser Ernesto nun verliebte sich so sterblich in Isabel, daß sich an dem Lichte der Augen Isabels seine ganze Seele entzündete. Aber obgleich er ihr während der Zeit, in der Ricaredo abwesend war, sein Verlangen durch mancherlei Zeichen entdeckt hatte, so hatte Isabel doch nie geduldet, daß er sich ihr nahte. Und wenn auch sonst gewöhnlich Verachtung und Abweisung erst keimender Liebe den Verliebten von seinem Vorhaben abschrecken, so bewirkte doch die häufige und unverhohlene Zurückweisung, die Ernesto von Isabel erfuhr, bei ihm das Gegenteil; denn er entbrannte in Eifersucht und glühte infolge ihrer Sittsamkeit nur um so mehr. Als er nun sah, daß die Königin bei sich selber entschieden hatte, Ricaredo habe Isabel verdient, und als er hörte, daß sie ihm schon in so kurzer Zeit als Gattin übergeben werden sollte, da wollte er sich in seiner Verzweiflung töten. Allein ehe er zu einem so ruchlosen und feigen Mittel griff, sprach er mit seiner Mutter und sagte ihr, sie sollte die Königin bitten, ihm Isabel zur Frau zu geben; und wenn das nicht geschehe, so möge sie überzeugt sein, daß der Tod an die Tür seines Lebens poche.

Die Kammerfrau war aufs höchste erstaunt, als sie die Worte ihres Sohnes vernahm; und da sie die Schroffheit seines kecken Gemüts kannte und wußte, wie zäh Leidenschaften in seiner Seele wurzelten, so fürchtete sie, seine Liebe könnte zu einem unglücklichen Ende führen. Deshalb versprach sie ihrem Sohne (denn es liegt in der Natur einer jeden Mutter, daß sie das Wohl ihrer Kinder will und dafür sorgt), mit der Königin zu sprechen; freilich hoffte sie nicht, die Königin zu einem Wortbruch bewegen zu können, und sie wußte, daß sie Unmögliches verlangte. Aber sie wollte wenigstens den Versuch nicht unterlassen und das Äußerste erproben.

Am Morgen des zur Vermählung bestimmten Tages ward Isabel auf Befehl der Königin so reich gekleidet, daß es die Feder nicht zu schildern vermag. Die Königin selbst hing ihr eine Schnur der kostbarsten Perlen, die das Schiff mitgebracht hatte, um den Hals, eine Schnur, die man auf zwanzigtausend Dukaten schätzte, und steckte ihr einen Ring mit einem Diamanten an den Finger, der einen Wert von sechstausend Talern hatte. Die Damen waren in großer Bewegung und bereiteten sich auf das Fest der kommenden Vermählung vor. Da trat plötzlich die Oberkammerfrau der Königin herein und bat sie kniefällig, Isabels Vermählung noch zwei Tage aufzuschieben; denn wenn Ihre Majestät ihr diese Gnade erweise, so werde sie das allein als hinreichenden Lohn für ihre Dienste ansehn: als alles, was sie verdiene und hoffe. Die Königin wollte wissen, weshalb sie so dringend diesen Aufschub von ihr verlangte, der ihrem, Ricaredo gegebenen Versprechen ganz zuwiderlief. Die Kammerfrau weigerte sich jedoch, der Königin eine Antwort zu geben, bevor sie versprochen hätte, ihre Bitte zu erfüllen. Die Königin tat es; so sehr wünschte sie den Grund ihrer Bitte zu erfahren. Als die Kammerfrau nun erreicht hatte, was sie begehrte, erzählte sie der Königin von der Liebe ihres Sohnes und sagte ihr, sie fürchte, er werde, falls man ihm nicht Isabel zum Weibe gebe, sich seiner Verzweiflung überlassen oder irgendeine Tat begehn, die öffentliches Ärgernis erregen müsse; und wenn sie sich diese zwei Tage ausgebeten habe, so sei es nur geschehn, damit Ihre Majestät Zeit gewinne, darüber nachzudenken, welches Mittel geeignet und schicklich sei, um ihrem Sohne zu helfen. Die Königin erwiderte, stände ihr nicht ihr königliches Wort im Wege, so würde sie wohl einen Ausweg aus diesem verworrenen Labyrinth finden; so aber könne sie um alle Schätze der Welt willen ihr Wort nicht brechen und Ricaredos Hoffnungen vereiteln.

Diese Antwort überbrachte die Kammerfrau ihrem Sohne, der, glühend vor Liebe und Eifersucht, unverzüglich seine vollständige Rüstung anlegte und auf einem starken, schönen Rosse nach Clotaldos Hause ritt, wo er mit lauter Stimme verlangte, Ricaredo solle sich am Fenster zeigen. Dieser hatte schon die hochzeitliche Kleidung angelegt und stand im Begriff, sich mit dem für eine solche Feier erforderlichen Geleit in den Palast zu begeben. Als er aber jetzt den Ruf vernahm und man ihm sagte, von wem er ausging und in welchem Aufzug Ernesto komme, da trat er ein wenig befremdet ans Fenster, und Ernesto sagte, sowie er ihn erblickte: »Ricaredo, höre aufmerksam an, was ich dir sagen will! Die Königin, meine Gebieterin, hat dir befohlen, ihr zu dienen und Taten zu verrichten, die dich der unvergleichlichen Isabel würdig machen könnten. Du zogst aus und kamst mit goldbeladenen Schiffen zurück; jetzt meinst du dadurch Isabel erkauft und verdient zu haben. Wenn aber die Königin, meine Gebieterin, sie dir versprochen hat, so geschah es in der Meinung, es sei niemand an ihrem Hofe, der ihr besser dienen könne als du und der Isabel mit mehr Recht verdiene. Da ich nun der festen Meinung bin, daß sie sich hierin irrt, so behaupte ich, daß du weder Taten verrichtet hast, durch die du Isabel verdient hättest, noch daß du irgend etwas zu tun vermagst, was dich eines so hohen Glücks würdig machen könnte. Und willst du mir widersprechen, wenn ich sage, daß du sie nicht verdienst, so fordere ich dich heraus auf Leben und Tod.«

Damit schwieg der Graf, und Ricaredo entgegnete: »Ich bin keineswegs verpflichtet, Eurer Herausforderung Folge zu leisten, Herr Graf; denn ich bekenne nicht nur, daß ich Isabel nicht verdiene, sondern sogar, daß sie niemand von allen verdient, die auf dieser Erde leben. Da ich also alles zugebe, was Ihr sagt, so wiederhole ich Euch, daß Eure Herausforderung mich nichts angeht. Aber ich nehme sie dennoch an, weil Ihr die Keckheit besaßet, mich herauszufordern.«

Mit diesen Worten verließ er das Fenster und verlangte eilig seine Waffen. Seine Verwandten und alle, die gekommen waren, um ihn in den Palast zu begleiten, waren aufs äußerste bestürzt. Unter den vielen Leuten, die den Grafen Ernesto bewaffnet gesehn und seine laute Forderung vernommen hatten, konnte es nicht an jemandem fehlen, der eiligst der Königin alles hinterbrachte. Diese befahl, den Grafen festzunehmen. Der Hauptmann beeilte sich so sehr, daß er gerade in dem Augenblick ankam, als Ricaredo aus dem Tor seines Hauses kam, angetan mit der Rüstung, die er bei der Landung getragen hatte, und hoch zu Roß.

Als der Graf den Hauptmann sah, erriet er sogleich, zu welchem Zweck er gekommen sei, beschloß, sich nicht gefangennehmen zu lassen, und rief Ricaredo zu: »Du siehst, Ricaredo, welches Hindernis uns trennt. Hast du Lust, mich zu strafen, so wirst du mich suchen. Und da auch ich dich züchtigen möchte, so werde ich dich suchen. Zwei Menschen aber, die sich suchen, finden sich leicht; und deshalb wollen wir die Ausführung unsres Plans vorläufig verschieben.«

»Ich bins zufrieden«, erwiderte Ricaredo.

Im selben Augenblick kam der Hauptmann mit seiner ganzen Wache und befahl dem Grafen, sich im Namen Ihrer Majestät gefangen zu geben. Der Graf versetzte, es möge geschehn, aber sie sollten ihn nirgend anders hinführen, als vor das Angesicht der Königin. Der Hauptmann war bereit, nahm ihn mit seiner Schar in die Mitte und führte ihn in den Palast vor die Königin, die schon von der Kammerfrau über ihres Sohnes heftige Liebe zu Isabel unterrichtet war. Mit Tränen in den Augen hatte die Kammerfrau die Königin gebeten, dem Grafen zu verzeihn. Ernesto trat vor die Königin, und sie befahl, ohne sich weiter in Erörterungen einzulassen, daß man ihm den Degen nehme und ihn als Gefangenen in einen Turm führe.

All diese Wechselfälle peinigten das Herz Isabels und ihrer Eltern, die so unerwartet den heitern Himmel ihres Glücks getrübt sahen. Die Kammerfrau riet der Königin, um all das Unheil zu beschwören, das zwischen ihrer Verwandtschaft und der Ricaredos hereinbrechen könnte, sie solle den Anlaß des Streits aus dem Wege räumen, indem sie Isabel nach Spanien schickte. Auf diese Art werde den zu befürchtenden Folgen vorgebeugt. Sie fügte diesen Gründen noch hinzu, Isabel sei katholisch, und zwar so entschieden, daß keiner der Überredungsversuche, an denen sie es nicht habe fehlen lassen, imstande gewesen sei, sie in irgendeinem Punkte von ihrer katholischen Gesinnung abzubringen. Die Königin erwiderte jedoch, sie achte sie nur um so höher, weil sie den Glauben, den ihre Eltern sie gelehrt hätten, so fest zu behaupten wisse; Isabel aber nach Spanien zurückzusenden, davon könne keine Rede sein, denn die Schönheit ihrer Erscheinung und ihre vielen Reize und Tugenden gefielen ihr, und ohne Zweifel müsse sie sie, wenn nicht heute, so doch demnächst Ricaredo zur Gemahlin geben, wie sie ihm versprochen habe.

Dieser Entschluß der Königin brachte die Kammerfrau in solche Verzweiflung, daß sie ihr kein Wort darauf zu erwidern vermochte, sich aber nur um so fester überzeugte, wenn sie nicht Isabel aus dem Wege räumte, werde es unmöglich sein, ihres Sohnes heftige Gemütsart zu beschwichtigen oder ihn zu bewegen, daß er mit Ricaredo Frieden halte. Sie entwarf daher den Plan zu einer der größten Grausamkeiten, die nur einer Frau, und noch dazu einer so vornehmen wie ihr, in den Sinn kommen konnten; sie plante nämlich nichts andres, als Isabel durch Gift zu töten. Und da Frauen ihrer Natur gemäß meist rasch entschlossen sind, so vergiftete sie Isabel noch an demselben Abend mit eingemachten Früchten, die sie ihr reichte; unter dem Vorwand, sie seien gut gegen die Beklemmung des Herzens, die sie fühle, bewog sie Isabel, diese zu nehmen. Bald nachdem sie diese gegessen hatte, begannen ihr schon Zunge und Kehle anzuschwellen, die Lippen wurden schwarz, die Stimme heiser, die Augen wurden ihr trübe, und ihre Brust zog sich zusammen; lauter bekannte Zeichen, daß ihr Gift gereicht worden war. Die Hofdamen liefen zur Königin, um ihr zu erzählen, was vorgefallen war, und sie sagten ihr, daß nur die Kammerfrau dies Unheil angerichtet haben könnte. Es war nicht schwer, die Königin zu überzeugen. Sie ging daher zu Isabel, die schon im Verscheiden lag. In aller Eile befahl sie, ihre Ärzte zu rufen, und ließ ihr, bis sie kamen, mehrere Einhornpulver und viele andre Gegengifte reichen, wie sie Fürstlichkeiten für ähnliche Notfälle vorrätig zu haben pflegen. Die Ärzte kamen, unterstützten diese Heilmittel und baten die Königin, sie möge die Kammerfrau zum Geständnis bringen, welches Gift sie ihr gegeben habe; denn niemand zweifelte daran, daß sie und keine andre ihr das Gift gereicht hatte. Sie nannte es, und auf dies Geständnis hin wandten die Ärzte so viele und so wirksame Mittel an, daß Isabel mit Gottes Hilfe am Leben blieb, oder daß wenigstens Hoffnung war, ihr das Leben zu erhalten. Die Königin ließ ihre Kammerfrau festnehmen und in ein enges Zimmer des Palastes einschließen, um sie zu strafen, wie ihr Verbrechen es verdiente; obgleich sie zu ihrer Entschuldigung sagte, sie habe mit der Tötung Isabels dem Himmel ein Opfer bringen wollen, indem sie eine Katholikin aus der Welt schaffte und zugleich den Anlaß der Händel ihres Sohnes.

Als Ricaredo von den traurigen Nachrichten vernahm, hätte er fast den Verstand verloren, so gebärdete er sich unter heftigen Klagen.

Isabel verlor nun zwar nicht ihr Leben, aber ihre Natur verwandelte sich doch sehr und beraubte sie der Augenbrauen, Wimpern und Haare; ihr Gesicht blieb geschwollen, ihre Farbe war dahin, ihre Haut schuppig und ihre Augen beständig voller Tränen. Kurz, sie war völlig entstellt; und wie sie bisher ein Wunder der Schönheit gewesen war, so war sie nun ein Schreckbild der Häßlichkeit. Alle, die sie kannten, hielten es für ein größeres Unglück, sie in diesem Zustand zu sehn, als wenn sie an dem Gift gestorben wäre. Trotzdem verlangte Ricaredo sie von der Königin, und er bat, sie mit in sein Haus nehmen zu dürfen: denn die Liebe, die er für sie fühle, gehe vom Leib auf die Seele über; und wenn sie auch ihre Schönheit eingebüßt habe, so sei sie darum an ihren unendlichen Vorzügen nicht ärmer.

»So ist es«, erwiderte die Königin. »Nehmt sie hin, Ricaredo, und bedenkt, daß Ihr ein köstliches Kleinod empfangt, verschlossen in einem Behältnis aus verächtlichem Stoff. Gott weiß, wie gern ich sie Euch so zurückgeben möchte, wie Ihr sie mir überlassen habt! Aber da es nicht möglich ist, so verzeiht mir! Vielleicht mag die Züchtigung der Frau, die ein solches Verbrechen beging, Euer Verlangen nach Rache einigermaßen stillen.«

Ricaredo sagte der Königin mancherlei, was die Kammerfrau entschuldigen mochte, und er bat sie, ihr zu verzeihn, da die Beweggründe ihres Tuns verdienten, daß ihr selbst noch größere Vergehen verziehn würden. Zuletzt übergab die Königin ihm Isabel und ihre Eltern, und er führte sie in sein Haus, das heißt in das Haus seiner Eltern. Den reichen

Perlen und Diamanten fügte die Königin noch viele andre Kleinodien und Kleider hinzu, so daß alle erkannten, wie sehr sie Isabel liebte. Zwei Monate lang verharrte Isabel in ihrer Häßlichkeit, und es schien, als werde sie ihre frühere Schönheit niemals wiedererlangen. Nach dieser Zeit aber begann ihre Haut sich zu schälen, und ihre schöne Gesichtsfarbe kam wieder zum Vorschein.

Inzwischen hatten Ricaredos Eltern, in der Meinung, Isabel könne unmöglich wieder so schön werden wie früher, den Entschluß gefaßt, und zwar ohne daß Ricaredo davon wußte, das schottische Fräulein in ihr Haus kommen zu lassen, mit dem sie ihn zu vermählen gedachten, ehe er seine Liebe zu Isabel offenbart hatte. Sie zweifelten nicht daran, daß die gegenwärtige Schönheit der neuen Braut die vergangene Isabels in Vergessenheit bringen werde. Diese aber gedachten sie mit ihren Eltern nach Spanien zu schicken und ihnen so viele Reichtümer und Schätze zu geben, daß sie ihre früheren Verluste darüber vergessen könnten. Noch waren keine anderthalb Monate verstrichen, als, ohne daß Ricaredo vorher davon etwas erfuhr, die neue Braut mit einem ihrem Stande angemessenen Geleit zum Tor hereinschritt, und zwar in solcher Schönheit, daß nächst der einstigen Isabelens in ganz London niemand ein so reizendes Mädchen gesehn hatte. Ricaredo war überrascht von dem unvermuteten Anblick des Fräuleins, und er fürchtete, das Unerwartete ihres Erscheinens werde Isabel vollends das Leben kosten. Um daher diesem Schrecken vorzubeugen, trat er an Isabels Krankenbett, bei dem er ihre Eltern vorfand. In ihrer Gegenwart sagte er: »Meine Herzensisabel! Meine Eltern haben vermöge ihrer großen Liebe zu mir, doch ohne zu wissen, mit welcher Liebe ich an dir hänge, ein schottisches Fräulein ins Haus gebracht, mit dem sie mich schon zu vermählen gedachten, ehe ich noch deinen Wert erkannt hatte. Ich glaube, es ist in der Absicht geschehn, durch die große Schönheit dieses Fräuleins die deine aus meiner Seele zu löschen, die ihr doch ewig eingeprägt ist. Ich aber, geliebte Isabel, war von dem Augenblick an, da ich dich liebte, von einer andern Liebe beseelt, welche nicht auf die Befriedigung des sinnlichen Triebes gerichtet ist. Denn wenn auch deine körperliche Schönheit mir die Sinne fesselte, so nahmen doch zugleich deine unzähligen Tugenden meine Seele gefangen; und wenn ich dich in deiner Schönheit liebte, so bete ich dich in deiner Entstellung an. Und damit ich erhärten kann, daß ich die Wahrheit rede, gib mir deine Hand!« Sie reichte ihm die Rechte, die er in seine nahm, um also fortzufahren: »Bei dem katholischen Glauben, den meine christlichen Eltern mich lehrten, und wenn dieser vielleicht nicht ganz so echt ist, wie er sein sollte, bei dem Glauben, den der Statthalter Gottes zu Rom behütet, und den auch ich in meinem Herzen bekenne, glaube und bewahre, und bei dem wahrhaftigen Gott, der uns hört, schwöre und verspreche ich dir, geliebte Isabel, du Hälfte meiner Seele, dein Gemahl zu werden; und ich bin es von diesem Augenblick an, wenn du mich zu dem Glücke erheben willst, daß ich dir gehören darf.«

Isabel war ergriffen von Ricaredos Worten, und ihre Eltern waren verwundert und erstaunt. Sie wußte nichts anderes zu sagen noch zu tun, als daß sie Ricaredo viele Male die Hand küßte und ihm mit tränenerstickter Stimme sagte, sie nehme ihn an als ihren Gatten und übergebe sich ihm als seine Magd.

Ricaredo küßte sie auf das entstellte Angesicht, das er nie zu berühren gewagt hatte, solange es noch in Schönheit strahlte, und Isabels Eltern feierten unter vielen zärtlichen Tränen das Fest der Verlobung. Ricaredo sagte ihnen, er werde die Vermählung mit der Schottin, die im Hause sei, verzögern (wie? das würden sie später sehn); und wenn sein Vater sie alle drei nach Spanien zurückschicken wolle, so sollten sie sich nicht dagegen sträuben, sondern reisen und in Cadiz oder in Sevilla zwei Jahre auf ihn warten. Innerhalb dieser Zeit, darauf gebe er ihnen sein Wort, werde er bei ihnen sein, wenn der Himmel ihm so viel Lebensfrist vergönne. Bliebe er jedoch länger aus, so möchten sie fest überzeugt sein, daß irgendein großes Hindernis, vielleicht gar das größte von allen, der Tod, ihm in den Weg getreten sei.

Isabel erwiderte ihm, sie werde nicht nur zwei Jahre auf ihn warten, sondern zeit ihres Lebens, bis sie die sichere Kunde erhalten habe, daß er nicht mehr auf Erden lebe; denn der Augenblick, in dem sie das erfahre, werde auch für sie der Augenblick des Todes sein. Bei diesen zärtlichen Worten flossen allen von neuem die Tränen, und Ricaredo ging zu seinen Eltern, um ihnen zu sagen, daß er sich auf keinen Fall vermählen noch auch der Schottländerin seine Hand reichen werde, ohne zuvor nach Rom gegangen zu sein, um sein Gewissen zu beruhigen. Er wußte ihnen und den Verwandten, die mit Clisterna (so hieß die Schottin) gekommen waren, Dinge zu sagen, die sie leicht glaubten, da sie alle Katholiken waren; und Clisterna war damit einverstanden, im Hause ihres Schwiegervaters zu bleiben, bis Ricaredo nach einem Jahr heimkehren würde – denn das war die Frist, die er verlangte.

Als nun alles verabredet und beschlossen war, sagte Clotaldo zu Ricaredo, er gedenke Isabel und ihre Eltern nach Spanien zu schicken, wenn die Königin die Erlaubnis dazu erteile. Vielleicht würde das heimatliche Klima die Genesung, die schon begonnen habe, beschleunigen und erleichtern. Ricaredo erwiderte, um seine Pläne nicht zu verraten, seinem Vater scheinbar gleichgültig, er möge tun, was ihm das Beste scheine. Nur bat er ihn, er möge Isabel nichts von den Kostbarkeiten nehmen, die ihr die Königin gegeben habe. Clotaldo versprach es und ging noch selbigen Tages zu der Königin und bat sie um die Erlaubnis, seinen Sohn mit Clisterna zu vermählen und Isabel mit ihren Eltern nach Spanien zurückzuschicken. Die Königin willigte in beides ein und hielt Clotaldos Entschluß für klug. An demselben Tage verurteilte sie ihre Kammerfrau, ohne die Rechtsgelehrten zu hören und ohne sie vor ein Gericht zu stellen, zur Entsetzung von ihrem Amt und zu einer Buße von zehntausend Goldgulden zum Besten Isabels; den Grafen Ernesto aber verbannte sie für die Herausforderung auf sechs Jahre aus England.

Ehe noch vier Tage verflossen, war Ernesto gerüstet, um seine Verbannung anzutreten, und die Geldbuße lag bereit. Die Königin berief einen reichen Kaufmann, der in London wohnte, geborener Franzose war und in Frankreich, Italien und Spanien Verbindungen hatte. Diesem händigte sie die zehntausend Goldgulden ein und bat ihn um einen Wechsel für Isabels Vater, den er in Sevilla oder an einem andern Ort Spaniens erheben könne. Nachdem der Kaufmann seine gewöhnlichen Zinsen und Gebühren in Abzug gebracht, versprach er der Königin, einen sicheren Wechsel auf einen andern französischen Kaufmann in Sevilla auszustellen, der sein Geschäftsfreund sei, und zwar unter folgender Form: Er wolle nach Paris schreiben, damit dort ein zweiter seiner Geschäftsfreunde die Anweisung ausfertige und man sie annehme, als wäre sie in Frankreich und nicht in England geschrieben; denn zwischen diesen beiden Königreichen sei die Handelsverbindung verboten. Wenn man eine undatierte, aber mit seiner Unterschrift versehene Mitteilung mitbringe, so werde das eine ausreichende Beglaubigung sein, um das Geld von dem Kaufmann in Sevilla, der schon durch den in Paris benachrichtigt werde, sogleich zu erhalten. Kurz, die Königin nahm die Garantien des Kaufmanns an, denn sie zweifelte nicht, daß das Geld auf diese Weise gesichert sei.

Doch damit nicht zufrieden, ließ sie den Kapitän eines flämischen Schiffs zu sich kommen, der im Begriffe stand, tags drauf nach Frankreich abzusegeln, einzig, um sich an irgendeinem Hafenplatz dieses Landes ein Aufenthaltszeugnis ausstellen zu lassen und damit nach Spanien zu gehn, als komme er aus Frankreich und nicht aus England. Ihn bat die Königin dringend, Isabel und ihre Eltern in sein Schiff aufzunehmen, sie gut zu behandeln und sicher in dem nächsten spanischen Hafen zu landen, den er erreichen werde. Der Schiffsherr, der der Königin einen Dienst zu erweisen wünschte, versprach, sie in Lissabon, Cadiz oder Sevilla ans Land zu setzen.

Als nun die Verabredung mit dem Kaufmann getroffen war, ließ die Königin Clotaldo sagen, er möge Isabel nichts von dem vorenthalten, was sie ihr an Juwelen und Kleidern gegeben habe. Tags drauf kam Isabel mit ihren Eltern, um sich von der Königin, die sie sehr liebreich empfing, zu verabschieden. Sie gab ihnen die Anweisung des Kaufmanns und viele andre Geschenke, sowohl Geld wie sonstige für die Reise nützliche Dinge. Isabel dankte ihr in solchen Worten, daß sie die Königin von neuem verpflichtete, ihr immer gnädig gesinnt zu bleiben. Sie verabschiedete sich von den Hofdamen, die sie jetzt, da sie häßlich war, nur ungern gehen sahen; denn nun hatten sie den Neid abgelegt, den einst ihre Schönheit in ihnen erregte, und mit Vergnügen hätten sie ihre Anmut und ihre klugen Gespräche genossen. Die Königin umarmte alle drei, wünschte ihnen viel Glück, empfahl sie dem Schiffsherrn und bat Isabel, sie durch Vermittlung des französischen Kaufmanns von ihrer glücklichen Ankunft und auch weiterhin von ihrem Wohlergehen in Kenntnis zu setzen. Damit entließ sie Isabel und ihre Eltern, die sich noch am selben Nachmittag einschifften, nicht ohne daß Clotaldo, seine Gattin und alle seine Hausgenossen, die sie aufs wärmste liebten, manche Träne vergossen. Ricaredo war bei diesem Abschiede nicht zugegen; denn um nicht seine zärtlichen Gefühle zu verraten, ließ er sich an diesem Tage von einigen seiner Freunde zur Jagd abholen. Der Geschenke, die Frau Catalina Isabel auf die Reise mitgab, waren viele, die Umarmungen wollten nicht aufhören, die Tränen flossen zahlreich, und unzählige Male bat sie dringend, ihr zu schreiben. Isabels und ihrer Eltern Danksagungen waren ebenso innig, und wenn auch unter Tränen, so schieden sie doch zufrieden voneinander.

Noch am selben Abend ging das Fahrzeug unter Segel und erreichte bald mit günstigem Winde die französische Küste. Nachdem man dort die nötigen Maßregeln getroffen hatte, um nach Spanien zu gehn, liefen sie dreißig Tage später in den Hafen von Cadiz ein, wo Isabel und ihre Eltern ans Land stiegen; und da jedermann in der Stadt sie kannte, so wurden sie unter den Zeichen der höchsten Freude aufgenommen. Tausend Glückwünsche brachte man ihnen entgegen, sowohl weil Isabel wiedergefunden, wie auch weil sie selber einmal den Händen der Mauren (denn man hatte ihr ganzes Schicksal von den Gefangenen erfahren, die Ricaredo in seiner Großmut freigelassen hatte) und dann den Händen der Engländer entkommen waren.

Schon um diese Zeit war große Hoffnung vorhanden, daß Isabel ihre frühere Schönheit wiedererlangen werde. Sie blieben nicht länger als einen Monat in Cadiz, um von den Anstrengungen der Seefahrt auszuruhn, und begaben sich dann sogleich nach Sevilla, um zu sehn, ob die Auszahlung der zehntausend Goldgulden, die ihnen bei dem französischen Kaufmann angewiesen waren, sicher erfolgen werde. Zwei Tage nach ihrer Ankunft in Sevilla suchten sie diesen Kaufmann auf und gaben ihm die Anweisung seines französischen Freundes in London. Er erkannte sie an, sagte aber, ehe er einen Brief und die Nachricht aus Paris nicht erhalten, könne er das Geld nicht auszahlen; doch erwarte er diese Nachricht jede Stunde. Isabels Eltern mieteten ein vornehmes Haus gegenüber von Santa Paula, weil eine Nichte von ihnen, die eine ganz einzige, herrliche Stimme hatte, in diesem heiligen Kloster Nonne war. Sie wählten diese Stadt, sowohl um sie in ihrer Nähe zu haben, wie auch, weil Isabel Ricaredo gesagt hatte, wenn er sie suche, so werde er sie in

Sevilla finden, und ihre Base, die Nonne in Santa Paula sei, werde ihm ihre Wohnung mitteilen. Um sie zu sprechen, brauche er nur nach der Nonne zu fragen, die die schönste Stimme im Kloster habe; dieses Merkmal könne er wohl nicht vergessen.

Es vergingen wieder vierzig Tage, ehe aus Paris die Nachricht eintraf; zwei Tage darauf aber zahlte der französische Kaufmann Isabel die zehntausend Goldgulden aus, und sie gab sie ihren Eltern. Mit dieser Summe und einigem andern Gelde, das sie sich durch den Verkauf weniger der vielen Kleinodien Isabels verschafften, eröffnete ihr Vater von neuem sein Handelsgeschäft, worüber alle sich wunderten, denen seine großen Verluste bekannt waren. Kurz, nach ein paar Monaten war sein verlorener Kredit wiederhergestellt, und Isabels Schönheit strahlte im früheren Glanze, so daß, wenn man von Schönheit sprach, alle der englischen Spanierin den Kranz zuerkannten; unter diesem Namen war sie nämlich, ebenso wie ob ihrer Schönheit, in der ganzen Stadt bekannt.

Durch Vermittlung des französischen Kaufmanns in Sevilla schrieben Isabel und ihre Eltern der Königin von England mit der Dankbarkeit und Unterwürfigkeit, wie es die vielen von ihr empfangenen Gnadenbezeichnungen erforderten, von ihrer glücklichen Ankunft. Ebenso schrieben sie an Clotaldo und seine Frau Catalina, die Isabel Eltern und die ihre Eltern Gebieter nannten. Von der Königin erhielten sie keine Antwort, wohl aber von Clotaldo und seiner Gemahlin, die ihnen Glück wünschten, daß sie wohlbehalten angelangt seien, und die ihnen meldeten, daß ihr Sohn Ricaredo am Tage, nachdem sie unter Segel gegangen seien, seine Reise nach Frankreich angetreten habe, um von dort aus weiterzuziehn, dorthin, wo er sein Gewissen zu beruhigen hoffe. Sie fügten noch allerlei Versicherungen und Beweise ihrer innigen Liebe und aufrichtigen Ergebenheit hinzu. Diesen Brief beantworteten Isabel und ihre Eltern durch einen zweiten, der ebenso höflich und liebevoll wie dankbar war.

Isabel dachte sich gleich, Ricaredo habe England nur verlassen, um sie in Spanien aufzusuchen. Gestärkt durch diese Hoffnung, führte sie das zufriedenste Leben; doch bestrebte sie sich, so zu leben, daß Ricaredo bei seiner Ankunft in Sevilla, noch ehe er ihre Wohnung ausgemittelt, schon den Ruf ihrer Tugenden vernehmen sollte. Selten oder niemals verließ sie ihr Haus, außer um in das Kloster zu gehn, und sie hielt auch ihre Andacht nirgends ab, außer in jenem Kloster. Von ihrem Hause, von ihrem Betzimmer aus wallfahrtete sie in ihren Gedanken an den Freitagen der Fasten nach der allerheiligsten Stätte des Kreuzes und an den sieben folgenden nach der des heiligen Geistes. Nie besuchte sie den Fluß, nie ging sie nach Triana, und nie nahm sie teil an den öffentlichen Lustbarkeiten auf dem Felde von Tablada und beim Xereser Tor am St. Sebastianstage, wo sich bei schöner Witterung eine fast zahllose Menschenmenge versammelt. Kurz, sie nahm an keinem öffentlichen oder sonstigen Fest in Sevilla teil. Sie brachte ihre ganze Zeit in Zurückgezogenheit zu, unter Gebeten und schönen Wünschen und in der Erwartung Ricaredos.

Durch diese große Zurückhaltung entzündete und entflammte sie die Wünsche nicht allein der Stutzer ihrer Nachbarschaft, sondern auch all derer, die sie nur einmal gesehn hatten. Daher folgten sich denn in ihrer Straße Ständchen des Nachts und Wettrennen bei Tage. Und da sie sich nicht sehn ließ, während sich so viele nach ihr sehnten, so mehrte sich die Habe der Zwischenträgerinnen, die da versprachen, ihre ganze Gewandtheit und Geschicklichkeit aufzubieten, um Isabel zu überreden. Auch fehlte es nicht an solchen, die jenes Mittel versuchen wollten, das man Zauber nennt, das aber nichts ist als Betrug und Unsinn. All dem jedoch stand Isabel gegenüber wie ein Fels im Meere, den Wellen und Winde zwar berühren, aber nicht bewegen.

Anderthalb Jahre waren verstrichen, und da das Ende der mit Ricaredo besprochenen zwei Jahre immer näher rückte, so begann Isabels Herz heftiger zu pochen als bisher. Schon war es ihr, als käme ihr Bräutigam und als hätte sie ihn vor Augen und fragte ihn, welche Hindernisse ihn so lange zurückgehalten hätten; schon vernahm ihr Ohr die Entschuldigungen ihres Gatten; schon hatte sie ihm verziehn und schloß ihn in die Arme und empfing ihn wie die Hälfte ihrer Seele – da erreichte sie ein Brief von Frau Catalina, der vor fünfzig Tagen in London geschrieben war. Er war englisch abgefaßt; sie übersetzte sich ihn beim Lesen in ihre Sprache, und er lautete:

Meine geliebte Tochter!

Du hast wohl Guillarte, den Edelknaben Ricaredos, gekannt. Er begleitete ihn auf der Reise nach Frankreich und andern Ländern, die Ricaredo, wie ich Dir schon früher schrieb, am Tage nach Deiner Einschiffung antrat. Eben dieser Guillarte nun kam, nachdem wir sechzehn Monate lang keine Nachricht von unserm Sohn erhalten hatten, gestern in unser Haus und brachte die Kunde mit, daß der Graf Ernesto Ricaredo in Frankreich verräterischerweise ermordet habe. Denke Dir, meine Tochter, wie uns eine solche Nachricht getroffen haben muß, seinen Vater, mich und seine Braut! Und die Nachricht erreichte uns zudem noch in einer Form, die uns an unsrem Unglück nicht mehr zweifeln ließ. Nun bitten Clotaldo und ich Dich nochmals, meine herzlich geliebte Tochter, daß Du Ricaredos Seele angelegentlich Gott empfehlest. Er verdient diese Wohltat gewiß, da er Dich, wie Du weißt, so sehr geliebt hat. Bitte auch unsern Herrn im Himmel, daß er uns Geduld verleihe und ein seliges Ende, so wie wir ihn bitten und anflehen wollen, daß er Dir und Deinen Eltern noch viele Jahre das Leben erhalte.

Als Isabel diesen Brief und seine Unterschrift las, blieb ihr kein Zweifel mehr, so daß sie an den Tod ihres Bräutigams glauben mußte. Sie kannte den Edelknaben Guillarte sehr gut und wußte, daß er wahrheitsliebend war und seinerseits weder den Wunsch noch auch irgendeinen Grund haben konnte, diesen Tod zu erdichten. Noch weniger aber hatte seine Mutter, die Frau Catalina, ihn erfunden, denn ihr konnte ja nichts daran liegen, eine Nachricht von so betrübendem Inhalt auszusenden. Kurz, keine Überlegung, keine Vorstellung ihrer Phantasie vermochte ihr den Glauben an die Wahrheit der Nachricht von ihrem Unglück zu nehmen. Als sie den Brief gelesen hatte, erhob sie sich, ohne eine Träne zu vergießen oder ihre schmerzlichen Gefühle zu äußern, mit ruhiger Miene und auch scheinbar innerem Gleichmut von der Estrade, auf der sie saß, trat in ihr Betzimmer, kniete nieder vor dem heiligen Bilde des Gekreuzigten und tat das Gelübde, Nonne zu werden, was sie ja könne, da sie sich nun als Witwe betrachte.

Ihre Eltern verbargen aus kluger Schonung ihren Gram, um Isabel in ihrem bitteren Schmerze trösten zu können. Sie aber war gefaßt in ihrem Leid, und ihr frommer christlicher Entschluß beruhigte sie. Ja, sie tröstete sogar ihre Eltern und teilte ihnen ihre Absicht mit. Diese rieten ihr aber, sie nicht eher auszuführen, als bis die zwei Jahre verstrichen wären, die Ricaredo ihr als Frist gegeben habe; denn erst dann sei die Wahrheit der Nachricht vom Tode Ricaredos bestätigt und könne sie mit größerer Ruhe in den geistlichen Stand übertreten.

Das tat Isabel. Die sechseinhalb Monate, die noch an zwei Jahren fehlten, brachte sie unter frommen Übungen damit zu, sich auf den Eintritt in das Kloster vorzubereiten. Sie hatte das von Santa Paula gewählt, in dem sich ihre Base befand. Die Frist von zwei Jahren verfloß, und der Tag, an dem sie eingekleidet werden sollte, war herangenaht. Die Kunde davon verbreitete sich in der ganzen Stadt, und das Kloster und die kurze Strecke zwischen ihm und Isabels Haus füllte sich mit Zuschauern, die Isabel teils von Angesicht, teils nur dem Rufe nach kannten. Ihr Vater lud seine Freunde ein, und diese wieder andre, und so erhielt Isabel eins der ehrenvollsten Geleite, die man bei solchen Feierlichkeiten in Sevilla je gesehn hatte. Anwesend waren der Assistent und der Provisor der Kirche, der Vikar des Erzbischofs sowie alle Damen und Herren von Stande, die sich in der Stadt befanden; so groß war das Verlangen aller, die Sonne der Schönheit Isabels zu sehn, die ihnen so viele Monate lang verfinstert gewesen war.

Da es Sitte ist, daß die Jungfrauen, die den Schleier nehmen, so geschmückt wie möglich erscheinen, weil sie mit diesem Augenblicke alle weltliche Pracht ablegen und von sich tun, so wollte auch Isabel so prunkvoll wie nur möglich auftreten. Sie legte daher dieselbe Kleidung an, die sie getragen hatte, als sie zum ersten Mal zur Königin von England ging, und es ist schon geschildert worden, wie reich und pomphaft sie war. Sie holte die Perlen hervor, den berühmten Diamanten, das Halsband und den Gürtel, der gleichfalls von großem Werte war. Als Isabel mit diesem Schmuck und in ihrer natürlichen Anmut aus dem Hause trat, da priesen alle Gott in ihr. Sie ging zu Fuß, denn da das Kloster so nahe lag, brauchte man keine Wagen und Kutschen. Das Gedränge der Menschen war jedoch so groß, daß sie bereuten, nicht in Kutschen gestiegen zu sein, da man ihnen in der Tat keinen Platz ließ, um nach dem Kloster zu kommen. Die einen segneten Isabels Eltern, die andern den Himmel, daß er Isabel mit solcher Schönheit begabt habe. Diese hoben sich auf die Fußspitzen, um sie zu sehn, jene, die sie schon einmal gesehn hatten, liefen voraus, um sie ein zweites Mal zu schauen. Am meisten aber machte sich ein Mann bemerklich (so sehr, daß viele ihn ansahen) – ein Mann in der Kleidung derer, die aus der Sklaverei losgekauft worden sind, das Sinnbild der Dreifaltigkeit auf der Brust, zum Zeichen, daß er durch das Almosen seiner Befreier losgekauft wurde. In dem Augenblicke nun, als Isabel den Fuß schon auf die

Schwelle des Klosters setzte, aus dem, wie es Sitte ist, die Priorin und die Nonnen mit dem Kreuz hervortraten, sie zu empfangen, rief jener Freigelassene mit lauter Stimme: »Halt, Isabel, halt ein! Solange ich lebe, kannst du nicht Nonne werden!«

Bei diesem Rufe wandten Isabel und ihre Eltern die Blicke und sahen, daß jener Gefangene sich durch alles Volk Bahn brach und auf sie zustrebte; und da ihm eine blaue, runde Mütze, die er trug, zufällig vom Kopfe fiel, so zeigte sich ein wilder Wald krauser goldener Locken, und ein Gesicht wie Karmin und Schnee, so rot und weiß. An all diesen Zeichen erkannte jeder ihn sogleich als Fremden. Endlich gelangte er, fallend und wieder aufstehend, dahin, wo Isabel stand, faßte ihre Hand und sprach: »Kennst du mich, Isabel? Sieh, ich bin Ricaredo, dein Verlobter!«

»Ja, ich kenne dich«, sagte Isabel, »wenn du nicht ein Geist bist, der kommt, um meine Ruhe zu stören.«

Ihre Eltern ergriffen seine Hand, sahen ihm aufmerksam ins Auge und erkannten schließlich in dem Gefangenen Ricaredo. Mit Tränen in den Augen beugte er vor Isabel die Knie und bat sie, sich durch die seltsame Tracht, in der er erscheine, nicht beirren zu lassen und ihn zu erkennen; bat sie, nicht zu erschrecken vor seinem gesunkenen Glück, sondern das Wort zu erfüllen, das sie ihm unter vier Augen gegeben habe.

Trotz des Eindrucks, den der Brief der Mutter Ricaredos auf ihr Gemüt gemacht hatte, als sie ihr seinen Tod anzeigte, traute Isabel doch lieber ihren Augen und der gegenwärtigen Wirklichkeit. Sie schloß den Gefangenen in ihre Arme und sprach zu ihm: »Es ist kein Zweifel, mein Herr, daß Ihr der seid, der allein meinen christlichen Entschluß durchkreuzen kann. Ja, Herr, Ihr seid unzweifelhaft die Hälfte meiner Seele, denn Ihr seid mein wahrer Bräutigam. Ich trage Euch tief in mein Gedächtnis geprägt und in meinem Herzen verwahrt. Die Nachricht von Eurem

Tode, die mir Eure Mutter, meine Gebieterin, gab, hat mir zwar nicht das Leben geraubt, mich aber doch zu dem Entschluß geführt, ein geistliches Leben zu wählen, das ich in eben diesem Augenblick beginnen wollte. Da aber Gott durch ein so rechtmäßiges Hindernis zeigt, daß sein Wille auf andres gerichtet ist, so können und dürfen wir uns ihm nicht widersetzen. Kommt, mein Herr, in das Haus meiner Eltern, das auch Eures ist! Dort will ich unter den Förmlichkeiten, die unser heiliger katholischer Glaube verlangt, die Eurige werden.«

All diese Worte hörten die Umstehenden, der Assistent, der Provisor und der Vikar des Erzbischofs; sie waren unruhig und erstaunt und wünschten, daß man ihnen sogleich erzähle, was es damit für eine Bewandtnis habe, wer der Fremde sei und um welche Vermählung es sich handle. Auf dies alles antwortete Isabels Vater, indem er sagte, diese Geschichte zu erzählen, dazu bedürfe es eines andern Orts und einiger Zeit. Er bitte daher alle, die sie erfahren wollten, in sein Haus zu kommen, das ja ganz in der Nähe sei; dort solle alles der Wahrheit gemäß berichtet werden, und ein jeder werde befriedigt sein und staunen über die Größe und Seltsamkeit dieser Fügung. Da aber erhob einer der Anwesenden die Stimme und rief: »Ihr Herren, dieser junge Mann ist ein großer englischer Seeräuber. Ich kenne ihn: Er ist derselbe, der vor etwas über zwei Jahren den Seeräubern von Algier das portugiesische Schiff abnahm, das aus Indien kam. Es ist gar kein Zweifel, er ist es, und ich kenne ihn; denn er hat mir die Freiheit gegeben und Geld, damit ich nach Spanien kommen konnte, und nicht allein mir, sondern noch dreihundert Gefangenen.«

Diese Worte brachten vollends Bewegung in die Menge, und von neuem belebte sich das Verlangen aller, diese verwickelten Dinge klarer zu durchschauen und zu verstehn. Endlich begleiteten die vornehmsten unter den Bürgern nebst dem Assistenten und jenen beiden geistlichen Herren

Isabel nach ihrem Hause, und die Nonnen blieben traurig, verwirrt und weinend zurück; denn daß sie die schöne Isabel nicht in ihrer Gesellschaft behalten durften, war für sie ein großer Verlust.

Als Isabel nun in einem großen Saale ihres Hauses ankam, hieß sie jene Herren sich setzen. Obgleich Ricaredo es erst selbst übernehmen wollte, seine Geschichte zu erzählen, so schien es ihm doch geratener, es der Beredsamkeit Isabels zu überlassen, denn er sprach das Kastilische nicht sehr geläufig. Alle Anwesenden schwiegen und harrten mit gespannter Aufmerksamkeit der Worte Isabels, die ihre Erzählung alsbald begann. Ich beschränke mich hier auf die Bemerkung, daß sie alles berichtete, was ihr begegnet war seit dem Tage, an dem Clotaldo sie aus Cadiz entführte, bis zu ihrer endlichen Heimkehr. Sie erwähnte das Gefecht Ricaredos mit den Türken, die Großmut, die er gegen die Christen geübt, das Wort des Verlöbnisses, das sie einander gegeben hatten, ihr Versprechen, zwei Jahre auf ihn zu warten, und ferner die Nachricht von seinem Tode, die sie für so sicher gehalten habe, daß sie, wie man wisse, deswegen habe den Schleier nehmen wollen. Sie pries die Großmut der Königin, die christliche Frömmigkeit Ricaredos und seiner Eltern und schloß ihre Rede mit der Bitte an Ricaredo, er möge erzählen, was ihm seit seinem Aufbruch aus London bis zum gegenwärtigen Augenblick begegnet sei, da sie ihn im Sklavenkleide sehe und er das Zeichen trage, daß man ihn durch Almosen losgekauft habe.

»So ist es auch«, sagte Ricaredo, »und ich werde meine unsäglichen Leiden in kurzen Worten zusammenfassen. Als ich von London abgereist war, um der Vermählung mit Clisterna, eben jenem katholischen Fräulein aus Schottland, auszuweichen, mit dem meine Eltern mich, wie Isabel schon erzählte, vermählen wollten, zog ich in Begleitung Guillartes, des Edelknaben, der nach dem Brief meiner Mutter die Nachricht meines Todes nach London brachte, durch Frankreich und nach Rom, wo meine Seele wieder heiter wurde und mein Glaube neue Stärke fand. Ich küßte dem Heiligen Vater die Füße und beichtete dem Großbeichtiger, der mich von meinen Sünden lossprach und mir die nötigen Zeugnisse ausstellte, zur Beglaubigung, daß ich gebeichtet, gebüßt und mich mit unsrer allgemeinen Mutter, der Kirche, ausgesöhnt hatte. Dann besuchte ich die unzähligen Andachtsorte dieser heiligen Stadt. Von den zweitausend Goldgulden, die ich noch hatte, kaufte ich für eintausendsechshundert einen Wechsel, der auf einen florentinischen Kaufmann in dieser Stadt, namens Roque, ausgestellt war. Mit den übrigen vierhundert Goldgulden machte ich mich in der Absicht, nach Spanien zu gehn, auf den Weg nach Genua; denn ich hatte erfahren, daß dort zwei Galeeren, die dem Rate der Stadt gehörten, zur Abfahrt nach Spanien bereitlagen. Ich kam mit Guillarte, meinem Diener, in einen Flecken namens Aquapendente; es ist dies, wenn man von Rom nach Florenz geht, der letzte Ort, der dem Papste gehört. In einer Osteria oder einem Gasthof, in dem ich abstieg, fand ich den Grafen Ernesto, meinen Todfeind, der vermummt und ungekannt mit vier Dienern nach Rom zog, wahrscheinlich mehr aus Neugierde denn der Andacht wegen. Ich glaubte bestimmt, der Graf hätte mich nicht erkannt; doch schloß ich mich mit meinem Bedienten in mein Zimmer ein, denn ich war doch nicht ganz ohne Besorgnis und nahm mir vor, sobald die Nacht hereingebrochen sei, den Gasthof zu wechseln. Ich tat es jedoch nicht, denn die große Sorglosigkeit des Grafen und seiner Diener bestärkte mich in meinem Glauben, daß sie mich nicht erkannt hätten.

Ich speiste auf meinem Zimmer zu Nacht, verschloß die Tür, legte meinen Degen bereit und empfahl mich Gott; doch wollte ich mich nicht niederlegen. Mein Diener schlief ein, und ich blieb halb schlafend auf einem Stuhle sitzen. Aber kurz nach Mitternacht weckten mich, um mich in den ewigen Schlaf zu versenken, vier Pistolenschüsse, die, wie ich später erfuhr, der Graf und seine Diener auf mich abgegeben hatten. Da sie mich für tot hielten, ließen sie mich liegen. Schon waren ihre Pferde bereit, und sie ritten davon, indem sie dem Wirte auftrugen, mich beerdigen zu lassen, denn ich sei ein vornehmer Mann. Mein Diener erwachte, wie mir der Wirt später sagte, von dem Lärm, stürzte sich in der Angst zu einem Fenster hinaus, das auf den Hof ging, und rief: ›O ich Unglücklicher! Sie haben meinen Herrn ermordet.‹ Damit lief er aus dem Wirtshause fort, und zwar ohne Zweifel in solcher Angst, daß er nicht eher haltmachte, als bis er in London war; denn er brachte die Nachricht von meinem Tode dahin.

Die Wirtsleute kamen auf mein Zimmer und fanden mich von vier Kugeln und vielen Schrotkörnern durchbohrt; doch war keine der Wunden tödlich. Ich verlangte als katholischer Christ die Beichte und die Sakramente. Man reichte sie mir und pflegte mich; aber zwei Monate lang war ich nicht imstande, weiterzuziehn. Nach Ablauf dieser Zeit reiste ich nach Genua, fand jedoch zur Überfahrt keine andre Gelegenheit als zwei Feluken, die ich zusammen mit zwei vornehmen Spaniern mietete. Die eine sollte auf Kundschaft voransegeln, und auf der andern wollten wir uns selbst einschiffen. Unter diesen Vorsichtsmaßregeln gingen wir an Bord und fuhren an der Küste hin, denn wir wollten uns nicht auf die hohe See begeben. Als wir aber an der französischen Küste zu den sogenannten ›Drei Marien‹ kamen, überfielen uns, obgleich unsre erste Feluke auf Kundschaft vor uns herzog, plötzlich aus einer kleinen Bucht heraus zwei türkische Galeoten. Die eine schnitt uns das Meer ab, die andre die Küste, und als wir aufs Land zusteuern wollten, war uns der Weg verlegt, und sie nahmen uns gefangen. Sowie wir die Galeote betreten hatten, zogen sie uns bis auf die Haut aus, nahmen weg, was sie auf den Feluken fanden, und ließen sie auf den Strand laufen; doch sie bohrten sie nicht in den Grund, weil, wie sie sagten, sie ihnen vielleicht ein andermal dazu dienen könnten, einen neuen ›Fang‹ heimzuführen; so nennen sie den Raub, den sie den Christen abnehmen.

Man wird mir wohl glauben, wenn ich sage, daß mir meine Gefangenschaft tief zu Herzen ging, vor allem aber der Verlust der Ablaßscheine, die ich mit der Verschreibung der sechzehnhundert Goldgulden in einer blechernen Kapsel aus Rom mitgebracht hatte. Aber mein Glücksstern fügte es, daß die Kapsel einem christlichen Gefangenen aus Spanien in die Hände fiel, der die Papiere aufhob. Denn wären sie den Türken vor Augen gekommen, so hätten sie als Lösegeld zum mindesten den Betrag des Wechsels verlangt; sie hätten schon herausgebracht, auf wen er lautete.

Man führte uns nach Algier, wo sich eben die Väter der allerheiligsten Dreifaltigkeit befanden, um Gefangene loszukaufen. Ich traf mit ihnen zusammen und sagte ihnen, wer ich sei, und obgleich ich ein Fremder war, kauften sie mich doch aus Mitleid los, und zwar auf folgende Weise: Sie gaben für mich dreihundert Dukaten, davon hundert bar; die übrigen zweihundert sollten gezahlt werden, wenn das Almosenschiff zurückkäme, um den Vater der Redemption loszukaufen, der als Geisel für viertausend Dukaten in Algier zurückblieb, die er über die mitgebrachte Summe hinaus verausgabt hatte. Denn so groß ist in Erbarmen und Edelmut das Mitleid dieser Väter, daß sie die eigne Freiheit hingeben für die Freiheit der andern und selbst gefangen bleiben, um Gefangene loszukaufen.

Um das Glück meiner Freiheit noch zu steigern, bekam ich auch die Kapsel mit den Ablaßscheinen und dem Wechsel wieder. Ich zeigte sie dem gebenedeiten Vater, der mich losgekauft hatte, und bot ihm fünfhundert Dukaten mehr an, als mein Lösegeld betrug, um ihn in seinem Berufe zu unterstützen. Es verging beinahe ein Jahr, bis das Almosenschiff zurückkam. Wenn ich aber jetzt erzählen wollte, was mir in diesem Jahr begegnet ist, so müßte ich eine ganz neue Geschichte beginnen. Nur so viel will ich erwähnen, daß ich von einem der zwanzig Türken erkannt wurde, denen ich mit den schon erwähnten Christen die Freiheit gegeben hatte. Er war so dankbar und rechtschaffen, daß er mich nicht verriet; denn hätten mich die Türken als den erkannt, der ihnen ihre beiden Fahrzeuge in den Grund gebohrt und das große Schiff aus Indien entrissen hatte, so hätten sie mich entweder vor den Großtürken geführt oder mir das Leben genommen. Hätte man mich aber vor den Großherrn gebracht, so hätte ich meine Freiheit zeit meines Lebens nicht wiedererhalten. Endlich aber kam der Pater Redemptor mit mir und noch fünfzig losgekauften Christen nach Spanien. In Valencia nahmen wir an dem allgemeinen Umzug teil, und von dort aus ging jeder, wohin er wollte, versehen mit den Zeichen seiner Freiheit, nämlich diesen Kleidern. Heute kam ich an in dieser Stadt, und mich verlangte so sehnlich, Isabel, meine Braut, zu sehn, daß ich, ohne mich anderswo aufzuhalten, nach diesem Kloster fragte, in dem ich Nachricht von meiner Verlobten erhalten sollte. Was mir dabei begegnet ist, das habt ihr soeben gesehn. Was ihr aber erst noch sehn sollt, das sind die Papiere, aus denen die Wahrheit meiner Geschichte hervorgeht, die ebenso wunderbar ist wie wahr.«

Damit zog er aus einer blechernen Kapsel die Scheine hervor, von denen er sprach, und überreichte sie dem Provisor, der sie mit dem Herrn Assistenten durchsah und nichts darin fand, was einen Zweifel an der Wahrheit der Erzählung Ricaredos begründet hätte. Um diese Wahrheit jedoch noch mehr zu erhärten, fügte es überdies der Himmel, daß bei dem ganzen Begebnis der florentinische Kaufmann anwesend war, auf den der Wechsel über die sechzehnhundert Goldgulden lautete. Er bat, ihm das Papier zu zeigen, und als dies geschah, erkannte er ihn als richtig und nahm ihn sogleich an, da er schon vor vielen Monaten Nachricht von dieser Zahlung erhalten hatte. Dies alles häufte Bewunderung auf Bewunderung, Staunen auf Staunen. Ricaredo wiederholte sein Angebot, fünfhundert Dukaten an die Kasse der Redemption zu zahlen. Der Assistent umarmte Ricaredo, Isabel und ihre Eltern und empfahl sich allen in höflichen Worten. Desgleichen taten die beiden geistlichen Herren, und sie baten Isabel, die ganze Geschichte schriftlich aufzusetzen, damit ihr Herr Erzbischof sie lesen könne, was sie auch versprach.

Das tiefe Schweigen, das alle Umstehenden beobachtet hatten, während sie der seltsamen Geschichte lauschten, wurde jetzt unterbrochen von den Lobpreisungen Gottes ob seiner großen Wunder; und nachdem alle, vom größten bis zum kleinsten, Isabel, Ricaredo und ihren Eltern Glück gewünscht hatten, ließen sie sie allein. Diese aber baten den Assistenten, ihre Hochzeit, die sie in acht Tagen zu feiern gedachten, mit seiner Gegenwart zu beehren. Der Assistent sagte mit Vergnügen zu und fand sich acht Tage später ein, begleitet von den Vornehmsten der Stadt.

Auf solchen Umwegen und unter diesen Verhältnissen erhielten Isabels Eltern ihre Tochter wieder und stellten sie ihr Vermögen wieder her. Isabel aber fand durch die Gnade des Himmels und durch das Verdienst ihrer großen Tugenden trotz all dieser Wechselfälle einen so vorzüglichen Gatten wie Ricaredo, an dessen Seite sie wahrscheinlich noch heute in dem Hause lebt, das sie gegenüber von Santa Paula mieteten, und das sie später von den Erben eines Junkers aus Burgos kauften, der Hernando de Cifuentes hieß.

Diese Erzählung kann uns lehren, wieviel die Tugend, wieviel die Schönheit vermag (denn beide zusammen und jede für sich allein genügen, selbst die Herzen der Feinde mit Liebe zu füllen), und wie der Himmel aus unserm größten Mißgeschick unser größtes Glück zu bereiten weiß.

Der Lizentiat Vidriera

Zwei studierende Edelleute gingen an den Ufern des Tormes spazieren und fanden dort einen Knaben, der unter einem Baume schlief. Er war ungefähr elf Jahre alt und bäuerlich gekleidet. Sie schickten einen Diener hin, um ihn zu wecken. Er erwachte, und sie fragten ihn, woher er sei und weshalb er in dieser Einöde liege und schlafe. Der Knabe entgegnete, den Namen seiner Heimat habe er vergessen, er gehe aber nach der Stadt Salamanca, um einen Herrn zu suchen, bei dem er in Dienst treten könne; er wolle nichts dafür als den Unterricht. Sie fragten ihn, ob er lesen könne. Er bejahte es; auch schreiben könne er.

»Unter diesen Umständen«, sagte einer der Ritter, »ist wohl nicht dein schlechtes Gedächtnis schuld, wenn du den Namen deiner Vaterstadt vergessen hast.«

»Dem sei, wie ihm wolle«, erwiderte der Knabe; »aber niemand soll den Namen meiner Heimat oder den meiner Eltern erfahren, bevor ich beiden Ehre machen kann.«

»Auf welche Weise gedenkst du ihnen denn Ehre zu machen?« fragte der andre Ritter.

»Durch meine Studien«, erwiderte der Knabe, »durch die ich berühmt werden will; denn ich habe sagen hören: Aus Männern werden Bischöfe.«

Diese Antwort bewog die beiden Ritter, ihn in ihre Dienste zu nehmen, und sie schickten ihn in die Schule, wie man es auf dieser Universität mit dienenden Leuten zu halten pflegt. Der Knabe sagte, er heiße Tomás Rodaja, und seine Herren schlossen, teils aus seinem Namen, teils aus seiner Kleidung, daß er der Sohn eines armen Landmanns war. Wenige Tage darauf gaben sie ihm schwarze Kleidung, und schon nach einigen Wochen legte Tomás Beweise eines seltenen Verstandes ab. Dabei diente er seinen Herren mit solchem Eifer, solcher Treue und Pünktlichkeit, daß es den Anschein hatte, als beschäftigte er sich, ohne im geringsten seine Studien zu vernachlässigen, allein mit ihrem Dienste. Und da der treue Dienst des Dieners ihm gewöhnlich des Gebieters Wohlwollen gewinnt, der ihn dafür gut behandelt, so war Tomás bald nicht mehr der Diener seiner Herren, sondern ihr Gefährte. Kurz, während der acht Jahre, die er bei ihnen verlebte, machte er sich auf der Universität durch seinen hohen Geist und seine merkwürdige Gewandtheit so bekannt, daß er allgemein geschätzt und geliebt ward. Vorwiegend widmete er sich dem Studium der Rechte; auszuzeichnen aber wußte er sich am meisten in den schönen Wissenschaften. Er hatte ein erstaunlich glückliches Gedächtnis, und er stellte es durch sein gesundes Urteil in ein so glänzendes Licht, daß ihm das eine wie das andre den gleichen Ruhm eintrug.

Als nun seine Herren ihre Studien vollendet hatten und sich in ihre Heimat zurückbegaben (es war eine der schönsten Städte von Andalusien), nahmen sie Tomás mit, und er blieb einige Tage bei ihnen. Da ihm aber das Verlangen, zu seinen Studien nach Salamanca zurückzukehren, keine Ruhe ließ (denn diese Stadt bezaubert einen jeden, der die Annehmlichkeit ihres Lebens gekostet hat, so daß er sich stets nach ihr zurücksehnt), bat er seine Herren um Urlaub, wieder dorthin ziehn zu dürfen. Sie waren höflich und großmütig genug, ihn zu bewilligen; und sie rüsteten den jungen Mann so aus, daß er sich mit dem, was sie ihm gaben, drei Jahre erhalten konnte.

Er nahm unter vielen Beteuerungen seines Dankes von ihnen Abschied und verließ Malaga; denn dieses war die Vaterstadt seiner Gebieter. Als er nun auf der Straße nach Antequera die Höhe von la Zambra hinunterstieg, traf er einen Edelmann zu Pferde in schönen Reisekleidern, begleitet von zwei Dienern, die ebenfalls beritten waren. Er näherte sich ihm und erfuhr, daß er desselben Weges zog. Sie schlossen

Bekanntschaft, plauderten über verschiedene Dinge, und bald zeigte Tomás seinen großen Geistesreichtum und der Ritter sein vornehmes und feines Wesen. Er sagte, er sei Hauptmann bei der Infanterie Seiner Majestät, und sein Fähnrich stehe in der Gegend von Salamanca auf Werbeposten. Er pries das Soldatenleben, schilderte mit lebhaften Farben die Schönheit der Stadt Neapel, die Vergnügungen in Palermo, den Überfluß in Mailand, die Feste in der Lombardei und die glänzende Bewirtung in den Gasthöfen. Er malte ihm recht treu und lieblich vor, wie schön es dort laute: aconcho, patrón! Hierher, manigoldo! Venga la macarela, li pollastri e li macaroni! Er hob das freie Leben des Soldaten und die Freiheit Italiens mit seinen Lobpreisungen in den Himmel; sagte ihm aber nichts von dem Frost, unter dem die Schildwachen leiden, von der Gefahr der Überfälle, dem Schrecken der Schlachten, der Hungersnot bei den Belagerungen, der Verwüstung, die die Minen anrichten, und was solcher Dinge noch mehr sind, die zwar manche nur als eine nebensächliche Zugabe des Soldatenlebens betrachten, die aber in Wirklichkeit doch die Hauptsache bilden. Kurz, er sagte ihm soviel schöne Dinge, daß unserm Tomás Rodaja die Besonnenheit zu wanken begann, und daß sein Herz sich für jenes Leben entschied, das so viele Gefahren in sich birgt.

Der Hauptmann, der Don Diego de Valdivia hieß, fand soviel Gefallen an Tomás' Artigkeit, Geist und Unbefangenheit, daß er ihn bat, mit ihm nach Italien zu ziehn, sei es auch nur, um das Land zu sehn. Er bot ihm seinen Tisch und wenn es nötig wäre, auch seine Fahne an, da sein Fähnrich sie in Kürze verlassen werde. Es gehörte nicht viel dazu, um Tomás zur Annahme der Einladung zu bewegen. Er überlegte bei sich kurz und in aller Schnelligkeit, wie gut es doch wäre, Italien, Flandern und andre Länder und Gegenden zu sehn, da weite Reisen den Geist des Menschen bildeten. Er konnte höchstens drei oder vier Jahre dazu brauchen; und rechnete er die auch zu den wenigen hinzu, die sein Leben bis jetzt zählte, so hinderte ihn immer noch nichts, nachher wieder zu seinen Studien zurückzukehren. Und als müßte alles nach seinen Wünschen ausfallen, sagte er zu dem Hauptmann, er sei es zufrieden, mit ihm nach Italien zu gehn; es geschehe jedoch nur unter der Bedingung, daß er sich nicht unter die Fahne zu stellen habe noch in die Soldatenliste eingeschrieben werde, da er sich nicht verpflichten wolle, der Fahne zu folgen.

Der Hauptmann erklärte, es mache gar keinen Unterschied, wenn er auf der Liste stehe, er werde aber alsdann die Löhnung mitgenießen, die der Kompanie verabreicht würde; trotzdem wolle er ihm, sooft er wünsche, Urlaub geben. Allein Tomás erwiderte: »Das wäre ganz meinem Gewissen zuwider und ebenso dem des Herrn Hauptmanns. Deshalb will ich lieber freiwillig mitgehn als gezwungen.«

»Ein so ängstliches Gewissen«, sagte Don Diego, »paßt eher für einen Geistlichen als für einen Soldaten. Doch es sei, wie Ihr wollt; und jetzt sind wir Kameraden.«

Abends kamen sie nach Antequera, und nach wenigen, aber großen Tagereisen erreichten sie den Ort, wo die schon vollzählige Kompanie stand. Sie brach nun nach Cartagena auf und quartierte sich, mit noch vier andern Kompanien, in den Orten ein, die ihnen gerade am nächsten zur Hand lagen. Es fiel Tomás auf, welches Ansehen sich die Kommissäre gaben, wie bequem manche Hauptleute, wie betriebsam die Quartiermeister waren, wie schlau die Zahlmeister rechneten, und wie die Dörfer klagten; er beobachtete, wie mit den Quartierzetteln Handel getrieben wurde, wie unverschämt die Neugeworbenen auftraten, wieviel Händel die Wirte hatten, wieviel überflüssige Transportmittel gefordert wurden, und endlich, wie all dies, was ihm auffiel, so wenig es ihm auch gefiel, mit fast unumgänglicher Notwendigkeit so und nicht anders geschah.

Tomás hatte sich bunt wie ein Papagei gekleidet und die Studententracht abgelegt. So glaubte er denn, wie man zu sagen pflegt, ein ganzer Mann zu sein. Seine vielen Bücher gab er bis auf die Gebete an die heilige Jungfrau und einen Garcilaso ohne Kommentar, die er in seine beiden Taschen steckte, weg. So kamen sie schneller, als ihnen lieb war, nach Cartagena; denn das Leben in den Quartieren ist ungebunden und voller Abwechslung, und jeden Tag findet man Neues und Angenehmes. Dort schifften sie sich auf vier neapolitanischen Galeeren ein, und Tomás Rodaja lernte nun auch das seltsame Leben auf diesen Meerhäusern kennen, in denen man den größten Teil der Zeit von Wanzen geplagt, von Sträflingen bestohlen, von den Seeleuten mit Grobheiten überhäuft, von den Ratten angefressen und von den schwellenden Wogen belästigt wird. Die großen Stürme und Ungewitter flößten ihm Furcht ein, vor allem im Meerbusen von León, wo sie nacheinander zwei zu überstehen hatten, deren einer sie nach Korsika warf, während der andre sie wieder nach Toulon in Frankreich verschlug. Endlich kamen sie ermüdet, durchnäßt und übernächtigt aussehend nach dem schönen, herrlichen Genua und schifften sich in dem sicheren Hafen aus. Nachdem sie eine Kirche besucht hatten, begab sich der Hauptmann mit seinen sämtlichen Kameraden in ein Wirtshaus, wo sie die bestandenen Stürme durch ein frohes Gelage aus dem Gedächtnis tilgten. Hier lernten sie die süße Milde des Trevianers, die Güte des Montefiascone, das Feuer des Asperino, den edlen Saft der beiden griechischen Weine von Candia und Soma, den Gehalt des Sohns der fünf Weinberge, die Süße und Lieblichkeit der Frau Guarnacha und den herben Trank von Chentala kennen. Unter all diesen vornehmen Herren hätte es natürlich der gemeine römische nicht wagen dürfen, sich blikken zu lassen. Nachdem der Wirt sie so die vielen, verschiedenen Weine hatte durchprobieren lassen, erbot er sich noch überdies – und zwar »ohne Flausen gesprochen«, und nicht nur dem Etikett nach, sondern wirklich und wahrhaftig –, Madrigal, Coca, Alaejos aufzutischen, ja den Wein aus der Königsstadt, die besser die Kaiserstadt hieße, da sie die wahre Schatzkammer des fröhlichen Gottes sei. Ferner gab er ihnen Esquivias, Alanis, Cazalla, Guadalcanal und Membrilla zu trinken, den Ribadavia und Descargamaría nicht zu vergessen. Kurz, der Wirt nannte und gab ihnen mehr Weine, als Bacchus selber in seinen Kellern haben konnte. Nicht weniger bewunderte unser guter Tomás die roten Haare der Genueserinnen, die Artigkeit und die stolze Haltung der Männer und die erstaunliche Schönheit der Stadt, die ihre Häuser in jene Felsen gefaßt zu haben schien wie Diamanten in Gold.

Am folgenden Tage schifften sich sämtliche Kompanien, die nach Piemont bestimmt waren, aus. Tomás wollte aber diese Reise nicht mitmachen, sondern zu Lande nach Rom und Neapel gehn, was er auch tat; erst dann gedachte er über das große Venedig und über Loreto nach Mailand und Piemont zurückzukehren, wo er Don Diego de Valdivia nach dessen Angabe finden sollte, wenn man ihn nicht zuvor, wie schon verlautet, nach Flandern berief. Zwei Tage darauf nahm Tomás vom Hauptmann Abschied, und in fünf Tagen kam er nach Florenz. Unterwegs hatte er Lucca gesehn, eine kleine, doch sehr hübsche Stadt, in der man Spanier lieber sieht und besser aufnimmt als irgendwo sonst in Italien. Florenz gefiel ihm außerordentlich, sowohl wegen seiner reizenden Lage wie auch wegen seiner Reinlichkeit, seiner prächtigen Gebäude, seines frischen Stromes und seiner schönen Straßen. Er blieb vier Tage dort und reiste dann sogleich nach Rom, der Königin der Städte und der Herrin der Welt. Er besuchte ihre Tempel, verehrte ihre Reliquien und bewunderte ihre Größe. Und wie man an den Klauen des Löwen seine Größe und Wildheit erkennt, so schloß er auch auf die Größe des alten Rom aus seinen Marmortrümmern, seinen verstümmelten und unversehrten Standbildern, aus seinen zerbröckelten Bögen und eingestürzten Thermen, aus seinen prächtigen Säulengängen und großen Amphitheatern, aus seinem berühmten, heiligen Flusse, der seine Ufer beständig bewässert und durch die unzähligen Reliquien der Märtyrer, die in ihm ihr Grab fanden, heiligt; aus seinen Brücken, die einander anzublicken scheinen, und aus seinen Straßen, die schon durch ihre Namen wie Via Appia, Via Flaminia, Via Julia und andre mehr, die aller andern Städte der Welt in den Schatten stellen. Ebenso erstaunte er über die Einteilung der Berge innerhalb der Stadt selbst, den Cölius, den Quirinal und den Vatikan, nebst den vier andern, aus deren Namen Roms Größe und Majestät erhellt. Er sah auch die erhabene Würde des Kollegiums der Kardinäle, die Majestät des Heiligen Vaters und den bunten Zusammenschluß all der vielen, verschiedenen Völker und Nationen. Dies alles sah, beachtete und würdigte er, wie sichs gebührte. Und als er nach den sieben Kirchen gewallfahrtet war, einem Pönitentiar gebeichtet und Seiner Heiligkeit den Fuß geküßt hatte, beschloß er, beladen mit vielen Agnus-Dei und Rosenkränzen, nach Neapel zu gehn. Da aber eben der Witterungswechsel eingetreten war, wo es beschwerlich und schädlich ist, zu Lande zu reisen, so ging er zur See nach Neapel. Und dort trat zu der Bewunderung Roms noch die des Anblicks von Neapel hinzu, einer Stadt, die ihm wie allen, die sie gesehn haben, als die schönste Europas, ja der ganzen Welt erschien.

Dann ging er nach Sizilien, sah Palermo und schließlich Messina. An Palermo gefiel ihm die Lage und die Schönheit, an Messina der Hafen, an der ganzen Insel aber die Fruchtbarkeit, um deretwillen sie mit Fug und Recht die Kornkammer Italiens heißt.

Er kehrte darauf nach Neapel und Rom zurück und pilgerte von dort zu Unsrer lieben Frau von Loreto, in deren heiligem Tempel er weder Wände noch Mauern erblickte; denn sie waren alle bedeckt mit Krücken, Leichentüchern,

Ketten, Fußschellen, Handfesseln, Haarflechten, halbplastischen Wachsbüsten, Gemälden und Schildereien, die hinlänglich Zeugnis ablegten von den unzähligen Gnadenwirkungen, die so viele durch die Fürsprache seiner göttlichen Mutter von Gottes Hand erfahren hatten. Denn sie verherrlichte und erhöhte zum Lohn für die Verehrung derer, die die Mauern ihres Hauses mit solchen Weihgeschenken zierten, ihr hochheiliges Bild durch eine Fülle von Wundern. Er sah das nämliche Haus und Gemach, in dem die erhabenste und wichtigste Botschaft überbracht worden war, die alle Himmel, alle Engel und alle Seligen jemals erlebt und nicht begriffen haben.

Bald darauf schiffte er sich in Ancona ein und ging nach Venedig, einer Stadt, der nichts auf dieser Erde gleichkäme, wenn nicht Kolumbus in die Welt gekommen wäre. Dank sei dem Himmel und dem großen Hernando Cortez, der das große Mexiko eroberte; denn so fand doch das große Venedig wenigstens etwas, was sich ihm an die Seite stellen läßt. Diese beiden berühmten Städte – die europäische ist die Bewunderung der Alten Welt, die amerikanische das Staunen der Neuen – gleichen einander in den Straßen, die aus Kanälen bestehen. Venedigs Reichtum schien ihm unermeßlich, die Regierung klug, die Lage uneinnehmbar, der Überfluß groß, die Umgebung heiter, kurz die Stadt im Ganzen und in ihren Teilen des Ruhmes würdig, der ihre Herrlichkeit in allen Teilen des Erdkreises preist. Noch mehr bestätigte ihn in dieser richtigen Meinung die ungeheure Ausdehnung des berühmten Arsenals, in dem man die Galeeren und zahllosen andern Fahrzeuge baut. Denen der Kalypso glichen um ein geringes all die Lustbarkeiten und Vergnügungen, die unser schaulustiger Reisender in Venedig fand, denn unter ihnen vergaß er fast seinen ersten Vorsatz. Als er indes einen Monat lang dort geweilt hatte, kehrte er über Ferrara, Parma und Piacenza nach Mailand zurück, der Werkstätte des Vulkan, dem Dorn im Auge Frankreichs, kurz jener Stadt, die, wie man sagt, reden und handeln kann, da sie durch ihre eigne Größe und die ihres Doms und durch ihren wundervollen Überfluß an allen Dingen, deren man zum menschlichen Leben bedarf, wahrhaft herrlich ist.

Von dort ging er nach Aste, und er traf gerade noch zur rechten Zeit ein, denn am folgenden Tage marschierte das Regiment nach Flandern ab. Er fand einen guten Empfang bei seinem Freunde, dem Hauptmann, ging in seiner Gesellschaft und als sein Kamerad nach Flandern und kam nach Antwerpen, einer Stadt, die ihn ebenso in Erstaunen setzte wie die Städte, die er in Italien gesehn hatte. Er besuchte Gent und Brüssel und sah, daß das ganze Land sich rüstete, die Waffen zu ergreifen, um im nächsten Frühjahr den Feldzug zu eröffnen. Da nun sein Wunsch erfüllt war und er alles gesehn hatte, was er hatte sehn wollen, beschloß er, nach Spanien und nach Salamanca zurückzukehren, um seine Studien zu vollenden. Diesen Gedanken führte er denn auch sogleich aus, und zwar zum größten Leidwesen seines Kameraden, der ihn beim Abschied bat, ihm von seinem Befinden, seinem Aufenthalt und seinen Erfolgen Nachricht zu geben. Er versprach ihm, seine Bitte zu erfüllen, und kehrte durch Frankreich nach Spanien zurück, jedoch ohne Paris zu berühren, weil dort alles unter Waffen stand. Endlich kam er nach Salamanca, wo seine Freunde ihn sehr gut aufnahmen, und wo er seine Studien mit Hilfe der Unterstützung, die sie ihm zukommen ließen, so weit fortsetzte, bis er als Lizentiat der Rechte graduiert wurde.

Nun traf es sich, daß gerade um jene Zeit eine Dame nach Salamanca kam, die eine vollendete Kokette war. Ihrer Lokkung und ihrem Rufe flatterten sogleich alle Vögel des Ortes nach, und es war auch nicht einer, der eine Mappe trug, der sie nicht besuchte. Sie sagten Tomás, jene Dame behaupte, auch in Italien und Flandern gewesen zu sein; und um zu sehn, ob er sie vielleicht kenne, besuchte er sie. Als sie Tomás bei diesem Besuch sah, verliebte sie sich in ihn. Er aber achtete ihrer nicht, und er gedachte auch nicht wieder zu ihr zu gehn, wenn er nicht etwa mit Gewalt von andern mitgenommen würde. Endlich entdeckte sie ihm ihre Neigung und bot ihm ihr Vermögen an. Da er sich aber mehr um seine Bücher kümmerte als um andern Zeitvertreib, so erwiderte er die Liebe dieser Dame keineswegs. Und da sie sich verschmäht, ja, wie sie meinte, verabscheut sah und erkannte, daß der felsenfeste Wille Tomás Rodajas auf dem gewöhnlichen und alltäglichen Wege nicht zu bezwingen sei, beschloß sie, andre, wie sie meinte, wirksamere Mittel zu suchen, die sie zum Ziel ihrer Wünsche zu führen imstande wären. Sie gab Tomás daher auf den Rat einer Maurin in einer toledischen Quitte ein sogenanntes Zaubermittel ein und glaubte dadurch seinen Willen zu bezwingen, so daß er sie lieben müßte. Als gäbe es in der Welt Kräuter, Hexenkünste und Worte, die imstande wären, den freien Entschluß zu zwingen! So nennt man denn auch alle, die solche Liebestränke oder Liebesspeisen reichen, Giftmischer, und sie tun auch nichts andres, als daß sie dem Gift reichen, der ihre Säfte nimmt, wie die Erfahrung es in den verschiedensten Fällen bewiesen hat. Zu seinem großen Unheil verzehrte Tomás die Quitte; denn gleich darauf begann er mit Händen und Füßen um sich zu schlagen, als hätte er die fallende Sucht, und mehrere Stunden hindurch kam er nicht wieder zu sich. Nach geraumer Zeit erlangte er das Bewußtsein zurück, doch nur als Wahnsinniger, der mit zitternder, stammelnder Zunge sagte, er habe eine tödlich wirkende Quitte gegessen; er setzte sogar auseinander, wer sie ihm gegeben habe. Die Obrigkeit, die von dem Vorfall Kunde erhielt, ließ die Verbrecherin suchen; sie aber hatte sich, als sie den schlimmen Ausgang sah, sogleich in Sicherheit gebracht und ließ sich nie wieder sehn. Tomás hütete sechs Monate lang das Bett, magerte in dieser Zeit völlig ab und wurde, wie man zu sagen pflegt, zu Haut und Knochen; auch zeigte sich deutlich, daß sein Geist gestört war. Obgleich man nun alle möglichen Mittel anwandte, konnte man doch nur die Krankheit seines Leibes, nicht aber die seines Geistes heilen; denn er war zwar gesund, blieb aber in einer seltsamen, bis dahin noch nie erlebten Narrheit befangen. Der Unglückliche bildete sich nämlich ein, er sei ganz aus Glas, und in dieser Einbildung schrie er furchtbar, sooft sich ihm jemand näherte. Er bat und flehte in zusammenhängenden Worten und Sätzen, man möge ihm nicht zu nahe kommen, da man ihn sonst zerbreche; er sei in Wahrheit und Wirklichkeit nicht beschaffen wie andre Menschen, sondern von Kopf bis Fuß aus Glas. Um ihn diesem seltsamen Wahn zu entreißen, stießen ihn viele, ohne seines Schreiens und Flehens zu achten, an und umarmten ihn, wobei sie ihm sagten, er möge doch merken und sich überzeugen, daß er nicht zerbreche. Man erreichte aber dadurch nichts, als daß der Arme sich zu Boden warf, furchtbar schrie und dann plötzlich in eine Ohnmacht sank, aus der er erst nach vier Stunden wieder erwachte; und wenn er zu sich kam, bat und flehte er von neuem, man möge ihm ein andermal nicht zu nahe kommen. Er sagte, man möge von weitem mit ihm reden und ihn fragen, was man wolle; er werde auf alles mit um so größerer Einsicht antworten, als er ein Mensch aus Glas und nicht aus Fleisch sei; denn durch das Glas wirke die Seele, als durch einen zarten und feinen Stoff, kräftiger und schneller als durch die schwere, irdische Materie des Leibes. Manche wollten die Wahrheit dessen erproben, was er sagte. Sie fragten ihn also nach mancherlei schwierigen Dingen, auf die er ohne viel Bedenken mit größtem Scharfsinn antwortete. Das erregte das Staunen der gelehrtesten Männer der Universität und der Professoren der Medizin und Philosophie, denn sie sahen, daß ein Mensch, der in einer so seltsamen Narrheit befangen war und glaubte, er sei aus Glas, trotzdem so viel Verstand besitzen konnte, daß er auf jede Frage eine passende, ja kluge Antwort gab. Tomás bat, sie möchten ihm irgendein weites Futteral geben, mit dem er das empfindliche Gefäß seines Körpers umhüllen könne, um es nicht zu zerbrechen, wenn er etwa ein enges Kleid anlege. Sie gaben ihm also einen grauen Mantel und ein sehr weites Hemd, das er mit großer Vorsicht anzog und über den Hüften mit einer baumwollenen Schnur befestigte. Schuhe wollte er durchaus nicht anziehn, und um sich seine Mahlzeiten geben zu lassen, ohne daß ihm die Leute zu nahe kamen, beobachtete er folgendes Verfahren: Er befestigte an der Spitze eines Stabes ein irdenes Geschirr, und da hinein legte man ihm etwas Obst, wie die Jahreszeit es gerade darbot; Fleisch und Fische liebte er nicht. Er trank nicht anders als aus der Quelle oder dem Fluß, und zwar mit den Händen. Wenn er durch die Straßen wandelte, ging er immer in ihrer Mitte und spähte ängstlich nach den Dächern empor, da er fürchtete, es möge ein Ziegel herabfallen und ihn zertrümmern. Im Sommer schlief er unter freiem Himmel auf dem Felde; im Winter begab er sich in irgendein Wirtshaus und verkroch sich bis an den Hals ins Stroh, denn er behauptete, dies sei das geeignetste und sicherste Nachtlager für alle Menschen aus Glas. Wenn es donnerte, zitterte er wie Quecksilber, lief auf das Feld hinaus und kehrte nicht eher wieder in die Stadt zurück, als bis das Gewitter vorüber war. Seine Freunde hielten ihn lange eingesperrt. Als sie aber sahen, daß sein unglücklicher Zustand sich dadurch nur verschlimmerte, beschlossen sie, ihm seinen Willen zu tun und ihn frei umhergehen zu lassen. So ließen sie ihn denn, und er ging in der Stadt umher und erregte bei allen, die ihn kannten, Verwunderung und Mitleid. Die Gassenjungen umringten ihn stets, er aber hielt sie mit seinem Stock zurück und bat sie, aus der Ferne mit ihm zu reden, damit er nicht zerspringe; denn als ein gläserner Mensch sei er sehr zart und zerbrechlich. Allein die Jungen, das überlästigste Geschlecht der Welt, begannen, soviel er auch bat und schrie, mit alten Lappen, ja mit Steinen nach ihm zu werfen, um zu sehn, ob er wirklich aus Glas sei, wie er sagte.

Schließlich aber schrie er so laut und gebärdete sich so unsinnig, daß die Leute eingriffen und die Jungen schalten und züchtigten, bis sie ihn nicht mehr verfolgten. Eines Tages aber, als sie ihn gar zu sehr belästigten, wandte er sich zu ihnen um und sagte: »Was wollt ihr von mir, ihr Buben, die ihr zudringlich seid wie die Fliegen, unsauber wie die Wanzen und keck wie die Flöhe? Bin ich etwa der Scherbenberg in Rom, daß ihr so viel Scherben und Ziegel auf mich werft?«

Um ihn schelten und antworten zu hören, folgten ihm hinfort stets viele nach, und selbst die Knaben fanden mehr Vergnügen darin, ihm zuzuhören, als ihn zu bewerfen. Einst nun, als er über den Trödelmarkt in Salamanca ging, sagte eine Trödelfrau zu ihm: »Bei meiner Seele, Herr Lizentiat, Euer Unglück dauert mich; aber was hilft's! Ich kann unmöglich darüber weinen.« Da wandte er sich zu ihr um und sagte in sehr gemessenem Tone: »Filiae Hierusalem, plorate super vos et super filios vestros.«[1] Der Mann der Trödlerin verstand die Bosheit, die in diesen Worten lag, und sprach zu ihm: »Mein lieber Lizentiat Vidriera« (das ist: Glasmann, denn so behauptete er zu heißen), »Ihr seid mir eher ein Schalk als ein Narr.« »Das kümmert mich keinen Deut«, erwiderte er, »wenn ich nur kein Dummkopf bin.«

Als er eines Tages an einem Lusthause und einer öffentlichen Schenke vorüberging, sah er mehrere ihrer Bewohnerinnen vor der Tür und sagte, sie seien der Troß vom Heere Satans, der im Gasthof zur Hölle quartiere. Einer aber fragte ihn einst, welchen Rat oder Trost er wohl einem seiner Freunde geben solle, der sehr traurig sei, weil ihm seine Frau mit einem andern davongelaufen war. Er antwortete ihm: »Sag ihm, er solle Gott danken, der es zuließ, daß ihm der Feind aus dem Hause entführt worden sei.« Ich soll sie also

1 Übersetzung der lateinischen Zitate siehe Seite 62 g.

nicht aufsuchen?« fragte der andre. »Kein Gedanke«, versetzte Vidriera; »denn wenn man sie fände, so hieße das ja nur einen beständigen und wahrhaften Zeugen seiner Schande finden.« »Nun, das mag sein«, sagte der andre. »Was aber soll *ich* tun, um mit meiner Frau in Frieden zu leben?« Er erwiderte: »Gib ihr, was sie braucht! Laß sie allen Leuten in deinem Hause befehlen, doch leide nicht, daß sie dir befiehlt!«

Ein Knabe sagte zu ihm: »Herr Lizentiat Vidriera, ich will meinem Vater entlaufen, weil er mich so oft schlägt.« Er gab ihm zur Antwort: »Bedenke, mein Kind, daß die Schläge, die die Väter den Kindern erteilen, zu Ehren bringen, die des Henkers aber zu Schanden.«

Als er an der Tür einer Kirche stand, sah er einen von den Bauern hineingehn, die sich immer mit ihrer altchristlichen Herkunft brüsten, und hinter ihm drein kam einer, der nicht in dem guten Rufe des ersten stand. Da rief der Lizentiat dem Bauern laut zu: »Wartet, Domingo« (das ist: Sonntag), »bis der Sonnabend vorüber ist!«

Die Schulmeister pries er glücklich, da sie immer mit glückseligen Engeln zu tun hätten; wenn nur den Englein immer die Nase geputzt wäre. Ein andrer fragte ihn, was er von den Kupplerinnen hielte. Er antwortete, man habe sie nicht in der Ferne, sondern in der Nähe zu suchen.

Die Kunde von seiner Narrheit, von seinen Antworten und Aussprüchen verbreitete sich durch ganz Kastilien, und als ein Fürst oder vornehmer Herr am Hofe davon hörte, wollte er ihn holen lassen. Er bat einen Ritter in Salamanca, der mit ihm befreundet war, ihn ihm zu schicken, und als ihn der Ritter eines Tages traf, sagte er zu ihm: »Hört, Herr Lizentiat Vidriera, ein vornehmer Mann vom Hofe läßt Euch rufen.« Er erwiderte ihm: »Entschuldigt mich freundlichst bei diesem Herrn! Ich passe nicht für Paläste; ich bin verlegen und verstehe mich nicht auf das Schmeicheln.« Dessenungeachtet schickte ihn der Ritter an den Hof, und um ihn zu der Reise zu bewegen, wandte er folgende List an: Man steckte ihn in einen Strohkorb, ähnlich denen, darin man Glaswaren transportiert, und beschwerte die andre Seite mit einer gleichen Last von Steinen; zwischen das Stroh aber packte man ein paar Gläser, so daß es aussah, als behandle man ihn wie ein Glasgefäß. Er kam nach Valladolid. Bei Nacht zog man ein in die Stadt und packte ihn in dem Hause des Herrn aus, der nach ihm geschickt hatte, und der ihn sehr freundlich empfing und zu ihm sagte: »Seid mir willkommen, Herr Lizentiat Vidriera! Wie ist es Euch auf dem Wege ergangen? Wie steht es um Eure Gesundheit?« Da versetzte er: »Es gibt keinen schlimmen Weg, wenn er nur ein Ende nimmt, ausgenommen den, der zum Galgen führt. Mit meiner Gesundheit steht es weder gut noch schlecht, denn mein Puls steht im rechten Verhältnis zu meinem Gehirn.«

Ein andermal, als er auf den Falkenstangen viele Beiz- und Edelfalken und andre Vögel sah, die man zur Reiherbeize benutzt, sagte er, die Jagd mit Falken schicke sich zwar für Fürsten und große Herren; sie sollten aber bedenken, daß hier das Vergnügen vom Nutzen mehr als zweitausend Prozent Zinsen erhebe. Die Hasenjagd, sagte er, sei noch vergnüglicher, zumal wenn man mit geliehenen Hunden jage. Der Kavalier fand Vergnügen an seiner Narrheit und ließ ihn unter dem Schutze und der Obhut eines Mannes in der Stadt umhergehn, der darauf achten mußte, daß die Gassenbuben ihm kein Leid zufügten; denn sie und der ganze Hof kannten ihn nach sechs Tagen, und bei jedem Schritt, in jeder Straße und in jedem Winkel gab er auf alle Fragen Antwort, die man an ihn richtete. Unter anderm fragte ihn ein Student, ob er ein Dichter sei; denn ihm schiene, er habe Anlage zu allem. Er entgegnete: »Bis jetzt bin ich weder so töricht noch so glücklich gewesen.« »Ich verstehe nicht«, sagte der Student, »was Ihr mit ›töricht‹ und ›glücklich‹ meint.« Vidriera erwiderte: »Ich war nicht so töricht, ein schlechter Dichter zu werden, aber auch nicht so glücklich, daß ich verdiente, als ein guter zu gelten.«

Ein andrer Student fragte ihn, ob er große Achtung vor den Dichtern habe. Er antwortete: »Vor der Kunst große, vor den Dichtern keine.« Man fragte ihn weiter, warum er so spreche. Er versetzte: Unter der Unzahl der Dichter, die es gebe, seien nur so wenige gut, daß sie kaum in Betracht kämen, und er habe also so wenig Achtung vor den Dichtern, als gäbe es keine; dagegen bewundere und verehre er die Kunst der Poesie, da sie alle andern Künste in sich begreife. »Denn«, sagte er, »sie bedient sich aller, schmückt und ziert sich mit allen und schafft so ihre wunderbaren Werke, die der Welt Nutzen bringen, Vergnügen bereiten und Staunen entlocken. Ich weiß aber recht wohl«, fuhr er fort, »wie hoch man einen guten Dichter achten muß; denn ich erinnere mich wohl jener Verse Ovids, in denen er sagt:

Cura deum fuerunt olim regumque poetae,
Praemiaque antiqui magna tulere chori.
Sanctaque majestas et erat venerabile nomen
Vatibus, et largae saepe dabantur opes.

Um so weniger habe ich die hohe Würde der Dichter vergessen, als Plato sie die Dolmetscher der Götter nennt, und Ovid von ihnen sagt:

Est deus in nobis; agitante calescimus illo.

Und weiter sagt er:

At sacri vates et divum cura vocamur.

Hier aber sind nur die guten Dichter gemeint, denn von den schlechten, den Afterdichtern, läßt sich weiter nichts sagen, als daß sie die Unwissenheit und die Hoffart der Welt darstellen. Möchte man nicht toll werden«, fuhr er fort, »wenn man einen solchen Dichter sieht, einen Neuling in erster Auflage, wie er denen, die ihn umstehn, ein Sonett vortragen will; wie er sich zuvor entschuldigt und sagt: Habt die Güte, meine Herren, und hört ein Sonettchen, das ich gestern abend bei einer gewissen Gelegenheit verfaßte, und das, wie mir scheint, obgleich es nichts wert ist, doch ich weiß nicht welchen Reiz besitzt. Dabei spitzt er die Lippen, zieht die Augenbrauen empor und durchstöbert die Taschen; und unter tausend andern schmierigen und halb zerrissenen Papieren, auf denen noch tausend andre Sonette stehn, sucht er nun das heraus, das er vortragen will; und endlich liest er es mit weicher, honigsüßer Stimme. Wenn nun etwa seine Zuhörer boshaft oder unwissend genug sind, es nicht zu loben, so sagt er: Entweder, meine Herren, habt ihr das Sonett nicht verstanden, oder ich habe es nicht recht vorgetragen; ich werde gut daran tun, es noch einmal herzusagen, und ihr, aufmerksam zuzuhören, denn wahrlich, wahrlich, das Sonett verdient es. Und nun liest er es noch einmal vor, mit neuen Gebärden und neuen Pausen. Noch schöner aber ist der Anblick, wenn sie einander vollends selbst beurteilen. Was soll ich dazu sagen, wie die modernen, jungen Kläffer alte, gesetzte Haushunde anbellen? Was zu solchen, die hochberühmte, treffliche Männer geringschätzen, von denen das wahre Licht der Dichtung ausstrahlt, und die sie zur Erholung und Erheiterung neben ihren vielen ernsten Beschäftigungen erwählten! Denn eben dadurch bewährten sie die Göttlichkeit ihres Geistes und die Erhabenheit ihrer Denkart, den überklugen Dummköpfen zum Trotz und Verdruß, die Dinge beurteilen, von denen sie nichts verstehn, und das verabscheuen, was sie nicht fassen können; denen zum Trotz, die da wünschen, daß die Torheit, die sich unter Thronhimmeln verbirgt, und die Unwissenheit, die sich an Fürstenstühle lehnt, angehört und wertgehalten werde.«

Ein andermal fragte man ihn, warum die meisten Dichter arm seien. Er entgegnete, weil sie es so wollten; denn es läge ganz in ihrer Gewalt, reich zu werden, wenn sie nur die Gelegenheit zu benutzen verständen, die sich ihnen ununterbrochen biete. Ihre Damen nämlich seien sämtlich außerordentlich reich, da sie goldene Haare hätten, eine Stirn aus geglättetem Silber, statt der Augen grüne Smaragde, Zähne aus Elfenbein, Lippen aus Korallen, eine Kehle aus durchsichtigem Kristall, und ihre Tränen seien flüssige Perlen. Zudem bringe, was ihr Fuß berühre, und wäre es auch der härteste und unfruchtbarste Boden, sogleich Jasmin und Rosen hervor; in ihrem Hauche dufte reiner Amber, Bisam und Weihrauch; all diese Dinge aber seien Zeichen und Beweise großen Reichtums.

Solches und andres mehr sagte er von den schlechten Dichtern; denn von den guten redete er immer nur Gutes und erhob sie bis in den Himmel.

Eines Tages sah er auf dem Platz des heiligen Franziskus ein paar von schlechter Hand gemalte Bilder und sagte: »Die guten Maler ahmen die Natur nach, die schlechten dagegen speien sie aus.« Ein andermal lehnte er mit großer Vorsicht, um nicht zu zerbrechen, an der Bude eines Buchhändlers und sagte zu ihm: »Euer Gewerbe würde mir sehr gefallen, wenn es nicht einen Mangel hätte.« Der Buchhändler bat ihn, ihm den zu nennen, und er erwiderte: »Daß ihr euch so sehr ziert, wenn ihr das Verlagsrecht eines Buches kauft, und daß ihr den Verfasser betrügt, wenn er etwa das Buch auf seine Kosten drucken läßt; denn statt fünfzehnhundert druckt ihr dreitausend Exemplare, und während der Verfasser meint, seine Bücher würden verkauft, schlagt ihr die euren los.«

An demselben Tage geschah es, daß sechs Gestäupte über den Platz kamen, während der Ausrufer schrie: »Der erste wegen Diebstahls.« Da rief der Lizentiat denen, die vor ihm standen, laut zu: »Entfernt euch, Brüder, daß man diese

Rechnung nicht mit einem von euch beginne.« Der Büttel fuhr fort und sagte: »Der Hintere ...« Da fiel ihm Vidriera ins Wort: »Das ist wohl der, der die Sünden der Schulbuben ausbaden muß?«

Ein Knabe sagte zu ihm: »Bruder Vidriera, morgen wird eine Kupplerin gestäupt.« Er antwortete ihm: »Hättest du gesagt, es werde ein Kuppler gestäupt, so hätte ich gemeint, man stäupe eine Kutsche.« Neben ihm aber stand ein Sänftenträger, der ihn fragte: »Über uns, Lizentiat, habt Ihr nichts zu sagen?« »Nein«, erwiderte Vidriera, »nichts, als daß ein jeder von euch mehr Sünden kennt als ein Beichtvater, nur mit dem Unterschied, daß der Beichtvater sie erfährt, um sie geheim zu halten, ihr jedoch, um sie in den Schenken auszuschrein.« Dies hörte ein Maultiertreiber, denn immer lauschten ihm Leute aus allen Ständen, und sprach: »Über uns, Herr Glasflasche, ist wenig oder nichts zu sagen, denn wir sind ehrliche Leute und dem Staat notwendig.« Darauf versetzte Vidriera: »Die Ehre des Herrn spricht für die des Dieners; daher bedenke, wem du dienst, und du wirst wissen, in welchem Ansehn du stehst. Ihr Maultiertreiber aber seid das niederträchtigste Gesindel, das die Erde nährt. Einst, als ich noch nicht aus Glas war, machte ich auf einer gemieteten Mauleselin eine Reise und zählte an ihr wohl hunderteinundzwanzig Fehler, und zwar lauter wesentliche, wie sie der Menschheit Schaden bringen. Alle Maultiertreiber haben etwas vom Kuppler an sich, etwas vom Spitzbuben und etwas vom Gaukler. Wenn ihre Herren (denn so nennen sie alle, die sich ihrer Maultiere bedienen) weichmäulig sind, so spielen sie ihnen mehr schlimme Streiche als alle Hexen dieser Stadt in den vergangenen Jahren; sind es Fremde, so werden sie bestohlen; sind es Studenten, so werden sie verflucht; sind es Geistliche, so werden sie verwünscht; sind es Soldaten, so zittern sie vor ihnen. Diese, die Matrosen, die Fuhrleute und die Maultiertreiber führen ein ganz absonderliches Leben, das nur für sie paßt. Der

Fuhrmann bringt den größten Teil seines Lebens in einem anderthalb Ellen langen Raume zu; denn viel weiter ist es wohl nicht vom Joch der Maultiere bis zum Vorderteil des Wagens. Die Hälfte seiner Zeit singt er, die andre Hälfte flucht er und schreit: Geht zurück! Weicht aus! Und wenn sie etwa ein Rad aus dem Kot herauszuarbeiten haben, so sollen zwei Flüche mehr helfen als drei Maultiere. Die Seeleute sind ein wackeres, aber unhöfliches Volk, das keine andre Sprache kennt, als die auf den Schiffen gebräuchlich ist. Bei günstigem Wetter sind sie fleißig, bei Unwetter faul; im Sturm befehlen viele, und wenige gehorchen. Ihr Gott ist ihr Kasten und ihre Hängematte, und ihr Zeitvertreib besteht darin, daß sie seekranken Reisenden zusehn. Die Maultiertreiber sind Leute, die sich von den Bettüchern geschieden und mit den Saumsätteln verheiratet haben; sie sind so emsig und eilig, daß sie ihre Seele preisgeben, nur um keinen Tagelohn einzubüßen. Ihre Musik ist die des Mörsers, ihre Kraftbrühe der Hunger, ihr Morgenläuten das Aufstehn, wenn sie Futter aufschütten, und ihre Messe besteht darin, daß sie keine hören.«

Als er dies sagte, stand er eben an der Tür eines Apothekers; er wandte sich zu dem Herrn und sagte: »Euer Wohlgeboren treiben ein sehr heilsames Gewerbe; wenn Ihr nur Euren Lampen nicht so feindlich wäret.« »Inwiefern bin ich denn meinen Lampen feindlich?« fragte der Apotheker. »Ich sage es darum«, antwortete Vidriera, »weil Ihr, wenn es Euch an irgendeinem Öle fehlt, dem Mangel aus der ersten besten Lampe abhelft, die Ihr hier zur Hand habt. Und noch etwas hat Euer Gewerbe an sich, was hinreicht, den besten Arzt von der Welt um seinen Ruf zu bringen.« Als man ihn fragte, was er damit meine, erwiderte er, es gebe Apotheker, die, um nicht sagen zu müssen, daß in ihrer Apotheke fehle, was der Arzt vorschrieb, statt der fehlenden Artikel andre nehmen, die ihrer Meinung nach dieselbe Kraft und Eigenschaft besäßen, während es doch nicht so sei; und darum wirke denn die falsch gemischte Arznei gerade umgekehrt, wie es die richtig verschriebene getan hätte. Da fragte man ihn, was er von den Ärzten halte. Darauf erwiderte er folgendes: »Honora medicum propter necessitatem; etenim creavit eum Altissimus; a Deo enim est omnis medicina, et a rege accipiet donationem; disciplina medici exaltavit caput illius et in conspectu magnatum collaudabitur. Altissimus de terra creavit medicinam et vir prudens non abhorrebit illam. So spricht«, sagte er, »der Ekklesiastikus von der Heilkunst und den guten Ärzten; von den schlechten aber könnte man gerade das Gegenteil sagen, denn kein Mensch ist schädlicher für den Staat als sie. Der Richter kann uns das Recht verdrehen oder verzögern; der Rechtsgelehrte kann aus Eigennutz unsre ungerechten Forderungen unterstützen; der Kaufmann kann uns um unser Vermögen betrügen; kurz alle Menschen, mit denen wir umzugehen gezwungen sind, können uns irgendwie Schaden zufügen; aber uns das Leben nehmen, ohne der Furcht vor Strafe zu verfallen, das kann keiner; nur die Ärzte können uns umbringen und bringen uns um, ohne Furcht und ruhigen Fußes, ohne ein andres Schwert zu zücken als das des Rezepts. Und ihre Verbrechen kommen nicht einmal an den Tag, weil man sie im Augenblick unter die Erde legt. Ich erinnere mich, daß zu der Zeit, da ich noch ein Mensch aus Fleisch war, und nicht wie jetzt aus Glas, ein Kranker einen solchen Arzt von der zweiten Art verabschiedete, um sich von einem andern heilen zu lassen. Der erste ging vier Tage darauf zufälligerweise an der Apotheke vorbei, in der der zweite seine Rezepte machen ließ, und fragte den Apotheker, wie es mit dem Kranken gehe, den er aufgegeben, und ob ihm der andre Arzt ein Abführmittel verschrieben habe. Der Apotheker erwiderte, er habe hier das Rezept zu dem Abführmittel liegen, das der Kranke folgenden Tages nehmen solle. Er bat ihn, es ihm zu zeigen, und las zum Schluß die Worte: Sumat dilúculo. Da sagte er: ›Das Abführmittel hier gefällt mir im ganzen recht wohl, nur das dilúculo nicht, denn es ist ohnehin ungebührlich wäßrig.‹«

Um solcher und andrer Dinge willen, die er über alle Stände sagte, gingen ihm die Leute nach, zwar ohne ihm etwas zuleide zu tun, aber auch ohne ihn in Ruhe zu lassen. Trotzdem hätte er sich nicht gegen die Gassenbuben verteidigen können, hätte ihn nicht sein Wächter geschützt. Es fragte ihn jemand, wie er es anfangen solle, um niemanden zu beneiden. Er sagte: »Schlafe, denn solange du schläfst, bist du dem gleich, den du beneidest.« Ein andrer fragte ihn, welches Mittel er anwenden solle, um ein Amt zu erlangen, nach dem er schon zwei Jahre strebe. Er sagte ihm: »Steige aufs Pferd und laß den, der das Amt erhält, nicht aus den Augen, sondern wenn du ihn aus der Stadt gehn siehst, so setze ihm nach, und du wirst sicher das Amt erlangen.«

Einmal ging zufällig ein Richter an ihm vorbei, der gerade eines Verbrechens wegen irgendwohin eilte und eine Menge Menschen und auch zwei Häscher bei sich hatte. Er fragte, wer er sei, und als man es ihm sagte, sprach er: »Ich wette, dieser Richter trägt Schlangen im Busen, Terzerole im Tintenfasse und Blitzstrahlen in den Händen, um alles zu zertrümmern, was er bei seiner Amtsführung erreichen kann. Ich entsinne mich, ich hatte einst einen Freund, der in einer peinlichen Sache, die er führte, ein so übertriebenes Urteil fällte, daß es zu der Schuld der Verbrecher in keinem Verhältnis stand. Ich fragte ihn, weshalb er denn ein so grausames Urteil gesprochen und eine so offenbare Ungerechtigkeit begangen habe. Er erwiderte, er wolle Appell gewähren und lasse dadurch den Herren des Rats freien Spielraum, Barmherzigkeit zu üben, indem sie diesen seinen harten Spruch milderten und in das rechte Maß und Verhältnis brächten. Ich aber sagte, es wäre doch besser gewesen, den Spruch so zu fassen, daß er sie der Mühe überhoben hätte; denn dann müßten sie ihn als einen gerechten und geschickten Richter anerkennen.«

Unter der Schar von Leuten, die ihm, wie ich schon sagte, beständig zuhörten, befand sich ein Bekannter von ihm in der Kleidung eines Rechtsgelehrten, den ein andrer ›Herr Lizentiat‹ anredete. Da nun Vidriera wußte, daß der, den man Lizentiat nannte, nicht einmal den Titel Bakkalaureus führte, so sprach er zu ihm: »Hütet Euch, Kamerad, daß die Brüder von der Redemption nicht Eurem Titel begegnen; sie möchten ihn sonst als herrenloses Gut an sich nehmen.« Da versetzte der Freund: »Wir wollen uns miteinander vertragen, Herr Vidriera! Ihr wißt ja wohl, daß ich hohe und tiefe Wissenschaften verstehe.« Vidriera erwiderte: »Ich weiß wohl, daß Ihr in ihnen steht wie ein Tantalus: sie sind so hoch, daß Ihr sie nicht erreichen, und so tief, daß Ihr sie nicht ergründen könnt.«

Als er sich einst an die Bude eines Schneiders lehnte, sah er, daß dieser die Hände in den Schoß legte, und sagte zu ihm: »Gewiß, Herr Meister, seid Ihr auf dem Wege des Heils.« »Woraus schließt Ihr das?« fragte der Schneider. »Woraus ich es schließe?« erwiderte Vidriera. »Ich schließe es daraus, daß Ihr nichts zu tun habt, denn da habt Ihr auch keine Gelegenheit zu lügen. Unglücklich«, fügte er hinzu, »ist der Schneider, der nicht lügt, und der an Festtagen näht! Es ist wirklich zu verwundern, daß man unter allen Leuten dieses Berufs kaum einen findet, der ein Kleid richtig machen kann, während es doch so viele gibt, die die Kleider unrichtig machen.«

Von den Schustern sagte er, sie machten ihrer eignen Meinung nach nie einen schlechten Schuh; denn wenn er dem, für den sie arbeiteten, zu eng sei und zu fest anliege, so sagten sie, es müsse so sein, weil vornehme Leute knappe Schuhe tragen; wenn man sie aber zwei Stunden lang getragen habe, so seien sie weiter als Hanfschuhe. Sei der Schuh zu weit, so sagten sie, es müsse so sein, der Fußgicht wegen.

Ein gescheiter Junge, der Schreiber bei einem Provinzialgericht war, verfolgte ihn oft mit Bitten und Fragen und brachte ihm Nachricht von dem, was in der Stadt vorfiel, weil er über alles seine Bemerkungen machte und auf alles Antwort gab. Dieser sagte nun einst zu ihm: »Vidriera, heute nacht ist im Gefängnis eine Bank« (d. h. ein Galeerensklave) »gestorben, die zum Tode durch den Strang verurteilt war.« Er erwiderte ihm: »Sie hat wohl daran getan, so schnell zu sterben, bevor sich der Henker darauf setzen konnte.« Ein andermal stand auf dem Platz des heiligen Franziskus ein Trupp Genueser. Als er vorbeiging, rief ihn einer von ihnen an und sprach: »Kommt, Herr Vidriera, und erzählt uns eine Geschichte!« Er erwiderte: »Ich mag nicht; ihr tragt sie mir sonst nach Genua.«

Einmal traf er eine Krämerin, vor der ihre häßliche, aber mit Flitterstaat, Tressen und Perlen reich beladene Tochter einherging. Da sagte er zu der Mutter: »Ihr habt sehr wohl getan, sie zu pflastern; da kann man doch hinüberkommen.«

Von den Pastetenbäckern sagte er, sie spielten seit langen Jahren das Doppelspiel, ohne die Strafe dafür zu bezahlen; denn sie hätten aus der Pastete für zwei Maravedís eine für vier gemacht, aus der für vier eine für acht, und aus der für acht eine für einen halben Real, und zwar nach eigner Willkür und ihrem Belieben. Über die Puppenspieler sagte er tausend schlimme Dinge. Unter anderm, es sei landstreicherisches Gesindel, das göttliche Dinge auf unverschämte Art behandle; denn mit den Figuren, die sie in ihren Vorstellungen benutzten, machten sie die Frömmigkeit zum Gelächter; ja es könne ihnen begegnen, daß sie alle oder doch die meisten Figuren des Alten und Neuen Testaments in einen Sack zusammensteckten und sich dann darauf setzten, um in Schenken und Kneipen zu essen und zu trinken. Kurz, er sagte, es nehme ihn wunder, daß die Leute, die die Macht dazu hätten, ihnen nicht das Handwerk legten oder sie aus dem Königreich verbannten.

Einst ging ein Schauspieler an ihm vorbei, der wie ein Fürst gekleidet war. Als Vidriera ihn erblickte, sagte er: »Ich entsinne mich, diesen Menschen auf dem Theater gesehn zu haben; sein Gesicht war mit Mehl gepudert, und er hatte einen Schafpelz verkehrt auf dem Leibe. Trotzdem aber schwört er außerhalb der Bühne auf Schritt und Tritt bei seiner Edelmannsehre.« »Er kann ja auch ein Edelmann sein«, antwortete einer, »denn es gibt viele Schauspieler von hoher Geburt, die Edelleute sind.« »Das ist wohl wahr«, versetzte Vidriera, »das Possenspiel aber hat nichts weniger nötig als Leute von hoher Geburt; da braucht man artige, anständige Menschen mit gewandter Zunge. Ich kann auch wohl von ihnen sagen, daß sie ihr Brot im Schweiße ihres Angesichts und mit unsäglicher Mühe verdienen; denn sie müssen unaufhörlich lernen, wie die Zigeuner beständig von Ort zu Ort, von Gasthof zu Schenke wandern und Nächte durchwachen, um andre zu belustigen, da ihr eigner Vorteil in dem Vergnügen der andern liegt. Übrigens haben sie auch das Gute, daß sie mit ihrem Gewerbe niemanden betrügen, denn hin und wieder breiten sie ihre Ware auf offenem Markte aus, so daß alle Welt sie beurteilen und sehen kann. Die Arbeit der Schauspieldichter ist unglaublich, ihre Sorgen sind außerordentlich, und sie müssen viel verdienen, wenn sie nicht am Schluß des Jahres so verschuldet sein wollen, daß sie sich mit ihren Gläubigern vergleichen müssen. Trotzdem sind sie dem Staat so notwendig wie Wälder, Lusthaine, schöne Aussichten und alle Dinge, die ein anständiges Vergnügen gewähren.« Er sagte ferner, einer seiner Freunde sei der Ansicht gewesen, wer einer Schauspielerin den Hof mache, der diene in ihr allein vielen Damen zugleich, z. B. einer Königin, einer Nymphe, einer Göttin, einer Küchenmagd, einer Schäferin; und manchmal falle ihm auch das Los zu, daß er in ihr einem Edelknaben oder Lakaien den Hof mache, denn alle diese und noch andre Rollen pflege eine Schauspielerin zu übernehmen.

Es fragte ihn einer, wer der glücklichste Mensch auf der Welt gewesen sei. Er erwiderte: »Nemo; denn Nemo novit patrem, Nemo sine crimine vivit, Nemo sua sorte contentus, Nemo ascendit in coelum. – Von den Fechtern sagte er einmal, sie seien Meister einer Wissenschaft oder Kunst, die sie nicht verständen, sooft sie ihrer bedürften, und sie streiften ein wenig an das Anmaßende, da sie die zornigen Bewegungen und Gedanken ihrer Gegner auf untrügliche mathematische Schlüsse zurückführen wollten.

Denen, die sich den Bart färbten, widmete er eine ganz besondere Feindschaft. Einst stritten sich vor ihm zwei Männer, deren einer ein Portugiese war. Dieser sagte zu dem Spanier, indem er sich an den stark gefärbten Bart faßte: »Bei diesem Bart, den ich im Gesichte habe.« Alsbald fiel Vidriera ihm ins Wort: »Holla, Freund, sagt nicht: den ich habe, sondern: den ich färbe.« – Der Bart eines andern war scheckig und vielfarbig, denn er hatte ihn schlecht gefärbt. Dem sagte Vidriera, sein Bart sehe aus wie ein fahler Misthaufen. Zu einem andern, dessen Bart halb weiß und halb schwarz war, weil er ihn vernachlässigt hatte und das untere Haar nachwuchs, sprach er, er solle sich hüten und mit niemandem streiten oder zanken; denn er sei ganz der Mann, daß man ihm sagen könnte, er lüge in seinen halben Bart hinein. Einmal erzählte er: »Ein kluges, vernünftiges Mädchen gab, um dem Willen ihrer Eltern nachzukommen, einem alten Graubart ihr Jawort, der am Abend vor dem Hochzeitstage zwar nicht an den Jordan ging, wie die alten Weiber sagen, aber seine Zuflucht zu einem Fläschchen mit Scheidewasser und Silberlösung nahm; damit verjüngte er seinen Bart so gründlich, daß er mit pechschwarzen Haaren aufstand, obgleich er sich mit schneeweißen niedergelegt hatte. Es kam die Stunde, da sie sich die Hände geben sollten. Die Braut aber, die das Gesicht an bestimmten Zeichen und an der Farbe kannte, sagte zu ihren Eltern, sie möchten ihr denselben Gatten geben, den sie ihr gezeigt hätten; einen andern wolle sie nicht. Sie erwiderten, der vor ihr stehe, sei derselbe, den sie ihr als ihren Bräutigam gezeigt hätten. Sie aber versetzte, er sei es nicht, und sie brachte Zeugen bei, daß der, den ihre Eltern ihr beschieden hatten, ein ehrwürdiger Mann mit grauen Haaren sei; da nun dieser keine solchen habe, so sei er es auch nicht und gebe sich nur betrügerischerweise dafür aus. Dabei blieb sie, der Gefärbte wurde böse, und die Heirat zerschlug sich.«

Ebenso feind wie solchen Färbern war er den Kammerfrauen. Er erzählte Wunderdinge von ihrem permafoy[1], von den Leichentüchern, die sie als Schleier trügen, ihren vielen Zierereien und Bedenklichkeiten und ihrer grenzenlosen Erbärmlichkeit. Er ärgerte sich über ihre Magenschwächen, ihre Schwindelanfälle und über ihre Art zu reden, die mehr Säume habe als ihre Schleier, und endlich über ihre Nutzlosigkeit und all ihren Firlefanz.

Jemand sagte zu ihm: »Wie kommt es, Herr Lizentiat, daß ich Euch von so vielen Gewerben habe Schlimmes sagen hören, doch nie über die Gerichtsschreiber, von denen doch so viel zu sagen ist?« Er erwiderte: »Wenn ich auch aus Glas bin, so bin ich doch nicht so gebrechlich, daß ich mich vom Strom des Pöbels fortreißen ließe, der meistens getäuscht wird. Mir scheint, die Gerichtsschreiber sind die Grammatik und die Tonleiter der Lästerungen; denn so wie man nur durch die Tür der Grammatik zu andern Wissenschaften eingehen kann, und so wie der Musiker erst die Töne lernt, ehe er singt, so fangen auch die Verleumder, um die Bosheit ihrer Zungen zu zeigen, damit an, daß sie von den Gerichtsschreibern, Häschern und andern Dienern der Gerechtigkeit Böses reden, obgleich der Gerichtsschreiber ein Amt bekleidet, ohne das die Wahrheit in der Finsternis der Häuser beschämt und mißhandelt durch die Welt schleichen müßte. Darum sagt der Ekklesiastikus: In manu Dei potestas hominis est, et super faciem sribae imponet honor. Der Gerichtsschreiber ist eine öffentliche Person, und ohne ihn

1 Par ma foi.

kann der Richter nicht zuverlässig seines Amtes walten. Die Gerichtsschreiber müssen freie Menschen sein und keine Sklaven, noch Söhne von Sklaven, eheliche Kinder und keine Bastarde, noch dürfen sie aus unreinem Geblüt abstammen. Sie schwören Verschwiegenheit und Treue und leisten den Eid, daß sie mit ihrer Schreibkunst keinen Wucher treiben wollen, daß weder Freundschaft noch Feindschaft, weder Vorteil noch Schaden sie bewegen soll, ihr Amt nicht nach bestem, christlichem Gewissen zu verwalten. Wenn nun dieser Beruf so viele gute Eigenschaften verlangt, wie soll man da annehmen, daß unter den mehr als zwanzigtausend Schreibern, die in Spanien leben, der Teufel eine besondere Ernte halte, als wären sie Setzlinge seines Weinbergs? Das will ich nicht glauben, und es ist auch nicht gut, wenn irgend jemand es glaubt; denn kurz, sie sind in jedem wohlgeordneten Staate die notwendigsten Leute. Und wenn sie übermäßige Rechte genießen, so dulden sie auch übermäßiges Unrecht, und aus diesen zwei Extremen dürfte sich ein Mittelweg ergeben, der sie lehrt, sich vorzusehen.« Von den Gerichtsdienern sagte er, es sei kein Wunder, daß sie manche Feinde hätten; bringe ihr Amt es doch mit sich, daß sie die Leute festnähmen oder ihnen ihr Eigentum aus dem Hause trügen, daß sie sie bei sich in Gewahrsam hielten und auf eigne Kosten zehrten. Er tadelte die Nachlässigkeit und Unwissenheit der Prokuratoren und Sachwalter, und er verglich sie mit den Ärzten, die ihre Bezahlung nähmen, ob der Kranke nun gesund werde oder nicht; ebenso machten es auch die Prokuratoren und Sachwalter, ob der Prozeß, den sie führen hülfen, gewonnen werde oder nicht.

Es fragte ihn einer, welches das beste Land sei. Er antwortete: »Das früh ergiebige und dankbare.« Der andre versetzte: »So meine ich es nicht, sondern welches die bessere Gegend ist, Valladolid oder Madrid?« »Von Madrid«, erwiderte er, »die äußern Teile, von Valladolid die mittlern.« »Das verstehe ich nicht«, wiederholte der Fragende. Worauf er erläuterte: »In Madrid so Himmel wie Boden, in Valladolid, was dazwischen liegt.« – Vidriera hörte, daß jemand zu einem andern sagte, gleich nach seiner Ankunft in Valladolid sei seine Frau sehr krank geworden, sobald sie nur diesen Boden betreten habe. Da sagte Vidriera: »Hätte er sie nur verschlungen, wenn sie etwa eifersüchtig ist!«

Von den Musikern und Läufern sagte er, ihre Hoffnungen und Schicksale seien sehr begrenzt; denn die Hoffnung der einen sei verwirklicht, wenn sie reitende Boten würden, die der andern, wenn sie den Titel als königliche Musiker erhielten. Von den Damen, die man Kurtisanen nennt, sagte er, ihnen die Kur zu machen, sei ganz vergnüglich, wenn man nur nicht hernach bald die Tisanen[1] nötig hätte. Eines Tages war er in einer Kirche und sah, wie sie einen alten Mann zur Bestattung, ein kleines Kind zur Taufe, und ein Weib zur Trauung brachten, und zwar alles zu gleicher Zeit. Da sagte er, die Kirchen seien Schlachtfelder, auf denen die alten Leute umkämen, die Kinder siegten und die Weiber triumphierten. Einst stach ihn eine Wespe in den Hals, und er wagte nicht, sie abzuschütteln, da er zu zerbrechen fürchtete; er klagte aber dennoch über den Schmerz. Da fragte ihn jemand, wie er denn die Wespen fühlen könne, wenn doch sein Körper aus Glas sei. Er erwiderte, diese Wespe müsse eine Verleumderin sein; denn die Zungen und Stiche der Verleumder seien stark genug, selbst eherne, wieviel leichter also gläserne Körper zu durchdringen. Ein andermal ging ein wohlbeleibter Ordensgeistlicher bei ihm vorbei, und einer seiner Zuhörer sagte: »Der Pater leidet so sehr an der Auszehrung, daß er sich nicht bewegen kann.« Da wurde Vidriera unwillig und sagte: »Niemand vergesse, was der heilige Geist spricht: Nolite tangere christos meos.« Ja er wurde noch zorniger und fuhr fort, sie sollten darauf achtgeben, so würden sie sehn, daß unter den vielen Heiligen, die

1 Tisane = Heiltrank. Das Wortspiel im Spanischen: die ›cortesanas‹ sind häufiger ›corteses‹ (artig) als ›sanas‹ (gesund).

die Kirche seit einigen Jahren kanonisiert und unter die Zahl der Seligen versetzt habe, keiner sei, der der Hauptmann Don N. N. heiße, noch auch der Geheimschreiber Don Soundso des Don Soundso, noch Graf, Markgraf oder Herzog von da und da, sondern Bruder Diego, Bruder Jacinto, Bruder Raimundo, lauter Brüder und Ordensgeistliche. »Denn die Klöster«, fuhr er fort, »sind das Aranjuez des Himmels, dessen Früchte auf die Tafel Gottes kommen.«

Er sagte, die Zungen der Verleumder seien wie die Federn des Adlers, die alle Federn andrer Vögel zerreißen und vernichten, wenn sie ihnen zu nahe kämen. Von den Spielhausbesitzern und falschen Spielern sagte er Wunderdinge. Er sagte, die Spielhauswirte seien öffentliche Betrüger, denn da sie Gewinn zögen von dem, der Bank halte, so wünschten sie, daß er verliere und die Karte weitergehe, so daß der Gegner Bank halte und er seine Sporteln verdiene. Sehr lobte er die Geduld des Spielers, der die ganze Nacht hindurch spiele und verliere, und wenn er auch zorniger, aufbrausender Natur sei, doch den Mund nicht öffne und lieber die Leiden eines Barrabas erdulde, damit nur sein Gegner nicht vom Spiele aufstehe. So lobte er auch die Gewissenhaftigkeit einiger ehrbarer Spielwirte, die durchaus nicht duldeten, daß man in ihrem Hause anders spiele als L'hombre und Pikett; so hätten sie mit langsamem Feuer, ohne sich fürchten zu müssen und ohne als Zankstifter gebrandmarkt zu werden, am Schluß des Monats mehr Gewinn zusammengescharrt als alle, die die ärgsten Glücksspiele erlaubten, wie Pharao und andre. Kurz, er sagte solche Dinge, daß sicherlich, hätte er nicht laut geschrien, sooft man ihn berührte oder sich an ihn lehnte, hätte er nicht seine seltsame Kleidung getragen, seine sonderbaren Mahlzeiten gehalten und auf seine sonderbare Art getrunken, hätte er nicht, wie ich schon sagte, wunderlicherweise im Sommer nur unter freiem Himmel und im Winter im Stroh geschlafen (denn durch all das legte er klares Zeugnis von seiner Torheit ab), daß, sage ich, niemand ihn für weniger als einen der gescheitesten Menschen der Welt gehalten hätte.

Zwei Jahre oder etwas länger dauerte diese Krankheit. Da übernahm es aus Mitleid ein Mönch vom Orden des heiligen Hieronymus, der die besondere Gabe und Wissenschaft besaß, zu wirken, daß die Taubstummen hörten und einigermaßen sprachen und die Irren Heilung fanden, auch Vidriera zu heilen. Er heilte ihn, machte ihn gesund und gab ihm seinen früheren Verstand, sein Urteil und seine Klugheit zurück. Und als er ihn genesen sah, kleidete er ihn als Rechtsgelehrten und schickte ihn nach der Residenz zurück, wo er ebensoviel Zeugnisse seiner Klugheit wie früher seines Wahnsinns ablegen könne und also imstande sei, seines Amtes zu walten und berühmt zu werden. So geschah es denn auch. Er nannte sich hinfort den Lizentiaten Rueda, nicht mehr Rodaja (oder Rädchen), und kehrte nach der Residenz zurück, wo er kaum angekommen war, als er auch schon von den Straßenjungen erkannt wurde. Da sie ihn aber ganz anders gekleidet sahen als sonst, so wagten sie nicht, ihn zu rufen oder ihm Fragen vorzulegen. Sie folgten ihm jedoch und sprachen untereinander: »Ist das nicht der närrische Vidriera? Ja wahrlich, er ist es. Er ist wieder gescheit geworden. Aber er kann ja wohl auch in ordentlicher Kleidung ein ebensolcher Narr sein wie in schlechter. Wir wollen ihn doch etwas fragen, dann werden wir bald aus der Ungewißheit heraus sein.«

Dies alles hörte der Lizentiat; er schwieg und ging verwirrter und verlegener einher als zu der Zeit, da er den Verstand verloren hatte. Wie er von den Jungen erkannt worden war, so erkannten ihn auch die Männer, und ehe der Lizentiat noch den Gerichtshof erreichte, folgten ihm schon aus allen Ständen mehr als zweihundert Menschen. Mit diesem Geleit, das zahlreicher war als das eines Professors, kam er im Gerichtshof an, wo ihn vollends alle, die anwesend waren, umringten. Als er sich nun von einer solchen Schar umgeben sah, erhob er die Stimme und sagte: »Meine Herren, ich bin der Lizentiat Vidriera, aber nicht derselbe, der ich sonst wohl war; ich heiße jetzt der Lizentiat Rueda. Erlebnisse und Unglücksfälle, wie sie sich in der Welt ereignen, wenn der Himmel es zuläßt, hatten mich der Vernunft beraubt, aber Gottes Barmherzigkeit hat sie mir wiedergegeben. Aus den Reden, die ich als Irrer geführt haben soll, mögt ihr entnehmen, wie ich als vernünftiger Mensch reden und handeln werde. Ich habe in Salamanca, wo ich meine Studien in Armut begann, als Rechtsgelehrter die erste Prüfung bestanden, und später erhielt ich die Lizentiatenwürde; so könnt ihr euch denken, daß mehr mein Verdienst als fremde Gunst mir zu dem Titel verholfen hat, den ich jetzt führe. Ich bin hierher gekommen in die große Flut der Residenz, um mir als Anwalt meinen Lebensunterhalt zu verdienen. Wenn ihr mir aber keine Ruhe laßt, so bin ich hierher gekommen, mir unverzüglich das ewige Leben zu gewinnen. Ich bitte euch um Gottes willen, macht nicht aus eurem Nachfolgen ein Verfolgen und sorgt, daß ich nicht als vernünftiger Mensch verliere, was ich als Irrer hatte, nämlich meinen Unterhalt. Was ihr mich sonst auf öffentlichen Plätzen zu fragen pflegtet, das fragt mich jetzt in meiner Wohnung, und ihr werdet sehn, daß der, der euch aus dem Stegreife und ohne Vorbedacht gute Antworten gab, euch mit voller Überlegung noch bessere geben wird.« Alle hörten ihm zu, aber nur wenige verließen ihn. So kehrte er denn mit kaum geringerem Gefolge als auf dem Hinweg in seine Wohnung zurück. Als er am andern Tage ausging, wiederholte sich dasselbe Schauspiel. Wieder hielt er eine Ansprache, die zu nichts diente. Er gab viel aus und nahm nichts ein. Da er nun sah, daß er hier würde Hungers sterben müsen, so beschloß er, die Hauptstadt zu verlassen und nach Flandern zurückzukehren, wo er die Kraft seines Armes zu nützen gedachte, da er die seines Geistes nicht nützen konnte.

Diesen Vorsatz führte er auch aus, und als er die Residenz

verließ, sagte er: »O Residenz, die du die Hoffnungen frecher Prätendenten erweiterst und die der bescheidenen Tugend vernichtest! Du sättigst mit Überfluß schamlose Gaukler und lässest bescheidene Männer von Verdiensten Hungers sterben!« Mit diesen Worten trat er die Reise nach Flandern an, wo er das Leben, das er durch die Wissenschaften berühmt zu machen angefangen hatte, in der Gesellschaft seines treuen Freundes, des Hauptmanns Valdivia, rühmlich unter den Waffen beschloß und bei seinem Tode den Ruf eines klugen und tapfern Soldaten hinterließ.

Die Macht des Bluts

In einer heißen Sommernacht kehrte in Toledo ein alter Edelmann mit seiner Frau, einem Söhnchen, einer Tochter von etwa sechzehn Jahren und einer Magd von einem Spaziergang am Ufer des Flusses zurück. Es war elf Uhr, die Nacht war hell, der Weg einsam, und sie schritten gemächlich aus, da sie nicht durch Ermüdung für die Annehmlichkeiten büßen wollten, die man in Toledo am Fluß oder im Tale genießt. Mit der Zuversicht, wie sie den Einwohnern dieser Stadt ihre strenge Gerechtigkeit und gute Gesinnung verleiht, ging der wackere Edelmann mit seiner ehrenwerten Familie einher, ohne im entferntesten daran zu denken, daß ihnen ein Unfall begegnen könnte. Da aber die meisten Unfälle gerade dann eintreten, wenn man sie nicht erwartet, so widerfuhr auch ihnen wider jedes Erwarten etwas, was die Freude des Tages trübte und ihnen auf viele Jahre Ursache zu Tränen gab.

Etwa zweiundzwanzig Jahre mochte ein Ritter jener Stadt alt sein, den Reichtum, edles Blut, verkehrte Neigungen, allzu große Unabhängigkeit und schlechte Gesellschaft zu Handlungen verleiteten und zu Kühnheiten trieben, die seines Standes unwürdig waren und ihm den Namen des Frechen eintrugen. Dieser Ritter nun, dessen wahren Namen wir aus guten Gründen vorläufig verschweigen, und den wir Rodolfo nennen wollen, kam mit vier von seinen Freunden, die alle jung, übermütig und rücksichtslos waren, dieselbe Anhöhe herab, die der Edelmann hinaufstieg. Die zwei Gruppen begegneten einander, wie eine Herde Schafe einem Rudel Wölfe begegnet, und mit schamloser Ungezwungenheit schauten Rodolfo und seine Kameraden bedeckten Hauptes der Mutter, der Tochter und der Dienstmagd ins Gesicht. Der Alte war gereizt und tadelte, ja schalt ihre

Frechheit; sie erwiderten mit Grimassen und Spöttereien und gingen weiter, ohne sich nochmals zu vergessen. Aber die große Schönheit des Gesichts, das Rodolfo gesehn hatte, nämlich des Gesichts der Leocadia, denn so soll die Tochter des Edelmanns geheißen haben, setzte sich allmählich so in seiner Erinnerung fest, daß sie sich seiner Willenskraft bemächtigte und ein Verlangen in ihm erweckte, sie trotz all der Unannehmlichkeiten, die daraus entstehen mochten, zu besitzen. In einem Augenblick hatte er diesen Gedanken seinen Kameraden mitgeteilt, und im nächsten beschlossen sie, um Rodolfo ein Vergnügen zu machen, umzukehren und sie zu entführen; denn Reiche, die freigebig sind, finden immer jemanden, der ihre Ausschweifungen lobt und ihrem schlechten Gelüste Vorschub leistet. So war es denn das Werk eines Augenblicks, daß dieser arge Plan entstand, mitgeteilt und gebilligt wurde, daß man beschloß, Leocadia zu rauben, und sie schließlich sogleich entführte. Sie verhüllten das Gesicht mit dem Taschentuch, zogen den Degen, kehrten um und erreichten mit wenig Schritten die andern, die noch das Dankgebet nicht beendet hatten, das sie zu Gott emporsandten, weil er sie aus den Händen jener frechen Menschen befreit hatte. Rodolfo fiel über Leocadia her, nahm sie in die Arme und entfloh mit ihr. Sie hatte nicht die Kraft, sich zu wehren, der Schreck nahm ihr die Stimme zur Klage, ja das Licht der Augen, denn ohnmächtig und bewußtlos, sah sie weder, wer sie forttrug, noch wohin man sie brachte. Ihr Vater rief laut, ihre Mutter schrie, ihr Brüderchen weinte, die Magd zerkratzte sich das Gesicht: Aber niemand hörte auf die Rufe, niemand vernahm das Geschrei, die Tränen rührten nicht zum Mitleid, und daß die Magd sich das Gesicht zerfleischte, war vollkommen nutzlos; denn alles versank in der Einsamkeit der Gegend, dem tiefen Schweigen der Nacht und dem grausamen Herzen der Missetäter. Kurz, die einen zogen heiter von dannen, die andern blieben traurig stehn.

Rodolfo erreichte sein Haus ohne irgendein Hindernis, und Leocadias Eltern erreichten das ihre unter Klagen und in Bekümmernis, ja in Verzweiflung; blind, weil ihnen die Augen ihrer Tochter fehlten, die das Licht der ihren waren; einsam, denn Leocadia war ihre holde, süße Gesellschaft gewesen; unentschlossen, da sie nicht wußten, ob es angebracht sei, der Obrigkeit von ihrem Unglück Anzeige zu machen: Sie fürchteten, sie könnten selbst den ersten Anstoß geben, ihre Schande zu offenbaren. Auch sahen sie, daß sie als arme Edelleute der nötigen Fürsprache entbehrten; und sie wußten nicht einmal, über wen sie sich zu beklagen hatten, außer etwa über ihr Mißgeschick.

Rodolfo hatte inzwischen Leocadia vorsichtig und listig schon in sein Haus, ja in sein Zimmer gebracht. Obwohl er merkte, daß sie ohnmächtig wurde, als er sie entführte, hatte er ihr die Augen mit einem Tuche verbunden, damit sie die Straßen nicht sah, durch die er sie trug, noch das Haus und Gemach, in dem sie sich befand. Und ohne von jemandem gesehn zu werden – denn er bewohnte im Hause seines Vaters, der noch lebte, ein abgeschlossenes Gemach und hatte die Schlüssel nicht nur zu seinem Zimmer, sondern zu dem ganzen Flügel in Händen (eine große Unvorsichtigkeit der Eltern, wenn sie wünschen, daß ihre Söhne geordnet leben) –, hatte Rodolfo dort, ehe noch Leocadia aus ihrer Ohnmacht erwachte, seine Gelüste befriedigt; denn die unkeuschen Begierden der Jugend warten selten oder nie auf eine bequeme Gelegenheit oder auf Umstände, die sie noch mehr reizen und spornen. Blind gegen das Licht des Verstandes, raubte er Leocadia im Dunkel ihr kostbarstes Kleinod. Da aber die Vergehungen der Sinnlichkeit meist nicht weiter zielen als bis zum Punkte der Befriedigung, so wünschte auch Rodolfo sogleich, Leocadia fortschaffen zu können, und ihm kam der Gedanke, sie ohnmächtig, wie sie war, auf die Straße zu tragen. Als er aber eben diesen Plan ausführen wollte, bemerkte er, daß sie zu sich kam; denn sie sagte: »Wo bin ich Unglückliche? Was für ein Dunkel hüllt mich ein? Welche Finsternis umgibt mich? Bin ich noch im Vorhof meiner Unschuld oder schon in der Hölle meiner Sünde? Jesus, wer berührt mich? Wie, auf einem Bette? Mißhandelt? Hörst du mich, meine Mutter und Gebieterin? Vernimmst du mich, geliebter Vater? Ach, ich Elende! Ich merke wohl, daß meine Eltern mich nicht hören, daß meine Feinde mich ergreifen. Glücklich wäre ich, wenn nur dies Dunkel bliebe, wenn meine Augen das Licht der Welt nicht wieder erblickten, und wenn dieser Raum, in dem ich mich befinde, was er auch sei, meiner Ehre zum Grabe diente; denn die Schande, die niemand kennt, ist besser als die Ehre, die den Menschen verdächtig wurde. Jetzt erinnere ich mich (o daß ich mich nie erinnert hätte!): Vor kurzem noch war ich in Gesellschaft meiner Eltern; ich erinnere mich, man fiel mich an; ich denke mir, ja ich erkenne, es ist nicht gut, wenn mich die Leute jemals wieder sehn. O du, wer du auch sein magst, der du hier bei mir bist ...« (dabei ergriff sie Rodolfos Hände), »wenn dein Herz einer Bitte zugänglich ist, so bitte ich dich, da du schon einmal über meine Ehre triumphiert hast, nun auch über mein Leben zu triumphieren. Nimm es mir, denn es ist nicht gut, wenn die am Leben bleibt, die ihre Ehre verloren hat. Bedenke, daß die furchtbare Grausamkeit, die du begangen hast, indem du mich beschimpftest, durch die Barmherzigkeit gemildert wird, die du übst, wenn du mich tötest! So kannst du in einem und demselben Augenblick grausam und barmherzig sein.«

Leocadias Worte brachten Rodolfo in große Verlegenheit, und als ein junger, unerfahrener Mensch wußte er nicht, was er sagen, noch was er beginnen sollte. Sein Schweigen erstaunte Leocadia noch mehr, und indem sie um sich tastete, suchte sie sich zu versichern, ob das Wesen, das sich in ihrer Nähe befand, nicht etwa ein Gespenst oder ein Schatten sei. Doch als sie einen Leib berührte und sich erinnerte, daß sie gewaltsam fortgeführt worden war, während sie mit ihren Eltern am Flusse ging, da erkannte sie ihr Unglück als volle Wirklichkeit. In dieser Überzeugung nahm sie den Faden der Worte wieder auf, die durch viel Schluchzen und Seufzen unterbrochen worden waren, und fuhr fort: »Verwegner Jüngling – denn aus deinen Handlungen schließe ich, daß du noch nicht alt sein kannst –, ich verzeihe dir die Beleidigung, die du mir angetan hast, wenn du mir versprichst und schwörst, wie du sie in dieses Dunkel gehüllt hast, sie so auch in ewiges Schweigen zu hüllen, ohne jemandem davon zu sagen. Es ist ein kleiner Ersatz für so großen Schimpf, den ich von dir fordere, aber doch wird es für mich der größte sein, den ich von dir verlangen kann und den du mir wirst geben mögen. Bedenke, daß ich nie dein Gesicht gesehn habe noch sehn will; denn so gewiß ich mich auch meiner Beleidigung erinnere, so will ich mich doch meines Beleidigers nicht erinnern, noch das Bild des Urhebers meiner Schande im Gedächtnis tragen. Zwischen mir und dem Himmel sollen meine Klagen ein Geheimnis bleiben; ich will nicht, daß die Welt sie höre, da sie die Dinge nicht nach ihrem Hergang beurteilt, sondern nach ihren Vorurteilen. Ich weiß nicht, wie ich dazu komme, dir diese Weisheit zu predigen, die sonst nur vielfältigen Erlebnissen und der Erfahrung vieler Jahre entspringt, während der meinen nicht einmal siebzehn sind. Aber ich lerne daraus, daß der Schmerz die Zunge der Bedrängten ebenso lösen wie lähmen kann; denn manchmal schildern sie ihr Unglück in grellen Farben, damit man ihnen glaube, zuweilen aber sagen sie nichts, da sie doch keine Hilfe zu finden hoffen. Was ich auch tue, ob ich schweige oder rede, so glaube ich doch, dich dahin bringen zu können, daß du mir glaubst und mir hilfst; denn mir nicht zu glauben, wäre Torheit. Wolltest du mir aber nicht helfen, so wäre es mir unmöglich, irgendwelche Erleichterung meines Unglücks zu finden. Ich will nicht verzweifeln, denn es wird dich ja so wenig kosten, mir Erleichterung zu gewähren, daß der Lauf der Zeit den gerechten Zorn mäßigen wird, den ich gegen dich hege, und denke ja nicht, Beleidigung auf Beleidigung zu häufen! Je weniger du mich genießest – und du hast mich ja schon genossen –, desto weniger werden deine bösen Lüste sich entflammen. Denke, du habest mich durch Zufall beleidigt, ohne vernünftiger Überlegung Raum zu geben! Ich will mir vorstellen, ich sei nicht in die Welt geboren worden, oder wenn ich geboren wurde, so sei es geschehn, damit ich unglücklich würde. Bringe mich sogleich auf die Straße, oder wenigstens an die Kathedrale, denn von dort weiß ich den Weg nach Hause zurückzufinden. Aber du mußt mir schwören, mir nicht zu folgen, noch meinen Aufenthalt zu erkunden, noch mich nach dem Namen meiner Eltern oder nach meinem eignen oder dem meiner Verwandten zu fragen; denn wären sie so reich wie adlig, so wären sie nicht durch mich so unglücklich geworden. Antworte mir! Und wenn du fürchtest, ich möchte dich an der Sprache erkennen, so vernimm, ich habe außer mit meinem Vater und meinem Beichtiger in meinem Leben mit keinem Manne gesprochen und überhaupt die Stimme weniger Menschen so aus der Nähe gehört, daß ich sie am Klange unterscheiden könnte.«

Rodolfo beantwortete die vernünftigen Reden der entehrten Leocadia nur dadurch, daß er sie umarmte und sich gebärdete, als wollte er nur seine Lust und ihre Schmach erneuern. Doch als Leocadia das bemerkte, verteidigte sie sich kräftiger, als man es von ihrem zarten Alter erwarten konnte, und zwar mit den Füßen, den Händen, den Zähnen und sogar der Zunge; denn sie sagte: »Bedenke, Verräter, fühlloser Bösewicht, wer du auch sein magst, daß du die Beute, die du mir entrissest, ebensogut einem Baumstamme oder einer leblosen Bildsäule hättest rauben können, und daß ein solcher Sieg und Triumph dir zur Schmach und Unehre gereichen muß! Allein was du jetzt begehrst, das sollst du nicht erreichen, es sei denn mit meinem Tode. Als ich ohnmächtig war, hast du mich zertreten und vernichtet; jetzt aber, da ich die Kraft des Lebens spüre, sollst du mich eher töten als überwinden! Denn wenn ich jetzt bei wacher Seele ohne Widerstand deinen verabscheuungswürdigen Gelüsten nachgäbe, so könntest du dir einbilden, meine Ohnmacht sei verstellt gewesen, als du dich erfrechtest, mich zu vernichten.«

Kurz, Leocadia leistete ihm so tapfer und hartnäckig Widerstand, daß Rodolfos Kraft und Begierde versagte; und da die Schamlosigkeit, die er an Leocadia begangen hatte, nur einem unzüchtigen Verlangen entsprungen war, das nie zu wahrer, dauernder Liebe wird, so trat an die Stelle des flüchtigen Begehrens, wenn auch keine Reue, so doch eine große Lauheit des Wunsches nach Befriedigung. Daher ließ er, abgekühlt und ermattet, Leocadia, ohne ein Wort mit ihr zu sprechen, auf dem Bette in seiner Wohnung liegen, verschloß das Zimmer und ging davon, um seine Gefährten aufzusuchen und mit ihnen zu beratschlagen, was weiter zu tun sei. Leocadia merkte, daß sie allein und eingeschlossen war, erhob sich vom Bette und ging im ganzen Zimmer umher, indem sie sich mit den Händen an der Wand hintastete, um zu sehn, ob sie nicht eine Tür finden könnte, um zu fliehen, oder ein Fenster, um sich hinauszustürzen. Sie fand die Tür, aber wohlverschlossen; sie erreichte auch ein Fenster, das sich öffnen ließ und durch das der Mond so hell hereinschien, daß Leocadia die Farben der seidenen Tapeten unterscheiden konnte, die das Zimmer schmückte. Sie sah, das Bett war vergoldet und so reich geschmückt, daß es eher einem Fürsten als einem einfachen Ritter zu gehören schien. Sie zählte die Stühle und die Tische und merkte sich die Stelle, wo die Tür war, ja sie sah sogar ein paar Gemälde, die an den Wänden hingen, konnte aber nicht erkennen, was auf ihnen dargestellt war. Das Fenster war groß, mit einem starken Gitter versehen und geschützt; die Aussicht ging auf einen Garten, der gleichfalls von hohen Mauern umschlossen war. All diese Hindernisse stellten sich ihrer Absicht, auf die Straße hinabzuspringen, entgegen. Die Geräumigkeit und der reiche Schmuck des Gemaches überzeugten sie, daß sein Besitzer ein vornehmer, reicher Mann sein müsse, und zwar auch unter ihnen keiner von den ersten besten, sondern aus sehr hervorragendem Hause. Auf einem Schreibtisch in der Nähe des Fensters erblickte sie ein kleines, ganz aus Silber gearbeitetes Kruzifix, das sie an sich nahm und im Ärmel ihres Kleides verbarg, nicht aus Frömmigkeit, noch um etwas zu entwenden, sondern in kluger Absicht. Dann schloß sie den Fensterladen wieder, wie er zuvor gewesen war, legte sich aufs Bett und wartete, welchen Ausgang dieses so unglücklich begonnene Erlebnis nehmen werde.

Noch war keine halbe Stunde verflossen, als sie die Tür ihres Zimmers öffnen und jemanden auf sich zukommen hörte. Ohne ein Wort zu sprechen, verband man ihr die Augen mit einem Tuche, nahm sie beim Arm und führte sie aus dem Zimmer, dessen Türe sie hinter sich wieder schließen hörte. Es war Rodolfo, der zwar fortgegangen war, um seine Gefährten aufzusuchen, jedoch seine Absicht fallenließ, da ihm schien, es sei nicht wohlgetan, sie zu Zeugen dessen zu machen, was ihm mit diesem Mädchen begegnet war. Vielmehr beschloß er, ihnen zu sagen, sein schlimmes Verlangen habe ihn gereut, und von ihren Tränen gerührt habe er sie auf halbem Wege freigelassen. Mit diesem Entschluß kehrte er eilig zurück, um Leocadia, ihrem Wunsche gemäß, bis zur Kathedrale zu bringen, und zwar, noch ehe der Morgen graute und der Tag ihn hinderte, sie fortzuschaffen, so daß er sie bis zur folgenden Nacht in seinem Zimmer hätte behalten müssen; denn ihn gelüstete nicht, während dieser Zeit seine Kräfte aufs neue zu versuchen noch auch sich der Gefahr der Entdeckung auszusetzen. Er führte sie bis zu dem sogenannten Gemeinderatsplatz und sagte ihr dort mit verstellter Stimme und in halb portugiesischer, halb kastilischer Sprache, sie könne nun unbesorgt nach Hause gehn, es werde ihr niemand folgen; und ehe sie noch Zeit gehabt hatte, sich die Binden von den Augen zu nehmen, war er schon verschwunden, so daß sie ihn nicht mehr sehn konnte.

Leocadia war allein, und sie erkannte den Ort, wo man sie verlassen hatte. Als sie sich umsah, erblickte sie keinen Menschen; aber aus Furcht, man werde ihr aus der Ferne folgen, blieb sie bei jedem Schritte stehn, und so kehrte sie langsam in ihr nicht fernes Haus zurück. Um aber Spione irre zu leiten, die ihr etwa folgen möchten, trat sie in irgendein Haus, das sie offen fand, und ging erst etwas später in das ihrer Eltern, die sie noch in ihren Kleidern höchst niedergeschlagen erwarteten, denn sie hatten bisher mit keinem Gedanken daran gedacht, sich zur Ruhe zu legen. Als sie sie erblickten, eilten sie ihr mit offenen Armen entgegen und empfingen sie mit Tränen in den Augen. Leocadia war noch voller Schrecken und in tiefer Bewegung. Sie bat ihre Eltern, sich mit ihr zurückzuziehn, berichtete ihnen in kurzen Worten ihr ganzes unseliges Erlebnis mit allen Einzelheiten und sagte, daß sie über den Entführer und den Räuber ihrer Ehre nicht die geringste Auskunft geben könne. Sie erzählte ihnen, was sie von der Bühne aus, auf der das Trauerspiel ihres Unglücks spielte, gesehn hatte: das Fenster, den Garten, das Gitter, die Tische, das Bett und die Damasttapeten, und zuletzt zeigte sie das Kruzifix, das sie mitgenommen hatte. Vor diesem Bilde flossen ihre Tränen von neuem; man stieß Verwünschungen aus, flehte um Rache und sehnte sich nach wunderbaren Züchtigungen. Sie sagte, obgleich sie selber ihren Beleidiger nicht zu kennen wünsche, so könnten ihm doch ihre Eltern, wenn ihnen daran gelegen sei, durch dieses Bild auf die Spur kommen, indem sie durch die Küster auf den Kanzeln aller Kirchensprengel der Stadt verkünden ließen, wer ein solches Kruzifix verloren habe, könne es bei dem Geistlichen abholen, den sie bezeichnen würden. Kenne man dann den Besitzer des Bildes, so kenne man auch das Haus ihres Feindes, ja ihn selber. Da entgegnete der Vater: »Du hättest recht, meine Tochter, wenn nicht die alltäglichste Bosheit deine kluge Vorsicht zunichte machte. Natürlich wird dieses Bild in dem Zimmer, von dem du erzähltest, schon heute vermißt, und sein Bewohner muß sogleich vermuten, daß die Person, die bei ihm war, es mitgenommen hat. Erhält er nun die Nachricht, daß ein Geistlicher das Bild besitzt, so kann das viel eher dazu dienen, ihm zu verraten, wer es dem Geistlichen gegeben hat, als uns den früheren Besitzer zu offenbaren, dem es gehört. Er kann ja, um es abholen zu lassen, einen andern schicken, dem er die Kennzeichen angegeben hat; und auf diese Art würden wir eher in Verlegenheit kommen, als Einsicht in die Sache erlangen, wenn wir auch dieselbe List gebrauchen wollten, die wir von ihm erwarten, indem wir dem Geistlichen das Bild durch eine dritte Person übergäben. Nein, meine Tochter, du mußt das Bild sorgfältig bewahren und dich dem Gekreuzigten empfehlen. Da dies Bild Zeuge deines Unglücks war, so wird es auch sorgen, daß du einen Richter findest, der dir zu deinem Rechte verhilft. Und bedenke, meine Tochter, daß ein Lot öffentlicher Unehre schwerer drückt als zwanzig Pfund geheimer Schande; und da du vor dem Angesicht Gottes öffentlich in Ehren leben kannst, so mache dir keine Sorge darum, daß du in deinen Augen und im geheimen entehrt bist. Die wahre Unehre besteht in der Sünde, die wahre Ehre in der Tugend. Mit Rede, Begierde und Tat beleidigt man Gott. Da du ihn aber weder durch die Rede noch durch Gedanken noch durch die Tat beleidigt hast, so achte dich für ehrenhaft; denn ich selbst will dich so achten, ohne dir je etwas andres zu sein als dein treuer Vater.« Mit diesen verständigen Worten tröstete ihr Vater Leocadia. Ihre Mutter umarmte sie nochmals und suchte sie gleichfalls zu trösten. Sie schluchzte und weinte von neuem und entschloß sich schließlich, wie man sagt, das Haupt zu verhüllen und unter dem Schutz ihrer Eltern in zwar armen, aber darum nicht minder ehrenwerten Verhältnissen zurückgezogen zu leben.

Rodolfo war unterdessen nach Hause zurückgekehrt, hatte sogleich das Bild des Gekreuzigten vermißt und dachte sich auch, wer es entwendet habe; er kümmerte sich aber nicht darum und nahm es sich bei seinem Reichtum nicht sehr zu Herzen. Auch seine Eltern verlangten keine Rechenschaft darüber, als er drei Tage später nach Italien reiste und einer Kammerfrau seiner Mutter alles, was er in seinem Zimmer zurückließ, zur Aufbewahrung übergab. Schon seit längerer Zeit hatte Rodolfo den Entschluß gefaßt, nach Italien zu gehn, und sein Vater, der einst dort gewesen war, bestärkte ihn durch sein Zureden in diesem Vorhaben; denn er behauptete, man sei noch kein rechter Edelmann, wenn man es nur im Vaterland sei, man müsse es auch in der Fremde gewesen sein. Diese und andre Reden reiften in Rodolfo den Entschluß, den Willen seines Vaters zu erfüllen, der ihm reichliche Kreditbriefe nach Barcelona, Genua, Rom und Neapel mitgab. Er reiste sogleich mit zweien seiner Kameraden ab, voll Begierde nach all dem, was er durch einige Soldaten von dem Überfluß in den Gasthäusern Italiens und Frankreichs vernommen hatte, sowie von der Freiheit, deren die Spanier sich in ihren Quartieren erfreuten. Lieblich klangen ihm das: »Eco li buoni pollastri e piccioni, il prosciuto e le salcicie« und andre solcher Worte in den Ohren, deren die Soldaten sich noch entsinnen, wenn sie aus jenen Gegenden nach Hause kommen und sich wieder in die Enge und Unbequemlichkeit der Schenken und Wirtshäuser Spaniens finden müssen. Kurz, er reiste ab und dachte dessen, was ihm mit Leocadia begegnet war, so wenig, als wäre es niemals vorgefallen.

Sie aber brachte unterdessen im Hause ihrer Eltern ihr Leben in möglichster Zurückgezogenheit hin, ohne sich vor irgend jemandem sehn zu lassen, voller Angst, man möge ihr ihr Mißgeschick auf der Stirne lesen. Nach einigen Monaten sah sie indes, daß sie aus Zwang tun mußte, was sie bisher freiwillig getan hatte; sie sah, daß sie Ursache hatte, zurückgezogen und verborgen zu leben, denn sie fühlte sich schwanger. Und damit kehrten die kaum ein wenig vergessenen Tränen in ihre Augen zurück, und ihre Seufzer und Klagen stiegen von neuem in die Lüfte, und selbst das vernünftige Zureden ihrer guten Mutter vermochte sie nicht mehr zu trösten. Die Zeit flog dahin, der Augenblick der Niederkunft erschien, und alles wurde so geheim gehalten, daß man sich nicht einmal einer Hebamme anzuvertrauen wagte. Die Mutter übernahm dieses Amt selbst, und Leocadia brachte einen der schönsten Knaben zur Welt, die man sich nur vorstellen kann. Ebenso vorsichtig und heimlich, wie er geboren worden war, brachte man ihn in ein Dorf, wo er bis zu seinem vierten Jahre aufgezogen wurde. Nach Ablauf dieser Zeit nahm ihn sein Großvater unter dem Namen eines Neffen in sein Haus, und er wurde, wenn nicht in Reichtum, so doch sehr tugendhaft erzogen.

Der Knabe, dem man nach seinem Großvater den Namen Luis gegeben hatte, war schön von Angesicht und sanften Charakters; er besaß einen scharfen Verstand und zeigte in allen Handlungen, deren er in seinem zarten Alter fähig war, daß er von einem edlen Vater stammen mußte, und seine Anmut, Schönheit und Klugheit nahmen seine Großeltern so für ihn ein, daß sie schließlich das Unglück ihrer Tochter als ein Glück anzusehen begannen, weil es ihnen einen solchen Enkel gegeben hatte. Wenn er über die Straße ging, so regneten Segenswünsche zu Tausenden auf ihn nieder. Die einen priesen seine Schönheit, andre die Mutter, die ihn geboren, diese den Vater, der ihn gezeugt, jene wieder die, die ihn so gut erzogen hatten. Unter dem Beifall aller Bekannten und Unbekannten erreichte also der Knabe das Alter von sieben Jahren. Um diese Zeit konnte er schon lateinisch und spanisch lesen, und er schrieb eine gefällige und fließende Handschrift. Es war nämlich die Absicht seiner Großeltern, da sie ihm keinen Reichtum bieten konnten, ihn zu einem ehrenhaften Gelehrten zu machen. Sind doch Wissen und Tugend die größten aller Güter, über die kein Räuber, noch auch das sogenannte Glück Gewalt hat.

Nun geschah es eines Tages, daß der Knabe mit einem Auftrage seiner Großmutter zu einer ihrer Verwandten ging und zufällig durch eine Straße kam, in der ein Wettreiten abgehalten wurde. Er blieb stehn, um zuzusehn, und lief, um einen besseren Platz zu bekommen, quer über den Weg, aber so spät, daß er einem Pferde nicht mehr ausweichen konnte; es warf ihn um, da der Reiter nicht imstande war, es in seinem schnellen Laufe aufzuhalten. Das Pferd lief über ihn weg, er blieb wie tot am Boden liegen und blutete stark aus einer Wunde am Kopf. Kaum aber war es geschehn, als ein alter Ritter, der dem Rennen zusah, mit unglaublicher Gewandtheit vom Pferde sprang und zu dem Kinde eilte. Er nahm es einem Fremden, der es schon aufgehoben hatte, aus den Armen und ging, ohne Rücksicht auf seine grauen Haare oder seinen hohen Rang, mit schnellen Schritten in sein Haus zurück und befahl seinen Dienern, fortzueilen und einen Wundarzt aufzusuchen, der den Knaben verbinden sollte. Viele Ritter folgten ihm, gerührt von dem Unglück eines so schönen Knaben, denn schnell verbreitete sich das Gerücht, der Niedergerittene sei Luifico, der Neffe des Ritters Soundso, und man nannte seinen Großvater. Dies Gerücht lief von Mund zu Mund, bis es auch seinen Großeltern und seiner unbekannten Mutter zu Ohren kam. Sowie sie sich genügend vergewissert hatten, eilten sie außer sich und wie wahnsinnig hinaus, um ihren Liebling zu suchen, und da der Ritter, der ihn fortgetragen hatte, so bekannt und so vornehm war, konnten ihnen viele von den Leuten, denen sie begegneten, sein Haus angeben, das sie erreichten, als der Knabe schon unter den Händen des Wundarztes lag. Der Ritter und seine Frau, denen das Haus gehörte, baten sie, die sie für die Eltern des Kindes hielten, nicht zu weinen und nicht laut zu klagen, da es ihm doch nichts nützen könne. Der Chirurg, ein berühmter Arzt, erklärte, nachdem er den Knaben mit großer Sorgfalt und Geschicklichkeit verbunden hatte, die Wunde sei nicht so gefährlich, wie er anfangs befürchtet habe. Als er halb verbunden war, kam Luis wieder zur Besinnung; denn bis dahin war er bewußtlos gewesen. Er freute sich, seinen Oheim und seine Muhme zu sehn, die ihn unter Tränen fragten, wie er sich fühle. Er erwiderte, ihm sei ganz wohl, nur schmerze ihm der Leib und der Kopf. Der Arzt verordnete, man sollte nicht mit ihm reden und ihn ruhen lassen. Es geschah, und sein Großvater begann nun, dem Herrn des Hauses für die große Menschenliebe zu danken, die er seinem Neffen bewiesen habe. Der Ritter erwiderte, er habe ihm nichts zu danken; denn er könne nur sagen, als er den Knaben habe stürzen und am Boden liegen sehn, da sei ihm gewesen, als sehe er das Gesicht seines eignen Sohnes, den er zärtlich liebe: das habe ihn bewogen, ihn in den Arm zu nehmen und nach Hause zu tragen. Hier aber solle er bleiben, solange die Heilung dauere, um alle mögliche und erforderliche Pflege zu genießen. Seine Gemahlin, eine edle Dame, sagte das gleiche, ja sie gab noch größere Versprechungen. Die Großeltern waren über ein so christliches Verhalten ganz erstaunt; noch mehr erstaunt aber war die Mutter. Denn als ihr erschrecktes Gemüt durch die Versicherungen des Wundarztes einigermaßen beruhigt war, betrachtete sie aufmerksam das Zimmer, in dem ihr Sohn lag, und an vielen Merkmalen erkannte sie deutlich dasselbe Gemach, in dem ihre Ehre ein Ende und ihr Unglück seinen Anfang genommen hatte. Obgleich es nicht mehr mit denselben Damasttapeten geschmückt war wie damals, so erkannte sie doch die Anordnung wieder, sie sah das Gitterfenster, das auf den Garten ging, und da es aus Rücksicht auf den Verwundeten geschlossen war, so fragte sie, ob dieses Fenster Aussicht auf einen Garten gewähre. Man bejahte ihre Frage. Am deutlichsten aber erkannte sie eben jenes

Bett, das sie als die Gruft ansah, in der ihre Ehre begraben lag. Überdies stand auch der Schreibtisch, auf dem das entwendete Kruzifix gestanden hatte, noch an derselben Stelle. Zur völligen Gewißheit endlich wurde ihre Vermutung, als sie die Stufen sah, die sie gezählt hatte, während man sie mit verbundenen Augen aus dem Zimmer führte, die Stufen, die von dort auf die Straße gingen, und die sie mit besonnener Aufmerksamkeit gezählt hatte. Jetzt, da sie ihren Sohn verließ und nach Hause zurückkehrte, zählte sie sie noch einmal, und die Zahl stimmte wirklich. Als sie nun diese verschiedenen Beweise zusammen prüfte, überzeugte sie sich vollkommen von der Wahrheit ihrer Vermutung und legte sie ihrer Mutter ausführlich dar. Diese erkundigte sich als eine kluge Frau, ob der Ritter, bei dem sich ihr Enkel befand, einen Sohn gehabt habe oder noch habe; und sie erfuhr, daß es derselbe war, den wir Rodolfo genannt haben, und daß er sich gegenwärtig in Italien befand. Und als sie die Zeit nachrechnete, um die er aus Spanien abgereist sein sollte, fand sie, daß es gerade sieben Jahre her war; so alt aber war jetzt ihr Enkel. Sie unterrichtete ihren Gemahl von all dem, und beide kamen mit ihrer Tochter dahin überein, daß sie warten wollten, was Gott über den Verwundeten verfügen werde; er befand sich aber in vierzehn Tagen außer Gefahr, und nach dreißig Tagen verließ er das Bett. Während der ganzen Zeit besuchten ihn seine Mutter und seine Großmutter häufig, und die Besitzer des Hauses pflegten ihn, als sei er ihr eigner Sohn. Zuweilen sagte Doña Estefania (so hieß die Frau des Ritters) im Gespräch zu Leocadia, der Knabe gleiche ihrem jetzt in Italien reisenden Sohne so sehr, daß sie ihn nie ansehn könne, ohne zu meinen, sie sehe jenen vor sich. Diese Wort veranlaßten sie, ihr einst, als sie sich mit ihr allein befand, zu sagen, was sie in Übereinstimmung mit ihren Eltern ihr zu sagen beschlossen hatte, nämlich Folgendes oder doch Ähnliches: »An dem Tage, gnädige Frau, an dem meine Eltern erfuhren, daß ihr Neffe so übel zugerichtet worden sei, da glaubten sie, der Himmel habe sich ihnen verschlossen, und die ganze Welt liege ihnen auf dem Rükken; ihnen war, als fehlte ihnen das Licht ihrer Augen und die Stütze ihres Alters, wenn ihnen dieser Neffe entrissen wurde; denn sie liebten ihn so herzlich, daß ihre Liebe weit über die Empfindungen hinausging, mit denen die Eltern sonst ihren Kindern gegenüberstehn. Aber wie man sagt, Gott gebe, wenn er Wunden schlägt, auch das Heilmittel gegen sie, so fand der Knabe in diesem Hause seine Pflege, und ich fand hier die Auffrischung gewisser Erinnerungen, die ich nicht vergessen werde, so lange auch mein Leben dauern mag. Ich bin edler Abkunft, gnädige Frau, denn meine Eltern sind es, und alle meine Vorfahren sind es gewesen, und sie haben mit einem nur geringen Vermögen überall ihre Ehre glücklich zu behaupten gewußt, wo immer sie lebten.«

Doña Estefania war ganz erstaunt und verwundert, als sie Leocadias Rede hörte, und sie konnte kaum glauben, obgleich sie es mit Augen sah, daß so viel Klugheit sich mit so jungen Jahren verbinden könne; denn ihrer Erscheinung nach schätzte sie sie auf ungefähr zwanzig Jahre. Ohne sie durch ein Wort oder einen Einwurf zu unterbrechen, wartete sie ab, bis sie ausgeredet hatte; und sie hielt denn auch nicht eher inne, als bis sie ihr alles erzählt hatte: Wie ihr Sohn von zügelloser Begier entflammt war, wie er sie entführt und entehrt, ihr die Augen verbunden und sie in dieses Zimmer gebracht hatte, und an welchen Merkmalen sie jetzt erkannte, daß ihre Vermutung richtig war, und daß es eben dieses Zimmer gewesen sei. Zur Bekräftigung des Ganzen zog sie endlich das Bild des Gekreuzigten, das sie mitgenommen hatte, aus dem Busen und sprach zu ihm: »Du, o Herr, der du Zeuge warst, wie mir Gewalt angetan wurde, sei nun Richter über die Genugtuung, die mir zuteil werden soll! Von diesem Schreibtisch habe ich dich genommen, um dich beständig an meinen Schimpf zu erinnern, nicht, weil ich

Rache von dir erflehte, die ich nicht verlange, sondern um dich zu bitten, daß du mir einigen Trost gewährtest, auf daß ich mein Unglück in Geduld zu tragen vermöchte. Dieser Knabe, gnädige Frau, an dem Ihr die ganze Fülle Eurer Menschenfreundlichkeit zeigtet, ist Euer wahrer Enkel. Es war eine Fügung des Himmels, daß er zu Boden geworfen wurde; er mußte in Euer Haus kommen, damit ich, wenn nicht die Heilung, die einzig für mein Unglück taugt, so doch ein Mittel fände, es zu ertragen, wie ich es auch zu finden hoffe.« Indem sie diese Worte sagte, sank sie, das Kruzifix an die Brust gepreßt, Estefanien ohnmächtig in die Arme. Diese, der als Weib und Edelfrau Mitleid und Erbarmen so natürlich waren wie den Männern die Härte, hatte Leocadias Ohnmacht kaum bemerkt, als sie auch schon ihr Gesicht an das ihre drückte und so reichliche Tränen darüber hinfließen ließ, daß es keines andern Wassers mehr bedurfte, um Leocadia wieder zur Besinnung zu bringen.

Noch befanden die beiden sich in dieser Stellung, da trat zufällig der Ritter, Estefanias Gemahl, mit dem kleinen Luifico an der Hand, in das Zimmer, und als er Estefanias Tränen und Leocadias Ohnmacht bemerkte, fragte er alsbald nach der Ursache dieser Erscheinung. Der Knabe umarmte seine Mutter als seine Base und seine Großmutter als seine Wohltäterin und fragte gleichfalls, weshalb sie weinten. »Ich habe Euch wichtige Dinge zu sagen, mein Herr«, erwiderte Estefania ihrem Gemahl, »deren Inhalt ich kurz zusammenfassen kann, indem ich Euch sage, daß Ihr in dieser Ohnmächtigen Eure Tochter und in diesem Knaben Euren Enkel erkennen möget. Was ich Euch sage, hat mir dies Mädchen mitgeteilt, und sie hat es mir bewiesen, und bewiesen wird es zugleich durch das Gesicht dieses Knaben, in dem wir beide das unsres Sohnes wiedererkannten.« »Wenn Ihr Euch nicht deutlicher erklärt, gnädige Frau«, erwiderte der Ritter, »so verstehe ich Euch nicht.« Inzwischen kam Leocadia wieder zu sich; sie drückte das Kruzifix noch immer an die Brust und schien in ein Meer von Tränen verwandelt zu sein. Dies alles brachte den Ritter sehr in Verwirrung, aber alles wurde ihm klar, als seine Frau ihm berichtete, was Leocadia ihr erzählt hatte. Und nach der göttlichen Fügung des Himmels glaubte er es auch so heilig, als wäre es ihm durch viele und wahrhafte Zeugen bewiesen worden. Er tröstete und umarmte Leocadia, küßte seinen Enkel und fertigte noch an demselben Tage einen Eilboten nach Neapel ab, der seinen Sohn veranlassen sollte, sogleich zurückzukehren, da man in seinem Namen mit einem außerordentlich schönen Mädchen, das sich zudem besonders für ihn eigne, eine Verbindung abgeschlossen habe. Sie ließen weder Leocadia noch ihren Sohn in das Haus ihrer Eltern zurückkehren, die über die gute Wendung in dem Schicksal ihrer Tochter die höchste Freude empfanden und Gott unablässig dafür dankten.

Der Kurier kam nach Neapel, und Rodolfo schiffte sich, voll Begierde, eine so schöne Frau zu besitzen, wie sein Vater sie ihm schilderte, zwei Tage, nachdem er den Brief erhalten hatte, ein, da sich ihm eben Gelegenheit bot, mit vier Galeeren nach Spanien zu reisen. Seine beiden Gefährten begleiteten ihn noch immer, und mit ihnen kam er nach günstiger Fahrt in zwölf Tagen in Barcelona an. Von dort fuhr er in sieben weiteren Tagen mit der Post nach Toledo, und er erreichte das Haus seines Vaters in so blühender Gesundheit und so festlichem Schmuck, daß sich in ihm das Äußerste vereinigte, was Stattlichkeit und Prachtaufwand zu leisten vermochten. Seine Eltern freuten sich über das Wohlergehn und die glückliche Ankunft ihres Sohnes, und in gespannter Erwartung betrachtete ihn Leocadia, und zwar, um die Ordnung und den Plan, den Doña Estefania entworfen hatte, nicht zu kreuzen, von einer Stelle aus, wo er sie nicht sehn konnte.

Rodolfos Gefährten wünschten sogleich, ein jeder in sein Haus zu gehn; Estefania aber gab es nicht zu, da sie sie zu ihrem Vorhaben brauchte. Es war gegen Abend, als Rodolfo ankam, und während man das Mahl bereitete, rief Estefania die Gefährten ihres Sohnes beiseite; denn sie glaubte, sie müßten zwei von den dreien sein, die, wie Leocadia gesagt hatte, Rodolfo an jenem Abend begleitet hatten, als sie entführt worden war. Sie sprach ihnen die dringendste Bitte aus, ihr, wenn sie sich dessen erinnerten, zu sagen, ob ihr Sohn in der Nacht vor so und so viel Jahren ein Mädchen geraubt habe; denn es hänge die Ehre und Ruhe all der Ihren davon ab, daß sie den wahren Hergang dieser Sache erführe. Und sie wußte die beiden so dringend und unablässig zu bitten und versicherte ihnen so feierlich, ihnen solle aus der Entdeckung dieses Raubes durchaus kein Schaden erwachsen, daß sie es für gut fanden, zu gestehn, sie hätten wirklich in einer Sommernacht, als sie beide und noch ein dritter Freund mit Rodolfo zusammen gingen, und zwar in eben der Nacht, die sie ihnen bezeichnete, ein junges Mädchen geraubt; Rodolfo sei mit ihr entflohen, während sie ihre Angehörigen zurückhielten, die sich durch Schreie und Rufe zu verteidigen suchten. Tags drauf aber habe ihnen Rodolfo gesagt, er hätte das Mädchen in ihre Wohnung gebracht. Dies sei alles, was sie auf die ihnen vorgelegten Fragen antworten könnten. Das Geständnis dieser beiden löste vollends alle Zweifel, die noch über diesen Vorfall walten konnten, und Estefania beschloß nun, ihren guten Plan zur Ausführung zu bringen. Er bestand in folgendem: Kurz bevor man sich zum Abendessen setzte, trat Rodolfos Mutter mit ihm allein in ein Zimmer, übergab ihm ein Bildnis und sagte zu ihm: »Mein Sohn Rodolfo, ich will dir durch den Anblick deiner Braut ein frohes Abendmahl verschaffen. Dies ist ihr wohlgetroffenes Bildnis; allein ich sage dir im voraus, daß das, was ihr an Schönheit fehlt, durch ihre Tugend reichlich ersetzt wird. Sie ist von edler Abkunft, klug und ziemlich reich, und da dein Vater und ich sie für dich gewählt haben, so kannst du versichert sein, daß sie deiner würdig ist.« Rodolfo betrachtete das Bildnis aufmerksam und sagte: »Wenn die Maler bei diesem Gesicht mit der Schönheit so verschwenderisch waren, wie es ihre Sitte ist, so muß, glaube ich, das Original die Häßlichkeit selbst sein. Wahrlich, meine Herrin und Mutter, es ist nur gerecht und gut, daß Kinder ihren Eltern in allen Befehlen gehorchen. Allein es ist nicht weniger geraten, daß die Eltern ihre Kinder so vermählen, wie es ihnen am angenehmsten ist; und da das Band der Ehe nur durch den Tod gelöst wird, so sollten die Teile, die es verbindet, gleichmäßig und aus demselben Faden gewebt sein. Tugend, Adel, Verstand und Güter des Glücks können den Geist dessen, dem sie in seiner Gattin zuteil werden, wohl erfreuen; daß jedoch ihre Häßlichkeit den Augen des Gatten Vergnügen mache, scheint mir unmöglich. Ich bin jung, allein ich sehe recht wohl ein, daß sich mit dem Sakrament der Ehe der gerechte und gebührende Genuß, wie er Vermählten zuteil wird, ganz wohl verträgt; denn wo er fehlt, da ist die Ehe einseitig, und ihr zweiter Hauptzweck wird nicht erreicht. Wenn Ihr mir sagen wollt, ein häßliches Gesicht, das man zu jeder Stunde vor Augen sehen muß: im Saale, bei Tisch und im Bette, könne einem Manne Freude machen, so wiederhole ich, ich halte es für unmöglich. Ich beschwöre Euch bei Eurem Leben, geliebte Mutter, gebt mir eine Gefährtin, die mich unterhält und nicht langweilt, damit wir beide, ohne nach der einen oder der andern Seite zu Fehltritten verlockt zu werden, gleichermaßen und auf geradem Wege an dem Joche tragen, das der Himmel uns auferlegt. Wenn dieses Fräulein edel, klug und reich ist, wie Ihr sagt, so wird ihr auch ein Gemahl nicht fehlen, dessen Geschmack ein andrer ist als meiner. Denn einige suchen Adel, andre Klugheit, andre Geld und wieder andre Schönheit; zu diesen aber gehöre ich. Den Adel habe ich, es sei dem Himmel, meinen Vorfahren und meinen Eltern gedankt, zum Erbteil erhalten; Klugheit – nun, wenn nur eine Frau nicht töricht, albern oder närrisch ist, so genügt es, daß sie nicht vor lauter Scharfsinn irre wird, noch vor Dummheit zu gar nichts taugt; was aber den Reichtum anbetrifft, so schützt mich der meiner Eltern vor der Besorgnis, zu verarmen. Ich suche Schönheit, Schönheit ohne jede andre Mitgift als Ehrbarkeit und gute Sitten; denn wenn meine Gattin das mitbringt, so werde ich Gott mit Freuden dienen und meinen Eltern ein glückliches Alter bereiten.«

Rodolfos Mutter freute sich sehr über seine Worte, denn sie merkte, daß ihr Plan gelingen mußte. Sie erwiderte ihm, sie wolle dafür sorgen, ihn nach seinen Wünschen zu vermählen, und er möge sich keine Sorgen machen, denn man könne die Unterhandlungen, die man über die Verbindung mit jenem Fräulein gepflogen habe, leicht wieder abbrechen. Rodolfo dankte ihr, und da die Stunde der Abendmahlzeit gekommen war, gingen sie zu Tische; und als sie, Vater und Mutter, Rodolfo und seine zwei Gefährten, sich niedergelassen hatten, sagte Doña Estefania mit gespielter Gleichgültigkeit: »Um des Himmels willen! Wie schlecht behandle ich meinen Gast! Geht schnell«, befahl sie einem Diener, »und sagt dem Fräulein Leocadia, sie möge ihre allzu große Bescheidenheit überwinden und uns bei dieser Mahlzeit mit ihrer Gegenwart beehren; denn alle, die zugegen sind, seien meine Söhne und ihre Diener.« All dies gehörte zu ihrem Plan, und Leocadia, die genau unterrichtet und angewiesen war, was sie zu tun hatte, ließ nicht lange auf sich warten; und zwar machte sie einen so unerwarteten und schönen Eindruck, wie ihn nur je die geschmückte und natürliche Schönheit machen konnte. Sie trug, da es Winter war, ein vollständiges Kleid aus schwarzem Samt, reich besät mit goldenen Knöpfen und Perlen; Gürtel und Halsband waren aus Diamanten; ihr echtes Haar diente ihr, lang und nicht allzu blond, als Schmuck und Kopfputz, und die künstlich gewundenen Flechten und Locken und der Schimmer der Diamanten, mit denen sie durchwoben waren, blendeten das Licht der Augen, die sie sahen. Leocadias

Haltung war sittsam und edel; sie führte ihren Sohn an der Hand, und vor ihr her gingen zwei Mädchen, die sie mit zwei Wachskerzen in zwei silbernen Leuchtern erhellten. Alle, die anwesend waren, standen auf, um sie zu bewillkommnen, als sei sie ein himmlisches Wesen, das durch ein Wunder hier erschien. Keiner von allen, die in ihren Anblick versunken waren, vermochte ihr, wie es schien, vor Verwunderung ein Wort zu sagen. Leocadia machte mit zierlicher Anmut und voll feinen Anstands vor allen eine Verbeugung, Estefania nahm sie bei der Hand und setzte sie neben sich, Rodolfo gegenüber; den Knaben setzte man neben seinen Großvater. Als Rodolfo nun Leocadias unbegreifliche Schönheit aus größerer Nähe sah, sagte er bei sich selber: ›Wenn das Mädchen, das meine Mutter mir zur Gemahlin gewählt hat, nur die Hälfte dieser Schönheit besäße, so würde ich mich als den glücklichsten Menschen der Welt ansehn. Gott stehe mir bei! Was sehe ich? Ist es vielleicht ein menschlicher Engel, den ich erblicke?‹ Unterdessen drang Leocadias reizendes Bild durch seine Augen ein, um von seinem Herzen Besitz zu ergreifen, und Leocadia, die sich, solange die Mahlzeit dauerte, dem so nahe sah, den sie schon mehr als das Licht ihrer Augen liebte, mit denen sie manchmal verstohlen nach ihm blickte, begann sich wieder vor den Geist zu rufen, was ihr einst mit Rodolfo begegnet war. Die Hoffnung, seine Gattin zu werden, die ihr von seiner Mutter eingegeben worden war, begann in ihrem Herzen zu erlöschen; denn sie fürchtete, ihr kurzes Glück sei schon genügende Verwirklichung der Verheißungen seiner Mutter. Sie bedachte, wie nahe sie daran sei, auf immer glücklich oder unglücklich zu werden, und diese Vorstellung war so lebhaft, und die Gedanken, die auf ihr Herz einstürmten, so erregt, daß sie langsam glühend heiß wurde, plötzlich wieder die Farbe verlor und in eine Ohnmacht sank, die sie nötigte, das Haupt in Doña Estefanias Arm zurückzulegen, die sie, sowie sie es bemerkte, voll Bestürzung auffing. Alle Anwesenden erschraken, verließen die Tafel und eilten ihr zu Hilfe. Die größte Teilnahme an dem Unfall aber bekundete Rodolfo, der zweimal stolperte und fiel, um schnell in ihre Nähe zu gelangen. Weder daß man sie aufschnürte, noch daß man ihr Wasser ins Gesicht sprengte, brachte sie wieder zu sich, vielmehr waren die beklommene Brust und der Puls, der sich nicht finden ließ, sichere Anzeichen ihres Todes, und die Mägde und Diener des Hauses erhoben unvorsichtig genug ein Geschrei und sprengten aus, sie sei gestorben. Diese bittere Nachricht kam Leocadias Eltern zu Ohren, die Doña Estefania für einen erfreulicheren Augenblick verborgen gehalten hatte. Sie traten daher, ganz gegen Estefanias Absichten, mit dem Pfarrer des Kirchspiels, der bei ihnen war, in den Saal. Der Pfarrer eilte herzu, um zu sehn, ob sie durch irgendein Zeichen zu verstehen gebe, daß sie ihre Sünden bereue, und sie so absolvieren zu können. Aber wo er einen Ohnmächtigen zu finden gedachte, fand er ihrer zwei, denn schon lag Rodolfo mit seinem Gesicht an Leocadias Busen. Seine Mutter hatte ihn zu ihr herantreten lassen, da sie ihm ja anzugehören bestimmt war; doch als sie sah, daß auch er bewußtlos wurde, stand sie als dritte im Begriff, die Besinnung zu verlieren, und sie hätte sie verloren, wäre nicht Rodolfo in eben diesem Augenblick wieder zu sich gekommen. Er war beschämt, daß er sich vor ihren Augen so vergessen hatte; seine Mutter aber sagte, als ahne sie die Empfindungen ihres Sohnes: »Schäme dich nicht, mein Sohn, daß du deinen Schmerz so verraten hast; schäme dich aber, wenn dir keinen Schmerz bereitet, was du jetzt erfahren sollst, und was ich dir nicht mehr verbergen will, obgleich ich es für einen erfreulicheren Augenblick aufzusparen gedachte. Wisse denn, mein Herzenssohn, die Ohnmächtige, die ich in den Armen halte, ist deine wirkliche Gattin! Ich nenne sie so, denn ich und dein Vater haben sie für dich gewählt, und die auf dem Bildnis ist nicht die rechte.« Als Rodolfo das hörte, überließ er sich ganz seinem glühenden Liebesverlangen, und da er sich durch den Namen eines Gatten von allen Hindernissen entbunden glaubte, die der Anstand und die Rücksicht auf den Ort ihm auferlegen konnten, so warf er sich auf Leocadias Gesicht, preßte seinen Mund auf den ihren und schien nur darauf zu warten, daß ihre Seele ihren Leib verlasse, um sie in seine aufzunehmen. Endlich aber, als die Tränen aller aus Mitleid reichlicher strömten und die Klagen im Schmerze lauter wurden, als Leocadias Eltern sich das Haar ausrauften, und die Klagen und das Geschrei Rodolfos gen Himmel drangen, kam Leocadia zu sich, und damit kehrten auch Heiterkeit und Freude in aller Brust zurück, wo sie bereits erloschen waren. Als Leocadia sich in Rodolfos Armen sah, wollte sie sich mit sittsamer Gewalt befreien; er aber sagte zu ihr: »Nein, Fräulein, nicht so soll es geschehn! Es ist nicht wohlgetan, wenn Ihr kämpfet, um Euch aus den Armen dessen loszuwinden, in dessen Seele Ihr lebt.« Mehr und mehr kam Leocadia, als sie diese Worte hörte, zur Besinnung, und Doña Estefania beschloß, ihren ersten Plan aufzugeben. Sie bat also den Pfarrer, ihren Sohn sogleich mit Leocadia zu verbinden. Das tat er denn auch. All dies ereignete sich nämlich noch zu jener Zeit, in der nichts nötig war als die Einwilligung beider Teile, und in der man all der gerichtlichen und religiösen Förmlichkeiten und Vorkehrungen, die jetzt üblich sind, noch nicht bedurfte. So wurde die Vermählung vollzogen, und keine Schwierigkeit stellte sich der Trauung in den Weg.

Und jetzt, da wir so weit sind, mag es einer andern Feder und einem andern, feineren Geiste als meinem überlassen bleiben, von der allgemeinen Freude all derer zu erzählen, die bei diesem Ereignis anwesend waren, von den Umarmungen zwischen Leocadias Eltern und Rodolfo, von dem Dank, den sie dem Himmel und seinen Eltern zollten, von den gegenseitigen Höflichkeiten und von der Verwunderung der Gefährten Rodolfos, die so unerwartet gleich am

Abend ihrer Ankunft Zeugen einer so schönen Vermählung wurden, zumal Doña Estefania in ihrer aller Gegenwart erzählte, daß Leocadia dasselbe Mädchen sei, das ihr Sohn in ihrer Gesellschaft geraubt hatte. Rodolfo aber, nicht minder betroffen als sie, bat, um sich vollends von der Wahrheit all dieser Dinge zu überzeugen, Leocadia, ihm irgendein Merkmal anzugeben, das ihm bestätigen solle, was er nicht mehr bezweifelte; denn er sagte sich, daß seine Eltern alles genau ermittelt haben mußten. Sie erwiderte: »Als ich einst aus einer andern Ohnmacht wieder zur Besinnung und zum Bewußtsein kam, mein Herr, da sah ich mich entehrt in Euren Armen. Jetzt aber scheint es mir wohl geschehn, denn als ich eben aus dieser Ohnmacht erwachte und mich wieder von jenen Armen umfangen sah, fand ich in ihnen auch meine Ehre wieder. Und wenn Euch dies Merkmal noch nicht genügt, so mag ein Bild des Gekreuzigten für mich zeugen, das Euch niemand entwendet haben konnte als ich, wenn Ihr es an jenem Morgen vermißt habt; es ist dasselbe, das Eure Mutter, meine gnädige Gebieterin, in Händen hat.« »Ihr seid die Gebieterin meiner Seele und sollt es bleiben, solange Gott es vergönnt, mein höchstes Gut!« Damit umarmte er sie von neuem, und von neuem segneten und beglückwünschten sie alle.

Die Speisen wurden aufgetragen, und zugleich kam die Musik, die schon früher bestellt worden war. Rodolfo erkannte sich selbst im Spiegel der Züge seines Sohnes, dessen vier Großeltern vor Freude weinten. Kein Winkel war im ganzen Hause, wo nicht Jubel, Freude und Heiterkeit herrschten. Und obgleich die Nacht auf ihren leichten schwarzen Fittichen vorüberschwebte, so war es Rodolfo doch, als gehe und wandle sie nicht mit Flügeln, sondern auf Krücken, so groß war sein Verlangen, sich mit der geliebten Braut allein zu sehn. Endlich kam die ersehnte Stunde; denn es gibt nichts, was kein Ende nähme. Alle gingen zu Bett, und das ganze Haus lag begraben in der tiefen Stille, in der diese wahre Geschichte nicht begraben bleiben wird; denn das würden die vielen Kinder und die erlauchte, noch jetzt lebende Nachkommenschaft nicht dulden, die diese beiden glücklichen Gatten in Toledo hinterließen. Sie selber aber freuten sich glücklich viele Jahre hindurch aneinander, an ihren Kindern und Enkeln, und zwar kraft der Fügung des Himmels und der Macht des Blutes, mit dem der mannhafte, erlauchte und christliche Großvater Luificos den Boden benetzt sah.

Der eifersüchtige Extremadurer

Vor nicht sehr vielen Jahren verließ ein Edelmann von vornehmer Abkunft Extremadura und zog wie ein zweiter verlorener Sohn durch verschiedene Gegenden Spaniens, Italiens und Flanderns, indem er auf diese Art seine Zeit und sein Vermögen vergeudete. Als seine Eltern gestorben waren und er nach langen Wanderungen sein Erbteil durchgebracht hatte, kam er in die große Stadt Sevilla, wo er hinlänglich Gelegenheit fand, das wenige, was ihm noch übrigblieb, vollends zu verzehren. Da er sich nun so ganz von Geld entblößt und auch fast ohne Freunde sah, nahm er seine Zuflucht zu dem Hilfsmittel, das auch sonst viele lockere Burschen in jener Stadt erwählen: Er wollte nämlich nach Indien gehn, dem Zufluchtsort und Schutz aller verzweifelten Spanier, der Kirche betrügerischer Bankerottierer, der Freistatt der Mörder, dem Heil und Deckmantel der Spieler (die gewisse Leute die »Kunstverständigen« nennen), der Lockspeise frecher Weiber, der allgemeinen Täuschung vieler und dem besondern Helfer so weniger. Als endlich der Augenblick gekommen war, in dem eine Flotte nach Terrafirma ging, verständigte er sich mit dem Admiral, kaufte sich seinen Proviant und seine Binsenmatte, schiffte sich in Cadiz ein und sagte Spanien Lebewohl. Die Flotte lichtete die Anker, und unter allgemeinem Jubel ging man bei ruhigem und günstigem Wind unter Segel, so daß das Land den Blicken in wenigen Stunden entschwand und sich statt dessen die weiten, ebenen Räume des großen Vaters der Gewässer, des Ozeans, entfalteten. Unser Reisender fuhr in tiefen Gedanken dahin und überlegte sich, wieviel Gefahren er in den Jahren seiner Wanderungen bestanden und wie schlecht er zeit seines Lebens gewirtschaftet hatte. Als er sich so über sich selber Rechenschaft ablegte, erwuchs endlich der feste

Entschluß in ihm, seine Lebensweise zu ändern und andre Wege einzuschlagen, um sich das Vermögen, das ihm Gott in Gnaden verliehen hatte, zu erhalten; auch wollte er sich mehr als bisher vor den Frauen hüten. Die Flotte lag ruhig in der Windstille da, als dieser Sturm in Felipe de Carrizales' Herzen tobte (denn so hieß der Mann, der uns den Stoff zu unsrer Novelle bietet). Dann begann der Wind von neuem zu blasen, und jetzt trieb er die Schiffe mit solcher Gewalt dahin, daß er niemandem Ruhe ließ, und so mußte auch Carrizales seine Phantasien aufgeben, um sich einzig mit den Vorsichtsmaßregeln zu beschäftigen, die die Reise erforderte. Sie ging jedoch so günstig vonstatten, daß man ohne den geringsten Unfall den Hafen von Cartagena erreichte. Um nun gleich alles mitzuteilen, was hierher gehört, so füge ich hinzu, daß Felipe, als er nach Indien ging, ungefähr achtundvierzig Jahre alt sein mochte und sich in den zwanzig Jahren, die er dort blieb, mit Hilfe seiner Geschicklichkeit und seines Fleißes ein Vermögen von mehr als hundertundfünfzigtausend vollwichtigen Pesos erwarb.

Als er sah, wieviel Glück er gehabt hatte und wie reich er geworden war, faßte ihn der jedem Menschen natürliche Wunsch, in sein Vaterland zurückzukehren. Er setzte also große Vorteile, die sich ihm boten, hintan, verließ Peru, wo er ein so großes Vermögen erworben hatte, tauschte dieses ganz in Gold- und Silberbarren um, ließ es, um allen Unannehmlichkeiten zu entgehn, registrieren und kehrte nach Spanien zurück. Er stieg in San Lucar ans Land und kam, ebenso gebeugt unter der Last der Jahre wie des Reichtums, nach Sevilla. Seinen Besitz erhielt er ohne Hindernisse; er suchte seine Freunde, doch alle waren gestorben. Obgleich er schon gehört hatte, daß ihm der Tod auch keinen seiner Verwandten übriggelassen hatte, wollte er jetzt in seine Heimat gehn. Und wenn ihn, als er arm und dürftig nach Indien ging, mitten auf den Wellen des Ozeans mancherlei Gedanken bestürmt und ihm keinen Augenblick Ruhe gelassen hatten, so plagten sie ihn nicht minder jetzt in der Ruhe des festen Landes, freilich aus ganz andern Gründen. Denn wenn er damals nicht schlief, weil er arm war, so fand er jetzt infolge seines Reichtums keine Ruhe; ist doch der Reichtum für den, der nicht gewohnt ist, ihn zu besitzen, und der ihn nicht zu benutzen versteht, eine ebenso schwere Last, wie die Armut für alle, die sie beständig drückt. Sorgen bringt das Geld und Sorgen der Mangel an Geld, doch den einen läßt sich abhelfen, indem man ein bescheidenes Maß erwirbt, die andern aber wachsen, je mehr man erreicht hat. Carrizales betrachtete seine Barren nicht mit den Augen des Geizhalses; denn in den wenigen Jahren, in denen er Soldat gewesen war, hatte er gelernt, freigebig zu sein. Er ging mit sich zu Rate, was er mit ihnen beginnen sollte; ließ er sie ungewechselt, so waren sie ein unfruchtbarer Schatz, und behielt er sie im Hause, so waren sie Habsüchtigen ein Köder und eine Lockspeise für Diebe. Schon war ihm die Lust vergangen, von neuem die Unruhe der Handelsgeschäfte auf sich zu laden, und er glaubte für seine Jahre des Geldes mehr als genug zu haben, damit es zeit seines Lebens reichte. Er wünschte wohl, sein Leben in der Heimat zu beschließen und, indem er dort sein Geld auf Zinsen lieh, seine alten Tage in Frieden und Ruhe zu verbringen, um so viel wie möglich Gott zu leben, nachdem er mehr, als er sollte, der Welt gelebt hatte. Doch auf der andern Seite erwog er, eine wie große Armut in seinem Geburtsorte herrschte, wie dürftig dessen Einwohner waren, und welchen Zudringlichkeiten er sich aussetzte, wenn er dort seinen Aufenthalt wählte; denn die Armen pflegen ihren reichen Nachbarn zu bestürmen, zumal wenn sonst niemand im Orte ist, zu dem sie in der Not ihre Zuflucht nehmen können. Gern hätte er jemanden gehabt, dem er nach seinem Tode seine Güter hinterlassen könnte; und als er dies Verlangen spürte, fühlte er seiner Kraft den Puls; ihm schien, er könnte das Joch der Ehe noch auf sich nehmen. Zugleich aber mit diesem Gedanken überfiel ihn eine so heftige Furcht, daß sie ihn erstickte und gleichsam zunichte machte, wie der Wind den Nebel, denn er war von Hause aus der eifersüchtigste Mensch von der Welt, uns zwar schon, ohne daß er verheiratet war; denn als er es sich nur vorstellte, quälte ihn gleich die Eifersucht, ängstigte ihn das Mißtrauen und erschreckten ihn alle möglichen Einbildungen mit solcher Heftigkeit und Gewalt, daß er den festen Entschluß faßte, sich nicht zu vermählen. Kaum daß er nun hierüber mit sich selber einig war, freilich ohne noch zu wissen, was er mit dem Rest seines Lebens zu beginnen habe, so wollte es der Zufall, daß er eines Tages, als er auf der Straße ging, emporblickte und oben an einem Fenster ein Mädchen sah, das etwa dreizehn bis vierzehn Jahre alt sein mochte; ihr Gesicht war so anmutig und ihre Schönheit so groß, daß den guten alten Carrizales jede Widerstandskraft verließ und die Schwäche seines Alters der Jugend Leonoras (das war der Name dieses schönen Mädchens) unterlag. Sogleich, ohne länger zu zaudern, stellte er eine ganze Folge von Überlegungen an, redete mit sich selbst und sprach: »Dies Kind ist schön, und dem Äußern dieses Hauses nach kann sie nicht reich sein; auch ist sie jung; ihr geringes Alter kann mich gegen Argwohn sichern. Ich will sie heiraten, will sie einschließen, ich gewöhne sie nach meinen Launen, und sie soll keine andern Gedanken haben, als die ich sie lehre. Ich bin noch nicht so alt, daß ich die Hoffnung aufgeben müßte, Kinder zu bekommen, die mich beerben könnten. Mag sie nun eine Mitgift erhalten oder nicht, das gilt mir gleich, denn der Himmel hat mir genug gegeben, und reiche Leute dürfen bei ihrer Heirat nicht auf Vermögen sehn, sondern einzig auf den zu erwartenden Genuß; denn der Genuß verlängert das Leben, Mißvergnügen unter Eheleuten aber kürzt es ab. Auf denn! der Würfel ist gefallen, und dies ist das Los, das mir der Himmel bestimmt hat.«

Dieses Selbstgespräch hielt er nicht einmal, sondern hundertmal, und schließlich sprach er nach einigen Tagen mit Leonoras Eltern, von denen er erfuhr, daß sie, obgleich arm, doch edler Abkunft seien. Er unterrichtete sie von seinem Wunsche, seinem Stand und Vermögen und bat sie dringend, ihm ihre Tochter zur Frau zu geben. Sie ersuchten ihn um eine Frist, damit sie sich nach seinen Aussagen erkundigen könnten, und damit auch er Zeit hätte, zu ermitteln, ob ihre Angaben über ihren Adel der Wahrheit entsprächen. Man nahm Abschied voneinander, erkundigte sich beiderseits und fand alles bestätigt. Auf diese Weise wurde Leonora, nachdem er ihr zuvor zwanzigtausend Dukaten als Brautgabe gegeben hatte, Carrizales' Braut; so stand das Herz des eifersüchtigen Alten in Flammen. Doch kaum hatte er als Bräutigam sein Jawort gegeben, als wie mit einem Schlage eine Schar wütend eifersüchtiger Gedanken über ihn herfiel und er ohne alle Ursache zu zittern und sich zu fürchten begann, mehr als je zuvor. Den ersten Beweis seiner eifersüchtigen Gemütsart gab er dadurch, daß er seiner Braut von keinem Schneider zu den vielen Kleidern wollte Maß nehmen lassen, die er ihr zu bestellen gedachte. Er suchte vielmehr ein andres Mädchen, das ungefähr Leonorens Wuchs und Größe hatte, und als er eine arme Person gefunden hatte, ließ er nach deren Maß ein Kleid machen. Da es seiner Braut, die es anprobierte, vortrefflich paßte, so ließ er nach diesem Maße auch die übrigen Kleider machen; es waren ihrer so viele und kostbare, daß sich die Eltern der Verlobten überglücklich schätzten, einen Schwiegersohn gefunden zu haben, der ihnen und ihrer Tochter so gut aushelfen konnte. Das Mädchen selbst war ganz betroffen bei dem Anblick so prächtiger Kleider; denn aller Putz, den sie in ihrem ganzen Leben auf ihrem Körper gesehen hatte, beschränkte sich auf einen Rock aus grobem Zeug und ein Mäntelchen aus Taft. Den zweiten Beweis seiner Eifersucht gab Felipe dadurch, daß er sich nicht eher vermählen wollte, als bis er ein Haus eigens für sie eingerichtet hätte. Er machte das auf folgende Weise: Er kaufte um zwölftausend Dukaten in einem vornehmen Teile der Stadt ein Anwesen, bei dem Quellwasser und ein Garten mit vielen Pomeranzenbäumen vorhanden war. Alle Fenster, die auf die Straße gingen, schloß er und traf eine Vorkehrung, daß nur von oben her Licht hereinfiel; dann machte er es mit allen andern Fenstern im Hause ebenso. In das große Tor nach der Straße zu, das man in Sevilla das Haustor nennt, ließ er einen Stall für eine Mauleselin einbauen und darüber einen Strohboden nebst einem Gemach für den, der das Tier zu besorgen hatte, einen alten schwarzen Eunuchen. Die Wände der Terrasse ließ er so hoch aufführen, daß, wer in das Haus eintrat, in gerader Linie gen Himmel sehn mußte und sonst nichts erblicken konnte. Dann brachte er ein Drehbrett an, das das Haustor mit dem Hofe in Verbindung setzte. Er kaufte kostbares Hausgerät, um das Innere zu schmücken, so daß es durch seine reichen Tapeten, Estraden und Baldachine dem Sitz eines großen Herrn glich. Er kaufte ferner vier weiße Sklavinnen und brandmarkte sie im Gesicht; dazu zwei kürzlich herübergebrachte Negerinnen. Er schloß einen Vertrag mit einem Koch, der ihm das Essen bringen und einkaufen sollte, aber unter der Bedingung, daß er nicht im Hause schlafe noch je hereinkomme, sondern nur bis an das Drehbrett gehe, durch das er alles, was er brachte, hineinreichen konnte. Als dies geschehen war, legte er einen Teil seines Vermögens bei verschiedenen sichern Leuten auf Zinsen, einen andern gab er zur Bank, und einiges behielt er für alle möglichen Fälle bei sich. Er schaffte sich einen Hauptschlüssel an, der alle Türen im Hause schloß, und was man nur irgend in größern Mengen und zu bestimmten Zeiten anzuschaffen pflegt, das kaufte er ein, um für das ganze Jahr Vorrat zu haben.

Als er nun alles so vorbereitet und angeordnet hatte, ging er in das Haus seiner Schwiegereltern und holte seine Gattin, die sie ihm unter vielen Tränen übergaben; denn ihnen war, als würde sie ins Grab gebracht. Die zarte Leonora wußte noch gar nicht, was sich mit ihr zugetragen hatte; sie weinte also mit ihren Eltern, bat sie um ihren Segen und nahm von ihnen Abschied. Ihre Sklavinnen und Dienerinnen umringten sie, und so ging sie an der Hand ihres Gemahls in sein Haus. Beim Eintritt hielt Carrizales eine Rede an alle, schärfte ihnen ein, Leonora zu pflegen und nie und unter keiner Bedingung jemanden in die zweite nach innen führende Tür hineinzulassen, wäre es auch nur der verschnittene Neger. Am meisten aber empfahl er Leonoras Bewachung und Wartung einer sehr verständigen, gesetzten Kammerfrau, die er gleichsam als Wärterin für Leonora annahm und zugleich zur Aufseherin von allem machte, was im Hause vorging, damit sie den Sklavinnen und zwei andern Mädchen in Leonoras Alter die nötigen Befehle erteilte; diese hatte er aufgenommen, damit sie mit Altersgenossinnen Unterhaltung habe. Er versprach ihnen, sie alle so zu behandeln und zu verpflegen, daß sie ihre Einkerkerung nicht empfinden sollten. An allen Festtagen sollten sie ohne Ausnahme in die Messe gehn dürfen, wenn auch so früh, daß kaum das Tageslicht Gelegenheit fände, sie zu sehn. Die Mägde und Sklavinnen versprachen, allen seinen Befehlen ohne Widerwillen gern und freudig nachzukommen. Die junge Frau zuckte die Achseln, verneigte sich und sagte, sie habe keinen andern Willen als den ihres Herrn und Gemahls, dem sie stets gehorsam sein werde.

Als der gute Extremadurer diese Vorkehrungen getroffen und sich in sein Haus zurückgezogen hatte, begann er, soweit es ihm möglich war, die Früchte der Ehe zu genießen, die Leonora, da sie keine andern kannte, weder angenehm noch zuwider waren. Sie vertrieb sich die Zeit mit ihrer Kammerfrau, ihren Mädchen und Sklavinnen; diese ergaben sich zur Kurzweil der Näscherei, und es verging kaum ein Tag, an dem sie nicht tausenderlei Dinge zugerichtet hätten, denen Honig und Zucker die Würze gaben. Alles, was sie dazu brauchten, stand ihnen in Überfluß zu Gebote, und ihr Herr gab es ihnen aufs willigste, weil er hoffte, daß sie bei solcher Unterhaltung und Beschäftigung keine Zeit finden würden, an ihre Gefangenschaft zu denken. Leonora verkehrte mit ihren Mägden auf gleichem Fuße und unterhielt sich wie sie; ja sie beschäftigte sich in ihrer Einfalt mit der Anfertigung von Puppen und andern Kindereien, woraus sich auf die Unschuld ihres Wesens und die Zartheit ihres Alters schließen ließ. Dies alles machte dem eifersüchtigen Gatten das höchste Vergnügen, da er mit seiner Lebensweise die beste Wahl getroffen zu haben glaubte, die sich nur denken ließ; er war der Meinung, menschliche List oder Bosheit könne seine Ruhe auf keine Weise stören. So dachte er auch an nichts als daran, wie er seiner Frau Geschenke machen könnte, und er ermahnte sie immer, alles von ihm zu verlangen, was ihr in den Sinn käme, denn er wollte all ihre Wünsche befriedigen. An den Tagen, da sie zur Messe ging (was, wie gesagt, noch in der Morgendämmerung geschah), kamen auch ihre Eltern in die Kirche und sprachen dort mit ihrer Tochter, und zwar in Gegenwart ihres Gatten, der sie so mit Gaben überhäufte, daß ihr Mitleid mit der eingezogenen Lebensweise ihrer Tochter dadurch gemildert wurde.

Carrizales stand des Morgens früh auf und wartete, bis der Speisemeister kam, dem man am Abend zuvor durch einen auf das Drehbrett gelegten Zettel bestellte, was er am folgenden Tage zu bringen hatte. War der Koch dagewesen, so ging Carrizales aus, meist zu Fuß, indem er die Türen hinter sich schloß, sowohl die zur Straße wie die mittlere, zwischen denen der Neger blieb. Dann besorgte er seine wenigen Geschäfte, kehrte bald zurück, schloß sich ein und unterhielt sich damit, seiner Frau jede Aufmerksamkeit zu erweisen und ihren Mägden zu schmeicheln; alle wollten ihm wohl, weil er sanft und gelassen war und vor allem, weil er sich so freigebig zeigte. So legten sie ihr Probejahr ab, taten Profeß in dieser Lebensart und beschlossen, sie bis ans

Ende ihres Lebens fortzuführen, was auch geschehen wäre, hätte sie nicht der listige Plagegeist des menschlichen Geschlechts gestört, wie man gleich hören wird.

Nun sage mir aber der, der sich für den klügsten und vorsichtigsten Menschen hält, welche bessere Sicherheitsmaßregeln der greise Felipe hätte treffen können, da er nicht einmal ein männliches Tier in seinem Hause duldete? Nie verfolgte die Ratten ein Kater, nie hörte man das Gebell eines Hundes; denn alle Tiere, die er hielt, waren weiblichen Geschlechts. Bei Tage dachte er nach, bei Nacht schlief er nicht; denn er war die Runde und die Schildwache seines Hauses und der Argus seines teuren Schatzes. Nie betrat ein Mann die innere Tür zu seinem Hofe, und mit Freunden verhandelte er nur auf der Straße. Die Bilder auf den Teppichen, die seine Säle und Gemächer zierten, bestanden aus Frauen, Blumen und Landschaften. Sein ganzes Haus hatte den Geruch der Sittsamkeit, Keuschheit und Zurückgezogenheit. Ja selbst in den Märchen, die seine Dienerinnen an langen Winterabenden in seiner Gegenwart am Kamin erzählten, ließ sich nie die geringste Anstößigkeit entdecken. Das Silberhaar des Greises war in Leonoras Augen gediegenes Gold; denn die erste Liebe eines Mädchens prägt sich ihrem Herzen wie ein Siegel dem Wachse ein. Ihre ängstliche Bewachung schien ihr kluge Vorsicht; sie dachte und glaubte, allen Neuvermählten gehe es wie ihr. Ihre Gedanken schweiften niemals außerhalb der vier Pfähle ihres Hauses, und ihr Herz wünschte nichts andres, als was ihr Gatte wollte. Nur an den Tagen, an denen sie zur Messe ging, sah sie die Straßen, und dies geschah so früh, daß es erst auf dem Rückweg von der Kirche hell genug war, sie sich anzusehn. Nie war ein Kloster so gut verwahrt, nie lebten Nonnen in strengerer Abgeschlossenheit, noch sah irgendwer goldene Äpfel so wohlgehütet. Und doch konnte er auf keine Weise hindern, daß ihn das gefürchtete Unglück traf, oder daß er wenigstens glaubte, von ihm betroffen zu sein.

Es gibt in Sevilla eine Art pflastertreterischen Gesindels, das man gemeinhin Straßenvolk zu nennen pflegt. Es sind Söhne der verschiedensten, aber stets der reichsten Häuser, leere, geschniegelte und honigsüße Leutchen, über die viel zu sagen wäre, ebenso wie über ihre Tracht, ihre Lebensweise, ihren Charakter und die Gesetze, die sie unter sich beobachten; wir aber wollen das hier aus guten Gründen unterlassen. Einer dieser Ehrenmänner, die in ihrer Sprache Virotes heißen, wenn sie unverheiratet sind (denn die neuvermählten nennt man Mantones), betrachtete einst zufällig das Haus des vorsichtigen Carrizales, und da er es immer verschlossen sah, kam ihn die Lust an, in Erfahrung zu bringen, wer denn hier wohne. In seiner verlangenden Neugier forschte er eifrig nach, bis er über alles, was er wünschte, unterrichtet war. Er erfuhr von dem Charakter des Alten, von der Schönheit seiner Gattin und der Art, wie er sie bewachte. Dies alles entzündete in ihm das Verlangen, zu sehn, ob es möglich wäre, eine so wohlbewachte Festung durch Gewalt oder List zu erobern. Er teilte seinen Wunsch zwei Viroten und einem Mantonen seiner Bekanntschaft mit und verabredete mit ihnen, das Unternehmen ins Werk zu setzen; denn nie fehlte es zu solchen Streichen an Ratgebern und Helfershelfern. Freilich waren sie im Zweifel, wie sie eine so schwierige Aufgabe anfassen sollten, und nachdem sie mehrfach miteinander zu Rate gegangen waren, kamen sie zu folgender Verabredung: Loaisa, so nannte sich der Virote, tat, als verließe er die Stadt auf einige Tage, um sich den Augen seiner Freunde zu entziehn. Er zog sich Hosen aus reiner weißer Leinwand an und ebenso ein reines Hemd; darüber aber tat er so zerrissene und geflickte Kleider, daß kein Armer in der ganzen Stadt gleich zerlumpt aussah. Er schor sich einen Teil des Bartes, bedeckte ein Auge mit einem Pflaster, wickelte das eine Bein in eine feste Binde, stützte sich auf zwei Krücken und verwandelte sich in einen armen Lahmen, dem der echteste Krüppel nicht gleichkam.

In diesem Aufzuge erschien er jeden Abend um die Betstunde an Carrizales' Haustüre, die dann schon verriegelt war, während der Neger, der Luis hieß, eingeschlossen zwischen den beiden Toren saß. Wenn nun Loaisa dort Platz genommen hatte, ergriff er eine kleine, ziemlich schmutzige Gitarre, der einige Saiten fehlten, und begann, da er ein wenig von der Musik verstand, ein paar lustige, muntere Stückchen zu spielen, und dazu, um nicht erkannt zu werden, mit verstellter Stimme zu singen. So sang er ohne Unterbrechung eine Reihe von Romanzen über Mauren und Maurinnen, und zwar auf eine so närrische und anmutige Weise, daß alle Vorübergehenden auf der Straße stehnblieben; immer war er, wenn er sang, von Knaben umringt. Luis, der Neger, legte die Ohren an die Tür, hatte seine Freude an der Musik des Viroten und hätte einen Arm von seinem Leibe darum gegeben, wenn er die Türe hätte öffnen und bequemer zuhören können; so groß ist die Neigung der Neger zur Musik. Wollte Loaisa seine Zuhörer los sein, so unterbrach er seinen Gesang, steckte die Gitarre ein und hinkte auf seinen Krücken von dannen.

Vier- oder fünfmal hatte er schon dem Neger sein Ständchen gebracht; denn diesem galt es, weil er glaubte, daß der Neger derjenige sei und sein müsse, bei dem er anzufangen habe, wenn er diesen Bau untergraben wollte. Sein Anschlag glückte. Denn als er eines Abends wie gewöhnlich an die Türe kam und seine Gitarre stimmte, merkte er, daß der Neger bereits in Erwartung dastand. Er legte also den Mund an die Türschwelle und sagte leise: »Könntest du mir nicht ein wenig Wasser geben, Luis; denn ich verschmachte vor Durst und kann nicht singen.« »Nein«, versetzte der Neger, »ich habe keinen Schlüssel zu dieser Tür, und es ist auch kein Loch da, durch das ich es Euch reichen könnte.« »Wer hat denn den Schlüssel?« fragte Loaisa. »Mein Herr«, erwiderte der Neger, »und der ist der eifersüchtigste Mensch von der Welt. Wenn er nur wüßte, daß ich jetzt hier mit jemandem spreche, so wäre es um mein Leben geschehn. Aber wer seid denn Ihr, der Ihr mich um Wasser bittet?« »Ich bin ein armer Mensch«, antwortete Loaisa, »der an einem Bein lahm ist, und ich verdiene mein Brot dadurch, daß ich von guten Leuten Almosen erbettle; zugleich gebe ich einigen Mauren und andern Leuten Unterricht im Gitarrespiel. Ich habe schon drei Negersklaven dreier Vierundzwanziger[1] so gut unterrichtet, daß sie auf jedem Ball und in jeder Schenke singen und spielen können, und sie haben es mir sehr gut bezahlt.« »Ich würde es Euch noch viel besser zahlen«, sagte Luis, »wenn ich es möglich machen könnte, Unterricht bei Euch zu nehmen. Aber es geht nicht; denn wenn mein Herr des Morgens ausgeht, so schließt er das Haupttor, und ebenso, wenn er nach Hause kommt; ich bin also eingemauert zwischen den zwei Türen.« »Bei Gott, Luis«, versetzte Loaisa, der schon den Namen des Negers kannte, »wenn Ihr ein Mittel fändet, daß ich ein paar Nächte zu Euch herein könnte, um Euch Unterricht zu geben, so wollte ich Euch in weniger als vierzehn Tagen zu einem so geschickten Gitarrespieler machen, daß Ihr Euch ohne Scheu an jeder Straßenecke hören lassen dürftet; denn Ihr müßt wissen, daß ich die glücklichste Gabe zum Unterrichten besitze. Überdies habe ich gehört, auch Ihr hättet sehr gute Anlagen, und soviel ich aus Eurer zarten Stimme entnehmen und beurteilen kann, müßt Ihr gut singen können.« »Ich singe nicht übel«, erwiderte der Neger. »Aber was hilft es? Ich kenne keine Melodie, außer der vom Liebesstern und ›Auf einer grünen Wiese‹, und der andern, die jetzt so in der Mode ist: ›An die Stäbe eines Gitters schaudernd meine Hand gefesselt‹ ...« »Das ist lauter Wind«, sagte Loaisa, »gegen das, was ich Euch lehren könnte; denn ich kenne all die Lieder vom Mauren Abindarraez und seiner Dame Xarifa, und alle, die von der Geschichte des großen Sofi Tomunibeyo handeln, sowie

1 Veintricuatro: andalusische Bezeichnung für Schöffe, Stadtrat.

die göttlichen Sarabanden, die so schön sind, daß sie die Portugiesen selbst in Erstaunen setzen. Und all das lehre ich so geschickt und so leicht, daß Ihr, ohne Euch mit dem Lernen besonders viel Mühe zu geben, kaum drei oder vier Maß Salz essen würdet, bevor Euch jede Art des Gitarrenspiels glatt geläufig wäre.« »Was hilft aber das alles«, sagte der Neger seufzend, »da ich nicht weiß, wie ich Euch ins Haus bringen soll.« »Da wüßte ich schon ein Mittel«, sagte Loaisa. »Sucht Euch nur der Schlüssel Eures Herrn zu bemächtigen, dann gebe ich Euch ein Stück Wachs und Ihr drückt sie so ab, daß der Bart in dem Wachse wiedergegeben wird. Da ich nun einmal Neigung zu Euch gefaßt habe, will ich Euch von einem Schlosser, der mein Freund ist, die Schlüssel machen lassen. Auf diese Art kann ich dann abends zu Euch hinein und Euch besser unterrichten als den Priester Johann von Indien; denn ich sehe, es wäre jammerschade, wenn eine Stimme wie die Eure verlorenginge, nur weil ihr die Begleitung der Gitarre fehlt. Ihr müßt wissen, Bruder Luis, daß die beste Stimme von der ganzen Welt an Wohlklang verliert, wenn sie nicht von einem Instrument begleitet wird, sei es nun eine Gitarre, ein Klavier, eine Orgel oder eine Harfe. Zu Eurer Stimme aber paßt die Gitarre am besten, denn sie ist das leichteste und wohlfeilste Instrument.« »Das gefällt mir nicht übel«, versetzte der Neger; »aber es ist nicht ausführbar, da die Schlüssel nie in meine Hände kommen. Am Tage legt mein Herr sie nicht aus der Hand, und des Nachts liegen sie unter seinem Kopfkissen.« »Nun, so hört einen andern Vorschlag, Luis«, sagte Loaisa, »wenn Ihr ein vollendeter Musiker werden möchtet; denn wenn Ihr keine Lust habt, so kann ich mir die Mühe sparen, Euch meinen Rat zu geben.« »Wie, Lust?« versetzte Luis. »Ich habe so große Lust, daß ich nichts unterlassen will, was menschenmöglich ist, wenn ich dadurch erreiche, ein Musikant zu werden.« »Dann«, sagte der Virote, »will ich Euch durch diese Tür (wenn Ihr nämlich Platz macht und unter der Tür ein wenig Erde wegschafft) eine Zange und einen Hammer geben, und so könnt Ihr des Nachts sehr leicht die Nägel aus dem Wolfsschloß ziehn; ebenso leicht können wir die Platte wieder annageln, so daß niemand gewahr werden soll, daß sie abgerissen worden war. Und wenn ich erst mit Euch auf Eurem Heuboden eingeschlossen bin, oder wo immer Ihr schlaft, so will ich mir mein Geschäft so angelegen sein lassen, daß Ihr es mir zur Ehre und Euch zur Befriedigung noch weiter bringen sollt, als ich Euch versprochen habe. Wegen unseres Unterhalts macht Euch keine Sorge! Ich werde für uns beide Mundvorrat mitbringen, der für mehr als acht Tage reicht; denn ich habe Schüler und Freunde, die mich nicht werden Not leiden lassen.« »Was das Essen betrifft«, versetzte der Neger, »so brauchen wir uns nicht zu beunruhigen; die Portion, die mein Herr mir gibt, und die Überbleibsel der Sklavinnen wären genug für noch zwei andre. Gebt nur den Hammer, von dem Ihr sprecht, und die Zange! Ich will an der Türangel ein Loch machen, um sie hereinzunehmen, und nachher bedecke und fülle ich es wieder mit Erde aus, und sollte ich auch ein paar falsche Schläge tun, so schläft mein Herr so weit von dieser Tür, daß es ein Wunder oder ein besonderer Unstern wäre, wenn er es hörte.« »Nun denn in Gottes Namen«, sagte Loaisa. »In zwei Tagen, Luis, sollt Ihr alles haben, was nötig ist, um unsern tugendhaften Plan ins Werk zu setzen. Hütet Euch, schleimige Sachen zu essen; denn sie tun der Stimme nicht gut, sondern schaden ihr nur.« »Mich macht nichts so heiser«, erwiderte der Neger, »wie der Wein; allein den möchte ich um alle Stimmen auf der Welt nicht lassen.« »Das sage ich auch nicht«, sagte Loaisa, »Gott behüte! Trinkt, mein Sohn Luis, trinkt, und wohl bekomm es Euch; denn wenn man den Wein mit Maßen trinkt, hat er noch nie geschadet.« »Ei, mit Maßen trinke ich ihn wohl«, versetzte der Neger, »denn ich habe hier einen Krug, der hält wohl ein volles Maß geeicht. Den füllen mir die Sklavinnen, ohne daß mein Herr es weiß, und der Koch bringt mir heimlich eine Flasche, die auch ihre zwei Maß hält, und damit ersetze ich, was dem Kruge fehlt.« »Solch ein Leben«, sagte Loaisa, »könnte mir auch gefallen; denn wenn die Kehle trocken ist, kann sie nicht grunzen noch singen.« »Nun geht mit Gott«, sagte der Neger. »Vergeßt aber ja nicht, jeden Abend herzukommen, bis Ihr mir die versprochenen Werkzeuge bringt, damit ich Euch einlassen kann; denn wahrlich, ich fresse mir die Finger fast ab vor Verlangen, sie auf der Gitarre zu sehn.« »Und ob ich komm!« versetzte Loaisa; »und zwar mit ganz neuen Liedern.« »Ich bitte Euch darum«, sagte Luis. »Jetzt singt aber noch einmal, damit ich mich vergnügt zu Bett legen kann. Und was die Bezahlung betrifft, Herr Bettler, so kann ich Euch besser bezahlen als irgendein Reicher.« »Davon ist keine Rede«, sagte Loaisa. »Ihr sollt mich bezahlen, wie ich Euch unterrichte. Jetzt hört noch dies Liedchen, und wenn ich erst bei Euch drinnen bin, so sollt Ihr Wunder sehn.« »In Gottes Namen«, versetzte der Neger.

Nach diesem langen Gespräche sang Loaisa ein artiges Liedchen, und es entzückte und befriedigte den Neger so, daß er die Stunde nicht erwarten konnte, in der er die Tür öffnen durfte. Kaum war Loaisa vom Tore fort, so eilte er leichteren Fußes, als seine Krücken erwarten ließen, zu seinen Ratgebern, um ihnen Nachricht von dem guten Anfang zu geben, der einen guten Ausgang zu verheißen schien. Er fand sie und erzählte ihnen, was er mit dem Neger verabredet hatte. Am folgenden Tage aber schafften sie Werkzeuge herbei, mit denen man jeden Nagel brechen konnte, als wäre er von Holz. Der Virote versäumte nicht, dem Neger wieder aufzuspielen, und ebensowenig verfehlte dieser, ein Loch zu machen, durch das man die Dinge hereinspielen konnte, die sein Lehrmeister ihm bringen wollte; und Luis verdeckte es so geschickt, daß man es nicht gewahr werden konnte, wenn man nicht schon Verdacht geschöpft hatte und argwöhnisch suchte. Am zweiten Abend gab ihm Loaisa die Werkzeuge.

Luis versuchte seine Kräfte; ohne Anstrengung kniff er die Nägel ab, und die Schloßplatte lag in seiner Hand. Er öffnete die Türe und empfing seinen Orpheus und Meister; und da er in ihm einen verlumpten Menschen auf zwei Krücken und mit einem verkrüppelten Beine sah, war er sehr verwundert. Loaisa trug jedoch kein Pflaster mehr auf dem Auge: es war entbehrlich geworden. Sowie er eintrat, umarmte er seinen guten Schüler, küßte ihm das Gesicht und gab ihm sogleich eine große Flasche Wein in die Hand, sowie eine Büchse mit Eingemachtem und andern Süßigkeiten, mit denen sein Quersack reichlich versehen war. Er warf die Krükken weg, und als hätte ihm nie etwas gefehlt, fing er an, allerlei Bocksprünge zu machen, worüber der Neger sich baß verwunderte. Aber Loaisa sagte zu ihm: »Wißt, Bruder Luis, an meinem Hinken und meiner Lahmheit ist keine Krankheit schuld, sondern die List, die mir meinen Unterhalt verschafft, da ich um Almosen bettle. Mit Hilfe dieser List und meiner Musik führe ich das beste Leben von der Welt; denn in diesem Leben müssen alle, die sich nicht auf List und Schlauheit legen, Hungers sterben. Das werdet Ihr im Verlauf unsrer Freundschaft noch weiter sehn.« »Es wird sich zeigen«, erwiderte der Neger. »Aber laßt uns nun vor allem sorgen, daß dieses Schloß wieder an seine Stelle kommt, damit man die Veränderung nicht bemerke.« »Ganz recht«, sagte Loaisa und zog die Nägel aus der Tasche, und sie befestigten das Schloß wieder so, daß es ganz wie zuvor festhielt, worüber der Neger sich außerordentlich freute. Loaisa ging sofort in die Kammer auf dem Strohboden hinauf, wo der Neger wohnte, und machte es sich, so gut er konnte, bequem. Luis zündete ein Wachslicht an, und Loaisa nahm ohne weiteres seine Gitarre zur Hand und spielte so leise und lieblich, daß der arme Neger, der ihm lauschte, vor Erstaunen ganz außer sich geriet. Als er dann eine Weile gespielt hatte, zog er wieder einen Imbiß heraus und gab ihn seinem Schüler. Obgleich es aber Süßigkeiten waren, sprach er doch so ernstlich dem Weinschlauch zu, daß ihm der noch mehr als die Musik die Sinne zu rauben begann. Dann schritt man zum Unterricht, und da dem armen Neger der Wein schon vier Zoll hoch über dem Verstande stand, so traf er keinen Griff. Trotzdem redete Loaisa ihm vor, er könne wenigstens schon zwei Stücke spielen. Zum Glück glaubte es der Neger und tat die ganze Nacht hindurch weiter nichts, als daß er auf der verstimmten Gitarre spielte, der obendrein noch ein paar Saiten fehlten. Schließlich schliefen sie einen kleinen Rest der Nacht hindurch, und in der Frühe um sechs Uhr kam Carrizales herunter, öffnete die mittlere Tür und das Straßentor und erwartete den Koch, der bald darauf kam, das Essen am Drehfenster hineinreichte und wieder ging. Carrizales rief den Neger herab, damit er die Gerste für die Mauleselin und seinen Mundvorrat entgegennehme. Als er dies getan hatte, ging der Alte fort und verschloß beide Türen, ohne zu bemerken, was an dem Straßentor vorgegangen war, worüber sich Lehrer und Schüler nicht wenig freuten.

Kaum war der Herr aus dem Hause, so nahm der Neger die Gitarre zur Hand und begann so heftig zu spielen, daß alle Mägde es hörten und ihn durch das Drehfenster fragten: »Was ist das, Luis? Seit wann hast du eine Gitarre hier, und wer hat sie dir gegeben?« »Wer sie mir gegeben hat?« erwiderte Luis. »Der beste Musikant von der Welt, der mir in weniger als sechs Tagen mehr als sechstausend Melodien beibringen wird.« »Und wo ist dieser Musikant?« fragte die Kammerfrau. »Nicht weit von hier«, versetzte der Neger; »und lebte ich nicht in Scheu und Angst vor meinem Herrn, so würde ich euch vielleicht mit ihm bekannt machen, und ihr hättet meiner Treu eure Freude an seinem Anblick.« »Und wo mag er sein, daß wir ihn nicht sehen können?« fragte die Kammerfrau. »In dieses Haus ist doch nie ein andrer Mann als unser Herr gekommen.« »Vorderhand«, sprach der Neger, »will ich euch nichts verraten, bis ihr gesehn habt, was ich kann und was er mich in der kurzen Zeit, von der ich sprach, gelehrt hat.« »Wahrlich«, sagte die Kammerfrau, »wenn dich nicht der Teufel selbst unterrichtet, so weiß ich nicht, wer dich in kurzer Zeit zum Musikanten machen soll.« »Geht«, sagte der Neger, »ihr sollt es schon eines Tages hören und sehen.« »Das ist nicht möglich«, sagte ein andres Mädchen; »wir haben keine Fenster nach der Straße hin und können niemanden hören oder sehen.« »Schon recht«, sagte der Neger. »Es gibt für alles ein Mittel, außer für den Tod, zumal wenn ihr schweigen könnt und wollt.« »O, wir wollen schon schweigen, Bruder Luis«, sagte eine der Sklavinnen; »wir wollen schweigen, als wären wir stumm. Ich versichere dich, lieber Freund, ich komme um vor Sehnsucht, eine schöne Stimme zu hören; denn seit wir hier eingekerkert sind, haben wir nicht einmal mehr den Gesang der Vögel gehört.«

Dieses ganze Gespräch hörte Loaisa mit größtem Vergnügen an; denn ihm war, als führte es geradenwegs zur Erfüllung seines Wunsches, und als leitete ein guter Stern alles nach seinem Wohlgefallen. Die Mägde nahmen Abschied, nachdem der Neger ihnen versprochen hatte, er werde sie rufen, wenn sie am wenigsten daran dächten, und dann sollten sie eine köstliche Stimme vernehmen. Als er sie verließ, um nicht von seinem Herrn bei dessen Heimkehr im Gespräch mit ihnen ertappt zu werden, zog er sich gleich in seine Kammer oder seine Zelle zurück. Gern hätte er jetzt Unterricht genommen, aber er wagte es nicht, bei Tage zu spielen, damit sein Herr ihn nicht hörte. Dieser kehrte kurz darauf zurück, verschloß wie immer die Türen und verschanzte sich in seinem Hause.

Als man dem Neger abends durch das Drehfenster sein Essen bot, sagte Luis zu der Negerin, die es ihm brachte, sobald ihr Herr schlafe, sollten sie alle an das Drehfenster herabkommen, um die Stimme zu hören, die er ihnen versprochen habe. Er hatte nämlich seinen Lehrer inständig gebeten, ihm diese Nacht am Drehfenster vorzusingen und zu spielen, damit er das Versprechen, die Mädchen sollten eine vollkommene Stimme hören, erfüllen könne, und er versicherte den Sänger, er werde von allen aufs schönste behandelt werden. Der Lehrer ließ sich ein wenig bitten um das, was er doch so sehr wünschte. Endlich aber versprach er, den Wunsch seines guten Schülers zu erfüllen, und zwar einzig, um ihm ein Vergnügen zu machen, und ohne allen Eigennutz. Der Neger umarmte ihn und küßte ihn auf die Wange, um ihm seine Freude über die versprochene Gunst zu bezeigen. Er gab Loaisa an jenem Tage soviel zu essen, als speise er in seinem eignen Hause, ja vielleicht gar noch besser, da es gar wohl sein mochte, daß in seinem Hause Schmalhans Küchenmeister war.

Der Abend kam, und um Mitternacht oder etwas früher begann es am Drehfenster zu lispeln, und Luis hörte sogleich, daß die geladene Gesellschaft da war. Er rief seinen Lehrer, und sie stiegen mit der gut besaiteten und noch besser gestimmten Gitarre vom Strohboden herab. Luis fragte, welche und wie viele Zuhörerinnen gekommen seien. Man erwiderte ihm, es seien alle da, außer der Herrin des Hauses, die mit ihrem Gatten zu Bett gegangen sei. Dies war Loaisa unangenehm; aber dennoch begann er seinen Plan auszuführen und die Wünsche seines Schülers zu befriedigen. Er spielte die Gitarre ganz sanft und gab solche Melodien zum besten, daß der Neger erstaunte und die Frauen, die ihm zuhörten, alle entzückt waren. Was soll ich nun von ihren Empfindungen sagen, als sie das Lied vernahmen: »Es tut mir weh im Herzen ...« und als er mit der wilden Sarabande schloß, die damals in Spanien noch etwas Neues war! Keine Alte, die nicht getanzt hätte, kein Mädchen, das nicht gesprungen wäre, als müßten die Stücke fliegen – aber alles in tiefster Stille und äußerstem Schweigen; auch hatte man Wachen und Kundschafter ausgestellt, um zu warnen, falls der Alte erwachte. Dann sang Loaisa Seguidillen, durch die er die Hörerinnen auf den Gipfel der Wonne erhob, so daß sie den Neger inständig baten, ihnen zu sagen, wer dieser wundervolle Sänger sei. Der Neger sagte ihnen, es sei ein armer Bettler, aber der feinste und artigste Mann aus der ganzen Bettlerzunft in Sevilla. Sie baten ihn, er möge es einrichten, daß sie ihn zu sehen bekämen, und ihn nicht eher als nach vierzehn Tagen aus dem Hause lassen; sie wollten ihn gut bewirten, und es sollte ihm an nichts gebrechen. Sie fragten ihn, auf welche Weise er ihn ins Haus gebracht habe. Er aber gab ihnen keine Antwort. Schließlich riet er ihnen, wenn sie den Sänger sehen wollten, ein kleines Loch in den Schieber zu bohren, das sie alsdann mit Wachs verstopfen könnten; er wolle dafür sorgen, ihn noch länger im Hause zu halten.

Auch Loaisa sprach mit den Mägden und Dienerinnen und bot ihnen in so schönen Worten seine Dienste an, daß sie gleich merkten, eine solche Rede konnte unmöglich aus dem Munde eines armseligen Bettlers kommen. Sie baten ihn, in der folgenden Nacht wieder da zu sein; sie würden ihre Gebieterin bewegen, mit ihnen herabzukommen und ihm zuzuhören, obgleich ihr Herr nur leise schlafe, was nicht an seinem Alter, sondern an seiner heftigen Eifersucht liege. Loaisa erwiderte, wenn sie ihn hören wollten, ohne sich vor dem Alten fürchten zu müssen, so wolle er ihnen ein Pulver geben, das sie ihm in seinem Wein beibringen sollten, und das ihn länger als gewöhnlich in den tiefsten Schlaf versenken werde. »Herr Jesus«, rief eins der Mädchen, »wenn das wahr wäre, welches günstige Schicksal wäre da in unser Haus eingekehrt, ohne daß wir es merkten oder verdienten. Das wäre kein Schlafpulver für ihn, sondern ein Lebenspulver für uns alle, und auch für meine arme Gebieterin Leonora, seine Frau, die er weder in der Sonne noch im Schatten allein läßt noch einen Augenblick aus dem Gesicht verliert. Ach, mein Herzensherr, bringt dieses Pulver, und Gott möge Euch alles Gute gewähren, das Ihr Euch wünscht! Geht schnell und zögert nicht! Bringt es! Ich erbiete mich, es in den Wein zu mischen und die Mundschenkin zu spielen. Wollte Gott, der Alte schliefe drei Tage und drei Nächte nacheinander! Dann könnten wir so lange wahrhaft im Paradiese leben.« »Ich will Euch das Pulver schon bringen«, sagte Loaisa. »Es ist so beschaffen, daß es dem, der es einnimmt, kein andres Leid und keinen Schaden tut, als daß es ihn unwiderstehlich zum schwersten Schlafe zwingt.« Alle baten, das Pulver baldigst herbeizuschaffen, und es wurde verabredet, daß sie am nächsten Abend ein Loch in das Drehfenster bohren und ihre Gebieterin mitbringen wollten, damit sie ihn sehen und hören könne; dann nahm man Abschied voneinander. Der Neger wollte, obgleich es schon zu tagen begann, noch eine Lehrstunde haben, die ihm Loaisa auch gab, indem er versicherte, es habe keiner von all seinen Schülern ein so feines Ohr; trotzdem freilich lernte der gute Neger weder damals noch später einen einzigen Griff.

Loaisas Freunde trugen Sorge, abends an der Straßentür zu lauschen, und sie gaben acht, ob ihr Freund ihnen etwas sagen wollte oder ob er irgend etwas bedürfte. An einem verabredeten Zeichen erkannte Loaisa, daß sie gekommen waren. Schnell gab er ihnen durch die Öffnung an der Schwelle Nachricht von dem guten Stande seiner Angelegenheit und bat sie dringend, ihm irgendein Schlafmittel zu verschaffen, das er Carrizales geben wollte; denn er habe gehört, es gebe ein solches Pulver. Sie sagten ihm, sie hätten einen Freund, der Arzt sei und ihnen das beste Mittel dieser Art bereiten werde, das er nur wisse, wenn anders es ein solches gebe. Sie feuerten ihn an, sein Unternehmen fortzusetzen, und versprachen ihm, in der folgenden Nacht wieder da zu sein und alles Erforderliche mitzubringen, worauf sie sich eilig entfernten.

Die Nacht kam, und die Taubenschar flog der Lockspeise der Gitarre zu. Mit ihnen kam auch die einfältige Leonora, voll Angst und Zittern, ihr Eheherr möchte erwachen. Obgleich sie anfangs aus Furcht nicht hatte mitgehn wollen, so wußten ihr doch ihre Dienerinnen, und namentlich die Kammerfrau, so viel Schönes vorzuschwatzen von der lieblichen Musik und der Anmut des armen Spielmanns, den sie, ohne ihn gesehn zu haben, über Absalon stellte und über Orpheus erhob, daß die arme Frau sich von ihnen bereden und bewegen ließ zu tun, was ihr sonst wohl nie in den Sinn gekommen wäre. Vor allen Dingen bohrten sie ein Loch in das Drehfenster, um den Musikanten zu sehn, der seinen Bettleranzug abgelegt hatte und Hosen aus dunkelrotem Taft, weit nach Matrosenart, ein Wams aus demselben Stoff, besetzt mit Goldschnüren, eine Atlasmütze von gleicher Farbe und einen steifen Halskragen mit breitem Saum und Spitzen trug. Dies alles hatte er in seinem Quersack mitgebracht, weil er im voraus damit rechnete, seinen Anzug ändern zu müssen. Er war jung, einnehmend und hübsch, und da sie alle so lange Zeit nur ihren alten Herrn gesehen hatten, so erschien er ihnen wie ein Engel. Eine um die andre drängte sich an das Loch, um ihn zu sehn, und um ihn deutlicher sichtbar zu machen, beleuchtete ihn der Neger, indem er ihm den brennenden Wachsstock bald oben, bald unten an den Körper hielt. Als alle, auch die Negerinnen, ihn gesehn hatten, nahm Loaisa die Gitarre, und er sang in jener Nacht so herrlich, daß alt wie jung in Entzücken und Staunen geriet. Sie baten Luis, es so einzurichten, daß sein Herr Lehrer ganz in das Haus hereinkomme, damit sie ihn mehr in der Nähe sehen und hören könnten, nicht so verstohlen wie durch ein Schlüsselloch; zudem müßten sie, wenn sie sich so weit von ihrem Herrn entfernten, immer fürchten, unvermutet von ihm auf der Tat ertappt zu werden; die Gefahr sei geringer, wenn man ihn im Innern der Wohnung verborgen halte. Dagegen sträubte sich jedoch die Gebieterin ernstlich, und sie sagte, daran dürfe man nicht denken, denn ein solcher Betrug würde ihr auf der Seele lasten. Es könnten ihn ja alle von hier aus sehen und hören, und zwar in voller Sicherheit und ohne Gefahr für die Ehre. »Was Ehre?« sagte die Kammerfrau. »Der König hat Ehre genug. Bleibt hier eingeschlossen bei Eurem Methusalem, gnädige Frau, und erlaubt uns, daß wir uns ergötzen, so gut wir können, zumal dieser Herr so ehrenwert aussieht, daß er nichts von uns begehren wird, als was wir selber wollen.« »Meine Damen«, sagte Loaisa, »ich bin in keiner andern Absicht hierher gekommen, als um euch allen mit Leib und Seele zu dienen. Es dauert mich, daß ihr auf so unerhörte Art eingekerkert seid und eure beste Zeit in diesem beschränkten Leben verlieren müßt. Bei dem Leben meines Vaters, ich bin ein so aufrichtiger, sanfter, gutmütiger und gehorsamer Mensch, daß ich nichts tun werde, als was man mir befiehlt, und wenn eine von euch sagte: ›Meister, setzt Euch hierher! Meister, geht dorthin! Macht, daß Ihr dahin kommt! Geht in jene Ecke!‹ so würde ich es tun, wie der zahmste, gelehrigste Hund, der für den König von Frankreich springt.« »Nun, wenn es so ist«, sprach die unwissende Leonora, »wie fangen wir es dann an, daß wir den Herrn Lehrmeister hereinbringen?« »Das geht leicht«, sagte Loaisa. »Sucht nur den Schlüssel dieser inneren Tür in Wachs abzudrücken, so will ich dafür sorgen, daß morgen abend ein gleicher fertig ist, dessen wir uns bedienen können.« »Wenn wir den Schlüssel haben«, sagte eins der Mädchen, »so haben wir alle zum ganzen Haus; denn es ist der Hauptschlüssel.« »Nun, dadurch würde die Sache eben nicht schlimmer«, versetzte Loaisa. »Allerdings«, sagte Leonora; »indes muß uns der Herr erst schwören, daß er nichts weiter tun will, wenn er herein ist, als spielen und singen, wenn man es ihm befiehlt, und daß er ruhig da will eingeschlossen bleiben, wo wir ihn verbergen werden.« »Ich schwöre«, sagte Loaisa. »Dieser Schwur genügt nicht«, erwiderte Leonora. »Er muß beim Leben seines Vater schwören und auf das Kreuz, das er vor unser aller Augen küssen soll.« »Ich schwöre beim Leben meines Vaters«, sagte Loaisa, »und bei diesem Zeichen des Kreuzes, das ich mit meinem unreinen Munde küsse.« Dabei machte er mit zwei Fingern ein Kreuz, das er dreimal küßte. Als das geschehen war, sagte eines der Mächen: »Seht zu, mein Herr, daß Ihr das Pulver nicht vergeßt, denn das ist die Hauptsache.«

Hier schloß das Gespräch für diesen Abend, und alle waren sehr zufrieden mit der getroffenen Abrede. Das Schicksal, das Loaisas Pläne stets so sehr begünstigt hatte, führte um diese Zeit (es war zwei Uhr nach Mitternacht) seine Freunde durch die Straße. Sie gaben ihm das gewöhnliche Zeichen, indem sie ein Pariser Brummeisen ertönen ließen. Loaisa sprach mit ihnen, erzählte, wie weit sein Vorhaben gediehen war, und fragte sie, ob sie das Pulver oder sonst etwas brächten, was Carrizales nach Wunsch in Schlaf versenken würde; auch daß er den Hauptschlüssel abdrücken lassen wollte, teilte er ihnen mit. Sie gaben ihm zur Antwort, das Pulver oder eine Salbe werde in der folgenden Nacht da sein, und zwar sei es ein so wirksames Mittel, daß man nur den Puls oder die Schläfe damit zu bestreichen brauche, um jeden in tiefen Schlaf zu versenken, so daß er zwei Tage lang nicht wieder erwache, wenn man nicht alle bestrichenen Teile mit Weinessig abwasche. Von dem Schlüssel möge er ihnen nur einen Wachsabdruck geben, so wollten sie ihn nachmachen lassen. Damit nahmen sie Abschied, und Loaisa und sein Schüler schliefen den kurzen Rest der Nacht hindurch. Die kommende Nacht erwartete Loaisa mit großem Verlangen, da er begierig war zu sehn, ob man ihm in betreff des Schlüssels Wort halten werde.

Obgleich den Wartenden die Zeit träge und langsam heranzurücken scheint, so hält sie schließlich doch mit den Gedanken selber gleichen Schritt, und der ersehnte Augenblick erscheint, weil sie nie innehält noch stillesteht. So kam denn die Nacht heran, und mit ihr die Stunde, in der sie sich an das Drehfenster begeben mußten, wohin auch alle Dienerinnen des Hauses, große wie kleine, schwarze wie weiße, kamen; denn alle glühten von demselben Verlangen, den Herrn Musikanten in ihrem Serail zu haben. Nur Leonora kam nicht; und als Loaisa sich nach ihr erkundigte, sagte man ihm, sie sei mit ihrem Gatten zu Bett gegangen, und er verschließe die Tür seines Schlafgemachs, ehe er einschlafe, und lege dann den Schlüssel unter sein Kopfkissen; ihre Herrin aber habe gesagt, sowie der Alte eingeschlafen sei, wolle sie sich bemühen, den Hauptschlüssel herauszuholen und in weiches Wachs zu drücken; sie habe es sich schon bereit gelegt. In wenigen Augenblicken könne er den Abdruck durch das Katzenloch erhalten. Loaisa wunderte sich über die Vorsicht des Alten, gab aber seinen Plan deshalb nicht auf. In diesem Augenblicke hörte er das Brummeisen, eilte an den gewohnten Ort und fand seine Freunde, die ihm ein Büchschen mit einer Salbe von der bezeichneten Eigenschaft gaben. Loaisa nahm es und sagte, sie möchten ein wenig warten, er wolle ihnen den Abdruck des Schlüssels geben. Er kehrte an das Drehfenster zurück und sagte zu der Kammerfrau, die es allem Anschein nach am meisten darauf abgesehen hatte, ihn drinnen im Hause zu sehn, sie solle die Salbe der Frau Leonora bringen, ihr ihre Eigenschaft auseinandersetzen und sie veranlassen, ihren Gemahl so leise, daß er es nicht fühle, damit zu bestreichen; dann werde sie Wunder erleben. Die Kammerfrau tat es, und als sie an das Katzenloch kam, fand sie Leonora schon vor; sie lag der Länge nach auf dem Boden und drückte das Gesicht an das Loch. Die Kammerfrau näherte sich, legte sich ebenso nieder, drückte Leonora den Mund ans Ohr und sagte ihr mit leiser Stimme, sie bringe eine Salbe, deren Kraft sie auf die und die Art versuchen solle. Sie nahm die Salbe und erwiderte der Kammerfrau, sie könne ihrem Manne den Schlüssel auf keine Weise wegnehmen, da er ihn nicht wie gewöhnlich unter dem Kopfkissen, sondern zwischen zwei Matratzen fast mitten unter dem Leibe verborgen habe; indes möge sie nur dem Meister sagen, wenn die Salbe auf die angegebene Art wirke, so werde sie mit leichter Mühe den Schlüssel hervorziehn, sooft sie ihn wollte, und also sei es nicht nötig, ihn in Wachs abzudrücken. Sie sagte, sie solle dies sogleich ausrichten und dann wiederkommen, um zu sehn, ob die Salbe wirke, denn sie gedachte ihren Eheherrn sogleich damit zu behandeln. Die Kammerfrau ging zum Meister Loaisa, ihm dies zu sagen, und er verabschiedete seine Freunde, die noch auf den Schlüsselabdruck harrten. Zitternd und leise nahte sich Leonora, die kaum zu atmen wagte, ihrem eifersüchtigen Gatten, um ihm den Puls zu bestreichen, und ebenso bestrich sie ihm Schläfe und Nasenlöcher. Als sie so weit war, schien es, als rühre er sich; sie war in Todesangst und glaubte, auf der Tat ertappt zu sein. Doch gelang es ihr, so gut sie konnte, alle Stellen zu salben, die man ihr bezeichnet hatte, und ihr war nicht anders, als hätte sie ihn zu seinem Begräbnis einbalsamiert. Die Opiumsalbe zeigte schnell und deutlich ihre Kraft, denn der Alte begann so heftig zu schnarchen, daß man es auf der Straße hören konnte; und diese Musik klang in den Ohren seiner Gemahlin noch harmonischer als die des Lehrers ihres Negers. Da sie indes ihren Augen noch nicht recht traute, so trat sie zu ihm und rüttelte ihn, erst ein wenig, dann heftiger, und schließlich noch ein wenig stärker, um zu sehn, ob er erwache; zuletzt wurde sie so dreist, daß sie ihn auf die andere Seite legte, ohne daß er darüber erwachte. Als sie das sah, ging sie zu dem Katzenloch in der Tür und flüsterte der Kammerfrau zu, die ihrer harrte: »Du mußt mir ein Trinkgeld geben, Schwester! Carrizales schläft fester als ein Toter.« »Nun, was zögert Ihr, gnädige Frau, den Schlüssel zu nehmen?« sagte die Kammerfrau. »Bedenkt doch, daß der Musikant seit länger als einer Stunde darauf wartet.« »Warte, Schwester«, erwiderte Leonora, »ich will ihn holen.« Sie kehrte zum Bette zurück, fuhr mit der Hand zwischen die zwei Matratzen und zog den Schlüssel hervor, ohne daß der Alte es bemerkte. Als sie ihn in der Hand hielt, begann sie vor Freude zu springen. Sie öffnete ohne Verweilen die Tür und überreichte ihn der Kammerfrau, die ihn in höchster Freude empfing.

Leonora befahl nun, dem Musikanten zu öffnen und ihn in die Galerie zu führen; denn sie wage nicht, sich von hier zu entfernen, aus Furcht, es möchte etwas geschehn. Vor allem aber müsse man ihn von neuem den geleisteten Schwur bekräftigen lassen, nichts zu tun, als was man ihm befehle; und wenn er sich weigere, ihn zu wiederholen und zu bestätigen, so dürfe man ihm auf keinen Fall öffnen. »Es soll geschehn«, sagte die Kammerfrau. »Wahrlich, er soll nicht herein, ehe er geschworen und wieder geschworen, und sechsmal das Kreuz geküßt hat.« »Eine Zahl brauchst du ihm nicht vorzuschreiben«, sagte Leonora; »denn wenn er es nur küßt, so ist es gleichgültig, wie oft. Gib aber acht, daß er bei dem Leben seiner Eltern schwört, und bei allem, was ihm lieb ist. Dann sind wir sicher und können ihn zur Genüge singen und spielen hören; denn bei meiner Seele, er versteht es ganz vortrefflich. Geh nun und halte dich nicht auf, damit die Nacht nicht in Gesprächen vergehe!«

Die gute Kammerfrau hob die Schleppe auf und eilte mit beispielloser Geschwindigkeit nach dem Drehfenster, wo die ganze Bewohnerschaft des Hauses sie erwartete. Als sie den Schlüssel zeigte, war die Freude aller so groß, daß sie sie wie einen neuernannten Professor emporhoben und »Vivat! Vivat!« riefen. Überdies sagte sie ihnen, es sei nicht nötig, den Schlüssel nachzumachen, da der eingesalbte Alte so fest schlafe, daß sie sich des Hauptschlüssels bedienen könnten, sooft sie wollten. »Geschwind also, Freundin«, sagte eins der Mädchen, »öffnet die Tür, und der Herr trete ein; denn er wartet schon lange! Dann wollen wir uns an der Musik ergötzen, als gäbe es in der Welt nichts Schöneres.« »Aber er muß uns zuvor noch etwas geben«, versetzte die Kammerfrau; »er muß das Versprechen und den Schwur der letzten

Nacht erneuern.« »Er ist ja so gut«, sagte eine der Sklavinnen, »daß er keinen Anstand nehmen wird zu schwören.«

Unterdessen schloß die Kammerfrau auf und rief durch die halbgeöffnete Tür Loaisa, der durch das Loch des Drehfensters alles mit angehört hatte und nun auf die Tür zukam und eintreten wollte. Doch die Kammerfrau legte ihm die Hand aufs Herz und sagte: »Ich kann Euch bei Gott und meinem Gewissen versichern, mein Herr, daß wir alle, die innerhalb der Mauern dieses Hauses leben, so reine Jungfrauen sind wie die Mütter, die uns geboren haben, meine Gebieterin ausgenommen; und obgleich ich wie eine Vierzigerin aussehen mag, während ich doch noch nicht volle dreißig bin, denn es fehlen mir daran noch zwei und ein halber Monat, so bin ich doch auch noch Jungfrau. Scheine ich Euch etwa gar zu alt, so wißt, daß Ärger, Widerwärtigkeiten und Verdruß den Jahren leicht eine Null, ja auch wohl zwei hinzufügen können. Es wäre also unrecht, wenn wir, um zwei, drei oder vier Liedchen zu hören, so viel Jungfräulichkeit in Gefahr bringen wollten, wie in diesem Hause verschlossen ist; denn selbst diese Negerin, die Guiomar heißt, ist eine Jungfrau. Darum, mein Herzensherr, müßt Ihr, ehe Ihr unser Reich betretet, einen feierlichen Eid ablegen, daß Ihr nichts weiter tun wollt, als was wir Euch befehlen. Scheint Euch das zuviel verlangt, so bedenkt, daß wir noch weit mehr wagen; und wenn Ihr in guter Absicht kommt, so braucht es Euch auch um einen Eid nicht leid zu tun, denn den guten Zahler dauert kein Pfand.« »Gut, sehr gut«, sagte eines der Mädchen. »Fräulein Marialonso hat als eine verständige Person gesprochen, die die Dinge von der rechten Seite ansieht. Und wenn der Herr nicht schwören will, so darf er nicht herein.« Da sagte die Negerin Guiomar, die in der Landessprache noch nicht sehr bewandert war: »Wegen mir mag er schwören oder nicht! Er herein komm mit all Teufel; er auch sehr geschworen, ist er drinnen, er doch alles vergessen haben.«

Loaisa hörte mit großer Ruhe die Standrede des Fräulein Marialonso an und entgegnete mit gesetztem Ernst und großer Haltung: »Wahrlich, meine lieben Damen, Schwestern und Gesellschafterinnen, niemals war meine Absicht eine andre, noch ist sie, noch wird sie je eine andre sein als die, euch Vergnügen und Freude zu verschaffen, soweit meine Kräfte reichen. Darum wird mir auch dieser Eid, den man verlangt, nicht schwer fallen. Doch hätte ich gewünscht, man hätte ein wenig auf mein Wort vertraut; denn das förmlich gegebene Wort eines Edelmannes ist so gut wie eine gerichtliche Verschreibung; und ich will euch nur sagen: Unter grobem Kanevas – steckt oft was, und unter einem schlechten Mantel steckt meist ein guter Trinker. Damit ihr aber alle vollkommen von der Redlichkeit meiner Absichten überzeugt seid, so bin ich bereit, als guter Katholik und ehrlicher Mann zu schwören; und also schwöre ich bei der unbefleckten Wirksamkeit in ihrem heiligsten und ausgedehntesten Wesen, bei den Ein- und Ausgängen des heiligen Berges Libanon und bei allem, was die wahrhaftige Geschichte Caroli Magni in der Vorrede enthält, mitsamt dem Tode des Riesen Fiérabras, nicht zu überschreiten noch zu verletzen den Eid, den ich getan, noch den Befehl der kleinsten und geringsten dieser Frauen. Wenn ich anders tue oder zu tun suche, so will ich verdammt sein, daß ich es von nun an und immerdar für null, nichtig und ungültig erkläre.«

So weit kam der gute Loaisa mit seinem Schwur, als eins der beiden Mädchen, das aufmerksam zugehört hatte, laut ausrief: »Nun, das ist doch ein Schwur, der Steine erweichen könnte. Gott soll mich bewahren, ich werde Euch nicht weiter schwören lassen, denn schon durch das, was Ihr bis jetzt geschworen habt, könnt Ihr in die Cabrahöhle kommen.« Sie faßte ihn bei seiner weiten Hose und zog ihn herein, und sogleich umringten ihn alle übrigen. Dann ging eine von ihnen fort, die Gebieterin zu benachrichtigen, die als Schildwache bei ihrem schlafenden Manne wachte; und als die Abgesandte ihr sagte, der Musikant komme schon herauf, da freute sie sich und erschrak zugleich und fragte, ob er geschworen habe. Das Mädchen bejahte es und sagte, er habe den seltsamsten Eid geleistet, den sie je in ihrem Leben vernommen habe. »Nun, wenn er geschworen hat«, sprach Leonora, »so haben wir ihn ja gefangen. Es war doch ein guter Einfall von mir, ihn schwören zu lassen.«

Inzwischen kam die ganze Gesellschaft mit dem Spielmann in ihrer Mitte. Der Neger und die Negerin Guiomar leuchteten ihnen. Als Loaisa Leonora erblickte, wollte er sich ihr zu Füßen werfen, um ihr die Hände zu küssen. Sie gab ihm schweigend ein Zeichen aufzustehn, und alle schwiegen wie sie, als wären sie stumm, und wagten kein Wort zu sprechen, aus Furcht, ihr Herr möchte sie hören. Als Loaisa das bemerkte, sagte er, sie könnten ruhig laut sprechen, denn die Salbe, mit der ihr Herr bestrichen sei, habe die Eigenschaft, zwar nicht das Leben zu nehmen, aber doch den Menschen wie tot dahinzustrecken. »Das glaube ich«, sagte Leonora; »denn wäre das nicht, so müßte er schon zwanzigmal erwacht sein, da er durch seine vielfachen Unpäßlichkeiten einen sehr leisen Schlaf bekommen hat; aber seit ich ihn bestrichen habe, schnarcht er wie ein Tier.« »Nun, wenn es so ist«, sagte die Kammerfrau, »so wollen wir in den Saal gegenüber gehn; dort können wir den Herrn dann singen hören und uns ein wenig vergnügen.« »Das wollen wir tun«, sagte Leonora; »doch Guiomar bleibt als Wache hier, damit sie uns Nachricht geben kann, wenn Carrizales erwacht.« Da erwiderte Guiomar: »Ich Negerin bleibe, Weiße gehn, Gott verzeih allen!«

Die Negerin blieb, und die andern gingen in den Saal, wo eine reiche Estrade war. Sie nahmen den Herrn in die Mitte und ließen sich alle nieder. Die gute Marialonso nahm ein Licht, begann den guten Musikanten von oben bis unten zu beschauen, und eins der Mädchen rief aus: »Ei, was für einen hübschen Haarbüschel er über der Stirne trägt und wie gut frisiert.« »Ha«, rief eine andre, »und die weißen Zähne! Die Pest doch! Geschälte Pinienkerne können nicht so weiß und glatt sein.« Eine dritte: »Und was für große und schön gespaltene Augen! Und beim Leben meiner Mutter, sie sind grün, als wären es echte Smaragde.« Diese lobte den Mund, jene die Füße, und alle zergliederten und anatomierten ihn ganz genau. Leonora allein schwieg und betrachtete ihn, und er schien ihr weit schöner als ihr Eheherr. Unterdessen nahm die Kammerfrau die Gitarre, die der Neger hielt, gab sie Loaisa in die Hand und bat ihn, darauf zu spielen und ein Lied zu singen, das damals in Sevilla sehr beliebt war und so anfing:

Mutter, meine Mutter,
Setzet Ihr mir Wachen?

Loaisa erfüllte ihren Wunsch. Sie erhoben sich alle und begannen zu tanzen, als sollten die Stücke fliegen. Die Kammerfrau kannte den Text und sang mit, mehr weil es ihr Vergnügen machte, als weil sie eine schöne Stimme hatte. Das Lied lautete so:

Mutter, meine Mutter,
Setzet Ihr mir Wachen?
Wenn ich selbst nicht wache,
Ist's doch nur zum Lachen.

Steht ja doch geschrieben,
Und so will's Natur,
Daß Entziehung nur
Reiz verleiht den Trieben.
Eingeschloßne Liebe
Wächst endlos empor,
Besser wär's, Ihr laßt das Tor
Drum nicht mehr bewachen:

Wenn ich selbst nicht wache,
Ist's doch nur zum Lachen.

Wenn der Wille frei
Sich nicht mag beschützen,
Werden auch nichts nützen
Rücksicht, Furcht und Scheu.
Liebe bricht und Treu
Durch des Todes Schrecken
Glück sich zu entdecken
Trotz Verbot und Wachen.
Wenn ich selbst nicht wache,
Ist's doch nur zum Lachen.

Wem der Liebe Wonne
Einst zu Herzen ging,
Fliegt, ein Schmetterling,
Stets um diese Sonne,
Ob man wie die Nonne
Sie auch ganz umringt:
Nimmer das gelingt,
Was Ihr gern wollt machen.
Wenn ich selbst nicht wache,
Ist's doch nur zum Lachen.

So sehr kann beschweren
Heftiger Liebe Kraft,
Daß sie bald umschafft
Schöne zu Schimären.
Feuer wird ihr Begehren,
Wachs die Brust, die volle,
Ihre Hände Wolle,
Filz der Fuß der Wachen.
Wenn ich selbst nicht wache,
Ist's doch nur zum Lachen.

Die Mädchenschar war eben mit dem Gesang und Tanz, den die gute Kammerfrau führte, zu Ende, als die Schildwache Guiomar gelaufen kam, und zwar an Händen und Füßen zitternd, als hätte sie die fallende Sucht. »Der Herr aufgewacht, Frau!« rief sie mit heiserer, gedämpfter Stimme. »Frau! der Herr aufgewacht, und steht auf und kommt.«

Wer schon eine Schar Tauben gesehen hat, die auf einem Acker sorglos den Samen aufpickt, den fremde Hände streuten, wie sie, durch den furchtbaren Knall eines losgehenden Feuergewehrs aufgescheucht, sich erhebt und das Futter vergißt und sich verwirrt und bestürzt in die Lüfte zerstreut, der kann sich eine Vorstellung davon machen, in welchen Zustand die Schar des tanzenden Reigens geriet, als sie, blaß vor Furcht, die unerwartete Kunde vernahm, die Guiomar brachte. Jede war nur auf ihre Entschuldigung bedacht und alle auf ihre Rettung; so schlüpfte die eine dahin und die andre dorthin, um sich auf den Böden und in den Winkeln des Hauses zu verstecken, und sie ließen den Musikanten allein, der Gitarrespiel und Gesang einstellte und in seiner Bestürzung nicht wußte, was er beginnen sollte. Leonora rang die schönen Hände; Fräulein Marialonso schlug sich ins Gesicht (doch nicht allzu heftig); kurz, alles war Verwirrung, Schrecken und Angst. Die Kammerfrau traf indes, listiger und besonnener, folgende Anordnung: Loaisa sollte in eins ihrer Zimmer treten, sie selbst und ihre Gebieterin aber im Saale bleiben; es werde dann nicht an Entschuldigungen fehlen, wenn der Herr sie hier so treffe. Loaisa verbarg sich im Nu, und die Kammerfrau lauschte aufmerksam, ob ihr Gebieter komme. Da sie aber keinerlei Geräusch vernahm, faßte sie wieder Mut und trat allmählich Schritt für Schritt dem Zimmer näher, in dem ihr Herr schlief, den sie denn auch schnarchen hörte wie zuvor. Sowie sie sich überzeugt hatte, daß er schlief, nahm sie die Schleppe auf und kehrte laufend zu ihrer Gebieterin zurück, um ihr die frohe Kunde vom Schlafe ihres Herrn zu bringen, für die ihr diese denn auch von Herzen dankbar war. Die gute Kammerfrau wollte die günstige Gelegenheit nicht versäumen, die ihr das Geschick bot, all die Reize, die der Spielmann ihrer Meinung nach besitzen mußte, als erste zu genießen. Sie sagte daher zu Leonora, sie möge nur im Saale warten, bis sie ihn hereinrufe, ließ sie allein und trat in das Gemach, in dem er sich befand und so verwirrt wie gedankenvoll auf Nachricht wartete, was der gesalbte Alte beginne. Er verwünschte die trügerische Salbe, klagte über die Leichtgläubigkeit seiner Freunde und seinen eigenen Leichtsinn, da er ihre Wirkung nicht vor Carrizales an einem anderen erprobt hatte. Inzwischen kam die Kammerfrau und versicherte ihm, der Alte schlafe so tief wie nur möglich. Das beruhigte sein Herz, und aufmerksam hörte er den vielen verliebten Reden zu, mit denen Marialonso ihn bestürmte und aus denen er auf ihre bösen Gelüste schließen konnte; er nahm sich aber vor, sie nur als Angel zu benutzen, um mit ihr nach ihrer Gebieterin zu fischen. Während nun die beiden so im Gespräch begriffen waren, kamen die übrigen Dienerinnen, die an verschiedenen Orten des Hauses, die eine hier, die andre dort, versteckt waren, wieder hervor, um zu sehn, ob ihr Herr wirklich erwacht sei. Und als sie sahen, daß alles in Schweigen begraben lag, kamen sie in den Saal, in dem sie ihre Herrin gelassen hatten, und von ihr erfuhren sie, daß der Herr noch immer schlief. Als sie nun nach dem Musikanten und der Kammerfrau fragten, sagte sie ihnen, wo sie seien, und alle traten ebenso leise, wie sie gekommen waren, an die Tür, um zu horchen, was zwischen den beiden vorgehe. Die Negerin Guiomar fehlte nicht unter der Zahl, wohl aber der Neger; denn sobald er hörte, daß sein Herr erwacht sei, nahm er die Gitarre in den Arm und eilte, sich auf seinem Heuboden zu verstecken, wo er unter der Decke seines armseligen Lagers aus einem Angstschweiß in den andern fiel. Trotzdem aber konnte er es nicht lassen, auf den Saiten seiner Gitarre zu fingern, so groß war seine verwünschte

Neigung zur Musik. Die jungen Mädchen hörten halb vernehmlich die verliebten Reden der Alten, und jede taufte sie mit einem besonderen Namen. Keine nannte sie die Alte, ohne ihr das Epitheton und den Beinamen Hexe, Bärtige, Mannstolle und andres hinzuzufügen, was das Zartgefühl zu berichten verbietet. Am meisten aber würde, wer sie dort hätte sprechen hören, über die Reden der Negerin Guiomar gelacht haben, die, als Portugiesin mit der Landessprache nicht sehr vertraut, ihre Scheltworte auf die seltsamste und ergötzlichste Weise vorbrachte. Der Schluß des Gesprächs der beiden lief endlich darauf hinaus, daß er ihr zu Willen sein wolle, wenn sie erst ihre Herrin seinen Wünschen überliefert habe. Die Kammerfrau willigte nur ungern in die Bedingung des Musikanten; doch um die Leidenschaft zu befriedigen, die sich schon ihres ganzen Herzens bemächtigt und Mark und Bein durchdrungen hatte, hätte sie ihm die unmöglichsten Dinge von der Welt versprochen. Sie verließ ihn und ging, um mit ihrer Herrin zu sprechen, und als sie alle Mägde vor ihrer Tür versammelt fand, befahl sie ihnen, sich auf ihre Kammern zurückzuziehn; es werde sich schon an einem andern Abend Gelegenheit finden, den Musikanten mit weniger oder gar ohne Störungen zu genießen, da ihnen der Schreck für heute die Freude doch verwässert habe. Alle merkten wohl, daß die Alte allein sein wollte; sie konnten aber nicht umhin, ihr zu gehorchen, da sie ihnen allen zu befehlen hatte. Die Mägde zogen sich zurück, und die Kammerfrau ging in den Saal, um Leonora zu überreden, daß sie sich Loaisas Willen füge; sie tat dies in einer so ausführlichen und wohlgesetzten Rede, daß es den Eindruck machte, als habe sie sie seit vielen Tagen studiert. Sie rühmte ihr seine Artigkeit, sein männliches Wesen, seine Anmut und all seine Reize. Sie schilderte ihr, wie viel mehr Genuß ihr die Umarmungen eines jugendlichen Liebhabers gewähren würden, als die ihres alten Gatten; sie sicherte ihr Verschwiegenheit und Dauer des Genusses und andre ähnliche

Dinge zu, die ihr der Teufel auf die Zunge legte, und zwar in so eindringlichen und wirksamen rednerischen Farben, daß sie nicht nur das zarte und arglose Herz der einfältigen und unvorsichtigen Leonora, sondern harten Marmor hätte rühren müssen. O, ihr Zofen, die ihr in die Welt geboren und gesetzt seid, um tausend keusche und gute Absichten zugrunde zu richten! Ihr langen, gefältelten Hauben, die man auserkor, um den Sälen und Estraden vornehmer Frauen Ansehen zu geben, wie ganz anders, als ihr solltet, gebraucht ihr euer fast schon notwendiges Amt! Kurz, die Kammerfrau sprach so viel, sie überzeugte Leonora so sehr, daß sie sich ergab, sich täuschen ließ, sich zugrunde richtete und alle Vorsichtsmaßregeln des klugen Carrizales, der den Todesschlaf seiner Ehre schlief, mit Füßen trat. Marialonso nahm ihre Gebieterin an der Hand und führte sie, deren Augen von Tränen erfüllt waren, fast mit Gewalt in das Zimmer, in dem sich Loaisa befand, gab ihr mit dem falschen Lächeln eines Teufels den Segen, schloß die Tür hinter sich und ließ sie allein, worauf sie sich auf die Estrade setzte, um zu schlafen, oder vielmehr um den versprochenen Lohn zu erwarten. Da aber die Ermattung der vergangenen schlaflosen Nächte sie überwältigte, konnte sie nicht widerstehn und schlief auf der Estrade ein.

Hätte man nicht gewußt, daß Carrizales schlief, so wäre es jetzt der Augenblick gewesen, ihn zu fragen, wo all seine sorgsame Vorsicht, sein Mißtrauen, seine Maßregeln, seine Redekünste und die hohen Mauern seines Hauses blieben, in denen er auch nicht dem Schatten eines männlichen Wesens Zutritt verstatten wollte. Wozu das enge Schiebefenster, die starken Mauern, die Fenster ohne Licht, der vollkommene Abschluß, die große Morgengabe, mit der er Leonora beschenkt hatte, die beständigen Geschenke, die er ihr machte, die gute Bedienung seiner Mägde und Sklavinnen und das Bemühen, es ihnen an nichts fehlen zu lassen, wenn er vermutete, daß sie etwas brauchen oder wünschen konnten. Allein, wie gesagt, es war unmöglich, ihn zu fragen, denn er schlief tiefer, als nötig war. Und hätte er die Frage gehört und beantwortet, so hätte er nichts Besseres erwidern können, als daß er die Achseln zuckte, die Stirne runzelte und sagte: »Dies alles wurde, dünkt mich, von Grund aus zerstört durch die List eines müßiggängerischen, lasterhaften Burschen, durch die Bosheit einer falschen Kammerfrau und die Unbedachtheit eines überredeten und von Bitten bestürmten jungen Weibes. Gott bewahre jedermann vor solchen Feinden, gegen die kein Schild der Klugheit schützt, und die kein Schwert der Vorsicht abschlägt.«

Doch Leonora besaß so viel sittliche Kraft, daß sie sie in dem gefährlichen Augenblick gegen die frechen Zudringlichkeiten ihres schlauen Verführers zu zeigen wußte, da seine Künste sie nicht zu besiegen vermochten. Er mühte sich vergeblich ab; sie trug den Sieg davon, und beide schliefen schließlich ein. Da fügte es der Himmel, daß Carrizales trotz der Salbe erwachte und nach seiner Gewohnheit überall im Bett umherzutasten begann. Als er nun sein geliebtes Weib nicht fand, sprang er erschrocken und entsetzt mit einer Leichtigkeit und Gewandtheit aus dem Bette, wie sie sich von seinen hohen Jahren nicht erwarten ließ. Und als er auch im Zimmer seine Gattin nicht fand, die Tür offen sah und den Schlüssel unter der Matratze vermißte, da meinte er von Sinnen zu kommen. Doch als er sich ein wenig gefaßt hatte, ging er in die Galerie, und um nicht gehört zu werden, schlich er von dort ganz leise weiter, bis in den Saal, wo die Kammerfrau schlief. Da er sie allein und ohne Leonora fand, begab er sich nach dem Zimmer der Kammerfrau, öffnete leise die Tür und sah, was er nie gesehn zu haben wünschte, sah, was nicht sehn zu müssen er gern das Licht seiner Augen gegeben hätte – sah Leonora in Loaisas Armen, und zwar in so tiefem Schlafe, als hätte die Salbe an ihnen und nicht an dem eifersüchtigen Alten ihre Wirkung getan. Carrizales stand regungslos vor dem bitteren Schauspiel, das sich ihm bot, die Stimme stockte ihm in der Kehle, die Arme sanken ihm kraftlos nieder, und er war wie in eine Bildsäule aus kaltem Marmor verwandelt. Wenn auch der Zorn, der fast erstorbene Lebensgeister wieder zur Wirksamkeit ruft, sein natürliches Amt ausübte, so war doch der Schmerz über ihn so mächtig, daß ihm lange der Atem stockte. Trotzdem hätte er die gebührende Rache genommen, nach der ein solcher Schimpf rief, wenn er Waffen bei sich gehabt hätte, die ihm die Rache ermöglicht hätten. Er beschloß daher, in sein Gemach zurückzukehren und einen Dolch zu holen, um die Flecken seiner Ehre in dem Blute seiner beiden Feinde rein zu waschen, ja in dem Blute aller, die in seinem ganzen Hause waren. Mit diesem ehrenhaften und unvermeidlichen Entschlusse kehrte er ebenso leise und vorsichtig, wie er gekommen war, in sein Zimmer zurück; dort aber überwältigten ihm der Schmerz und die Bedrängnis so das Herz, daß er, unfähig zu allem, ohnmächtig aufs Bett niedersank.

Inzwischen brach der Tag an und fand die jungen Ehebrecher verstrickt im Netz ihrer Arme. Marialonso erwachte und wollte eilen, um nun auch an die Reihe zu kommen. Als sie aber merkte, daß es schon spät war, dachte sie es für die kommende Nacht aufzusparen. Leonora erschrak, als sie den hellen Tag erblickte, und sie verwünschte ihre und der verwünschten Kammerfrau Sorglosigkeit. Furchtsamen Schrittes näherten sich beide dem Gemach, in dem sich ihr Gatte befand, und im stillen baten sie den Himmel, daß sie ihn noch schnarchend finden möchten. Als sie ihn nun schweigend auf dem Bette liegen sahen, glaubten sie, die Salbe wirke noch immer fort, und er schlafe noch, und in hellem Entzücken umarmten sie einander. Leonora trat zu ihrem Manne, ergriff ihn beim Arm und wandte ihn von einer Seite zur andern, um zu sehn, ob er erwache, ohne daß sie nötig hätten, ihn mit Essig zu waschen, wie man es ihnen als erforderlich geschildert hatte, wenn man ihn wieder zu sich bringen wollte. Carrizales aber erwachte aus seiner Ohnmacht, stieß einen tiefen Seufzer aus und sagte mit kläglicher, schwacher Stimme: »Ich Unglücklicher! Zu welchem traurigen Ende hat mein Schicksal mich geführt!« Leonora verstand nicht, was ihr Gatte sagte. Da sie aber sah, daß er wachte und sprach, erkannte sie verwundert, daß die Wirkung der Salbe nicht so lange gedauert hatte, wie man behauptete. Sie trat zu ihm, legte ihr Gesicht auf das seine, nahm ihn fest in die Arme und sagte zu ihm: »Was habt Ihr, mein Gemahl? Scheint es doch, als beklagtet Ihr Euch!«

Da nun der unglückliche Alte die Stimme seiner süßen Feindin hörte, schlug er die Augen weit auf, heftete verwundert und entsetzt die Blicke auf sie und betrachtete sie lange angestrengt, und ohne eine Miene zu verziehn. Dann sprach er: »Tut mir einen Gefallen, Leonora, und laßt auf der Stelle in meinem Namen Eure Eltern rufen, denn ich habe etwas auf dem Herzen, was mich sehr bekümmert. Ich fürchte, es wird mir in kurzem das Leben nehmen. Aber ich möchte sie vor meinem Tode noch sehn.« Leonora sah zwar, daß ihr Gemahl im Ernst sprach, aber sie dachte, die starke Wirkung der Salbe, nicht das, was er gesehn hatte, sei die Ursache dieser Unpäßlichkeit. Sie versprach, sein Geheiß zu erfüllen, und befahl sogleich dem Neger, fortzugehn und ihre Eltern zu rufen. Dann umarmte sie ihren Gemahl, überhäufte ihn mehr als je mit Zärtlichkeiten und fragte ihn in so teilnehmenden und liebreichen Worten, was ihm fehle, als wäre er ihr das Liebste auf Erden. Er sah sie mit den geschilderten starren Blicken an, und jedes Wort und jede Liebkosung ging ihm wie ein Stich durchs Herz.

Schon hatte die Kammerfrau den Leuten im Hause und Loaisa von der Krankheit ihres Herrn gesagt und ihnen versichert, es müsse von Bedeutung sein, da man vergessen habe, ihr zu befehlen, das Tor nach der Straße zu schließen, als der Neger ausging, um die Eltern seiner Herrin zu rufen. Sie wunderten sich überhaupt über diese Sendung; denn seit sie ihre Tochter vermählt hatten, war keins von ihnen je wieder ins Haus gekommen. Kurz, alle waren in stummer Erwartung, verfielen aber nicht auf den wahren Grund der Unpäßlichkeit ihres Herrn, der von Zeit zu Zeit tief und schmerzlich aufseufzte, als wollte sich mit jedem Seufzer seine Seele aus ihren Banden reißen. Leonora weinte, als sie ihn in solchem Zustande sah; er aber lachte wie ein Wahnsinniger, da er ihre Tränen für erheuchelt hielt. In diesem Augenblick kamen Leonoras Eltern, und als sie die Tür zur Straße und zum Hofe offen und das Haus verlassen und in Schweigen begraben fanden, waren sie überrascht und nicht wenig verwundert. Sie gingen in das Zimmer ihres Eidams, der, wie gesagt, die Augen beständig auf seine Gattin heftete und sie mit den Händen festhielt; beide schwammen in Tränen, sie aus keinem andern Grunde, als weil sie ihren Gatten weinen sah, er, weil er sah, in welcher Verstellung sie selber weinte. Sowie die Eltern eintraten, sagte Carrizales: »Setzt euch nieder, meine Eltern; ihr andern aber verlaßt das Zimmer! Nur Fräulein Marialonso bleibe!«

Sie taten es und ließen die fünf allein; und ohne zu warten, bis ein andres sprach, begann Carrizales, indem er sich die Augen trocknete, mit ruhiger Stimme also: »Ich bin fest überzeugt, meine Eltern und Gebieter, daß ich euch keine Zeugen aufzuführen brauche, damit ihr mir glaubt, was ich euch jetzt erzählen will. Ihr werdet euch wohl noch besinnen (denn unmöglich kann es eurem Gedächtnis entfallen sein), mit welcher Liebe, mit welchen zärtlichen Empfindungen ihr mir vor einem Jahr einem Monat fünf Tagen und neun Stunden eure geliebte Tochter als rechtmäßige Gattin übergabt. Ebensogut wißt ihr auch, mit welcher Freigebigkeit ich sie beschenkte; denn die Mitgift war so hoch, daß mehr als drei Mädchen ihres Standes sich als reich damit hätten vermählen können. Auch müßt ihr euch noch des Eifers erinnern, mit dem ich ihr an Kleidung und Schmuck alles verschaffte, was sie nur wünschen konnte, und wovon ich erfuhr, daß es ihr gebühre. Ebenso habt ihr auch gesehen, wie ich, getrieben von meiner Natur und Gemütsart, aus Furcht vor dem Unglück, das mich sicher das Leben kosten wird, und gewarnt durch meine vieljährige Erfahrung in den seltsamen und mannigfachen Ereignissen dieser Welt, das Kleinod, das ich mir erwählte und das ihr mir gabt, mit der größten Vorsicht zu bewahren suchte. Ich erhöhte die Mauern um dieses Haus, benahm den Fenstern die Aussicht nach der Straße, verdoppelte die Schlösser an den Türen, ließ wie in einem Kloster ein Drehfenster machen, verbannte für immer alles aus dem Hause, was nur der Schatten eines männlichen Geschöpfes war oder seinen Namen trug; ich gab meiner Frau Mägde und Sklavinnen zur Bedienung und schlug weder ihnen noch ihr irgendeine Bitte ab; ich verkehrte mit ihr auf gleichem Fuße, teilte ihr meine geheimsten Gedanken mit und ließ sie über mein ganzes Vermögen schalten. Das alles sind Dienste, für die ich, billig betrachtet, im ruhigen und ungestörten Besitz dessen hätte bleiben müssen, was ich so teuer erkaufte, und sie hätte sich bemühen sollen, alles zu meiden, was eifersüchtige Furcht in mir wecken konnte. Doch da keine menschliche Sorgfalt die Züchtigung abwenden kann, die der göttliche Wille über alle verhängt, die ihre Wünsche und Hoffnungen nicht mit ungeteiltem Vertrauen ihm anheimstellen, so ist es kein Wunder, daß ich mich in den meinen betrogen sehe und mir selbst das Gift gemischt habe, das mir das Leben rauben wird. Doch da ich sehe, wie ihr alle gespannt seid und die Worte erwartet, die aus meinem Munde kommen sollen, so will ich den langen Eingang meiner Rede schließen und euch mit einem Worte sagen, was sich mit Tausenden nicht sagen läßt, nämlich, daß alles, was ich gesagt und getan habe, nichts weiter gefruchtet hat, als daß ich heute morgen dies Weib, das zum Verderben meiner Ruhe und zur Verkürzung meines Lebens in die Welt geboren wurde (dabei deutete er auf seine Frau), in den Armen eines artigen Burschen gefunden habe, der noch jetzt im Zimmer dieser verwünschten Kammerfrau eingeschlossen ist.«

Kaum hatte Carrizales diese letzten Worte ausgesprochen, als es Leonora schwindelte und sie ohnmächtig vor ihrem Gatten auf die Knie sank. Marialonso wechselte die Farbe, und Leonorens Eltern schnürte sich die Kehle zusammen, so daß sie kein Wort herausbringen konnten. Carrizales aber fuhr fort und sprach: »Die Rache, die ich für diesen Schimpf zu nehmen gedenke, ist und soll nicht von der gewöhnlichen Art sein. Wie ich in meiner Handlungsweise vom Wege des Gewohnten abgewichen bin, so will ich es auch in der Rache tun, die ich zu nehmen gedenke, und zwar will ich sie an mir selbst vollziehn, denn ich trage die größte Schuld an diesem Vergehen. Ich hätte erwägen sollen, wie übel sich die fünfzehn Jahre dieses jungen Weibes mit meinen nahezu achtzig Jahren vertragen würden. Ich habe mir wie der Seidenwurm selbst das Haus verfertigt, in dem ich sterben soll, und dir messe ich keine Schuld bei, übelberatenes Mädchen!« Indem er dies sagte, neigte er sich herab und küßte der ohnmächtigen Leonora das Gesicht. »Dir gebe ich keine Schuld«, fuhr er fort; »denn Überredungen listiger alter Weiber und zudringliche Worte verliebter Jünglinge besiegen und überwinden gar leicht die Einfalt unerfahrener Jugend. Damit aber die ganze Welt sehe, mit welcher Neigung und welchem Vertrauen ich dich liebte, so will ich sie in diesem letzten Augenblicke meines Lebens auf eine Weise zeigen, die der ganzen Welt ein Beispiel, wenn nicht unerhörter Güte, so doch beispielloser Einfalt des Herzens bleiben soll. Man rufe also sogleich einen Notar, damit er mir ein neues Testament mache, in dem ich Leonorens Morgengabe verdoppeln und sie bitten will, nach meinem Tode, der bald erfolgen wird, ihre Wünsche dahin zu richten (was sie ohne Zwang wird tun können), daß sie sich mit jenem jungen Burschen vermählt, den die weißen Haare dieses unglücklichen alten Hauptes nie beleidigt haben. So wird sie sehn, daß ich wie im Leben so im Tode nie ein Haar breit von dem abweichen will, was ihr nach meiner Ansicht Freude machen kann, und diese Freude mag sie dann bei dem finden, den sie so sehr lieben muß. Mein übriges Vermögen will ich zu andern frommen Werken verwenden, und auch ihr, meine verehrten Eltern, sollt so viel bekommen, daß ihr für eure übrige Lebenszeit euer ehrenvolles Auskommen habt. Laßt aber den Notar sogleich kommen, denn mein Leiden quält mich so sehr, daß es mir den Faden des Lebens abschneiden wird, wenn es noch länger dauert.«

Bei diesen Worten überfiel ihn eine schwere Ohnmacht, und er sank so dicht neben Leonora hin, daß sich ihre Gesichter berührten, ein seltsamer und schmerzlicher Anblick für die Eltern, die ihre geliebte Tochter so neben ihrem teuren Schwiegersohn sehen mußten. Die arglistige Kammerfrau wollte die Vorwürfe, die sie von den Eltern ihrer Gebieterin befürchtete, nicht abwarten, sondern verließ das Zimmer und hinterbrachte Loaisa alles, was vorgefallen war. Sie riet ihm, eiligst das Haus zu verlassen, und versprach ihm, ihn durch den Neger von den weiteren Ereignissen zu unterrichten, da es ja jetzt keine Schlösser und Schlüssel mehr gebe, die sie hinderten. Loaisa wunderte sich über diese Botschaft, befolgte ihren Rat, legte sein Bettlerkleid an und suchte seine Freunde auf, um ihnen von dem seltsamen, unerhörten Liebeshandel zu erzählen.

Während nun die beiden in Ohnmacht lagen, schickte Leonorens Vater nach einem Notar, mit dem er befreundet war, und dieser traf gerade ein, als Tochter und Schwiegersohn wieder zur Besinnung kamen. Carrizales machte sein Testament, wie er versprochen hatte, doch ohne Leonorens Fehltritt zu erwähnen; es hieß vielmehr darin, er bitte und ersuche sie aus guten Gründen, sich im Falle seines Todes mit dem jungen Manne zu vermählen, den er ihr insgeheim genannt habe. Als Leonora das hörte, stürzte sie ihrem Gatten zu Füßen, ihr pochte das Herz in der Brust, und sie rief:

»Lebet noch viele Jahre, mein Herr und mein einziges Gut; denn wenn Ihr mir auch nichts von dem zu glauben verpflichtet seid, was ich Euch sage, so kann ich Euch doch versichern, daß ich Euch nur in Gedanken beleidigt habe.« Sie wollte sich weiter entschuldigen und den wahren Hergang der Sache ausführlich erzählen, doch sie vermochte ihre Zunge nicht zu rühren und fiel zum zweiten Mal in Ohnmacht. Der arme Alte nahm sie ohnmächtig in seine Arme, und auch ihre Eltern umarmten sie: Alle weinten bitterlich, und selbst der Notar, der das Testament machte, wurde gerührt und weinte mit. Carrizales vermachte allen Mägden seines Hauses einen hinlänglichen Lebensunterhalt und den Sklavinnen sowie dem Neger die Freiheit; der Schelmin Marialonso aber hinterließ er nichts als den Betrag ihres Lohnes.

Wie dem nun auch sein mochte, der Schmerz peinigte ihn so sehr, daß sie ihn am siebenten Tage darauf zu Grabe trugen. Leonora blieb Witwe, reich an Tränen und an Vermögen, und als Loaisa erwartete, sie werde den Willen erfüllen, den ihr Gatte ihr, wie er wußte, in seinem Testament hinterlassen hatte, erfuhr er nach einer Woche, daß sie als Nonne in eins der strengsten Klöster der Stadt eintrat. Er selbst ging verzweifelt und fast erbittert nach Indien. Leonoras Eltern waren sehr traurig, obgleich sie sich mit dem trösteten, was ihr Schwiegersohn ihnen durch sein Testament hinterlassen und angewiesen hatte. Die Mägde trösteten sich ebenso, und die Sklavinnen und der Sklave freuten sich der Freiheit; die böse Kammerfrau aber blieb arm und wurde in all ihren bösen Erwartungen getäuscht.

Ich aber wünsche das Ende dieser Erzählung herbei, die ein Beispiel und ein Bild dafür bietet, wie wenig man sich auf Schlüssel, Drehfenster und Mauern verlassen kann, wenn der Wille frei bleibt, und wie viel weniger noch auf die grüne, frische Jugend zu bauen ist, wenn ihr die Aufmunterungen jener Kammerfrauen in den weiten, schwarzen

Trauerkleidern und den langen, weißen Schleiern zu Ohren kommen. Nur eins weiß ich nicht, weshalb nämlich Leonora sich nicht eifriger entschuldigte und ihren eifersüchtigen Gatten zu überzeugen suchte, wie rein und fleckenlos sie bei all dem geblieben war. Die Befangenheit mochte wohl ihre Zunge fesseln, und der schnelle Tod ihres Gatten ließ ihr überdies keine Zeit zu Entschuldigungen.

Die beiden Mädchen

Fünf Meilen von der Stadt Sevilla liegt ein Flecken, der Castilblanco heißt. In einem der vielen Gasthöfe, die es dort gibt, ritt zur Zeit der Abenddämmerung auf einem schönen ausländischen Pony ein Reisender ein. Er hatte keinen Reitknecht bei sich und sprang, ohne zu warten, bis ihm jemand die Bügel hielt, mit großer Leichtigkeit aus dem Sattel. Sogleich kam der Wirt, ein aufmerksamer und höflicher Mann, herbei; doch er kam nicht schnell genug, und der Reisende saß schon auf einer steinernen Bank, die sich unter dem Torweg befand. Der Reisende knöpfte, so schnell er konnte, seine Weste auf und ließ dann beide Arme sinken; man sah deutlich, daß er im Begriff war, in Ohnmacht zu fallen. Die Wirtin, eine sehr menschenfreundliche Frau, lief geschwind herzu, spritzte ihm Wasser ins Gesicht und brachte ihn wieder zur Besinnung. Der Reisende schien sichtlich verstimmt, weil man ihn in diesem Zustande gesehn hatte; er knöpfte seine Weste wieder zu und bat, man möchte ihm sogleich ein Zimmer anweisen, in dem er sich erholen und womöglich allein sein könnte. Die Wirtin sagte ihm, es sei im ganzen Hause nur ein einziges Gastzimmer mit zwei Betten darin, und wenn etwa noch ein Gast komme, müsse man ihm eins davon geben. Da erwiderte der Reisende, er wolle für die beiden Betten bezahlen, ob noch ein Gast komme oder nicht. Er zog einen Goldtaler hervor und gab ihn der Wirtin unter der Bedingung, daß sie niemandem das leere Bett einräumte. Die Wirtin war mit der Bezahlung nicht unzufrieden und versprach zu tun, was der Fremde von ihr verlangte, wenn auch der Dekan von Sevilla diese Nacht in ihrem Hause einsprechen sollte. Man fragte ihn, ob er essen wollte. Er verneinte es und bat nur, sein Roß recht sorgfältig zu verpflegen. Er verlangte den Schlüssel des Zimmers, in das er seinen ledernen Mantelsack mitnahm, ging hinein, schloß die Türe hinter sich zu und stellte sogar, wie sich später zeigte, zwei Stühle dagegen.

Kaum hatte er sich eingeschlossen, so taten sich der Wirt und der Futterknecht und noch zwei Nachbarn, die zufällig anwesend waren, zur Beratung zusammen; sie sprachen über die große Schönheit und den wunderbaren Anstand des neuen Gastes und waren sich darin einig, daß sie niemals ein so reizendes Wesen gesehn hätten. Sie schätzten sein Alter und meinten, er könne sechzehn bis siebzehn Jahre alt sein; und lange redeten sie hin und her, für und wider, wie das so zu gehn pflegt, welches wohl die Ursache seiner Ohnmacht sein mochte. Da sie sie aber nicht ausfindig machen konnten, begnügten sie sich damit, seine angenehme Erscheinung zu bewundern.

Die Nachbarn gingen nach Hause, der Wirt sah nach dem Pferde, um ihm sein Futter zu geben, und die Wirtin eilte in die Küche, um für den Fall, daß noch andre Gäste kämen, ein Abendbrot herzurichten. Und es währte nicht lange, so kam auch ein zweiter Gast, der etwas älter, doch nicht minder hübsch war als der erste. Kaum hatte die Wirtin davon gehört, so rief sie: »Gott steh mir bei! was ist das? Wollen vielleicht heute nacht Engel in meinem Hause herbergen?« »Was will die Frau Wirtin damit sagen?« fragte der Ritter. »Nichts, edler Herr«, erwiderte die Wirtin. »Ich meine nur, daß Ihr hier nicht absteigen könnt, weil ich Euch kein Bett geben kann; denn die beiden, die ich besitze, hat ein Ritter in Beschlag genommen, der das Zimmer bewohnt, und er hat mich für beide bezahlt, obgleich er nur eins braucht, damit niemand in sein Zimmer komme. Er muß viel Gefallen an der Einsamkeit finden, und bei Gott und meiner Seele, ich weiß nicht weshalb, denn er brauchte sein Gesicht nicht zu verstecken, alle Welt sollte es sehn und rühmen.« »So schön ist er, Frau Wirtin?« fragte der Ritter. »Und ob er schön ist!« sagte sie. »Schön und mehr als schön.« »Halte mein Tier,

Bursche«, versetzte der Ritter auf diese Worte, »denn ein so preiswürdiges Menschenkind muß ich sehn, und sollte ich auf dem Boden schlafen.« Hiermit gab er einem Maultiertreiber, der ihn begleitete, den Bügel, saß ab und befahl, man sollte ihm sogleich zu essen geben, was auch geschah. Während er speiste, trat ein Gerichtsdiener des Dorfes ein, wie man sie gemeinhin in kleinen Orten findet; er setzte sich, indem er ein Gespräch mit dem Ritter anknüpfte, neben ihn an den Tisch und ermangelte nicht, während der Hin- und Widerreden drei Becher Wein hinunterzustürzen und die Brust und das Hinterviertel eines Rebhuhns abzunagen, das ihm der Ritter überließ. Der Gerichtsdiener zahlte dafür, indem er nach Neuigkeiten vom Hofe fragte, nach dem Kriege in Flandern und der Landung der Türken, wobei er auch die Ereignisse in Siebenbürgen[1] nicht vergaß, dem der Herr helfen möge! Der Reisende aber nahm seine Mahlzeit schweigend ein, denn er kam nicht aus jenen Gegenden und konnte ihm also seine Fragen nicht beantworten.

Unterdessen hatte der Wirt bereits für die Bedürfnisse des Pferdes gesorgt, und jetzt kam auch er herbei, um als dritter an der Unterhaltung teilzunehmen und seinen eigenen Wein in nicht geringeren Zügen zu kosten als der Gerichtsdiener. Bei jedem Schluck, den er hinuntergoß, neigte er den Kopf auf die linke Schulter und erhob seinen Wein bis in die Wolken, obgleich er nicht wagte, ihn lange dort zu lassen, aus Furcht, er möchte verwässert werden. Zuweilen rühmte er wieder den eingeschlossenen Gast; man erzählte von seiner Ohnmacht und berichtete, wie er sich eingeschlossen habe, ohne ein Nachtmahl zu verlangen. Man schätzte die Last seines Mantelsacks, den Wert seines Pferdes und seiner kostbaren Reisekleidung. Zu all dem, meinten sie, gehörte eigentlich noch ein Bedienter, der ihm aufwartete. Diese

1 Siebenbürgen war damals, namentlich durch Stephan Boczkay, in religiöse Kämpfe verwickelt.

Übertreibungen weckten in dem Fremden aufs neue den Wunsch, ihn zu sehn, und er bat den Wirt, es so einzurichten, daß er in dem andern Bette schlafen könnte, wofür er ihm einen Goldtaler versprach. Obwohl nun die Habsucht den Wirt seinem Willen gefügig machte, so schien es doch ganz unmöglich, weil das Zimmer von innen verschlossen war und man nicht wagte, den, der drinnen schlief, zu wekken, nachdem er beide Betten so gut bezahlt hatte. Der Gerichtsdiener fand jedoch hierfür einen Ausweg und meinte: »Ich will euch sagen, was hier zu tun ist: Ich klopfe an die Tür und sage, ich sei die Obrigkeit und von dem Herrn Richter abgeschickt, um diesen Ritter in diesem Gasthaus unterzubringen; und da kein andres Bett vorhanden sei, so werde ihm befohlen, ihm jenes zu überlassen. Dann muß der Wirt einwenden, man tue ihm Gewalt an, das Bett sei schon bezahlt, und man nehme es dem Inhaber ungerechterweise fort. Auf diese Weise ist der Wirt entschuldigt, und Ihr, gnädiger Herr, erreicht Eure Absicht.«

Allen gefiel der Vorschlag des Gerichtsdieners, und der Neugierige gab ihm dafür vier Realen. Die Sache wurde sogleich ins Werk gesetzt und, um es kurz zu sagen, der erste Gast öffnete der Obrigkeit mit sichtbarem Verdruß die Tür, und der zweite legte sich in das leere Bett, nachdem er den andern wegen des Unrechts, das man ihm, wie es scheine, seinetwegen zufügte, um Verzeihung gebeten hatte. Der andre erwiderte kein Wort und ließ auch sein Gesicht nicht sehn; denn kaum hatte er die Tür geöffnet, so eilte er in sein Bett zurück, wandte das Gesicht zur Mauer und stellte sich, um keine Antwort geben zu brauchen, als schlafe er schon wieder. Der zweite legte sich nieder und hoffte des Morgens beim Aufstehn seine Neugier zu befriedigen. Es war eine jener trägen, langen Dezembernächte, und Kälte und Ermüdung von der Reise luden zur Ruhe ein. Doch der erste Gast fand sie nicht, denn bald nach Mitternacht begann er so tiefe Seufzer auszustoßen, daß er mit einem jeden seine Seele auszuhauchen schien; und der andre mußte, wenn er auch schlief, durch sein klägliches Stöhnen erwachen. Er wunderte sich über das Schluchzen, das jene Seufzer begleitete, und horchte aufmerksam auf das, was der andre halblaut vor sich hin zu sprechen schien. Das Zimmer war dunkel, und die Betten standen ziemlich weit auseinander; trotzdem aber konnte er unter andern Reden, die der bekümmerte erste Gast mit schwacher, gedämpfter Stimme hervorstieß, deutlich folgendes vernehmen: »Weh, ich Unglückliche! Wohin führt mich die unabwendbare Gewalt meines Schicksals! Was für ein Pfad ist das, den ich gehn soll, und welchen Ausweg kann ich aus dem verwickelten Labyrinthe finden, in dem ich eingeschlossen bin! O unerfahrene Jugend, wie unfähig bist du, eine kluge Überlegung anzustellen oder einen guten Rat zu befolgen! Welches Ende wird diese meine Wanderschaft ins Unbekannte nehmen? Wehe, daß die Ehre so verachtet wird! Wehe, daß der Liebe solcher Undank lohnt! Wehe, daß die Ehrfurcht vor ehrenwerten Eltern und Verwandten so mit Füßen getreten werden konnte! Wehe über mich! Tausendmal wehe, daß ich so mit verhängtem Zügel meinen Wünschen folgen mußte! O ihr falschen Worte, die ihr mich zwangt, mein Handeln nach euch zu richten, als wäret ihr wahr! Aber über wen klage ich denn in meiner Not? Habe ich mich nicht selbst betrügen wollen? Bin ich es nicht selbst, die mit eignen Händen das Messer nahm, mit dem ich meinen Ruf gemordet und die Ehre meiner alten Eltern getötet habe? O verräterischer Marco Antonio! Wie ist es möglich, daß sich in die süßen Worte, die du mir sagtest, die Galle deiner Verachtung und Untreue mischte? Wo bist du, Undankbarer? Wo hast du dich versteckt? Antworte mir auf meine Rede! Warte! Ich folge dir. Halte mich! Ich versinke! Bezahle mir, was du mir schuldig bist! Hilf mir, denn du bist mir auf tausend Arten verpflichtet!«

Bei diesen Worten verstummte sie; man merkte aber an ihrem Schluchzen und Seufzen, daß ihre Augen noch immer bittere Tränen vergossen. All dies hörte der zweite Fremde in ruhiger Stille mit an; er schloß aus den Reden, die er vernommen hatte, daß die Klagen von einem Weibe herrühren müßten, und das reizte sein Verlangen, sie kennen zu lernen, nur noch mehr. Mehrmals stand er im Begriff, sich dem Bette derjenigen zu nähern, die er für eine Frau hielt; und er hätte es auch getan, wenn er nicht gehört hätte, daß sie eben aufstand, die Tür des Zimmers öffnete und dem Hauswirt zurief, er solle ihr Pferd satteln, denn sie wolle fortreiten. Der Wirt, der sich erst eine gute Weile hatte rufen lassen, erwiderte, sie möge nur ruhig sein, noch sei ja nicht die Hälfte der Nacht vorüber, und es wäre Torheit, sich in solcher Dunkelheit auf den Weg zu machen. Sie beruhigte sich, schloß die Tür wieder zu, warf sich rasch auf das Lager und stieß einen heftigen Seufzer aus. Der andre, der ihr zugehört hatte, glaubte wohl zu tun, wenn er sie anredete und ihr alle Hilfe bot, die in seiner Macht stand; denn er hoffte, sie dadurch zu bewegen, daß sie sich ihm entdeckte und ihm ihre traurige Geschichte erzählte. Er sagte also zu ihr: »Edler Herr, wenn die Seufzer, die Ihr ausgestoßen, und die Worte, die Ihr gesprochen habt, mich nicht zum Mitleid mit dem Unglück bewogen hätten, über das Ihr Euch beklagt, so würde ich wahrlich dadurch verraten, daß ich des natürlichen Gefühls ermangelte und daß meine Seele aus Stein und meine Brust aus hartem Eisen wären. Wenn nun das Mitleid, das ich mit Euch fühle, und der Entschluß, der in mir erwacht ist, mein Leben zu wagen, um Euch zu helfen, wenn anders Eurem Unglück abzuhelfen ist, einen Dank verdienen, so bitte ich Euch, ihn mir dadurch zu bezeugen, daß Ihr mir die Ursache Eures Schmerzes entdeckt, ohne mir das geringste zu verbergen.« »Hätte er mich nicht der Besinnung beraubt«, versetzte die Klagende, »so hätte ich bedenken müssen, daß ich in diesem Zimmer nicht allein war. Dann hätte ich meine Zunge besser im Zaume gehalten und meine Seufzer mehr unterdrückt. Doch weil mich meine Besonnenheit gerade da verlassen hat, wo sie mir so nötig war, so will ich Euch Eure Bitte gewähren; denn wenn ich Euch die traurige Geschichte meiner Leiden wiederhole, raubt mir vielleicht der erneute Schmerz das Leben. Doch wenn Ihr wollt, daß ich tue, was Ihr begehrt, so müßt Ihr mir versprechen, so wahr Ihr Euch in Eurem Anerbieten aufrichtig gegen mich bewiesen habt, und so wahr Ihr der seid, für den man Euch nach Eurer edlen Art zu reden halten muß, daß Ihr, was Ihr auch von mir hören mögt, weder Euer Bett verlassen und in das meine kommen, noch auch mehr von mir erforschen wollt, als was ich Euch ungefragt erzähle. Solltet Ihr dem entgegen handeln, so werde ich mir in demselben Augenblick, in dem ich merke, daß Ihr Euch rührt, mit dem Degen, der mir zu Häupten liegt, die Brust durchbohren.«

Der andre Reisende, der, um zu erfahren, was er so sehr zu wissen wünschte, tausend unmögliche Dinge versprochen hätte, erwiderte ihr, er werde in keinem Punkte dem zuwiderhandeln, was sie von ihm verlange, und er bekräftigte dies mit tausend Schwüren.

»Auf dies Versprechen hin«, sagte der erste Reisende, »will ich tun, was ich bisher noch nie getan habe, nämlich von meinem Leben erzählen. So höret denn! Ihr müßt wissen, edler Herr, daß ich zwar, wie Ihr ohne Zweifel vernommen haben werdet, in männlicher Kleidung in dieses Gasthaus eintrat, aber ein unglückliches Mädchen bin, oder wenigstens es vor nicht ganz acht Tagen noch war. Ich bin es nicht mehr, und zwar durch meine Torheit und Unerfahrenheit, da ich den wohlgesetzten und glatten Worten arglistiger Männer Glauben schenkte. Mein Name ist Teodosia, meine Heimat ein Hauptort hier in Andalusien, dessen Namen ich verschweige, weil es Euch nicht so wichtig sein kann, ihn zu erfahren, wie mir, ihn zu verheimlichen. Meine Eltern sind von edler Geburt und mehr als mittlerem Reichtum. Sie haben einen Sohn und eine Tochter; jener hilft ihnen ihre Sorgen erleichtern und bringt ihnen Ehre, diese aber tut das gerade Gegenteil. Ihn schickten sie nach Salamanca, damit er dort studiere, mich behielten sie zu Hause, wo sie mich in der Zurückgezogenheit und Klugheit erzogen, die ihre Tugend und ihr Adel erforderten. Stets war ich ihnen gehorsam, ohne zu murren; meinen Willen beugte ich dem ihren, und in nichts war ich andrer Ansicht, bis mein unglückliches Schicksal oder mein ausgelassenes Wesen es fügte, daß ich dem Sohne eines Nachbarn in die Augen fiel, der reicher war als meine Eltern und aus ebenso gutem Geschlechte. Als ich ihn zum ersten Mal sah, empfand ich nichts andres als ein gewisses Wohlgefallen an seinem Anblick, und das war kein Wunder, denn die Pracht seiner Kleidung, sein Anstand, sein Antlitz und seine Sitten, seine seltene Klugheit und sein höfliches Benehmen wurden von allen im Orte gerühmt und geschätzt. Was hilft es mir aber, daß ich meinen Feind lobe und ein für mich so unglückliches Ereignis oder vielmehr den Anfang meines Wahnsinns so ausführlich schildere? Kurz, er sah mich einmal und öfter von einem Fenster aus, das dem meinen gegenüber lag, und von dort schickte er mir, so schien es, durch die Augen sein Herz herüber. Auch meine Augen empfanden jetzt ein andres Vergnügen als bei seinem ersten Anblick; ja, sie zwangen mich, alles für reine Wahrheit zu halten, was ich in seinen Gebärden und in seinem Gesichte las. Die Blicke vermittelten und erwirkten eine Unterredung, die Unterredung eine Erklärung seiner Wünsche, seine Wünsche weckten die meinen, und schließlich traute ich den seinen. Zu all dem kamen noch Versprechungen, Schwüre, Tränen, Seufzer und alles, was nach meiner Meinung dem treuen Liebhaber hilft, um die Aufrichtigkeit seiner Liebe und die Treue seines Herzens zu bezeugen. Für mich Unglückliche, die sich noch nie in solcher Lage und Gefahr befunden hatte, war jedes Wort eine Geschützsalve, die an dem Bollwerk meiner Ehre ein Stück Mauer einschoß; jede Träne war ein Brand, der meine

Sittsamkeit entzündete; jeder Seufzer ein wütender Sturm, der die Glut so entfachte, daß sie meine bisher noch unberührte Tugend verzehrte. Kurz, sein Versprechen, mich dem Willen seiner Eltern zum Trotz zu heiraten (denn sie hatten ein andres Mädchen für ihn bestimmt), untergrub meine Sittsamkeit vollends, und ohne zu wissen wie, überließ ich mich ihm ohne Wissen meiner Eltern und ohne einen andern Zeugen meiner Torheit als einem Edelknaben Marco Antonios; denn dies ist der Name dessen, der mich um meine Ruhe gebracht hat. Kaum hatte er erlangt, wonach er strebte, so verschwand er zwei Tage darauf aus unserm Orte, und weder seine Eltern noch sonst irgend jemand konnte sagen oder erraten, wohin er gegangen war. In welchem Zustand ich zurückblieb, mag erzählen, wer die Kraft hat, es zu schildern! Ich habe sie nicht, und ich hatte nicht einmal mehr die Kraft, es recht zu fühlen. Ich raufte mir die Haare, als wären sie der Anlaß meiner Schuld; ich zerkratzte mir das Gesicht, denn ich meinte, es habe allein mein ganzes Unglück heraufbeschworen. Ich fluchte meinem Schicksal, verwünschte meine unbesonnene Nachgiebigkeit und vergoß zahllose Tränen. Diese Tränen und Seufzer, die einer unglücklichen Brust entstiegen, erstickten mich fast. Ich klagte in meinem Herzen über den Himmel und dachte endlich angestrengt nach, ob sich ein Weg oder Steg der Rettung finden ließe. Der Ausweg, den ich fand, war der, daß ich mich mit Männerkleidern versah und aus meinem väterlichen Hause floh, um diesen zweiten trügerischen Aeneas aufzusuchen, diesen grausamen, verräterischen Vireno, der meine guten, ehrlichen Gedanken vergiftet und meine rechtmäßigen und begründeten Hoffnungen betrogen hatte. Ich nahm also ohne lange Überlegung die Reisekleider meines Bruders und ein Pony meines Vaters, das ich selbst sattelte, und so verließ ich in einer finstern Nacht das Haus, um nach Salamanca zu gehn, wo Marco Antonio, wie man allgemein glaubte, sich befinden mußte; denn auch er studiert dort, und er ist ein Genosse meines Bruders, von dem ich Euch schon erzählte. Zugleich unterließ ich nicht, eine hinreichende Summe Geldes in Gold mitzunehmen, um Zufällen, die mir bei dieser plötzlich unternommenen Reise begegnen könnten, entgegenzutreten. Am meisten ängstigt mich die Besorgnis, daß meine Eltern mir folgen und mich an der Kleidung und dem Pferd, das ich bei mir habe, erkennen werden. Und selbst wenn ich dies nicht zu besorgen brauche, so fürchte ich doch meinen Bruder in Salamanca; denn wenn ich von ihm erkannt werde, so könnt Ihr Euch denken, in welcher Gefahr alsdann mein Leben schwebt. Wenn er auch meine Entschuldigungen anhört, so überwiegt doch die kleinste Beeinträchtigung seiner Ehre alles, was ich zu meiner Verteidigung vorbringen kann. Trotzdem ist es mein fester Entschluß, und wenn ich auch das Leben dabei verlieren sollte, meinen grausamen Gatten aufzusuchen; denn er kann nicht leugnen, daß er dies ist, wenn ihn das Pfand, das er in meinem Besitz gelassen hat, nicht Lügen strafen soll; es ist ein Diamantring mit folgender Inschrift: ›Marco Antonio ist Teodosias Gatte.‹ Wenn ich ihn aufspüre, so soll er mir sagen, was er denn an mir gefunden hat, daß er mich so schnell verlassen mußte. Kurz, ich will ihn zwingen, das gegebene Wort und Versprechen zu erfüllen, oder ich will ihm das Leben rauben. Ich werde mich in meiner Rache ebenso entschlossen zeigen, wie ich mich leicht beschimpfen ließ; denn das adlige Blut, das ich von meinen Eltern habe, entfacht in mir so viel Mut, daß ich gewiß bin, den mir angetanen Schimpf tilgen oder rächen zu können. Dies, Herr Ritter, ist die wahre und unglückliche Geschichte, die Ihr zu hören verlangtet, und sie wird die Seufzer und Reden hinlänglich entschuldigen, die Euch im Schlafe störten. Könnt Ihr mir auch nicht helfen, so ersuche und bitte ich Euch wenigstens, mir einen guten Rat zu erteilen, wie ich den Gefahren entgehen kann, die mich bedrohen, wie ich die Furcht, man könnte mich finden, beschwichtigen, und was ich anfangen soll, um zu erlangen, was ich so sehr wünsche und brauche.«

Geraume Zeit erwiderte der, der die Geschichte der verliebten Teodosia angehört hatte, kein Wort, so lange, daß sie glaubte, er sei eingeschlafen und habe nicht mehr zugehört. Um Gewißheit darüber zu erlangen, ob ihre Vermutung begründet sei, fragte sie: »Schlaft Ihr, mein Herr? Es wäre Euch nicht übel zu nehmen, wenn Ihr schliefet, denn wer einem andern, der sie nicht fühlt, seine Schmerzen erzählt, der wird wohl manchen Zuhörer eher einschläfern als zum Mitleid bewegen.« »Ich schlafe nicht«, erwiderte der Ritter, »sondern ich bin so wach und empfinde Euer Unglück so sehr, daß ich fast sagen möchte, es schmerze und beängstige mich in demselben Grade wie Euch selbst. Darum werde ich es nicht nur bei dem guten Rate bewenden lassen, um den Ihr mich bittet, sondern ich will Euch auch beistehn, soweit meine Kräfte reichen. Denn obgleich sich in der Art, wie Ihr mir Eure Geschichte erzählt habt, der seltene Verstand verrät, der Euch zuteil geworden ist, daß Euch mehr Eure Neigung verführt haben muß als die Überredung des Marco Antonio, so will ich doch als Entschuldigung Eures Fehltritts Eure Jugend gelten lassen, die die mannigfaltigen Verführungskünste der Männer noch nicht aus Erfahrung kennen kann. Legt Euch ruhig nieder, mein Fräulein, und verschlaft, wenn Ihr könnt, den Rest der Nacht, die nicht mehr lange währen kann, und sobald der Tag anbricht, wollen wir beide beratschlagen und sehn, auf welche Weise Eurem Unglück abzuhelfen ist.«

Teodosia bezeugte ihm, so gut sie konnte, ihren Dank und suchte nun einen Augenblick Ruhe zu gewinnen, damit der Ritter schlafen könne. Diesem aber war es nicht möglich, auch nur einen Augenblick zu schlafen. Vielmehr begann er, sich im Bette zu wälzen und so heftig zu seufzen, daß Teodosia sich genötigt sah, ihn zu fragen, was ihm fehle; und wenn er irgendein Leiden fühle, bei dem sie ihm helfen könne, so wolle sie es mit derselben Bereitwilligkeit tun, die er ihr bewiesen habe. Hierauf erwiderte der Ritter: »Obgleich Ihr, mein Fräulein, die Ursache der Unruhe seid, die Ihr an mir bemerkt habt, so seid Ihr doch nicht imstande, mir zu helfen; denn wäret Ihr es, so würde ich keinen Schmerz mehr fühlen.« Teodosia konnte nicht begreifen, was diese verwirrten Reden besagen wollten, sie schöpfte aber Verdacht, es möchte ihn irgendeine Liebesleidenschaft quälen, und glaubte sogar, sie sei vielleicht gar selber ihr Gegenstand; und man konnte wirklich auf diesen Verdacht und Gedanken kommen, denn die Gelegenheit, die das Zimmer bot, die Einsamkeit und Finsternis, das Bewußtsein, all das mit einem Weibe zu teilen, vermochten gar leicht ein böses Gelüste in ihm zu wecken. Voller Angst kleidete sie sich in größter Eile und in aller Stille an, schnallte Degen und Dolch um und erwartete so, auf dem Bette sitzend, den Tag, der nach kurzer Zeit dadurch sein Nahen meldete, daß das Licht durch die vielen Ritzen und Spalten eindrang, mit denen die Zimmer der Schenken und Gasthäuser meist reichlich versehen sind. Aber auch der Ritter hatte dasselbe getan wie Teodosia, und kaum sah er das Zimmer durch das aufdämmernde Tageslicht mäßig erleuchtet, als er sich vom Bette erhob und sprach: »Steht auf, Fräulein Teodosia! Ich will Euch heute begleiten und Euch nicht von meiner Seite lassen, bis Ihr Marco Antonio als rechtmäßigen Gatten an Eurer Seite habt, und müßte er oder ich das Leben dabei verlieren! So sollt Ihr sehn, wie sehr mich Euer Unglück ergriffen und zur Tat gereizt hat.«

Mit diesen Worten öffnete er die Fensterläden und die Tür des Zimmers. Teodosia wünschte das Licht herbei, um in der Helle Wuchs und Erscheinung jenes Mannes zu sehn, mit dem sie die ganze Nacht gesprochen hatte. Als sie ihn aber sah und erkannte, wünschte sie, daß es nie Tag geworden wäre, sondern, daß sich ihre Augen zu ewiger Nacht geschlossen hätten. Denn kaum hatte der Ritter, der ebenfalls neugierig war, sie zu sehn, den Blick auf sie gerichtet, als sie in ihm ihren Bruder erkannte, den sie so sehr fürchtete. Bei diesem Anblick wurde es dunkel vor ihren Augen; sprachlos erstarrte sie, und ihr Gesicht verlor die Farbe. Endlich aber gab ihr der Schrecken selber Kraft, und die Gefahr gab ihr Besinnung. Sie griff nach ihrem Dolch, faßte ihn bei der Spitze, kniete vor ihrem Bruder nieder und sagte mit zitternder, furchtsamer Stimme: »Nimm, mein Herr und geliebter Bruder! Bestrafe mit diesem Stahl mein Vergehen und stille deinen Zorn; denn für eine so große Schuld wie die meine wäre Barmherzigkeit nicht am Platze. Ich bekenne meine Sünde und verlange nicht, daß meine Reue mir zur Entschuldigung gereiche. Ich bitte dich nur, daß du eine Strafe wählst, die mir das Leben, aber nicht die Ehre raubt; denn obgleich ich sie durch meine Flucht aus dem elterlichen Hause der größten Gefahr ausgesetzt habe, so wird sie doch gerettet, wenn die Strafe, die du über mich verhängst, geheim bleibt.«

Ihr Bruder sah sie an, und obwohl die Unbesonnenheit ihres ungebührlichen Schrittes ihn zur Rache reizte, so besänftigten doch die zärtlichen und rührenden Worte, in denen sie ihr Vergehen gestand, sein Gemüt so sehr, daß er sie mit freundlichen und sanften Blicken vom Boden aufhob, sie tröstete, so gut er vermochte und konnte, und unter anderm sagte, er schiebe ihre Bestrafung vorläufig auf, da ihm keine Strafe einfalle, die ihrer Torheit angemessen sei. Aus diesem Grunde und ferner, weil er glaube, daß ihr das Schicksal noch nicht jeden rettenden Ausweg abgeschnitten habe, wolle er lieber erst alles mögliche versuchen, um sie zu retten, als Rache für die Beleidigung nehmen, die sie ihm durch ihren großen Leichtsinn zugefügt habe. Bei diesen Worten gewann Teodosia ihre verlorenen Lebensgeister wieder, die Farbe kehrte in ihr Gesicht zurück, und ihre beinahe erstorbenen Hoffnungen gewannen neues Leben. Don Rafael (so hieß ihr Bruder) wollte nicht weiter über ihr Unglück mir ihr sprechen, sondern sagte nur, sie solle ihren Namen Teodosia in Teodoro verwandeln; beide wollten sie dann nach Salamanca zurückkehren, um Marco Antonio mit vereinten Kräften aufzusuchen. Allerdings glaube er nicht, daß er dort sei; denn da sie Kameraden seien, so hätte er ihn wohl besuchen müssen. Freilich könne es auch sein, daß der Schimpf, den er ihm angetan habe, ihm die Lust benehme, ihn zu sprechen und zu sehen.

Der neue Teodoro ließ sich alles gefallen, was der Bruder vorschlug. Nun trat der Wirt ein, bei dem sie ein Frühstück bestellten, da sie schnell abreisen wollten. Während der Stallknecht sattelte und das Frühstück aufgetragen wurde, kam ein Junker in dem Gasthof an, der auf der Reise war, und den Don Rafael sogleich erkannte. Auch Teodoro erkannte ihn, und um nicht gesehn zu werden, wagte er nicht, das Zimmer zu verlassen. Jene beiden umarmten sich, und Don Rafael fragte den Ankömmling, was für Neuigkeiten er aus seiner Stadt mitbrächte. Jener erwiderte, er komme vom Hafen Santa Maria, wo er vier Galeeren zur Abfahrt nach Neapel bereit gesehen habe, und auf einer derselben habe sich Marco Antonio Adorno, der Sohn des Don Leonardo Adorno, eingeschifft. Don Rafael freute sich über diese Nachricht, denn er hielt es für ein günstiges Zeichen eines glücklichen Erfolges, daß er so unerwartet eine so wichtige Nachricht erhalten hatte. Er bat seinen Freund, ihm gegen das Pferd seines Vaters, das der Fremde recht gut kannte, sein Maultier zu überlassen, sagte ihm aber nicht, daß er von Salamanca kam, sondern vielmehr, er gehe dorthin und wolle ein so gutes Pferd nicht so weit reiten. Der andre, der sehr gefällig und obendrein mit ihm befreundet war, ging auf den Tausch ein und übernahm es, seinem Vater das Pferd zu überbringen. Sie frühstückten zusammen, Teodoro aber allein, und als der Augenblick gekommen war, da der Freund aufbrechen wollte, schlug er den Weg nach Cazalla ein, wo er ein reiches Erbe antrat. Don Rafael reiste nicht mit ihm, sondern um ihm auszuweichen, sagte er ihm, er müsse heute noch nach Sevilla zurückkehren. Sobald er aber jenen hatte wegreiten sehn, die Tiere bereit waren und der Wirt die Rechnung gemacht und die Bezahlung erhalten hatte, nahmen sie Abschied und verließen den Gasthof. Alle, die zurückblieben, staunten über ihre Schönheit und ihren edlen Anstand; denn Don Rafael zeichnete sich als Mann nicht weniger durch Anmut, Stattlichkeit und edle Haltung aus als seine Schwester durch Schönheit und Lieblichkeit.

Gleich beim Ausritt erzählte Don Rafael seiner Schwester, was er über Marco Antonio Neues erfahren hatte, und er schlug vor, so schnell wie möglich nach Barcelona zu reiten, wo die Galeeren, die nach Italien gingen oder nach Spanien herüberkamen, einige Tage Halt zu machen pflegten; und wenn sie noch nicht angelangt seien, so könnten sie sie dort erwarten und sicher darauf rechnen, Marco Antonio zu treffen. Seine Schwester erwiderte, er solle in allen Dingen tun, was er für das beste halte; denn sie habe keinen andern Wunsch als den seinigen. Don Rafael sagte zu dem Maultiertreiber, den er bei sich hatte, er möge sich die Zeit nicht lang werden lassen, denn er müsse ihn nach Barcelona begleiten; er versprach ihm aber, ihn für die Zeit, die er bei ihm bleiben werde, zu seiner Zufriedenheit zu belohnen. Der Bursche, der in seinem Geschäft unverdrossen war und Don Rafaels Freigebigkeit kannte, sagte, er werde ihn bis ans Ende der Welt begleiten und bedienen. Don Rafael fragte seine Schwester, wieviel Geld sie bei sich habe. Sie erwiderte, sie habe es nicht gezählt und wisse ihm auch weiter nichts zu sagen, als daß sie sechs- oder achtmal in den Schreibschrank ihres Vaters gegriffen und jedesmal eine Handvoll Goldtaler herausgenommen habe. Daraus schloß Don Rafael, sie möchte etwa fünfhundert Taler bei sich haben, und er dachte, mit den zweihundert weiteren, die er selbst besaß, und einer goldnen Kette, die er bei sich trug, könne er die Reise in aller Bequemlichkeit machen, um so mehr, als er sicher hoffte, Marco Antonio in Barcelona anzutreffen. In dieser Erwartung beschleunigten sie ihre Reise und verzichteten auf jeden Ruhetag.

Ohne daß ihnen irgendein Hindernis oder Abenteuer begegnete, ritten sie dahin, bis sie an einem Orte, der neun Meilen von Barcelona entfernt lag und Igualada hieß, auf zwei Meilen nahe kamen. Unterwegs hatten sie erfahren, daß ein Ritter, der als Gesandter nach Rom ging, gegenwärtig in Barcelona war, um die Galeeren zu erwarten, die noch nicht angekommen seien, eine Nachricht, die sie sehr beruhigte. Voll Freude darüber ritten sie weiter, bis sie in ein kleines Gehölz kamen, das auf ihrem Wege lag; dort sahen sie in vollem Lauf einen Menschen aus dem Walde springen, der wie im Schreck beständig rückwärts blickte. Don Rafael trat ihm in den Weg und fragte ihn: »Was flieht Ihr, guter Mann, oder was ist Euch begegnet, daß Ihr unter den Zeichen so großer Furcht so leichtfüßig davonlauft?« »Wie?« versetzte der Mann; »soll ich etwa nicht rasch und furchtsam laufen, wenn ich wie durch ein Wunder einer Räuberbande entronnen bin, die in diesem Gehölz haust?« »Schlimm«, sagte der Maultiertreiber, »schlimm, so wahr Gott lebt! Buschklepper um diese Stunde? Nun wahrlich, die werden uns so nackt ausziehn, wie wir aus dem Mutterleib gekommen sind.« »Seid unbesorgt, Bruder«, sagte der, der aus dem Walde kam, »die Räuber haben sich schon entfernt und mehr als dreißig Reisende bis auf das Hemd entkleidet an die Bäume dieses Waldes gebunden; nur einen einzigen haben sie freigelassen, der die übrigen ablösen soll, sobald sie selber über einen Hügel hinweg sind, den sie ihm bezeichnet haben.« »Wenn es so ist«, sagte Calvete (so hieß der Maultiertreiber), »so können wir ruhig weiter ziehn, denn wo die Buschklepper geraubt haben, dahin kehren sie in den nächsten Tagen nicht zurück; das weiß ich gewiß, da ich ihnen selbst zweimal in die Hände gefallen bin und ihre Sitten und Gebräuche aus dem Grunde kenne.« »Das ist richtig«, sagte der Entflohene, und als Don Rafael dies hörte, beschloß er, die Reise fortzusetzen. Sie waren jedoch noch nicht weit gekommen, als sie die Angebundenen fanden, deren mehr als vierzig waren; der, den sie frei zurückgelassen hatten, stand eben im Begriff, die Gebundenen zu lösen. Es war ein seltsames Schauspiel; einige waren ganz nackt, andre waren in die zerlumpten Kleider der Räuber gehüllt; die einen weinten, sich beraubt zu sehn, die andern lachten über den seltsamen Aufzug ihrer Gefährten; dieser erzählte haarklein, was man ihm genommen habe, und jener behauptete, der Verlust einer Schachtel Agnus, die er aus Rom mitgebracht habe, schmerze ihn mehr als unzählige Dinge, die er bei sich gehabt habe. Kurz, man hörte nichts als die Klagen und Seufzer der armen Beraubten.

Die beiden Geschwister betrachteten das alles mit teilnehmendem Schmerze und dankten dem Himmel, daß er sie vor einer so nahen und großen Gefahr bewahrt hatte. Doch am meisten rührte beide und namentlich Teodoro ein Jüngling, der an eine Eiche gebunden war; dem Anschein nach war er etwa sechzehn Jahre alt, im bloßen Hemde und in leinenen Hosen, aber so schön von Angesicht, daß er aller Blicke auf sich zog und fesselte. Teodoro stieg ab, um ihn loszubinden, und jener dankte ihm in sehr verbindlichen Worten für diese Wohltat. Um sie vollkommen zu machen, bat Teodoro den Maultiertreiber Calvete, ihm seinen Mantel zu leihen, bis sie im nächsten Orte für diesen artigen jungen Mann einen neuen kaufen könnten. Calvete gab ihn her, und Teodoro warf ihn dem Jüngling um, indem er ihn fragte, wo er zu Hause sei, woher er komme und wohin er wolle. Don Rafael war bei all diesem zugegen, und der junge Mann gab zur Antwort, er sei aus Andalusien, und zwar aus einem Ort, der, wie sie merkten, als er ihn nannte, nur zwei Meilen von dem ihren entfernt lag. Er sagte, er komme aus Sevilla, und seine Absicht sei, nach Italien zu gehn, um dort wie so viele andre Spanier sein Glück im Handwerk der Waffen zu versuchen; doch sein Unglück habe ihn den Räubern in die Hände geführt, die ihm eine bedeutende Summe baren Geldes abgenommen hätten und dazu alle Kleider, wie sie in gleich guter Beschaffenheit nicht um dreihundert Taler wieder zu erhalten seien. Dessenungeachtet gedenke er seine Reise fortzusetzen, denn er sei nicht der Mann, die Glut seines drängenden Eifers durch den ersten Unfall abkühlen zu lassen. Die vernünftigen Reden des Jünglings sowie die Nachricht, daß er nahe bei ihnen zu Hause war, und namentlich auch das Empfehlungsschreiben, das er in seiner Schönheit bei sich führte, brachten die beiden Geschwister zu dem Entschlusse, ihn, soviel es in ihrer Macht stand, zu unterstützen. Sie verteilten einiges Geld unter diejenigen Beraubten, die ihnen als die bedürftigsten erschienen, namentlich unter ein paar Klosterbrüder und Geistliche, deren mehr als acht unter ihnen waren, ließen den Jüngling auf Calvetes Maultier steigen und machten sich ohne weiteren Aufenthalt nach Igualada auf den Weg, wo sie bald anlangten und erfuhren, daß die Galeeren tags zuvor in Barcelona eingetroffen seien und zwei Tage später wieder unter Segel gehen würden, wenn nicht etwa die Unsicherheit der Reede sie zwinge, schon früher abzureisen.

Diese Nachricht veranlaßte sie, am folgenden Morgen noch vor Sonnenaufgang aufzustehn, obgleich sie nicht einmal die ganze Nacht hindurch hatten schlafen können; die zwei Geschwister wenigstens verbrachten sie in größerer Unruhe, als sie erwartet hatten. Diese Unruhe kam daher, daß Teodoro bei Tische, als der Jüngling, den sie losgebunden hatten, mit ihnen speiste, aufmerksam sein Gesicht betrachtete und bei dieser genaueren Betrachtung zu sehen glaubte, daß die Ohren des Knaben durchbohrt waren. Diese Beobachtung und sein verschämter Blick brachten sie auf die Vermutung, er sei ein Mädchen, und sie wünschte das Ende der Mahlzeit herbei, um sich unter vier Augen über ihre Vermutung Gewißheit zu verschaffen. Während des

Essens fragte ihn Don Rafael, wer seine Eltern seien; denn er kenne alle vornehmen Leute seines Geburtsorts, wenn anders es der genannte sei. Der junge Mann erwiderte, er sei ein Sohn des Don Enrique de Cárdenas, eines sehr bekannten Ritters. Don Rafael versetzte, er kenne Don Enrique de Cárdenas recht gut, wisse aber und sei überzeugt, daß er keinen Sohn habe; wenn er dies jedoch nur vorgebe, um seine Eltern nicht zu entdecken, so mache es auch nichts aus, und er wolle ihn nie mehr danach fragen. »Allerdings«, erwiderte der Jüngling, »hat Don Enrique keine Söhne, wohl aber sein Bruder Don Sancho.« »Dieser«, antwortete Don Rafael, »hat auch keine Söhne, wohl aber eine Tochter, und man sagt, sie sei eins der schönsten Mädchen in ganz Andalusien. Freilich weiß ich das nur vom Hörensagen, denn ich bin zwar oft in ihrem Orte gewesen, habe sie aber niemals gesehn.« »Alles, was Ihr da sagt, ist wahr, mein Herr«, erwiderte der Jüngling; »Don Sancho hat nur eine einzige Tochter, die jedoch nicht so schön ist, wie das Gerücht sie macht; und wenn ich sage, ich sei Don Enriques Sohn, so geschah es nur, ihr Herren, um in euren Augen etwas zu gelten; denn ich bin es nicht. Ich bin nur der Sohn eines Haushofmeisters des Don Sancho, der seit vielen Jahren in seinen Diensten steht. Ich bin in seinem Hause geboren, und wegen eines Verdrusses, den ich meinem Vater machte, indem ich ihm eine bedeutende Summe Geldes entwendete, beschloß ich, wie schon gesagt, nach Italien zu gehn und mich im Kriege zu versuchen, in dem sich, wie ich selbst schon gesehn habe, auch Leute von niederer Herkunft Ruhm erwerben können.«

Teodoro achtete sehr auf alle diese Reden und auf die Art, wie sie vorgebracht wurden, und sein Verdacht wurde immer mehr bestätigt. Nach beendigtem Abendessen stand man vom Tische auf, und während sich Don Rafael entkleidete, trat Teodoro, der ihm seine Vermutung über den Jüngling mitgeteilt hatte, mit Wissen und Erlaubnis seines Bruders in Gesellschaft des Jünglings beiseite in den Erker eines großen Fensters, das auf die Straße ging, und als sich beide an die Brüstung gelehnt hatten, redete Teodoro den Jüngling folgendermaßen an: »Ich wünschte, Herr Francisco« (so hatte jener seinen Namen angegeben), »ich hätte Euch so viele Gefälligkeiten erwiesen, daß Ihr Euch verpflichtet fühltet, mir keine Bitte abzuschlagen, die ich Euch aussprechen könnte oder wollte. Doch die kurze Zeit unsrer Bekanntschaft hat mir freilich dazu noch keine Gelegenheit gegeben. Indes erfahrt Ihr vielleicht in Zukunft, was meine freundschaftliche Gesinnung verdient, und wenn Ihr auch meinen Wunsch nicht erfüllen wollt, so werde ich darum nicht aufhören, Euch gewogen zu sein, wie ich es jetzt bin, ehe ich ihn Euch noch entdeckt habe. Wißt, obgleich ich ebenso jung bin wie Ihr, so besitze ich doch bei weitem mehr Welterfahrung, als mein Alter erwarten läßt. Diese Welterfahrung nun hat mir den Verdacht eingeflößt, daß Ihr kein Mann seid, wie Ihr durch Eure Kleidung vorgebt, sondern ein Mädchen, und gewiß von so guter Geburt, wie Eure Schönheit es vermuten läßt. Vielleicht seid Ihr sehr unglücklich; denn darauf scheint mir die Veränderung Eurer Kleidung zu deuten, da solche Verkleidungen niemals vom Glücke dessen zeugen, der sie trägt. Ist mein Verdacht begründet, so sagt es mir; denn ich schwöre Euch bei meiner Ehre als Ritter, Euch in allem, was in meinen Kräften steht, zu unterstützen und zu dienen. Daß Ihr ein Mädchen seid, könnt ihr nicht leugnen; denn daß es wahr ist, ersieht man deutlich aus den Löchelchen in Euren Ohren. Es war eine große Vergeßlichkeit von Euch, diese Öffnungen nicht mit etwas fleischfarbigem Wachs zu verkleben und zu verbergen, denn es hätte wohl geschehen können, daß ein andrer, ebenso neugieriger und weniger ehrlicher Beschauer als ich erkannt hätte, was Ihr so schlecht zu verbergen wußtet. Ich wiederhole es, Ihr dürft keinen Anstand nehmen, mir zu sagen, wer Ihr seid, denn ich biete Euch meine Hilfe an und sichere Euch die Euren Wünschen angemessene Verschwiegenheit zu.«

Alles, was Teodoro zu ihm sagte, hörte der Jüngling mit großer Aufmerksamkeit an, und als er sah, daß jener schwieg, antwortete er ihm nicht, sondern ergriff seine Hände, führte sie an den Mund, küßte sie leidenschaftlich und benetzte sie mit vielen Tränen, die seinen schönen Augen entströmten. Das erregte in Teodoros Herz ein so seltsames Gefühl, daß auch er seine Tränen nicht zurückhalten konnte; denn es ist die besondere Natur und Gemütsart edler Frauen, daß sie sich durch Schmerz und Leiden andrer rühren lassen. Nachdem aber Teodoro seine Hände mit Mühe von dem Munde des Jünglings gelöst hatte, harrte er aufmerksam, was dieser ihm antworten würde. Endlich stieß er einen tiefen Seufzer aus und sagte unter heftigem Schluchzen: »Ich kann und will es nicht leugnen, mein Herr, daß Eure Vermutung begründet ist. Ich bin ein Mädchen, und zwar das unglücklichste, das je ein Weib zur Welt gebracht hat. Da nun die Dienste, die Ihr mir erwiesen habt, mich zu unbedingtem Gehorsam gegen all Eure Befehle verpflichten, so hört, denn ich will Euch entdecken, wer ich bin, wenn es Euch nicht unangenehm ist, die Erzählung fremden Unglücks zu hören.« »Möge ich beständig im Unglück leben«, versetzte Teodoro, »wenn sich nicht bei mir das Vergnügen, von Eurem Unglück zu erfahren, dem Schmerz gesellt, zu wissen, daß es Euer Unglück ist. Schon jetzt empfinde ich es wie mein eignes.« Er umarmte den Jüngling abermals und wiederholte seine aufrichtigen Anerbietungen, worauf dieser etwas beruhigter folgendes erzählte: »Was meine Heimat betrifft, so habe ich die Wahrheit berichtet, nicht aber über meine Eltern; denn Don Enrique ist nur mein Oheim und sein Bruder Don Sancho mein Vater. Ich bin die unglückliche Tochter Don Sanchos, die nach der Erzählung Eures Bruders eine so berühmte Schönheit wäre – ein Irrtum und eine Täuschung, die durch den Mangel an

Schönheit widerlegt wird, den Ihr an mir erkennt. Mein Name ist Leocadia, und weshalb ich mich verkleidete, das sollt Ihr jetzt vernehmen. Zwei Meilen von meinem Orte liegt ein andrer, eine der mächtigsten und reichsten Städte Andalusiens, in der ein vornehmer Ritter lebt, der von den edlen alten Adornos von Genua abstammt. Dieser hat einen Sohn, einen der artigsten Männer, die man sich nur wünschen kann, wenn das Gerücht seine Verdienste nicht ebenso übertreibt wie meine. Da unsre Heimatorte so nahe beieinander lagen und er die Jagd ebenso eifrig pflegte wie mein Vater, kam er einige Male in unser Haus, wo er dann fünf bis sechs Tage blieb. Diese Zeit brachten er und mein Vater zum Teil bis in die Nächte hinein auf freiem Felde zu. Nun ergriff das Geschick oder die Liebe oder der Wahnsinn, der mich von der Höhe meiner guten Grundsätze zu dem Elend herabstürzen sollte, in dem ich mich jetzt befinde, diese Gelegenheit; denn da ich mehr, als es einer sittsamen Jungfrau erlaubt sein mag, die Anmut und Klugheit Marco Antonios beobachtet hatte und das Auge nur auf seine treffliche Abkunft und auf die Fülle der Besitztümer seines Vaters richtete, die man Glücksgüter nennt, so schien mir, daß ich, wenn ich ihn zum Gatten erhielte, jede Glückseligkeit erlangen müßte, nach der meine Wünsche nur greifen konnten. Mit solchen Gedanken im Herzen begann ich, ihn aufmerksamer zu betrachten; und das war ohne Zweifel der größte Mangel an Aufmerksamkeit für mich selber, denn er merkte, daß ich ihn beobachtete. Und keinen andern Schlüssel suchte und brauchte der Verräter, um das Geheimnis meines Busens zu erforschen und mir das beste Kleinod meines Lebens zu rauben. Aber ich weiß nicht, warum ich Euch, mein Herr, Punkt für Punkt die einzelnen kleinen Schritte meiner Liebesgeschichte erzählen soll, denn sie spielen für das Ergebnis eine geringe Rolle. Es genüge, wenn ich Euch gleich sage, daß er mich durch häufige und beharrliche Bemühungen überlistete. Er gab mir sein feierliches Wort und Versprechen unter wie mir schien feierlichen, bindenden und christlichen Schwüren, mein Gatte zu werden, und so brachte er mich dahin, daß ich alles mit mir tun ließ, was er wollte. Indessen genügten mir seine Schwüre und Worte keineswegs, und um sie nicht vom nächsten Winde verwehen zu lassen, verlangte ich, daß er mir sein Versprechen in einer Urkunde gab. Er händigte sie mir ein; sie war mit seiner Namensunterschrift versehen und so ausführlich und bindend abgefaßt, daß ich mich damit zufriedengab. Als ich die Schrift erhalten hatte, traf ich die nötigen Vorkehrungen, ihn eines Nachts aus seinem Zimmer in meines herüberkommen zu lassen. Er sollte über eine Gartenmauer zu mir steigen und ohne Besorgnis die Frucht pflücken, die für ihn allein aufgehoben war. Die Nacht, die ich so sehr ersehnt hatte, kam heran . . .«

Bis hierher hatte Teodoro schweigend zugehört, und seine Seele hing an den Worten Leocadias, die ihm mit jedem einzelnen einen Stich durchs Herz gab, besonders als er den Namen Marco Antonios nennen hörte; zugleich betrachtete er die ungemeine Schönheit Leocadias, und er erwog die großen Vorzüge, mit denen sie begabt war, sowie ihren seltenen Verstand, den man schon aus der Art entnehmen konnte, wie sie ihre Geschichte erzählte. Als sie aber die Worte sprach: »Die Nacht, die ich so sehr ersehnt hatte, kam heran«, da verlor er plötzlich die Geduld, konnte sich nicht mehr halten und fiel ihr mit den Worten in die Rede: »Nun, und was tat er, als diese glückselige Nacht erschien? Kam er etwa? Habt Ihr Euch seiner erfreut? Bekräftigte er von neuem sein Versprechen? Begnügte er sich damit, daß er von Euch die Erklärung erlangte, Ihr wäret die Seine? Erfuhr Euer Vater davon? Oder welches Ende folgte einem so klugen, sittsamen Anfang?« »Das Ende war, daß ich in die Lage kam, in der Ihr mich seht; denn ich genoß ihn nicht, noch er mich, weil er sich zu der verabredeten Zusammenkunft nicht einfand.«

Bei diesen Worten atmete Teodosia wieder auf, und ihre Lebensgeister, die, gereizt und gepeinigt von der Eifersucht, sie schon allmählich verlassen wollten, kehrten zurück; denn diese wütende Pest war ihr immer mehr in Mark und Knochen gedrungen und hatte sich schließlich vollends ihrer Geduld bemächtigt. Indes war sie doch noch nicht so frei von dieser Qual, daß sie nicht mit Besorgnis zugehört hätte, als Leocadia weitererzählte. »Er kam nicht nur nicht«, fuhr diese fort, »sondern acht Tage später erfuhr ich obendrein als ganz sicher, daß er seine Heimat verlassen und ein Mädchen seines Ortes, die Tochter eines vornehmen Ritters, namens Teodosia, ein Mädchen von außerordentlicher Schönheit und seltenem Verstande, aus ihrem elterlichen Hause entführt hatte. Da sie so edlen Eltern angehörte, erfuhr man in meinem Orte von dem Raub, das Gerücht kam auch mir zu Ohren, und zugleich durchbohrte mir der furchtbare entseelende Pfeil der Eifersucht das Herz und entflammte meine Seele mit solcher Glut, daß meine Ehre zu Asche verbrannte, mein guter Ruf sich verzehrte, meine Geduld verdorrte und meine Klugheit zu Ende ging. Ach, ich Unglückliche, wie bald stellte meine Phantasie mir Teodosia schöner vor als die Sonne, klüger als die Klugheit selber, und vor allem als die vom Glück Begünstigte, während ich unglücklich bleiben sollte. Ich las die Verschreibung sogleich noch einmal durch und fand sie bündig, gültig und vollkommen rechtskräftig. Doch wiewohl meine Hoffnung zu ihr wie zu einem Heiligtum flüchtete, so sank sie doch zu Boden, wenn ich an die gefährliche Gesellschaft dachte, in der Marco Antonio sich befand. Ich mißhandelte mein Gesicht, raufte mir das Haar und verwünschte mein Schicksal. Am schmerzlichsten aber war mir, daß ich wegen der unvermeidlichen Gegenwart meines Vaters meinem Schmerze nicht zu jeder Stunde dieses Opfer bringen konnte. Um mich ganz meinen Klagen hingeben oder mein Leben enden zu können (denn das ist der wahrscheinlichste Ausgang), entschloß ich mich schließlich, mein väterliches Haus zu verlassen; und da, sooft man ein böses Vorhaben ausführt, der Zufall selber alle Hindernisse zu ebnen und aus dem Wege zu räumen scheint, so entwendete ich ohne alle Scheu einem Edelknaben meines Vaters seine Kleider und meinem Vater selbst eine bedeutende Summe Geldes, verließ eines Abends unter dem schwarzen Mantel der Nacht das Haus, wanderte einige Meilen zu Fuß und kam in eine Stadt namens Osuña, wo ich mich auf einen Wagen setzte und zwei Tage darauf in Sevilla ankam. Dies war der sicherste Hafen, den ich anlaufen konnte, um nicht mehr gefunden zu werden, so sehr man mich auch suchen mochte. Dort kaufte ich andre Kleider und ein Maultier und reiste mit einigen Edelleuten, die eilig nach Barcelona gingen, ab, um nicht die Gelegenheit zu versäumen und mit den Galeeren, die dort liegen, nach Italien zu kommen. So reiste ich bis gestern, und da begegnete mir, wie Ihr bereits wißt, das Unglück mit den Räubern, die mir nahmen, was ich bei mir hatte, und mir unter anderm das Kleinod entrissen, das mein einziges Heil war und die Last meiner Mühsal bisher erleichtert hatte, nämlich Marco Antonios Verschreibung. Ich gedachte mit diesem Papier nach Italien zu gehn, Marco Antonio aufzusuchen und ihm seine eignen Worte als Beweis seiner Treulosigkeit und als Pfand meiner unerschütterlichen Festigkeit vor Augen zu legen und ihn zu zwingen, daß er sein Versprechen erfülle. Zugleich aber sagte ich mir doch, daß ein Mann, der Verbindlichkeiten, die in die Seele eingegraben sein müssen, nicht achtet, auch mit Leichtigkeit Worte leugnen wird, wenn sie auf dem Papiere stehn. Und wird er die unglückliche Leocadia, wenn er die unvergleichliche Teodosia bei sich hat, auch nur ansehn wollen? Ich denke trotz alledem zu sterben oder mich den beiden zu zeigen, damit mein Anblick ihre Ruhe störe. Diese Feindin meines Seelenfriedens soll nicht glauben, um so geringen Preis dessen froh zu werden, was nach dem Rechte mir gehört! Ich will sie suchen, ich will sie finden und ihr das Leben rauben, wenn ich kann.« »Aber«, fragte Teodoro, »welche Schuld trägt denn Teodosia, die vielleicht ebenso von Marco Antonio betrogen wurde, wie Ihr, Fräulein Leocadia?« »Wie ist das möglich«, sagte Leocadia, »wenn er sie entführt hat? Und wenn die beieinander sind, die sich lieben, welcher Betrug kann da walten? Gewiß keiner. Sie sind zufrieden, denn sie sind vereinigt, ob sie sich nun, wie man sagt, in den fernen brennenden Wüsten Libyens oder in den Steppen und Einöden des starren Skythiens befinden. Sie genießt ihn, wo immer es sei, und sie allein soll mir alles entgelten, was ich noch leiden muß, bis ich sie gefunden habe.« »Ihr könntet Euch aber doch wohl täuschen«, versetzte Teodosia; »denn ich kenne diese, die Ihr Eure Feindin nennt, sehr gut, und weiß, ihr Charakter und ihre Sittsamkeit stehn so hoch, daß sie es niemals wagen würde, das Haus ihrer Eltern zu verlassen und Marco Antonios Neigung entgegenzukommen. Und wenn sie es wirklich getan hätte, so hätte sie Euch doch nicht im geringsten beschimpft, da sie Euch nicht kannte und nichts von Eurem Verhältnis zu ihm wußte; wo aber kein Schimpf ist, da paßt auch keine Rache.« »Von Sittsamkeit«, sprach Leocadia, »dürft Ihr nicht reden! Ich war gewiß so ehrbar und sittsam, wie ein Mädchen nur sein kann, und dennoch bin ich so weit gegangen, wie Ihr eben gehört habt. Daß er sie entführt hat, unterliegt keinem Zweifel; daß sie mich nicht beleidigt hat, gebe ich zu, wenn ich es ohne Leidenschaft betrachte; allein der Schmerz der Eifersucht, den ich empfinde, zeigt sie mir in meinem Gedächtnis als ein Schwert, das mein Herz durchbohrt, und es ist kein Wunder, wenn ich ein solches Werkzeug meiner Qual herauszureißen und zu zertrümmern strebe. Gebietet doch schon die Klugheit, abzuschütteln, was uns schadet, und es ist natürlich, daß wir verabscheuen, was uns schmerzt und unser Wohlsein stört.« »Es sei, wie Ihr sagt, Fräulein Leocadia«, antwortete Teodosia, »denn wie ich sehe, daß die Leidenschaft, die Euch beherrscht,

Euch keine ruhigere Überlegung erlaubt, so weiß ich auch, daß Ihr jetzt nicht imstande seid, heilsamen Rat anzunehmen. Von meiner Seite kann ich Euch nochmals die Versicherung geben, daß ich Euch in allem helfen und unterstützen will, was billig ist und in meinen Kräften steht. Eben das verspreche ich Euch auch im Namen meines Bruders, dem seine Denkungsart und sein Edelmut kein andres Verhalten gestatten. Unsre Reise geht nach Italien; habt Ihr Lust, uns zu begleiten, so wißt Ihr schon ungefähr, was unsre Gesellschaft Euch bieten kann. Ich bitte Euch jedoch um die Erlaubnis, meinem Bruder sagen zu dürfen, was ich von Euren Schicksalen weiß, damit er Euch mit der schuldigen Höflichkeit und Achtung begegne und sich für verpflichtet halte, sich Eurer, wie billig, anzunehmen. Ferner bin ich der Meinung, daß Ihr Eure Verkleidung nicht aufgebet, und wenn sich in diesem Orte Gelegenheit findet, so will ich morgen den besten und schicklichsten Anzug für Euch kaufen, der sich auftreiben läßt. Eure andern Sorgen überlaßt der Zeit, die es am besten versteht, selbst für die verzweifeltsten Fälle ein Heilmittel zu finden und zu geben.«

Leocadia dankte Teodosia, in der sie immer noch einen Teodoro sah, für die vielen Dienste, die sie ihr anbot, und gab ihr die Erlaubnis, ihrem Bruder zu sagen, was sie wollte; zugleich bat sie, sie nicht zu verlassen, denn sie sehe wohl ein, wie viele Gefahren sie erwarteten, wenn man erkenne, daß sie ein Mädchen sei. Damit trennten sie sich und gingen zu Bett, Teodosia in das Zimmer ihres Bruders und Leocadia in ein andres, das daran stieß. Don Rafael war noch nicht eingeschlafen, da er seine Schwester erwartete, um zu erfahren, was sie mit dem verhandelt hatte, den sie für ein Mädchen hielt. Er fragte gleich, als sie eintrat, und noch ehe sie sich zu Bett gelegt hatte, nach dem Jüngling. Teodosia berichtete ihm nun Punkt für Punkt, was Leocadia ihr erzählt hatte, von ihren Eltern, ihrer Liebe, ihrer Schilderung Marco Antonios und ihrem Plan. Don Rafael wunderte sich und sagte zu seiner Schwester: »Wenn sie die ist, für die sie sich ausgibt, so kann ich dir sagen, Schwester, daß sie aus einem der vornehmsten Häuser ihrer Heimat stammt und eins der edelsten Mädchen in ganz Andalusien ist. Unser Vater kennt auch den ihrigen gut. Der Ruf ihrer Schönheit entspricht dem Glanze ihres Gesichts. Notwendig aber scheint es mir, mit Vorsicht zu Werke zu gehn und dafür zu sorgen, daß sie nicht vor uns mit Marco Antonio spricht; denn ich bin wegen der Verschreibung, die er ihr ausstellte, wie sie sagt, obgleich sie sie verloren hat, in einiger Sorge. Aber beruhige dich, meine Schwester, und lege dich zu Bette, denn ich will für alles auf Mittel und Wege sinnen.«

Teodosia tat, was ihr Bruder ihr befohlen hatte; wenigstens legte sie sich nieder: sich zu beruhigen stand nicht in ihrer Macht, denn die Wut der Eifersucht hatte von ihrem Herzen Besitz ergriffen. O, wieviel herrlicher erschien ihrer Phantasie Leocadias Schönheit, und wieviel schmählicher Marco Antonios Verrat, als es der Wirklichkeit entsprach! Wie oft las sie die Verschreibung, die er ihr gegeben hatte, oder glaubte sie vielmehr zu lesen! Wie viele Worte und Ausdrücke dachte sie sich noch hinzu, die dieses Papier bindend und unumstößlich machten! Wie oft glaubte sie, Leocadia habe es gar nicht verloren, und wie oft bildete sie sich ein, Marco Antonio werde auch ohnehin nicht unterlassen, sein Versprechen zu erfüllen, und sich nie dessen erinnern, was er ihr schuldig war! Unter diesen Betrachtungen verging der größte Teil der Nacht, ohne daß sie zu schlafen vermochte. Doch auch Don Rafael, ihr Bruder, fand keine Ruhe. Kaum hatte er gehört, wer Leocadia sei, so erglühte sein Herz in Liebe zu ihr, als hätte er sie schon in langem Verkehr umworben. Denn die Schönheit hat solche Macht, daß sie in einem einzigen Augenblick die Wünsche dessen an sich fesselt, der sie erblickt und erkennt, und wenn sich irgendein Weg zeigt oder erraten läßt, auf dem man sie erreichen und zu ihrem Genuß gelangen kann, so entflammt sie mit ungeheurer Heftigkeit die Seele dessen, der sie betrachtet, genauso und ebenso leicht, wie sich das trockene feine Schießpulver durch den kleinsten Funken entzündet, der ihm nahe kommt. Sie stand vor seiner Phantasie nicht an den Baum gebunden, noch in zerrissenen Mannskleidern, sondern in ihrem rechten weiblichen Schmuck und im Hause ihrer reichen Eltern da, als ein Mädchen aus vornehmem und reichem Geschlecht. Er nahm keinen Anstoß und wollte ihn nicht nehmen an dem Gedanken, auf welche Weise er sie kennen gelernt hatte. Er wünschte sehnlichst, daß es Tag würde, damit er seine Reise fortsetzen und Marco Antonio aufsuchen könnte, nicht sowohl, um ihn zu seinem Schwager zu machen, wie um seine Vermählung mit Leocadia zu hintertreiben. Liebe und Eifersucht beherrschten ihn so sehr, daß er ganz zufrieden gewesen wäre, die Bemühungen seiner Schwester, in denen er sie unterstützen wollte, vereitelt und Marco Antonio leblos vor sich zu sehen, wenn er dafür die gewisse Hoffnung auf Leocadias Besitz gewonnen hätte. Diese Hoffnung verhieß ihm bereits die glückliche Erfüllung seines Wunsches, entweder auf dem Wege der Gewalt oder, da Zeit und Verhältnisse ihm zu beidem Gelegenheit boten, auf dem Wege des Dienstes und der Gefälligkeiten. Indem er sich selber solche Versprechungen machte, beruhigte er sich einigermaßen.

Bald darauf erschien der Tag, und sie verließen das Bett. Don Rafael rief den Wirt und fragte ihn, ob man hier im Ort Gelegenheit habe, Kleidung für einen Edelknaben zu kaufen, den die Buschklepper ausgezogen hätten. Der Wirt sagte, er habe gerade ein sehr anständiges Kleid zu verkaufen. Er holte es herbei, und es stand Leocadia gut. Don Rafael bezahlte es, das Mädchen zog es gleich an und schnallte sich mit so viel Anstand und Würde einen Degen und einen Dolch um, daß sie in dieser Tracht Don Rafaels Sinne vollends gefangen nahm und Teodosias Eifersucht verdoppelte.

Calvete sattelte, und um acht Uhr morgens ritten sie nach

Barcelona ab, ohne für diesmal das berühmte Kloster Monserrat sehen zu wollen; sie sparten diesen Besuch auf, bis sie mit Gottes Hilfe in größter Ruhe den Rückweg zur Heimat einschlagen würden. Es dürfte nicht leicht sein, hier würdig die Gedanken zu schildern, die die beiden Geschwister bewegten, und darzustellen, in wie verschiedener Gemütsstimmung sie Leocadia betrachteten, da Teodosia ihren Tod, Don Rafael ihr Leben wünschte, beide erfüllt von Eifersucht und Leidenschaft. Teodosia suchte Fehler an ihr zu finden, um ihre Hoffnung nicht ganz untergehn zu lassen; Rafael fand dagegen neue Vollkommenheiten, die ihn zwangen, sie von Augenblick zu Augenblick mehr zu lieben. Trotz allem aber unterließen sie nicht, ihre Reise so sehr wie möglich zu beschleunigen, so daß sie noch kurz vor Sonnenuntergang nach Barcelona gelangten.

Sie bewunderten die schöne Lage der Stadt, die ihnen als die Blüte aller schönen Städte der Welt erschien, als die Ehre Spaniens, der Schrecken und die Furcht der nahen und fernen Feinde, als die Lust und das Vergnügen ihrer Bewohner, der Zufluchtsort der Fremden, die Schule der Ritterschaft und als der Inbegriff dessen, was vernünftige und gebildete Menschen von einer großen, berühmten, reichen und wohl gelegenen Stadt nur immer verlangen könnten. Gleich beim Einzug hörten sie ein Getöse, und sie sahen einen dichten Volkshaufen in heftiger Bewegung zusammenlaufen. Als sie nach der Ursache des Lärms und der Aufregung fragten, erhielten sie zur Antwort, die Galeerensklaven auf der Reede hätten sich empört und gegen die Einwohner der Stadt aufgelehnt. Als Don Rafael das hörte, wollte er hingehn, um zu sehn, was dort vor sich ginge, und zwar, obgleich Calvete ihn mahnte, es zu unterlassen. Es sei, meinte er, nicht klug, sich einer offenbaren Gefahr auszusetzen; er wisse nur zu gut, wie schlecht es den Leuten ergehe, die sich in derlei Händel mischten, die zudem in dieser Stadt öfter vorkämen, wenn Galeeren einliefen. Der gute Rat Calvetes aber vermochte Don Rafael von seinem Vorsatz nicht abzubringen, und so folgten sie ihm alle. Als sie an das Ufer kamen, sahen sie viele entblößte Schwerter und viele Menschen, die einander unbarmherzig zerfleischten. Demungeachtet ritten sie, ohne abzusteigen, so nahe hinzu, daß sie in der sinkenden Sonne die Gesichter der Kämpfenden deutlich sehen konnten. Zahllose Leute kamen aus der Stadt herzugelaufen, und viele gingen auch von den Galeeren ans Land, obgleich der Befehlshaber, ein valencianischer Ritter, Don Pedro Vique, vom Hinterteil der Hauptgaleere aus allen denen drohte, die sich in den Booten eingeschifft hatten, um ihren Gefährten zu Hilfe zu kommen. Als er aber sah, daß kein Rufen und keine Drohung von Erfolg war, ließ er die Vorderteile der Galeeren nach der Stadt richten und einen blinden Schuß abfeuern, zum Zeichen, daß ein scharfer folgen würde, wenn man den Kampf nicht unterließ.

Don Rafael sah dem grausamen und verworrenen Kampfe aufmerksam zu, und er bemerkte, daß sich unter denen, die zu der Partei der Galeeren gehörten, ein Jüngling von etwa zweiundzwanzig Jahren oder etwas mehr vor allen auszeichnete; er war grün gekleidet und trug einen Hut von derselben Farbe, der mit einer reichen und, wie es schien, diamantenbesetzen Schnur geschmückt war. Die Gewandtheit, mit der der junge Mann sich schlug, und die Pracht seiner Kleidung zogen die Blicke aller Zuschauer des Kampfes auf sich, und daher bemerkten ihn auch Teodosia und Leocadia, die in einem und demselben Augenblick ausriefen: »Bei Gott, ich habe entweder keine Augen, oder der dort im grünen Kleide ist Marco Antonio.« Mit diesen Worten sprangen sie schnell von den Maultieren, griffen nach ihren Schwertern und Dolchen, stürzten sich unerschrocken mitten in das Gedränge und stellten sich, die eine rechts, die andre links, Marco Antonio zur Seite; denn das war der Jüngling im grünen Kleide, von dem soeben die Rede war. »Fürchtet nichts, Marco Antonio«, sprach Leocadia, als sie zu ihm trat, »denn

Ihr habt jemanden zur Seite, der Euer Leben mit seinem eigenen wie mit einem Schilde beschirmen wird.« »Wer zweifelt daran«, versetzte Teodosia, »da *ich* hier bin?«

Als Don Rafael sah und hörte, was vorging, folgte er ihnen gleichfalls und stellte sich neben sie. Marco Antonio, der ganz in Angriff und Verteidigung aufging, achtete nicht auf die Worte der beiden Mädchen, sondern verrichtete, von Kampflust erhitzt, Taten, die unglaublich schienen. Doch da die Anzahl der Bürger mit jedem Augenblicke wuchs, so mußten sich die von den Galeeren zurückziehn, bis sie im Wasser standen. Marco Antonio trat nur höchst ungern den Rückzug an, und ebenso die beiden Heldinnen zu seinen Seiten, die neuen Bradamante und Marfisa oder Hippolyta und Penthesilea. In diesem Augenblick erschien ein katalonicher Ritter aus dem berühmten Geschlecht der Cárdenas auf einem kräftigen Pferde, ritt zwischen die beiden kämpfenden Parteien und trieb das Volk aus der Stadt zurück, denn es kannte ihn wohl und sah voll Ehrfurcht zu ihm auf. Indessen schleuderten einige aus der Ferne Steine auf die, die sich dem Meere näherten, und wie es das Schicksal wollte, traf einer Marco Antonio mit solcher Heftigkeit auf die Schläfe, daß er in die Wellen stürzte, die ihm schon bis an die Knie gingen. Leocadia sah ihn kaum sinken, als sie ihn umschlang und in den Armen auffing, und das gleiche tat Teodosia. Don Rafael stand in einiger Ferne und suchte sich vor dem unaufhörlichen Steinregen zu schützen, der auf ihn niederfiel; trotzdem aber wollte er gerade hineilen, um seine Herzensgeliebte, seine Schwester und seinen Schwager zu retten, als der katalonische Ritter vor ihn hinsprengte und ihm zurief: »Verhaltet Euch ruhig, mein Herr, bei allen Pflichten eines guten Soldaten! Tut mir den Gefallen, Euch mir zur Seite zu stellen, denn ich will Euch aus der ungestümen Wut dieses tollen Volkshaufens retten.« »Ach, mein Herr«, erwiderte Don Rafael, »laßt mich fort, denn ich sehe hier Menschen in Gefahr, die mir das Teuerste sind, was ich in diesem Leben besitze.« Der Ritter ließ ihn gehn, er kam aber nicht schnell genug zur Stelle, um sie noch alle anzutreffen. Denn Marco Antonio und Leocadia, die ihn nicht aus den Armen ließ, waren bereits in das Boot der Hauptgaleere gehoben worden; Teodosia dagegen, die sich mit ihnen einschiffen wollte (war sie schon sehr ermüdet oder war der Schmerz über den Anblick des verwundeten Marco Antonio schuld oder gar die Gewißheit, daß er mit ihrer größten Feindin das Land verließ), hatte nicht die Kraft, das Boot zu besteigen, und sie wäre sicher ohnmächtig ins Wasser gesunken, wenn ihr nicht ihr Bruder zur rechten Zeit Beistand geleistet hätte. Ihn aber schmerzte es nicht weniger als seine Schwester, Leocadia mit Marco Antonio von dannen fahren zu sehn, denn auch er hatte Marco Antonio erkannt. Der katalonische Ritter, den Don Rafaels und seiner Schwester (die er für einen Mann hielt) liebliche Erscheinung anzog, rief sie vom Ufer zurück und bat sie, mit ihm zu gehn. Da nun die Not sie zwang und sie fürchteten, das noch nicht beruhigte Volk werde ihnen einen Schimpf zufügen, so mußten sie sein Anerbieten wohl annehmen. Der Ritter stieg ab, nahm sie an seine Seite, zog das Schwert und ging mit ihnen mitten durch die aufrührerische Menge, die er mit Erfolg bat, sich zurückzuziehn. Don Rafael sah sich nach allen Seiten um, ob er nicht Calvete mit den Maultieren erblickte, allein er fand ihn nicht; denn sobald seine Herrschaft abgestiegen war, hatte er sich, um die Tiere zu retten, nach einem Wirtshaus begeben, in dem er auch sonst einzukehren pflegte.

Als der Ritter in seinem Hause, einem der vornehmsten der Stadt, ankam, fragte er Don Rafael, mit welcher Galeere er angekommen sei. Dieser versetzte, mit keiner, sondern er sei gerade in der Stadt eingetroffen, als der Streit begonnen habe, und da er den Ritter kenne, der, von einem Steinwurf verwundet, in dem Boot davongeführt worden sei, so habe er sich in diese Gefahr begeben, und er bitte zu veranlassen, daß man den Verwundeten ans Land bringe, weil sein Glück und sein Leben davon abhänge. »Das will ich gern tun«, sagte der Ritter, »und ich weiß, der Befehlshaber, der ein vornehmer Ritter ist und obendrein mein Vetter, wird mir ihn sicher ausliefern lassen.«

Ohne weiteren Verzug kehrte er nun auf die Galeere zurück, wo Marco Antonio gerade verbunden wurde; die Wunde war, weil die linke Schläfe getroffen war, gefährlich, so daß sie dem Wundarzt bedenklich schien. Er setzte es bei dem Befehlshaber durch, daß der Verwundete ihm überlassen wurde, damit er ihn am Lande pflege. Man brachte ihn sehr behutsam in das Boot, in das mit ihm auch Leocadia einstieg; sie wollte ihn nicht verlassen, sondern folgte ihm wie dem Leitstern ihrer Hoffnung. Als sie ans Land kamen, ließ der Ritter aus seinem Hause einen Tragsessel holen, um ihn fortzubringen. Unterdessen hatte Don Rafael Calvete aufsuchen lassen, der in dem Wirtshause in großen Sorgen war, da er nicht wußte, welches Schicksal seine Herrschaft betroffen hatte. Als er nun hörte, daß alle sich wohl befanden, freute er sich ungemein und kam zu Don Rafael.

Mittlerweile war der Herr des Hauses mit Marco Antonio und Leocadia eingetroffen, und er wies allen mit großer Freundlichkeit und Dienstbereitschaft in seinem Hause Wohnung an. Er befahl sogleich, einen berühmten Wundarzt der Stadt zu rufen, um Marco Antonio von neuem zu verbinden. Der Arzt kam, wollte ihn aber erst am folgenden Tage wieder verbinden, denn er sagte, die Wundärzte der Kriegsheere und Flotten seien stets sehr erfahrene Leute, weil ihnen alle Tage viele Verwundete unter die Hände kämen; daher finde er es nicht angemessen, den Verband schon heute zu wechseln. Er verordnete weiter nichts, als daß man den Kranken in ein wohlverwahrtes Zimmer bringe und ihn dort seiner Ruhe überlasse. In demselben Augenblick kam auch der Wundarzt der Galeeren und sprach mit seinem Amtsgenossen aus der Stadt über die Art der Verwundung, sagte ihm, was er angewandt hatte, und beriet sich mit ihm über den Verwundeten, der nach seiner Meinung in Lebensgefahr schwebte. Die Unterredung genügte, um den Wundarzt aus der Stadt zu überzeugen, daß der Kranke ganz richtig behandelt worden war, und er erklärte nach dem Bericht, den er empfangen hatte, Marco Antonios Zustand gleichfalls für höchst bedenklich.

Leocadia und Teodosia hörten diese Nachricht mit denselben Gefühlen, mit denen sie ihr Todesurteil angehört hätten, unterdrückten aber ihren Schmerz, um sich nicht zu verraten, und schwiegen. Leocadia aber beschloß, so zu handeln, wie es ihr zum Schutz ihrer Ehre am besten schien. Dazu wählte sie folgenden Weg. Als die Wundärzte sich entfernt hatten, trat sie in Gegenwart des Hausherrn, Don Rafaels, Teodosias und andrer Leute in das Gemach Marco Antonios, näherte sich dem Bett des Verwundeten, ergriff seine Hand und sprach: »Es ist jetzt nicht die Zeit, Herr Marco Antonio Adorno, in der es möglich oder schicklich wäre, viele Reden mit Euch zu wechseln. Daher wünsche ich nur, Ihr möchtet einige notwendige Worte von mir anhören, da, was ich Euch sagen will, das Wohl Eures Körpers wie das Heil Eurer Seele angeht. Allein ehe ich zu Euch spreche, müßt Ihr mir die Erlaubnis geben und mir sagen, ob Ihr imstande seid, meine Worte anzuhören; denn ich möchte Euch in diesem Augenblick, den ich für Euren letzten halte, keinen Kummer machen, zumal ich seit der Stunde, da ich Euch kennen lernte, immer strebte, nur das zu tun, was Euch angenehm sein könnte.« Bei diesen Worten schlug Marco Antonio die Augen auf, heftete sie aufmerksam auf Leocadia, und da er sie fast erkannte, mehr an dem Ton ihrer Stimme als am Gesicht, sagte er mit schwacher Stimme: »Redet, mein Herr, was Euch beliebt; denn ich bin meinem Ende noch nicht so nahe, daß ich Euch nicht verstehn könnte, noch auch ist mir diese Stimme so unangenehm, daß es mir lästig wäre, sie zu hören.«

Diesem ganzen Gespräch hörte Teodosia aufmerksam zu, und jedes Wort, das Leocadia sagte, war ein scharfer Pfeil, der ihr durch das Herz und Don Rafael, der ebenfalls zuhörte, durch die Seele ging. Leocadia aber fuhr also fort: »Wenn der Schlag auf Euer Haupt, Herr Marco Antonio, oder richtiger der Schlag, der auf mein Herz geführt wurde, nicht das Bild derjenigen aus Eurem Gedächtnis verdrängt hat, die Ihr noch vor kurzem Eure Wonne und Euren Himmel nanntet, so müßt Ihr Euch wohl entsinnen, wer Leocadia war und welches Versprechen Ihr ihr gegeben habt, unterschrieben in einer Urkunde von Eurer Hand und mit Euren Zügen. Ihr werdet auch den Adel ihrer Eltern, die Unbescholtenheit ihres eignen Rufs und ihrer Sitten und die Verbindlichkeit nicht vergessen haben, die Euch an sie fesselt, weil sie stets in allen Euren Wünschen Eurem Wohlgefallen nachkam. Habt Ihr das nicht vergessen, so werdet Ihr auch leicht, wenn ihr mich in dieser so veränderten Tracht erblickt, in mir Leocadia erkennen, die sich, sobald sie erfuhr, daß Ihr Eure Heimat verlassen hattet, aus Furcht, durch neue Verhältnisse und Begebenheiten dessen beraubt zu werden, was ihr mit Recht gehört, über zahllose Schwierigkeiten hinwegsetzte und beschloß, Euch in dieser Verkleidung zu folgen und Euch in allen Teilen der Welt zu suchen, bis sie Euch fände. Auch dürft Ihr Euch darüber nicht wundern, wenn anders Ihr je geahnt habt, wie weit die Macht aufrichtiger Liebe und die Raserei eines betrogenen Weibes geht. Ich habe während dieser meiner Suche einige Mühsal durchgemacht; ich sehe sie aber als die süßeste Ruhe an, weil es mir gelungen ist, Euch zu sehn. Obgleich Ihr nun in dem Zustande seid, in dem ich Euch jetzt finde, so halte ich mich, sollte es Gott gefallen, Euch von diesem Leben in ein besseres abzurufen, für mehr als glücklich, wenn Ihr vor Eurem Scheiden das tut, was Ihr Euch selbst schuldig seid, und ich verspreche Euch heilig und teuer, nach Eurem Tode ein solches Leben zu führen, daß ich Euch in kurzer Zeit auf dieser letzten und unvermeidlichen Reise folgen werde. Daher bitte ich Euch zuerst um des Gottes willen, auf den meine Wünsche und Bestrebungen gerichtet sind, und dann um Euretwillen, da Ihr Euch selbst so viel schuldig seid, und zuletzt um meinetwillen, denn Ihr seid mir mehr schuldig als irgend jemandem in der Welt, mich sogleich als Eure rechtmäßige Gattin anzuerkennen, ohne zu warten, bis die Gerechtigkeit das erwirkt, wozu Euch mit so viel zwingenden Gründen die Vernunft bestimmen sollte.«

Leocadia sprach nicht weiter, und alle, die im Saale gegenwärtig waren, bewahrten, während sie sprach, ein wunderbares Schweigen, und mit demselben Schweigen erwarteten sie die Antwort Marco Antonios, die also lautete: »Ich kann es nicht leugnen, Fräulein, daß ich Euch kenne, denn Eure Stimme und Euer Gesicht gestatten mir es nicht. Ebensowenig kann ich leugnen, wieviel ich Euch schuldig bin, noch auch den Adel Eurer Eltern und Eure unvergleichliche Sittsamkeit und Tugend. Auch schätze ich Euch jetzt oder in Zukunft nicht geringer, weil Ihr den Schritt getan habt, mir in einer Tracht zu folgen, die von der Euch gebührenden so verschieden ist, sondern ich muß und werde Euch dafür im höchsten Grade achten. Da aber, wie Ihr sagt, mein Unstern mich so weit geführt hat, daß ich diesen Augenblick für den letzten meines Lebens halten muß, und da solche entscheidenden Augenblicke die Wahrheit genau durchleuchten, so will ich Euch die Wahrheit sagen, und wenn sie Euch jetzt keine Freude macht, so könnte sie Euch doch einmal von Nutzen sein. Ich gestehe, schöne Leocadia, daß ich Euch geliebt habe, so wie Ihr mich auch liebtet, aber zu gleicher Zeit bekenne ich auch, daß ich Euch die gegebene Verschreibung mehr in der Absicht gab, Eure Wünsche zu erfüllen als meine; denn schon ehe ich sie unterschrieb, viele Tage früher, hatte ich Herz und Treue einem andern Mädchen in meinem Geburtsort gewidmet, das Ihr wohl kennt. Es ist Teodosia, die Tochter ebenso edler Eltern wie Eurer. Gab ich Euch eine von meiner Hand unterschriebene Versicherung, so gab ich ihr die Hand selbst, und zwar bekräftigt und beglaubigt von solchen Taten und Zeugen, daß es mir unmöglich ist, irgend jemand anderem auf der Welt meine Freiheit zu opfern. Meine Liebschaft mit Euch war ein Verhältnis zum Zeitvertreib, ohne daß ich sonst etwas dadurch erreichte als die Blüten, die Ihr kennt, was Euch auf keine Weise zum Nachteil gereicht hat oder je gereichen wird. Von Teodosia aber erhielt ich die Frucht, die sie geben konnte, und zwar unter der heiligen Zusage, ihr Gemahl zu werden, wie ich es wirklich bin. Und wenn ich sie und Euch zu gleicher Zeit verließ, Euch getäuscht und in banger Ungewißheit, sie von Besorgnissen erfüllt und ihrer Meinung nach entehrt, so geschah es aus Unbesonnenheit und in jenem jugendlichen Leichtsinn, der mich jungen Menschen das alles als unbedeutende Dinge ansehn ließ, die ich mir ohne viel Bedenken erlauben dürfte. Dazu kam ein andrer Gedanke, der in mir aufstieg und der mich sogleich zur Ausführung trieb, der Gedanke, nach Italien zu gehn, um dort ein paar meiner Jugendjahre zuzubringen und dann nach meiner Rückkehr zu sehn, was Gott aus Euch und meiner rechtmäßigen Gemahlin machen würde. Doch ich glaube sicher, es ist eine Fügung des erbarmenden Himmels, daß ich in die Lage kam, in der Ihr mich seht, damit ich durch das Geständnis dieser Wahrheiten, die mit meinen vielfachen Verirrungen zusammenhängen, meiner Pflicht noch in diesem Leben genüge und Ihr, enttäuscht, die Freiheit erlanget, über Euch zu verfügen. Sollte je einmal Teodosia etwas von meinem Tode erfahren, so wird sie von Euch und denen, die hier gegenwärtig sind, hören, daß ich ihr im Tode das Versprechen erfüllte, das ich ihr im Leben gab. Kann ich Euch, Fräulein Leocadia, in der kurzen Zeit, die mir noch zu leben gestattet ist, in irgend etwas dienen, so sagt es mir, und ich werde für Euch, mit Ausnahme des einen, was ich nicht tun kann, daß ich Euch nämlich als meine Gattin anerkenne, nichts unterlassen, was Euch angenehm sein kann und was ich zu tun vermag.«

Während Marco Antonio also sprach, hatte er sein Haupt auf den Ellbogen gestützt; kaum aber hatte er geendet, so ließ er den Arm sinken, und deutliche Zeichen verrieten, daß er in Ohnmacht gesunken war. Sogleich trat Don Rafael an das Bett, umarmte ihn innig und sprach: »Kommt zu Euch, lieber Herr, und umarmt Euren Freund, der jetzt Euer Bruder ist, weil Ihr es so wollt. Erkennet in mir Don Rafael, Euren Kameraden, den wahrhaften Zeugen Eures guten Willens und der Gnade, die Ihr seiner Schwester erweisen wollt, indem Ihr sie als die Eure anerkennt.«

Marco Antonio kam wieder zu sich, erkannte Don Rafael, umarmte ihn innig, küßte ihn auf die Wange und sprach: »Bruder und Freund, die Freude, die mir Euer Anblick macht, wird durch einen großen Kummer beeinträchtigt: Heißt es doch, der Freude folge das Leid. Aber was immer mich treffe, es ist wohl geschehn, weil mir dadurch die Freude des Wiedersehns mit Euch zuteil geworden ist.« »Ich aber will Eure Freude noch vollkommener machen«, versetzte Don Rafael, »indem ich Euch dieses Kleinod zuführe, Eure geliebte Gattin.«

Er suchte Teodosia und sah sie weinend hinter den andern stehn. Erstaunt und betroffen schwankte sie zwischen Freude und Schmerz über das, was sie sah und was sie sagen hörte. Ihr Bruder faßte sie bei der Hand, und sie ließ sich ohne Widerstand von ihm führen, wohin er wollte, nämlich zu Marco Antonio, der sie erkannte und in die Arme schloß, während beide die zärtlichsten Tränen der Liebe vergossen. Alle, die im Saale anwesend waren, staunten über diese seltsame Begebenheit; ohne ein Wort zu reden, sahen sie einander an und warteten des Ausgangs, den dies Ereignis nehmen würde. Aber die enttäuschte Leocadia, die mit eignen Augen sah, was Marco Antonio tat, entzog sich, als sie den, den sie für Don Rafaels Bruder gehalten hatte, in den Armen dessen erblickte, der ihr Gatte sein sollte, und als sie so ihre Neigungen vereitelt und ihre Hoffnungen zertrümmert sah, den Blicken der andern, die nur auf den Kranken und den Edelknaben achteten, den er in den Armen hielt. Sie verließ das Zimmer und ging auf die Straße hinab, um in ihrer Verzweiflung in die weite Welt zu entfliehn oder doch an einen Ort, wo niemand sie fände.

Doch kaum hatte sie die Straße erreicht, als Don Rafael sie vermißte und so angelegentlich nach ihr forschte, als fehle ihm seine Seele. Allein niemand wußte ihm zu sagen, wo sie geblieben war. Ohne länger zu warten, eilte er ihr also verzweifelt nach, um sie aufzusuchen, und zunächst ging er in Calvetes Quartier, das man ihm nannte, um zu erfahren, ob sie sich etwa dort ein Maultier zu ihrer Flucht geholt hätte. Als er sie aber hier nicht fand, lief er wie wahnsinnig durch die Straßen und suchte sie bald da, bald dort. Schließlich fiel ihm ein, daß sie sich nach den Galeeren gewendet haben möchte; er eilte zum Ufer hinab und hatte es noch nicht ganz erreicht, als er auch schon vom Lande aus laut nach dem Boote der Hauptgaleere rufen hörte und in der Stimme die der schönen Leocadia erkannte, die aus Furcht vor irgend einem Angriff, als sie Schritte hinter sich hörte, nach dem Degen griff und wachsam wartete, bis Don Rafael kam. Sie erkannte ihn sogleich. Es tat ihr sehr leid, daß er sie gefunden hatte, zumal an einem so einsamen Orte; denn sie hatte schon an mehr als einem Zeichen, durch das Don Rafael sich verraten hatte, erkannt, daß er ihr nicht abhold war; sie hatte vielmehr eine solche Neigung in seinen Blicken gelesen, daß sie es als ein Glück betrachtet hätte, hätte sie in gleichem Maße die Liebe Marco Antonios besessen.

Mit welchen Worten aber soll ich jetzt wiedergeben, was Don Rafael zu Leocadia sprach, als er ihr sein Herz eröffnete, und zwar mit einer Zärtlichkeit und Beharrlichkeit, die zu schildern ich nicht wagen darf! Da ich aber wenigstens einiges von all dem berichten muß, was er sagte, so mögen hier von seinen Worten die folgenden stehn: »Wenn mir, dem keinerlei Glück zuteil wurde, auch noch die Kühnheit fehlte, schöne Leocadia, Euch die Geheimnisse meines Herzens zu entdecken, so müßte ich den Wunsch der ehrbarsten Liebe, die je in einer liebenden Brust entstanden ist oder entstehen kann, in den Schoß der ewigen Vergessenheit begraben. Um aber meinem gerechten Verlangen nicht diese Unbill anzutun, komme auch was da wolle, so bitte ich Euch, mein Fräulein, bedenkt, wenn Euer ungestümer Sinn es Euch erlaubt, daß Marco Antonio mir in nichts den Rang abläuft, es sei denn darin, daß er das Glück hat, von Euch geliebt zu werden. Mein Geschlecht ist edel wie das seine, und an äußerem Gut ist er mir nicht allzu überlegen. Die Vorzüge, die mir die Natur verlieh, zu loben, steht mir wenig an, zumal wenn sie in Euren Augen nichts bedeuten. Ich sage Euch das alles, leidenschaftliches Fräulein, damit Ihr das Rettungsmittel ergreift, das Euch das Glück darbietet auf dem Gipfel Eures Unglücks. Ihr seht nun wohl, daß Marco Antonio nicht der Eure werden kann, da der Himmel ihn meiner Schwester beschieden hat; und derselbe Himmel, der Euch Marco Antonio entriß, will Euch Ersatz in mir gewähren, der ich mir kein andres Glück in diesem Leben wünsche als das, Euer Gatte zu werden. Bedenkt, jetzt klopft das Glück an die Pforte des Unglücks, das Euch heute betroffen hat! Denkt aber nicht, daß die Kühnheit, die Ihr bewieset, indem Ihr Marco Antonio suchtet, für mich ein Grund sein könnte, Euch weniger zu achten und zu schätzen, als Ihr es verdientet, wenn Ihr dies niemals getan hättet! Von dem Augenblick an, da ich den Vorsatz und Entschluß faßte, der Eure zu werden, indem ich Euch zu meiner beständigen Gebieterin erwählte, war es meine Pflicht, alles zu vergessen, und es ist schon vergessen, was ich etwa von jener Geschichte gesehen und erfahren habe; denn ich fühle wohl, dieselbe Macht, die mich ohne Rückhalt und mit verhängten Zügeln dazu trieb, Euch anzubeten und mich für den Eurigen zu erklären, dieselbe Macht hat auch Euch in den Zustand gebracht, in dem Ihr Euch jetzt befindet, und daher scheint es mir nicht nötig, mich zu entschuldigen, der ich kein Vergehen begangen habe.«

Zu allem, was Don Rafael ihr sagte, schwieg Leocadia, nur daß sie von Zeit zu Zeit heftige Seufzer ausstieß, die aus den tiefsten Tiefen ihrer Brust hervorbrachen. Don Rafael wagte es, ihre Hand zu ergreifen, und sie hatte nicht die Kraft, sie zurückzuziehn. Da sprach er zu ihr, indem er ihre Hand mit Küssen bedeckte: »Gefalle es Euch, da Ihr doch einmal die Herrin meines Herzens seid, es im Angesichte dieses gestirnten Himmels, der uns überwölbt, und dieses ruhigen Meeres, das uns hört, und dieses seebespülten Sandes, auf dem wir stehn, ganz zu sein! Sprecht das Jawort aus, denn wahrlich, Eure Ehre erfordert es ebensosehr wie mein Glück! Ich wiederhole Euch, was Ihr ja wißt: Ich bin reich und bin Kavalier, und was Euch das wichtigste sein muß, ich liebe Euch. Statt wie jetzt allein und in dieser Kleidung hier zu stehn, die Eurer Sittsamkeit gar sehr widerspricht, fern von dem Hause Eurer Eltern und Verwandten, ohne einen Menschen, der Euch nötigenfalls hilft und unterstützt, und ohne Hoffnung, Euer Ziel zu erreichen, könnt Ihr nun in der Euch angemessenen ehrenhaften und geziemenden Kleidung zurückkehren in Eure Heimat, begleitet von einem Gatten, der nicht weniger wert ist als der, den Ihr Euch zuerst zu erwählen dachtet: reich, zufrieden, geachtet, geehrt, ja gepriesen von allen, denen die Einzelheiten Eurer Geschichte zur Kenntnis kommen werden. Da sich nun alles wirklich so verhält, so weiß ich nicht, woran Ihr noch Anstand nehmt. Vollendet, ich beschwöre Euch nochmals, und erhebt mich aus der Tiefe meines Elends bis zum Himmel, Euch zu verdienen; denn Ihr handelt damit zu Eurem eignen Vorteil und erfüllt die Gesetze der Billigkeit und Vernunft, indem Ihr Euch zu gleicher Zeit dankbar und klug erzeigt.«

»Nun wohlan«, sagte endlich Leocadia, die bisher noch

unentschlossen war, »da der Himmel es so gefügt hat, und da es nicht in meiner Macht, noch in der Macht irgendeines lebenden Wesens steht, sich seinem Beschlusse zu widersetzen, so geschehe sein Wille und der Eure, mein Herr! Derselbe Himmel weiß, wie verschämt ich mich Eurem Willen füge, nicht als ob ich verkennte, wieviel ich gewinne, indem ich Euch gehorche, sondern weil ich fürchte, wenn ich Euren Wunsch erfülle, so werdet Ihr mich mit anderen Augen ansehn als bisher, da Ihr mich vielleicht mit getäuschten Blicken saht. Doch sei es, wie es wolle! Schließlich kann mir doch der Name der rechtmäßigen Gattin des Don Rafael de Villavicencio nicht verloren gehn, und schon dieser Titel wird mein Leben glücklich machen. Und ist mein Verhalten, nachdem ich die Eure geworden bin, geeignet, mir einigermaßen Eure Achtung zu erwerben, so will ich dem Himmel danken, daß er mich auf so seltenen Umwegen und durch so vielfache Leiden zu dem Glücke führte, Euch anzugehören. Gebt mir die Hand zur Verlobung, Don Rafael, und seht, hier gebe ich Euch die meine! Als Zeugen dienen uns, wie Ihr sagtet, der Himmel, das Meer, der Strand und diese Stille, die nur von meinen Seufzern und Euren Bitten unterbrochen wurden.« Während dieser Worte ließ sie es zu, daß er sie umarmte, sie gab ihm ihre Hand, und Don Rafael reichte ihr die seine, und diese seltsame nächtliche Verlobung feierten nur die Tränen, die die Freude im Gegensatz zu den bestandenen Leiden ihren Augen entlockte. Dann kehrten sie in das Haus des Ritters zurück, wo man sich wegen ihres Ausbleibens bereits Sorge machte.

In Sorge schwebten auch Marco Antonio und Teodosia, die eben durch die Hand eines Geistlichen getraut worden waren; denn auf Teodosias Zureden, die befürchtete, es möchte ein widriger Zufall ihr das Glück, das sie gefunden hatte, wieder entreißen, schickte der Ritter alsbald nach einem Priester, der sie traute. Als nun Don Rafael und Leocadia eintraten und Don Rafael erzählte, was zwischen ihm und Leocadia vorgefallen war, da steigerte sich die Freude des Ritters, als wären sie nahe Verwandte; denn es ist eine Eigenschaft, die besonders den katalonischen Adel auszeichnet, daß seine Angehörigen sich gegen alle Fremden, die ihrer Hilfe bedürfen, als Freunde zu beweisen und sie zu unterstützen verstehn. Der Priester, der noch anwesend war, befahl Leocadia, die Kleider zu wechseln und ihre eignen anzulegen. Der Ritter sorgte eifrig dafür, daß die Anordnung ausgeführt wurde, und er gab den beiden Mädchen zwei reiche Kleider seiner Gattin, einer vornehmen Dame aus dem Geschlechte der Granoloques, das in jenem Königreich einen alten, berühmten Namen führt. Er schickte auch aus Mitleid mit dem Verwundeten, der viel sprach und wenig allein blieb, wiederum nach dem Wundarzt, und als dieser eintraf, verordnete er, dem Kranken Ruhe zu lassen. Aber Gott fügte es in seinem Willen, wie er ja immer, wenn er in unsern Augen ein Wunder verrichten will, als Mittel und Werkzeug seiner Taten Dinge vollbringt, die die Natur allein zu leisten nicht vermag, daß gerade die Heiterkeit und die Übertretung des Schweigegebots dahin wirkte, Marco Antonios Zustand zu verbessern. Als er am nächsten Tage verbunden wurde, war er außer Gefahr, und vierzehn Tage später stand er so gesund vom Lager auf, daß er sich unbesorgt auf den Weg machen konnte.

Es ist nun noch zu berichten, daß Marco Antonio, während er auf dem Krankenbette lag, das Gelübde tat, zu Fuß eine Wallfahrt nach Santiago in Galicien zu machen, wenn ihm Gott die Gesundheit schenke. Bei der Erfüllung dieses Versprechens leisteten ihm Don Rafael, Leocadia und Teodosia Gesellschaft, ja auch Calvete, der Maultiertreiber – ein Werk, das von Leuten ähnlichen Gewerbes gewiß selten ausgeführt wurde: Allein die Güte und Treuherzigkeit, die er an Don Rafael kennen gelernt hatte, bewog ihn, nicht von ihm zu weichen, als bis er in seine Heimat zurückgekehrt wäre; und als er erfuhr, daß sie nach Pilgerart zu Fuß gehn wollten, schickte er seine Maultiere nach Salamanca und ebenso das Don Rafaels, denn es fehlte ihm nicht an Gelegenheit, sie dorthin zu schaffen.

Es kam der Tag des Aufbruchs; sie rüsteten ihre Pilgermäntel und alles, was sie sonst brauchten, nahmen Abschied von ihrem edelmütigen Wirte, der ihnen so viel Freundschaft und Güte bewiesen hatte, und der Don Sancho von Cardona hieß, erlauchten Blutes durch edle Herkunft, ruhmwürdig durch persönliches Verdienst. Sie versprachen ihm, die Erinnerung an die ihnen erwiesene ausgezeichnete Güte nicht allein selbst immer treu zu bewahren, sondern sie auch ihren Nachkommen zu überliefern, um wenigstens diese in dankbarem Andenken zu behalten, wenn sie solche nicht durch Gegendienste erwidern könnten. Don Sancho umarmte sie alle und versicherte ihnen, seine natürliche Neigung führe ihn von selbst dazu, solche und ähnliche gute Dienste all denen zu leisten, von denen er wisse oder glaube, daß sie spanische Edelleute seien. Man umarmte sich nochmals und schied heiter, aber doch zugleich mit wehmütigem Gefühl. Sie reisten mit der Gemächlichkeit, die ihnen die Zartheit der beiden jungen Pilgerinnen zur Pflicht machte, und erreichten nach drei Tagen Monserrat, wo sie ebenso lange verweilten und alles taten, was ihnen als guten katholischen Christen oblag. Ebenso langsam setzten sie dann ihre Reise fort und kamen, ohne daß ihnen irgendein Unglück oder ein widriger Zufall begegnete, nach Santiago. Nachdem sie ihr Gelübde mit der größten Andacht, deren sie fähig waren, erfüllt hatten, beschlossen sie, die Pilgerkleidung nicht eher abzulegen als in ihrer Heimat, der sie sich nach und nach sorglos und freudig näherten.

Als sie endlich eintrafen und schon Leocadias Geburtsort, der, wie gesagt, eine Meile von dem Teodosias lag, in Sicht hatten und beide von einer Anhöhe aus sahen, konnten sie die Tränen nicht zurückhalten, die ihnen die Freude über diesen Anblick in die Augen lockte; wenigstens ging es den beiden neuvermählten Frauen so, die sich jetzt noch einmal all ihrer vergangenen Schicksale erinnerten. Man überblickte von dem Punkte aus, auf dem sie standen, ein weites Tal, das die beiden Orte trennte. Dort sahen sie unter dem Schatten eines Olivenbaumes einen stattlichen Ritter auf einem gewaltigen Rosse, mit einer glänzenden Tartsche am linken Arm und einer starken, langen, eingelegten Lanze in der Rechten. Und als sie aufmerksam hinschauten, sahen sie noch zwei andre Ritter in derselben Rüstung, Haltung und Stellung aus einem Olivenwäldchen kommen, und kurz darauf bemerkten sie, wie alle drei zusammentrafen, und einer von denen, die zuletzt gekommen waren, trennte sich von dem, der zuerst unter dem Ölbaum gestanden hatte. Beide gaben den Pferden die Sporen und stürmten so heftig aufeinander ein, daß man in ihnen Todfeinde erkennen mußte. Sie begannen heftige und geschickte Lanzenstöße widereinander zu führen, wichen ihnen aus und fingen sie mit einer Gewandtheit auf, die hinlänglich zeigte, daß sie Meister in dieser Waffenübung waren. Der dritte Ritter sah ihnen zu, ohne sich von der Stelle zu bewegen. Doch Don Rafael, der es nicht über sich gewinnen konnte, einen so heftigen Zweikampf nur aus der Ferne zu betrachten, eilte in vollem Laufe den Hügel hinab, während ihm seine Schwester und seine Gattin folgten, und er kam bei den beiden Kämpfern an, als sie beide eben leicht verwundet waren. Und als dem einen der Hut und zugleich seine Stahlhaube entfiel, erkannte Don Rafael bei einer Wendung des Kopfes seinen Vater und Marco Antonio in dem andern den seinen; und Leocadia, die den dritten, der sich nicht schlug, aufmerksam betrachtet hatte, erkannte auch ihren Vater. Über diesen Anblick staunten und wunderten sich alle vier, ja sie waren wie außer sich. Aber sobald die Überraschung dem Wirken der Vernunft Raum gegeben hatte, stürzten sich die beiden Schwäger unverweilt zwischen die Kämpfenden und riefen laut: »Nicht weiter, ihr Ritter, nicht weiter! Die wir euch um dieses bitten und anflehen, sind eure leiblichen Söhne.« »Ich bin Marco Antonio, mein Vater und Gebieter«, sagte Marco Antonio; »ich bin der, um den sich, wie ich mir denke, diese Eure ehrwürdigen grauen Haare einer solchen Gefahr aussetzen. Mäßigt Euren Grimm, werft die Lanze weg oder wendet sie gegen einen anderen Feind; denn der, den ihr vor Euch habt, wird von nun an Euer Bruder sein.« Fast dieselben Worte richtete Don Rafael an seinen Vater, worauf die beiden Ritter innehielten und aufmerksam die beiden Jünglinge betrachteten, die ihnen solches zuriefen. Als sie aber umherblickten, sahen sie, daß Don Enrique, Leocadias Vater, abgestiegen war und jemanden in den Armen hielt, den sie für einen Pilger halten mußten. Es war Leocadia, die sich ihm genähert hatte, sich ihm zu erkennen gab und ihn bat, den Frieden zwischen beiden Kämpfern zu vermitteln. Mit kurzen Worten erzählte sie ihm, wie Don Rafael ihr Gatte geworden war und Marco Antonio Teodosia gewonnen hatte. Als ihr Vater das hörte, stieg er ab und nahm sie, wie gesagt, in seine Arme. Bald aber ließ er sie frei und eilte herzu, um Frieden zu stiften, obwohl es nicht mehr nötig war; denn die beiden hatten ihre Söhne erkannt, waren von den Pferden gestiegen und umarmten sie, und alle weinten Tränen der Liebe und des Entzückens. Nun traten sie zusammen, die Väter betrachteten noch einmal ihre Kinder und wußten nicht, was sie sagen sollten. Sie befühlten sie, um sich zu überzeugen, ob es nicht etwa vier Gespenster seien; denn ihr plötzliches Erscheinen weckte in ihnen solche Besorgnisse. Bald aber waren sie einigermaßen aufgeklärt, und noch einmal flossen ihre Tränen und erneuerten sich ihre Umarmungen.

In diesem Augenblick kam ein großer Haufe Bewaffneter, sowohl zu Fuß wie zu Pferde, durch dieses Tal, die nichts andres im Sinne hatten, als die Ritter ihres Ortes zu verteidigen. Als sie aber näher kamen und sie in der Umarmung jener Pilger sahen, die Augen voll Tränen, da stiegen sie ab und standen verwundert da, bis ihnen Don Enrique in kurzen Worten erzählte, was ihm seine Tochter Leocadia mitgeteilt hatte. Alle umarmten nun die Pilger unter unaussprechlichen Zeichen der Freude. Don Rafael erzählte ihnen aufs neue so kurz, wie es der Augenblick erforderte, den ganzen Verlauf seiner Liebe: Wie er sich mit Leocadia verbunden hatte, und seine Schwester Teodosia mit Marco Antonio; und diese Nachricht weckte nur neue Freude. Dann wählten sie von den Pferden der Leute, die ihnen zu Hilfe gekommen waren, so viele aus, wie sie für die vier Pilger nötig hatten, und man beschloß, nach dem Orte Marco Antonios zu reiten, da dessen Vater sich erbot, die beiden Hochzeiten bei sich auszurichten.

In dieser Absicht zogen sie fort, und einige von den Anwesenden eilten voraus, um den Verwandten und Freunden der Neuvermählten die frohe Nachricht zu überbringen. Unterwegs erfuhren Don Rafael und Marco Antonio den Anlaß dieses Kampfes. Teodosias und Leocadias Väter hatten nämlich den Vater Marco Antonios gefordert, weil sie behaupteten, er wisse um den Betrug seines Sohnes. Obwohl sie nun beide zugleich gekommen und mit ihm allein zusammengetroffen waren, hatten sie doch ihren Vorteil nicht ausnutzen, sondern Mann gegen Mann mit ihm kämpfen wollen, wie es Rittern geziemt; und der Kampf hätte nur mit dem Tode des einen oder der beiden andern geendet, wenn nicht die vier Pilger gekommen wären. Diese dankten Gott für den glücklichen Ausgang, und am Tage nach ihrer Ankunft richtete Marco Antonios Vater mit fürstlicher, glänzender Pracht und großem Aufwande die Vermählungsfeier seines Sohnes mit Teodosia und die Don Rafaels mit Leocadia aus.

Beide Paare lebten lange Jahre in glücklicher Ehe und hinterließen eine edle Nachkommenschaft, die sich bis auf den heutigen Tag in jenen Orten erhalten hat, die zu den vornehmsten in Andalusien gehören; und wenn sie hier nicht namentlich angeführt wird, so geschieht es aus schonender Rücksicht auf die beiden Mädchen, denen es vielleicht Lästerzungen oder törichte Splitterrichter zur Last legen könnten, daß sie sich so schnell verliebt und so plötzlich verkleidet hatten. All diese bitte ich, ehe sie sich zu Tadlern solcher unüberlegten Schritte aufwerfen, erst in die eigne Brust zu greifen und nachzusehn, ob sie nicht auch einmal von den sogenannten Pfeilen Cupidos getroffen wurden; denn die Leidenschaft übt eine unwiderstehliche Gewalt über jede Vernunft aus.

Der Maultiertreiber Calvete behielt das Maultier, das Don Rafael nach Salamanca geschickt hatte, und die beiden jungen Gatten gaben ihm noch viele andre Geschenke. Die Dichter jener Zeit aber hatten eine Gelegenheit gefunden, ihre Federn in Bewegung zu setzen, um die Schönheit und die Schicksale der beiden ebenso kühnen wie sittsamen Mädchen zu schildern, die die Heldinnen dieser seltsamen Geschichte sind.

Die vornehme Küchenmagd

In der angesehenen und berühmten Stadt Burgos lebten vor mehreren Jahren zwei vornehme, reiche Ritter. Der eine hieß Don Diego de Carriazo, der andre Don Juan de Avendaño. Don Diego hatte einen Sohn, dem er seinen eignen Namen gab, und auch Don Juan hatte einen, den er Don Tomás de Avendaño nannte. Die beiden jungen Ritter, die in dieser Erzählung die Hauptrollen spielen werden, wollen wir, um Raum zu ersparen, kurzweg Carriazo und Avendaño nennen.

Dreizehn Jahre, vielleicht auch etwas mehr, mochte Carriazo alt sein, als er, von einem Hang zum Landstreicherleben verführt, ohne daß ihn etwa eine Mißhandlung von seiten seiner Eltern forttrieb, sondern einzig und allein aus Laune und Neigung, aus dem elterlichen Hause ›ausriß‹, wie die Knaben sagen, und in die weite Welt ging. Er fühlte sich bei seiner ungebundenen Lebensweise so glücklich, daß er mitten unter den Beschwerden und Unannehmlichkeiten, die sie mit sich brachte, den Überfluß des elterlichen Hauses nicht vermißte. Die Reisen zu Fuß ermüdeten ihn nicht, die Kälte schadete ihm nicht, und die Hitze wurde ihm nicht lästig. Für ihn war jede Jahreszeit ein milder, lieblicher Lenz; auf Stroh schlief er so gut wie auf Polstern, und er vergrub sich mit eben dem Behagen in den Heuschober irgendeiner Schenke, als wäre er zwischen seine holländischen Bettücher geschlüpft. Kurz, er wurde ein so vollkommener Landstreicher, daß er dem berühmten Alfarache hätte Vorlesungen halten können.

Während der drei Jahre, die er nicht wieder in seinem Hause erschien noch heimkehrte, lernte er in Madrid das Knöchelspiel, in den Kneipen von Toledo das Pharo und in den Kasematten von Sevilla das Bassett. Aber obgleich Entbehrungen und Elend mit dieser Lebensweise notwendig verbunden sind, verriet Carriazo doch in seiner ganzen Haltung stets den Edelmann. Auf Büchsenschußweite erkannte man an tausend Zeichen, daß er von guter Geburt war; denn er war edel und freigebig gegen seine Kameraden, besuchte selten die Keller des Bacchus, und wenn er auch Wein trank, so tat er es doch so mäßig, daß er nie zu den sogenannten Säufern gehörte, die bei dem ersten Gläschen über den Durst gleich ein Gesicht bekommen, als hätten sie sich mit Menning und Zinnober bestrichen. Kurz, die Welt sah in Carriazo einen tugendhaften, reinen, wohlerzogenen Landstreicher, der zudem verständiger war, als es bei solchen Leuten die Regel ist. Er ging alle Grade des Handwerks durch, bis er in den Thunfischereien von Zahara, wo das finis terrae der Landstreicherei ist, die Meisterschaft erreichte.

O ihr schmutzigen, groben und strohköpfigen Küchenjungen, ihr verstellten Armen und falschen Krüppel, ihr Beutelschneider von Zocodover, vom Marktplatz in Madrid, ihr prahlerischen Aufschneider, ihr Korbträger von Sevilla, ihr liederlichen Lumpen, nebst dem zahllosen Heere derer, die man unter dem Namen der Landstreicher einbegreift, laßt euren Stolz fahren, zieht die Segel ein und nennt euch nicht wahre Landstreicher, wenn ihr nicht zweimal den Lehrkurs auf der Akademie der Thunfischerei durchlaufen habt! Dort, dort ist Arbeit mit der Faulheit wie in ihrem Lebenselement vereinigt; dort ist der Schmutz unverfälscht, dort strotzt das Fett, der Hunger ist stets bei der Hand, die Übersättigung in Fülle vorhanden, das Laster geht ohne Larve, das Spiel hört niemals auf; Streit gibt es jeden Augenblick, Mord auf Schritt und Tritt, Schimpfreden wachsen auf der Straße; Tänze sieht man wie auf Hochzeiten überall, Reigenlieder hört man wie gedruckt, hochtrabende Romanzen und Poesie ohne Taten. Hier wird gesungen, dort geflucht, hier gestritten, dort gespielt, und überall gestohlen;

hier wohnt die Freiheit und haust die Mühsal. Hierher gehn oder schicken viele vornehme Eltern, um ihre Söhne zu suchen, und man findet sie; und es geht ihnen so nahe, wenn sie aus diesem Leben fortgenommen werden, als würden sie in den Tod geführt. Doch aller dieser Süßigkeit, die ich geschildert habe, ist ein bitterer Wermut beigemischt, der sie vergällt; und der besteht darin, daß man des Nachts nicht ruhig schlafen kann und fürchten muß, plötzlich von Zahara nach der Berberei verschickt zu werden. Deshalb zieht man sich des Nachts auf einige Türme an der Seeküste zurück und stellt Küstenwachen und Posten aus, auf deren Augen vertrauend man die eignen schließt. Freilich ist es auch schon vorgekommen, daß sich Posten und Küstenwachen, Landstreicher, Gesellen, Boote und Netze, nebst dem ganzen Schwarm von Menschen, der dabei beschäftigt ist, des Abends in Spanien und den Morgen darauf in Tetuan befanden. Doch die Furcht vor diesen Gefahren schreckt unsern Carriazo nicht ab, drei Sommer hierher zu kommen und sich gute Tage zu machen. Den letzten Sommer wollte ihm das Glück so wohl, daß er im Kartenspiel gegen siebenhundert Realen gewann, mit denen er sich einzukleiden und nach Burgos zurückzukehren beschloß, um vor seine Mutter zu treten, die seinetwegen schon manche Träne vergossen hatte.

Er nahm Abschied von den vielen Freunden, mit denen er sich sehr gut stand, versprach, im nächsten Sommer wieder da zu sein, wenn ihn nicht Krankheit oder Tod verhindere, ließ ihnen die Hälfte seines Herzens zurück und widmete alle seine Wünsche diesen dürren Sandküsten, die ihm frischer und grüner erschienen als die Elysäischen Gefilde. Da er gewohnt war, zu Fuß zu reisen, so machte er sich ohne weiteres auf den Weg und gelangte in einem Paar Binsenschuhe von Zahara bis Valladolid, das Lied im Munde: ›Drei Enten, meine Mutter‹ usw. Er blieb dort vierzehn Tage, um die Farbe seines Gesichts ein wenig wieder herzustellen, indem er es aus einem mulattischen in ein flämisches verwandelte, um den Schmutz des Landstreichers abzutun und auszuziehn und die Sauberkeit eines Ritters anzulegen. Dies alles wurde in der Behaglichkeit ausgeführt, die ihm seine fünfhundert Realen ermöglichten, denn so viel hatte er noch nach Valladolid mitgebracht. Ja, er behielt davon noch hundert übrig, um sich ein Maultier und einen Treiber zu mieten, so daß er standesgemäß und wohlgemut bei seinen Eltern eintraf. Sie empfingen ihn voller Freude, und all ihre Freunde und Verwandten kamen, um ihnen Glück zu wünschen zur fröhlichen Heimkehr des Herrn Don Diego de Carriazo, ihres Sohnes. Hierbei sei erwähnt, daß Don Diego auf seinen Wanderungen den Namen Carriazo mit Urdiales vertauschte und sich von allen, die seinen wahren Namen nicht kannten, so nennen ließ.

Unter denen, die den Heimgekehrten besuchten, waren auch Don Juan de Avendaño und sein Sohn Don Tomás, mit dem Carriazo, da beide gleichaltrig und benachbart waren, die engste Freundschaft schloß und pflegte. Carriazo erzählte seinen Eltern und allen tausend lange, prachtvolle Lügen über Dinge, die ihm in den drei Jahren seiner Wanderung begegnet sein sollten, nie aber berührte er auch nur mit einem Wort die Thunfischerei, obwohl er ihrer beständig dachte, zumal bald die Zeit herangekommen war, in der er zu seinen Freunden zurückzukehren versprochen hatte. Weder die Jagd, mit der ihn sein Vater beschäftigte, noch die häufigen ehrenvollen und kostbaren Gastmahle, die in jener Stadt Sitte sind, machten ihm noch Vergnügen; jeder Zeitvertreib langweilte ihn, und den besten Unterhaltungen, die man ihm bot, zog er die Genüsse vor, die er in den Thunfischereien gefunden hatte.

Da ihn nun sein Freund Avendaño oft traurig und schwermütig sah, so wagte er es, im Vertrauen auf ihre Freundschaft, ihn nach der Ursache zu fragen, und er machte sich anheischig, sie, wenn er es könne und wenn es möglich sei, zu beheben, und müßte es auch mit dem eignen Blute geschehn. Carriazo wollte ihm nicht gern etwas verhehlen, da er die Freundschaft, zu der er sich bekannte, nicht zu verletzen wünschte. Er schilderte ihm also Punkt für Punkt das Fischerleben und sagte ihm, seine ganze Trauer und Schwermut entspringe dem Wunsche, wieder dorthin zurückzukehren. Er schilderte ihm dieses Leben in so begeisterten Worten, daß Avendaño, als er ihn angehört hatte, seinen Geschmack eher lobte als tadelte. Am Schlusse des Gesprächs hatte Carriazo Avendaños Neigung so sehr entflammt, daß dieser beschloß, mit ihm zu gehn und einen Sommer hindurch jenes geschilderte glückselige Leben zu genießen. Carriazo freute sich sehr, weil er einen gültigen Gewährsmann gefunden zu haben glaubte, der seinen niedrigen Entschluß rechtfertigen mußte.

Sie beratschlagten sich sofort, wie sie möglichst viel Geld zusammenbringen könnten. Ihr bester Einfall war schließlich der, daß Avendaño in zwei Monaten nach Salamanca gehen sollte, wo er zu seinem Vergnügen drei Jahre lang die griechische und lateinische Sprache studiert hatte und wo er nach dem Wunsche seines Vaters seine Studien fortsetzen und irgendein beliebiges Fach gründlich bestehen sollte. An dem Gelde, das ihm sein Vater geben würde, glaubten sie für ihren Plan genug zu haben. Carriazo machte daher seinem Vater den Vorschlag, er wolle mit Avendaño die Universität Salamanca beziehn. Sein Vater ging mit Vergnügen darauf ein, sprach mit Avendaños Vater, und sie beschlossen, ihre Söhne in Salamanca gemeinsam in einem Hause wohnen zu lassen und sie mit allem Nötigen zu versehn, wie es sich für ihren Stand schickte.

Die Zeit der Abreise kam heran. Die Ritter versahen ihre Söhne mit Geld und nahmen zu ihrer Aufsicht einen Hofmeister an, der mehr Gutmütigkeit als Verstand besaß. Die Eltern gaben ihren Kindern noch manche guten Lehren mit auf den Weg: wie sie sich aufzuführen und ihre Zeit anzuwenden hätten, um Fortschritte in der Tugend und in den

Wissenschaften zu machen; denn das sei die Frucht, die jeder Studierende, besonders der von guter Herkunft, aus seiner Arbeit und den durchwachten Nächten ernten müsse. Die Söhne zeigten sich demütig und gehorsam, die Mütter weinten, alle gaben ihnen Segenswünsche mit. Sie ritten auf ihren eignen Maultieren davon, begleitet von zwei Dienern und dem Hofmeister, der sich den Bart hatte wachsen lassen, um sich für seine Stellung ein ehrwürdigeres Ansehn zu geben.

Als sie Valladolid erreichten, sagten sie zu ihrem Hofmeister, sie wollten zwei Tage in dieser Stadt verweilen, um sie kennen zu lernen, da sie sie noch nie gesehn hätten, noch jemals dort gewesen seien. Der Hofmeister verwies ihnen diese Verzögerung scharf und streng und sagte, wer so eifrig studieren wolle wie sie, dürfte sich keine Stunde aufhalten, um Kindereien zu betrachten, wieviel weniger zwei Tage. Es würde ihm schwer auf dem Gewissen lasten, wenn sie einen Augenblick verlören; sie sollten also so schnell wie möglich weiter reisen, sonst hätten sie es mit ihm zu tun. So weit ging die Geschicklichkeit des Herrn Aufsehers oder Hofmeisters, wie wir ihn nennen wollen. Die jungen Bürschchen, die schon Ernte und Herbst gehalten hatten (denn sie hatten ihrem Führer vierhundert Goldtaler gestohlen), baten ihn, sie nur einen Tag hier zu lassen, damit sie den Brunnen von Argales sehen könnten, dessen Wasser man in großen und geräumigen Aquädukten in die Stadt zu leiten begann. Er gab ihnen wirklich, wenn auch mit großem inneren Widerstreben, die Erlaubnis; denn gern hätte er den Aufwand für diese Nacht gespart und sie in Valdeastillas zugebracht, um die achtzehn Meilen von Valdeastillas bis Salamanca auf zwei Tage zu verteilen, statt daß man jetzt von Valladolid aus noch zweiundzwanzig hatte. Aber anders denkt der Braune und anders der, der ihn sattelt.

So geschah denn auch alles gerade umgekehrt, als er wollte. Die jungen Männer ritten, von einem einzigen Diener begleitet, auf zwei sehr schönen, zahmen Maultieren nach der Quelle von Argales, die sowohl ihres Alters wie ihres Wassers wegen berühmt ist, trotz des ›Goldenen Brunnens‹ und der hochwürdigen ›Priorin‹, doch unbeschadet des Leganitosbrunnens und der ausgezeichneten kastilischen Quelle, mit der verglichen selbst ›Corpa‹ und die ›Pizarra‹ der Mancha schweigen müssen. Sie kamen nach Argales; als aber der Diener glaubte, Avendaño ziehe aus der Satteltasche ein Geschirr zum Trinken hervor, da war es ein verschlossener Brief. Er befahl ihm, sogleich nach der Stadt zurückzukehren, den Brief seinem Hofmeister zu überbringen und sie alsdann am Tore des Campo zu erwarten.

Der Diener gehorchte, nahm den Brief und begab sich in die Stadt; sie aber ritten seitwärts davon und schliefen diese Nacht in Mojados und zwei Tage darauf in Madrid. Nach vier Tagen verkauften sie die Maultiere auf dem öffentlichen Markt, wo sich nicht nur jemand fand, der ihnen sechs Goldtaler versprach und verbürgte, sondern sogar einer, der ihnen das Geld für ihre Tiere in Gold auszahlte. Sie kleideten sich bäurisch in kurze Kittel mit herunterhängenden Ärmeln und in Pluderhosen und Gamaschen aus grauem Tuch. Ein Trödler kaufte ihnen am Morgen ihre Kleider ab und hatte sie abends so umgewandelt, daß ihre leiblichen Mütter sie nicht mehr hätten erkennen können. Als sie sich nun so leicht gekleidet hatten, wie Avendaño es wünschte und angab, machten sie sich zu Fuß und ohne Degen (denn auch diese hatte ihnen der Trödler abgekauft, obgleich sie nicht in seinen Trödel gehörten) nach Toledo auf den Weg.

Lassen wir sie jetzt ihre Straße ziehn, da sie fröhlich und wohlgemut fortwandern, um uns dem Hofmeister wieder zuzuwenden und zu sehn, was er tat, als er den Brief öffnete, den ihm der Bediente überbrachte. Er las darin folgendes:

Herr Pedro Alonso!

Ew. Wohlgeboren belieben sich in Geduld zu fassen und nach Burgos zurückzukehren, um daselbst unsern Eltern zu melden, daß wir, ihre Söhne, nachdem wir uns lange überlegt haben, wieviel besser Edelleute die Waffen anstehn als die Wissenschaften, beschließen, Salamanca mit Brüssel und Spanien mit Flandern zu vertauschen. Die vierhundert Goldgulden nehmen wir mit; die Maultiere gedenken wir zu verkaufen. Unser ritterliches Vorhaben und der weite Weg entschuldigen unser Vergehen genügend, das jedoch niemand als ein Vergehen ansehn wird, der nicht eine Memme ist. Wir reisen jetzt ab und kommen wieder, wenn es dem Himmel gefällt, der Ew. Wohlgeboren in seinen allmächtigen Schutz nehme, was wir, dero unwürdige Schüler, von Herzen wünschen.

Geschrieben am Brunnen von Argales, mit dem Fuß schon im Bügel, um nach Flandern zu reisen.

Carriazo und Avendaño.

Pedro Alonso war erstaunt, als er diesen Brief las, und er eilte vor allem zu seinem Mantelsack. Da er ihn leer fand, glaubte er endlich an den Inhalt des Briefes und reiste alsbald mit dem übriggebliebenen Maultier nach Burgos, um seinen Gebietern in möglichster Eile die Nachricht zu überbringen, damit sie ebenso schnell Gegenmittel ersinnen und Maßregeln ergreifen möchten, um ihre Söhne wieder einzuholen. Hierüber sagt jedoch der Verfasser dieser Novelle nichts; denn sobald er Pedro Alonso zu Pferde gesetzt, kehrt er zu den Erlebnissen Avendaños und Carriazos zurück, die eben nach Illescas kamen, und sagt: Als sie zum Tore dieses Städtchens eintraten, begegneten ihnen zwei Maultierjungen, wie es schien Andalusier, mit weißen, leinenen Hosen, geschlitzten Wämsern aus Zwilch, Jacken aus Büffelleder, Dolchen mit krummen Heften und Degen ohne Gehänge. Wie es schien, kam der eine aus Sevilla, der andre war auf dem Wege dorthin. Der Ausziehende sagte zum andern: »Wenn meine Herrschaft nicht so weit voraus wäre, würde ich gern noch einige Zeit verweilen, um nach tausend Dingen zu fragen, die ich wissen möchte; denn was du mir von dem Grafen erzählt hast, der den Alonso Genís und Ribera hat hängen lassen, ohne ihnen auch nur die Appellation zu bewilligen, hat mich sehr verwundert.« »Zum Teufel auch«, versetzte der Sevillaner, »der Graf stellte ihnen ein Bein und brachte sie unter seine Gerichtsbarkeit, weil sie Soldaten waren. So bemächtigte er sich ihrer auf Schleichwegen, ohne daß das Obergericht sie ihm nehmen konnte. Wahrlich, Freund, dieser Graf von Puñonrostro hat den Teufel im Leibe und spielt uns mit den Fäusten im Gesicht herum. Ganz Sevilla und die Gegend zehn Meilen in der Runde ist von Gaunern gesäubert. Kein Spitzbube läßt sich mehr in der Nähe sehn. Alle fürchten ihn wie das Feuer, obgleich man schon davon spricht, daß er seinen Assistentenposten bald verlassen wird, weil es ihm nicht ansteht, sich bei jedem Schritt in Reden und Gegenreden mit den Herren vom Obergericht verwickelt zu sehn.« »Sie aber sollen tausend Jahre leben!« sagte der, der nach Sevilla ging. »Sie sind die Väter der Elenden und eine Stütze der Unglücklichen. Wie viele arme Teufel müssen ins Gras beißen, nur weil ein unumschränkter Richter und ein schlecht unterrichteter oder leidenschaftlicher Korregidor ergrimmt ist! Viele Augen sehen mehr als zwei, und das Gift der Ungerechtigkeit bezwingt viele Herzen nicht so schnell wie ein einziges.« »Du bist zum Prediger geworden«, sprach der aus Sevilla, »und wie du einen Faden an den andern knüpfst, wirst du so bald nicht fertig werden; ich aber habe keine Zeit, noch lange zu warten. Heute abend kehre nicht in deiner gewöhnlichen Herberge ein, sondern in dem Gasthof des Sevillaners; denn dort wirst du die schönste Magd zu sehn bekommen, die man sich denken kann. Die Marinilla in der Ziegelschenke ist ein Pfiff gegen sie. Ich sage dir weiter nichts, als daß das Gerücht geht, der Sohn des Korregidors sei ganz vernarrt in sie. Einer meiner Herren, die du dort siehst, schwört, wenn er nach Andalusien zurückkehre, wolle er zwei Monate in Toledo und in diesem Gasthof bleiben, nur um sich an ihr satt zu sehn. Ich habe ihr als Aufgeld schon einen Zwick gegeben und als Quittung eine derbe Ohrfeige bekommen. Sie ist hart wie Marmor, spröde wie eine Bäuerin von Sayago und rauh wie eine Nessel. Aber sie hat ein wahres Osterlärvchen und Neujahrsgesichtchen. Auf der einen Wange hat sie die Sonne und auf der andern den Mond; die eine ist von Rosen und die andre von Nelken, und dazwischen stehn noch Lilien und Jasmin. Mehr will ich nicht sagen. Sieh sie nur an, und du wirst finden, was ich dir von allem, was ich dir von ihrer Schönheit sagen könnte, noch nichts gesagt habe. Die beiden grauen Mauleselinnen, die, wie du weißt, mein Eigentum sind, gäbe ich ihr gern als Mitgift, wenn man sie mir wollte zur Frau geben. Doch ich weiß, man gibt sie mir nicht, denn sie ist ein Kleinod für einen Erzpriester oder für einen Grafen. Ich sage es dir noch einmal, du wirst es selbst sehn. Und nun leb wohl! Ich gehe.«

Mit diesen Worten schieden die beiden Maultiertreiber, deren Gespräch und Unterredung die beiden Freunde, die zugehört hatten, sprachlos machte, besonders Avendaño; denn die einfache Erzählung des Maultiertreibers von der Schönheit der Scheuermagd erweckte in ihm den lebhaften Wunsch, sie zu sehn. Auch in Carriazo erwachte dieser Wunsch, doch nicht in dem Grade, daß ihn nicht noch sehnlicher danach verlangt hätte, in seine Thunfischerei zu kommen, als sich mit der Betrachtung der ägyptischen Pyramiden oder eines andern der sieben Weltwunder oder gar aller zusammen aufzuhalten. Auf dem Wege nach Toledo unterhielten sie sich damit, die Worte der Maultiertreiber zu wiederholen und den Tonfall und die Gesten, mit denen sie ihre Geschichte erzählt hatten, nachzumachen. Nach kurzem Marsch, während dessen Carriazo den Führer machte, weil er schon früher in dieser Stadt gewesen war, stiegen sie zum ›Blute Christi‹ hinab und gelangten sogleich an den ›Gasthof zum Sevillaner‹; sie wagten aber nicht, dort ein Zimmer zu verlangen, weil ihre Kleidung einem solchen Wunsche keinen Nachdruck verleihen konnte.

Schon war die Nacht hereingebrochen, und Avendaño ließ sich, obgleich Carriazo ihn drängte, ein andres Gasthaus aufzusuchen, durchaus nicht von der Tür des Sevillaners fortbringen, da er immer noch hoffte, jene berühmte Scheuermagd werde sich vielleicht doch zeigen. Es wurde völlig Nacht, und die Magd erschien nicht. Carriazo war in Verzweiflung, Avendaño aber blieb ruhig. Um endlich sein Ziel zu erreichen, trat er unter dem Vorwand, nach einigen Rittern aus Burgos zu fragen, die nach Sevilla reisten, in den Hof des Gasthauses, und kaum war er drinnen, als er aus einem Saal, der auf den Hof hinausging, ein Mädchen kommen sah, das etwa fünfzehn Jahre alt sein mochte; sie war wie eine Bäuerin gekleidet und trug eine brennende Kerze auf einem Leuchter. Avendaño richtete seine Blicke nicht auf die Kleidung des Mädchens, sondern auf ihr Gesicht, und ihm war, als sehe er ein Antlitz, wie man es Engeln zu malen pflegt. Er stand ob ihrer Schönheit starr verwundert da und konnte keine Worte finden, um eine Frage an sie zu richten, so groß waren sein Staunen und seine Überraschung. Als das Mädchen den Fremden vor sich sah, sprach sie zu ihm: »Was sucht Ihr, Bruder? Seid Ihr vielleicht der Diener eines der Gäste im Hause?« »Ich bin niemands Diener als der Eure«, erwiderte Avendaño verlegen und verwirrt. »Geht, Bruder«, sagte das Mädchen, als sie diese Antwort hörte, »geht in Gottes Namen, denn wir, die wir Mägde sind, brauchen keine Diener.«

Dann rief sie ihrem Herrn und sagte: »Schaut zu, Herr, was dieser Bursche verlangt!« Ihr Herr trat heraus und fragte, was er suche. Er antwortete: Einige Ritter aus Burgos, die auf der Reise nach Sevilla begriffen seien. Einer von ihnen sei sein Herr und habe ihn nach Alcalá de Henares vorausgeschickt, um dort ein Geschäft zu besorgen, das ihnen sehr am Herzen liege. Zugleich habe er ihm befohlen, nach

Toledo zu kommen und ihn im ›Gasthof zum Sevillaner‹ zu erwarten, wo er einzukehren gedenke; er glaube, er werde noch diesen Abend oder spätestens am folgenden Tage kommen. Avendaño brachte seine Lügen so natürlich vor, daß der Wirt sie für die Wahrheit hielt und sagte: »Bleibt nur in meinem Gasthause, Freund, und wartet hier, bis Euer Herr erscheint!« »Schönen Dank, Herr Wirt«, erwiderte Avendaño. »Laßt mir nur ein Zimmer anweisen für mich und den Gefährten, den ich bei mir habe und der draußen vor der Tür steht. Wir haben Geld und können so gut bezahlen wie ein andrer.« »Schon gut«, erwiderte der Wirt, wandte sich an das Mädchen und sagte: »Costanzchen, sage der Argüello, sie solle diese zwei Burschen in das Eckzimmer bringen und ihnen weiße Bettücher geben.« »Es soll geschehn, Herr«, versetzte Costanza, denn so hieß das Mädchen. Sie machte ihrem Herrn eine Verbeugung und ging. Ihr Verschwinden aber war für Avendaño etwa dasselbe, was es dem Wanderer zu sein pflegt, wenn die Sonne sinkt und die tiefdunkle Nacht hereinbricht. Er ging hinaus, um Carriazo zu erzählen, was er gesehn und was er bestellt hatte. Carriazo erkannte an tausend Merkmalen, daß sein Freund von der Liebeskrankheit ergriffen war. Doch wollte er ihm vorderhand nichts darüber sagen, sondern erst sehn, ob der Gegenstand so außerordentliche Lobeserhebungen und so große Hyperbeln (denn er erhob Costanzas Schönheit weit über die Sterne) wirklich verdiente. Kurz, sie gingen in den Gasthof, und Argüello, eine Person von vielleicht fünfundvierzig Jahren, die die Betten beaufsichtigte und die Zimmer reinigte, führte sie in eine Kammer, die weder für Ritter noch für Bediente recht paßte, sondern etwa für solche, die in der Mitte zwischen beiden stehn mochten. Sie verlangten ein Abendbrot, erhielten aber von Argüello zur Antwort, in diesem Gasthofe werde niemand gespeist, es werde nur angerichtet und gekocht, was die Gäste selbst mitbrächten; es seien jedoch Garküchen und Wirtshäuser in der Nähe, wo sie sich ohne Bedenken auftischen lassen könnten, was ihnen beliebte.

Die beiden befolgten den Rat der Argüello und gingen in ein Speisehaus, wo sich Carriazo an dem erlabte, was man ihm vorsetzte, Avendaño aber an dem, was er mitbrachte, nämlich an seinen Gedanken und Träumereien. Carriazo wunderte sich, daß Avendaño wenig oder gar nichts aß. Um aber ganz in die Gedanken seines Freundes einzudringen, sprach er bei der Heimkehr in den Gasthof zu ihm: »Morgen werden wir recht früh aufstehn müssen, um noch vor der größten Hitze Orgaz zu erreichen.« »Der Meinung bin ich nicht«, antwortete Avendaño, »denn ich gedenke mir vor meiner Abreise aus dieser Stadt all ihre Merkwürdigkeiten zu beschauen, von denen man so viel spricht: das Sakramenthäuschen, das Kunstwerk des Juanelo, die Aussicht vom Sankt Augustin, den Garten des Königs und die Ebene.« »Ich habe nichts dagegen«, versetzte Carriazo, »in zwei Tagen können wir dies alles sehn.« »Nein, ich gestehe, daß ich mir Zeit nehmen will. Wir gehn ja nicht nach Rom, um eine erledigte Stelle zu erbitten.« »Pah, pah«, versetzte Carriazo; »ich lasse mich umbringen, Freund, wenn Ihr nicht viel lieber in Toledo bleibt, als daß Ihr unsre begonnene Pilgerfahrt fortsetzt.« »Das ist wahr«, erwiderte Avendaño; »denn es ist mir ebenso unmöglich, mich von dem Anblick dieses Mädchens zu trennen, wie ohne gute Werke in den Himmel zu kommen.« »Ein herrlicher Vergleich!« sagte Carriazo, »und ein Entschluß, der einem großmütigen Herzen wie dem deinen wohl ansteht. Es paßt sich prächtig für einen Don Tomás de Avendaño, den Sohn des Don Juan de Avendaño, einen Ritter aus edlem Geblüt, von ansehnlichem Reichtum, jung genug, daß man seine Freude an ihm haben, und geistreich genug, daß man ihn bewundern kann, sich bis über die Ohren in eine Scheuermagd des ›Gasthofs zum Sevillaner‹ zu verlieben!« »Es kommt mir ungefähr ebenso vor«, versetzte Avendaño, »wenn ich einen Don Diego de Carriazo betrachte, auch eines Ritters Sohn, dessen Vater das Kleid von Alcantara trägt und dem Sohne ein Erbe und Majorat hinterlassen wird, nicht minder edel am Leib als an der Seele, mit allen diesen glänzenden Eigenschaften ausgestattet, wenn ich diesen verliebt sehe – und in wen glaubt Ihr wohl? In die Königin Ginevra? Nein, beim Himmel, sondern in die Thunfischerei von Zahara, die, dünkt mich, häßlicher als eine Versuchung des Sankt Antonius ist.« »Nun sind wir quitt, mein Freund«, erwiderte Carriazo. »Mit dem gleichen Schlage, mit dem ich dich verwundete, hast du mich umgebracht. Geben wir unsern Streit auf und gehn wir schlafen! Gott wird den Tag schon wieder kommen lassen, und dann laßt uns weiter sehn.« »Sieh, Carriazo, bis jetzt hast du Costanza nicht gesehn. Wenn du sie aber gesehn hast, so gebe ich dir die Erlaubnis, mir so viel Schimpf- und Scheltworte zu sagen, wie du willst.« »Ich weiß schon worauf das hinausläuft«, sagte Carriazo. »Und worauf?« versetzte Avendaño. »Daß ich nach meiner Thunfischerei gehe und du bei deiner Küchenmagd bleibst«, sagte Carriazo. »Ich werde nicht so glücklich sein«, entgegnete Avendaño. »Und ich nicht so töricht«, fuhr Carriazo fort, »daß ich, um deinem schlechten Geschmack zu folgen, meinem guten entsage.«

Unter diesem Gespräch kamen sie in den Gasthof, und unter ähnlichem Geplauder verging ihnen die halbe Nacht. Als sie dann, wie es ihnen schien, kaum eine Stunde geschlafen hatten, wurden sie durch ein Ständchen von Blasinstrumenten geweckt, die auf der Straße ertönten. Sie setzten sich im Bette auf und horchten; schließlich sagte Carriazo: »Ich will wetten, es ist schon Tag, und hier in dem nahe gelegenen Kloster Unsrer lieben Frau von Carmen wird irgendein Fest gefeiert, und daher kommt diese Musik.« »Das ist nicht möglich«, erwiderte Avendaño; »wir haben noch nicht so lange geschlafen, daß es schon Tag sein könnte.«

Da hörten sie an der Tür ihres Zimmers klopfen, und als

sie fragten, wer da sei, erwiderte man von draußen: »Ihr Burschen, wenn ihr die schöne Musik mit anhören wollt, so steht auf und tretet an das Gitter, das dem Saale gegenüber auf die Straße geht! Es ist niemand dort.«

Die beiden standen auf, öffneten die Türe, fanden aber niemand und wußten auch nicht, wer sie gerufen hatte. Da sie jedoch den Ton einer Harfe hörten, so erkannten sie, daß es mit der Musik seine Richtigkeit hatte, und gingen also im Hemde, wie sie waren, in den Saal, wo schon drei oder vier Gäste am Fenster standen. Sie fanden einen Platz und hörten bald darauf zum Klange einer Harfe und einer Laute folgendes Sonett, das Avendaño nie vergessen konnte, von einer wunderschönen Stimme singen:

Einzig demütig Wesen, aufzuschwingen
Vermochtest du dich zu der Schönheit Höhe,
Daß die Natur durch dich besiegt ich sehe
Und du empor zum Himmel durftest dringen!

Du magst nun reden, lachen oder singen,
Dich milde zeigen oder spröd und zähe,
Gleichviel! denn alles muß in deiner Nähe
Bezaubernd immer uns das Herz bezwingen.

Doch ist in vollem Glanz noch nicht erschienen
Die Schönheit, wie sie keine überträfe,
Die hohe Tugend, die in dir muß wohnen.

Drum laß das Dienen! Denn dir sollten dienen,
In deren Händen und um deren Schläfe
Die Zepter schimmern und die Fürstenkronen.

Niemand brauchte den beiden erst zu sagen, daß diese Musik Costanza gelte; denn das Sonett verriet es deutlich genug, und es klang denn auch Avendaño so in die Ohren, daß er lieber hätte taub geboren sein mögen, um es nicht zu hören. Ja, er wäre gern und gar zeit seines Lebens taub geblieben; denn in diesem Augenblick empfand er einen heftigen Stoß, da sein Herz von dem scharfen Pfeile der Eifersucht getroffen war. Und das Schlimmste dabei war, daß er nicht einmal wußte, auf wen er eifersüchtig sein konnte oder sollte. Bald aber entriß ihn einer der Gäste, die am Fenster standen, dieser Ungewißheit, indem er bemerkte: »Was für ein Tropf ist doch der Sohn des Korregidor, daß er einer Scheuermagd ein Ständchen bringt! Freilich gehört sie zu den schönsten Mädchen, die ich je gesehn habe, und ich habe ihrer viel gesehn; deshalb braucht man sie aber doch nicht öffentlich zu feiern.« Ein andrer Hörer am Fenster fügte hinzu: »Nun, in der Tat, ich habe zuverlässig gehört, daß sie sich so wenig um ihn kümmert, als wäre er nicht vorhanden. Ich wette, sie liegt jetzt im tiefsten Schlaf hinter dem Bett ihrer Herrin (denn dort, sagt man, schläft sie), ohne sich um Musik und Gesang zu kümmern.« »Ja, das ist wahr«, erwiderte ein andrer; »sie ist das ehrbarste Mädchen auf der Welt, und es ist ein wahres Wunder, daß man von ihr auch nicht das mindeste zu erzählen weiß, obgleich sie in einem Hause lebt, wo so viel Verkehr herrscht, wo jeden Tag neue Gäste kommen und sie alle Zimmer zu besorgen hat.« Als Avendaño das hörte, kehrte ihm neues Leben zurück; er atmete wieder auf und war imstande, noch viele andre Sachen mit anzuhören, die die Sänger zur Begleitung verschiedener Instrumente vortrugen, und die alle an Costanza gerichtet waren. Sie aber schlief, wie der Gast sagte, ohne sich im geringsten darum zu kümmern.

Als der Tag dämmerte, zogen die Musikanten davon und verabschiedeten sich mit ihren Zinken. Avendaño und Carriazo kehrten in ihr Zimmer zurück, wo der eine, der schlafen konnte, bis zum Morgen schlief. Als die Zeit gekommen war, standen sie auf, und zwar beide mit dem Verlangen, Costanza zu sehn; aber wenn das Verlangen des einen Neugierde war, so war das des andern Liebe. Costanza befriedigte sie, indem sie aus dem Saale ihres Herrn heraustrat, und zwar in solcher Schönheit, daß beide anerkannten, alle Lobeserhebungen, die ihr der Maultierjunge erteilt hatte, seien noch viel zu schwach und keineswegs übertrieben. Sie trug einen Rock und ein Mieder aus grünem Tuch, verbrämt mit dem gleichen Stoff. Ihr Mieder war kurz, aber das Hemd hochgeschlossen, der Kragen gefältelt und mit einem Streifen von schwarzer Seidenstickerei eingefaßt. Es war, als liege eine Schnur von schwarzen Gagatsternen auf dem Stück einer Alabastersäule; denn so weiß war ihr Hals. Als Gürtel trug sie einen Strick des heiligen Franz, und ein Riemen, der ihr rechts herabhing, trug ein großes Schlüsselbund. An den Füßen hatte sie keine Pantoffeln, sondern bunte, kräftige Schuhe und Strümpfe, von denen man nur einen Rand bemerkte, der zu erkennen gab, daß auch sie farbig waren. Ihr Haar war mit weißen, florettseidenen Bändern durchflochten; aber die Zöpfe waren so lang, daß sie ihr auf dem Rükken bis über den Gürtel herabfielen. Das Haar war nicht ganz kastanienbraun und näherte sich dem goldenen Rot; es war aber so rein, so glatt, so schön gekämmt, daß sich nichts mit ihm vergleichen ließ als Flechten von lauterm Golde. An ihren Ohren hingen zwei Birnchen aus Glas, die Perlen glichen, und die Haare selbst dienten ihr als Kopfputz und Haube. Als sie aus dem Saale trat, bekreuzte sie sich und neigte sich tief und andächtig vor einem Bilde der heiligen Jungfrau, das an einer Wand des Hausflurs hing. Als sie den Blick hob und sah, wie die beiden sie betrachteten, zog sie sich gleich wieder ins Zimmer zurück, von dem aus sie Argüello zurief, sie solle aufstehn.

Es bleibt noch zu sagen, was Carriazo über Costanzas Schönheit dachte; denn wie Avendaño beim ersten Anblick von ihr dachte, ist schon berichtet worden. Carriazo also fand Costanza ebenso schön wie sein Gefährte; aber sie reizte ihn viel weniger zur Liebe, so daß er nicht wieder in dem

Gasthof zu übernachten, sondern gleich nach seiner Thunfischerei zu reisen wünschte.

Inzwischen kam auf Costanzas Ruf Argüello mit zwei andern hübschen Mägden, die auch im Hause dienten und angeblich Galicierinnen waren; denn so viele Leute waren notwendig, weil immer viele Fremde im Gasthof zum Sevillaner einkehrten, der einer der besten und besuchtesten in Toledo war. Jetzt kamen auch die Knechte der Gäste und verlangten Gerste. Der Wirt trat heraus, um sie ihnen zuzumessen, und er verwünschte seine Mägde, um deretwillen ihm ein Bursche davongelaufen sei, der sie sehr ordentlich und pünktlich verabreicht habe, ohne ihn, wie er glaubte, um ein einziges Körnchen zu betrügen. Als Avendaño das hörte, sagte er: »Bemüht Euch nicht, Herr Wirt, gebt mir das Rechnungsbuch; denn solange ich hier bin, will ich die Gerste und das Stroh, das man verlangt, so ordentlich verabreichen, daß Ihr den Burschen nicht mehr vermissen sollt, der Euch, wie Ihr sagt, davongelaufen ist.« »Da tut Ihr mir wahrlich einen großen Gefallen, Junge«, versetzte der Wirt; »denn ich kann mich nicht damit befassen, weil ich noch viel andres außer dem Hause zu besorgen habe. Kommt herunter, ich will Euch das Buch geben; aber gebt acht, denn diese Maultiertreiber sind wie der leibhaftige Teufel; sie bringen mir nichts, dir nichts eine Metze Gerste beiseite und machen sich nicht mehr daraus, als wäre es Häckerling.«

Avendaño begleitete den Wirt in den Hof, erhielt das Buch und begann, Gerste abzumessen, als wäre sie Wasser, und alles so ordentlich einzutragen, daß der Wirt, der ihm zusah, seine rechte Freude daran hatte und zu ihm sagte: »Wenn es doch Gottes Wille wäre, daß Euer Herr nicht käme und Ihr Lust hättet, im Hause zu bleiben; denn meiner Treu, es sollte Euch bei mir ein andrer Hahn krähen. Der Bursche, der mir fortgegangen ist, kam vor etwa acht Monaten zerlumpt und ausgehungert zu mir, und jetzt nimmt er zwei gute Kleider mit und ist so fett wie ein Fischotter. Denn

Ihr müßt wissen, mein Sohn, daß es in diesem Hause noch außer dem Lohn viele Nebenverdienste gibt.« »Wenn ich hier bliebe«, versetzte Avendaño, »so würde ich es nicht um des Gewinnes willen tun; ich wäre mit allem zufrieden, wenn ich nur in dieser Stadt bleiben könnte, die die schönste in ganz Spanien sein soll.« »Wenigstens«, antwortete der Wirt, »ist sie eine der schönsten und reichsten im Königreich. Allein eins fehlt uns noch: Wir brauchen nämlich jemanden, der uns das Wasser aus dem Flusse holt. Denn auch mein zweiter Knecht ist mir davongelaufen; der füllte mit Hilfe eines vortrefflichen Esels, den ich besitze, meine Wannen und legte in meinem Hause einen wahren See an. Einer der Gründe, weshalb die Maultiertreiber ihre Herren gern in meinen Gasthof führen, liegt eben in dem schönen Wasservorrat, den sie hier stets vorfinden; denn da brauchen sie ihr Vieh nicht erst zum Fluß zu treiben, sondern können es im Hause tränken.«

Diese ganze Unterredung hörte Carriazo mit an, und da er sah, daß Avendaño sich bereits als Diener im Hause verdungen hatte, so wollte er hinter seinem Freunde nicht zurückstehn, zumal er sich dachte, wie sehr es Avendaño freuen würde, wenn er sich seiner Laune anschloß. Daher sprach er zum Wirt: »Überlaßt den Esel mir, Herr Wirt; denn ich werde ihn ebensogut zu gürten und zu beladen wissen, wie mein Gefährte sich auf die Führung seines Rechenbuchs versteht.« »Ja«, rief Avendaño, »mein Kamerad Lope, der Asturier, trägt Euch das Wasser herbei wie ein Fürst; ich bürge Euch für ihn.«

Als Argüello, die das ganze Gespräch vom Korridor aus vernommen hatte, hörte, daß Avendaño für seinen Kameraden bürgen wollte, rief sie: »Sagt mir doch, hoher Herr, und wer wird für Euch selber bürgen? Denn wahrhaftig, mir scheint, Ihr brauchtet eher selbst einen Bürgen, als daß Ihr Bürge sein könntet.« »Schweig, Argüello!« sagte der Wirt; »mische dich nicht in Dinge, die dich nichts angehn! Ich hafte für alle beide; und wenn Euch das Leben lieb ist, so laßt Euch nicht auf Zänkereien mit den jungen Burschen im Hause ein, denn um Euretwillen laufen mir alle davon.« »Wie«, sagte ein andres Mädchen, »die zwei Jungen bleiben im Haus? Meiner Seel, wenn ich mit ihnen zu schaffen hätte, ich überließe ihnen nie das Faß.« »Laßt Eure Witzeleien, Jungfer Galicierin«, versetzte der Wirt; »tut, was Eures Amtes ist, und laßt Euch nicht mit den jungen Leuten ein, sonst werde ich Euch prügeln.« »Ei ja doch«, erwiderte die Galicierin; »seht nur, was für feine Bissen sie sind! Nach denen könnte man lüstern werden! Wahrlich, mein Herr hat mich noch nie so viel mit den Burschen in und außer dem Hause schäkern sehn, daß er eine so schlechte Meinung von mir haben könnte. Sie sind Spitzbuben, und sie laufen davon, wenn es ihnen beliebt, ohne daß wir ihnen die geringste Veranlassung dazu geben. Wahrlich, es sind feine Leutchen. Denen brauchte man eben nicht erst Lust dazu zu machen, daß sie ihren Herren ein Schnippchen schlagen, wenn sie am wenigsten daran denken.«

»Plaudert nicht so viel, Jungfer Galicierin«, antwortete der Wirt. »Einen Stöpsel auf den Mund, und habt auf das acht, was Eures Amtes ist!«

Indessen hatte Carriazo den Esel schon angeschirrt, sprang mit einem Satz hinauf und ritt nach dem Fluß. Avendaño aber freute sich sehr über den wackern Entschluß seines Freundes. Nun haben wir also, in Gottes Namen sei's gesagt, Avendaño unter dem Namen Tomás Pedro, denn so nannte er sich, zum Hausknecht gemacht, und Carriazo unter dem Namen Lopes, des Asturiers, zum Wasserträger, zwei Verwandlungen, die wohl selbst die des großnasigen Poeten[1] noch übertreffen dürften. Kaum hatte die verwünschte Argüello gehört, daß beide im Hause blieben, als sie auch schon einen Anschlag auf den Asturier plante, ihn

1 Ovid.

für gute Prise erklärte und sich vornahm, ihn so zu verpflegen, daß er, trotz aller Spröde und Sittsamkeit, geschmeidiger werden sollte als ein Handschuh. Dasselbe Ziel verfolgte die spröde Galicierin bei Avendaño, und da beide durch Arbeit, Unterhaltung und Zimmergemeinschaft große Freundinnen geworden waren, so teilten sie einander ihre Liebesabsichten unverzüglich mit und beschlossen, noch in selbiger Nacht auf die Eroberung ihrer kaltherzigen Liebhaber auszugehn. Vor allen Dingen aber hielten sie die Bitte für nötig, daß sie auf nichts eifersüchtig werden möchten, was sie etwa mit sich selbst beginnen würden; denn wenn die Mägde sich nicht fremde Burschen zinsbar machten, so könnten sie die Knechte im eignen Hause nur schlecht verpflegen. »Seid nur still, Brüderchen«, sagten sie, als ständen sie vor ihnen und wären schon ihre erklärten Liebhaber oder Buhlen, »seid still und drückt ein Auge zu und laßt den die Zimbel schlagen, der es versteht, und den den Reigen anführen, der es kann, dann soll kein Domherr herrlicher gehalten werden als ihr von euren Mägden.«

Diese und andre ähnliche Gespräche führten die Galicierin und Argüello miteinander. Unterdessen ritt unser wakkerer Lope, der Asturier, über den Karmeliterhügel nach dem Flusse und dachte an seine Thunfischerei und an seine plötzliche Standesänderung. Waren diese Gedanken der Grund, oder fügte das Schicksal es so, genug, als er auf einem schmalen Wege den Hügel hinabritt, kam ihm der beladene Esel eines andern Wasserträgers entgegen, und da Lope bergab ritt und sein Esel munter und wohlgenährt und noch wenig angestrengt war, so prallte er so heftig wider den abgematteten und ausgehungerten Esel, der herauf kam, daß er ihm die Krüge zerbrach und das Wasser verschüttete. Der alte Wasserführer geriet über diesen Unfall so in Wut und Ärger, daß er auf den neuen Wasserführer zustürzte und ihm, ehe er sich losmachen und abspringen konnte, ein Dutzend kräftiger Hiebe aufmaß und aufzählte, die dem Asturier nicht zum besten schmeckten. Endlich kam Lope vom Esel herunter, und zwar in solcher Wut, daß er sich auf seinen Feind stürzte, ihn mit beiden Händen an der Kehle faßte und zu Boden warf. Der Wasserträger schlug scharf mit dem Kopf auf einen Stein, und aus zwei Wunden strömte soviel Blut, daß er glaubte, er habe ihn getötet. Nun liefen viele andre Wasserträger, die dort beschäftigt waren, herzu und fielen, als sie ihren Genossen so übel zugerichtet sahen, über Lope her, packten ihn, so fest sie konnten, und riefen: »Zu Hilfe, zu Hilfe! Dieser Wasserträger hat einen Menschen erschlagen!« Mit diesen Worten traktierten sie ihn schreiend mit Püffen und Stockschlägen. Andre eilten dem Gestürzten zu Hilfe und sahen, daß ihm der Schädel aufgeschlagen war und daß er im Begriffe stand, den Geist aufzugeben.

Das Gerücht lief von Mund zu Mund den Hügel hinauf, und auf dem Karmeliterplatz kam es einem Gerichtsdiener zu Ohren, der sich mit zwei Häschern wie im Fluge an die Stätte des Streits verfügte, wo der Verwundete eben quer über seinen Esel gelegt worden war; den Esel Lopes aber hielten sie fest. Lope war von mehr als zwanzig Wasserträgern umringt, die nicht müde wurden, auf ihn einzudringen, und ihm den Rücken so bearbeiteten, daß man noch mehr für sein Leben hätte fürchten können als für das des Verwundeten; denn unablässig tanzten die Fäuste und Knüttel jener Rächer fremder Sünden auf ihn umher. Als der Gerichtsdiener hinzukam, entfernte er die Menge, übergab den Asturier seinen Häschern, trieb seinen Esel wie auch das andere Tier mit dem Verwundeten vor sich her und führte sie nach dem Gefängnis; ihn begleiteten so viele Leute und Straßenbuben, daß er sich durch das Gedränge kaum Platz zu machen vermochte.

Der Lärm der Volksmenge lockte auch Tomás Pedro und seinen Herrn an die Haustür, um zu sehn, was das Geschrei bedeute. Da entdeckten sie Lope zwischen den beiden Häschern, Blut im Gesicht und im Munde. Der Wirt schaute sogleich nach seinem Esel aus und erblickte ihn in den Händen eines andern Häschers, der schon zu ihnen gestoßen war. Er fragte nach der Ursache dieser Festnahme und erfuhr den wahren Bericht des Hergangs. Es tat ihm um seinen Esel leid, denn er fürchtete, er werde ihn verlieren oder wenigstens, um ihn wieder zu erhalten, mehr Auslagen haben, als er wert war. Tomás Pedro folgte seinem Gefährten; freilich ließ man ihn nicht dazu kommen, daß er auch nur ein Wort mit ihm tauschen konnte, so groß war die Menge, die sich ihm hindernd entgegenstellte, und so groß die Vorsicht der Häscher und des Gerichtsdieners, der ihn führte. Er verließ ihn jedoch nicht eher, als bis er sah, daß man ihn in das Gefängnis und in einen Kerker mit doppelten Gittern brachte, den Verwundeten aber in das Krankenhaus. Diesem folgte er, um ihn verbinden zu sehn; er erkannte, daß die Verletzung gefährlich, ja sehr gefährlich war, was denn der Wundarzt auch bestätigte. Der Gerichtsdiener nahm die beiden Esel und fünf Achtrealenstücke, die die Häscher Lope abgenommen hatten, mit nach Hause.

Ganz verwirrt und traurig kehrte Tomás in den Gasthof zurück, wo er seinen neuen Herrn ebenso bekümmert vorfand, wie er selber war. Er erzählte ihm von der Lage seines Gefährten, von der Todesgefahr, in der der Verwundete schwebte, und wie es mit seinem Esel stehe. Er sagte ferner, zu diesem Unglück komme noch ein zweites, nicht weniger drückendes, denn unterwegs sei ihm ein vertrauter Freund seines Herrn begegnet und habe ihm gesagt, sein Herr sei, um schnell weiter zu kommen und zwei Meilen Wegs zu ersparen, mit der Barke von Aceca aus Madrid abgegangen und schlafe diese Nacht in Orgaz; er habe dem Boten zwölf Taler gegeben, die er ihm mit dem Befehl einhändigen solle, nach Sevilla zu gehn, wo er ihn erwarte. »Das geht aber nicht«, fuhr Tomás fort, »denn es wäre nicht recht, wenn ich meinen Freund und Kameraden im Gefängnis und in solcher Gefahr verlassen wollte. Mein Herr kann es mir diesmal nicht übelnehmen, und er ist auch so gut und edelmütig, daß er mir jedes Vergehen vergeben wird, das ich mir ihm gegenüber zuschulden kommen lasse, wenn ich nur bei meinem Kameraden ausharre. Tut mir den Gefallen, mein lieber Herr, nehmt dieses Geld und verwendet Euch für ihn. Unterdessen werde ich meinem Herrn den Vorfall schreiben, und ich weiß, er schickt mir dann Geld genug, um uns aus jeder Gefahr herauszureißen.«

Der Wirt machte große Augen, als er das Geld sah, und freute sich, dadurch für den Verlust seines Esels zum Teil entschädigt zu werden. Er nahm es und tröstete Tomás, indem er ihm versicherte, er habe in Toledo bedeutende Gönner, die viel bei der Justiz vermöchten; namentlich eine vornehme Nonne, eine Verwandte des Korregidors, die ihn unter dem Pantoffel habe. Eine Wäscherin im Kloster dieser Nonne habe eine Tochter, eine sehr gute Freundin der Schwester eines Klosterbruders, der mit dem Beichtvater der genannten Nonne auf sehr freundschaftlichem und vertrautem Fuße lebte. Diese Wäscherin besorge auch das Leinen im Gasthofe, und wenn sie (was sie gewiß tun werde) ihre Tochter bitte, der Schwester des Klosterbruders zu sagen, daß sie mit ihrem Bruder rede, damit dieser mit dem Beichtvater und der Beichtvater mit der Nonne rede, und die Nonne (was ihr ja ein leichtes sei) sich dazu verstehe, ein paar Zeilen an den Korregidor zu schreiben und ihm die Sache seines Gefährten angelegentlich zu empfehlen, so dürfe man sich gewiß einen guten Erfolg versprechen. »Der ist uns aber auf jeden Fall gewiß, wenn der Wasserträger nicht stirbt und wenn es nicht an Salbe fehlt, um alle Diener der Gerechtigkeit damit zu schmieren; denn wenn sie nicht geschmiert werden, so knarren sie häßlicher als Ochsenkarren.«

Tomás freute sich sehr über die Anerbietung der Protektion, die ihm sein Herr gemacht hatte, doch fand er die unendlichen Umwege, durch die er zum Ziel gelangen sollte, spaßig; und obgleich er deutlich einsah, daß er mehr in verschmitzter Spötterei gesprochen hatte als in voller Unbefangenheit, dankte er ihm doch für seinen guten Willen und gab ihm das Geld mit dem Versprechen, bald noch weitere Summen aufzutreiben; denn wie er schon gesagt habe, vertraue er völlig auf die Güte seines Herrn. Argüello aber lief, sobald sie erfuhr, daß ihr neuer Schatz in Banden lag, gleich nach dem Gefängnis, um ihm Speise zu bringen. Allein man ließ sie nicht ein, und sie kehrte mißvergnügt und unzufrieden zurück, ohne jedoch deshalb von ihrem guten Vorsatz abzustehn.

Endlich war nach vierzehn Tagen der Verwundete außer Gefahr, und nach drei Wochen erklärte ihn der Wundarzt für völlig genesen. Tomás hatte in dieser Zeit den Wirt glauben zu machen gewußt, er hätte fünfzig Taler aus Sevilla bekommen. Er zog das Geld aus der Brust und übergab es ihm samt dem angeblichen Brief von seinem Herrn. Da nun dem Wirt wenig daran lag, die Wahrheit dieser Korrespondenz zu ergründen, so steckte er das Geld ein, das ihm große Freude machte, weil es aus lauter Goldtalern bestand.

Für sechs Dukaten stand der Verwundete von seiner Klage ab, und der Asturier wurde zu zehn Dukaten verurteilt. Er verließ das Gefängnis, weigerte sich aber, wieder zu seinem Gefährten zu ziehn, und führte ihm als Entschuldigung an, daß Argüello ihn in den Tagen seiner Gefangenschaft besucht und ihm Liebesanträge gemacht habe, die ihm so lästig und widerlich seien, daß er sich lieber wolle hängen lassen, als den Lüsten dieses Weibes nachgeben. Er gedenke, da sein Freund nun einmal seinen Vorsatz ausführen und verfolgen wolle, sich einen Esel zu kaufen und, solange sie in Toledo seien, das Geschäft eines Wasserträgers zu treiben. Unter dem Schutze dieses Gewerbes könne er nicht als Landstreicher vor Gericht gezogen und festgenommen werden; denn mit einer einzigen Ladung Wasser könne er den ganzen Tag nach allen Richtungen durch die Stadt ziehn und nach den Vögeln schauen. »Du wirst eher schöne Frauen in dieser Stadt sehn«, versetzte Avendaño, »als Vögel; denn Toledo steht im Rufe, die verständigsten Frauen in Spanien zu besitzen, und mit ihrem Verstande soll ihre Schönheit gleichen Schritt halten. Du brauchst nur Costanzchen anzusehn, durch deren Überfülle an Reizen sich nicht allein alle Schönen dieser Stadt, sondern alle in der Welt bereichern könnten.« »Langsam, Herr Tomás«, versetzte Lope, »laß uns mit den Lobeserhebungen der Jungfer Küchenmagd fein Schritt für Schritt zu Werke gehn, wenn du nicht willst, daß ich dich, wie für einen Narren, auch für einen Ketzer halten soll.« »Eine Küchenmagd hast du Costanza genannt, Bruder Lope?« antwortete Tomás. »Gott verzeihe es dir und führe dich zur rechten Erkenntnis deines Irrtums!« »Nun, ist sie denn keine Küchenmagd?« versetzte der Asturier. »Ich soll sie noch den ersten Teller scheuern sehn.« »Darauf kommt es nicht an«, versetzte Lope, »ob du sie den ersten Teller hast scheuern sehn oder den zweiten oder den hundertsten!« »Ich sage dir aber, Bruder«, versetzte Tomás, »daß sie gar nicht scheuert und auch weiter nichts verrichtet als ihre Handarbeit, und daß sie die Aufsicht über das viele Silberzeug führt, das hier im Hause ist.« »Warum nennt man sie aber in der ganzen Stadt die vornehme Scheuermagd«, sagte Lope, »wenn sie nicht scheuert? Nun, wahrscheinlich nennt man sie die vornehme, weil sie Silber scheuert und nicht Ton. Aber lassen wir das beiseite, und nun sage mir, Tomás, wie stehn denn deine Hoffnungen?« »Sehr schlecht«, erwiderte Tomás. »Solange du im Gefängnis warst, habe ich auch nicht ein Wort mit ihr sprechen können, und auf alles, was ihr die Gäste sagen, antwortet sie nicht anders als mit niedergeschlagenen Augen und unbewegten Lippen. Sie ist so sittsam und züchtig, daß sie durch ihre Zurückhaltung ebensosehr bezaubert wie durch ihre Schönheit. Meine Geduld hält nur noch das eine aufrecht, daß ich weiß, der Sohn des Korregidors, ein stolzer und ziemlich verwegener Bursche, ist zum Sterben in sie verliebt und umwirbt sie mit Ständchen. Er läßt nicht leicht einen Abend vergehn, ohne daß er ihr ein Ständchen brächte, und zwar so öffentlich, daß man sie in den Liedern, die alle Welt singt, nennt, lobt und verherrlicht. Doch sie hört nicht darauf und kommt vom Abend bis zum Morgen nicht aus dem Zimmer ihrer Herrin. Das ist der Schild, der den grausamen Pfeil der Eifersucht von meinem Herzen abwehrt.« »Was gedenkst du denn nun zu tun, da du die Unmöglichkeit vor dir siehst, an dieser Porcia, dieser Minerva, dieser neuen Penelope, die dich in Gestalt eines Mädchens und einer Scheuermagd bezaubert, entmutigt und vernichtet, eine Eroberung zu machen?« »Spotte meiner, so viel wie du willst, Freund Lope! Ich weiß doch, daß ich in das reizendste Gesicht, das die Natur nur bilden konnte, verliebt bin, und in die unvergleichlichste Sittsamkeit, die es gegenwärtig in der Welt geben kann. Costanza heißt sie, nicht Porcia, Minerva oder Penelope. Sie dient in einem Gasthofe, ich kann es nicht leugnen. Allein was soll ich tun, da mir klar geworden ist, daß mein Schicksal mich mit geheimer Gewalt vorwärts treibt, während mein Verstand mich mit den einleuchtendsten Gründen zwingt, sie anzubeten? Sieh, lieber Freund, ich weiß nicht, wie ich es dir sagen soll«, fuhr Tomás fort; »aber die Liebe adelt und erhebt dieses geringe Geschöpf, diese Scheuermagd, wie du sie nennst, in meinen Augen so hoch, daß ich sie nicht mehr sehe, wenn ich sie sehe, sie nicht mehr erkenne, wenn ich sie erkenne. Selbst wenn ich mir Mühe gebe, so ist es mir auch nicht einen Augenblick möglich, sie, wenn ich so sagen darf, in der Niedrigkeit ihres Standes zu betrachten; denn könnte je ein Gedanke daran in mir erwachen, so würde ihre Schönheit, ihre Anmut, ihre Ruhe, ihre Bescheidenheit und Sittsamkeit ihn gleich wieder auslöschen und mir zu erkennen geben, daß unter dieser rauhen Rinde eine Goldmine hohen Wertes und großen Verdienstes verschlossen und versteckt sein muß. Kurz, mag es sein, wie es will, ich liebe sie, aber nicht mit jener niedrigen Liebe, mit der ich andre geliebt habe, sondern mit einer reinen Liebe, die nichts erstrebt, als ihr zu dienen und ihre Gegenliebe zu gewinnen, damit sie mir mit ehrbarem Willen das verstatte, was meine gleichfalls ehrbaren Wünsche verdienen.« Bei diesen Worten rief der Asturier mit lauter Stimme aus: »O platonische Liebe, o vornehme Scheuermagd, o hochbeglückte Zeit, in der wir leben, da wir erfahren, daß die Schönheit verliebt macht ohne alle Hintergedanken, die Ehrsamkeit Herzen entzündet, ohne sie zu verbrennen, die Anmut anzieht, ohne zu verlocken, und die Niedrigkeit des Standes verpflichtet und zwingt, sie auf das Rad der sogenannten Fortuna emporzuheben. O meine armen Thunfische, die ihr dieses ganze Jahr hinbringen müßt, ohne von diesem eurem leidenschaftlichen Liebhaber besucht zu werden! Aber im künftigen Jahre will ich gewiß auf eine Weise für mein Vergehen büßen, daß die Obermeister meiner geliebten Thunfischereien sich nicht über mich sollen beklagen können.« Da sagte Tomás: »Ich sehe schon, Asturier, daß du mich ganz unverhohlen verspottest. Das beste, was du tun kannst, ist, daß du in Gottes Namen in deine Fischerei gehst; doch ich will hier im Hause bleiben, und hier wirst du mich finden, wenn du wiederkommst. Willst du den Teil unsres Geldes mitnehmen, der dir zukommt, so will ich ihn dir gleich geben. Ziehe in Frieden, und jeder folge dem Pfade, auf den ihn sein Geschick führen will.« »Ich hätte dich doch für klüger gehalten«, versetzte Lope. »Siehst du denn nicht, daß ich nur scherze? Da ich aber weiß, daß du im Ernst redest, so will ich dir auch im Ernst in allem beistehn, was dir Freude machen kann. Nur eins verlange ich von dir zum Lohn für die vielen Dienste, die ich dir zu leisten gedenke: Ich bitte dich nämlich, mich davor zu schützen, daß Argüello mich mit ihren Liebkosungen quält; denn eher würde ich die Freundschaft mit dir brechen, als mich in die Gefahr begeben, daß ich mir die ihre gefallen lassen muß. So wahr Gott lebt, mein Freund, sie schwatzt mehr als ein Referent, und ihr Atem riecht eine Meile weit wie Weinhefe. All ihre Oberzähne sind eingesetzt, und ich glaube auch, sie trägt lauter falsches Haar. Um ihren Mängeln abzuhelfen und sie zu verbessern, hat sie sich, seitdem sie mir zuerst ihre unreinen Gedanken entdeckte, aufs Schminken verlegt, und nun übertüncht sie ihr Gesicht so sehr, daß es aussieht wie eine Gipsmaske.« »Das alles ist richtig«, versetzte Tomás, »und ganz so schlimm ist die Galicierin, die mich peinigt, nicht. Doch dies ist zu tun: Du bleibst nur noch diese Nacht im Gasthof, und morgen kaufst du dir den Esel, von dem du sagtest, und suchst dir ein andres Quartier. So weichst du den Angriffen der Argüello aus, und ich bleibe außer den unwiderstehlichen Strahlen meiner Costanza denen der Galicierin ausgesetzt.«

So vereinbarten es die beiden Freunde und begaben sich dann in den Gasthof, wo der Asturier von Argüello sehr liebreich empfangen wurde. Abends fand vor der Tür ein Tanz statt, den eine große Anzahl von Maultierknechten aus dem Gasthof und den benachbarten Schenken ausführten. Die Gitarre spielte der Asturier; die Tänzerinnen bestanden, außer den beiden Galicierinnen und der Argüello, in drei andern Mägden eines andern Gasthofs. Ferner versammelten sich auch mehrere vermummte Zuschauer, die mehr Costanza als den Tanz zu sehn wünschten. Sie aber zeigte sich weder, noch auch kam sie, um zuzusehn, wodurch sie viele enttäuschte. Lope spielte die Gitarre mit solcher Gewandtheit, daß die Leute sagten, in seiner Hand rede das Instrument. Die jungen Mädchen baten ihn daher (und am eindringlichsten Argüello), eine Romanze zu singen. Er versprach es unter der Bedingung, daß sie dazu tanzten, wie man in den Komödien singt und tanzt; und um nicht fehl zu gehn, sollten sie es nicht anders und genau so, wie er es ihnen vorsinge. Unter den jungen Maultiertreibern und den Mädchen waren tüchtige Tänzer und Tänzerinnen. Lope säuberte sich die Kehle, indem er sich zweimal räusperte; unterdessen dachte er nach, was er singen sollte, und als ein Mensch von beweglichem Geist und schnellem Witz begann er im leichten Fluß seiner Improvisation in folgender Weise zu singen:

Komm hervor, komm, schön Argüello,
Jungfrau, einmal und nicht mehr!
Dann nach zierlicher Verbeugung
Tritt zurück zwei Schritte schnell!

Der, so Barrabás genannt wird,
Führe an der Hand sie weg,
Andalusier, Maultiertreiber,
Domherr in dem Compasfeld.

Von den zwei Galicierinnen,
Welche diese Schenke nährt,
Komme die der prallen Wangen,
Ohne Schürz, im Mieder her.

Sie umschlinge dann Torote,
Alle viere je zu zwein:
Sich verschlingend und sich drehend,
Führen sie den Walzer jetzt!

Alles, was der Asturier sang, führten die Tänzer und Tänzerinnen buchstäblich aus. Als ihnen aber befohlen wurde, einen Walzer zu beginnen, antwortete der tanzende junge Maultiertreiber Barrabás (das war sein Spitzname): »Bruder Musikant, bedenke hübsch, was du singst, und hänge niemandem einen schlechten Mantel um! Es will hier niemand etwas vom Wälzen wissen. Sehe ein jeder zu, wie er tanzen kann!« Der Wirt, der die einfältige Rede des Burschen hörte, sagte zu ihm: »Bruder Maultiertreiber, der Walzer ist ein ausländischer Tanz. Vom Wälzen ist keine Rede.« »Wenn das so ist«, erwiderte der Bursche, »so ist weiter nichts darüber zu sagen. Spielt nur Eure gewöhnlichen Sarabanden, Chaconen und Folien und trefft die Anordnung ganz nach Eurem Belieben; denn es sind Leute hier, die alles bis auf den i-Punkt ausführen werden.«

So fuhr denn der Asturier, ohne eine Silbe zu erwidern, in seinem Gesange also fort:

Kommt herbei nun, Tänzerinnen,
Flinke Tänzer, kommet her!
Denn der Reigen der Chacone
Greifet weiter als das Meer.

Bringet eure Kastagnetten!
Frisch gehoben und gesenkt
Drauf die Hände bis zum Sande,
Auf den Boden, bis zum Mist!

Alle habt ihr's recht gemacht,
Schelten darf ich nimmermehr:
Kreuzet euch und schlagt dem Teufel
Mit zwei Händen Schnippchen jetzt!

Spuckt dem Hurensohn ins Antlitz,
Der uns unsre Lust nicht gönnt,
Und der selbst bei der Chacone
Nie den Frieden gern bewahrt.

Neues Lied ertön, Argüello,
Du wie ein Spital so schön!
Du bist meine neue Muse,
Drum, laß deine Gunst mich sehn!

Ja, der Reigen der Chacone
Ist des Lebens heitre Krone.

Eine köstliche Bewegung
Wird dem Körper hier gegeben,
Und die trägen Glieder fühlen
Der Erschlaffung sich entrissen.

In dem Busen kocht Gelächter
Bei dem Tanz und Gitarrtone
Jedem, der dem Sang und Reigen
Beizuwohnen ist gekommen.

Füße sind quecksilberähnlich,
Schmelzen wollen die Personen,
Und zur Lust verliebter Augen
Müssen brechen die Pantoffeln.

Alte müssen sich verjüngen
Hier im Schwung und kühnen Stolze,
Bei den Jungen aber geht es
Noch aus einem höhern Ton.

Ja, der Reigen der Chacone
Ist des Lebens heitre Krone.

Ach, wie oft hat diese hohe
Edelfrau es schon versucht,
Mit der muntern Sarabande,
Pesame und Perramore

Sich durch heimlich nächtge Breschen
Einzuschleichen in ein Kloster,
Um, der Mädchen Keuschheit störend,
Fromme Zellen zu bewohnen.

Und wie oft ward selbst von denen,
Die sie lieben, sie gescholten,

Denn es glaubt der Sohn der Freude,
Und der Dummkopf muß erkennen,

Daß der Reigen der Chacone
Ist des Lebens heitre Krone.

Diese indische Mulattin,
Die, so heißt es, mehr den Frommen
Größres Ärgernis gegeben,
Als Aroba je ersonnen;

Sie, der alle Scheuermägde
Unterwürfig Huldgung zollen,
Und die Schar der Edelknaben,
Die Lakaien auch am Hofe,

Schwört, beteuert unermüdet,
Daß sie stets, zum Trutz des stolzen
Zambapalo, auch die Stange
Halte dem geschicktsten Koche,

Und der Reigen der Chacone
Sei des Lebens heitre Krone.

Während Lope sang, schwang sich der Schwarm von Maultiertreibern und Mägden, deren etwa zwölf sein mochten, eifrig umher; und als Lope sich anschickte, andre Dinge von mehr Wert, Gehalt und Bedeutung als bisher zu singen, rief plötzlich einer der zahlreichen vermummten Zuschauer des Tanzes, ohne die Maske abzunehmen: »Halt dein Maul, du Trunkenbold! Schweig, du Weinschlauch, du Saufaus, alter Reimschmied und elender Klimperer!« Ihm gesellten sich andre mit so vielen Schimpfreden und Spöttereien, daß Lope es für geraten hielt, zu verstummen. Doch die Maultiertreiber nahmen es übel, und es hätte wohl blutige Köpfe gegeben, wenn nicht der Wirt gewesen wäre, der sie mit guten Worten beruhigte. Und dennoch wären sie einander in die Haare geraten, wäre nicht in eben diesem Augenblick die Polizei gekommen, die sie sämtlich nach Hause schickte. Kaum hatten sie sich zurückgezogen, als in der Nachbarschaft alle, die noch wach waren, die Stimme eines Menschen hörten, der sich dem Gasthofe des Sevillaners gegenüber auf einen Stein gesetzt hatte und mit so wundervoller und lieblicher Stimme sang, daß jedermann entzückt war und sich bis zum Schluß gefesselt fühlte. Am aufmerksamsten aber lauschte Tomás Pedro, den es am meisten traf, und zwar nicht nur auf die Musik, sondern auch auf den Sinn der Worte; denn ihm war, als sei es kein Lied mehr, sondern ein Exkommunikationsbrief, der ihm die Seele in Ängsten folterte. Dieser Sänger trug folgende Romanze vor:

Wo verweilst du, daß ich dich
Nicht erblicke, Schönheitssphäre?
Überirdisches Gebilde,
Das dem Leben Reiz gewähret!

Strahlenhimmel, wo für immer
Amor selbst ist eingekehret;
Erster Schwung, der mit sich reißet
Mächtig jedes Glückes Wechsel!

Du Kristallgefild, in dessen
Rein durchsichtigen Gewässern
Sich die Glut der Liebe kühlet,
Läutert und zugleich vermehret!

Neue, schöne Himmelsdecke,
Der verliehen sind zwei Sterne,
Die, ihr Licht nicht fernher leihend,
Erd und Himmel selbst erhellen!

Freude, die sich jeder Trauer
Allenthalben widersetzet,
Die der Vater bringt, des Leib
Grab wird für die eignen Söhne!

Demut, die der hohen Gnade
Jupiters will widerstehen,
Der mit seiner reichen Fülle
Dir will spenden seinen Segen!

Unsichtbares, zartes Netz,
Das in Bande, nie zerbrechend,
Schlägt den buhlerischen Krieger,
Der stets sieget in Gefechten!

Vierter Himmel, zweite Sonne,
Die verdunkelt ganz die erste,
Läßt du dich durch Zufall sehen –
Glück und Zufall ist's, dich sehen!

Hoher Bote, ernst und herrlich
Mit so weisem Sinne sprechend,
Der, mehr als er will, durch Schweigen
Mich zur Minne überredet!

Von dem zweiten Himmel hast du
Mehr nicht als den Glanz der Schöne,
Und vom ersten weiter nichts
Als des Mondes holdes Glänzen.

Dieser Kreis bist du, Costanza,
Doch durch Schicksals Neid gesetzet
An unscheinbarn Ort und deines
Glanzes ganz unwürdge Stätte.

Spinne deines Schicksals Faden,
Spinn ihn selbst mit eignen Händen!
Wandle deine Härt in Sanftmut,
Zähme deinen Sinn, den spröden!

Dann wirst dein Geschick, o Herrin,
Bald du dir beneidet sehen,
Von den Stolzen ob des Adels,
Von den Großen ob der Schönheit.

Wollt Ihr schnell zum Ziel gelangen,
Biet ich reiches, reines Sehnen,
Das in meinem Busen glühet,
Wie's nur Amor je gesehen.

In dem Augenblick, als der Sänger diese letzten Verse vollendet hatte, kamen ein paar Ziegelstücke geflogen. Wären sie dem Sänger so, wie sie zu seinen Füßen niederfielen, mitten auf den Kopf gefallen, so hätten sie ihm leicht Musik und Poesie aus den Gedanken vertrieben. Diesmal aber erschrak der arme Teufel nur und lief so schnell den Hügel hinan, daß ihn auch ein Windhund nicht eingeholt hätte. Unglückliches Los der Sänger, die mit den Fledermäusen und Eulen ausfliegen, daß sie stets dergleichen Regenschauern und Unfällen ausgesetzt sind!

Alle, die die Stimme des Gesteinigten vernommen hatten, fanden sie schön, am schönsten aber fand sie Tomás Pedro, der sowohl die Stimme wie das Lied bewunderte. Indes wünschte er doch, eine andre als Costanza hätte Gelegenheit zu so vielen Ständchen gegeben, wiewohl ihr keins je zu Ohren gelangte. Ganz andrer Meinung aber war der Maultiertreiber Barrabás, der den Gesang ebenfalls mit angehört hatte. Denn als er den Sänger fliehen sah, rief er: »Lauf, du Narr, du Judaspoet! Daß dir die Flöhe die Augen ausfressen! Welcher Teufel hat dich gelehrt, einer Küchenmagd von Sphären und Himmeln vorzusingen und sie Montag, Dienstag und Glücksrad zu nennen! Du hättest ihr in des Teufels Namen für dich und alle, denen deine Reimerei gefällt, sagen sollen, sie sei so spröde wie ein Spargel, so stolz wie ein Federbusch und so weiß wie Milch, so ehrbar wie eine Klosternovize, so geziert und so unbiegsam wie ein Mietsesel und härter als ein Stück Mörtel, dann hätte sie es doch verstanden und sich darüber gefreut. Doch wenn du sie einen Gesandten, ein Netz, einen Grund, Hoheit und Niedrigkeit nennst, so kannst du das eher einem Schuljungen sagen als einer Küchenmagd. Es gibt doch wahrlich Dichter in der Welt, die Reime schreiben, wie sie kein Teufel versteht. Ich wenigstens bin zwar Barrabás, doch von dem, was dieser Musikant gesungen hat, verstehe ich nichts. Seht zu, was Costanza daraus machen wird. Doch die macht es gescheiter, sie bleibt im Bett und schert sich den Teufel um ihn, und wäre er der Priester Johann von Indien. Dieser Spielmann gehört wenigstens nicht zu den Gefährten des Sohnes des Korregidors; denn deren sind viele, und sie kann man doch bisweilen verstehn. Dieser aber hat mich, meiner Seele, ganz verdrießlich gemacht!«

Alle, die Barrabás hörten, freuten sich nicht wenig über seine Worte und fanden, daß seine Kritik und sein Urteil das Ziel genau träfe. Damit ging man zu Bette, und kaum war alles zur Ruhe gegangen, als Lope vor der Tür seines Zimmers ganz leise rufen hörte, und auf seine Frage, wer es sei, erhielt er mit gedämpfter Stimme die Antwort: »Wir sind es, die Argüello und die Galicierin; öffnet uns, denn wir erfrieren fast!« »Nun in der Tat«, erwiderte Lope, »wir sind ja mitten in den Hundstagen.« »Sei so gut und laß das, Lope«, erwiderte die Galicierin, »steh auf und öffne die Tür, denn wir sind geputzt wie die Erzherzoginnen.« »Erzherzoginnen und zu dieser Stunde«, versetzte Lope, »an die glaube ich nicht; eher denke ich, ihr seid Hexen oder die allergrößten Spitzbübinnen! Packt euch von hinnen, oder beim Leben des ... ich schwöre, wenn ich aufstehn muß, so werde ich euch mit den Schnallen meines Gurtriemens die Hintern bearbeiten, daß ihr aussehn sollt wie die Klatschrosen.«

Als nun die Mädchen so gröbliche Antworten hörten, und so völlig andre, als sie erwartet hatten, da fürchteten sie die Wut des Asturiers und gingen, um ihre Hoffnungen betrogen, in ihren Plänen durchkreuzt, traurig und mißvergnügt zu Bette. Ehe sie aber die Tür verließen, rief Argüello hinein, indem sie ihren Rüssel dem Schlüsselloch näherte: »Der Honig ist nicht für den Gaumen des Esels gemacht.« Damit kehrte sie, als hätte sie eine recht witzige Sentenz gesprochen und gerechte Rache genommen, wie gesagt, zu ihrem einsamen Lager zurück.

Als Lope bemerkte, daß sie fort waren, sagte er zu Tomás Pedro, der erwacht war: »Höre, Tomás, verlange von mir, daß ich zwei Riesen bekämpfe, oder gib mir Gelegenheit, dir zuliebe einem halben Dutzend Löwen oder einem ganzen die Kinnbacken auszubrechen! Ich will es schneller tun, als man ein Glas austrinkt. Wenn du mich aber in die Notwendigkeit versetzest, mit Argüello handgemein zu werden, so will ich nicht, und schösse man mich mit Pfeilen tot. Schau doch, was für Fräuleins von Dänemark das Schicksal uns heute nacht beschert hat! Doch nun genug, denn Gott wird auch den Morgen bringen, dann wollen wir weiter sehn.« »Ich habe dir schon gesagt, Freund«, antwortete Tomás, »daß du ganz nach deinem Gefallen handeln kannst, du magst nun auf deine Wanderschaft gehn oder dir einen Esel kaufen und ein Wasserträger werden, wie du schon beschlossen hattest.« »Wasserträger will ich werden«, entgegnete Lope. »Jetzt aber wollen wir die kurze Zeit bis zum Morgen noch schlafen, denn ich habe einen Kopf, größer als ein Faß, und ich bin nicht aufgelegt, noch länger mit dir zu plaudern.«

Sie schliefen ein; es wurde Tag, und sie standen auf; Tomás teilte Futter aus, und Lope ging auf den Viehmarkt, der nicht weit entfernt war, um sich einen guten Esel zu kaufen. Nun traf es sich, daß Tomás, da ihn viele Gedanken beschäftigten und die Einsamkeit der Mittagsruhe ihm Muße ließ, in ein paar freien Stunden einige zärtliche Verse dichtete und sie in dasselbe Buch schrieb, in dem er über die Gerste Rechnung führte; er wollte sie später ins reine schreiben und die beschriebenen Blätter entweder herausreißen oder durchstreichen. Doch ehe er dazu kam, nahm sein Herr das Buch, als Tomás eben ausgegangen war und es auf dem Futterkasten hatte liegen lassen, zur Hand, und als er es aufschlug, um zu sehn, wie es mit der Rechnung stehe, fielen ihm die Verse in die Augen, und als er sie las, war er ganz verwundert und bestürzt. Er ging zu seiner Frau; doch ehe er sie vorlas, rief er Costanza und forderte sie eindringlich, bittend und zugleich drohend auf, ihm zu sagen, ob Tomás Pedro, der Gerstenmesser, ihr irgendwelche Zärtlichkeiten oder Ungehörigkeiten gesagt oder ihr angedeutet habe, daß er in sie verliebt sei. Costanza schwor, sie solle noch das erste Wort in dieser oder einer andern Angelegenheit von ihm hören, und nie habe er ihr auch nur durch Blicke irgendeinen sträflichen Gedanken zu erkennen gegeben. Ihre Herrschaft glaubte ihr, weil sie gewohnt war, auf alle Fragen stets die Wahrheit von ihr zu hören. Sie schickte sie fort, und der Wirt sagte zu seiner Frau: »Ich weiß nicht, was ich davon halten soll. Wisse, liebe Frau, Tomás hat Verse in dieses Gerstenbuch geschrieben, die mich auf den Gedanken bringen, er sei in Costanza verliebt.« »Laß die Strophen einmal sehn«, entgegnete seine Frau, »ich will dir gleich sagen, wie es damit steht.« »Das glaube ich gern«, versetzte ihr Gatte; »denn da du eine Dichterin bist, wirst du den Sinn bald herausfinden.« »Ich bin keine Dichterin«, erwiderte die Wirtin, »aber du weißt, ich habe einen guten Kopf, und ich kann die vier Gebete lateinisch beten.« »Du tätest besser, du betetest sie spanisch«, entgegnete der Wirt; »denn dein Oheim, der Geistliche, hat dich schon einmal gescholten, du machtest tausend Schnitzer, wenn du lateinisch betest, so daß es gar kein Beten mehr ist.« »Das ist ein Pfeil, der aus dem Köcher seiner Nichte kommt«, sagte die Wirtin; »denn sie ist neidisch darauf, daß ich mein lateinisches Brevier in der Hand habe und meine Augen darin spazieren führe wie in einem bepflanzten Weinberg.« »Dem sei, wie ihm wolle«, erwiderte der Wirt; »hör einmal zu! Die Verse lauten also:

Wem ist Amor wohl geneigt?
  Dem, der schweigt.

Wer besiegt die Sprödigkeit?
  Festigkeit.

Wer hat Liebeslust erreicht?
  Wer nicht weicht.

Also dürft ich hoffen, leicht
Amors Sieg auch zu erringen,
Wenn's dem Herzen wird gelingen,
Daß es schweigt, festhält, nicht weicht.

Was ernährt die Liebesbrunst?
  Gegengunst.

Und was schwächet ihre Glut?
  Schimpf und Wut.

Mißgunst steigert sie vielleicht!
  Nein, sie weicht.

Drum sich keine Schale neigt:
Ewig muß die Liebe sein,
Da die Quelle meiner Pein
Mißgunst nicht noch Gunst mir zeigt.

Was folgt auf Verzweiflungsmacht?
  Todes Nacht.

Was hilft nur in solcher Not?
  Halber Tod.

Also hilft der Tod wohl sehr?
  Dulden mehr.

Dafür gibt mir ja Gewähr
Jenes Sprichwort unsrer Alten,
Und daran will ich mich halten:
Nach dem Sturme ruht das Meer.

Sag ich, was ich leiden kann?
  Irgendwann.

Gibt sich nie ein Anlaß mir?
  Der wird dir.

Dann werd ich gestorben sein.
  Wenn nur rein.

Deine Treu sich stets bewährt
Und Costanza es erfährt,
Wird dein Weinen Lachen sein.«

»Steht noch mehr da?« fragte die Wirtin. »Nein«, erwiderte der Wirt. »Aber was hältst du von diesen Versen?« »Zuerst«, sagte sie, »ist zu ermitteln, ob sie von Tomás herrühren.« »Daran ist nicht zu zweifeln«, entgegnete ihr Mann, »denn die Handschrift der Gerstenrechnung und die der Verse ist die gleiche, das ist nicht zu leugnen.« »Sieh, lieber Mann«, sagte die Wirtin, »wenngleich auch die Verse Costanzchen nennen und man daraus schließen könnte, sie seien auf sie gedichtet, so können wir es doch deshalb noch nicht so gewiß behaupten, wie wenn wir sie hätten schreiben sehn, zumal es in der Welt noch andre Costanzas gibt als unsre. Doch gesetzt, sie sei gemeint, so sagt er ihr kein ungebührliches Wort, noch auch verlangt er etwas von ihr, was von Bedeutung wäre. Wir wollen ein wachsames Auge haben und das Mädchen warnen; denn wenn er in sie verliebt ist, so macht er sicherlich noch mehr Verse und sucht sie ihr zuzustecken.« »Wäre es nicht besser«, sagte der Wirt, »wenn wir uns all dieser Sorgen entschlügen und ihn aus dem Hause schickten?« »Das liegt in deiner Hand«, versetzte seine Frau; »da der Bursche dich aber, wie du selbst sagst, so gut bedient, so halte ich es für eine Gewissenssache, ihn nicht um einer solchen Kleinigkeit willen zu verabschieden.« »Nun wohl«, sagte ihr Mann. »Wir wollen ein wachsames Auge haben, wie du sagst, und die Zeit wird uns lehren, was wir beginnen müssen.«

Dabei blieb es, und der Wirt legte das Buch wieder an die Stelle, an der er es gefunden hatte. Als Tomás zurückkam, suchte er es sogleich mit ängstlichem Eifer, und als er es gefunden hatte, schrieb er, um jeder weiteren Besorgnis zu entgehn, die Verse ab, zerriß die beschriebenen Blätter und beschloß, bei der ersten Gelegenheit, die sich ihm darböte, Costanza den Wunsch seines Herzens zu entdecken. Da sie aber unentwegt auf dem Pfade ihrer Sittsamkeit und Zurückhaltung fortschritt, so gab sie keinem Menschen Gelegenheit, sie zu sehn, geschweige denn eine Unterredung mit ihr anzuspinnen; und da im Gasthof überdies stets so viele Leute und so viele Augen wachten, so wurde es immer schwieriger, sie zu sprechen, was den armen Verliebten fast zur Verzweiflung trieb.

Als Costanza an diesem Tage erschien, trug sie den Kopf mit einem Tuch verbunden, und als man sie nach dem Grund fragte, erwiderte sie, sie habe heftige Zahnschmerzen. Tomás, dem die Liebe Geistesschärfe verlieh, überlegte sich schnell, was zu tun sei, und sprach: »Fräulein Costanza, ich will Euch ein Gebet aufschreiben; wenn Ihr das zweimal hersagt, so ist der Schmerz wie fortgeblasen.« »In Gottes Namen«, erwiderte Costanza, »ich will es beten, denn ich kann wohl lesen.« »Ich stelle jedoch die Bedingung«, sagte Tomás, »daß Ihr es niemandem zeigt; denn ich halte es sehr hoch, und es ist nicht gut, wenn viele es kennen, da es dann geringer geachtet würde.« »Das verspreche ich Euch«, sagte Costanza. »ich will es niemandem geben, Tomás. Aber bringt es mir schnell, denn der Schmerz plagt mich gar sehr.« »Ich werde es aus dem Gedächtnis niederschreiben«, antwortete Tomás, »und es Euch gleich geben.«

Dies waren die ersten Worte, die Tomás mit Costanza und Costanza mit Tomás wechselte, seit er im Hause war, also seit vierundzwanzig Tagen. Tomás ging, schrieb das Gebet auf und fand Gelegenheit, es Costanza zu geben, ohne daß jemand es sah. In großer Freude und noch größerer Andacht ging sie allein in ihr Zimmer, schlug das Papier auseinander und las das Folgende:

»Gebieterin meiner Seele! Ich bin ein Ritter, gebürtig aus Burgos. Wenn ich länger lebe als mein Vater, so erbe ich ein Majorat von sechstausend Dukaten jährlicher Einkünfte. Der Ruf Eurer Schönheit, der sich viele Meilen weit erstreckt, hat mich bewogen, meine Heimat zu verlassen, meinen Stand zu wechseln und in der Tracht, in der Ihr mich seht, in die Dienste Eures Herrn zu treten. Wollt Ihr meine Herrin werden, wie immer es Eure Sittsamkeit für angemessen hält, so überlegt Euch, welche Beweise ich beibringen soll, um Euch von der Wahrheit meiner Behauptung zu überzeugen. Seid Ihr davon überzeugt und ist es Euch angenehm, so will ich Euer Gemahl werden und mich als den glücklichsten Menschen der Welt ansehn. Jetzt bitte ich Euch nur, so zärtliche und lautere Absichten wie meine nicht den Leuten auf der Gasse bekannt zu geben; denn wenn Euer Herr von ihnen erfährt und mir keinen Glauben beimißt, so wird er mich aus Eurer Nähe verbannen, was für mich so viel bedeutete wie ein Todesurteil. Erlaubt mir, Fräulein, daß ich Euch sehe, bis Ihr mir glaubt, und bedenkt, daß der nicht die harte Züchtigung verdient, Euren Anblick entbehren zu müssen, der sich nichts hat zuschulden kommen lassen, als daß er Euch anbetet. Mit den Augen könnt Ihr mir antworten, unbemerkt von den vielen Augen, die Euch beständig betrachten; denn Eure Augen töten, wenn sie zürnen, und rufen ins Leben, wenn sie voll Mitleid blicken.«

Tomás, der wußte, daß Costanza gegangen war, um seinen Brief zu lesen, harrte ihrer mit klopfendem Herzen, geteilt zwischen Furcht und Hoffnung, entweder sein Todesurteil zu vernehmen oder sein Leben zurückzuerhalten. In diesem Augenblick trat Costanza heraus, und obgleich ihr Gesicht verhüllt war, erschien sie so schön, daß man hätte meinen können, wäre ihre Schönheit überhaupt einer Erhöhung fähig gewesen, die Überraschung, in Tomás Papier etwas so ganz andres zu finden, als sie erwartet hatte, habe sie noch schöner gemacht. Sie hatte das Papier in der Hand, zerriß es in kleine Stücke und sagte zu Tomás, der kaum imstande war, sich aufrecht zu halten: »Bruder Tomás, dein Gebet da scheint eher eine Zauberformel und arglistige Lüge als ein heiliges Gebet zu sein; daher will ich nicht daran glauben und es auch nicht benutzen. Ich habe das Papier zerrissen, damit es nicht einem Mädchen vor Augen komme, die leichtgläubiger ist als ich. Lerne lieber leichtere Gebete, denn dieses kann dir unmöglich von Nutzen sein.« Mit diesen Worten ging Costanza in das Zimmer ihrer Herrin, Tomás aber blieb erstaunt und einigermaßen getröstet zurück, da er sah, daß das Geheimnis seiner Sehnsucht in Costanzas Brust allein verschlossen blieb; denn er glaubte, sie werde ihrer Herrschaft nichts davon sagen, und so sei er wenigstens nicht in Gefahr, aus dem Hause gejagt zu werden. Übrigens meinte er, durch den ersten Schritt, den er in seiner Bewerbung getan hatte, über tausend Berge von Hindernissen hinweggekommen zu sein; denn bei großen und zweifelhaften Unternehmungen ist das Schwerste immer der Anfang.

Während dieser Vorgänge wanderte der Asturier herum, um einen Esel zu kaufen. Er fand ihrer viele, allein keiner war ihm recht, obgleich ein Zigeuner sich viele Mühe gab, ihm einen aufzuhängen, der wohl eher deshalb so schnell lief, weil man ihm Quecksilber in die Ohren gegossen hatte, als aus natürlicher Flüchtigkeit. Doch wenn ihm sein Gang auch gefiel, so mißfiel ihm doch sein Bau: Er war klein und nicht von der Größe und dem Wuchse, den Lope verlangte. Er suchte einen Esel, der stark genug wäre, neben seinen Krügen, mochten sie leer oder voll sein, auch ihn noch zu tragen. Schließlich näherte sich ihm ein Bursche und sagte ihm ins Ohr: »Guter Freund, wenn Ihr ein Tier für das Handwerk des Wasserträgers sucht, so habe ich hier in der Nähe auf einer Wiese einen Esel, wie Ihr besser und größer keinen in der ganzen Stadt zu finden vermögt.« Er riet ihm ferner, kein Tier von einem Zigeuner zu kaufen; denn wenn es auch scheinbar gesund und gut sei, so seien doch alle falsch und voller Fehler. »Wenn Ihr etwas Anständiges kaufen wollt«, fuhr er fort, »so kommt mit und haltet reinen Mund.«

Der Asturier glaubte ihm und sagte, er möge ihn nur zu dem Esel führen, den er so rühme. Sie gingen Hand in Hand, wie man zu sagen pflegt, dahin, bis sie beim königlichen Garten ankamen, wo sie im Schatten einer Wasserkunst viele Wasserträger fanden, deren Esel auf einer nahen Wiese weideten. Der Verkäufer zeigte ihm sein Tier, das dem Asturier in die Augen stach, und alle Anwesenden priesen es als einen kräftigen Träger und Läufer und als einen unvergleichlichen Fresser. Sie wurden handelseinig; die übrigen Wasserführer spielten die Mäkler und Unterhändler, und ohne weitere Gewährleistung zu verlangen oder nähere

Erkundigungen einzuziehn, gab er für den Esel nebst allem Zubehör des Dienstes sechzehn Dukaten, die er bar in Goldtalern zahlte. Man wünschte ihm Glück zum Handel und Eintritt in die Zunft und versicherte ihm, er habe einen sehr guten Kauf an dem Esel getan; denn sein bisheriger Herr habe sich ohne Überanstrengung neben dem anständigen Unterhalt für sich und den Esel in weniger als Jahresfrist zwei Paar Kleider verdient, und dazu diese sechzehn Dukaten, mit denen er in seine Heimat zu gehn gedenke, wo man ihm eine weitläufige Verwandte zur Frau bestimmt habe.

Außer den Unterhändlern bei dem Eselshandel waren noch vier weitere Wasserträger zugegen, die, auf dem Boden gelagert, Primera spielten, wobei ihnen die Erde als Tisch und ihre Mäntel als Teppiche dienten. Der Asturier sah ihnen zu und bemerkte, daß sie nicht wie Wasserführer spielten, sondern wie Erzdiakone; denn das Spielgeld eines jeden betrug über hundert Realen an Silber- und Kupfergeld. In einem Spiel setzte einer, der die Vorderhand hatte, seinen ganzen Rest, und wenn nicht ein zweiter mit ihm Halbpart geschlossen hätte, so hätte jener reinen Tisch gemacht. Endlich verloren die beiden all ihr Geld und standen auf. Als der Verkäufer des Esels das sah, sagte er, wenn er einen vierten Mann hätte, würde er gern an ihre Stelle treten, denn er spiele nur ungern zu dreien. Der Asturier, der eine so zarte Zuckerseele hatte, daß er keine Suppe verderben konnte, wie der Italiener sagt, erklärte, er wolle der vierte sein. Sogleich setzten sie sich nieder; die Sache ging recht gut, aber das wurde mehr darauf gesehn, viel Geld als viel Zeit auf das Spiel zu verwenden, und in kurzer Zeit verlor Lope die sechs Taler, die er noch hatte. Da er sich nun ohne einen Quarto Geld sah, sagte er, wenn sie um den Esel spielen wollten, so halte er mit. Seine Mitspieler nahmen den Vorschlag an, und Lope setzte den vierten Teil seines Esels und sagte, er wolle ein Viertel um das andre ausspielen. Er erhielt aber so schlechte Karten, daß er in vier Spielen hintereinander die vier Viertel seines Esels verlor, und der, der den Esel an ihn verkauft hatte, gewann ihn ihm so wieder ab. Er stand auf, um ihn wieder an sich zu nehmen, der Asturier aber sagte, sie möchten beachten, daß er nur die vier Viertel des Esels verspielt habe, den Schwanz aber müßten sie ihm überlassen, dann könnten sie ihn in Gottes Namen nehmen.

Alle mußten lachen über diesen Anspruch auf den Schwanz; einige aber, die etwas von den Gesetzen verstehn wollten, waren der Ansicht, die Forderung sei ganz unstatthaft, und sagten, wenn man einen Hammel oder irgendein andres Stück Schlachtvieh verkaufe, so reiße man auch nicht den Schwanz heraus und nehme ihn zurück, denn er gehe notwendig mit einem der beiden Hinterviertel weg. Lope versetzte, die Hämmel in der Berberei hätten meist fünf Viertel, und das fünfte sei der Schwanz; wenn solche Hämmel geteilt würden, so sei der Schwanz soviel wert wie jedes Viertel. Wenn übrigens das Vieh lebendig verkauft und nicht geteilt werde, so gehe der Schwanz drein, das gebe er zu. Sein Esel aber sei nicht verkauft, sondern verspielt worden, und es sei nie seine Absicht gewesen, den Schwanz mitzusetzen; sie möchten ihn also sogleich herausgeben, und zwar mit allem, was dazu gehöre und daran hänge, vom Nackenwirbel an samt allen Knochen des Rückgrats bis hinunter zu den letzten Härchen.

»Angenommen«, sagte einer der Anwesenden, »es wäre so, wie Ihr sagt, und man gäbe Euch den Schwanz, wie Ihr verlangt, was bliebe dann noch Gutes von dem Esel übrig?«

»Dem sei, wie ihm wolle!« versetzte Lope. »Gebt mir nur meinen Schwanz! Wo nicht, so sollt ihr bei Gott auch den Esel nicht nehmen, und wenn alle Wasserträger in der Welt kämen. Denkt ja nicht, weil ihr mich hier in solcher Überzahl umsteht, ihr könntet mir Furcht einjagen; denn ich stelle gewiß meinen Mann und verstehe wohl, einem den Dolch zwei Spannen lang in die Gedärme zu stoßen, ohne daß er weiß, wie und woher und von wem er kommt. Ich will ja nicht, daß man mir den Schwanz nach seinem Wert bezahle, ich verlange nur, daß man ihn mir gibt, wie er ist, und ihn von dem Esel losschneidet, wie ich schon sagte.«

Der Gewinner und die übrigen hielten es nicht für geraten, Gewalt anzuwenden, denn der Asturier schien ihnen zu entschlossen, als daß sie glauben konnten, etwas auszurichten. Er aber, ausgebildet in der Schule der Thunfischerei, wo unter Fluchen und Schreien jeder Kurs gefahren wird, warf jetzt den Hut in die Luft, faßte seinen Dolch, den er unter dem Kittel trug, und nahm eine Haltung an, die der ganzen wasserführenden Gesellschaft Furcht und Achtung einflößte. Zuletzt machte einer von ihnen, offenbar der Klügste und Vernünftigste, den Vorschlag, man solle den Schwanz gegen ein Viertel vom Esel im Guinolaspiel aussetzen. Man war es zufrieden, und Lope gewann das Spiel; der andere ärgerte sich, setzte das zweite Viertel, und nach drei weiteren Partien hatte er den ganzen Esel wieder verloren. Er wollte um Geld spielen; Lope weigerte sich; doch lagen ihm alle so an, daß er nachgeben mußte. Er gewann dem Bräutigam sein Reisegeld ab und ließ ihm nicht einen einzigen Quarto. Der nahm sich seinen Verlust so zu Herzen, daß er sich zur Erde warf und mit dem Kopf auf den Boden zu schlagen begann. Lope aber hob ihn als wohlerzogener und ebenso freigebiger wie mitleidiger Charakter auf und gab ihm alles gewonnene Geld nebst den sechzehn Dukaten für den Esel zurück. Außerdem verteilte er noch von dem übrigen Geld einiges an alle, die zugegen waren, und erregte durch diese außerordentliche Freigebigkeit helles Staunen. Wäre es in der Zeit und unter den Verhältnissen des großen Tamerlan geschehn, so hätten sie ihn zum König der Wasserträger ausgerufen.

Unter großer Begleitung kehrte Lope in die Stadt zurück und erzählte Tomás den Vorfall, der ihm seinerseits von dem guten Erfolge seiner Werbung Nachricht gab. In der ganzen Stadt aber war keine Kneipe oder Bude und kein Eckensteherplatz zu finden, wo man nicht von dem Spiel um den Esel hörte, von dem Gegenspiel um den Schwanz sowie von dem Mute und der Freigebigkeit des Asturiers. Da aber der gemeine Pöbel großenteils schändlich, boshaft und verleumderisch ist, so war die Erinnerung an die Freigebigkeit, den edlen Stolz und die guten Eigenschaften des großen Lope bald verschwunden und nur die an den Schwanz geblieben. Kaum war er daher zwei Tage lang mit seinem Wasser durch die Stadt gezogen, als er schon mit Fingern auf sich deuten sah und hörte: »Das ist der Wasserträger mit dem Schwanz.« Die Straßenjungen, die auf alles achten, kannten bald die ganze Geschichte, und Lope brauchte sich nur am Eingang irgendeiner Straße zu zeigen, so riefen sie von allen Seiten, der eine von da, der andre von dort, auf ihn ein: »Asturier, gib den Schwanz her! Gib den Schwanz, Asturier!«

Als Lope sich von so vielen Zungen und Stimmen überfallen sah, hielt er es für das beste, zu schweigen; denn er glaubte, diese Unverschämtheit werde an seinem beharrlichen Schweigen scheitern. Allein es half ihm nichts; denn je mehr er schwieg, desto mehr schrien die Jungen, und er versuchte es schließlich statt mit der Geduld mit der Gewalt. Er stieg vom Esel und schlug mit einem Knüttel unter die Buben, aber es nützte so viel, wie wenn er etwa Pulver gerieben und Feuer daran gelegt oder der lernäischen Schlange die Köpfe abzuhauen versucht hätte; denn statt eines Kopfes, den er abhieb, indem er einen Jungen prügelte, standen in demselben Augenblick nicht sieben, sondern siebenhundert andere auf, die noch eifriger und anhaltender den Schwanz von ihm begehrten. Endlich fand er es für gut, sich in das Wirtshaus zurückzuziehn, in dem er, um Argüello zu entfliehn, fern von seinem Gefährten seinen Wohnsitz aufgeschlagen hatte. Dort wollte er bleiben, bis der Einfluß dieses unglücklichen Planeten vorüber wäre und die Jungen vergessen hätten, so boshaft den Schwanz von ihm zu verlangen. Sechs Tage lang verließ er das Haus nicht vor Einbruch der Nacht. Um diese Zeit besuchte er Tomás und fragte ihn nach dem Stande seiner Angelegenheit. Tomás erzählte ihm, seit er Costanza das Papier gegeben habe, sei es ihm nicht mehr möglich gewesen, ein Wort mit ihr zu reden, und ihm scheine, als ziehe sie sich nur noch mehr zurück; denn einmal habe er Gelegenheit gefunden, zu ihr zu sprechen, und da habe sie, noch ehe er ein Wort geäußert hatte, zu ihm gesagt: »Tomás, ich habe keine Schmerzen und bedarf also weder deiner Worte noch deiner Gebete. Sei zufrieden, daß ich dich nicht bei der Inquisition verklage, und ihm übrigen gib dir keine Mühe!« Bei diesen Worten aber habe sie in ihrem Blick weder Zorn noch irgendwelche Unfreundlichkeit verraten, aus der man auf spröde Gesinnung schließen könne.

Lope erzählte ihm, wie die Gassenjungen es sich angelegen sein ließen, den Schwanz von ihm zu fordern, weil er den seines Esels verlangt und auf so köstliche Weise seinen Verlust wieder wettgemacht hatte. Tomás riet ihm, nicht auszugehn, wenigstens nicht auf dem Esel, und wenn er es je tue, einsame und abgelegene Gäßchen zu wählen. Helfe das nicht, so bleibe ihm nichts übrig, als diese Beschäftigung ganz aufzugeben; das sei das äußerste Mittel, um einer so beschimpfenden Forderung ein Ziel zu setzen.

Lope fragte ihn, ob die Galicierin sich noch einmal an ihn herangemacht habe. Tomás verneinte es; doch versäume sie nicht, ihm mit allerlei Geschenken und Leckereien zu kirren, die sie in der Küche den Gästen stehle. Lope zog sich in seine Herberge zurück und nahm sich vor, innerhalb fernerer sechs Tage nicht auszugehen, wenigstens nicht mit dem Esel.

Es mochte elf Uhr abends sein, als ganz unerwartet und unvorhergesehn eine Menge Gerichtsdiener mit dem Korregidor an der Spitze in den Gasthof eintrat. Der Wirt und seine Gäste waren sehr bestürzt; denn gleich den Kometen, die durch ihr Erscheinen Angst vor unglücklichen Ereignissen verbreiten, so verbreiten auch die Diener der Gerechtigkeit, wenn sie plötzlich und in so großer Anzahl ein Haus betreten, Bestürzung und Schrecken, selbst über die Gemüter, die sich keiner Schuld bewußt sind. Der Korregidor trat in ein Zimmer und rief den Wirt des Gasthofes, der zitternd herbeieilte, um zu fragen, was der Herr Korregidor wünsche. Sowie der Korregidor ihn erblickte, legte er ihm mit großem Ernst die Frage vor: »Seid Ihr der Wirt?« »Ja, mein Herr«, antwortete dieser, »Euer Gestrengen zu Befehl, was immer Ihr mir auftragen wollt.« Der Korregidor befahl allen im Saal Anwesenden, hinauszugehn und ihn mit dem Wirt allein zu lassen. Es geschah; und als sie allein waren, sagte der Korregidor zum Wirt: »Herr Wirt, was für Dienerschaft habt Ihr in Eurem Hause?« »Mein Herr«, antwortete dieser, »ich habe zwei junge Galicierinnen, eine Haushälterin und einen Burschen, der Rechnung führt über Gerste und Stroh.« »Sonst keinen?« fragte der Korregidor. »Nein, mein Herr«, erwiderte der Wirt. »Nun sagt mir, Herr Wirt«, fuhr der Korregidor fort, »wo bleibt denn ein gewisses Mädchen, das in diesem Hause dienen soll und so schön ist, daß man es in der ganzen Stadt die vornehme Küchenmagd nennt? Zugleich hat man mir erzählt, mein Sohn Don Periquito sei in sie verliebt, und es vergehe keine Nacht, in der er ihr nicht ein Ständchen bringe.« »Gnädiger Herr«, sprach der Wirt, »diese vornehme Küchenmagd, von der man spricht, ist wirklich in meinem Hause, allein sie ist weder meine Magd, noch ist sie es nicht.« »Ich verstehe nicht, was das heißen soll, Herr Wirt, daß die Küchenmagd Eure Magd ist und auch nicht.« »Ich habe ganz richtig gesprochen«, fuhr der Wirt fort; »wenn Ihr mir erlaubt, so will ich Euch den Zusammenhang der Dinge sagen, obgleich ich ihn noch niemandem entdeckt habe.« »Zuvor will ich die Scheuermagd sehn«, sagte der Korregidor. »Ehe ich etwas andres zu wissen begehre, ruft sie mir her.«

Der Wirt ging an die Tür des Saals und sagte: »Höre, Frau, lasse sogleich Costanzchen kommen!« Als die Wirtin hörte, daß der Korregidor Costanza zu sehen verlangte, erschrak sie, rang die Hände und rief: »Ach, ich Unglückliche! Der Korregidor verlangt Costanza zu sehn, und allein! Ein großes Unheil muß sich ereignet haben; denn die Schönheit dieses Mädchens bezaubert alle Männer.« Costanza, die dies hörte, sagte: »Habt keine Sorge, Herrin! Ich will sehn, was der Herr Korregidor verlangt; und wenn es ein Unglück gegeben hat, so seid nur versichert, daß ich keine Schuld daran trage.«

Costanza wartete nicht, bis man sie noch einmal rief, ergriff einen silbernen Leuchter mit einer brennenden Kerze und ging eher verschämt als furchtsam in das Zimmer, in dem sich der Korregidor befand. Als der Korregidor sie erblickte, befahl er dem Wirt, die Tür des Zimmers zu schließen. Dann stand er auf, nahm Costanza den Leuchter, den sie mitbrachte, ab, hielt ihr das Licht vors Gesicht und beschaute sie vom Kopf bis zur Zehe. Da das Costanza verlegen machte, so erglühte die Farbe ihres Gesichts, und sie sah so schön und züchtig aus, daß der Korregidor die Schönheit eines Engels auf Erden zu erblicken glaubte. Nachdem er sie so betrachtet hatte, sprach er: »Herr Wirt, für dieses Kleinod schickt sich nicht die gemeine Fassung eines Gasthofs. Ich muß gestehn, mein Sohn Periquito verrät Geschmack, wenn er seine Neigung auf einen so passenden Gegenstand richtet. Ich kann dir sagen, Mädchen, man darf und muß dich nicht nur vornehm, sondern adlig nennen; doch diese Bezeichnungen passen nicht zu dem Titel einer Küchenmagd, sondern eher zu dem einer Herzogin.« »Sie ist keine Küchenmagd, gnädiger Herr«, versetzte der Wirt; »sie hat keinen andern Dienst in meinem Hause zu versehn, als daß sie das Silberzeug unter ihrem Verschlusse hat, von dem ich durch Gottes Güte einiges besitze und mit dem man den vornehmsten Gästen aufwartet, die in diesen Gasthof kommen.« »Dennoch«, sprach der Korregidor, »muß ich Euch sagen, Herr Wirt, daß es sich nicht ziemt noch schickt, wenn dieses Mädchen sich in einem Gasthofe aufhält. Ist es etwa mit Euch verwandt?« »Sie ist so wenig mit mir verwandt, wie sie meine Dienstmagd ist. Wenn aber Euer Gnaden erfahren möchten, wer sie ist, so sollt ihr (doch nur in ihrer Abwesenheit) Dinge hören, die nicht nur unterhaltend, sondern auch sehr merkwürdig sind.« »Ich bin es zufrieden«, sagte der Korregidor. »Costanzchen mag das Zimmer verlassen und hinfort an mich dieselben Ansprüche stellen wie an ihren leiblichen Vater; denn ihre außerordentliche Ehrbarkeit und Schönheit zwingen alle, die sie sehn, ihr ihre Dienste anzubieten.«

Costanza erwiderte keine Silbe, sondern machte in großer Bescheidenheit eine tiefe Verbeugung vor dem Korregidor, verließ den Saal und ging zu ihrer Herrin, die sie mit offenen Armen empfing und vor Begierde brannte, zu erfahren, was der Korregidor von ihr verlangt hatte. Sie erzählte ihr, was vorgefallen war, sowie, daß ihr Herr beim Korregidor geblieben sei, um ihm von gewissen Dingen zu erzählen, von denen sie nichts hören sollte. Das aber nahm der Wirtin keineswegs ihre Sorgen, und sie betete die ganze Zeit, bis der Korregidor fortging und sie ihren Mann wohlbehalten bei sich eintreten sah. Dieser aber erzählte dem Korregidor, während er mit ihm zusammen war, etwa folgendes:

»Heute, mein Herr, sind es nach meiner Rechnung fünfzehn Jahre, einen Monat und vier Tage her, daß eine Frau in Pilgertracht, auf einer Sänfte, von vier Dienern zu Pferde, zwei Kammerfrauen und einem Mädchen in einer Kutsche begleitet, in diesem Gasthof ankam. Sie hatte auch zwei Lasttiere bei sich, die mit überaus reichen Decken versehen waren und die außerdem ein reiches Bett und Küchengerätschaften trugen. Kurz, ihr Gepäck war sehr beträchtlich, und die Pilgerin verriet sich durch all das als eine vornehme Frau; und obgleich sie allem Anschein nach schon ein Alter von etwa vierzig Jahren oder einigen mehr erreicht haben mußte, war sie noch außerordentlich schön. Sie war krank und blaß und so ermüdet, daß sie sogleich ihr Bett herzurichten befahl, was ihre Diener denn auch in diesem Zimmer hier taten. Sie fragte mich, welches der berühmteste Arzt in dieser Stadt sei. Ich nannte ihr den Doktor de la Fuente. Man schickte nach ihm, und er kam sogleich. Sie teilte ihm unter vier Augen ihre Krankheit mit, und das Ergebnis ihrer Unterredung war, daß der Arzt das Bett an einem anderen Ort zu bereiten befahl, wo man keinerlei Geräusch vernahm. Wir brachten sie sogleich in ein andres Zimmer, das ganz abgesondert im obern Stockwerk liegt und der Verordnung des Arztes entsprach. Keiner der Diener betrat das Zimmer ihrer Herrin, und nur die beiden Kammerfrauen und das Mädchen pflegten sie. Ich und meine Frau fragten die Diener, wer die Dame sei, wie sie heiße, woher sie komme, wohin sie gehe, ob sie verheiratet, Witwe oder noch ledig sei und warum sie solche Pilgerkleidung trage. Auf all diese Fragen, die wir mehr als einmal an sie richteten, erhielten wir keine andere Antwort, als daß diese Pilgerin eine vornehme, reiche Frau aus Altkastilien sei, verwitwet und ohne Kinder, die sie beerben könnten. Weil sie seit einigen Monaten an der Wassersucht leide, habe sie das Gelübde getan, zur heiligen Jungfrau von Guadalupe zu pilgern, und deshalb reise sie in dieser Tracht. Was ihren Namen angehe, so sei ihnen befohlen, sie nicht anders als die Frau Pilgerin zu nennen. So viel erfuhren wir damals. Doch als die Pilgerin drei Tage krank im Hause gelegen hatte, rief in ihrem Namen eins der Kammermädchen mich und meine Frau. Wir gingen zu ihr, um zu sehn, was sie wünsche, und bei verschlossener Tür, in Gegenwart ihrer Dienerinnen, sprach sie, fast mit Tränen in den Augen, folgende Worte, deren ich mich noch einzeln zu erinnern glaube: ›Meine Freunde, der Himmel ist mein Zeuge, daß ich mich ohne meine Schuld in der traurigen Lage befinde, die ich euch jetzt entdecken will.

Ich bin schwanger und der Entbindung so nahe, daß sich schon die Wehen eingestellt haben. Keiner von den Bedienten, die mich begleiten, weiß um meine Not und mein Unglück; diesen meinen Frauen konnte und wollte ich es nicht verhehlen. Um den boshaften Blicken der Leute in meiner Heimat zu entgehn und nicht dort von dieser Stunde überrascht zu werden, gelobte ich eine Wallfahrt zur heiligen Jungfrau von Guadalupe. Sie muß es so gefügt haben, daß meine Niederkunft in diesem eurem Hause erfolgen soll. Bei euch steht es jetzt, ob ihr mir mit der Verschwiegenheit helfen und beistehn wollt, die ich verdiene, wenn ich euch meine Ehre anvertraue. Sollte der Lohn für eure Dienste (wenn ich es Lohn nennen darf) nicht der Größe der Wohltat entsprechen, die ich von euch erwarte, so wird er wenigstens meinen Willen bekunden, mich euch dankbar zu erweisen; und ich wünsche, daß ihr die zweihundert Goldgulden in diesem Beutelchen als einen vorläufigen Beweis meiner Gesinnung ansehen möget.‹ Damit zog sie unter dem Kissen ihres Bettes eine gestrickte grüne und goldene Börse hervor und händigte sie meiner Frau ein, die die Börse in aller Einfalt nahm, ohne in ihrer Verwirrung und ihrem Erstaunen über die Pilgerin zu bedenken, was sie tat, und ohne ein Wort des Dankes oder der Höflichkeit zu erwidern. Ich selbst erinnere mich, ihr gesagt zu haben, es sei nichts der Art vonnöten, denn wir seien nicht die Leute, die sich durch die Rücksicht auf ihren Vorteil leichter bewegen ließen als durch ihr Mitleid, Gutes zu tun, wenn sich Gelegenheit dazu böte. Die Dame aber sagte: ›Ihr müßt darauf sinnen, liebe Freunde, daß ihr so schnell wie möglich einen Ort ausfindig macht, wo ihr das Kind, das ich gebären werde, unterbringen könnt, und zugleich müßt ihr ein paar gute Ausreden erfinden, um bei den Personen, denen ich es anvertraue, keinen Verdacht zu erregen. Vorläufig möchte ich, daß es in der Stadt bleibt; später mag es in ein Dorf gebracht werden. Was nachher zu tun ist, werde ich euch sagen, wenn Gott meinen

Geist erleuchtet hat und ich nach Erfüllung meines Gelübdes von Guadalupe zurückkehre. Bis dahin habe ich Zeit, nachzudenken und das passende Mittel auszuwählen. Eine Hebamme brauche ich nicht und will auch keine, denn andre, in größeren Ehren vollbrachte Geburten haben mich überzeugt, daß ich allein unter Beihilfe meiner Dienerinnen alle Schwierigkeiten zu überwinden imstande sein werde und mir einen weiteren Zeugen meines Unglücks ersparen kann.‹ Hier schloß die unglückliche Pilgerin ihre Rede und begann schmerzlich zu weinen; sie ließ sich jedoch durch die wiederholten und geschickten Zusprüche meiner Frau, die inzwischen wieder zur Besinnung gekommen war, einigermaßen trösten. Ich ging sogleich fort, um einen Zufluchtsort für das Kind zu suchen, es möchte nun geboren werden, wann es wollte; und noch in selbiger Nacht, als alle Leute im Hause in tiefem Schlaf lagen, brachte die gute Frau zwischen zwölf und ein Uhr das schönste Mädchen zur Welt, das meine Augen je erblickt haben, und Euer Gnaden haben es soeben gesehn. Die Mutter klagte nicht während der Geburt, und das Kind wurde nicht unter Tränen geboren. Alles ging in so wunderbarer Ruhe und Stille vorüber, wie es die Heimlichkeit des seltsamen Falles erforderte. Sechs Tage noch hütete sie das Bett, und täglich besuchte sie der Arzt, dem sie jedoch die Ursache ihrer Krankheit nicht entdeckte. Die Arzneien, die er verschrieb, nahm sie nie; denn sein Besuch sollte nur die Bediensteten täuschen. Das alles erzählte sie mir späterhin selbst, als sie sich außer Gefahr befand und am achten Tage mit derselben Bürde aufstand oder vielmehr mit einer andern, die nur jener glich, mit der sie sich niedergelegt hatte. Sie begab sich auf ihre Wallfahrt, von der sie nach zwanzig Tagen fast völlig gesundet zurückkehrte. Nach und nach hatte sie die künstliche Erhöhung, die ihr nach ihrer Entbindung geholfen hatte, den Schein der Wassersucht aufrechtzuerhalten, abgelegt. Bei ihrer Rückkehr war das Kind bereits durch meine Vermittlung als eine

Nichte von mir in einem Dorfe zwei Meilen von hier in Pflege gegeben. In der Taufe erhielt es, wie ihre Mutter angeordnet hatte, den Namen Costanza. Die Edelfrau war mit meinen Maßregeln zufrieden und gab mir beim Abschied eine goldene Kette, die ich noch besitze. Sechs Glieder aber nahm sie von der Kette ab, und durch sie sollte sich der beglaubigen, den sie nach dem Kinde schicken würde. Auch zerschnitt sie ein weißes Pergament in zwei wellenförmige Teile, ganz so, wie man die Hände zusammenfaltet und etwas auf die Finger schreibt, was lesbar ist, solange die Finger ineinanderliegen, was aber unverständlich wird, sobald man die Hände auseinandernimmt, da dann die Buchstaben getrennt werden. So oft man aber die Finger wieder ineinanderlegt, kommen sie wieder zusammen und ergänzen sich so, daß man sie im Zusammenhang lesen kann. In dieser Weise ist ein Pergamentteil die Seele des andern: Zusammengefügt lassen sie sich lesen, getrennt ist es unmöglich, wenn man nicht die fehlende Hälfte des Pergaments errät. Ich nahm die fast vollständige goldne Kette entgegen und habe beides bis zum heutigen Tage aufgehoben, da ich darauf wartete, daß jemand mit den Ergänzungstückchen kommen sollte; freilich hatte sie mir gesagt, sie wolle innerhalb zweier Jahre nach ihrer Tochter schicken. Zugleich trug sie mir auf, sie nicht ihrem Stande gemäß zu erziehen, sondern wie man ein Bauernmädchen zu erziehen pflegt. Sollte sie jedoch durch irgendwelche Umstände verhindert werden, in so kurzer Zeit nach ihrer Tochter zu schicken, so verbot sie mir, Costanza jemals etwas von ihrer Herkunft zu sagen, wenn sie auch an Körper und Geist heranreifte. Endlich bat sie mich, sie zu entschuldigen, daß sie mir weder ihren Namen noch ihren Stand anvertrauen könne; sie spare dies für eine andre, wichtigere Gelegenheit auf. Kurz, sie gab mir noch vierhundert Goldgulden, umarmte meine Frau unter zärtlichen Tränen und reiste ab, indem sie uns voll Staunen über ihren Geist, ihren Mut, ihre Schönheit und ihre Vorsicht zurückließ. Costanza blieb zwei Jahre lang in dem Dorfe, wo sie erzogen wurde. Nach dieser Zeit nahm ich sie zu mir, und ich habe sie immer, wie ihre Mutter mir befahl, als Landmädchen gehalten. Seit fünfzehn Jahren, einem Monat und vier Tagen warte ich nun, daß jemand komme und sie abhole; allein die lange Zögerung hat mir die Hoffnung genommen, und wenn man nicht noch in diesem Jahre kommt, so bin ich entschlossen, sie an Kindes Statt anzunehmen und ihr mein ganzes Vermögen zu übergeben, das, Gott sei gelobt, mehr beträgt als sechstausend Dukaten. – Jetzt, Herr Korregidor, bleibt nur noch übrig, Euer Gnaden, wenn anders ich es vermag, die Herzensgüte und alle trefflichen Eigenschaften Costanzas zu beschreiben. Erstens, und das ist die Hauptsache, betet sie stets andächtig zur heiligen Jungfrau, sie beichtet und kommuniziert alle Monate, sie kann schreiben und lesen, es gibt in Toledo keine bessere Spitzenklöpplerin; dabei singt sie an ihrem Klöppelkissen wie die lieben Englein; an Sittsamkeit kommt ihr keine gleich, und was ihre Schönheit betrifft, so habt Ihr sie selbst gesehn. Euer Gnaden Sohn, Herr Don Pedro, hat in seinem Leben noch nicht mit ihr gesprochen; er bringt ihr zwar von Zeit zu Zeit ein Ständchen, aber sie hört es nie. Viele Herren, und vornehme Herren, sind in diesem Gasthof eingekehrt und haben ihre Reise, einzig um sich an ihr satt zu sehn, um mehrere Tage verschoben. Allein ich weiß gewiß, daß keiner sich in Wahrheit wird rühmen können, sie habe ihm Gelegenheit gegeben, allein oder vor Zeugen ein Wort mit ihr zu reden. Dies, gnädiger Herr, ist die wahrhaftige Geschichte der berühmten Scheuermagd, die nicht scheuert, und ich bin kein Haar breit von der Wahrheit abgewichen.«

Der Wirt schwieg, und es dauerte geraume Zeit, ehe der Korregidor etwas darauf erwiderte, so hatte ihn die Erzählung des Wirts erstaunt. Endlich bat er ihn, die Kette und das Pergament zu holen, weil er es zu sehen wünsche. Der Wirt holte beides herbei, und der Korregidor fand alles, wie jener es beschrieben hatte. Die Kette war kunstvoll bereitet und gegliedert. Auf dem Pergament standen untereinander, mit Lücken in einer Entfernung, wie sie die andre Blatthälfte ausfüllen mußte, folgende Buchstaben: D E E I T A W H E E K A. Er sah hieraus, daß zu ihrem Verständnis notwendig die andre Hälfte des Pergamentblattes angefügt werden mußte. Er fand dieses Merkmal der Wiedererkennung klug ersonnen und hielt die Frau Pilgerin für sehr reich, da sie dem Wirt eine solche Kette zurückgelassen hatte. Er war willens, das schöne Mädchen aus dem Gasthofe fortzunehmen, sobald er ein Kloster wußte, in dem er es unterbringen könnte. Vorderhand aber begnügte er sich damit, das Pergament an sich zu nehmen, und er trug dem Wirte auf, falls jemand Costanza abholen wolle, die Kette, die er in seinen Händen ließ, nicht eher vorzuzeigen, als bis er ihn benachrichtigt und ihm gemeldet habe, wer es sei, der Costanza abholen wolle. Nach diesen Anordnungen ging er fort, ebenso verwundert über die seltene Lebensgeschichte der vornehmen Scheuermagd wie über ihre unvergleichliche Schönheit.

Die ganze Zeit, während der Wirt mit dem Korregidor sprach und Costanza, als sie gerufen wurde und mit ihnen eingeschlossen blieb, war Tomás außer sich; denn tausend verschiedenartige Gedanken durchkreuzten seine Seele, ohne daß er einen einzigen erfreulichen darunter fand. Als er aber sah, daß der Korregidor ging und Costanza blieb, schöpfte er wieder Atem, und jetzt erst kehrten seine Pulse, die bisher beinahe versagt hatten, zurück. Er wagte indessen nicht, den Wirt zu fragen, was der Korregidor gewollt habe, und der Wirt sprach mit niemandem als mit seiner Frau darüber. Auch sie kam erst durch den Bericht ihres Mannes wieder recht zur Besinnung und dankte Gott, daß er sie glücklich aus so großer Bestürzung errettet hatte.

Am folgenden Tage kamen gegen ein Uhr in Begleitung von vier Reitern zwei alte Ritter von ehrwürdiger Erscheinung vor dem Gasthof an und traten ein, nachdem sie erst einen der Fußgänger, die mit ihnen den Weg gekommen waren, gefragt hatten, ob dies der ›Gasthof zum Sevillaner‹ sei. Die vier stiegen ab und halfen den beiden älteren Herren von ihren Pferden, woraus sich schließen ließ, daß jene die Gebieter der vier Leute waren. Costanza trat mit gewohnter Artigkeit heraus, um die neuen Gäste zu sehn. Kaum hatte sie aber der eine der alten Herren erblickt, so sagte er zu dem andern: »Ich glaube, Don Juan, wir haben hier alles gefunden, was wir suchen.«

Tomás, der herbeigelaufen war, um die Tiere zu versorgen, erkannte sogleich die beiden Bedienten seines Vaters und im Augenblick darauf seinen Vater selbst sowie auch den Carriazos; denn diese beiden waren die alten Herren, die von den übrigen mit so viel Ehrfurcht behandelt wurden. Obgleich er sich über die Ankunft der beiden Herren wunderte, dachte er sich doch sofort, daß sie ihn und Carriazo in der Thunfischerei aufsuchen wollten, da es wohl nicht an dienstfertigen Leuten gefehlt haben mochte, die ihnen gesagt hatten, daß sie ihre Söhne dort und nicht in Flandern finden würden. Er wagte jedoch nicht, sich in dieser Tracht sehen zu lassen, sondern indem er alles dem Zufall preisgab, hielt er die Hand vor das Gesicht, lief an ihnen vorüber und suchte Costanza auf. Sein gutes Schicksal fügte es, daß er sie allein fand. Eilig, mit unsicherer Stimme und voller Furcht, sie werde ihn nicht anhören, sprach er zu ihr: »Costanza, einer der beiden alten Ritter, die eben angekommen sind, ist mein Vater, und zwar der, den du wirst Don Juan de Avendaño nennen hören. Erkundige dich bei seinen Dienern, ob er nicht einen Sohn namens Don Tomás de Avendaño hat. Dieser Sohn bin ich. Daraus kannst du sehn und erkennen, daß ich dir über meinen Stand und meine Person die Wahrheit gesagt habe und daß ich dir sie auch in allem sagen werde, was ich dir biete. Behüt dich Gott; denn bis sie wieder fort sind, gedenke ich nicht ins Haus zurückzukehren.

Costanza gab ihm keine Antwort, und er wartete auch nicht darauf, sondern ging mit bedecktem Gesicht, wie er hereingekommen war, hinaus, um Carriazo von der Ankunft ihrer Väter im Gasthof Nachricht zu geben. Der Wirt rief laut nach Tomás, er solle kommen und Gerste ausmessen. Da er jedoch nicht zum Vorschein kam, so tat er es selbst.

Einer der beiden Alten rief eine von den galicischen Mädchen beseite und fragte sie, wie das schöne Mädchen heiße, das sie gesehn hatten, und ob es eine Tochter oder Verwandte des Wirts und der Wirtin des Hauses sei. Die Galicierin erwiderte: »Das Mädchen heißt Costanza und ist weder mit dem Wirt noch mit der Wirtin verwandt, und ich weiß auch nicht, wer sie ist. Nur das kann ich sagen, daß ich sie zum Henker wünsche, weil sie, ich weiß nicht was, besitzt, gegen das keins von uns Mädchen im Hause neben ihr aufkommen kann, und wir haben doch wahrlich auch unsre Gesichter, wie sie uns Gott gegeben hat. Kein Fremder kehrt ein, der nicht gleich fragt: ›Wer ist das schöne Kind?‹ oder der nicht ausruft: ›Die ist niedlich! Die ist hübsch! Wahrlich, die ist nicht übel! Gute Nacht, ihr eingebildeten Schönen! Der Himmel beschere mir nur etwas so Hübsches!‹ Aber zu uns sagt nicht einer: ›Wer seid ihr? Teufel oder Weiber, oder was sonst?‹« »Nun, dieses Mädchen«, erwiderte der Ritter, »läßt sich wohl um diesen Preis von den Gästen hätscheln und liebkosen?« »Ja«, antwortete die Galicierin, »probiert es, ob sie sich den Fuß beschlagen läßt! Das dumme Ding ist zu nichts zu brauchen. Bei Gott, Herr, wenn sie sich nur anschauen lassen wollte, so könnte sie im Golde schwimmen. Aber sie ist rauher als ein Igel. Sie ist eine Kopfhängerin, die immer ihr ›Ave Maria‹ im Munde führt. Den ganzen Tag nichts als arbeiten und beten! Ich möchte wohl an dem Tage, an dem sie einmal Wunder verrichtet, eine Million Realen haben! Meine Herrin sagt, das Stillschweigen sei ihr an den Leib gewachsen, beim Leben meines Vaters!«

Der Ritter war mit allem, was er von der Galicierin gehört

hatte, sehr zufrieden, und ohne abzuwarten, daß man ihm seine Sporen abnehme, rief er den Wirt, zog ihn im Zimmer beiseite und sagte zu ihm: »Ich komme, Herr Wirt, um bei Euch ein Pfand auszulösen, das schon seit einigen Jahren in Eurem Besitz ist. Als Lösegeld übergebe ich euch tausend Goldgulden, diese Kettenglieder und dies Pergament.« Mit diesen Worten zog er als Beglaubigung die sechs Kettenglieder hervor, die er mitgebracht hatte. Ebenso erkannte der Wirt das Pergament, und höchst erfreut über das Anerbieten der tausend Goldgulden erwiderte er: »Mein Herr, das Pfand, das Ihr auslösen wollt, ist in meinem Hause; nicht aber die Kette und das Pergament, an denen sich die Wahrheit, von der Ihr redet, erweisen soll. Ich bitte Euch daher, habt einen Augenblick Geduld, bis ich wiederkomme.«

Er benachrichtigte sogleich den Korregidor von dem, was vorging, und meldete ihm, daß zwei Ritter in seinem Gasthofe seien, die Costanza abholen wollten. Der Korregidor hatte eben gespeist, und voller Verlangen, den Ausgang dieser Geschichte zu erleben, stieg er sogleich zu Pferde und eilte nach dem Gasthof des Sevillaners, wohin er auch das beweiskräftige Pergament mitnahm. Kaum aber hatte er die beiden Ritter erblickt, als er mit offenen Armen auf den einen zueilte, ihn an die Brust schloß und ausrief: »Mein Gott, welch schönes Zusammentreffen, teurer Herr Don Juan de Avendaño, mein Vetter und Herr!« Auch der Ritter umarmte ihn und sagte: »Gewiß, Herr Vetter, ist dieses Zusammentreffen ein Glück für mich, da ich Euch sehe, und zwar in der Gesundheit, die ich Euch immer wünsche. Umarmt aber diesen Ritter, mein Vetter! Es ist der Herr Don Diego de Carriazo, mein vertrauter, hochgeschätzter Freund.« »Ich kenne den Herrn Don Diego schon«, versetzte der Korregidor, »und bin sein ergebener Diener.« Beide umarmten sich, nachdem sie sich mit großer Liebe und Artigkeit bewillkommnet hatten. Dann begaben sie sich in ein besonderes Zimmer, wo sie mit dem Wirt allein blieben, der die Kette bei sich hatte und sagte: »Der Herr Korregidor weiß schon, weshalb Ihr gekommen seid, gnädiger Herr Don Diego de Carriazo. Bringt also gefälligst die Glieder herbei, die an dieser Kette fehlen, und der Herr Korregidor wird das Pergament hergeben, das er in Verwahrung hat. Dann können wir die Probe machen, auf die ich schon so viele Jahre warte.« »Also«, erwiderte Don Diego, »wird es nicht nötig sein, den Herrn Korregidor erst über den Zweck unsrer Ankunft aufzuklären, da er sich wohl denken wird, daß uns das hierher geführt hat, was Ihr ihm erzählt haben werdet, Herr Wirt.« »Einiges hat er mir mitgeteilt«, sprach der Korregidor, »aber über vieles vermisse ich die Aufklärung noch. Hier ist das Pergament.« Don Diego zog das andre Stück hervor, und als man beide Stücke zusammenhielt, paßten sie genau aneinander, und die Buchstaben auf dem Blatte des Wirtes, die, wie gesagt, die folgenden waren: D E E I T A W H E E K A, entsprachen den Buchstaben des anderen Pergaments: I S S S D S A R M R M L, so daß sie zusammen lauteten: »Dieses ist das wahre Merkmal.« Man hielt nun die Glieder der Kette zusammen und fand, daß auch dieses Merkmal stimmte. »Das wäre nun im klaren«, sprach der Korregidor. »Jetzt müssen wir womöglich noch ermitteln, wer die Eltern dieses reizenden Pfandes sind.« »Ihr Vater«, versetzte Don Diego, »bin ich. Ihre Mutter ist nicht mehr am Leben, und es genüge dies: Sie war so vornehm, daß ich ihr Bedienter hätte sein können. Und damit nicht, wie auf ihrem Namen, so auch auf ihrem Rufe ein unverdientes Dunkel ruhe noch ihr angerechnet werde, was ein offenbarer Fehltritt und eine anerkannte Schuld zu sein scheint, so müßt Ihr wissen, daß die Mutter dieses Pfandes die Witwe eines hohen Ritters war, die sich auf eins ihrer Dörfer zurückgezogen hatte, wo sie in strenger Zurückgezogenheit und Ehrbarkeit unter ihren Bedienten und Untertanen ein stilles und ruhiges Leben führte. Nun wollte es das Schicksal, daß ich eines Tages auf der Markung ihres Ortes jagte und den Entschluß faßte, sie zu besuchen. Es war gerade die Zeit der Mittagsruhe, als ich vor ihrem Schloß anlangte; denn so kann man billig ihr großes Haus nennen. Ich übergab mein Pferd meinem Reitknecht, stieg, ohne jemanden zu treffen, die Treppe hinauf und drang in ihr Gemach, wo sie auf einer schwarzen Estrade der Mittagsruhe genoß. Sie war außerordentlich schön. Die Stille, die Einsamkeit, die gelegene Zeit weckten in mir das Verlangen, das weniger ehrenhaft als verwegen war. Nicht in der Stimmung, vernünftigen Gedanken Gehör zu geben, verschloß ich die Tür hinter mir, näherte mich, weckte sie und sprach, indem ich sie fest gefaßt hielt: ›Teure Frau, rufet nicht, denn wenn Ihr die Stimme erhebt, so verkündigt sie Euren Fall! Niemand hat mich in das Zimmer eintreten sehn, und mein Schicksal, das ich für ein gütiges halte, weil es mir ermöglicht, Euch zu genießen, hat die Augen aller Eurer Diener mit Schlaf bedeckt. Wenn sie aber auch auf Euren Ruf herbeieilen, so können sie mir nichts nehmen als das Leben, und sie sollen das nicht anders tun als in euren Armen. Durch meinen Tod aber könnt Ihr den Makel Eures Rufes nicht tilgen.‹ Kurz, ich genoß sie wider ihren Willen und durch Gewalt. Ermüdet, erschöpft und voll Verwirrung konnte oder wollte sie kein Wort mit mir reden. Als ich sie verließ, war sie ganz betäubt und entsetzt. Ich ging auf demselben Wege davon, auf dem ich gekommen war, und begab mich nach dem zwei Stunden von dem ihrigen entfernten Dorfe eines meiner Freunde. Die Dame vertauschte diesen Wohnort mit einem andern, und ohne daß ich sie jemals sah oder mich auch nur bemühte, sie zu sehn, vergingen zwei Jahre, nach deren Verlauf ich erfuhr, daß sie gestorben sei. Vor ungefähr drei Wochen nun schrieb mir ein Hofmeister jener Dame und bat mich dringend, zu ihm zu kommen, da er mir etwas zu entdecken habe, was für mein Glück und meine Ehre von höchster Wichtigkeit sei. Ich ging zu ihm, um zu vernehmen, was er von mir wolle, war aber weit davon entfernt, das zu erwarten, was er mir sagte. Ich fand ihn auf dem Sterbebette, und, um es kurz zu machen, gestand er mir mit wenigen Worten, seine Gebieterin habe ihm kurz vor ihrem Tode alles entdeckt, was ihr mit mir begegnet sei: Sie sei nämlich durch meine Gewalttat schwanger geworden, und um ihre Leibesstärke zu verbergen, habe sie eine Wallfahrt zu der heiligen Jungfrau von Guadalupe unternommen, sei aber in diesem Hause hier von einer Tochter entbunden worden, die den Namen Costanza führen müsse. Er übergab mir die Zeichen, durch die ich sie finden würde und die ihr eben gesehen habt, nämlich die Kette und das Pergament, sowie auch dreißigtausend Goldgulden, die seine Gebieterin ihrer Tochter als Mitgift hinterlassen hatte. Er gestand ferner, einzig der Geiz und die Absicht, dieses Geld zu seinem eigenen Nutzen zu verwenden, habe ihn bewogen, es mir nicht gleich nach dem Tode seiner Gebieterin zuzustellen und das ihm vertraute Geheimnis zu entdecken. Doch da er jetzt bald vor Gott Rechenschaft ablegen solle, so händigte er mir zur Beruhigung seines Gewissens das Geld ein und gebe mir Nachricht, wo und wie ich meine Tochter finden könne. Ich nahm das Geld und die Wahrzeichen, erzählte die Sache dem Herrn Don Juan de Avendaño, und wir machten uns zusammen auf den Weg hierher.«

So weit war Don Diego in seiner Erzählung gekommen, als man am Haustor laut rufen hörte: »Sagt doch dem Gerstenmesser Tomás Pedro, sein Freund, der Asturier, sei verhaftet worden, und er solle geschwind nach dem Gefängnis kommen, wo er von ihm erwartet werde.« Als der Korregidor von Gefängnis und Verhaftung reden hörte, befahl er, den Gefangenen und den Polizeidiener, der ihn führte, hereinkommen zu lassen. Man überbrachte diesem den Befehl des Korregidors, und so konnte er nicht umhin, zu gehorchen. Der Asturier trat ein, den Mund voll Blut und auf das schlimmste zugerichtet; der Polizeidiener hielt ihn fest gepackt. Als er nun in das Zimmer trat und seinen und Avendaños Vater erkannte, hielt er in heller Bestürzung, um nicht erkannt zu werden, das Tuch vors Gesicht, als wolle er das Blut abwischen. Der Korregidor fragte, was der Bursche getan habe, den sie so übel zugerichtet von hinnen führten. Hierauf erwiderte der Polizeidiener, der Bursche sei ein Wasserträger, gewöhnlich der Asturier genannt, und die Gassenbuben pflegten ihm zuzurufen: »Gib den Schwanz her, Asturier! Gibt den Schwanz her!« Dabei erzählte er in kurzen Worten, weshalb sie den Schwanz verlangten, worüber alle nicht wenig lachten. Der Polizeidiener erzählte ferner, als der Asturier durch das Alcántarator gegangen sei, habe ein ganzes Heer von Gassenbuben ihn mit der Forderung des Schwanzes verhöhnt; darauf sei er von seinem Esel gestiegen, habe sich unter die Jungen geworfen und endlich einen gepackt, dem er mit Stockprügeln so zugesetzt habe, daß er halbtot liegen geblieben sei. Als man ihn nun habe ergreifen wollen, sei er widerspenstig gewesen und daher so übel zugerichtet worden. Der Korregidor befahl ihm, sein Gesicht zu zeigen; als er sich aber hartnäckig nicht zeigen wollte, trat der Polizeidiener auf ihn zu und nahm ihm das Tuch. Sogleich erkannte ihn sein Vater und rief bestürzt: »Mein Sohn Don Diego, wie kommst du in diesen Zustand? Was für eine Tracht ist das? Hast du deine Schlingeleien noch nicht vergessen?« Carriazo warf sich seinem Vater zu Füßen und umarmte sie eine gute Weile unter Tränen. Don Juan de Avendaño fragte, da er wußte, daß Don Tomás mit Don Diego gereist war, nach seinem Sohn, und Carriazo erwiderte, Don Tomás de Avendaño sei der Bursche, der in diesem Gasthofe die Gerste und das Stroh ausmesse. Diese Aussage des Asturiers machte bei allen Anwesenden das Maß der Verwunderung voll; der Korregidor aber befahl dem Wirt, den Jungen, der das Futter verwalte, kommen zu lassen. »Ich glaube, er ist nicht zu Hause«, sagte der Wirt. »Doch ich will ihn suchen.« Damit ging er weg. Don Diego aber fragte seinen Sohn Carriazo, was für ein Mummenschanz das sei und was sie bewogen habe, den einen, Wasserträger, und den andern, Hausknecht zu werden. Carriazo erwiderte, er könne diese Fragen nicht so öffentlich beantworten, doch unter vier Augen werde er alles erklären.

Tomás Pedro hatte sich in seiner Kammer verborgen, um von dort aus unbemerkt sehn zu können, was sein Vater und der Carriazos unternehmen würden; denn die Ankunft des Korregidor und der Aufruhr im ganzen Hause hatten ihn eingeschüchtert. Doch man verriet dem Wirt, wo er sich versteckt hielt. Er ging also zu ihm und führte ihn, da er nicht folgen wollte, fast gewaltsam in das Zimmer hinunter, und auch das wäre ihm noch nicht gelungen, wäre nicht der Korregidor selbst in den Hausflur herausgetreten, um ihn beim Namen zu rufen und ihm zu sagen: »Kommt nur herunter, edler Herr Vetter! Hier erwarten Euch weder Bären noch Löwen!« Tomás kam und warf sich mit niedergeschlagenem Blick und demütiger Gebärde seinem Vater zu Füßen, der ihn mit größter Freude in die Arme schloß, dem Vater des verlorenen Sohnes gleich, als er ihn wiedergefunden hatte.

Unterdessen war bereits die Kutsche des Korregidors eingetroffen, die er sich für die Heimkehr bestellt hatte, weil ein so hohes Fest ihm nicht erlaubte, zu Pferde heimzukehren. Er ließ Costanza rufen, nahm sie bei der Hand und sagte, indem er sie ihrem Vater vorstellte: »Nehmt dieses Kleinod, Herr Don Diego, und seht es als das kostbarste an, was Ihr Euch wünschen könnt. Und Ihr, schönes Fräulein, küßt Eurem Vater die Hand und dankt Gott, daß er Euch durch eine so ehrenvolle Wendung des Schicksals Eurem niedrigen Stande entrückt und enthoben und Euch so erhöht hat.« Costanza, die nicht wußte noch begriff, wie ihr geschah, konnte in ihrer Verwirrung nichts andres tun, als sich zitternd ihrem Vater zu Füßen zu werfen und seine Hände zu ergreifen, die sie zärtlich küßte und mit dem reichen Tränenstrom benetzte, der ihren schönen Augen entquoll.

Inzwischen hatte der Korregidor seinen Vetter Don Juan eingeladen, ihn mit der ganzen übrigen Gesellschaft in seine Wohnung zu begleiten; und obgleich Don Juan es anfangs ausschlug, so wußte der Korregidor ihm doch so nachdrücklich zuzureden, daß er einwilligen mußte, und die ganze Gesellschaft stieg in den Wagen. Als aber der Korregidor Costanza aufforderte, gleichfalls einzusteigen, wurde es ihr schwer ums Herz; sie und die Wirtin umarmten sich und begannen so bitterlich zu weinen, daß alle Anwesenden gerührt waren. »Wie ist es möglich, Tochter meines Herzens«, sagte die Wirtin, »daß du gehst und mich verläßt? Wie kannst du den Mut haben, mich, deine Mutter, zu verlassen, die dich mit soviel Liebe erzog?« Costanza weinte und antwortete ihr mit nicht weniger zärtlichen Worten. Aber der Korregidor, den dies rührte, befahl der Wirtin, ebenfalls in die Kutsche zu steigen und sich nicht von ihrer Tochter zu trennen, da sie sie einmal als solche ansehe, bis sie Toledo verlasse. Da stieg die Wirtin zu ihnen allen in den Wagen, und sie fuhren nach dem Hause des Korregidors, wo sie von seiner Gattin, einer vornehmen Dame, sehr freundlich empfangen wurden. Sie speisten reichlich und kostbar. Nach der Mahlzeit aber erzählte Carriazo seinem Vater, wie Don Tomás sich aus Liebe zu Costanza entschlossen habe, in dem Gasthof Dienste zu nehmen; er sei so sehr in sie verliebt, daß er sie, selbst wenn sie sich auch nicht als seine Tochter und als ein Mädchen von so vornehmem Stande erwiesen hätte, als Scheuermagd geheiratet haben würde.

Die Frau des Korregidors versah Costanza sogleich mit den Kleidern ihrer Tochter, die in demselben Alter und von gleicher Größe wie Costanza war; und wenn schon in dienender Tracht ihre Schönheit geblendet hatte, so erschien sie in höfischer Kleidung wie ein Geschöpf des Himmels. Auch stand ihr alles so gut, daß es aussah, als wäre sie von dem Augenblick ihrer Geburt an ein Edelfräulein gewesen und hätte die auserlesensten Modekleider getragen.

Unter so vielen Fröhlichen fehlte aber auch ein Trauriger nicht, und dies war Don Pedro, der Sohn des Korregidors, der sich sogleich dachte, daß Costanza nicht die Seine werden solle. Und so geschah es auch; denn der Korregidor, Don Diego de Carriazo und Don Juan de Avendaño kamen dahin überein, daß Don Tomás sich mit Costanza vermählen solle, wozu ihr Vater ihr die dreißigtausend Goldgulden geben sollte, die ihre Mutter ihr hinterlassen hatte. Der Wasserträger Don Diego de Carriazo sollte die Tochter des Korregidors heiraten, und Don Pedro, der Sohn des Korregidors, eine Tochter Don Juans de Avendaño; der Korregidor erbot sich, wegen der Verwandschaft den Dispens zu erwirken.

Auf diese Art waren alle zufrieden, froh und beruhigt. Die Nachricht von den Verlobungen und von dem Glücke der vornehmen Küchenmagd verbreitete sich in der Stadt, und es kamen unzählige Leute herbei, um Costanza in ihrer neuen Pracht zu sehn, in der sie sich, wie ich schon sagte, so edel ausnahm. Man sah den Gerstenknecht Tomás Pedro in Don Tomás de Avendaño verwandelt und als Herrn gekleidet. Man bemerkte, daß Lope, der Asturier, seit er die Kleider gewechselt und den Esel und die Wasserkrüge im Stiche gelassen hatte, ein feiner Edelmann geworden war. Aber trotzdem fehlte es ihm in all seinem Prunk, wenn er auf der Straße ging, nicht an Knaben, die ihm den Schwanz abforderten.

Sie blieben einen Monat in Toledo. Dann reisten Don Diego de Carriazo mit seiner Gemahlin und seinem Vater und Costanza mit ihrem Gatten Don Tomás und auch der Sohn des Korregidors, der seine Base und Braut sehen wollte, nach Burgos ab. Der Sevillaner war reich geworden durch den Besitz der tausend Goldgulden und der vielen Kleinodien, die Costanza ihrer Gebieterin schenkte; denn so nannte sie sie immer, weil sie sie erzogen hatte.

Die Geschichte des vornehmen Dienstmädchens gab den

Dichtern des goldenen Tajo Gelegenheit, ihre Federn in Bewegung zu setzen zum Lob und Preis der unvergleichlichen Schönheit Costanzas, die noch heute an der Seite ihres wakkern Hausknechts lebt; ebenso wie auch Carriazo, der drei Söhne hat, die aber nicht in die Fußstapfen ihres Vaters getreten sind und sich nicht darum kümmern, ob es Thunfischereien in der Welt gibt, sondern alle drei in Salamanca studieren. Sooft ihr Vater den Esel eines Wasserträgers sieht, denkt er im Geist an den zurück, den er in Toledo besaß, und er fürchtet, es werde einmal, wenn er am wenigsten daran denke, in einer Satire die Spottrede wieder zum Vorschein kommen: »Gib den Schwanz her, Asturier! Asturier, gib den Schwanz!«

Fräulein Cornelia

Don Antonio de Isunza und Don Juan de Gamboa, zwei vornehme Edelleute von gleichem Alter, sehr verständige und vertraute Freunde, studierten in Salamanca, beschlossen aber, ihre Studien aufzugeben und nach Flandern zu gehn, getrieben von dem Ungestüm ihres jugendlichen Bluts und dem Verlangen, die Welt zu sehn, wie man zu sagen pflegt. Auch meinten sie, der Beruf der Waffen, der zwar allen gut anstehe, schicke sich doch am besten für edel geborene Leute aus vornehmem Geschlechte. Sie kamen nach Flandern, als alles schon friedlich war oder wenigstens Verhandlungen gepflogen und Übereinkünfte getroffen wurden, um den Frieden herbeizuführen. Sie erhielten in Antwerpen Briefe ihrer Eltern, in denen sie ihnen zu erkennen gaben, wie lebhaft es sie verdroß, daß sie ihre Studien aufgegeben hatten, ohne ihnen erst Nachricht zu geben; denn sonst hätten sie die Reise in der Bequemlichkeit machen können, die sich für ihren Stand gebührte. Kurz, als sie von dem Kummer ihrer Eltern erfuhren, beschlossen sie, nach Spanien zurückzukehren, weil sie in Flandern nichts mehr zu tun vorfanden. Ehe sie aber nach Hause reisten, wollten sie die berühmtesten Städte Italiens besuchen; und als sie sie gesehn hatten, machten sie in Bologna halt und gedachten, erstaunt über die Gelehrsamkeit dieser ausgezeichneten Universität, ihre Studien hier fortzusetzen. Sie teilten diesen Entschluß ihren Eltern mit, die sich sehr darüber freuten, was sie dadurch zu erkennen gaben, daß sie ihnen Geld und eine glänzende Ausstattung schickten, damit sie in ihrem Auftreten zeigen könnten, wer sie seien und von welchen Eltern sie abstammten; und von dem ersten Tage an, an dem sie die Vorlesungen besuchten, erkannte sie auch jedermann als Ritter von guter Erziehung, feinem Anstand und gebildetem Geiste. Don Antonio mochte gegen vierundzwanzig, Don Juan nicht mehr als sechsundzwanzig Jahre alt sein, und den Schmuck ihrer Jugend bildeten ihre Schönheit, ihr Verständis für Musik und Poesie, ihre Gesundheit und Tapferkeit. Diese Eigenschaften verschafften ihnen die Gunst und Zuneigung aller, mit denen sie verkehrten. In kurzem zählten sie daher sowohl unter den spanischen Studenten, deren sich sehr viele an dieser Universität aufhielten, wie unter den Eingebornen und Fremden viele Freunde. Gegen alle zeigten sie sich großmütig und höflich und ganz frei von jener Anmaßung, die man sonst den Spaniern dort vorwirft.

Da sie jung und heitern Sinnes waren, war es ihrem Geschmack nicht zuwider, sich um die Schönen der Stadt zu bekümmern. Nun gab es viele Frauen dort, vermählte und unvermählte, die im Rufe großer Ehrbarkeit und Schönheit standen; alle aber übertraf das Fräulein Cornelia Bentibolli aus dem alten, edeln Hause der Bentibolli, die einst Herren von Bologna gewesen waren. Cornelia war im höchsten Grade schön, und sie stand unter der Obhut und dem Schutze Lorenzo Bentibollis, ihres Bruders, eines sehr angesehenen und tapfern Ritters. Sie hatten Vater und Mutter verloren; aber obgleich sie allein standen, waren sie doch reich, und der Reichtum ist eine große Hilfe für Waisen. Cornelia lebte so zurückgezogen, daß sie sich niemandem zeigte, und ihr Bruder gab in seinem Eifer auch nicht zu, daß jemand sie sah. Dieser Ruf machte Don Juan und Don Antonio begierig, sie zu sehn, und wenn es auch nur in der Kirche wäre. Ihre Mühe war indes vergebens, und die Unmöglichkeit, die der Hoffnung das Messer an die Kehle setzt, stumpfte ihr Verlangen ab. So führten sie ein ebenso heiteres wie ehrbares Leben, beschäftigt einzig mit der Liebe zu ihren Studien und der Zerstreuung einiger ehrenhafter Vergnügungen. Selten gingen sie abends aus, und wenn sie es taten, so waren sie beisammen und gut bewaffnet. Als sie aber eines Abends doch einmal ausgehn wollten, sagte Don Antonio zu Don Juan, er wolle zuvor noch zu Hause einige Gebete sprechen; er möge nur vorausgehn, er werde ihm sogleich folgen. »Das ist nicht nötig«, sagte Don Juan. »Ich will auf Euch warten, und wenn wir heute abend nicht ausgehn, so hat es ja auch nichts zu sagen.« »Nein, wahrlich«, versetzte Don Antonio, »geht und schöpft frische Luft! Ich werde gleich bei Euch sein, wenn Ihr unsern gewöhnlichen Weg einschlagt.« »Tut nach Eurem Gefallen«, sagte Don Juan, »und bleibt in Gottes Namen! Wenn Ihr noch ausgeht: Ich gehe denselben Weg wie an den letzten Abenden.«

Don Juan ging, und Don Antonio blieb. Die Nacht war ziemlich dunkel, und es war elf Uhr. Als er durch zwei oder drei Straßen gekommen war, beschloß er, da er so allein ging und sich mit niemandem unterhalten konnte, wieder umzukehren. Er tat es, und als er auf dem Heimwege durch eine Straße kam, die marmorne Säulengänge hatte, hörte er plötzlich aus einer Türe rufen: »Pst, pst!« Das Dunkel der Nacht, das durch das Dunkel der Säulengänge noch gesteigert wurde, ließ ihn nicht erkennen, woher der Ruf kam. Er blieb ein Weilchen stehn und lauschte; da sah er, daß sich eine Tür öffnete. Er trat hinzu und hörte eine Stimme leise zu ihm sagen: »Seid Ihr Fabio?« Don Juan versetzte schnell gefaßt: »Ja.« »So nehmt«, erwiderte man von drinnen, »und bringt es in Sicherheit! Dann kommt gleich wieder, denn es liegt viel daran!« Don Juan streckte die Hand aus und berührte ein Päckchen; als er es fassen wollte, merkte er, daß er beide Hände brauchte, um es zu halten. Kaum hatte man es ihm eingehändigt, so schloß die Türe sich wieder, und er stand mit seiner Bürde auf der Straße, ohne zu wissen, was sie enthielt. Aber fast in demselben Augenblick begann ein neugeborenes Kind zu wimmern, und dieses Wimmern verwirrte und erstaunte Don Juan so, daß er nicht wußte, was er beginnen sollte noch was er zu tun hatte. Wenn er zurückging und an der Tür pochte, so schien es ihm, als könnte diejenige Gefahr laufen, der das Kind angehörte. Nahm er es mit nach Hause, so hatte er dort keinen Menschen, um es zu verpflegen, und auch sonst kannte er in der ganzen Stadt niemanden, dem er es bringen konnte. Da er aber bedachte, daß man ihm gesagt hatte, er möge es in Sicherheit bringen und dann gleich wiederkommen, so entschloß er sich, es nach Hause zu tragen und der Haushälterin, die ihn und seinen Freund bediente, zur Verpflegung zu übergeben, dann aber gleich zurückzukehren, um zu sehn, ob man noch irgendwie seiner Hilfe bedürfe, wiewohl er deutlich gemerkt hatte, daß man ihn für einen andern hielt und daß man ihm das Kind nur aus Irrtum übergeben hatte. Kurz, er ging, ohne weiter lange zu überlegen, mit dem Kinde nach Hause und traf dort ein, als Don Antonio eben fort war. Er trat in ein Zimmer, rief seine Haushälterin, deckte das Kind auf und sah, daß es das schönste Geschöpf war, das ihm je vor Augen gekommen war. Die Tücher, in die es gehüllt war, zeigten, daß es von reichen Eltern stammte. Die Haushälterin wickelte es aus, und sie erkannten, daß es ein Knabe war. »Man muß«, sagte Don Juan, »diesem Bürschchen die Brust geben, und zwar müssen wir es auf folgende Weise beginnen: Ihr nehmt ihm diese reichen Windeln ab, Haushälterin, und hüllt es in bescheidenere; dann tragt Ihr es, ohne zu sagen, wer es gebracht hat, in das Haus einer Hebamme; denn diese Frauen pflegen in ähnlichen Bedrängnissen stets Hilfe und Rat zu wissen. Nehmt Geld genug zu Euch, damit sie zufrieden ist, und gebt dem Kinde zu Eltern, wen Ihr wollt, wenn Ihr nur die Wahrheit verbergt, daß nämlich ich es mitgebracht habe.«

Die Dienerin erwiderte, sie wolle alles aufs pünktlichste besorgen, und Don Juan kehrte in möglichster Eile zurück, um nachzusehn, ob man ihn zum zweiten Mal rufen werde. Aber kurz bevor er das Haus erreichte, in das man ihn gerufen hatte, hörte er heftiges Degenklirren, wie wenn viele Leute aufeinander einschlügen. Er horchte, vernahm jedoch kein Wort, denn der Kampf wurde ganz lautlos ausgefochten; bei dem Scheine der Funken aber, die den von den Degen getroffenen Steinen entsprühten, konnte er ziemlich deutlich erkennen, daß viele gegen einen einzelnen kämpften, was durch die Worte, die er jetzt hörte, bestätigt wurde. »Ha, Verräter«, rief der eine, »ihr seid euer viele, und ich bin allein! Aber trotz alldem soll euch eure Hinterlist nichts nützen.«

Als Don Juan das hörte und sah, sprang er, getrieben von seinem mutigen Herzen, mit zwei Sätzen dem Bedrängten an die Seite, nahm einen Degen und einen Fechtschild, den er bei sich führte, zur Hand und sagte dem Angegriffenen, um nicht als Spanier erkannt zu werden, auf italienisch: »Fürchtet Euch nicht, denn Ihr habt einen Mitkämpfer erhalten, der bis zum Tode an eurer Seite fechten wird! Regt Eure Hände; Verräter vermögen wenig, wenn ihrer auch noch so viele sind.« Da erwiderte einer der Gegner: »Du lügst, hier sind keine Verräter; denn wer seine verlorene Ehre wiederzuerlangen sucht, kann sich alles erlauben.« Er erwiderte nichts; denn die Eile, mit der die Feinde auf sie eindrangen, ließ ihm keine Zeit dazu; es waren nach Don Juans Schätzung ihrer sechs. Man setzte seinem Gefährten so heftig zu, daß er durch zwei Stöße, die er zu gleicher Zeit auf die Brust erhielt, zu Boden gestreckt wurde. Don Juan glaubte, sie hätten ihn ermordet, stellte sich ihnen nun allein mit außerordentlicher Geschicklichkeit und Tapferkeit entgegen und brachte sie durch einen Hagel von Hieben und Stößen zum Weichen. Seine Geschicklichkeit wäre indes doch wohl nicht hinreichend gewesen, ihn zu verteidigen und zugleich den Angriff zu führen, wenn das Glück ihm nicht dadurch geholfen hätte, daß die Bewohner der Straße mit Lichtern an die Fenster kamen und mit lauter Stimme nach der Polizei riefen. Als die Gegner dies vernahmen, wandten sie den Rücken und flohen aus der Straße.

Währenddessen hatte sich der Gefallene schon wieder

emporgerichtet; denn die Stöße hatten einen Brustharnisch getroffen, der so hart war wie Diamant. Don Juan hatte während des Gefechts den Hut verloren, er suchte ihn und fand einen andern, den er aufsetzte, ohne nachzusehen, ob es der seine war oder nicht. Der Gefallene trat zu ihm und sagte: »Herr Ritter, wer Ihr auch seid, ich gestehe, daß ich Euch mein Leben danke, und es wird mit allem, was ich kann und vermag, Eurem Dienste gewidmet sein. Habt die Güte und sagt mir, wer Ihr seid und wie Ihr heißt, damit ich weiß, wem ich mich dankbar zu beweisen habe.« Don Juan erwiderte: »Obschon ich nicht eigennützig denke, will ich doch nicht unhöflich sein. Nur um Eure Bitte zu erfüllen, mein Herr, und um Euch zufriedenzustellen, sollt Ihr von mir erfahren, daß ich ein spanischer Ritter bin und in dieser Stadt studiere. Wenn es Euch von Wert ist, meinen Namen zu wissen, so will ich ihn Euch nennen, mehr freilich für den Fall, daß Ihr meine Dienste noch einmal in Anspruch nehmen wollt. Wißt also, daß ich Don Juan de Gamboa heiße.« »Ihr habt mir einen großen Gefallen erwiesen«, erwiderte der Gefallene; »ich aber, Herr Don Juan de Gamboa, will Euch nicht sagen, wer ich bin und wie ich heiße, weil es mir ein besonderes Vergnügen machen wird, wenn Ihr es von einem andern erfahrt, und ich will dafür sorgen, daß man es Euch kundtut.«

Don Juan hatte ihn schon vorher gefragt, ob er verwundet sei, denn er hatte gesehn, daß er zwei starke Stöße davontrug, aber er hatte zur Antwort erhalten, nächst Gott habe ihn der treffliche Brustharnisch, den er trage, davor bewahrt; dennoch aber hätten ihn seine Feinde getötet, wenn er ihm nicht beigesprungen wäre. In diesem Augenblick sahen sie einen Trupp Leute auf sich zukommen, und Don Juan sagte: »Wenn dies die Feinde sind, die zurückkommen, so seid auf auf Eurer Hut, mein Herr, und behauptet Euren Posten!« »Soviel ich glaube«, sagte der andre, »sind es nicht Feinde, sondern Freunde, die zu uns kommen.« Und so war es auch wirklich, denn die Ankommenden (es waren ihrer acht) umringten den Gefallenen und wechselten einige Worte mit ihm, aber leise und heimlich, so daß Don Juan sie nicht verstehn konnte. Der Verteidigte wandte sich darauf zu Don Juan und sagte: »Wären nicht diese Freunde gekommen, so hätte ich Euch gewiß nicht verlassen, Herr Don Juan, bis Ihr mich ganz in Sicherheit gebracht hättet. Jetzt aber bitte ich Euch inständigst, Euch zurückzuziehn und mich hier zu lassen; denn es ist mir von Bedeutung.« Indem er dies sagte, fuhr er mit der Hand nach dem Kopfe und bemerkte, daß er ohne Hut war. Da wandte er sich zu denen, die gekommen waren, und bat sie um einen Hut, da ihm der seinige herabgefallen sei. Kaum hatte er dies gesagt, als Don Juan ihm den aufsetzte, den er auf der Straße gefunden hatte. Der Gefallene befühlte ihn, gab ihn Don Juan zurück und sagte: »Dieser Hut gehört nicht mir, so wahr Ihr lebt, Herr Don Juan, nehmt ihn als Siegeszeichen zum Andenken an diesen Kampf, und hebt ihn auf; denn ich glaube, man wird ihn kennen.« Man gab dem Verteidigten einen andern Hut, und Don Juan sprach, um sich seinem Wunsche zu fügen, einige kurze Worte der Höflichkeit und verließ ihn, ohne zu erfahren, wer er war. Er ging nach Hause und vermied es, sich der Tür zu nähern, an der man ihm das Kind gegeben hatte; denn ihm schien, als sei das ganze Stadtviertel aufgewacht und durch den Kampf in Erregung geraten.

Es geschah nun, als er nach seiner Wohnung zurückkehrte, daß er auf halbem Wege mit Don Antonio de Isunza, seinem Kameraden, zusammentraf. Sie erkannten einander sogleich, und Don Antonio sagte: »Kommt mit mir, Don Juan, wir wollen die Straße ein wenig hinaufgehn, und unterwegs will ich Euch eine seltsame Geschichte erzählen, die mir begegnet ist und derengleichen Ihr gewiß in Eurem ganzen Leben nicht gehört haben werdet.« »Mit solchen Geschichten könnte auch ich Euch dienen«, versetzte Don Juan; »aber gehen wir, wohin Ihr wollt, und erzählt mir die

Eurige!« Don Antonio gab den Weg an und sagte: »Ihr müßt wissen, daß ich etwas über eine Stunde, nachdem Ihr das Haus verlassen hattet, ausging, um Euch zu suchen; und ich war noch keine dreißig Schritte gegangen, als eine schwarze Gestalt, die sehr eilig zu gehn schien, gerade auf mich zukam. Als sie sich näherte, erkannte ich in ihr eine Frau in weitem Gewande, die mit häufig von Schluchzen und Seufzern unterbrochener Stimme zu mir sprach: ›Seid Ihr, mein Herr, ein Fremder oder aus der Stadt?‹ ›Ich bin ein Fremder, und zwar ein Spanier‹, versetzte ich. ›Dem Himmel sei Dank‹, sagte sie, ›denn er will nicht, daß ich ohne die Sakramente sterbe.‹ ›Seid Ihr verwundet, meine Dame?‹ fragte ich, ›oder seid Ihr tödlich krank?‹ ›Es könnte wohl sein, daß meine Krankheit tödlich wird, wenn ich nicht bald Hilfe erhalte; und bei dem Edelmut, der die Männer Eures Volkes zu leiten pflegt, flehe ich Euch an, Herr Spanier, führt mich aus der Straße weg und bringt mich, so schnell Ihr könnt, in Euer Quartier; denn dort sollt Ihr, wenn Ihr es wünscht, erfahren, welches Unglück mich bedrückt und wer ich bin, geschähe es auch auf Kosten meines Rufes.‹ Als ich dies hörte, glaubte ich, es müsse ihr sehr viel an der Erfüllung ihres Wunsches liegen. Ich nahm sie also, ohne ihr zu antworten, bei der Hand und führte sie durch abgelegene Straßen nach unserm Quartier. Der Edelknabe Santisteban öffnete mir die Tür, ich befahl ihm, sich zurückzuziehn, und brachte sie, ohne daß er sie sah, in mein Zimmer. Sowie sie dort angekommen war, warf sie sich ohnmächtig auf mein Bett. Ich näherte mich ihr, entblößte ihr Gesicht, das sie mit dem Schleier bedeckt hatte, und erblickte in ihr die höchste Schönheit, die menschliche Augen je gesehn haben. Sie mag, so scheint es mir, etwa achtzehn Jahre alt sein; eher weniger als mehr. Ich war erstaunt, einen so außerordentlichen Grad von Schönheit zu erblicken, und eilte, ihr ein wenig Wasser ins Gesicht zu spritzen, worauf sie wieder zu sich kam und kläglich seufzte. Das erste, wonach sie fragte, war, ob ich sie kennte. ›Nein‹, erwiderte ich, ›und es wäre auch nicht gut, wenn ich das Glück gehabt hätte, eine so große Schönheit zu kennen.‹ ›Weh ihr‹, versetzte sie, ›der sie der Himmel zu ihrem größten Unglück gegeben hat! Doch es ist jetzt nicht die Zeit, mein Herr, die Schönheit zu preisen, sondern Unfällen vorzubeugen. Ich beschwöre Euch bei Eurem Range, laßt mich hier eingeschlossen und sorgt, daß niemand mich erblicke! Jetzt aber kehrt sogleich an den Ort zurück, wo Ihr mich fandet, und seht zu, ob dort ein Handgemenge tobt. Steht keiner der streitenden Parteien bei, sondern stiftet Frieden; denn auf welche Seite sich die Niederlage auch wenden möge, es würde meine Not nur noch erhöhen.‹ Ich habe sie zu Hause eingeschlossen und eile jetzt, den Streit zu schlichten.«

»Habt Ihr noch etwas zu erzählen, Don Antonio?« fragte Don Juan. »Meint Ihr, ich habe Euch noch nicht genug erzählt?« entgegnete Don Antonio; »ich sagte doch, ich habe die größte Schönheit in meinem Zimmer und unter meiner Obhut, die menschliche Augen jemals sahen.« »Das Abenteuer ist wirklich seltsam«, sprach Don Juan; »doch hört jetzt das meinige!« Und er erzählte ihm, was ihm begegnet war, und erwähnte, daß das Kind, das man ihm gegeben habe, sich zu Hause in den Händen seiner Haushälterin befinde, der er Befehl gegeben habe, die reichen Windeln des Kindes mit ärmlichen zu vertauschen und es irgendwohin zu bringen, wo es gesäugt werden könnte oder wo man wenigstens für seine nächsten Bedürfnisse sorgte. Er erzählte ihm ferner, daß der Streit, den er jetzt beilegen wolle, bereits vorüber und geschlichtet sei; er selbst habe ihm beigewohnt, und nach seiner Meinung müßten an dem Kampfe Personen von Bedeutung und hohem Range beteiligt gewesen sein. Die Freunde waren sehr verwundert über ihre beiderseitigen Abenteuer und kehrten eilig in ihr Quartier zurück, um nachzusehen, ob etwa die Eingeschlossene etwas nötig haben mochte. Unterwegs sagte Don Antonio zu Don Juan, er habe jener Dame versprochen, sie niemandem zu zeigen, und es werde also auch niemand ihr Zimmer betreten als er allein, solange sie es ihm nicht anders erlaube. »Das tut nichts«, erwiderte Don Juan; »ich will schon ein Mittel finden, sie zu sehn, denn ich wünsche es außerordentlich, da Ihr sie mir als so schön gepriesen habt.«

Damit kamen sie nach Hause, und beim Schein eines Lichts, das einer ihrer drei Edelknaben trug, warf Don Antonio einen Blick auf den Hut, den Don Juan auf dem Kopfe hatte; er sah, daß er von Diamanten glänzte. Er nahm ihn ihm ab und erkannte, daß der Glanz von einer ganzen Anzahl solcher Steine herrührte, die er an der kostbaren Hutschnur trug. Beide beschauten sie und kamen zu dem Schluß, wenn alle echt seien, wie es den Anschein hatte, so müsse sie mehr als zwölftausend Dukaten wert sein. Das bestätigte ihnen, daß die Leute, die den Streit geführt hatten, den höchsten Klassen angehören mußten, namentlich aber der, dem Don Juan beigesprungen war und aus dessen Munde er sich erinnerte, die Worte gehört zu haben, er solle den Hut mitnehmen und aufheben, denn man werde ihn wohl erkennen. Sie befahlen ihren Edelknaben, sich zurückzuziehn, und Don Antonio fand, als er sein Gemach öffnete, die Dame auf dem Bett sitzend, wo sie, die Wange in die Hand geschmiegt, heiße Tränen vergoß. Don Juan, der sehr begierig war, sie zu sehn, öffnete die Tür so weit, daß er den Kopf hineinstecken konnte; als aber der Weinenden der Schein der Diamanten in die Augen fiel, blickte sie empor und rief: »Tretet ein, Herr Herzog, tretet ein! Warum wollt Ihr mit dem Glück Eures Anblicks so kargen?« Hierauf sprach Don Antonio: »Es ist kein Herzog hier, meine Dame, der sich sträubt, Euch zu sehn.« »Wieso?« versetzte sie. »Der, der sich eben an die Türe lehnte, ist ja der Herzog von Ferrara, und die Pracht seines Hutes muß ihn verraten, wenn er sich verleugnen will.« »In der Tat, mein Fräulein, der Hut, den Ihr soeben gesehn habt, sitzt nicht auf dem

Haupte eines Herzogs, und wenn Ihr Euch davon überzeugen wollt, indem Ihr seht, wer ihn trägt, so gebt ihm Erlaubnis, hereinzukommen.« »Wohlan, er mag eintreten«, sagte sie, »obgleich es mein Unglück nur vergrößert, wenn es nicht der Herzog ist.«

Don Juan hatte diese ganze Unterredung mit angehört, und sobald er vernahm, daß er die Erlaubnis zum Eintritt hatte, kam er, den Hut in der Hand, ins Zimmer. Sowie er nun vor sie getreten war und sie erkannte, daß er nicht der war, den sie nach dem reichen Hute vermutet hatte, sprach sie mit zitternder Stimme und stammelnder Zunge: »Weh mir Unglücklicher! Mein Herr, sagt mir schnell und ohne mich länger hinzuhalten, ob Ihr den Herrn dieses Hutes kennt! Wo habt Ihr ihn gelassen, und wie kam dieser Hut in Eure Hände? Lebt er noch, oder ist dies die Kunde, die er mir von seinem Tode schickt? O mein Geliebter! Was für Ereignisse sind dies? Hier sehe ich die Kleinodien, die dir gehören, hier sehe ich mich eingeschlossen ohne dich, und wenn ich nicht wüßte, daß ich in der Hand spanischer Edelleute wäre, so hätte mir die Furcht, meine Ehre zu verlieren, schon das Leben geraubt.« »Seid ruhig, Fräulein«, sagte Don Juan, »denn der Herr dieses Hutes ist nicht tot, und Ihr seid nicht an dem Orte, an dem Euch eine Beleidigung widerfahren könnte! Wir wollen Euch dienen, soweit unsre Kräfte reichen, und selbst unser Leben wagen, um Euch zu verteidigen und zu beschützen. Es wäre nicht gut, wenn Euer Vertrauen in die Rechtschaffenheit der Spanier Euch getäuscht haben sollte; und da wir nun Spanier sind, und zwar von hohem Range (denn hier mag wohl am Platze sein, was Anmaßung scheinen könnte), so seid versichert, daß wir die Ehrfurcht beobachten werden, die wir Eurer Person schuldig sind.« »Das glaube ich«, versetzte sie; »aber trotzdem sagt mir, mein Herr, wie kam dieser kostbare Hut in Eure Hände, und wo ist sein Besitzer? Denn der ist kein andrer als Alfonso von Este, der Herzog von Ferrara.«

Um sie nicht länger in ihrer Unruhe zu lassen, erzählte ihr nun Don Juan, er habe diesen Hut bei einem Gefecht gefunden, in dem er einen Ritter beschützt und unterstützt habe, der nach ihren Worten ohne Zweifel der Herzog von Ferrara sei. Er habe während des Kampfes seinen eignen Hut verloren und diesen gefunden, und jener Ritter habe ihn gebeten, ihn zu behalten, weil er kenntlich sei. Übrigens habe man den Kampf beendet, ohne daß weder der Ritter noch er selbst eine Wunde davongetragen habe, und als er eben abgebrochen worden, seien noch Leute hinzugekommen, Diener oder Freunde dessen, so schien es, den er für den Herzog halte. Dieser habe ihn gebeten, ihn zu verlassen und zu gehn, sich aber zugleich für den erwiesenen Beistand sehr dankbar gezeigt. »So, wie ich es Euch eben erzählt habe, meine Dame«, fuhrt Don Juan fort, »kam der reiche Hut in meinen Besitz, und wenn er, wie Ihr sagt, dem Herzog gehört, so habe ich ihn vor weniger als einer Stunde unversehrt, gesund und wohlbehalten verlassen. Diese wahrhafte Versicherung möge Euch trösten, wenn es Euch Trost gewähren kann, von dem Wohlbefinden des Herzogs zu erfahren.« »Damit ihr selbst urteilen könnt, meine Herren, ob ich gerechten Grund habe, mich nach ihm zu erkundigen, so hört mir zu und vernehmt meine, ich weiß nicht, ob ich sagen soll, unglückliche Geschichte.«

Während all dies geschah, war die Haushälterin damit beschäftigt, dem Säugling Honig in den Mund zu streichen und seine reichen Windeln mit ärmlichen zu vertauschen. Als sie damit fertig war, wollte sie ihn zu einer Hebamme tragen, wie ihr Don Juan befohlen hatte, und eben ging sie mit ihm vor dem Zimmer vorbei, in dem sich die Dame befand, die gerade ihre Geschichte beginnen wollte, da weinte das Kind so laut, daß sie es hörte. Sie sprang vom Bett auf, horchte, erkannte deutlicher das Weinen des Kindes und fragte: »Was für ein Kind ist das, meine Herren? Es scheint ein neugeborenes zu sein.« Don Juan erwiderte: »Es ist ein

Knäblein, das man uns heute nacht an die Türe gelegt hat; und die Haushälterin geht eben fort, um jemanden zu suchen, der es säugen kann.« »Bringt es in Gottes Namen mir«, sagte die Fremde; »ich will diese Barmherzigkeit fremden Kindern erweisen, da mir der Himmel nicht vergönnt, es meinem eignen zu tun.«

Don Juan rief die Haushälterin, nahm ihr das Kind ab, brachte es der Dame, wie sie gewünscht hatte, legte es ihr in die Arme und sprach: »Seht hier, gnädige Frau, das Geschenk, das man uns heute nacht gemacht hat! Und es ist nicht das erste dieser Art; denn es vergeht selten ein Monat, ohne daß wir auf der Schwelle dergleichen Funde tun.« Sie nahm es in die Arme und betrachtete aufmerksam sein Gesicht sowie die ärmlichen, wenn auch reinen Windeln, in die es gewickelt war; dann nahm sie, ohne ihre Tränen unterdrücken zu können, ihr Tuch vom Kopfe und breitete es über den Oberkörper, um dem Kleinen mit Anstand die Brüste reichen zu können; sie legte ihn an, schmiegte ihr Gesicht an das seine und nährte es mit ihrer Milch, während ihre Tränen sein Gesicht benetzten. In dieser Haltung blieb sie eine gute Weile sitzen, ohne den Kopf zu heben, solange der Knabe die Brust behalten wollte. Unterdessen beobachteten alle vier das tiefste Schweigen. Das Kind schien zu saugen; es war jedoch nicht so, denn unmittelbar nach der Entbindung können die Frauen nicht stillen. Die Dame, die dem Kind die Brust reichte, bemerkte es und sprach, zu Don Juan gewandt: »Vergebens hab ich mein Mitleid aufgeboten! Ihr seht, ich bin zu sehr Neuling in solchen Dingen. Laßt, mein Herr, diesem Kind etwas Honig geben, um es zu beschwichtigen, und laßt es nicht um diese Stunde über die Straße tragen. Wartet, bis es Tag wird, und gebt mir das Kind, ehe Ihr es forttragt; denn sein Anblick tröstet mich sehr.«

Don Juan gab den Säugling der Haushälterin zurück und befahl ihr, ihn bis Tagesanbruch zu versorgen und ihm die reichen Windeln, mit denen er angetan war, wieder umzulegen; sie solle ihn jedoch, fügte er hinzu, nicht eher aus dem Hause tragen, als bis sie ihm Nachricht gegeben habe. Er kehrte zurück, und als die drei beisammen waren, sagte die schöne Cornelia: »Wenn ich sprechen soll, so gebt mir zuvor ein wenig zu essen; denn ich fühle, daß ich die Kraft verliere, und es ist in der Tat auch kein Wunder.« Don Antonio lief sogleich zu einem Schranke und holte vielerlei eingemachte Früchte hervor. Die Entkräftete nahm etwas davon zu sich und trank ein Glas frisches Wasser, wodurch sie wieder ein wenig zu Kräften kam. Und nachdem sie eine Weile geruht hatte, sprach sie also: »Setzt euch, meine Herren, und hört mir zu!«

Sie taten es, die Dame lehnte sich auf das Bett, deckte sich sorgfältig mit der Schleppe ihres Gewandes zu, zog den Schleier, den sie auf dem Haupte trug, über die Schultern herab und zeigte so ganz frei und unverhüllt ein Antlitz, das dem Monde oder besser der Sonne glich, wenn sie am vollsten und hellsten scheint. Flüssige Perlen entfielen ihren Augen; sie trocknete sie mit einem schneeweißen Tuche und mit Händen, die gleichfalls so weiß waren, daß scharfe Sinne dazu gehörten, um den Unterschied in der Weiße zwischen ihnen und dem Tuch zu entdecken. Nachdem sie endlich viele Male geseufzt und sich bemüht hatte, ihr Herz ein wenig zu beruhigen, sprach sie mit schmerzlicher, zitternder Stimme: »Ich bin diejenige, meine Herren, die ihr früher schon oft habt nennen hören; denn es gibt wenig Zungen, die nicht den Ruf meiner Schönheit, was nun auch an ihr sei, hinausgetragen hätten. Kurz, ich bin Cornelia Bentibolli, die Schwester Lorenzo Bentibollis, und indem ich euch dies sage, vernehmt ihr vielleicht zwei Wahrheiten, nämlich die meines Adels und die meiner Schönheit. Schon in früher Kindheit wurde ich vater- und mutterlose Waise, und so blieb ich unter der Obhut eines Bruders, der mich von je mit größter Vorsicht schützte, obgleich er meiner Tugend mehr vertraute als dem Eifer, mit dem er über mich wachte. Kurz, ich wuchs in häuslicher Zurückgezogenheit und Einsamkeit auf und hatte weiter niemanden zu meiner Gesellschaft als meine Dienerinnen. So wuchs ich auf, und mit mir wuchs zugleich der Ruf meiner Anmut, den meine Bedienten und alle verbreiteten, die in meiner Abgeschiedenheit mit mir verkehrten. Auch ein Bildnis von mir trug dazu bei, das mein Bruder durch einen berühmten Maler anfertigen ließ, damit, wie er sagte, die Welt mich nicht verlöre, wenn mich auch der Himmel zu einem besseren Leben abriefe. Doch alles wäre nicht imstande gewesen, mein Verderben so schnell herbeizuführen, wenn es sich nicht getroffen hätte, daß der Herzog von Ferrara als Brautführer zur Hochzeit meiner Base kam, auf die mich auch mein Bruder in guter Absicht und meiner Base zu Ehren mitnahm. Hier sah ich und wurde gesehn; hier machte ich wohl an manchem Herzen eine Eroberung, und manchen Willen machte ich mir untertan; hier empfand ich, welches Vergnügen Lobsprüche gewähren, wenn sie auch von schmeichlerischen Zungen gesprochen werden. Kurz, hier sah ich den Herzog, und er sah mich, und das Ergebnis ist die Lage, in der ich mich jetzt sehe. Ich will euch nicht erzählen, meine Herren, denn es würde mich allzu weit führen, durch welche Anschläge, Künste und Mittel ich und der Herzog nach Verlauf von zwei Jahren zum Ziel der Wünsche gelangten, die auf jener Hochzeit in uns erwachten; denn weder Absicht noch Abgeschlossenheit, weder gut gemeinte Warnungen noch andre menschliche Vorsichtsmaßregeln vermochten unsre Vereinigung zu hindern, die zuletzt auf sein Versprechen hin erfolgte, mein Gemahl zu werden; denn ohne das wäre es unmöglich gewesen, den Fels meines beharrlichen und edlen Stolzes zu überwinden. Tausendmal sagte ich ihm, er solle offen meine Hand von meinem Bruder verlangen, da dieser sie ihm unmöglich abschlagen könne; auch brauche er sich vor der Öffentlichkeit nicht viel zu entschuldigen, wenn man ihm die Ungleichheit unserer Heirat vorwerfe, da der Adel des Hauses Bentibolli dem des estischen Geschlechts in nichts nachstehe. Er erwiderte mit Einwänden, die ich nicht als ausreichend und zwingend ansah. Hingebend und vertrauensvoll glaubte ich ihm in meiner Liebe und ergab mich völlig seinem Willen, zumal mich eine meiner Dienerinnen beständig drängte, die sich den Geschenken und Versprechungen des Herzogs nachgiebiger erwies, als sie es hätte tun sollen, da mein Bruder viel Vertrauen in ihre Treue setzte. Kurz, nach einiger Zeit fühlte ich mich schwanger, und ehe meine Kleider meinen Leichtsinn (um keinen schlimmeren Namen zu wählen) verrieten, stellte ich mich krank und schwermütig und bewog meinen Bruder, mich in das Haus jener Base zu bringen, deren Brautführer der Herzog gewesen war. Dort tat ich dem Herzog zu wissen, wie es um mich stand und welche Gefahr mich bedrohte; sogar mein Leben sei nicht sicher, da ich vermutete, mein Bruder möchte meinen Fehltritt ahnen. Wir kamen nun überein, ich sollte ihm, wenn der letzte Monat nahte, Nachricht geben; dann wollte er mit andern seiner Freunde kommen und mich nach Ferrara bringen, um sich in dem günstigen Augenblick, den er erwartete, öffentlich mit mir zu vermählen. Auf diese heutige Nacht war seine Ankunft festgesetzt, und ich erwartete ihn den ganzen Abend. Währenddessen aber hörte ich meinen Bruder mit vielen andern, wie es schien bewaffneten Männern vorbeikommen, denn man vernahm das Geklirr der Degen. Im ersten Schreck überraschte mich meine Niederkunft, und ich gebar einen schönen Knaben. Die eine meiner Zofen, die Mitwisserin und Zwischenträgerin meiner Liebe, hüllte, schon auf diesen Fall vorbereitet, das neugeborene Kind in Tücher ein, die jedoch anders waren als die, in denen sich jenes Kind vor eurer Türe fand. Sie lief an die Haustür und übergab es, wie sie sagte, einem Diener des Herzogs. Wenige Augenblicke darauf kleidete ich mich an, so gut ich konnte, und ging im Gefühl der drängenden Not aus dem Hause, da ich glaubte, der Herzog sei unten auf der Straße. Das hätte ich freilich nicht tun sollen, ehe er an meiner Haustür war; allein die Furcht, in die mich die bewaffnete Schar meines Bruders versetzt hatte und in der ich schon sein Schwert über meinem Haupte geschwungen sah, ließ mir keine Zeit, eine bessere Wahl zu treffen, und daher ging ich voller Bestürzung und im Wahnsinn fort, wobei mir begegnete, was ihr selbst gesehn habt. Obgleich ich nun ohne Gatten und ohne Kind bin und immer in Furcht schwebe, es möchte mir noch Schlimmeres widerfahren, so danke ich doch dem Himmel, der mich in eure Hände gegeben hat; denn ich verspreche mir alles von euch, was sich von spanischer Höflichkeit erwarten läßt, die sich in euch um so glänzender zeigen muß, wenn ihr so edel seid, wie ihr scheint.«

Als sie die letzten Worte sprach, sank sie ganz auf das Bett zurück, und als die beiden Freunde hinzueilten, um zu sehn, ob sie ohnmächtig werde, sahen sie, daß es nicht der Fall war, sondern daß sie bitterlich weinte, worauf Don Juan zu ihr sagte: »Wenn ich und mein Gefährte Don Antonio bisher Mitleid und Erbarmen mit Euch hatten, schöne Frau, weil Ihr ein Weib seid, so verwandelt sich jetzt, da wir Euren Stand kennen, dieses Bedauern und Mitleid in unbedingte Dienstpflicht gegen Euch. Fasset Mut und seid nicht furchtsam, und obschon Ihr nicht an solche Ereignisse gewöhnt seid, so werdet Ihr Euch doch um so würdiger in ihnen zeigen, je geduldiger Ihr sie tragt. Glaubt mir, Herrin, ich hoffe, diese schlimmen Begebenheiten werden noch ein glückliches Ende nehmen; denn der Himmel kann es nicht zugeben, daß so viel Schönheit zugrunde geht und daß so tugendhafte Gesinnung schlecht belohnt wird. Legt Euch nieder, Herrin, und sorgt für Eure Erholung, denn Ihr habt sie nötig, und wir wollen Euch zu Eurer Bedienung unsre Dienerin hereinschicken, auf die Ihr Euch verlassen könnt wie auf uns selber: Sie wird Euer Unglück so gut zu verschweigen wissen, wie Euch in Eurer Not zu helfen ...« »Meine Not ist so groß, daß ich mich zu noch Schwererem verstehen müßte«, versetzte sie. »Laßt nur hereinkommen, mein Herr, wen Ihr wollt; denn da die Frau von Euch kommt, muß ich schon glauben, daß sie zu allem brauchbar ist, wozu ich sie nötig habe. Aber dennoch bitte ich Euch, daß mich außer Eurer Dienerin niemand zu sehen bekommt.« »Darauf könnt Ihr Euch verlassen«, entgegnete Don Antonio; und beide gingen hinaus und ließen sie allein.

Don Juan befahl der Haushälterin, hineinzugehn und das Kind in den reichen Windeln mitzunehmen, wenn sie sie ihm schon umgelegt habe. Sie bejahte es und sagte, das Kind sei wieder genauso gewickelt, wie er es mitgebracht habe. Als sie ihr gesagt hatten, was sie der Dame, die sie im Zimmer finden werde, auf ihre Fragen wegen des Kindes zu antworten habe, ging sie hinein. Als Cornelia ihrer ansichtig wurde, sprach sie: »Seid willkommen, gute Freundin! Gebt mir das Kind und tretet mit dem Licht herzu.« Die Haushälterin tat es, und als Cornelia das Kind in die Arme nahm, war sie ganz betroffen, sah es tiefbewegt an und sprach zu der Haushälterin: »Sagt mir, liebe Frau, ist dies dasselbe Kind, das Ihr oder die Herren mir vor kurzem brachten?« »Ja, gnädige Frau«, erwiderte die Haushälterin. »Aber weshalb sind die Windeln gewechselt?« fragte Cornelia. »In der Tat, meine Freundin, mir scheint, entweder sind dies andre Windeln, oder es ist nicht dasselbe Kind.« »Es könnte wohl sein«, erwiderte die Haushälterin. »Gott sei mir gnädig!« rief Cornelia; »wie? es könnte wohl sein? Wie verhält es sich, liebe Haushälterin? Mir springt das Herz in der Brust, wenn ich nicht erfahre, was es mit diesem Tausch für eine Bewandtnis hat. Sagt es mir, liebe Freundin! Bei allem, was Euch lieb ist, beschwöre ich Euch, daß Ihr mir sagt, woher Ihr diese kostbaren Windeln habt; denn ich muß Euch sagen, es sind, wenn mich mein Auge nicht trügt und wenn ich mich recht erinnere, die meinigen. In ihnen oder in ganz ähnlichen übergab ich meinem Mädchen das teure Pfand meines Herzens. Wer hat sie ihm abgenommen? Ach, ich Unglückliche! Und wer brachte sie hierher? Ach, ich Arme!«

Don Juan und Don Antonio, die diese Klagen mitanhörten, wollten sie nicht weiter fortfahren lassen und nicht erlauben, daß die Täuschung mit der Verwechslung der Windeln ihr noch länger Kummer mache. Sie traten ins Zimmer, und Don Juan sprach zu ihr: »Diese Windeln und dieses Knäblein gehören Euch, Fräulein Cornelia.« Zugleich erzählte er ihr ausführlich, wie es gekommen war, daß ihre Dienerin ihm den Säugling gegeben, wie dann er selber das Kind nach Hause gebracht und der Dienerin befohlen hatte, seine Gewänder umzutauschen, und schließlich, weshalb ihm diese Anordnung als geraten erschienen war. Obgleich er nach der Erzählung von ihrer Geburt überzeugt gewesen sei, daß es ihr Sohn sei, so habe er ihr dies doch nicht sagen wollen, damit der Überraschung einer zweifelnden Erkenntnis die Freude, ihn wirklich erkannt zu haben, folgen möge. Nun flossen Cornelias Freudentränen unaufhaltsam, und zahllos waren die Küsse, die sie ihrem Söhnchen gab; zahllos waren auch die Danksagungen, die sie ihren Wohltätern aussprach, indem sie sie Schutzengel in Menschengestalt nannte und ihnen noch viele andre Namen gab, die ihr tiefstes Dankgefühl ausdrückten. Hierauf ließen sie Cornelia mit der Dienerin allein, indem sie ihr anbefahlen, auf sie acht zu haben und sie in allem zu bedienen. Zugleich erklärten sie ihr den Zustand, in dem sie sich befand, damit sie ihr helfe; denn als Frau müsse sie besser wissen, was ihr not tue, als sie beide. Damit gingen sie, um den Rest der Nacht dem Schlafe zu widmen, zu Bette, nachdem sie zuvor beschlossen hatten, Cornelias Zimmer nicht zu betreten, wenn sie nicht selbst nach ihnen verlangte oder ein Notfall eintrat, der ihre Anwesenheit erforderte.

Mit Tagesanbruch sorgte die Dienerin für jemanden, der

das Kind heimlich und ohne Aufsehen säugte, und die beiden Freunde erkundigten sich bei ihr nach Cornelia. Die Haushälterin sagte, sie ruhe ein wenig. Sie begaben sich in die Vorlesungen und gingen durch die Straße, in der der Kampf ausgefochten worden war, und an dem Hause vorüber, das Cornelia verlassen hatte. Sie wollten sehn, ob ihre Flucht schon bekannt war und ob man schon öffentlich davon sprach. Sie hörten und merkten aber nichts, weder von dem Kampfe noch von dem Auszug Cornelias. So kehrten sie, nachdem sie ihre Kollegien gehört hatten, nach Hause zurück. Cornelia ließ sie durch die Haushälterin zu sich rufen; sie ließen ihr erwidern, sie hätten beschlossen, um mit mehr Anstand beobachten zu können, was sie ihrer Sittsamkeit schuldig seien, ihr Zimmer nicht wieder zu betreten. Sie aber bat unter Tränen, sie möchten kommen und sie besuchen, denn das verstoße nicht gegen den Anstand; und wenn es ihr auch nicht helfen könne, so könne es sie doch wenigstens trösten. Sie taten ihr den Willen, und sie empfing sie mit heiterm Antlitz und großer Höflichkeit. Cornelia bat sie, sie möchten ihr die Gefälligkeit erzeigen, in der Stadt umherzugehn und zu sehn, ob sie schon etwas von ihrem gewagten Schritt vernehmen würden. Sie versetzten, sie hätten dies schon mit vielem Eifer getan, aber durchaus nichts vernommen.

Da trat einer ihrer drei Edelknaben an die Tür und rief von außen: »Vor dem Hause steht ein Ritter mit zwei Bedienten; er sagt, er heiße Lorenzo Bentibolli und suche meinen Herrn Don Juan de Gamboa.« Bei dieser Nachricht schloß Cornelia beide Fäuste, hielt sie auf den Mund und sagte mit leiser, ängstlicher Stimme: »Mein Bruder, ihr Herren, es ist mein Bruder! Gewiß muß er erfahren haben, daß ich hier bin, und er kommt, um mir das Leben zu rauben. Helft mir, meine Herren, und beschützt mich!« »Beruhigt Euch, Herrin«, versetzte Don Antonio. »Ihr befindet Euch hier unter der Obhut derer, die Euch nicht das geringste

Leid von der Welt werden zufügen lassen. Eilt hin, Don Juan, und seht, was dieser Ritter will; ich werde hier bleiben, um, wenn es not tut, Cornelia zu schützen.«

Don Juan ging, ohne die geringste Bestürzung zu verraten, hinunter. Don Antonio ließ sich unverzüglich ein paar geladene Pistolen bringen und befahl den Edelknaben, ihre Degen zu nehmen und sich vorzusehn. Die Haushälterin zitterte beim Anblick solcher Rüstungen, Cornelia wurde ängstlich, weil sie ein Unglück befürchtete, und nur Don Antonio und Don Juan behielten ihre Ruhe und Besonnenheit, um alle erforderlichen Maßregeln zu treffen. Vor der Hautür fand Don Juan den Ritter Don Lorenzo, der, sobald er Don Juans ansichtig wurde, zu ihm sagte: »Ich bitte Eure Herrlichkeit« (denn dies ist die Art der Anrede in Italien), »erweist mir den Gefallen, mit mir in die Kirche gegenüber zu kommen; ich habe Eurer Herrlichkeit eine Angelegenheit mitzuteilen, die mein Leben und meine Ehre angeht.« »Sehr gern«, entgegnete Don Juan; »gehn wir, mein Herr, wohin Ihr wollt!«

Mit diesen Worten gingen sie allein in die Kirche und setzten sich abseits auf eine Bank, wo sie nicht gehört werden konnten. Lorenzo brach das Schweigen und sagte: »Ich, Herr Spanier, bin Lorenzo Bentibolli und gehöre, wenn auch nicht zu den reichsten, so doch zu den vornehmsten Bewohnern dieser Stadt. Da dies so allgemein bekannt ist, wird mich nicht der Vorwurf treffen, ich singe mein eignes Lob. Ich wurde vor einigen Jahren Waise, und unter meiner Obhut blieb meine Schwester, die mit solcher Schönheit begnadet war, daß ich sie Euch, wenn sie mich nicht so nahe berührte, vielleicht mehr preisen würde, als ich es in Worten tun kann, denn keins vermöchte ihren Reiz ganz auszudrükken. Da ich auf Ehre hielt und sie jung und schön war, so wandte ich die ängstlichste Sorgfalt auf, um sie zu behüten; aber all meine Vorsicht und Aufmerksamkeit machte der vorschnelle Wille meiner Schwester Cornelia, denn so heißt sie, zunichte. Nun aber, um es kurz zu machen und Euch nicht zu ermüden, denn es könnte dies eine lange Erzählung werden, so sage ich Euch, daß der Herzog von Ferrara, Alfonso von Este, meine Argusaugen mit Luchsaugen übertraf, meine Sorgfalt zu Fall brachte und triumphierte, meine Schwester besiegte und sie mir heute nacht entführte und aus dem Hause einer unsrer Basen raubte; und überdies heißt es noch, sie sei kaum entbunden worden. Heute nacht erfuhr ich es; ich ging sogleich aus, ihn zu suchen, und ich glaubte, ihn gefunden und mit dem Degen verwundet zu haben, plötzlich aber erhielt er Hilfe von einem Engel, der mir nicht erlaubte, den Makel meiner Schande mit seinem Blute abzuwaschen. Meine Base, von der ich dies alles weiß, sagte mir, der Herzog habe meine Schwester dadurch betrogen, daß er ihr das Ehrenwort gegeben habe, sie zu heiraten. Dies glaube ich aber nicht, denn eine solche Verbindung wäre den Gaben des Glücks nach sehr ungleich, wenn auch, soweit es auf die Herkunft ankommt, die ganze Welt den Adel der Bentibolli in Bologna kennt. Glaubwürdiger erscheint es mir, daß er sich an das hielt, woran sich die großen Herren meist zu halten pflegen, wenn sie ein schüchternes, ehrbares Mädchen betören wollen. Sie halten ihr den süßen Namen einer Gattin vor Augen und reden ihr ein, die Heirat könne nur aus gewissen Rücksichten nicht sofort vor sich gehn: Lügen, die den Schein der Wahrheit haben, aber falsch und boshaft sind. Sei dem nun, wie ihm wolle, ich habe Schwester und Ehre verloren, habe aber bis jetzt alles unter dem Siegel des Schweigens gehalten und wollte niemandem ein Wort von dieser Beschimpfung sagen, bis ich sehe, wie sich auf irgendeine Weise helfen und Genugtuung erlangen läßt. Es ist immer besser, man vermutet und ahnt Beschimpfungen nur, als daß man sie bestimmt und genau erkennt; zwischen dem Ja und Nein des Zweifels kann sich ein jeder nach der Seite neigen, die ihm am meisten gefällt, und beide Ansichten finden ihre Verteidiger. Kurz, ich bin entschlossen, nach Ferrara zu gehn und vom Herzog selbst die Herstellung meiner Ehre zu verlangen; und wenn er sie mir verweigert, so will ich ihn zum Kampfe fordern, und zwar nicht zum Kampf mit Kriegsleuten, denn die kann ich weder bewaffnen noch unterhalten, sondern Mann gegen Mann. Nun wünsche ich, daß Ihr mir mit Eurer Kraft dabei helft und mich auf diesem Zuge begleitet; denn ich baue darauf, da Ihr, wie ich schon erfahren habe, Spanier und Ritter seid, daß Ihr es tun werdet. Ich möchte die Sache keinem meiner Verwandten oder Freunde anvertrauen, da ich von ihnen nichts zu erwarten habe als Ratschläge und Einwürfe, während ich von Euch einen edlen und ehrenvollen Vorschlag erhoffen kann, wenn er auch einige Gefahr mit sich bringen mag. Ihr, mein Herr, müßt mir den Dienst erzeigen und mit mir kommen; denn wenn ich einen Spanier an meiner Seite habe, und zwar einen solchen, wie Ihr es zu sein scheint, so wird es mir sein, als werde ich von den Heeren eines Xerxes beschützt. Ich verlange viel von Euch, aber die Pflicht, dem zu entsprechen, was der Ruf von Eurem Volke predigt, verlangt noch mehr von Euch.« »Nicht weiter, Herr Lorenzo«, sagte Don Juan, der ihm bis jetzt zugehört hatte, ohne ihn mit einem Worte zu unterbrechen; »nicht weiter, denn von diesem Augenblick erkläre ich mich für Euren Beschützer und Ratgeber und übernehme es, Euch wegen Eures Schimpfes Genugtuung oder Rache zu verschaffen, und zwar nicht nur, weil ich ein Spanier, sondern weil Ihr wie ich ein Ritter seid und noch dazu ein so edler, wie Ihr es mir sagtet und wie ich und alle Welt es weiß. Überlegt, wann wir aufbrechen sollen. Das beste wäre, wir gingen sogleich; denn man muß das Eisen schmieden, solange es heiß ist, und in der Glut des Zornes wächst der Mut, wie die eben erst erlittene Beleidigung die Rache weckt.« Lorenzo stand auf, umarmte Don Juan zärtlich und sagte: »Ein so edles Herz wie das Eure, Herr Don Juan, braucht keines andern Ansporns als der Ehre, die bei einem solchen

Unternehmen zu gewinnen ist und die ich Euch schon jetzt zusichere, wenn wir es glücklich bestehn. Überdies biete ich Euch an, was ich nur habe, kann und vermag. Den Aufbruch setzte ich auf morgen früh fest, damit ich die nötigen Vorkehrungen treffen kann.« »Gut«, sagte Don Juan. »Erlaubt mir nur, Herr Lorenzo, einen Ritter, der mein Kamerad ist, von diesem Vorsatz in Kenntnis zu setzen; auf seine Redlichkeit und Verschwiegenheit könnt Ihr so sicher rechnen wie auf mich.« »Da meine Ehre, wie Ihr sagt, in Eurer Obhut stehn wird, Herr Don Juan«, versetzte Lorenzo, »so schaltet damit nach Eurem Gefallen und sprecht von ihr, was und mit wem Ihr wollt, zumal sich von einem, der Euer Kamerad ist, nichts andres voraussetzen läßt als höchste Ehrenhaftigkeit.« Hierauf umarmten sie sich und nahmen voneinander Abschied, nachdem sie verabredet hatten, daß er ihn am nächsten Morgen rufen lassen wolle; vor der Stadt wollten sie zu Pferde steigen, um ihre Reise verkleidet anzutreten.

Don Juan kehrte nach Hause zurück und berichtete Don Antonio und Cornelia, was ihm mit Lorenzo begegnet war und was sie verabredet hatten. »Gott stehe mir bei«, rief Cornelia, »groß ist Eure Höflichkeit, mein Herr, und groß ist Euer Vertrauen. Wie, und Ihr habt Euch so schnell dazu hergegeben, ein Unternehmen voller Schwierigkeiten zu beginnen? Und könnt Ihr wissen, mein Herr, ob Euch mein Bruder nach Ferrara oder sonst wohin führt? Übrigens, wohin er Euch auch führen mag, Ihr könnt Euch darauf verlassen, daß die Redlichkeit selbst Euch begleiten wird, wiewohl ich in meinem Unglück vor Sonnenstäubchen zittere und vor jedem Schatten erbebe. Wie könnt Ihr daher verlangen, daß ich mich nicht fürchte, da für mich von der Antwort des Herzogs die Entscheidung über Leben und Tod abhängt? Weiß ich denn, ob er auch so behutsam antworten wird, daß der Zorn meines Bruders die Schranken der Klugheit nicht überschreitet? Wenn es der Fall wäre, glaubt Ihr, er habe einen schwachen Gegner? Glaubt Ihr nicht, daß ich die Zeit Eures Ausbleibens in Unruhe, Besorgnis und Furcht verleben werde, in Erwartung der süßen oder bitteren Kunde von dem Ausgang? Liebe ich denn den Herzog oder meinen Bruder so wenig, daß ich nicht das Unglück beider fürchten und tief in meiner Seele empfinden muß?«

»Ihr bedenkt viel, Fräulein Cornelia, und befürchtet viel«, sagte Don Juan. »Aber gebt doch unter so vielen Besorgnissen der Hoffnung Raum, vertraut auf Gott, auf meine Gewandtheit und meine gute Absicht, und Ihr werdet sehn, wie Eure Wünsche mit allem Glück gekrönt sein werden. Der Reise nach Ferrara kann ich so wenig entgehn, wie ich mich davon entbinden darf, Euren Bruder zu unterstützen. Bis jetzt wissen wir nicht, was der Herzog vorhat, und ebensowenig weiß er von Eurer Flucht. All dies muß man aus seinem eigenen Munde hören, und niemand kann ihn danach fragen als ich. Dabei bedenkt, Fräulein Cornelia, daß ich das Glück und die Seelenruhe Eures Bruders und des Herzogs, um mich so auszudrücken, in meinem Augapfel trage, und ich werde weder das eine noch das andre aus dem Auge verlieren.« »Wenn Euch nur der Himmel, Herr Don Juan, in demselben Maße die Macht der Hilfe gegeben hat«, antwortete Cornelia, »wie er Euch die Gabe zu trösten verlieh, so halte ich mich mitten in diesem meinem Ungemach noch für sehr glücklich. Daher möchte ich Euch so schnell wie möglich gehn und wiederkehren sehn; denn in Eurer Abwesenheit schwebe ich in tödlicher Qual zwischen Furcht und Hoffnung.«

Don Antonio billigte Don Juans Entschluß und lobte die edle Art, wie er dem Vertrauen Lorenzo Bentibollis entgegengekommen war. Dabei versicherte er, er wolle sie begleiten, um für unvorhergesehene Fälle bei der Hand zu sein. »Das nicht«, sagte Don Juan; »denn erstens wäre es nicht gut, wenn Fräulein Cornelia allein bliebe, und zweitens soll auch Herr Lorenzo nicht glauben, daß ich mich fremder

Tapferkeit bedienen will.« »Die meine ist Euer Eigentum«, versetzte Don Antonio, »und ich bin entschlossen, Euch zu folgen, sei es auch unerkannt und von weitem; denn ich bin überzeugt, daß Fräulein Cornelia damit zufrieden sein wird, zumal sie nicht so allein bleibt, daß es ihr an Bedienung, Obhut und Gesellschaft fehlen könnte.« Da fiel Cornelia ein: »Es wird mir ein großer Trost sein, meine Herren, wenn ich weiß, daß ihr zusammen reist, oder wenigstens so, daß ihr einander nötigenfalls beistehn könnt; und da ihr, wie ich glaube, einer Gefahr entgegengeht, so habt die Güte, meine Herren, diese Reliquien mitzunehmen.« Mit diesen Worten zog sie ein diamantenes Kreuz von unschätzbarem Werte und ein ebenso kostbares Agnus aus dem Busen. Beide Freunde betrachteten die Kleinodien und schätzten sie sogar noch höher ein als die Hutschnur; sie wollten diese wertvollen Stücke aber auf keinen Fall annehmen und gaben sie ihr deshalb zurück. Sie sagten, sie hätten Reliquien bei sich, die, wenn auch nicht so schön gefaßt, doch nicht weniger wirksam seien. Cornelia bedauerte, daß die Freunde ihr Angebot nicht annahmen, doch mußte sie sich schließlich in deren Willen fügen. Die Haushälterin pflegte Cornelia mit großer Sorgfalt, und als sie erfuhr, daß ihre Herren verreisen wollten (obgleich sie ihr den Zweck und das Ziel ihrer Reise nicht sagten), übernahm sie es, die Dame, deren Name sie noch nicht wußte, so gut zu bedienen, daß sie die Abwesenheit ihrer Herren nicht merken sollte.

Am anderen Morgen stand Lorenzo zeitig vor der Tür, und Don Juan war reisefertig. Auf dem Kopf trug er den Hut mit der Diamantenschnur, den er mit schwarzen und gelben Federn verziert und dessen Schnur er mit einem schwarzen Bande umwunden hatte. Er nahm Abschied von Cornelia, die sich, weil sie ihren Bruder nahe wußte, so ängstigte, daß sie den beiden, die sich bei ihr beurlaubten, kein Wort zu sagen vermochte. Don Juan ging zuerst und begab sich mit Lorenzo vor die Stadt hinaus in einen etwas abgelegenen Garten, wo sie zwei gute Pferde fanden, die zwei Reitknechte an der Halfter hielten. Sie saßen auf, ließen die Knechte voranreiten und schlugen auf Fußsteigen und Seitenwegen die Richtung nach Ferrara ein. Don Antonio folgte verkleidet und unkenntlich auf einem eigenen kleinen Pferde. Da ihm aber schien, als seien die beiden Ritter und namentlich Lorenzo auf ihn aufmerksam geworden, so beschloß er, den geraden Weg nach Ferrara einzuschlagen, da er gewiß war, sie dort wieder zu treffen.

Kaum hatten sie die Stadt verlassen, als Cornelia der Wärterin ihre ganze Geschichte erzählte: daß sie die Mutter des Kindes und der Herzog von Ferrara sein Vater sei, sowie alle andern Einzelheiten des Geschehnisses, wie es sich bisher zugetragen hatte. Auch verschwieg sie nicht, daß die Reise ihrer Herren nach Ferrara gehe, wohin sie ihren Bruder begleiteten, der den Herzog Alfonso zum Zweikampf fordern wolle. Als die Haushälterin all das vernommen hatte, sagte sie, als hätte der böse Feind es ihr eingegeben, um Cornelias Erlösung zu verzögern, zu verhindern oder zu erschweren: »Ach, mein Herzensfräulein, das alles ist Euch begegnet und Ihr liegt hier ganz unbesorgt auf dem Rücken? Ihr habt entweder kein Herz, oder es ist so verzagt, daß kein Gefühl mehr in ihm wohnt. Wie? Meint Ihr denn, Euer Bruder gehe nach Ferrara? Glaubt doch das nicht, sondern seid versichert, er wollte nur meine Herren von hier entfernen und aus dem Hause locken, um zurückzukehren und euch das Leben zu nehmen; und das wird er tun, wie einer ein Glas Wasser austrinkt. Seht doch, unter welchem Schutz und in welcher Obhut wir hier zurückgeblieben sind. Wir haben niemanden als die drei Edelknaben, die viel zu viel damit beschäftigt sind, sich die Krätze zu jucken, mit der sie bedeckt sind, als daß sie sich mit unsrer Angelegenheit befassen könnten. Von mir wenigstens kann ich sagen, ich habe nicht den Mut, den Ausgang und das Verderben abzuwarten, das diesem Hause droht. Herr Lorenzo ist Italiener, und er sollte sich auf Spanier verlassen und sie um Schutz und Hilfe angehn? Stecht mir das Auge aus, wenn ich das glaube.« Und sie ballte gegen sich selber zur Abwehr die Hand. »Wenn Ihr, meine Tochter, mir folgen wollt, so will ich Euch einen Rat geben, der Euch einleuchten wird.«

Als Cornelia die Dienerin so sprechen hörte, wurde sie ganz blaß vor Schrecken und Staunen; denn die Wärterin hatte ihre Rede mit so viel Feuer vorgetragen und unter so lebendigen Zeichen der Furcht, daß sie alles, was sie sagte, für reine Wahrheit hielt und jeden Augenblick glaubte, Don Juan und Don Antonio seien schon tot, und ihr Bruder trete schon in das Zimmer und durchsteche sie mit dem Dolche. Darum sprach sie zu der Wärterin: »Und welchen Rat, der zu meinem Heile führt und das nahende Unglück verhindert, würdet Ihr mir geben, meine Freundin?« »Ja«, erwiderte die Dienerin, »ich will Euch einen so guten und so vortrefflichen Ausweg sagen, daß sich ein besserer nicht denken läßt. Ich habe früher bei einem Pfaffen gedient, mein Fräulein, bei dem Pfarrer des Dorfes, das zwei Meilen von Ferrara entfernt ist. Er ist ein gar frommer, rechtschaffener Mann, der mir alles zu Gefallen tun wird, worum ich ihn bitte, denn er ist mir mehr verpflichtet als sonst ein Herr. Dorthin wollen wir gehn, und ich will schon für jemanden sorgen, der uns so schnell wie möglich zu ihm bringt. Das Weib, das kommt, um das Kind zu säugen, ist arm und geht gewiß mit uns bis ans Ende der Welt. Und setzen wir den Fall, mein Fräulein, daß man uns findet, so wird es doch immer besser sein, man findet uns im Hause eines alten, ehrwürdigen Meßpriesters als unter der Obhut zweier junger spanischer Studenten, die, wie ich recht gut bezeugen kann, gerade keine Kostverächter sind. Jetzt freilich, wo Ihr krank seid, haben sie sich ehrerbietig gezeigt; wenn Ihr aber unter ihrer Obhut genest und gesundet, so mag Gott Euch helfen; denn wahrlich, wenn mich nicht meine Abweisungen, meine Sprödigkeit und Verachtung geschützt hätten, so wäre es mit mir und meiner Ehre längst zu Ende. Auch bei ihnen ist nicht alles Gold, was glänzt, sie sprechen so und denken anders; aber sie hatten es mit mir zu tun, denn ich bin schlau und weiß, wo mich der Schuh drückt, und zudem bin ich aus gutem Hause. Ich stamme von den Crivelos aus Mailand ab und kann wohl sagen, daß ich, was den Ehrenpunkt betrifft, zehn Meilen über den Wolken stehe. Daran kann man sehn, liebes Fräulein, wieviel Unglück über mich dahingegangen ist; denn trotz allem, was ich bin, bin ich nichts weiter geworden als die Haushälterin zweier Spanier, und ich muß mich von ihnen Dienerin heißen lassen. Im übrigen habe ich mich in der Tat über meine Herren nicht zu beklagen, denn wenn sie nicht der Zorn ankommt, so sind sie wahre Heilige; im Zorn aber kommen sie mir wie Biskayer vor, und sie sagen auch, sie sind es; aber unter sich sind sie vielleicht Galicier, und das ist, wenn das Gerücht nicht lügt, eine andre Nation, die weniger genau und vorsichtig sein soll als die biskayische.« Kurz, sie redete ihr so lange und so dringend zu, daß die arme Cornelia sich entschloß, ihrem Rate zu folgen. Die Haushälterin sorgte daher mit Cornelias Zustimmung für das Nötige, und nach weniger als vier Stunden saßen beide mit der Amme des Kindes in einer Kutsche und begaben sich, ohne von den Edelknaben bemerkt zu werden, auf den Weg nach dem Dorfe des Pfarrers. All dies geschah auf Zureden der Haushälterin und mit ihrem Gelde, denn ihre Herren hatten ihr kürzlich ihren Lohn auf ein Jahr bezahlt, so daß sie ein Kleinod, das ihr Cornelia gab, nicht zu verpfänden brauchte. Da sie von Don Juan gehört hatten, daß er und ihr Bruder nicht die gerade Straße nach Ferrara reisten, sondern Seitenwege einschlagen wollten, so blieben sie absichtlich auf dem geraden Wege und fuhren sehr langsam, um nicht mit jenen zusammenzutreffen, und der Eigentümer des Wagens tat ihnen gern *ihren* Willen, da sie ihn nach *seinem* Willen bezahlt hatten.

Lassen wir sie nun auf ihrer ebenso unbesonnenen wie

glücklich begonnenen Reise dahinziehn, um zu sehn, was mit Don Juan de Gamboa und dem Herrn Lorenzo Bentibolli vorging. Sie erfuhren unterwegs, der Herzog sei nicht in Ferrara, sondern in Bologna; sie verließen daher die Umwege, die sie bisher eingeschlagen hatten, und setzten ihren Weg auf der großen Landstraße fort, weil sie annehmen konnten, auch der Herzog werde sie benutzen, wenn er von Bologna zurückkehre. Sie waren noch nicht lange auf dieser Heerstraße, wo sie immer in der Richtung nach Bologna Ausschau hielten, um zu sehn, ob jemand von dorther komme, da erblickten sie einen Trupp Berittener, und Don Juan bat Lorenzo, sich ein wenig vom Wege zu entfernen, weil er den Herzog, falls er sich bei dieser Gesellschaft befände, lieber hier sprechen wolle als in dem nicht mehr fernen Ferrara. Lorenzo tat es, da er Don Juans Absicht billigte. Als Lorenzo sich entfernt hatte, nahm Don Juan die Binde, die die kostbare Hutschnur bedeckte, ab, was freilich nicht ganz klug getan war, wie er selbst später eingestand. In diesem Augenblick näherte sich der Trupp der Reisenden; unter ihnen auf einem Schecken eine Frau in Reisetracht, das Gesicht mit einer kleinen Larve bedeckt, die sie entweder verbergen oder vor der Sonne und Luft schützen sollte. Don Juan ritt mit seinem Pferde mitten auf den Weg und wartete mit unbedecktem Gesicht, bis die Reisenden herankamen; und als sie näherrückten, zogen sein Wuchs, sein Anstand, sein gewaltiges Pferd, die Pracht seiner Kleidung und der Glanz der Diamanten die Augen aller, die da nahten, auf sich, und namentlich die des Herzogs von Ferrara, der unter ihnen war. Sowie er die Hutschnur erblickte, merkte er gleich, daß der, der sie trug, Don Juan de Gamboa sein müsse, der ihn im Kampfe befreit hatte, und dies schien ihm so sicher, daß er, ohne sich weiter zu besinnen, mit seinem Pferde auf Don Juan zusprengte und sagte: »Ich glaube mich nicht zu täuschen, Herr Ritter, wenn ich Euch Don Juan de Gamboa nenne; Euer edler Anstand und der Schmuck dieses Hutes bezeugen es mir deutlich.« »Es ist wahr«, antwortete Don Juan, »denn niemals wußte oder vermochte ich meinen Namen zu verbergen; aber sagt mir, mein Herr, wer Ihr seid, damit ich mir keine Unhöflichkeit gegen Euch zuschulden kommen lasse.« »Das ist unmöglich«, antwortete der Herzog, »denn ich bin fest überzeugt, daß Ihr in keinem Falle unhöflich sein könnt. Im übrigen sage ich Euch, Herr Don Juan, daß ich der Herzog von Ferrara bin, der sich zeit seines Lebens für verpflichtet hält, Euch zu dienen, denn es ist noch keine vier Nächte her, daß Ihr ihm das Leben gerettet habt.« Der Herzog hatte diese Rede noch nicht geendet, als Don Juan mit außerordentlicher Gewandtheit vom Pferde sprang und herzulief, um ihm die Hand zu küssen; allein so schnell er auch war, so war doch der Herzog schon aus dem Sattel, und indem er heruntersprang, lag er Don Juan in den Armen. Lorenzo, der aus einiger Entfernung diesen Zeremonien zusah, konnte all das nicht für Höflichkeiten halten, sondern glaubte, sie gingen im Zorn aufeinander los, und spornte sein Pferd; mitten im Ansatz aber hielt er es wieder zurück, denn er sah, daß der Herzog, den er schon erkannt hatte, und Don Juan sich auf das innigste umarmten. Der Herzog seinerseits sah über Don Juans Schultern hinweg Lorenzo, erkannte ihn und stutzte ein wenig bei diesem Anblick, weshalb er Don Juan noch während der Umarmung fragte, ob Lorenzo Bentibolli, der dort stehe, mit ihm gekommen sei oder nicht. Darauf erwiderte Don Juan: »Treten wir ein wenig auf die Seite, dann will ich Eurer Exzellenz außerordentliche Dinge erzählen.« Der Herzog tat es, und er fuhr fort: »Gnädiger Herr, Lorenzo Bentibolli, den Ihr dort seht, führt eine nicht unbedeutende Klage gegen Euch; er behauptet, Ihr habet vor vier Nächten seine Schwester, Fräulein Cornelia, aus dem Hause einer Base von ihr entführt, und Ihr habet sie betrogen und entehrt. Deshalb wünscht er von Euch zu wissen, welche Genugtuung Ihr ihm zu geben gedenkt, um sein Verhalten danach einzurichten. Er hat mich zum Vermittler und Beistand gewählt, und ich selbst habe ihm meine Hilfe angeboten; denn aus dem, was er mir über jenen Kampf mitteilte, ersah ich, daß ihr, gnädiger Herr, der Eigentümer dieses Hutes sein mußtet, den Ihr so freigebig und höflich für mein Eigentum erklärtet. Da ich nun begriff, daß niemand in dieser Sache Eure Partei besser vertreten könnte als ich, so bot ich ihm, wie gesagt, meine Hilfe an. Ich bitte Euch also, gnädiger Herr, daß Ihr mir Eure Meinung sagt und mir erklärt, ob das, was Lorenzo behauptet, die Wahrheit ist.« »Ach, mein Freund«, erwiderte der Herzog, »es ist so unbestreitbare Wahrheit, daß ich sie nicht einmal leugnen könnte, wenn ich auch wollte. Ich habe Cornelia nicht betrogen, obgleich ich weiß, daß sie in dem erwähnten Hause vermißt wird; ich habe sie nicht betrogen, denn ich betrachte sie als meine Gattin; ich habe sie nicht entführt, denn ich weiß nichts von ihr. Wenn ich meine Vermählung noch nicht öffentlich gefeiert habe, so ist es nur unterblieben, weil ich es aufschieben wollte, bis meine Mutter, die dem Tode sehr nahe ist, aus diesem Leben in ein besseres übergeht; denn sie wünschte, daß Fräulein Livia, die Tochter des Herzogs von Mantua, meine Gattin würde. Solcher Hindernisse sind noch mehr vorhanden, und vielleicht sind sie wichtiger als die erwähnten, aber ich kann jetzt nicht von ihnen reden. So viel ist gewiß: An dem Abend, als Ihr mir beistandet, wollte ich sie nach Ferrara bringen, weil der Monat gekommen war, in dem sie das Pfand unsrer Liebe zur Welt bringen sollte, das ich nach des Himmels Fügung in ihr niedergelegt hatte. Doch, war nun das Gefecht daran schuld oder meine Unachtsamkeit, genug, als ich zu ihrer Wohnung kam, sah ich die Vermittlerin unserer Liebe aus der Türe treten. Ich fragte sie nach Cornelia; sie sagte mir, sie sei schon ausgegangen und habe an diesem Abend einen herrlichen Knaben zur Welt gebracht, den man einem meiner Diener, Fabio, übergeben habe. Das Mädchen ist das dort zu Pferde; Fabio ist hier; doch weder das Kind noch Cornelia sind zum Vorschein gekommen, und ich habe diese zwei Tage in Bologna verbracht, in der Hoffnung, Kunde von Cornelia zu erhalten, um die ich mich ständig bemühte; doch habe ich nichts erfahren.« »Also, gnädiger Herr«, versetzte Don Juan, »wenn Cornelia und Euer Sohn zum Vorschein kämen, so würdet Ihr nicht leugnen, daß sie Eure Gemahlin und das Kind Euer Sohn ist?« »Nein, wahrlich nicht«, erwiderte der Herzog; »denn so sehr ich darauf halte, ein Ritter zu sein, so halte ich doch noch weit mehr darauf, ein Christ zu sein; und überdies verdient Cornelia, die Gebieterin eines Königreichs zu werden. Wenn sie sich nur zeigte, so sollte, es mag nun meine Mutter am Leben oder tot sein, die Welt erfahren, daß ich, so gut wie ich ihr Liebhaber zu sein verstand, auch das im geheimen gegebene Wort öffentlich zu halten weiß.« »Werdet Ihr nun wohl«, fuhr Don Juan fort, »das, was Ihr mir gesagt habt, auch Eurem Schwager, dem Herrn Lorenzo, erklären wollen?« »Gewiß«, entgegnete der Herzog, »und ich bedaure nur, daß er es erst so spät erfährt.«

Alsbald winkte Don Juan Lorenzo, abzusteigen und zu ihnen zu kommen, was dieser auch tat, weit davon entfernt, die gute Nachricht zu erwarten, die seiner harrte. Der Herzog trat ihm entgegen, um ihn mit offenen Armen zu empfangen, und das erste Wort, das er zu ihm sprach, war das Wort Bruder. Kaum wußte Lorenzo auf einen so liebevollen Gruß und so höflichen Empfang zu antworten, und während er noch verwirrt dastand, ohne ein Wort sprechen zu können, sagte Don Juan zu ihm: »Der Herzog, Herr Lorenzo, bekennt das geheime Verhältnis, in dem er zu Eurer Schwester, dem Fräulein Cornelia, stand; er bekennt ferner, daß sie seine rechtmäßige Gemahlin ist und daß er dies, wie er es hier erklärte, öffentlich erklären wird, sobald sich Gelegenheit dazu bietet; er gesteht ferner ein, daß er sie vor vier Nächten aus dem Hause ihrer Base entführen wollte, um sie nach Ferrara zu bringen und günstige Umstände zur Feier

der Hochzeit abzuwarten, die er aus den triftigsten, mir genannten Gründen verschoben hat. Zugleich behauptet er, er sei nach dem Kampfe, den er mit Euch ausfocht, fortgeeilt, um Cornelia zu suchen, habe aber nur Sulpicia, ihr Mädchen, getroffen (es ist jenes Fräulein, das dort kommt); von ihr erfuhr der Herzog, daß Cornelia vor einer Stunde ein Knäblein geboren und sie selber das neugeborene Kind einem Diener des Herzogs gegeben hatte; Cornelia aber sei, im Glauben, der Herzog stehe auf der Straße, aus dem Hause getreten, da sie fürchtete, Ihr, Herr Lorenzo, habet Kunde von all ihren Schicksalen erhalten. Sulpicia gab den Säugling nicht einem Diener des Herzogs, sondern statt dessen einem andern; Cornelia ist verschwunden; der Herzog mißt sich die Schuld von allem bei und erklärt, sobald nur Fräulein Cornelia erscheine, werde er sie als seine rechtmäßige Gattin anerkennen. Seht nun, Lorenzo, ob hier etwas zu sagen oder zu wünschen übrigbleibt, als daß wir die beiden ebenso kostbaren wie unglücklichen Kleinode finden.«
Hierauf erwiderte Herr Lorenzo, indem er sich dem Herzog zu Füßen warf, der sich jedoch sogleich bemühte, ihn wieder aufzuheben: »Von Eurem ebenso christlichen wie großen Sinne, erlauchtester Herr und lieber Bruder, konnten meine Schwester und ich keine geringere Wohltat erwarten als die, die Ihr uns beiden gewährt; meine Schwester, da Ihr sie Euch gleichmacht, und ich, da Ihr meinen Rang als dem Euren gleich anerkennt.« Dabei wurden seine Augen von Tränen feucht und ebenso die des Herzogs; denn beide waren gerührt, der eine über den Verlust seiner Gattin, der andere über die Entdeckung eines so edlen Schwagers. Da sie aber überlegten, es könnte als Schwäche erscheinen, wenn sie so tiefes Gefühl durch Tränen zu erkennen gäben, so unterdrückten sie sie und hielten sie im Auge zurück; die Freudentränen Don Juans aber hätten fast die frohe Nachricht von der Wiederfindung Cornelias und ihres Sohnes verkündet, die er beide in seiner Wohnung wußte.

Als nun dies eben vorging, zeigte sich auch Don Antonio de Isunza, den Don Juan schon aus einiger Entfernung am Rosse erkannte. Als er sich aber näherte, machte er halt und sah Don Juans und Lorenzos Pferde, die die Burschen am Rande der Straße hielten. Er erkannte Don Juan und Lorenzo, aber nicht den Herzog, und er wußte nicht, was er beginnen und ob er sich Don Juan nähern sollte oder nicht. Als er die Diener des Herzogs erreichte, fragte er sie also, ob sie den Ritter kennten, der dort bei den beiden andern Herren stehe; und er bezeichnete ihnen den Herzog. Man erwiderte ihn, es sei der Herzog von Ferrara. Das brachte ihn noch mehr in Verlegenheit, und er wußte immer weniger, was er beginnen sollte. Don Juan half ihm jedoch aus dieser Ungewißheit, indem er ihn beim Namen rief. Don Antonio saß ab, weil er sah, daß alle standen, trat zu ihnen und wurde von dem Herzog mit vieler Artigkeit empfangen; denn Don Juan hatte ihm schon gesagt, daß er sein Kamerad war. Don Juan erzählte Don Antonio alles, was ihm bis zu seiner Ankunft mit dem Herzog begegnet war. Don Antonio freute sich sehr darüber und sagte: »Herr Don Juan, warum setzt Ihr nicht der Freude dieser Herren die Krone auf, indem Ihr die frohe Botschaft von der Auffindung des Fräulein Cornelia und ihres Sohnes verkündet?« »Wenn Ihr nicht gekommen wäret, Herr Don Antonio, so hätte ich es getan; doch nun mögt Ihr den Botenlohn fordern, und ich stehe dafür, man wird ihn Euch nicht verweigern.« Als der Herzog und Lorenzo hörten, daß von einer Wiederfindung Cornelias und einer frohen Botschaft die Rede war, fragten sie, was für eine Bewandtnis es damit habe. »Welche sonst«, versetzte Don Antonio, »als daß auch ich eine Rolle in dieser Tragikomödie mitspielen will, indem ich mir von euch den Lohn für die gute Botschaft ausbitte, daß Fräulein Cornelia und ihr Kind gefunden sind und beide sich in meinem Hause befinden.« Er erzählte ihnen jetzt ausführlich alles, was wir schon berichtet haben. Der Herzog und Lorenzo waren so erfreut und entzückt, daß Lorenzo Don Juan und der Herzog Don Antonio umarmten; der Herzog versprach seinen ganzen Besitz als Botenlohn und Lorenzo sein Vermögen, Leib und Leben. Man rief das Mädchen, das das neugeborene Kind Don Juan übergeben hatte. Als sie Lorenzo erkannte, begann sie zu zittern. Man fragte sie, ob sie den Mann erkennen würde, dem sie den Knaben übergeben habe. Sie verneinte es; sie habe ihn nur gefragt, ob er Fabio sei; er habe bejaht, und so habe sie ihm arglos das Kind übergeben. »So ist es«, erwiderte Don Juan; »und Ihr, Fräulein, schlosset darauf sogleich die Tür und sagtet mir, ich solle dies in Sicherheit bringen und alsbald wiederkommen.« »Ganz recht, mein Herr«, versetzte das Mädchen weinend. »Nun bedarf es hier keiner weiteren Tränen«, sagte der Herzog, »sondern des Jubels und der Freude. Auch will ich jetzt nicht nach Ferrara gehn, sondern gleich nach Bologna zurückkehren, denn all diese Wonne ist erst ein Schatten, bis der Anblick Cornelias sie zur Wahrheit macht.«

Sie lenkten ohne weitere Verhandlungen einmütig nach Bologna um. Don Antonio ritt voraus, um Cornelia zu benachrichtigen, damit die unvermutete Ankunft des Herzogs und ihres Bruders sie nicht erschreckte. Da er sie aber nicht fand und die Edelknaben ihm keine Nachricht von ihr zu geben wußten, war er im höchsten Grade betrübt und bestürzt; und da er sah, daß auch die Haushälterin fehlte, dachte er sich sofort, Cornelia werde auf ihre Anstiftung verschwunden sein. Die Edelknaben sagten, die Haushälterin sei an ebendem Tage verschwunden, an dem sie selber aufgebrochen seien, und Cornelia, nach der er fragte, hätten sie gar nicht gesehn. Don Antonio war außer sich über dies unerwartete Hindernis, und er fürchtete, der Herzog müßte sie für Lügner und Betrüger halten oder vielleicht gar schlimmere Dinge vermuten, die ihrer Ehre und dem guten Rufe Cornelias zum Nachteil gereichen konnten. Er war noch in diese traurigen Gedanken versunken, als der Herzog, Don Juan und Lorenzo ankamen, die auf ungewohnten und verborgenen Wegen und ohne ihre übrigen Leute (denn die waren vor der Stadt geblieben) Don Juans Haus aufsuchten und Don Antonio in einem Sessel sitzend fanden, das Kinn in die Hand geschmiegt und blaß wie der Tod. Don Juan fragte ihn, was ihm zugestoßen und wo Cornelia sei. Don Antonio erwiderte: »Was könnte mir Ärgeres zugestoßen sein, da Cornelia verschwunden ist! Denn samt der Haushälterin, die wir ihr zur Gesellschaft ließen, wurde sie vermißt von dem Tage an, da man uns hier vermißte.« Es fehlte nicht viel, so wäre der Herzog tot umgesunken und Lorenzo verzweifelt, als sie diese Nachricht erfuhren. Kurz, alle waren verwirrt, verstört und nachdenklich. In diesem Augenblicke kam ein Edelknabe zu Don Antonio und sagte ihm ins Ohr: »Gnädiger Herr, Santisteban, der Edelknabe des Herrn Don Juan, hat, seit Euer Gnaden abgereist ist, ein gar hübsches Mädchen in seinem Zimmer verschlossen, und ich glaube, sie heißt Cornelia; denn so habe ich sie nennen hören.«

Diese Nachricht versetzte Don Antonio von neuem in Bestürzung, und es wäre ihm lieber gewesen, Cornelia, denn er glaubte sicher, sie sei es, die der Edelknabe versteckt hielt, wäre nicht zum Vorschein gekommen, als daß man sie an solchem Orte fände. Er sagte kein Wort und eilte ohne weiteres nach dem Zimmer des Edelknaben. Die Tür war verschlossen und der Edelknabe ausgegangen. Er trat also dicht an die Tür heran und sprach mit leiser Stimme: »Macht auf, Fräulein Cornelia, und kommt heraus, um Euren Bruder und Euren Gatten, den Herzog, zu empfangen, denn sie sind gekommen, um Euch zu suchen.« Von innen aber erhielt er die Antwort: »Treibt Ihr euren Spott mit mir? Doch wirklich, ich bin weder so häßlich noch so abgenutzt, daß mich nicht Herzöge und Grafen aufsuchen könnten. Das ist der Lohn dafür, wenn man sich mit einem Edelknaben einläßt!« Aus dieser Antwort ersah Don Antonio sogleich, daß nicht Cornelia da drinnen gesprochen hatte. Inzwischen kam der Edelknabe Santisteban nach Hause und ging sogleich nach seinem Zimmer; als er aber dort Don Antonio traf, der gerade alle Schlüssel, die im Hause waren, herbeibringen lassen wollte, um zu sehn, ob keiner an die Türe passe, fiel der Edelknabe vor ihm auf die Knie und sagte mit dem Schlüssel in der Hand zu ihm: »Euer Gnaden Abwesenheit oder richtiger meine eigne Schändlichkeit hat mich getrieben, diese drei Nächte hindurch ein Weib zu mir ins Haus zu nehmen. Ich bitte Euer Gnaden, Herr Don Antonio de Isunza, und möge Euch der Himmel dafür gute Nachrichten aus Spanien schicken, sagt meinem Herrn Don Juan de Gamboa nichts davon, wenn er es nicht schon weiß. Ich will sie im Augenblick fortjagen.« »Und wie heißt dieses Weib?« fragte Don Antonio. »Sie heißt Cornelia«, erwiderte der Edelknabe.

Der andere Knabe, der den Betrug entdeckt hatte und der dem Santisteban nicht sehr hold war, trat (ob aus Einfalt oder aus Bosheit) in das Zimmer, in dem der Herzog, Don Juan und Lorenzo waren, und sagte: »Nun, der Edelknabe wird sich freuen; denn gewiß muß er das Fräulein Cornelia wieder herausgeben. Versteckt hatte er sie, und gewiß ist es ihm nicht lieb gewesen, daß die gnädigen Herren wiedergekommen sind; denn sonst hätte der Jubel noch drei oder vier Tage länger gedauert.« Das hörte Lorenzo und fragte ihn: »Was sagt Ihr da, Junker? Wo ist Cornelia?« »Oben«, erwiderte der Edelknabe.

Kaum hatte der Herzog das gehört, als er wie ein Blitz die Treppe hinaufeilte, um Cornelia zu sehn, denn er glaubte, man habe sie gefunden. Er stürzte sogleich in das Zimmer, in dem Don Antonio war, und sagte beim Eintritt: »Wo ist Cornelia? Wo ist das Leben meines Lebens?« Lorenzo, der zugegen war, riß voll Zorn und Ärger das Bettuch an einer Seite weg und enthüllte ein junges, nicht eben häßliches Mädchen, das sich vor Scham die Hände vor das Gesicht hielt und nach den Kleidern griff, die ihr statt des Kopfkissens gedient hatten, das dem Bett fehlte. Sie erkannten sofort an dem Anzug, daß es eine vom Orden der Buhlschwestern war. Der Herzog fragte sie, ob es wahr sei, daß sie Cornelia heiße. Sie bejahte und sagte, ihre Eltern seien recht ehrbare Leute in der Stadt, und es solle niemand sagen: Von diesem Wasser will ich nicht trinken. Der Herzog war so beschämt, daß er fast auf den Gedanken geräten wäre, die Spanier hätten ihn zum besten; um aber einem so schlimmen Verdacht nicht weiter Raum zu geben, drehte er sich um, stieg, ohne ein Wort zu sagen, mit Lorenzo, der ihm folgte, zu Pferde, und beide gingen fort und ließen Don Juan und Don Antonio noch beschämter zurück, als sie selber waren.

Die beiden Spanier beschlossen, alles Mögliche und selbst das Unmögliche zu versuchen, um Cornelia aufzufinden und den Herzog von der Aufrichtigkeit ihrer freundschaftlichen Gesinnung zu überzeugen. Sie verabschiedeten Santisteban wegen seiner Unverschämtheit und warfen die Dirne Cornelia aus dem Hause. In diesem Augenblick fiel ihnen ein, daß sie vergessen hatten, dem Herzog von den Kleinodien zu erzählen, dem Agnus und dem Kreuz aus Diamanten, die Cornelia ihnen angeboten hatte; denn auf diese Merkmale hin hätte er ihnen sicher geglaubt, daß Cornelia wirklich unter ihrer Obhut gestanden hatte und daß es, wenn sie nun verschwunden sei, nicht ihre Schuld sein könne. Sie gingen aus, um ihm dies zu berichten, fanden ihn aber nicht im Hause Lorenzos, wo sie ihn vermutet hatten. Lorenzo jedoch war da, und er sagte ihnen, der Herzog habe sich keinen Augenblick aufhalten wollen, sondern sei nach Ferrara zurückgekehrt und habe ihm den Auftrag hinterlassen, seine Schwester zu suchen. Sie sagten ihm, was sie dem Herzog hatten melden wollen; Lorenzo versicherte sie aber, der Herzog sei völlig zufrieden mit ihrem gefälligen Benehmen; sie beide hätten Cornelias Verschwinden ihrer großen Furcht zugeschrieben, und mit Gottes Hilfe werde sie schon wieder zum Vorschein kommen; denn die Erde werde sie nicht samt dem Kinde und der Haushälterin verschlungen haben. Damit trösteten sich alle, und sie fanden es nicht geraten, sie durch öffentliche Aufforderungen suchen zu lassen, sondern eher mit Hilfe geheimer Nachforschungen; wußte doch niemand um ihr Verschwinden als ihre Base, und bei denen, die des Herzogs Absicht nicht kannten, wäre der Ruf seiner Schwester nur Gefahr gelaufen, wenn sie sie hätten öffentlich ausrufen lassen: Dann wäre es keine geringe Mühe gewesen, jedem den Verdacht zu benehmen, den ein heftiges Vorurteil einflößen mußte.

Der Herzog setzte seine Reise fort, und sein guter Stern, der nunmehr alles zu seinem Glücke wendete, fügte es so, daß er durch das Dorf des Pfarrers kam, in dem Cornelia mit ihrem Kinde, dessen Amme und ihrer Ratgeberin eingetroffen war. Schon hatten die Frauen dem Geistlichen ihre Lebensgeschichte erzählt und ihn um Rat gebeten, was zu tun sei. Der Pfarrer aber war ein guter Freund des Herzogs, der nicht selten von Ferrara aus in sein Haus zu kommen pflegte, das er nach Art eines reichen und geschmackvollen Geistlichen eingerichtet hatte, und von dort aus zog der Herzog gewöhnlich auf die Jagd; denn er fand viel Gefallen sowohl an dem Kunstgeschmack des Pfarrers wie an seinem Witz, den er in allem, was er tat und sagte, glänzen ließ. Der Pfarrer wunderte sich daher nicht, den Herzog heute in sein Haus einkehren zu sehn, denn wie gesagt, es war nicht das erste Mal. Aber es beunruhigte ihn, daß er den Herzog so traurig sah, weshalb er denn sogleich vermutete, daß irgendeine Leidenschaft seine Seele beschäftigte. Cornelia hörte zufällig, daß der Herzog von Ferrara eingetroffen war, und diese Nachricht beunruhigte sie außerordentlich, weil sie nicht wußte, in welcher Absicht er gekommen sein mochte. Sie rang die Hände und ging wie außer sich umher. Gern hätte sie mit dem Pfarrer gesprochen, aber dieser stand gerade mit dem Herzog im Gespräch, so daß sie keine Gelegenheit fand, ihn zu sprechen. Der Herzog sagte zu ihm: »Ich bin sehr traurig, mein Vater, und ich will heute nicht nach Ferrara gehn, sondern Euer Gast sein. Sagt meinen Leuten, sie möchten sich nach Ferrara begeben; nur Fabio soll bei mir bleiben.«

Der gute Pfarrer tat es und gab sogleich Befehl, den Herzog zu bedienen und zu bewirten. Bei dieser Gelegenheit nun konnte Cornelia mit ihm sprechen; sie ergriff seine Hände und sagte zu ihm: »Ach, mein Herr und Vater, was will der Herzog? Ich bitte Euch um Gottes willen, mein Herr, berührt mein Schicksal mit einigen Worten und sucht ein wenig seine Meinung zu erforschen; kurz, betreibt die Sache, wie es Euch am besten dünkt, und wie eure große Klugheit es Euch rät.« Darauf erwiderte ihr der Pfarrer: »Der Herzog ist sehr traurig, er hat mir aber bis jetzt noch nicht gesagt, weshalb. Ihr könnt indes nichts Besseres tun, als sogleich diesen Knaben recht schön zu schmücken, mein Fräulein, und ihm so viele Kostbarkeiten anlegen, wie Ihr nur habt, vor allem solche, die Euch etwa der Herzog gegeben hat. Im übrigen laßt mich nur sorgen; denn ich hoffe zum Himmel, daß wir heute noch einen guten Tag haben werden.« Cornelia umarmte ihn, küßte ihm die Hand und ging hinweg, um das Kind anzuziehn und zu schmücken. Der Pfarrer kehrte zum Herzog zurück, um ihn bis zur Zeit des Mahls zu unterhalten, und fragte im Laufe des Gesprächs, ob es nicht möglich sei, ihm die Ursache seine Trauer zu entdecken; denn daß er Kummer habe, könne man ihm auf eine Meile weit ansehn. »Mein Vater«, entgegnete der Herzog, »es zeigt sich, daß der Kummer des Herzens sich auf dem Gesicht malt; und in den Augen ist zu lesen, was in der Seele vorgeht. Das Schlimmste bleibt, daß ich die Ursache meines Kummers vorläufig niemandem mitteilen kann.« »Nun wahrlich, gnädiger Herr«, versetzte der Pfarrer, »wenn Ihr aufgelegt wäret, Euch zu zerstreuen, so möchte ich Euch etwas zeigen, was Euch, wie ich glaube, kein geringes Vergnügen machen würde.« »Es wäre töricht«, erwiderte der Herzog, »das Linderungsmittel des Schmerzes, das einem geboten wird, von sich zu weisen. Ich bitte Euch also, mein Vater, zeigt mir das, wovon Ihr sprecht! Es ist gewiß eine Eurer Seltenheiten, die mir immer großen Genuß gewähren.«

Der Pfarrer stand auf und ging zu Cornelia, die ihr Kind schon angekleidet und mit kostbaren Geschmeiden versehen hatte, dem Agnus und dem Kreuz und noch drei andern wertvollen Kleinodien, die Geschenke des Herzogs waren. Er nahm das Kind auf den Arm, kehrte zum Herzog zurück und bat ihn, aufzustehn und an das Fenster zu treten. Dort legte er das Kind dem Herzog in die Arme. Als der nun die Kleinodien sah und in ihnen all die erkannte, der er Cornelia zum Geschenk gemacht hatte, erstaunte er, und als er das Kind scharf in die Augen faßte, war es ihm, als sähe er sein eignes Ebenbild. Voll Verwunderung fragte er den Pfarrer, wem das Kind gehöre, das seinem Schmuck und Anzug nach der Sohn eines Fürsten sein müsse. »Ich weiß es nicht«, entgegnete der Pfarrer. »Ich kann nur sagen, daß eines Nachts, ich weiß nicht mehr vor wieviel Tagen, ein Ritter aus Bologna das Kind hierher brachte, damit man es verpflege und erziehe. Er sagte, es sei der Sohn eines ritterlichen Vaters und einer ebenso vornehmen wie schönen Mutter. Den Ritter begleitete eine Frau, die das Kind zu säugen beauftragt war. Ich fragte sie, ob sie etwas von den Eltern dieses Säuglings wisse, was sie verneinte. Wenn aber die Mutter so schön ist wie die Amme, so muß sie wahrlich das schönste Weib in Italien sein.« »Kann man sie nicht sehn?« fragte der Herzog. »O ja«, erwiderte der Pfarrer, »kommt mit, gnädiger Herr; denn wenn der Schmuck und die Schönheit dieses Kindes Euch, wie mir scheint, in Erstaunen versetzen, so wird vermutlich der Anblick seiner Amme dieselbe Wirkung auf Euch haben.«

Der Pfarrer wollte dem Herzog das Kind aus den Armen

nehmen; der aber gab es nicht her, sondern drückte es an sich, indem er es unzählige Male küßte. Nun ging der Pfarrer voraus und sagte Cornelia, sie möge kommen und den Herzog ohne die geringste Aufregung begrüßen. Cornelia war bereit, doch die Überraschung trieb ihr das Blut so sehr ins Gesicht, daß ihre Wangen sich mit überirdischer Schönheit färbten. Wie erstarrt blieb der Herzog bei ihrem Anblick stehn; sie aber warf sich ihm vor die Füße, die sie ihm küssen wollte. Doch der Herzog übergab dem Pfarrer ohne ein Wort den Säugling und stürzte eilig aus dem Zimmer. Als Cornelia das sah, wandte sie sich zu dem Pfarrer und sprach: »Ach, lieber Herr! Ist denn der Herzog über meinen Anblick erschrocken? Haßt er mich jetzt? Bin ich ihm häßlich erschienen? Hat er das Versprechen vergessen, das ihn an mich fesselt? Wird er nicht wenigstens ein Wort mit mir reden? Ist ihm sein Sohn so zuwider, daß er ihn fast wegschleuderte aus den Armen?« Auf all dies erwiderte der Pfarrer kein Wort, denn die Flucht des Herzogs hatte ihn ganz verwirrt, und als solche mußte sein plötzliches Verschwinden erscheinen. Der Herzog aber war nur hinausgegangen, um Fabio zu rufen und ihm zu sagen: »Rasch, Freund Fabio, reite in aller Eile nach Bologna und sage Lorenzo Bentibolli und den zwei spanischen Rittern Don Juan de Gamboa und Don Antonio de Isunza, sie sollen sogleich und ohne Aufenthalt in dieses Dorf kommen! Spute dich, Freund, daß du schnell wieder da bist! Kehre mir aber nicht ohne sie zurück; denn sie zu sehn, daran liegt mir so viel wie an meinem Leben.«

Fabio war nicht träge, sondern führte den Befehl seines Herrn auf der Stelle aus. Der Herzog aber kehrte zu Cornelia zurück, die süße Tränen vergoß. Er nahm sie in seine Arme, mischte seine Tränen unter ihre und saugte tausendmal den Atem aus ihrem Munde ein; denn beiden hatte die Freude die Zunge gefesselt, und so gaben sich die beiden glücklichen Liebenden und wahren Gatten in ehrbarem, liebesseligem Schweigen ihrem Entzücken hin. Die Amme des Kindes und die Crivela (wenigstens gab sie sich als solche aus) hatten durch die halboffene Tür des Nebenzimmers alles mit angesehn, was zwischen dem Herzog und Cornelia vorging, und sie rannten nun vor Freude mit den Köpfen wider die Wände, so daß es aussah, als hätten sie den Verstand verloren. Der Pfarrer küßte das Kind, das er in den Armen hielt, tausendmal und hörte nicht auf, mit der rechten Hand, die er frei gemacht hatte, den beiden, die einander umarmten, den Segen zu spenden. Die Haushälterin des Pfarrers, die bei dieser ernsten Begebenheit nicht zugegen gewesen war, weil die Zubereitung der Mahlzeit sie in Anspruch genommen hatte, kam, als alles fertig war, herein, um zu Tische zu rufen. Dieser Ruf löste die innigen Umarmungen; der Herzog nahm dem Pfarrer das Kind ab und behielt es auf seinen Armen, solange die mehr reinlich und schmackhaft zubereitete als prunkvolle Mahlzeit dauerte. Während sie aßen, erzählte Cornelia alles, was sich mit ihr zugetragen hatte, bis sie in dieses Haus gekommen war, und zwar auf den Rat der Haushälterin der beiden spanischen Ritter, die ihr mit dem sittsamsten und pünktlichsten Anstand, der sich denken läßt, Dienst, Schutz und Obhut gewidmet hatten. Der Herzog erzählte ihr ebenfalls alles, was ihm bis zu diesem Augenblick begegnet war. Die Amme und die Haushälterin waren zugegen, und der Herzog machte ihnen große Anerbietungen und Versprechungen. Alle freuten sich von neuem über den glücklichen Ausgang ihres Abenteuers und warteten nur noch auf die Ankunft Lorenzos, Don Juans und Don Antonios, damit das Maß des Glücks voll würde, das schon höher gestiegen war, als man hatte hoffen dürfen. Sie kamen nach drei Tagen, getrieben von Ungeduld und Neugier, um zu hören, ob der Herzog Nachricht von Cornelia habe; denn Fabio, der nach ihnen ausgeschickt worden war, konnte ihnen nichts von ihrer Wiederfindung sagen, weil er selbst nichts davon wußte.

Der Herzog trat, sie zu empfangen, in ein Zimmer, das an das Gemach Cornelias stieß, ohne jedoch das geringste Zeichen der Freude zu verraten, so daß die Neuangekommenen ganz traurig wurden. Der Herzog hieß sie Platz nehmen und setzte sich mit ihnen; dann richtete er das Wort an Lorenzo und sagte zu ihm: »Ihr wißt recht wohl, Herr Lorenzo Bentibolli, daß ich Eure Schwester nie hintergangen habe; das bezeugen mir der Himmel und mein Gewissen. Ebenso wißt Ihr, welche Mühe ich mir gab, sie aufzusuchen, und wie sehr ich wünschte, sie zu finden, um mich meinem Verprechen gemäß mit ihr zu vermählen. Sie kommt aber nicht zum Vorschein, und mein Wort kann mich nicht auf ewig binden. Ich bin jung und habe noch nicht so viel Erfahrungen in der Welt gemacht, daß ich mich nicht von dem Genuß hinreißen lassen sollte, zu dem sich mir bei jedem Schritte Gelegenheit bietet. Dieselbe Neigung, die mich bewog, Cornelia die Ehe zu versprechen, hatte mich schon früher verführt, einem Bauernmädchen hier im Dorf mein Wort zu geben, ich wolle ihr Gatte werden; ihr gedachte ich später untreu zu werden, um die treffliche Cornelia zu gewinnen, obgleich dieser Schritt nicht die Zustimmung meines Gewissens fand, und dadurch habe ich Cornelia keinen geringen Beweis meiner Liebe gegeben. Doch da sich niemand einer Frau vermählt, die nicht da ist, und es auch nicht der Vernunft entspricht, daß jemand, wenn er nicht eine Geliebte finden will, die ihn verschmäht, einer Frau nachläuft, die ihn verlassen hat, so bitte ich Euch, Herr Lorenzo, mir zu sagen, welche Genugtuung ich Euch für eine Beleidigung geben kann, die ich Euch nicht zugefügt habe, weil ich nie die Absicht hatte, sie Euch zuzufügen. Gebt mir aber zugleich die Erlaubnis, mein erstes Versprechen zu erfüllen und das Landmädchen zu heiraten, das bereits hier im Hause ist.«

Während der Herzog dies sagte, wechselte Lorenzo tausendmal die Farbe, und er konnte sich nicht enthalten, auf dem Stuhl hin und her zu rücken, zum deutlichen Zeichen, daß der Zorn von all seinen Sinnen Besitz ergriffen hatte. Ebenso war es mit Don Juan und Don Antonio, die sogleich entschlossen waren, den Herzog um keinen Preis sein Vorhaben ausführen zu lassen, und müßten sie ihm auch das Leben nehmen. Der Herzog aber, der ihnen die Gedanken vom Gesichte ablas, sprach: »Beruhigt Euch, Herr Lorenzo; denn ehe Ihr mir ein Wort erwidert, begehre ich nur, Euch die Schönheit zu zeigen, die ich mir als Gattin erwählt habe, und sie selbst soll euch bewegen, mir die Erlaubnis zu erteilen, um die ich Euch gebeten habe; denn ihre Reize sind so groß und so über alles erhaben, daß sie selbst ärgere Verirrungen hinreichend entschuldigen würden.«

Als er dies gesagt hatte, stand er auf und ging in das Zimmer, wo Cornelia, aufs reichste mit dem Schmuck behangen, den sie vorher ihrem Kinde gegeben hatte, und mit noch vielen anderen Kleinodien geziert, seiner harrte. Als der Herzog den Rücken kehrte, stand Don Juan auf, ergriff mit beiden Händen die Arme des Sessels, in dem Lorenzo saß, und sagte ihm ins Ohr: »Bei Santiago von Galicien, Herr Lorenzo, und bei meiner Ehre als Christ und Ritter, ich will eher ein Maure werden, als daß der Herzog seinen Plan ausführen soll. Hier, hier, durch meine Hände soll er sein Leben lassen oder das Wort erfüllen, das er Eurer Schwester Cornelia gegeben hat; zum wenigsten muß er uns Zeit lassen, sie zu suchen. Auf keinen Fall aber darf er sich vermählen, ehe wir gewiß sind, daß sie tot ist.« »Der Ansicht bin auch ich«, entgegnete Lorenzo. »Und mein Kamerad, Don Antonio«, versetzte Don Juan, »wird ebenso denken.«

Da trat Cornelia zwischen dem Pfarrer und dem Herzog, der sie an der Hand hielt, in das Zimmer. Hinter ihnen kamen Sulpicia, Cornelias Fräulein, das der Herzog hatte aus Ferrara kommen lassen, und zuletzt die Amme des Kindes und die Haushälterin der beiden Ritter. Als Lorenzo seine Schwester sah und sie allmählich erkannte, denn zunächst ließ ihn die scheinbare Unmöglichkeit die Wahrheit nicht begreifen, wankten ihm die Knie, und er warf sich dem Herzog zu Füßen, der ihn aufhob und seiner Schwester in die Arme führte, die ihn unter den Zeichen der höchsten Freude umarmte. Don Juan und Don Antonio sagtem dem Herzog, dies sei der witzigste und harmloseste Scherz von der Welt gewesen. Der Herzog nahm das Kind, das Sulpicia trug, gab es Lorenzo und sagte zu ihm: »Empfangt, Herr Bruder, Euren Neffen und meinen Sohn und bedenkt, ob Ihr mir erlauben könnt, mich mit diesem Bauernmädchen zu verbinden; denn sie ist die erste, der ich die Hand zur Vermählung geboten habe.«

Wir würden nie zu Ende kommen, wenn wir erzählen wollten, was Lorenzo antwortete, Don Juan fragte, Don Antonio empfand, und wenn wir die Freude des Pfarrers, den Jubel Sulpicias, die Zufriedenheit der Ratgeberin, das Frohlocken der Amme, die Verwunderung Fabios – kurz, die allgemeine Zufriedenheit aller – schildern wollten. Der Pfarrer traute sie auf der Stelle, und Don Juan de Gamboa war Brautführer. Man verabredete, die Trauung geheimzuhalten, bis man sähe, welchen Ausgang die gefährliche Krankheit nähme, an der des Herzogs Mutter litt; unterdessen sollte Cornelia mit ihrem Bruder nach Bologna zurückkehren. So geschah es. Die Herzogin starb, Cornelia hielt ihren Einzug in Ferrara und erfreute jedermann durch ihren Anblick; die Trauer verwandelte sich in Jubel.

Die Amme und die Haushälterin wurden reich beschenkt; Sulpicia wurde Fabios Frau, und Don Antonio und Don Juan freuten sich sehr, dem Herzog einige Dienste geleistet zu haben. Dieser bot ihnen zwei seiner Basen mit reicher Ausstattung als Gemahlinnen an. Sie entschuldigten sich jedoch damit, daß die biskayischen Ritter sich meist in ihrem Vaterlande vermählten, und wenn sie ein so glänzendes Anerbieten nicht annähmen, so geschehe es nicht aus Geringschätzung, von der ja keine Rede sein könnte, sondern um jener löblichen Sitte und dem Wunsch ihrer Eltern nachzukommen, die schon für sie gewählt haben mochten. Der Herzog ließ ihre Entschuldigung gelten und sandte ihnen auf sehr feine und ehrenhafte Weise, indem er schickliche Anlässe suchte, viele Geschenke nach Bologna, deren einige so ansehnlich waren und zu so gelegener Zeit ankamen, daß, wenn sie sie auch hätten ausschlagen wollen, damit es nicht schien, als ließen sie sich ihre Dienste belohnen, doch der Augenblick, in dem sie eintrafen, all diese Bedenklichkeiten beseitigte. Dies war besonders der Fall, als sie nach Spanien abreisten und sich in Ferrara von ihm verabschiedeten. Sie fanden Cornelia bereits als Mutter zweier Töchterchen und den Herzog verliebter als je. Die Herzogin gab Don Juan das Diamantenkreuz und Don Antonio das Agnus, und diesmal konnten sie nicht umhin, es anzunehmen. Sie kamen nach Spanien und in ihre Heimat, wo sie reiche, vornehme und schöne Frauen heirateten, und stets hielten sie, zur größten Freude aller, den Verkehr mit dem Herzog und der Herzogin und mit Lorenzo Bentibolli aufrecht.

Die betrügliche Heirat

Aus dem Auferstehungshospital in Valladolid, das vor dem Campotore liegt, trat ein Soldat, der dadurch, daß er sein Schwert als Stab benutzte, sowie durch die Schwäche seiner Beine und sein vergilbtes Gesicht deutlich zeigte, daß er, obgleich die Jahreszeit nicht sehr heiß war, in zwanzig Tagen vielleicht so viel Flüssigkeit durch den Schweiß verloren hatte, wie er sonst in einer Stunde zu sich zu nehmen pflegte. Er ging mit kleinen Schritten und setzte als schwächlicher Rekonvaleszent nicht selten einen Fuß über den andern. Als er durch das Stadttor eintrat, sah er einen seiner Freunde, den er mehr als sechs Monate lang nicht mehr gesehn hatte, auf sich zukommen. Dieser aber bekreuzte sich, als hätte er irgendein Schreckbild erblickte, und kam mit den Worten auf ihn zu: »Was ist das, Herr Fähnrich Campuzano? Ist es möglich, daß Euer Wohlgeboren noch in diesem Lande sind? Ich glaubte Euch so gewiß in Flandern, wie ich weiß, daß ich am Leben bin, und dachte eher, Ihr führtet die Lanze, als daß Ihr den Degen nachschleppt. Was bedeuten diese Blässe und Schwäche?« Campuzano erwiderte: »Was die Frage betrifft, ob ich hier bin oder nicht, Herr Lizentiat Peralta, so dient Euch zur Antwort, daß Ihr mich seht. Auf die übrigen Fragen aber kann ich weiter nichts sagen, als daß ich eben aus dem Hospital komme. Dort habe ich vierzehn Beulen ausgeschwitzt, die mir ein Weib an den Hals warf, das ich zu meiner Frau gemacht hatte, was ich freilich nicht hätte tun sollen.« »Ihr habt Euch also verheiratet?« versetzte Peralta. »Ja, Herr«, antwortete Campuzano. »Und wahrscheinlich aus Liebe«, sagte Peralta; »denn solche Heiraten führen meist die Reue gleich mit sich.« »Ich kann nicht sagen, ob es aus Liebe geschah«, erwiderte der Fähnrich, »wohl aber kann ich versichern, daß es zu meinem Schmerze war; denn seit meiner Vermählung oder Verschmälerung habe ich so an Körper und Geist gelitten, daß ich, um nur die körperlichen Schmerzen aushalten zu können, schon vierzig Schwitzbäder genommen habe; die der Seele zu erleichtern aber, finde ich kein Mittel. Verzeiht mir, wenn ich hier auf der Straße kein weitläufiges Gespräch darüber führen kann. Ein andermal will ich Euch meine Erlebnisse in größerer Bequemlichkeit erzählen, denn sie sind vielleicht das Sonderbarste und Seltsamste, was Ihr in Eurem ganzen Leben gehört habt.«

»Nein, nein«, sagte der Lizentiat, »Ihr müßt mit mir in meine Wohnung kommen; dort wollen wir zusammen Buße tun, die Olla[1] ist ein gute Krankenspeise; und ist sie auch nur für zwei bestimmt, so mag eine Pastete meinem Bedienten Ersatz leisten; und wenn es Eure Gesundheit erlaubt, so sollen ein paar Scheiben Schinken aus Rute das Mahl beschließen; vor allem aber soll der gute Wille aushelfen, mit dem ich es Euch anbiete, und zwar nicht nur für diesmal, sondern sooft es Euch beliebt.«

Campuzano dankte ihm und nahm Einladung und Anerbieten an. Sie begaben sich nach San Llorente und hörten die Messe. Peralta nahm ihn mit nach Hause, gab ihm alles, was er versprochen hatte, wiederholte sein Anerbieten und bat ihn nach dem Essen, ihm die Schicksale zu erzählen, von denen er soviel Aufhebens machte. Campuzano ließ sich nicht lange bitten, sondern begann folgendermaßen zu erzählen:

»Ihr werdet Euch wohl besinnen, Herr Lizentiat Peralta, daß ich hier in der Stadt mit dem Hauptmann Pedro de Herrera, der jetzt in Flandern ist, Kameradschaft schloß.« »Ja, ich entsinne mich wohl«, erwiderte Peralta. »Eines Tages nun«, fuhr Campuzano fort, »als wir im Gasthof zum Söller, wo wir wohnten, gegessen hatten, traten zwei anständig ge-

1 Das spanische Nationalgericht.

kleidete Damen mit zwei Dienerinnen herein. Die eine ließ sich mit dem Hauptmann, stehend ans Fenster gelehnt, in ein Gespräch ein; die andre setzte sich neben mich auf einen Stuhl: Sie war bis ans Kinn verschleiert und ließ von ihrem Gesicht nichts sehn, als was man durch den seltsamen Schleier erraten konnte. Ich bat sie zwar höflichst um die Gefälligkeit, sich zu enthüllen, doch war es nicht möglich, sie dazu zu bewegen, was mich auf ihren Anblick nur um so neugieriger machte. Um mein Verlangen noch mehr zu reizen, ließ die Dame entweder absichtlich oder zufällig eine weiße Hand sehn, an der sie sehr schöne Ringe trug. Ich war damals hübsch gekleidet, trug jene schwere Kette, mit der Ihr mich gesehen haben müßt, einen Hut mit Federn und Band, das Kleid bunt, wie es Soldatenbrauch ist, kurz, nach dem Urteil meiner törichten Augen sah ich so stattlich aus, daß ich meinte, ein rechter Schwerenöter zu sein; dennoch bat ich sie, sich zu entschleiern. Sie aber entgegnete: ›Seid nicht so zudringlich! Ich habe ein Haus; laßt mich durch einen Edelknaben begleiten, und wenn ich auch eine ehrbarere Dame bin, als diese Antwort erwarten läßt, so soll es mich doch, um zu sehn, ob Eure Klugheit Eurer stattlichen Erscheinung entspricht, sehr freuen, wenn Ihr mich mit mehr Muße betrachten wollt.‹ Ich küßte ihr für die große Gunst, die sie mir erwies, die Hände und versprach ihr zum Lohn dafür goldene Berge. Der Hauptmann beschloß sein Gespräch; die Damen gingen, und einer meiner Bedienten begleitete sie. Der Hauptmann sagte mir, die Dame verlange von ihm, er solle einen Brief nach Flandern an einen andern Hauptmann mitnehmen, der angeblich ihr Vetter sei; er wisse aber gewiß, er sei nichts andres als ihr Liebhaber. Ich war entbrannt an den schneeigen Händen, die ich gesehen hatte, und starb vor Liebe zu dem Gesichte, das ich zu sehen wünschte. Darum ließ ich mich tags drauf von meinem Diener zu ihr führen und erhielt ungehindert Zutritt. Ich fand ein sehr gut eingerichtetes Haus und eine Dame von etwa dreißig Jahren, die ich an den Händen erkannte. Sie war nicht außergewöhnlich schön, aber doch so, daß man sich im Umgang mit ihr in sie verlieben konnte; denn ihre Stimme klang überaus lieblich, und ihr Ton drang einem bis ins Herz hinein. Ich führte lange, verliebte Gespräche mit ihr; ich spielte den Prahler, den angenehmen Erzähler, den Possenreißer, ich machte Anerbietungen, Versprechungen, kurz, ich versuchte alles mögliche, was mir nötig schien, um sie in mich verliebt zu machen. Sie schien aber an ähnliche, ja noch überschwenglichere Anerbietungen und Reden gewöhnt zu sein; und so schien es, als schenkte sie ihnen eher ein aufmerksames Ohr als irgendwelchen Glauben. Kurz, unser Verkehr blieb während der vier Tage, in denen ich sie immer wieder besuchte, in der Blüte stehn, ohne daß es mir gelang, die ersehnte Frucht zu pflücken. Die ganze Zeit hindurch, während ich sie besuchte, fand ich das Haus beständig wie aufgeräumt, und ich traf weder Besuch von angeblichen Verwandten noch von wahren Freunden. Sie hatte ein Mädchen zur Bedienung, das zu verschmitzt aussah, um ehrlich zu sein. Endlich betrieb ich meine Liebschaft wie ein Soldat, der vor dem Abmarsch steht, und brachte Doña Estefanía de Caicedo (denn das ist der Name der Schönen, die mich in diesen Zustand versetzt hat) so weit, daß sie mir erwiderte: ›Herr Fähnrich Campuzano, es wäre eine Torheit von mir, wenn ich mich als eine Heilige an Euer Edeln verkaufen wollte; ich war eine Sünderin und bin es noch jetzt, aber nicht auf eine Weise, daß sich die Nachbarn Geschichten über mich in die Ohren zischeln und die Fernerstehenden auf mich deuten. Weder von meinen Eltern noch von irgendeinem Verwandten erbte ich das geringste Vermögen, trotzdem aber ist die Einrichtung meines Hauses wenigstens zweitausendfünfhundert Taler wert, und zwar besteht sie aus lauter Dingen, die sich, sobald man sie ausbietet, jeden Augenblick in Geld umsetzen lassen. Mit diesem Vermögen suche ich einen Mann, dem ich mich hingeben will und dem ich vollen Gehorsam leisten werde. Zugleich werde ich mein Leben vollkommen ändern und seiner Pflege und Bedienung die unglaublichste Sorgfalt widmen; denn es kann kein Fürst einen ausgezeichneteren Koch haben, keiner weiß ein Frikassee besser zu bereiten als ich, sobald ich mich als Hausfrau zeigen und mich der Sache annehmen will. Ich weiß im Hause den Verwalter, in der Küche die Magd und im Salon die Dame zu spielen; kurz, ich verstehe zu befehlen und Gehorsam zu erzwingen; ich verschwende nichts und spare viel; ein Real gilt nicht weniger, sondern mehr, wenn er nach meiner Anordnung verwandt wird. Meine Wäsche (und sie ist reichlich und gut) ist nicht in Buden und von Händlern gekauft, sondern diese Finger hier und meine Dienstmädchen haben sie gesponnen, und wenn man sie hätte im Hause weben können, so hätte ich sie auch gewoben. Ich lobe diese Dinge an mir selbst, weil das Eigenlob keinen Tadel verdient, wenn die Not dazu treibt. Kurz, ich suche einen Mann, der mich beschützt, mir befiehlt und mich ehrt, nicht aber einen Liebhaber, der mir den Hof macht und mich doch schmäht. Könnt Ihr Euch entschließen, das anzunehmen, was Euch hier geboten wird, so stehe ich Euch hier, wie ich leibe und lebe, in allem zu Befehl, was Ihr mir vorschreiben mögt, ohne mich damit feilzubieten. Das tut man, wenn man sich den Zungen der Heiratsmäkler preisgibt; denn über all dies kann niemand so gut verhandeln wie die beteiligten Personen selbst.‹

Ich hatte damals den Verstand nicht im Kopfe, sondern in den Fersen; ich dachte mir die Herrlichkeiten der Liebe noch größer, als die Einbildungskraft sie mir ausmalte. Den bedeutenden Hausrat, den ich erblickte, hatte ich schon in Geld umgesetzt, und ohne etwas andres in Erwägung zu ziehn als das erträumte Glück, das meinen Verstand betörte, gab ich zur Antwort, ich hielte mich für glücklich und vom Schicksal begünstigt, daß mir der Himmel, wie durch ein Wunder, eine solche Gefährtin schenke, um sie zur Gebieterin meines Willens und meines Vermögens zu machen, das keineswegs so unbedeutend sei; denn mit der Kette, die ich am Halse trüge, und andern Kostbarkeiten, die ich zu Hause hätte, machte es, wenn ich mich dann noch einiger Kriegsuniformen entledigte, über zweitausend Dukaten aus, die mit ihren zweitausendfünfhundert eine hinreichende Summe ergäben, um uns in das Dorf zurückzuziehn, in dem ich geboren sei und in dem ich noch einige Grundstücke besäße. Wenn wir diesen Besitz mit dem Gelde aufbesserten und die Ernte zur rechten Zeit verkauften, könnte er uns ein heiteres und sorgenfreies Leben verschaffen. Mit einem Worte, unsre Heirat wurde beschlossen, und wir beide dachten daran, unsern ledigen Stand nachzuweisen. An den drei Feiertagen, die einander bald darauf bei einem großen Feste folgten, wurde das Aufgebot erlassen, und am vierten Tage wurden wir getraut. Zugegen waren bei der Vermählung zwei Freunde von mir und ein junger Mann, den sie als ihren Vetter ausgab und dem ich als meinem Vetter in den verbindlichen Ausdrücken, wie sie meine junge Frau bisher einzig von mir gehört hatte, meine Freundschaft antrug. Meine Absichten waren dabei jedoch so sträflich und nichtswürdig, daß ich sie lieber verschweige; denn obwohl ich Euch die Wahrheit sagen will, so sitze ich hier doch nicht zur Beichte, so daß ich alles heraussagen müßte.

Mein Diener trug meinen Koffer aus der Herberge zum Hause meiner Frau; in ihrer Gegenwart verschloß ich darin meine prachtvolle Kette, zeigte ihr drei oder vier andre, wenn nicht von gleicher Größe, so doch von feinerer Arbeit, und ebenso drei oder vier verschiedene Hutbänder. Ich zeigte ihr meine schönen Kleider und meine Federn und übergab ihr zum Verbrauch im Hause die vierhundert Realen meiner Barschaft. Sechs Tage lang fütterte ich mich mit den Hochzeitsbrocken und ließ es mir im Hause meiner Frau gefallen wie der verschwenderische Eidam in dem seines reichen Schwiegervaters. Ich ging auf reichen Teppichen umher, wälzte mich auf Laken aus holländischer Leinwand, ließ mir mit silbernen Leuchtern leuchten, frühstückte im Bett, stand um elf Uhr auf, speiste um zwölf zu Mittag und hielt um zwei auf dem Sofa meinen Mittagsschlaf. Doña Estefanía und das Mädchen taten alles, was sie mir an den Augen absahen. Mein Bedienter, den ich bisher als einen trägen und faulen Schlingel kannte, hatte sich in ein flüchtiges Reh verwandelt. Doña Estefanía wich nicht von meiner Seite, außer um in die Küche zu gehn, eifrig besorgt, mir dort ihre Frikassees anzurichten, die meinen Geschmack weckten und meinen Appetit belebten. Meine Hemden, Halskragen und Schnupftücher bildeten ein neues blumenreiches Aranjuez, so süß dufteten sie, da sie mit Engelwurz- und Orangenblütenwasser getränkt waren, das man darüber ausgegossen hatte.

Die Tage gingen im Fluge dahin, wie die Jahre, die unter der Gerichtsbarkeit der Zeit stehn, und da ich mich so liebevoll gepflegt und so gut bedient sah, änderte sich die schlimme Absicht, in der ich diesen Handel begonnen hatte, in eine gute um. Eines Morgens aber, als ich noch mit Doña Estefanía im Bette lag, wurde mit starken Schlägen an die Haustür geklopft. Das Mädchen ging ans Fenster, zog sich jedoch gleich wieder zurück und sagte: ›Nun, die kommt gerade recht! Seht Ihr, wieviel früher sie kommt, als sie neulich schrieb!‹ ›Wer ist denn da, Mädchen?‹ fragte ich sie. ›Wer?‹ erwiderte sie. ›Meine Herrin Doña Clementa Bueso und mit ihr Herr Don Lope Meléndez de Almendárez nebst zwei Dienern und der Kammerfrau Hortigosa, die sie mitnahm.‹ ›Nun, mein Gott, so lauf doch, Mädchen, und öffne ihnen!‹ rief Doña Estefanía. ›Ihr aber, mein Herr, tut mir die Liebe, beunruhigt Euch nicht und antwortet auf nichts, was etwa gegen mich gesprochen wird.‹ ›Nun, wer darf Euch etwas sagen, was Euch beleidigt, zumal in meiner Gegenwart? Sagt mir, was für Leute es sind; denn es scheint, als setze ihre Ankunft Euch in Schrecken.‹ ›Ich habe jetzt keine

Zeit, Euch zu antworten‹, sagte Doña Estefanía. ›Hört nur soviel! Alles, was hier geschehen wird, ist Erdichtung und hängt mit gewissen Plänen und Absichten zusammen, von denen Ihr später erfahren sollt.‹ Ich wollte ihr antworten, allein Doña Clementa Bueso, die eben ins Zimmer trat, ließ mir keine Zeit dazu. Sie trug ein grünes, gepreßtes Atlaskleid mit vielen Goldstickereien, einen Mantel aus demselben Stoff und mit dem gleichen Besatz und einen Hut mit grünen, weißen und fleischfarbenen Federn und einem kostbaren goldenen Bande; die Hälfte des Gesichts war von einem feinen Schleier verhüllt. Mit ihr trat Don Lope Meléndez de Almendárez ein, und zwar in einem ebenso prächtigen wie reichen Reiseanzug. Die Kammerfrau Hortigosa ergriff zuerst das Wort und rief: ›Jesus, was ist das? Das Bett meiner gnädigen Frau Doña Clementa ist besetzt, und noch dazu von einem Mann! Man erlebt heute in diesem Hause sein blaues Wunder, und Doña Estefanía hat gewiß im Vertrauen auf die Freundschaft der gnädigen Frau statt des kleinen Fingers die ganze Hand genommen.‹ ›Da hast du recht, Hortigosa‹, versetzte Doña Clementa, ›aber ich messe mir selbst die Schuld bei. Warum macht mich auch kein Schaden klug, so daß ich immer wieder Freundinnen nehme, die es nicht zu sein verstehn, außer wenn es zu ihrem Vorteil ist!‹ Auf all diese Reden erwiderte Doña Estefanía: ›Werdet nicht böse, gnädige Frau Doña Clementa Bueso, und wißt, was Ihr hier in Eurem Hause seht, hat seinen geheimen Zweck. Ich weiß, wenn ihr ihn erfahrt, so werdet Ihr mich entschuldigen und keine Klage über mich führen.‹

Ich hatte inzwischen Hose und Wams angezogen, und Doña Estefanía nahm mich bei der Hand und führte mich in ein andres Zimmer, wo sie zu mir sagte, ihre Freundin wolle diesem Don Lope, der mit ihr komme und den sie zu heiraten wünsche, einen Possen spielen und zwar den, daß sie ihm die Meinung beibringe, dieses Haus mit allem, was darin sei, gehöre ihr, und sie bringe es ihm als Brautschatz zu. Nach vollzogener Vermählung mache sie sich nichts daraus, wenn der Betrug an den Tag komme, weil sie auf die zärtliche Liebe baue, die Don Lope ihr entgegenbringe. ›Dann wird sie mir‹, fuhr sie fort, ›sogleich zurückgeben, was mein ist; und man wird es weder ihr noch irgendeiner Frau verdenken können, daß sie einen ordentlichen Mann zu bekommen sucht, und wäre es auch vermöge einiger List.‹ Ich erwiderte ihr, sie treibe die Freundschaft sehr weit, und bat sie, auf ihrer Hut zu sein; denn nachher könnte man gar die Obrigkeit nötig haben, um sein Eigentum wieder zu erlangen. Sie hielt mir aber so viele Gründe entgegen und stellte mir so viele Verbindlichkeiten vor, die sie zwängen, Doña Clementa einen Dienst zu erweisen, ja, die sie zu noch größeren Dingen verpflichteten, daß ich mich ganz gegen meinen Willen und unter Gewissensbissen dem Verlangen der Doña Estefanía fügen mußte. Sie versicherte mir übrigens, die Täuschung könne nicht länger als acht Tage dauern, während welcher Zeit wir uns im Hause einer anderen Freundin von ihr aufhalten würden. Wir kleideten uns vollends an; dann ging sie fort, um sich von Doña Clementa Bueso und Don Lope Meléndez de Almandárez zu verabschieden, und schließlich winkte sie meinem Bedienten, den Koffer auf den Rücken zu nehmen und ihr zu folgen. Ich folgte ihr gleichfalls, ohne mich jedoch von jemandem zu verabschieden.

Doña Estefanía machte bei dem Hause einer ihrer Freundinnen halt und sprach, ehe wir eintraten, geraume Zeit mit ihr. Endlich kam eine Magd heraus und meldete mir, ich solle mit meinem Burschen kommen. Sie führte uns in ein kleines Zimmer, in dem zwei Betten so nahe beieinander standen, daß sie wie eins aussahen. Es blieb nicht der mindeste Raum zwischen ihnen, und die Bettücher beider berührten einander. Kurz, wir blieben hier sechs Tage lang, in der ganzen Zeit verging keine Stunde, ohne daß wir Händel miteinander hatten. Ich warf ihr die Torheit vor, die sie begangen habe, ihr Haus und ihr Eigentum zu verlassen; das sei eine Narrheit, und wenn es für ihre eigne Mutter geschähe. Darauf kam ich immer wieder zurück, und zwar mit solchem Nachdruck, daß die Wirtin mich eines Tages, als Doña Estefanía sagte, sie wolle hingehn und sehn, wie ihre Sache stehe, fragte, weshalb ich denn immerfort so heftig mit ihr zanke; was sie denn getan habe, daß ich ihr so oft vorhalte, dies sei eine ausgemachte Dummheit und keineswegs vollkommene Freundschaft zu nennen. Ich erzählte ihr den ganzen Hergang, und als ich ihr endlich sagte, wie ich mich mit Doña Estefanía verheiratet, was sie mit in die Ehe gebracht und welche Torheit sie begangen hatte, indem sie ihr Haus und ihre Habe der Doña Clementa überließ, sei es auch aus dem triftigen Grunde, damit diese einen so vortrefflichen Mann bekäme wie Don Lope, da begann sie sich zu bekreuzigen und zu segnen, indem sie immerfort ausrief: ›Jesus, Jesus, die schlechte Person!‹ und zwar so schnell und häufig, daß sie mich ganz in Verwirrung brachte. Endlich sagte sie zu mir: ›Herr Fähnrich, ich weiß nicht, ob es mit meinem Gewissen vereinbar ist, wenn ich Euch Dinge entdecke, die Euch zu verschweigen mir doch die Seele beschweren würden. Aber mit Gott und auf gut Glück; gehe es nun, wie es wolle! Es lebe die Wahrheit und es sterbe die Lüge! Die Wahrheit ist, daß Doña Clementa Bueso die wahre Eigentümerin des Hauses und der Habe ist, die Doña Estefanía Euch als ihr Heiratsgut ausgab; und alles, was sie Euch aufgebunden hat, ist Lüge. Sie hat weder ein Haus noch ein Vermögen, noch ein andres Kleid als das eine, das sie auf dem Leibe trägt. Zeit und Gelegenheit zur Ausführung dieses Betrugs gab ihr der Umstand, daß Doña Clementa einige Verwandte in Placentia besuchen wollte, und von dort gingen sie nach Guadalupe zu dem neuntägigen Gebet zur heiligen Jungfrau. In der Zwischenzeit ließ sie Doña Estefanía in ihrem Hause zurück, damit sie es hütete; denn in der Tat sind beide eng befreundet. Doch wenn man das Ganze bei Licht besieht, so ist die arme Frau weiter nicht zu tadeln, da es ihr gelang, einen so ausgezeichneten Mann zum Gatten zu gewinnen wie den Herrn Fähnrich.‹

Hier schloß sie ihre Rede, und meine Verzweiflung begann; sicher hätte ich mich ihr ganz überlassen, wenn mein Schutzengel auch nur einen Augenblick gesäumt hätte, mir beizuspringen. Er sagte mir aber alsbald im Herzen, ich solle bedenken, daß ich ein Christ sei, und die größte Sünde, die ein Mensch begehen könne, sei die Verzweiflung; denn sie sei die Sünde der Teufel. Diese Überlegung oder gute Eingebung stärkte mich einigermaßen; trotzdem aber nahm ich Mantel und Degen und ging davon, um Doña Estefanía aufzusuchen und sie nachdrücklich zu bestrafen. Allein das Schicksal – denn ich weiß nicht, ob meine Lage dadurch verbesssert wurde – fügte es, daß ich Doña Estefanía nirgends fand, wo ich sie zu finden glaubte. Ich ging nach San Llorente, empfahl mich der heiligen Jungfrau und setzte mich auf eine Bank; in meinem Kummer überfiel mich ein so tiefer Schlaf, daß ich wohl nicht so bald erwacht wäre, hätte man mich nicht geweckt. Tiefsinnig und voller Verdruß ging ich zu Doña Clementa und fand sie ganz ruhig im Besitz ihres Hauses, wagte aber nicht, ihr etwas zu sagen, weil Don Lope zugegen war. Dann kehrte ich zu meiner Wirtin zurück, die mir sagte, sie habe Doña Estefanía erzählt, daß ich von ihrem ganzen Betrug und von der List unterrichtet sei. Sie habe gefragt, welche Mine ich bei dieser Nachricht gemacht habe; sie habe ihr darauf geantwortet, eine sehr schlimme, und ich sei, wie ihr schiene, in schlimmen Absichten und mit noch schlimmeren Plänen ausgegangen, um sie zu suchen. Endlich sagte sie mir, Doña Estefanía sei fortgegangen und habe alles, was im Koffer gewesen, mitgenommen, ohne mir etwas anderes als ein Reisekleid darin zu lassen. Da hielt Gott mich wieder einmal mit seiner Hand. Ich nahm meinen Koffer in Augenschein und fand ihn offen wie ein Grab, das auf eine Leiche harrt; und die hätte ich wohl selbst werden müssen, wenn ich damals Besinnung genug gehabt hätte, den ganzen Umfang meines Unglücks zu empfinden und zu schätzen.«

»Ja, Euer Unglück war groß,« fiel der Lizentiat Peralta ein, »da Doña Estefanía Euch so viel Ketten und Hutbänder mitgenommen hatte.« »Dieser Verlust machte mir weiter keinen Kummer,« antwortete der Fähnrich; »denn ich kann Euch sagen: Don Simueque gedachte mich mit seiner schielenden Tochter anzuführen, aber bei Gott, ich bin auch lahm auf einer Seite.« »Ich weiß nicht, was Ihr damit sagen wollt«, erwiderte Peralta. »Ich meine,« entgegnete der Fähnrich, »daß der ganze Kram und Plunder von Ketten, Hutschnüren und andern Siebensachen zehn bis zwölf Taler wert sein mochte.« »Nicht möglich«, versetzte der Lizentiat; »denn die Kette, die der Herr Fähnrich am Halse trug, war dem Anschein nach mehr als zweihundert Dukaten wert.« »Ihr hättet recht«, erwiderte der Fähnrich, »wenn der Schein zu der Wirklichkeit stimmte; aber da nicht alles Gold ist, was glänzt, so waren auch die Ketten, Hutbänder, Kleinodien und der andre Kram nur Erzeugnisse der Alchimie, doch von so trefflicher Arbeit, daß nur der Probierstein oder das Feuer ihre Unechtheit verraten konnte.« »Auf diese Weise«, sagte der Lizentiat, »seid Ihr mit Doña Estefanía quitt.« »So quitt,« antwortete der Fähnrich, »daß wir die Karten von neuem mischen könnten. Das Schlimme ist nur, Herr Lizentiat, daß sie sich meiner Ketten entledigen kann, ich aber kann mich nicht ihres falschen Spieles entledigen; denn in der Tat, so schwer es auf mir lastet, es bleibt mein Eigentum.« »Dankt Gott, Herr Campuzano,« sagte Peralta, »daß sie selbst nicht Euer Eigentum blieb und davongegangen ist, ohne daß ihr verpflichtet seid, sie zu suchen.« »Das ist wahr,« entgegnete der Fähnrich; »aber auch ohne daß ich sie suche, finde ich sie stets in meiner Phantasie, und wo immer ich bin, trage ich meinen Schimpf vor Augen.« »Ich weiß nicht, was ich Euch antworten soll, als daß ich Euch an zwei Zeilen des Petrarca erinnere, nämlich diese:

Che chi prende dileto di far frode
Non s'ha di lamenta s'altro l'inganna;

das heißt verdolmetscht: ›Wer Freude daran hat, andre zu täuschen, darf sich nicht beklagen, wenn er selbst getäuscht wird‹.« »Ich beklage mich auch nicht,« versetzte der Fähnrich; »ich jammere nur über mich selbst; denn der Schuldige, der seine Schuld erkennt, fühlt darum die Pein der Strafe nicht weniger. Ich sehe deutlich, daß ich betrügen wollte und betrogen worden bin; denn man hat mich mit meinen eignen Waffen geschlagen. Aber ich kann darum doch das Gefühl des Schmerzes nicht unterdrücken, so daß ich mich nicht einmal über mich selbst beklage. Endlich, um auf das Wesentliche meiner Geschichte zu kommen, denn diesen Namen kann ich mit Fug und Recht dem Bericht über meine Erlebnisse geben, muß ich bemerken, daß ich erfuhr, der Vetter habe Doña Estefanía entführt, derselbe, der, wie ich sagte, bei unsrer Vermählung zugegen, und der seit längerer Zeit durch alle Wechselfälle ihres Lebens hindurch ihr Freund geblieben war. Ich hatte keine Lust, sie aufzusuchen, aus Furcht das Übel, von dem ich eben befreit war, noch einmal zu bekommen. Ich wechselte meine Herberge und in wenigen Tagen auch mein Haar; denn die Augenbrauen und Wimpern begannen mir auszufallen, nach und nach ließen mich auch die Haare im Stich, und ich wurde vor der Zeit kahl, da mich eine Krankheit befiel, die man Alopecia oder mit einem verständlicheren Namen Haarschwund nennt. In jeder Beziehung war ich kahl geworden, denn ich hatte weder einen Bart zu rasieren noch Geld auszugeben. Die Krankheit aber hielt gleichen Schritt mit meiner Not; und wie die Armut selbst die Ehre untergräbt und den einen an den Galgen, den andern in das Hospital befördert, den dritten mit unterwürfigem Flehen an die Türen seiner Feinde zu treten zwingt, was das größte Elend ist, das einem Menschen begegnen kann, so geschah es auch mir. Um in der Kur nicht die Kleider zu verderben, die mich in der Gesundheit decken und schmücken sollten, ging ich, da gerade die Zeit herankam, zu der man im Auferstehungshospital die Schweißbäder verabreicht, in dieses Haus, wo ich vierzig Schwitzbäder nahm. Man sagt mir, ich werde jetzt gesund bleiben, wenn ich mich in acht nehme. Ich habe einen Degen, und für das übrige mag Gott sorgen.«

Der Lizentiat bot ihm aufs neue seine Hilfe an und sprach ihm seine Verwunderung über die Dinge aus, die er berichtet hatte. »Da wundert Ihr Euch über unbedeutende Dinge, Herr Peralta,« sagte der Fähnrich; »ich habe Euch noch andre Erlebnisse zu erzählen, die über alle Begriffe gehn, weil sie alle Grenzen des Natürlichen überschreiten. Ihr müßt wissen, um ihretwillen preise ich noch mein ganzes Unglück, weil es zum Teil die Ursache war, daß ich in das Hospital ging, in dem ich gesehn habe, was ich Euch jetzt berichten will und was ihr weder jetzt noch in Zukunft glauben werdet, wie es auch niemand in der Welt glauben kann.«

Diese Einleitung und die Neugier weckenden Umschweife des Fähnrichs, ehe er erzählte, was er gesehn hatte, entzündeten Peraltas Verlangen so, daß er ihn dringend bat, ihn sogleich mit den Wundern bekannt zu machen, die er ihm noch zu berichten habe. »Ihr habt doch schon«, sprach der Fähnrich, »die beiden Hunde gesehen, die die Kapuziner nachts mit zwei Laternen begleiten, um ihnen zu leuchten, wenn sie Almosen sammeln?« »Ja, die habe ich gesehn«, antwortete Peralta. »Auch habt Ihr wohl gesehn oder gehört,« sagte der Fähnrich, »was man von ihnen erzählt, daß sie nämlich, wenn man ein Almosen aus dem Fenster wirft und es auf den Boden fällt, sogleich hinspringen, um beim Aufsuchen dessen, was herunterfiel, zu leuchten, und daß sie vor den Fenstern stehn bleiben, aus denen man ihnen, wie sie genau wissen, gewöhnlich ein Almosen zuwirft; und dabei sind, sie so sanft, daß sie eher Lämmern als Hunden gleichen, während sie im Hospital Löwen sind und das Haus streng und sorgfältig bewachen.« »Das alles habe ich mir sagen lassen,« sprach Peralta; »allein das kann und darf mich nicht wundernehmen.« »Doch was ich Euch jetzt von ihnen erzählen will, muß Euch wohl wundernehmen. Ihr müßt Euch bequemen und mir, ohne Euch zu bekreuzigen oder von Unmöglichkeiten und Schwierigkeiten zu reden, Glauben schenken. Ich hörte nämlich und sah mit eignen Augen, wie diese beiden Hunde, von denen der eine Cipión und der andre Berganza heißt, am vorletzten Abend meiner Schwitzkur hinter meinem Bette auf einigen alten Binsenmatten lagen; und als ich um Mitternacht im Dunkeln allein war und keinen Schlaf finden konnte, da ich an meine vergangenen und gegenwärtigen Leiden dachte, hörte ich in meiner Nähe sprechen. Ich horchte aufmerksam, um zu sehn, ob ich herausfinden könnte, wer es sei und worüber gesprochen wurde, und in wenigen Augenblicken ersah ich aus dem Inhalt des Gesprächs, daß es die beiden Hunde Cipión und Berganza waren.«

Kaum hatte Campuzano dies gesagt, als der Lizentiat aufsprang und rief: »Genug, mein wertester Campuzano! Bisher war ich im Zweifel, ob ich glauben sollte oder nicht, was Ihr mir von Eurer Heirat erzählt habt. Wenn Ihr mir aber jetzt erzählt, daß Ihr die Hunde habt reden hören, so bestimmt mich das zu der Erklärung, daß ich Euch gar nichts glaube. Ich bitte Euch um Gottes willen, Herr Fähnrich, erzählt niemandem diesen Unsinn, der nicht ein so guter Freund von Euch ist wie ich.« »Ei, haltet mich doch nicht für so beschränkt,« versetzte Campuzano, »als wüßte ich nicht sehr gut, daß ohne ein Wunder die Tiere nicht sprechen können. Ich weiß, wenn die Drosseln, Elstern und Papageien sprechen, so sind es nur vorgesagte und auswendig gelernte Wörter, weil diese Tiere eine zum Sprechen geschickte Zunge haben; darum aber können sie doch nicht in vernünftigem Zusammenhang reden und antworten, wie diese Hunde es taten. Deswegen habe ich auch, als ich sie schon so oft gehört hatte, immer mir selber noch nicht recht getraut, und gern hätte ich für einen Traum gehalten, was ich in der Tat und Wahrheit im Wachen mit allen meinen fünf Sinnen, wie unser Herrgott sie mir verliehen hat, gehört, vernommen, gemerkt und endlich aufgeschrieben habe, ohne daß ein Wort aus dem Zusammenhang fehlt. Das dürfen hinreichende Beweise sein, die Euch zum Glauben an die Wahrheit meiner Aussage bestimmen und bewegen müssen. Die Dinge, die sie besprachen, waren wichtig und mannigfaltig; es schien aber eher, als kämen ihre Worte aus dem Munde weiser Männer als aus Hundemäulern. Und weil ich ein solches Gespräch gar nicht hätte erfinden können, so muß ich zu meinem Ärger und gegen meine Überzeugung glauben, daß ich nicht träumte, sondern daß die Hunde sprachen.« »Sapperment,« erwiderte der Lizentiat, »ist denn die Zeit von Maricastaña wieder gekommen, da die Kürbisse sprachen, oder die des Äsop, da sich der Hahn mit dem Fuchs unterhielt und überhaupt das liebe Vieh miteinander sprach?« »Ich will selbst ein Vieh sein, und zwar das größte,« versetzte der Fähnrich, »wenn ich glaube, daß diese Zeit wiedergekehrt ist. Aber ebensogut müßte ich es sein, wenn ich das, was ich gesehn oder gehört habe, nicht glauben wollte, zumal ich mich erkühnen kann, es mit dem höchsten Eide zu bekräftigen, so daß sich der Unglaube selbst verpflichtet und gezwungen sieht, es mir zu glauben. Allein selbst gesetzt, ich hätte mich getäuscht, meine Wirklichkeit sei nur ein Traum, und es sei Unsinn, ihn als wahr zu verfechten, würde es Euch nicht dennoch Freude machen, mein verehrter Herr Peralta, in einem Gespräch aufgezeichnet zu sehn, was diese Hunde, oder wer es nun gewesen sein mag, miteinander verhandelten?« »Wenn Ihr Euch nicht weiter Mühe gebt, mich zu bereden,« erwiderte der

Lizentiat, »daß Ihr die Hunde habt reden hören, so werde ich dieses Gespräch sehr gern anhören; denn da es von dem trefflichen Geiste des Herrn Fähnrich gechrieben und aufgezeichnet ist, so halte ich es schon im voraus für geistreich.« »Noch etwas ist zu beachten«, sagte der Fähnrich. »Da ich so aufmerksam zuhörte und dank den vielen Weintrauben und Mandeln, die ich gegessen hatte, meine Fassungsgabe sehr verfeinert und zudem mein Gedächtnis besonders zart und unbeschäftigt war, so nahm ich alles sorgfältig in mich auf und schrieb es am andern Tage mit fast denselben Worten, die ich gehört hatte, nieder, ohne nach rhetorischen Floskeln zu suchen, um es auszuschmücken, und ohne etwas hinzuzutun oder fortzulassen, um es schmackhafter zu machen. Das Gespräch dauerte übrigens nicht nur eine Nacht, sondern zwei Nächte hintereinander; ich aber habe nur das der einen niedergeschrieben, das Berganzas Leben enthält. Das seines Gefährten Cipión, das in der zweiten Nacht erzählt ward, gedenke ich noch niederzuschreiben, wenn ich sehe, daß man dieses glaubt oder wenigstens nicht verachtet. Ich habe das Gespräch in der Tasche. Ich wählte die Form des Gesprächs, um das: ›Sagte Cipion‹, ›Antwortete Berganza‹ zu vermeiden, das nur unnötige Schreibarbeit erfordert hätte.«

Bei diesen Worten zog er ein Heft aus der Brust und gab es dem Lizentiaten in die Hand, der es lächelnd nahm, als mache er sich über alles lustig, was er gehört hatte und zu lesen gedachte. »Ich ruhe inzwischen auf diesem Stuhle aus,« sagte der Fähnrich, »während Ihr, wenn Ihr wollt, diese Träumereien und Ungereimtheiten lest, die wenigstens den Vorzug haben, daß man sie weglegen kann, sobald sie langweilen.« »Tut, was Euch gefällt,« sagte Peralta; »denn ich werde schnell mit der Lektüre fertig sein.«

Der Fähnrich schmiegte sich in den Sessel, und der Lizentiat schlug das Heft auf und las zunächst den Titel:

Gespräch zwischen Cipión und Berganza, den Hunden des Auferstehungshostipals, das da steht in der Stadt Valladolid, vor dem Campotore

Cipión. Freund Berganza, lassen wir heute nacht das Hospital unter der Obhut des Vertrauens und ziehen wir uns zurück in die Einsamkeit, auf diese Schilfmatten, wo wir, ohne gehört zu werden, die unerhörte Gnade ausnutzen können, die der Himmel uns beiden zugleich verliehen hat.

Berganza. Bruder Cipión, ich höre dich sprechen und weiß, daß ich mit dir spreche, und ich kann es doch nicht glauben; denn mir scheint, wenn wir sprechen, so überschreiten wir die Grenzen der Natur.

Cipión. Das ist wahr, Berganza, und das Wunder wird dadurch noch größer, daß wir nicht nur sprechen, sondern einander Rede und Antwort stehn, als wären wir vernünftige Wesen, während wir doch keine Vernunft besitzen; denn das ist ja gerade der Unterschied zwischen dem Tier und dem Menschen, daß der Mensch ein vernünftiges und das Tier ein unvernüftiges Wesen ist.

Berganza. Alles, was du sprichst, Cipión, verstehe ich; und daß du es sagst und daß ich es verstehe, erregt in mir immer neue Bewunderung und neues Staunen. Indessen ist es doch wahr, daß ich im Laufe meines Lebens oft und häufig gehört habe, wie große Vorrechte wir genießen. Man ging darin sogar sehr weit, und manche wollen bemerkt haben, wir besäßen einen natürlichen Instinkt, der sich in vielen Dingen so lebendig und so scharf ausspreche, daß sich auf das bestimmteste und klarste ergebe, es fehle nicht viel, so könnte man von uns beweisen, wir hätten ein gewisses Etwas, das sich wie der Verstand verhalte und fähig sei, Vernunftschlüsse zu ziehn.

Cipión. Besonders hoch anschlagen und loben hörte ich an

uns unser gutes Gedächtnis, unsre Dankbarkeit und unverbrüchliche Treue, so daß man uns als Symbol der Freundschaft zu malen pflegt. Auch wirst du schon gesehn haben, wenn du je darauf geachtet hast, daß man auf Grabsteinen aus Alabaster, auf denen gewöhnlich die Bilder der Begrabenen dargestellt werden, Ehepaaren einen Hund zu Füßen meißelt, zum Zeichen, daß sie einander im Leben unverletzliche Freundschaft und Treue bewiesen haben.

Berganza. Ich weiß wohl, es hat Hunde gegeben, die so dankbar waren, daß sie zu den Leichen ihrer Herren ins Grab hinabsprangen. Andre legten sich auf die Gräber ihrer Herren, ohne von ihnen zu weichen und ohne Nahrung zu sich zu nehmen, bis sie selber das Leben verloren. Auch weiß ich, daß nächst dem Elefanten der Hund am meisten den Anschein weckt, als hätte er Verstand; nach ihm kommt gleich das Pferd und zuletzt der Affe.

Cipión. So ist es. Du wirst aber wohl zugeben, daß du nie gesehn oder gehört hast, daß irgendein Elefant, Hund, Pferd oder Affe gesprochen hat; und hieraus ersehe ich, daß das Sprachvermögen, das uns so unerwartet zuteil wurde, zur Zahl jener Dinge gehört, die man Wunder nennt, und die dem Menschengeschlecht, wie es die Erfahrung bestätigt hat, so oft sie auftreten und sich zeigen, mit irgendeinem großen Unglück drohen.

Berganza. So werde ich unbedenklich auch etwas andres als ein Zeichen böser Vorbedeutung ansehn, was ich früher einmal von einem Studenten hörte, als ich durch Alcalá de Henares ging.

Cipión. Was hörtest du von ihm?

Berganza. Daß sich von fünftausend Studenten, die in jenem Jahr die Universität besuchten, zweitausend der Heilkunst beflissen.

Cipión. Und was folgerst du daraus?

Berganza. Ich folgere daraus, daß diese zweitausend Ärzte entweder Kranke zu behandeln haben, und das wäre ein großes Unglück und Mißgeschick, oder daß sie selbst Hungers sterben müssen.

Cipión. Doch dem sei, wie ihm wolle! Wir sprechen, sei es nun von böser Vorbedeutung oder nicht; denn was der Himmel bestimmt hat, das kann keine menschliche Vorsicht oder Klugheit abwenden. Wir brauchen darum auch nicht miteinander zu streiten, wie oder warum wir sprechen. Besser ist es, wir machen Gebrauch von diesem guten Tage oder dieser guten Nacht; und da wir uns auf diesen Matten so wohl befinden und nicht wissen, wie lange dieses unser Glück dauern wird, so wollen wir es wenigstens ausnutzen und die ganze Nacht hindurch plaudern, ohne uns dieses Vergnügen, nach dem ich mich schon so lange gesehnt habe, durch den Schlaf stören zu lassen.

Berganza. Auch mich hat lange danach verlangt; denn seit ich die Kraft habe, einen Knochen abzunagen, sehnte ich mich danach, sprechen zu können, um Dinge zu sagen, die ich in meinem Gedächtnisse niederlegte und die aus Alter und durch ihre Fülle rosteten und mir entfielen. Jetzt aber, da ich unvermutet mit dem göttlichen Geschenk der Sprache begnadet wurde, gedenke ich, mich seiner zu freuen und es zu benutzen, so gut ich kann, indem ich mich beeile, alles zu sagen, was mir in den Kopf kommt, wenn es auch etwas bunt und wirr durcheinander geht; denn ich weiß nicht, wann man mir diese Gabe wieder abfordern wird, die mir nur geliehen ist.

Cipión. Ich will dir sagen, Freund Berganza, wie wir es anfangen. Heute nacht erzählst du mir dein Leben und alles, was du durchgemacht hast, bis du die Stufe erreichtest, auf der du jetzt stehst; und wenn wir morgen nacht noch sprechen können, so will ich dir das meine erzählen; denn es ist besser, man verwendet seine Zeit darauf, sein eignes Leben zu erzählen, als ein fremdes kennen zu lernen.

Berganza. Von jeher, Cipión, habe ich dich für einen klugen und freundlich gesinnten Gesellen gehalten, jetzt aber mehr als je, weil du mir als treuer Freund deine Schicksale erzählen und meine anhören willst, und weil du die Zeit, in der wir dies ausführen können, mit klugem Sinn verteilt hast. Aber sieh doch erst nach, ob uns auch niemand hört.

Cipión. Niemand, glaube ich. Freilich liegt hier ein Soldat, der Schwitzbäder nimmt; allein zu dieser Stunde wird er eher schlafen, als irgend jemandem zuhören wollen.

Berganza. Gut; wenn ich denn auf diese Versicherung hin reden darf, so höre zu. Sobald aber meine Erzählung dich langweilt, tadle mich oder gebiete mir Schweigen.

Cipión. Rede, bis der Tag kommt, oder bis uns jemand sprechen hört. Ich will dir gern zuhören, ohne dich zu unterbrechen, außer wenn es mir nötig scheint.

Berganza. Mich dünkt, ich erblickte das Licht der Welt in Sevilla, und zwar im Schlachthause, das vor dem Fleischtor steht. Daher könnte ich mir einbilden, wenn das nicht wäre, was ich nachher erzählen will, meine Eltern seien Hetzhunde gewesen, und zwar von jener Rasse, wie die schmutzigen Leute sie züchten, die man Fleischerknechte nennt. Der erste, den ich als meinen Herrn erkannte, hieß Nicolás, die Stumpfnase, ein rüstiger, untersetzter und jähzorniger Bursche, wie es alle sind, die das Fleischerhandwerk treiben. Dieser Nicolás lehrte mich und noch andre junge Hunde, wie wir in Gesellschaft alter Bullenbeißer die Stiere anfallen und bei den Ohren fassen sollten, und bald wurde ich ein wahrer Adler, mit solcher Leichtigkeit lernte ich es.

Cipión. Das wundert mich nicht, Berganza; denn da das Böse aus sich selber keimt, so lernt man auch leicht, es zu üben.

Berganza. Was soll ich dir aber nun, Bruder Cipión, von dem sagen, was ich in jenem Schlachthause sah, und von den schrecklichen Dingen, die dort vorgehn? Zunächst muß du wissen, daß alle, die dort arbeiten, vom Kleinsten bis zum Größten, fühllose Leute von weitem Gewissen sind, die weder den König noch die Obrigkeit fürchten. Die meisten haben Buhldirnen und sind fleischfressende Raubvögel, die sich und ihre Freundinnen von ihrem Diebstahl ernähren. An jedem Fleischtage finden sich morgens, noch ehe es Tag wird, im Schlachthause eine große Menge von Mädchen und Burschen ein, die leere Säcke mitbringen, um sie, mit Fleisch gefüllt, nach Hause zu tragen; die Mägde erhalten die Hoden und oft halbe Lenden. Es wird kein Stück Vieh geschlachtet, wovon diese Leute nicht ihren Zehnten und ihren Erstling von dem Schmackhaftesten und Besten nähmen. Da in Sevilla keine Fleischsteuer entrichtet wird, so kann ein jeder bringen, was er will. Was zuerst geschlachtet wird, das ist entweder das Beste oder das Wohlfeilste; bei dieser Ordnung ist stets großer Überfluß an Fleisch vorhanden. Die Eigentümer geben diesem saubern Gesindel, von dem ich erzähle, gute Worte, nicht etwa, damit sie das Stehlen unterlassen (denn das ist unmöglich), sondern damit sie sich beim Beschneiden und Bestehlen des geschlachteten Viehs ein wenig mäßigen; denn sie beschneiden und putzen es aus, als wären es Weiden oder Weinstökke. Aber nichts hat mich so sehr wundergenommen und mir so sehr mißfallen, wie wenn ich sah, daß diese Fleischer einen Menschen ebenso kaltblütig abstechen wie eine Kuh. Sie stoßen einem meiner Treu mir nichts dir nichts das Schlachtermesser in den Leib, als schlachteten sie einen Stier. Es ist ein Wunder, wenn es einen Tag ohne Händel und Blutvergießen abgeht, und zuweilen kommt auch Mord und Totschlag vor. Alle tun sich auf ihre Tapferkeit etwas zugute und verstehn sich auf die Kuppelei. Es gibt keinen unter ihnen, der sich nicht auf dem Platz des San Francisco durch Lendenbraten und Ochsenzungen einen Schutzengel gewonnen hätte. Kurz, ich hörte von einem verständigen Mann, der König habe in Sevilla noch drei Dinge zu erobern: Die Jagdstraße, die Costanilla und das Schlachthaus.

Cipión. Wenn du dich immer so lange damit aufhalten willst, den Charakter deiner Herren zu schildern und von den Nachtseiten ihres Berufs zu berichten, Freund Berganza, so werden wir den Himmel bitten müssen, uns die Gabe der Rede wenigstens auf ein Jahr zu verleihen; ja ich fürchte, du möchtest bei dem Schritte, den du anschlägst, nicht zur Hälfte mit deiner Geschichte fertig werden. Ich will dich auf eins aufmerksam machen, was dir klar werden wird, wenn ich dir die Ereignisse meines Lebens erzähle. Es gibt nämlich Erzählungen, die ihre Anmut in sich selber eingeschlossen tragen; bei andern aber besteht sie in der Art der Darstellung, das heißt, es gibt manche, die auch dann Vergnügen machen, wenn sie ohne lange Einleitung und ohne Wortschmuck vorgetragen werden; andre dagegen muß man mit Worten, mit dem Mienenspiel des Gesichts, der Bewegung der Hände, dem Wechsel der Stimme erst bekleiden; da wird aus nichts ein Etwas, und aus einem Faden kraftlosen Stoffs etwas Anmutiges und Geschmackvolles. Vergiß diesen Wink nicht und mache ihn dir für den Rest deiner Erzählung zunutze.

Berganza. Ich will diese Regel befolgen, wenn mich das Vergnügen, das ich am Sprechen finde, nicht in Versuchung führt. Ich glaube aber, es wird mir schwer fallen, mich in den gehörigen Schranken zu halten.

Cipión. Halte deine Zunge im Zaum, denn sie ist die Anstifterin des größten Unglücks im menschlichen Leben.

Berganza. Mein Herr also lehrte mich, einen Korb im Munde zu tragen und ihn gegen jedermann zu verteidigen, der ihn mir nehmen wollte. Zugleich zeigte er mit das Haus seiner Geliebten, und dadurch wurde es überflüssig, daß ihre Magd in das Schlachthaus kam; ich brachte ihr hinfort mit Tagesanbruch alles, was er die Nacht hindurch gestohlen hatte. Eines Tages nun, als ich ihr gerade in der Morgendämmerung mit großer Vorsicht ihre Beute zutrug, hörte ich aus einem Fenster meinen Namen rufen; ich blickte empor und sah ein Mädchen, das außerordentlich schön war. Ich blieb ein wenig stehn, sie kam an die Hausütr herunter und rief mich wieder beim Namen. Ich trat auf sie zu, als wollte ich sehn, was sie von mir begehre. Sie aber tat nichts andres, als daß sie mir das Fleisch, das ich im Korbe hatte, nahm und statt dessen einen alten Pantoffel hineinsteckte, so daß ich bei mir selber dachte: Das Fleisch ist zum Fleische gegangen. Das Mädchen aber sagte zu mir, als sie mir das Fleisch genommen hatte: »Geh, Gavilán, oder wie du sonst heißt, und sage Nicolás, der Stumpfnase, deinem Herrn, er solle sich nicht auf Tiere verlassen. Übrigens vom Wolfe das Fell, und dies aus dem Korbe.« Ich hätte ihr freilich wieder abnehmen können, was sie mir nahm, aber ich tat es nicht, um nicht mit meiner schmutzigen Fleischerschnauze ihre reinen, weißen Hände zu berühren.

Cipión. Daran tatest du sehr wohl; denn es ist ein Vorrecht der Schönheit, daß man sie immer achten muß.

Berganza. Das tat ich auch, und deshalb kehrte ich ohne das Fleisch und mit dem Pantoffel zu meinem Herrn zurück. Es fiel ihm auf, daß ich so bald zurückkehrte; er sah den Pantoffel, merkte den Possen, den man mit ihm gespielt hatte, zog ein Messer und führte einen solchen Stich nach mir, daß du, wenn ich nicht auf die Seite gesprungen wäre, weder diese Geschichte hören könntest, noch auch viele andre, die ich dir zu erzählen gedenke. Ich ergriff die Flucht, nahm den Weg unter Füße und Hände, eilte hinter San Bernardo ins freie Feld und ging nun, wohin das Schicksal mich führen wollte. Ich schlief in dieser Nacht unter freiem Himmel, am andern Tage aber führte mir das Schicksal eine Herde oder ein Rudel Schafe und Hämmel entgegen. Sowie ich sie erblickte, glaubte ich, in ihnen den Mittelpunkt meiner Ruhe gefunden zu haben, denn ich hielt es für ein den Hunden eigentümliches angeborenes Amt, Herden zu hüten; und sicherlich ist es eine preiswürdige Aufgabe, die Demütigen und Ohnmächtigen gegen Gewaltige und Übermütige zu schützen und zu verteidigen. Kaum hatte mich einer der drei Hirten, die bei der Herde waren, erblickt, als er mich rief und nach mir pfiff. Da ich eben das wünschte, so näherte ich mich mit gesenktem Haupt und wedelndem Schwanze. Er streichelte mir den Rücken, öffnete mir den Rachen, spuckte hinein, nahm die Spitzzähne in Augenschein, sah nach, wie alt ich war, und sagte zu den andern Hirten, ich hätte alle Merkmale eines brauchbaren Hundes an mir. In diesem Augenblick kam auf einer grauen Stute mit kurzen Steigbügeln und mit Lanze und Tartsche der Herr der Herde daher, so daß er eher wie ein Küstenwächter als wie der Besitzer einer Herde aussah. »Was für ein Hund ist das?« fragte er den Hirten; »dem Anschein nach ist er gut.« »Das könnt ihr glauben, Herr,« erwiderte der Hirt, »denn ich habe ihn genau untersucht, und alle Kennzeichen, die ich an ihm finde, lassen erwarten, daß er ein trefflicher Hund wird. Er ist eben zugelaufen, und ich weiß nicht, wem er gehört, wohl aber weiß ich, daß er zu keiner Herde hier in der Nähe gehört.« »Wenn dem so ist,« entgegnete der Herr, »so lege ihm sogleich das Halsband des Löwchens um, des Hundes, der kürzlich verreckt ist; füttere ihn wie die andern Hunde und halte ihn aufs beste, damit er sich an die Herde gewöhne und bei ihr bleibe.« Er ritt davon, und der Hirt legte mir sogleich ein stachlichtes Halsband um, nachdem er mir zuvor in einem Trog eine Menge in Milch gebrockten Brotes vorgeschüttet hatte. Zugleich gab er mir einen Namen und hieß mich Barcino. Ich war ganz zufrieden mit meinem zweiten Herrn und meinem neuen Beruf. Ich zeigte mich achtsam und aufmerksam in der Hut meiner Herde, ohne mich von ihr zu entfernen, außer in den Mittagsstunden, die ich allein zubrachte, entweder unter dem Schatten eines Baumes, Abhangs, Felsens oder Gesträuchs, oder am Rande eines der vielen Bäche die dort flossen. Aber auch diese Stunden der Rast verbrachte ich nicht müßig, denn ich beschäftigte mein Gedächtnis mit der Erinnerung an viele Dinge, namentlich aus meinem Leben im Schlachthaus und aus dem Leben, das mein Herr und alle die führen, die wie er die unziemlichen

Launen ihrer Freundinnen erfüllen müssen. O, wie vieles könnte ich dir erzählen, was ich in der Schule jener Fleischerin, der Dame meines Herrn, gelernt hatte! Aber es ist besser, ich verschweige es, damit du mich nicht für einen Schwätzer und Lästerer hältst.

Cipión. Ich habe gehört, ein großer Dichter aus dem Altertum habe den Ausspruch getan, es sei schwer, keine Satiren zu schreiben, und deshalb will ich dir erlauben, ein wenig zu schelten, aber nur, um deiner Erzählung ein wenig äußeren Glanz zu verleihen, und nicht bis aufs Blut. Ich will damit sagen, du sollst die Dinge treffen, aber nicht verwunden, und keinen Totschlag begehn, indem du die Dinge triffst. Denn die Lästerung taugt nichts, wenn sie auch Lachen weckt; und wenn du ohne sie zu unterhalten weißt, so will ich dich für sehr weise halten.

Berganza. Ich werde deinen Rat befolgen und erwarte mit großem Verlangen den Augenblick, da du mir deine Abenteuer erzählen wirst; denn von dem, der die Fehler, die ich in meiner Erzählung mache, so gut zu beurteilen und zu verbessern weiß, läßt sich wohl erwarten, er werde seine eigne Geschichte so vortragen, daß sie zugleich ergötzt und unterrichtet. Indem ich nun aber den abgerissenen Faden meiner Erzählung wieder aufnehme, bemerke ich, daß ich in der Stille und Einsamkeit meiner Mittagsstunden unter andern Dingen die Wahrnehmung machte, daß, was ich früher von dem Leben der Hirten hatte erzählen hören, nicht wahr sein könne, wenigstens das nicht, was die Dame meines Herrn in ihren Büchern las, wenn ich in ihr Haus kam. Denn von den Hirten und Hirtinnen, die in ihnen auftreten, heißt es, sie brächten ihr ganzes Leben mit Gesang und Musik hin, indem sie auf Sackpfeifen, Schalmeien, Querflöten blasen, Stockgeigen und andre ungewöhnliche Instrumente spielen. Oft hörte ich ihrer Lektüre zu, und da las sie, wie der Hirte Anfriso trefflich, ja göttlich das Lob der unvergleichlichen Belisarda sang, und wie auf allen Bergen Arkadiens nicht ein

Baum gewesen sei, auf dessen Stamm er sich nicht gesetzt hätte, um zu singen, von dem Augenblicke an, da die Sonne sich den Armen Auroras entwand, bis sie in die der Thetis hinabsank. Ja, selbst nachdem die schwarze Nacht ihre düstern, dunkeln Flügel über das Angesicht der Erde gebreitet, hielt er nicht inne in seinen gesungenen, oder besser geweinten Klagen. Sie vergaß auch nicht den Schäfer Elicio, der mehr verliebt als verwegen war, und von dem man behauptet, er habe weder auf seine Liebschaften noch auf seine Herden geachtet und sich nur um fremde Dinge gekümmert. Ferner sagte sie, der berühmte Schäfer Filidas, der einzige Maler eines einzigen Bildes, sei mehr vermessen gewesen als glücklich. Von dem Ohnmachten Sirenos und der Reue Dianas sagte sie, sie danke Gott und der weisen Felicia, die mit ihrem verzauberten Wasser all diese Verwirrungen gelöst und dieses Labyrinth von Schwierigkeiten aufgehellt habe. Ich entsinne mich noch vieler andrer Bücher dieser Art, die ich sie hatte lesen hören, allein sie waren nicht wert, daß ich sie im Gedächtnis bewahrte.

Cipión. Du machst dir meinen Rat zunutze, Berganza. Spotte, stichle, tadle, doch sei deine Absicht rein, wenn auch deine Zunge es nicht zu sein scheint.

Berganza. In diesen Dingen strauchelt die Zunge nie, wenn nicht zuvor die Absicht zu Falle kommt. Sollte ich jedoch absichtslos oder mit Willen spotten, so würde ich dem, der mich zur Rede stellt, erwidern, was Mauleón, der närrische Dichter und das lustige Mitglied der Akademie der Nachahmer, einem zur Antwort gab, der ihn fragte, was ›deum de deo‹ heiße. Er versetzte: »Der Donner das!«

Cipión. Das war die Antwort eines Narren; doch wenn du klug bist oder sein willst, so darfst du nie etwas sagen, was einer Entschuldigung bedarf. Fahre fort!

Berganza. Zu allen diesen und noch andern Betrachtungen also fand ich Anlaß durch das verschiedene Tun und Treiben meiner Schäfer und aller andern an jener Küste; denn wenn sie sangen, so waren es nicht wohltönende und künstlich gedichtete Lieder, sondern etwa: »Hab acht auf den Wolf!« oder »Wohin geht Juanica?« und dergleichen Dinge mehr, und zwar nicht etwa zur Begleitung von Schalmeien, Gitarren oder Flöten, sondern einzig zu dem Ton, den ein paar Schäferstäbe gaben, wenn man sie widereinander schlug, oder ein paar Scherben, die sie zwischen die Finger nahmen. Auch wurden sie nicht von sanften, wohlklingenden und bewundernswürdigen Stimmen gesungen, sondern von rauhen, die einzeln oder zusammen nicht zu singen, sondern zu kreischen oder zu grunzen schienen. Den größten Teil des Tages brachten sie damit zu, sich die Flöhe zu fangen oder ihre groben Schuhe zu flicken. Man hörte unter ihnen nicht die Amarilis, Filida, Galatea und Diana, auch gab es keinen Lisardo, Lauso, Jacinto noch Riselo, sondern es waren lauter Antons, Domingos, Pablos und Llorentes. Daraus ersah ich, daß diese Bücher, wie mir wohl jeder glauben wird, lauter erträumte, aber schön geschriebene Dinge enthalten, zum Zeitvertreib für müßige Leute, doch keine wahre Wirklichkeit. Sonst wäre unter meinen Schäfern wenigstens irgendein Rest jenes glückseligen Lebens zu sehen gewesen, etwas von jenen anmutigen Wiesen, geräumigen Wäldern, heiligen Bergen, schönen Gärten, klaren Bächern und kristallenen Quellen, etwas von jenen ebenso sittsamen wie wohlgesetzten Liebeserklärungen, von jenen Ohnmachten bald dieses Schäfers, bald jener Schäferin, und hier hätte man den Laut des Dudelsacks vernommen, dort den einer Schalmei.

Cipión. Genug, Berganza, kehre zu deinem Thema zurück und schreite auf deinem Wege fort.

Berganza. Ich danke dir, Freund Cipión; denn wenn du mich nicht aufmerksam gemacht hättest, so hätte ich mich so in Hitze geredet, daß ich nicht fertig geworden wäre, ehe ich dir nicht ein ganzes Buch gemacht hätte aus der Schilderung derer, die mich so sehr betrogen. Allein es wird eine Zeit kommen, in der ich dies alles besser aussprechen und in besserem Zusammenhange vortragen werde als jetzt.

Cipión. Schau auf deine Füße, und du wirst dein Pfauenrad bald zusammenlegen, Berganza. Ich meine, du sollst nur immer daran denken, daß du ein Tier bist und keine Vernunft hast; und wenn du jetzt auch beweisest, daß du ihrer ein wenig besitzest, so haben wir doch schon beide festgestellt, wie übernatürlich und unerhört das ist.

Berganza. Dem wäre so, wenn ich noch in meiner früheren Unwissenheit verharrte. Aber jetzt, da mir Dinge ins Gedächtnis kommen, die ich dir eigentlich hätte schon im Anfang unsres Gesprächs sagen sollen, wundere ich mich nicht nur darüber, daß ich spreche, sondern noch weit mehr darüber, daß ich es oft unterlassen kann zu sprechen.

Cipión. Wohlan, kannst du jetzt nicht alles sagen, dessen du dich erinnerst?

Berganza. Es ist eine Geschichte, die mir mit einer großen Hexenmeisterin, einer Schülerin der Camacha von Montilla, begegnet ist.

Cipión. Nun, so erzähle sie mir doch, ehe du in dem Bericht über dein Leben fortfährst.

Berganza. Das werde ich gewiß nicht eher tun als zu seiner Zeit. Habe Geduld und höre meine Erlebnisse nach der Ordnung; denn so werden sie dir mehr Vergnügen machen, wenn dich nicht etwa der Wunsch plagt, die Mitte eher zu erfahren als den Anfang.

Cipión. Fasse dich kurz und erzähle, was du willst und wie du willst.

Berganza. Gut also. Ich befand mich wohl in meinem Berufe als Hüter der Herde, denn ich war überzeugt, daß ich mein Brot auf diese Art im Schweiße meines Angesichts aß, und daß der Müßiggang, die Wurzel und Mutter aller Laster, keine Gewalt über mich hatte. Denn wenn ich mich auch am Tage pflegte, so konnte ich doch die Nacht hindurch nicht schlafen, da die Wölfe uns beständig überfielen und zur Ge-

genwehr riefen. Kaum hatten die Hirten zu mir gesagt: »Der Wolf, Barcino!« so war ich der erste von allen Hunden und sprang dorthin, wo sie mir den Wolf gemeldet hatten. Ich durchlief die Täler, erklomm die Berge, durchstreifte die Wälder, sprang über Gräben, hüpfte über Wege, und kam am Morgen, ohne einen Wolf oder auch nur eine Spur von ihm gesehen zu haben, zur Erde zurück, keuchend, ermattet, von Dornen zerrissen und mit wunden Füßen, und dann fand ich bei der Herde ein totes Schaf oder einen vom Wolf erwürgten und halb gefressenen Hammel. Mir war, als müßte ich von Sinnen kommen, wenn ich sah, daß meine Achtsamkeit und Wachsamkeit so wenig halfen. Der Herr der Herde erschien; die Schäfer gingen ihm mit dem Fell des erwürgten Viehs entgegen. Er schalt die Nachlässigkeit der Hirten und befahl, die Hunde für ihre Faulheit abzustrafen. Es regnete Prügel auf uns und auf jene Vorwürfe nieder. Als ich nun eines Tages wieder einmal unschuldigerweise gezüchtigt wurde und sah, daß meine Wachsamkeit, Schnelligkeit und Unerschrockenheit nichts fruchteten, wenn es galt, den Wolf zu erhaschen, da beschloß ich, einen andern Weg einzuschlagen und ihn nicht mehr so weit von der Herde zu suchen, wie ich es bisher getan hatte. Ich wollte in der Nähe bleiben, weil der Wolf stets hierher kam und also hier auch am sichersten zu fangen sein mußte. Jede Woche störte man uns einmal auf; doch in einer stockfinstern Nacht sah ich gerade noch genug, um die Wölfe zu entdecken, gegen die die Herde zu schützen unmöglich war. Ich duckte mich hinter einen Strauch, die andern Hunde, meine Kameraden, liefen vorbei, und von meiner Lauer aus beobachtete ich, wie zwei Schäfer einen der besten Hämmel von der Herde packten und so umbrachten, daß man am andern Morgen wirklich glaubte, der Wolf sei sein Henker gewesen. Ich war betreten und sah mit Staunen, daß die Schäfer selbst die Wölfe waren, und daß die, die die Herden hüten sollten, sie zugrunde richteten. Sie machten ihrem Herrn sogleich Anzeige von dem Raub des Wolfes, übergaben ihm das Fell und einen Teil des Fleisches, den größeren und besseren aber aßen sie selbst. Der Herr schalt sie von neuem, und ebenso begann von neuem die Abstrafung der Hunde. Wölfe waren nicht da, und doch verminderte sich die Herde. Gern hätte ich den Betrug offenbart, doch ich war stumm. Dies alles füllte mich mit Staunen und Kummer. Gott steh mir bei, sagte ich bei mir selber, wer kann dieser Schlechtigkeit abhelfen? Wer hat die Macht, zu zeigen, daß die Verteidiger angreifen, die Wachen schlafen, daß man das Vertrauen raubt und der, der euch hütet, euch umbringt?

Cipión. Und du hast wohl gesprochen; denn es gibt keinen größeren und verschlageneren Dieb als den Hausdieb, und darum sterben viel mehr der Vertrauenden als der Vorsichtigen. Aber das Schlimme ist, daß die Leute in der Welt unmöglich ohne Trauen und Vertrauen auskommen können. Doch lassen wir dies beiseite; denn es wäre nicht schön, wenn wir uns wie Prediger benähmen. Fahre fort.

Berganza. Daher beschloß ich, diesen Beruf aufzugeben, obgleich er scheinbar so gut war, und einen andern zu wählen, bei dem ich für die Erfüllung meiner Pflicht, sollte ich auch keinen besonderen Lohn erhalten, doch nicht gezüchtigt würde. Daher kehrte ich nach Sevilla zurück und trat bei einem sehr reichen Kaufmann in Dienste.

Cipión. Wie hast du es denn angefangen, um wieder einen Herrn zu finden? Im gewöhnlichen Lauf der Welt ist es heutzutage sehr schwierig, bei einem ordentlichen Herrn Dienst zu erhalten. Die Herren der Erde sind sehr verschieden von dem Herrn des Himmels. Wenn sie einen Diener anstellen wollen, so fragen sie erst nach seiner Herkunft, prüfen seine Fähigkeit, sehen auf seinen Anstand, und wollen sogar wissen, was für Kleider er hat. Im Dienste Gottes aber ist der Ärmste der Reichste, der Demütigste der Vornehmste, und wer nur mit reinem Herzen in seinen Dienst treten will, den läßt er sogleich in das Buch seiner Diener eintragen und weist ihm einen so herrlichen Sold an, daß er in seiner Höhe und Größe all seine Wünsche übersteigt.

Berganza. Das alles aber ist eine Predigt, Freund Cipión.

Cipión. So scheint es mir auch, und darum schweige ich.

Berganza. Du fragst mich, auf welche Art ich zu einem Herrn gekommen sei. Nun, du weißt ja wohl, daß Demut die Wurzel und die Grundlage aller Tugenden ist und daß keine ohne sie bestehen kann; sie überwindet Hindernisse, besiegt Schwierigkeiten und führt uns immer zu rühmlichen Zielen: aus Feinden macht sie Freunde, sie besänftigt die Wut der Zürnenden, sie beugt den Hochmut der Stolzen, sie ist die Mutter der Bescheidenheit und die Schwester der Mäßigung. Kurz, das Laster kann sich keines Sieges über sie rühmen; denn an ihrer Sanftmut und Güte stumpfen die Pfeile der Sünde ab, und sie verlieren ihre Spitze. Diese Tugend nun wandte ich an, so oft ich in irgendeinem Hause Dienste nehmen wollte, und wenn ich vorher bedacht und genau untersucht hatte, ob es auch ein Haus sei, das einen großen Hund erhalten und in dem er sein Unterkommen finden könnte, so legte ich mich sogleich an die Tür. Ging dann jemand hinein, der mir dort fremd zu sein schien, so bellte ich ihn an; kam aber der Herr, so senkte ich den Kopf, wedelte mit dem Schwanze, ging auf ihn zu und leckte ihm die Füße. Jagte man mich mit Prügeln fort, so ertrug ich sie und schmeichelte mit derselben Sanftmut dem, der mich geschlagen hatte, von neuem, und nie brauchte ich das zum zweiten Mal zu tun, da man meine Beharrlichkeit und Gutmütigkeit sogleich erkannte. So kam ich bei dem dritten Versuche immer in das Haus; ich diente ehrlich, man gewann mich lieb, und niemand schickte mich fort, wenn ich nicht selbst meinen Abschied nahm oder, besser gesagt, heimlich entwich. Ich habe manchen Herrn gefunden, bei dem ich noch heute wäre, hätte mich nicht mein widriges Schicksal verfolgt.

Cipión. Genau, wie du es erzählst, bin auch ich zu meinen Herren gekommen, und es ist, als hätten wir gegenseitig unsre Gedanken gelesen.

Berganza. So sind wir uns auch, wenn ich nicht irre, in andern Dingen begegnet, wie ich dir zu seiner Zeit meinem Versprechen gemäß berichten will. Jetzt höre, was mir geschah, als ich die Herde in den Händen jener Schurken gelassen hatte. Ich kehrte, wie gesagt, nach Sevilla zurück, das den Armen Schutz und den Verstoßenen Zuflucht gewährt, und das bei seiner Größe nicht nur für die Kleinen Raum hat, sondern auch die Großen unbemerkt verbirgt. Ich legte mich an die Tür eines großen Kaufmannshauses, wandte meine gewöhnlichen Künste an und trat dort bald in Dienst. Man nahm mich auf, um mich hinter der Tür zu halten, bei Tage an der Kette, nachts aber frei. Ich versah meinen Dienst sehr treu und ordentlich, bellte die Fremden an und knurrte gegen alle, die nicht sehr bekannt waren. Des Nachts schlief ich nicht, sondern durchsuchte die Höfe, stieg auf die Terrassen und bewachte nicht nur unser Haus, sondern auch die ganze Nachbarschaft. Mein Herr war mit meinen Diensten so zufrieden, daß er befahl, mich gut zu behandeln und mir das Brot und die Knochen zu geben, die von seinem Tische abgetragen oder weggeworfen wurden, sowie alle Küchenreste. Ich bezeugte ihm meinen Dank durch unzählige Sprünge, sooft ich ihn erblickte, besonders wenn er von auswärts kam; und die Äußerungen meiner Freude waren so stürmisch, meiner Sprünge waren so viele, daß mein Herr befahl, mich loszuketten und mich bei Tage und bei Nacht frei laufen zu lassen. Sowie ich frei war, lief ich zu ihm und umsprang ihn, doch ohne ihm mit den Pfoten zu nahe zu kommen; denn ich entsann mich jener Fabel des Äsop, in der der Esel in seiner Dummheit seinen Herrn ebenso liebkosen wollte wie seine Lieblingshündin, was ihm eine Tracht Prügel eintrug. Mir schien, in dieser Fabel sei für uns die Lehre enthalten, daß dem einen noch längst nicht wohl ansteht, was bei dem andern Anmut und Artigkeit ist. Der Gaukler mag spotten, der Possenreißer mit den Händen spielen und sich drehen, der Tagedieb, der Faulenzer, der es gelernt hat, den Gesang der Vögel und die verschiedenen Gebärden und Handlungen der Tiere und Menschen nachahmen; aber ein Mann von Bedeutung soll nichts dergleichen tun, da ihm eine solche Fertigkeit weder Ansehen noch einen ehrenvollen Namen eintragen kann.

Cipión. Genug. Berganza, und weiter! Man versteht dich schon.

Berganza. O möchten mich doch alle, auf die es geht, so gut verstehn wie du! Ich weiß nicht, ob es ein Zeichen meines guten Naturells ist, aber es macht mich unendlich mißmutig, wenn ich sehn muß, wie ein Ritter den Possenreißer spielt und sich dessen rühmt, daß er den Würfelbecher zu handhaben verstehe, Taschenspielerkünste kenne und daß niemand die Chacone zu tanzen wisse wie er. Ich kenne einen Ritter, der sich rühmt, er habe auf die Bitte eines Küsters zweiunddreißig Blumen aus Papier geschnitten, um sie bei einem heiligen Grab auf die schwarzen Tücher zu legen; und auf diese ausgeschnittenen Blumen war er so stolz, daß er seine Freunde hinführte, um sie anzusehn, als hätte er ihnen Fahnen und Beutestücke von Feinden zu zeigen, die auf dem Grab seiner Väter und Ahnen lägen. Mein Herr, der Kaufmann, nun hatte zwei Söhne, von denen der eine zwölf und der andre vierzehn Jahre alt war, und beide studierten die Grammatik in der Schule der Gesellschaft Jesu. Sie gingen prächtig einher und hatten einen Hofmeister und Edelknaben, die ihnen die Bücher und das sogenannte Vademekum nachtrugen. Als ich sie nun in diesem Aufzuge sah, in Tragsesseln, wenn die Sonne schien, und in einer Kutsche, wenn es regnete, erwog und überlegte ich mir, in welcher Schlichtheit der Vater auf die Börse ging, um seine Geschäfte zu betreiben; denn er nahm keinen andern Diener mit als einen Neger, und zuweilen nur leistete er sich den

Luxus, auf einem kleinen, nicht einmal mit schönem Geschirr versehenen Maultier zu reiten.

Cipión. Du mußt wissen, Berganza, es ist Sitte und Brauch bei den Kaufleuten in Sevilla und auch in andern Städten, ihr Ansehen und ihren Reichtum nicht an sich, sondern an ihren Kindern zu zeigen. Denn die Kaufleute sind größer in ihrem Schatten als in sich selbst; und da sie sich nur durch ein Wunder dazu bringen lassen, an etwas andres zu denken als an ihre Handelsgeschäfte und Verträge, so sind sie auch bescheiden in ihrem Benehmen. Ehrgeiz und Reichtum aber können nicht bestehn, ohne sich kund zu tun, und so geht sie auf die Kinder über, die nun behandelt und mit Glanz umgeben werden, als wären sie Fürstenkinder; ja es gibt Kaufleute, die ihren Söhnen hohe Titel oder jenes Zeichen auf der Brust zu verschaffen streben, das den vornehmen Mann so sehr vom Volke unterscheidet.

Berganza. Es ist ein Ehrgeiz, aber ein Ehrgeiz edler Art, wenn man seinen Stand ohne Beeinträchtigung eines dritten zu verbessern strebt.

Cipión. Selten oder nie wird der Ehrgeiz ohne Nachteil eines dritten befriedigt.

Berganza. Wir sind bereits übereingekommen, nicht zu lästern.

Cipión. Ja, doch ich lästere auch niemanden.

Berganza. Jetzt sehe ich recht deutlich, wie wahr es ist, was ich oft habe sagen hören: Ein giftiges Lästermaul schmäht auf zehn Familien und verleumdet zwanzig rechtliche Leute; und wenn ihn jemand zur Rede stellt über das, was er gesagt hat, so gibt er zur Antwort, er habe nichts gesagt, oder wenn er etwas gesagt habe, so sei es nicht böse gemeint; und hätte er denken können, daß jemand es übelnehme, so hätte er es nie gesagt. Wahrlich, Cipión, der muß viel wissen und sich fest in den Bügeln halten, der ein zweistündiges Gespräch führen will, ohne ins Lästern zu geraten. Denn das sehe ich an mir, der ich doch nur ein Tier bin:

wenn ich nur zu sprechen anfange, so kommen mir Worte auf die Zunge wie Fliegen in den Wein, und alle sind boshaft und lästerlich. Darum wiederhole ich, was ich schon einmal gesagt habe, daß wir böse Handlungen und böse Reden von unsern Eltern erben und mit der Muttermilch einsaugen. Das sieht man deutlich daran, daß ein Knabe kaum sein Ärmchen aus den Windeln streckt, so hebt er schon die Hand auf und macht Mine, sich an dem zu rächen, der ihn seiner Meinung nach beleidigt hat; und beinahe das erste verständliche Wort, das er sprechen lernt, ist das Wort Hure, mit dem er seine Amme oder seine Mutter schilt.

Cipión. Du hast recht; ich gestehe meinen Fehler und bitte dich, ihn mir zu verzeihen, denn ich habe dir schon so viele verziehen. Werfen wir den Zankapfel ins Meer, wie die Knaben sagen, und lästern wir künftig nicht mehr. Setze nun deine Erzählung fort: du hast sie unterbrochen bei dem Prunk, mit dem die Söhne deines Herrn, des Kaufmanns, in die Schule der Gesellschaft Jesu gingen.

Berganza. Ihm empfehle ich mich in all meinem Ergehen; und wiewohl es mich schwer dünkt, vom Lästern zu lassen, so gedenke ich mich eines Mittels zu bedienen, das, wie ich höre, ein großer Flucher anwandte, der sich aus Reue über seine schlechte Gewohnheit, sooft er nach seiner Bekehrung fluchte, zur Strafe für sein Vergehen in den Arm kniff oder die Erde küßte; aber freilich fluchte er trotzdem. So will ich mich nun, so oft ich deiner Vorschrift und meiner eignen Absicht, nicht zu lästern, zuwiderhandle, in die Zungenspitze beißen, damit sie mich schmerzt und mich dadurch an meine Schuld erinnert, so daß ich ihr nicht wieder verfalle.

Cipión. Wenn du dieses Mittel wirklich anwenden willst, so mußt du dich, glaube ich, so oft beißen, daß dir schließlich keine Zunge mehr bleibt: und dann wird es dir allerdings unmöglich sein, zu lästern.

Berganza. Wenigstens will ich, soviel es an mir liegt, alles aufbieten, und der Himmel mag das Fehlende ersetzen. Die Söhne meines Herrn also verloren eines Tages im Hof, wo ich gerade war, eine Mappe, und da ich den Fleischkorb meines früheren Herrn, des Fleischers, zu tragen gelernt hatte, so ergriff ich das Vademekum und ging hinter ihnen drein, in der Absicht, es nicht loszulassen, bis sie in die Schule kämen. Alles geschah nun, wie ich es wünschte, und meine Herren sahen mich kaum mit dem Vademekum, das ich ganz säuberlich am Bande hielt, als sie einen Edelknaben schickten, um es mir aus dem Maul zu nehmen; ich aber ließ mir das nicht gefallen und gab es nicht eher her, als bis ich im Hörsaal stand, was bei allen Studenten großes Gelächter erregte. Nun trat ich zu dem älteren meiner Herren hin und gab ihm die Mappe, wie mir schien mit großer Höflichkeit, in die Hand; dann aber setzte ich mich bei der Tür des Hörsaals auf die Hinterbeine und schaute dem Lehrer, der auf dem Katheter las, unverwandten Blickes ins Gesicht. Ich weiß nicht, welche Kraft die Tugend hat; denn obgleich ich sie sehr wenig oder gar nicht kenne, so empfand ich doch augenblicklich das größte Vergnügen, als ich die Liebe, das gesetzte Benehmen, den Eifer und den Fleiß bemerkte, mit dem jene frommen Väter und Lehrer die Knaben unterwiesen und die zarten jugendlichen Stämmchen emporrichteten, damit sie sich nicht krümmten, noch Abwege einschlügen von dem Pfade der Tugend, in der sie sie ebenso wie in der Wissenschaft unterwiesen. Ich beobachtete, wie sie sie mit Sanftmut tadelten, mit Barmherzigkeit straften, durch Beispiele ermunterten, durch Belohnungen anspornten, durch Klugheit unterstützten, und wie sie ihnen endlich die Häßlichkeit und das Grauen des Lasters schilderten und die Schönheit der Tugend malten, damit sie jenes verabscheuen, diese aber lieben lernten, um so den Zweck zu erfüllen, für den sie erzogen wurden.

Cipión. Du hast ganz recht, Berganza; denn ich habe von diesen frommen Leuten sagen hören, es gebe für die Staaten der Welt in ihrem ganzen Umkreis keine so klugen Bürger mehr, und zu Führern und Leitern auf dem Wege des Himmels wenige, die ihnen gleichkommen. Sie sind Spiegel der Sittsamkeit, der katholischen Lehre, der ausgezeichneten Klugheit und endlich der tiefsten Demut, des Bodens, auf dem sich das Gebäude der Glückseligkeit erhebt.

Berganza. Alles ist, wie du sagst. Um aber in meiner Erzählung fortzufahren, so fanden meine Herren Gefallen daran, so daß ich ihnen immer das Vademekum nachtragen mußte, was ich sehr gerne tat. Dabei führte ich ein Leben wie ein König, ja ein noch besseres, denn es gewährte mir sogar allerlei Unterhaltung; die Studenten trieben Kurzweil mit mir, und ich wurde so zahm, daß sie mir die Hand ins Maul stecken und die kleinsten auf mir reiten lassen konnten. Sie warfen ihre Mützen oder Hüte hin, und ich brachte sie ihnen sauber und unter großen Freudenbezeigungen zurück. Sie gaben mir zu fressen, so viel sie nur konnten, und fanden ihren Spaß daran, wenn sie sahen, wie ich Nüsse und Eicheln, die sie mir gaben, gleich einem Affen aufknackte, die Schalen liegen ließ und den Kern verzehrte. So brachte man mir, um meine Geschicklichkeit auf die Probe zu stellen, in einem Taschentuch Salat mit, und ich verzehrte ihn, als wäre ich ein Mensch. Es war Winterzeit, und da sind in Sevilla Brezeln und Buttersemmeln an der Tagesordnung; ich wurde so reichlich damit versorgt, daß mancher Antonio versetzt oder verkauft wurde, um mir Frühstück zu verschaffen. Mit einem Wort, ich führte ein Leben wie ein Student, nur ohne Hunger und Krätze, und kräftiger kann ich mich nicht ausdrücken, um zu versichern, daß es ein gutes Leben war. Denn wenn nicht Hunger und Krätze die Studenten so sehr verfolgten, so könnte es kein angenehmeres und kurzweiligeres Leben geben; Tugend und Vergnügen gehen gleichen Schrittes, und die Jugend vergeht unter Lernen und Freude. Aus dieser Seligkeit und Ruhe riß mich eine Frau, die man, dünkt mich, die Staatsvernunft nennt;

denn wenn man sich nach ihr richtet, so muß man zuvor mit mancher andern Vernunft brechen. Jene Herren Lehrer glaubten nämlich, die Schüler benutzten die halbe Stunde, die zwischen zwei Lektionen ausfällt, nicht sowohl zur Wiederholung der Lektionen wie zur Unterhaltung mit mir, und daher befahlen sie meinen Herren, mich nicht mehr in die Schule mitzubringen. Sie gehorchten, brachten mich nach Hause und legten mich wie früher an die Tür, damit ich sie hüte; und da der alte Herr sich nicht erinnerte, daß er mir die Erlaubnis erteilt hatte, Tag und Nacht frei umherzugehn, mußte ich den Hals von neuem in die Kette schmiegen und den Leib auf eine kleine Matte strecken, die man mir hinter die Tür gelegt hatte. Ach, Freund Cipión, wenn du wüßtest, wie hart es ist, den Übergang aus einem Glück zum Unglück durchzumachen! Sieh, wenn das Elend und Unglück uns in einem breiten Strom dahinführt und sich immer gleich bleibt, so endet es entweder schnell mit dem Tode, oder, wenn es dauernd auf uns wirkt, wir gewöhnen uns nach und nach daran, es zu ertragen, und diese Gewohnheit gereicht in der größten Härte des Leidens noch zum Troste. Wenn wir aber plötzlich und unvermutet aus einem unglücklichen und wehevollen Schicksal zum Genusse eines glücklichen, frohen und begünstigten Loses gelangen und dann kurz darauf in die vorigen Verhältnisse, die früheren Leiden und Mühseligkeiten zurückgeworfen werden, ein solcher Schmerz ist so schwer zu ertragen, daß er das Leben, wenn nicht endet, so doch nur erhält, um uns weiteren Qualen preiszugeben. Kurz, ich kehrte zu meinem hündischen Futter und zu den Knochen zurück, die mir eine Negerin im Hause zuwarf; und selbst die wurden mir durch zwei römische Kater teils weggefressen, da sie mir als freie und flinke Tiere mit leichter Mühe entrissen, was außerhalb des Bereiches meiner Kette hinfiel. Jetzt, Bruder Cipión, bitte ich dich bei allem Guten, was du wünschest und was dir der Himmel schenken möge: werde meiner nicht überdrüssig und lasse mich ein wenig philosophieren. Denn wenn ich alle Dinge zu erzählen unterließe, die mir in diesem Augenblick einfallen, wie sie mir damals in den Sinn kamen, so ist es mir, als könnte meine Geschichte weder vollständig noch irgendwie von Nutzen sein.

Cipión. Hüte dich, Berganza; diese Lust zu philosphieren, die dich, wie du sagst, eben ankommt, möchte wohl gar eine Versuchung des Teufels sein. Denn die Lästerung kann keinen bessern Schleier nehmen, um die zügellose Bosheit zu beschönigen und zu verhüllen, als wenn der Lästerer sich einbildet, alle seine Reden seien Philosphensprüche, die Verleumdung wohlgemeinter Rat und die Aufdeckung der Fehler anderer löblicher Eifer; und doch gibt es keinen Lästerer, dessen Lebenslauf du nicht, wenn du ihn betrachtest und untersuchst, voll finden wirst von Lastern und Schamlosigkeiten. Unter der Voraussetzung, daß dir dies bekannt ist, philosophiere nun, soviel du willst.

Berganza. Du kannst dich darauf verlassen, Cipión, daß ich nicht mehr lästern werde, denn ich habe es mir einmal vorgenommen. Da ich nun den ganzen Tag müßig war und der Müßiggang vielerlei Gedanken erzeugt, so wiederholte ich mir in meinem Gedächtnis einige lateinische Brocken, die darin haften geblieben waren von den vielen, die ich gehört hatte, als ich mit meinen Herren in die Schule ging. Ich glaubte meinen Verstand durch sie gar sehr geschärft zu haben und beschloß, als könnte ich reden, sie bei passenden Gelegenheiten zu benutzen, jedoch auf eine andre Art, als es manche Dummköpfe zu tun pflegen. Es gibt Spanier, die in ihren Gesprächen zuweilen einen kurzen, gedrängten lateinischen Satz fallen lassen und dadurch in allen, die ihn nicht verstehn, den Glauben erwecken, sie seien große Lateiner, obgleich sie kaum ein Nomen zu deklinieren oder ein Verbum zu konjugieren verstehn.

Cipión. Das halte ich nicht für so schlimm, wie wenn andre, die wirklich Latein verstehn, zum Teil so unverständig sind, daß sie auch im Gespräch mit einem Schuhmacher oder einem Schneider lateinische Brocken von sich geben wie Wasser.

Berganza. Daraus können wir den Schluß ziehn, daß der, der Latein spricht, gegen die, die es nicht verstehn, ebensosehr fehlt wie der, der es sprechen will, ohne es selbst zu verstehn.

Cipión. Auch könntest du noch bemerken, daß es Leute gibt, die darum, weil sie Lateiner sind, nicht aufhören, Esel zu sein.

Berganza. Wer bezweifelt das? Der Grund ist klar. Denn da zur Zeit der Römer alle das Latein als ihre Muttersprache redeten, so wird es wohl auch manchen Pinsel unter ihnen gegeben haben, den sein Lateinsprechen nicht von seiner Dummheit befreite.

Cipión. Um zu wissen, wenn man auf spanisch schweigen und auf lateinisch reden muß, braucht es der Klugheit, Bruder Berganza.

Berganza. Allerdings; denn man kann eine Abgeschmacktheit ebensowohl lateinisch wie spanisch sagen; ich habe dumme Gelehrte und schwerfällige Grammatiker gesehn und Spanischredende, die die Welt, obgleich sie ihre Worte mit lateinischen Streifen durchwirkten, gar leicht nicht nur einmal, sondern oft langweilen konnten.

Cipión. Lassen wir das, und beginne von deiner Philosophie zu reden.

Berganza. Ich bin schon fertig, denn es ist das, was ich soeben ausgesprochen habe.

Cipión. Was denn?

Berganza. Der Satz über das Lateinische und das Spanische, den ich begann und den du zu Ende führtest.

Cipión. Diese Lästerung nennst du Philosophieren? So geht es! Sprich immer die verwünschte Plage der Lästersucht heilig, Berganza, und gib ihr einen beliebigen Namen, sie wird uns doch den Namen Kyniker eintragen, und das heißt lästernde Hunde. Bei deinem Leben, schweige und fahre fort in deiner Geschichte.

Berganza. Wie kann ich fortfahren, wenn ich schweigen soll?

Cipión. Ich will damit sagen, du sollst deine Erzählung glatt und eben fortsetzen, damit sie nicht aussieht wie ein Polyp, wenn du ihr einen Schwanz um den andern anhängst.

Berganza. Sprich, wie es sich gehört! Man nennt das im Spanischen nicht Schwänze oder Polypen.

Cipión. Das ist derselbe Irrtum, in den jener verfiel, der da sagte, es sei weder falsch noch ungehörig, alle Dinge mit ihren eigentlichen Namen zu benennen; als wäre es nicht besser, wenn man sie einmal benennen muß, sie durch eine Umschreibung und einen bildlichen Ausdruck zu bezeichnen, so daß das Unangenehme gemildert wird, das jeder empfindet, wenn er die eigentlichen Worte hört; denn der anständige Ausdruck zeigt auch den Anstand dessen, der ihn ausspricht oder schreibt.

Berganza. Das will ich glauben. Und nun kehre ich zu meiner Geschichte zurück. Mein unglückseliges Schicksal begnügte sich nicht damit, mich den Studien zu entreißen und dem erheiternden und behaglichen Leben, das ich dabei führte, und ebensowenig damit, mich hinter die Tür an die Kette gebannt zu haben, wo ich unter dem armseligen Geiz der kargen Negerin schmerzlich an die Freigebigkeit der Studenten dachte, sondern es verhängte auch noch die Not über mich, daß ich selbst aus diesem Zustande der Ruhe und des Friedens aufgeschreckt wurde. Sieh, Cipión, du kannst mir glauben und versichert sein, wie ich es bin, daß das Unglück den Unglücklichen sucht und findet, und könnte er sich auch am Ende der Welt verbergen. Ich sage dies, weil die erwähnte Negerin in einen Neger verliebt war, der sich ebenfalls als Sklave im Hause befand und auf dem Hausflur schlief, das heißt zwischen der Tür nach der Straße zu und der innern, hinter der ich lag. Sie konnten nur nachts zusammenkommen und hatten deshalb die Schlüssel entwendet oder nachgemacht. Und so kam nun die Negerin fast alle Nächte herunter, stopfte mir das Maul mit einem Stück Fleisch oder Käse, ließ den Neger ein und vertrieb sich mit ihm die Zeit. Es wurde dies durch mein Schweigen erleichtert, das die Negerin mit vielen gestohlenen Sachen erkaufte. Eine Weile beschwichtigten die Geschenke der Negerin mein Gewissen; denn ich fürchtete, meine Flanken würden ohne sie zusammenfallen, und dann möchte aus einem Bullenbeißer ein Windhund werden. Schließlich aber trieb mich mein redliches Gemüt, das zu tun, was ich meinem Herrn schuldig war, dessen Lohn ich erhielt und dessen Brot ich aß, wie es nicht allein ehrliche Hunde tun müssen, die den Ruhm der Dankbarkeit genießen wollen, sondern alle, die dienen.

Cipión. Das will ich als Philosophie gelten lassen, Berganza, denn es sind wahre und verständige Worte. Doch fahre fort, und hänge kein Seil, um nicht zu sagen keinen Schwanz, an deine Erzählung.

Berganza. Vorher aber will ich dich bitten, mir zu sagen, wenn du es weißt, was das Wort Philosophie bedeutet; denn ich benutze zwar das Wort, allein ich weiß doch nicht, was es heißt, sondern ich vermute nur, daß es etwas Gutes ist.

Cipión. Ich will es dir kurz erklären. Dieses Wort ist aus zwei griechischen Wörtern zusammengesetzt, nämlich φίλοσ und σοφία : φίλοσ heißt Liebe und σοφία die Wissenschaft; folglich bedeutet φιλοσοφία die Liebe zur Wissenschaft und Philosoph einen Freund der Wissenschaft.

Berganza. Du weiß viel, Cipión. Wer zum Teufel hat dich griechische Worte gelehrt?

Cipión. Du bist wahrlich einfältig, Berganza, wenn du davon viel Aufhebens machst; denn das sind Dinge, die die kleinsten Schulknaben wissen. Doch gibt es auch Leute, die sich einbilden, Griechisch zu verstehn, ohne daß es der Fall ist, wie andre Latein verstehn wollen und nichts davon wissen.

Berganza. Das meine ich auch, und ich wollte, man brächte diese Leute unter eine Presse, so daß man ihnen durch fortwährendes Drehen den Saft dessen, was sie wissen, auspressen könnte, damit sie die Welt nicht länger mit dem Flittergold ihrer verhunzten griechischen und falschen lateinischen Brocken täuschen, genau wie es die Portugiesen mit den Negern von Guinea machen.

Cipión. Jetzt, Berganza, darfst du dir auf die Zunge beißen, und ich will mir auch meine zerfleischen; denn alles, was wir sagen, ist Lästerung.

Berganza. Ja, aber ich bin nicht verpflichtet, das zu tun, was, wie ich gehört habe, ein gewisser Corondas aus Tyrus tat, der ein Gesetz gab, durch das jedem bei Strafe des Todes verboten wurde, mit Waffen in die Ratsversammlung der Stadt zu kommen. Er vergaß es und kam am Tage darauf selbst mit dem Schwert umgürtet in den Rat. Man machte ihn darauf aufmerksam, er entsann sich der von ihm selbst gesetzten Strafe, zückte augenblicklich sein Schwert und stach es sich durch die Brust, so daß er der erste war, der das Gesetz gab, übertrat und seine Strafe dafür fand. Als ich das sagte, gab ich kein Gesetz, sondern ein Versprechen, mich auf die Zunge zu beißen, wenn ich lästerte. Heute aber werden die Dinge nicht mehr mit der unnachsichtigen Strenge behandelt wie im Altertum; heute gibt man ein Gesetz, morgen übertritt man es, und vielleicht soll es nicht anders sein. Jetzt verspricht einer, seine Fehler abzulegen, und im nächsten Augenblick verfällt er in noch größere. Es ist etwas andres, die gesetzliche Ordnung zu loben, etwas andres, sich darein zu fügen. Kurz: »Lange schreitest du fort, bis zur Tat vom Wort.« Der Teufel mag sich die Zunge beißen, ich mag es nicht; und ich will nicht hinter dieser Matte, wo mich niemand sieht, der meinen ehrenhaften Entschluß loben könnte, den Tugendhaften spielen.

Cipión. Nach diesen Äußerungen zu schließen, Berganza, wärest du, wenn du ein Mensch wärst, ein Heuchler, und alle Handlungen, die du verrichtest, wären nur zum Schein, erlogen und falsch, bedeckt mit dem Mantel der Tugend, nur damit du Lob erntest, wie alle Heuchler.

Berganza. Ich weiß nicht, was ich da tun würde, wohl aber weiß ich, was ich jetzt tun will, nämlich mich nicht beißen; denn ich habe noch viele Dinge zu sagen und weiß nicht, wie und wann ich damit zu Ende kommen soll. Überdies fürchte ich noch immer, wir werden beim Sonnenaufgang im Dunkeln sitzen, weil uns die Sprache fehlt.

Cipión. Der Himmel wird es gewiß besser fügen. Setze nur deine Erzählung fort und schweife nicht mit vorwitzigen Seitensprüngen vom geraden Wege ab; denn dann mag er so lang sein, wie er will, du wirst doch bald am Ziele sein.

Berganza. Nun, da ich die Unverschämtheit, die Spitzbüberei und die Sittenlosigkeit der beiden Neger beobachtete, beschloß ich als guter Diener, der Sache nach meinen besten Kräften Einhalt zu tun, und dies gelang mir auch ganz nach Wunsch. Die Negerin kam, wie du gehört hast, herunter, um mit dem Neger zu schäkern, und hoffte, die Stücke Fleisch, Brot oder Käse, die sie mir zuwarf, würden mein Schweigen erkaufen. Geschenke vermögen viel, Cipión.

Cipión. Sehr viel! Doch schweife nicht ab, sondern fahre fort!

Berganza. Ich entsinne mich, als ich noch studierte, von einem Lehrer eines jener lateinischen Sprichwörter gehört zu haben, die man Sentenzen nennt; es heißt: »Habet bovem in lingua.«

Cipión. Oh, jetzt hast du dein Latein wahrlich schlecht angewandt. Hast du so schnell vergessen, welches Urteil wir eben noch über alle fällten, die lateinische Brocken in ihr Gespräch einmischen?

Berganza. Das Latein paßt aufs Haar hierher, denn du mußt wissen, daß die Athenienser unter anderm eine Münze hatten, auf der ein Ochs geprägt war; und wenn ein Richter nicht sagte oder tat, was recht und gesetzlich war, weil er sich hatte bestechen lassen, so hieß es: »Er hat den Ochsen auf der Zunge.«

Cipión. Die Anwendung fehlt.

Berganza. Ist sie nicht einleuchtend genug, da die Geschenke der Negerin mich mehrere Tage lang so zum Schweigen brachten, daß ich weder den Mut noch die Lust hatte, zu bellen, wenn sie herabkam, um ihren verliebten Neger zu besuchen? Darum sage ich noch einmal: Geschenke vermögen viel.

Cipión. Darin habe ich dir schon recht gegeben, und wenn ich nicht eine weitläufige Abschweifung meiden wollte, so könnte ich durch tausend Beispiele beweisen, wie viel Geschenke vermögen. Doch vielleicht tue ich es künftig, wenn mir der Himmel die Zeit, die Gelegenheit und die Sprache gewährt, um dir mein Leben zu erzählen.

Berganza. Gott erfülle deinen Wunsch! Höre weiter! Zuletzt siegten meine guten Grundsätze über die bösen Gedanken der Negerin, und als sie einst in einer sehr dunkeln Nacht zu ihrem gewohnten Zeitvertreibe herunterkam, fiel ich sie an, ohne zu bellen, weil ich die Ruhe der Hausgenossen nicht stören wollte, zerfetzte ihr in einem Augenblick das ganze Hemd und riß ihr ein Stück aus dem Schenkel. Dieser Schmerz zwang sie, länger als acht Tage im Ernst das Bett zu hüten, indem sie bei ihrer Herrschaft, ich weiß nicht welche Krankheit vorschützte. Sie genas und kam die nächste Nacht wieder herunter, und ich trat auch wieder an zum Kampf mit meiner Feindin, Ohne sie zu beißen, zerkratzte ich ihr den ganzen Leib, als wäre sie gekämmt worden wie Wolle. Unsre Kämpfe wurden schweigend ausgefochten; wieder blieb ich Sieger, und die Negerin war übel zugerichtet und noch weniger befriedigt. Ihr Ärger aber zeigte sich deutlich an meinem Haar und meinem Befinden; denn sie teilte mir mein Futter und die Knochen so spärlich zu, daß man an den meinen allmählich jeden Wirbel im Rückgrat erkennen konnte. Freilich konnte sie mir, obgleich sie mir das Futter entzog, doch das Bellen nicht nehmen. Um aber auf einen Schlag mit mir fertig zu werden, brachte mir die Negerin einen in Fett gebackenen Schwamm. Ich merkte die Bosheit und begriff, daß sie noch schlimmer wirken konnte als Rattengift; denn wer den Schwamm frißt, dem bläht er den Magen auf, und er verläßt ihn nicht, ohne das Leben mitzunehmen. Da es mir nun unmöglich schien, mich gegen die Fallstricke so erbitterter Feinde zu verwahren, so beschloß ich, sie zu verlassen und das Freie zu suchen. Eines Tages, als ich losgelassen wurde, ging ich, ohne jemandem im Hause Lebewohl zu sagen, auf die Straße, und zufälligerweise stieß ich, kaum war ich hundert Schritt weit gegangen, auf einen Polizeidiener, der ein großer Freund meines einstigen Herrn, der Stumpfnase Nicolás, war. Kaum hatte dieser mich gesehn, als er mich erkannte und beim Namen rief. Auch ich erkannte ihn, und ich ging, da er mich rief, unter den gewöhnlichen Gebärden und Schmeicheleien auf ihn zu. Er packte mich am Halse und sagte zu seinen Häschern: »Das ist ein ausgezeichneter Hetzhund, der früher einem guten Freund von mir gehörte. Wir wollen ihn mit nach Hause nehmen.« Die Häscher freuten sich und sagten, wenn er wachsam sei, so könne er ihnen allen von Nutzen sein. Sie wollten mich packen, um mich fortzuführen, mein Herr aber sagte zu ihnen, es sei nicht nötig, mich festzunehmen, ich werde freiwillig mit ihm gehn, denn er kenne mich. Ich vergaß, dir zu sagen, daß mir das Halsband mit den metallenen Stacheln, das ich trug, als ich aus der Herde entwich, in einem Wirtshause von einem Zigeuner abgenommen worden war und ich in Sevilla mit bloßem Halse ging; aber der Gerichtsdiener gab mir ein Halsband, das ganz mit kupfernen Nägeln beschlagen war. Denke nun, Cipión, wie wechselnd das Rad meines Glücks dahinrollte: gestern war ich Student, und heute bin ich ein Häscher geworden.

Cipión. Das ist der Lauf der Welt, und du brauchst dich nicht erst weitläufig über den Wankelmut des Schicksals auszusprechen, als wäre ein so großer Unterschied zwischen dem Mitläufer eines Fleischers und dem eines Häschers. Ich kann die Klagen mancher Menschen über das Schicksal nicht in Geduld anhören und hinnehmen; denn das Höchste, was ihnen winkte, ist doch schließlich nicht mehr als der Anspruch und die Hoffnung, einst ein Stallknecht zu werden. Und wie viele Verwünschungen häufen sie nun auf das Schicksal, mit welchen Flüchen beladen sie es! Und warum? Aus keinem weitern Grunde, als damit alle, die es hören, denken sollen, sie seien aus erhabenen, günstigen und trefflichen Verhältnissen in die unglücklichen und niedrigen geraten, in denen man sie eben sieht.

Berganza. Du hast recht; doch höre weiter! Dieser Polizeidiener lebte in vertrauter Freundschaft mit einem Notar, mit dem er häufig zu tun hatte. Beide lebten in wilder Ehe mit zwei Weibern, deren Ruf nicht zweideutig, sondern noch schlimmer war. Sie hatten zwar keine üble Larve, aber sie waren sehr frech und von hurischer Unbefangenheit. Diese dienten ihnen als Netz und Angel, um folgendermaßen im Trocknen zu fischen: Die Damen kleideten sich so, daß man den Vogel an der Farbe erkennen und auf Armbrustschußweite sehn konnte, daß es Damen von freier Lebensart waren. Nun machten sie immer Jagd auf die Fremden, und wenn der Jahrmarkt in Cadiz oder Sevilla kam, so öffnete sich ihnen eine Fundgrube des Gewinns. Da war kein Britannier, den sie nicht umgarnten; und wenn nun so ein fetter Bursche einer dieser saubern Dirnen in die Hände geriet, so gaben sie dem Polizeidiener und dem Notar Nachricht, wohin und in welche Schenke sie gingen, und sobald sie beisammen saßen, wurden sie überfallen und als liederliche Menschen festgenommen. Man führte sie aber niemals in das Gefängnis, weil die Fremden sich stets mit Geld von der Plackerei loskauften. Einmal nun fischte Colindres (denn so hieß die Dirne des Polizeidieners) einen recht fetten Britannier und traf die Abrede, zu Tisch und über Nacht mit ihm in seiner Herberge zu bleiben. Sie steckte es ihrem Liebhaber, und kaum hatte sie sich entkleidet, so kamen der Polizeidiener, der Notar, zwei Häscher und ich ihnen über den Hals. Die Liebenden waren bestürzt, der Polizeidiener schalt auf das Unwesen und befahl ihnen, sich unverzüglich anzukleiden, um ihm ins Gefängnis zu folgen. Dem Britannier war es keineswegs wohl dabei zumute; der Notar aber schlug sich aus Erbarmen ins Mittel und brachte es durch viele Bitten dahin, daß die Strafe auf hundert Realen ermäßigt wurde. Der Britannier verlangte seine lederne Hose, die er am Fußende des Bettes auf einen Stuhl gelegt hatte und in der das Geld sein sollte, das er zum Kauf seiner Freiheit brauchte. Doch die Hose fand sich nicht und konnte sich auch nicht finden; denn sowie ich ins Zimmer kam, duftete mir ein Speckgeruch entgegen, der mich über alles tröstete; ich spürte ihm nach und fand den Speck in einer Tasche der Hose; es stak nämlich in ihr ein Stück trefflichen Schinkens, und um es ungestört herausnehmen und verzehren zu können, schleppte ich die Hose auf die Straße, wo ich mir den Schinken trefflich schmecken ließ. Als ich nun wieder ins Zimmer kam, hörte ich den Britannier in seinem geradebrechten Kauderwelsch, das man kaum verstand, ausrufen, man solle ihm seine Beinkleider zurückgeben, denn er habe fünfzig Skudi in Gold darin. Der Notar glaubte, entweder Colindres oder die Häscher hätten sie ihm gestohlen, und der Polizeidiener glaubte es ebenfalls. Er nahm sie beiseite, aber niemand bekannte, sondern alle verschworen sich dem Teufel. Als ich sah, was vorging, lief ich auf die Straße zurück, wo ich die Hose hatte liegen lassen, um sie hinaufzutragen, da mir das Geld nichts half; allein ich fand sie nicht mehr, weil ein Glücklicher, der vorbeigegangen war, sie mitgenommen hatte. Als der Polizeidiener sah, daß der Britannier kein Geld für die Bestechung hatte, ärgerte er sich und wollte nun der Wirtin abnehmen, was der Britannier nicht hatte. Er rief sie; sie kam halb angekleidet, und da sie das

Schreien und Klagen des Britanniers hörte und das Geheul der entkleideten Colindres, da sie den Polizeidiener im Zorn und den Notar in heller Aufregung vorfand, während die Häscher zusammenrafften, was sie im Zimmer fanden, gefiel es ihr nicht zum besten. Der Polizeidiener befahl ihr, sich anzukleiden und ihm nach dem Gefängnisse zu folgen, weil sie in ihrem Hause Männer und Weiber von schlechten Sitten dulde. Nun begann es erst, nun wurde der Lärm erst arg, die Verwirrung nahm zu, und die Wirtin sagte: »Herr Polizeidiener und Herr Notar, bleibt mir mit euren Kniffen vom Leibe, denn ich merke wohl, wie dies angestiftet worden ist. Bei mir kommt ihr mit eurem Drohen und Prahlen nicht an. Haltet den Mund und geht mit Gott, oder ich bringe beim Himmel die ganze Pastete zu Markt und verkünde den ganzen Betrug auf der Straße. Ich kenne die Jungfer Colindres wohl und weiß, daß seit mehreren Monaten der Herr Polizeidiener ihr Deckmantel ist. Sorgt, daß ich nicht noch deutlicher sprechen muß, sondern gebt diesem Herrn sein Geld zurück, und dann wollen wir alle gut Freund bleiben. Ich bin ein ehrliches Weib, und mein Mann hat gottlob seinen Adelsbrief mit dem a perpenan rei de memoria[1] und mit den gehörigen Anhängseln aus Blei; ich besorge meinen Beruf säuberlich und ohne jemandem Schaden zu bringen. Ich habe meine Preisliste angeschlagen, so daß jedermann sie sehen kann; und nun weiter kein Geschwätz, denn, bei Gott, ich weiß mir schon den Staub abzuschütteln. Das stände mir an, daß mit meinem Willen Weiber mit den Gästen ins Haus kommen sollten. Sie haben die Schlüssel zu ihren Zimmern, und ich bin kein Luchs, daß ich durch sieben Wände sehen könnte.«

Meine Herren waren wie vom Donner gerührt, als sie die Wirtin so sprechen hörten und sahen, daß sie ihnen ihre eigne Lebensgeschichte vortrug. Da sie aber erkannten, daß

1 ad perpetuam rei memoriam.

hier außer ihr niemand war, dem sie Geld abnehmen konnten, so bestanden sie darauf, sie ins Gefängnis zu führen. Sie klagte zum Himmel über die Unbill und Ungerechtigkeit, daß man sie während der Abwesenheit ihres Mannes, der doch ein vornehmer Junker sei, verhaften wollte. Der Britannier brummte wegen seiner fünfzig Skudi. Die Häscher vermaßen sich hoch und teuer, sie hätten die Hose nicht gesehn, Gott solle sie bewahren. Der Notar gab dem Polizeidiener heimlich den Rat, die Kleider der Colindres zu untersuchen; er hatte sie noch immer in Verdacht, sie habe die fünfzig Skudi, da es von jeher ihre Gewohnheit gewesen sei, die Säcke und Taschen all derer zu visitieren, die sich mit ihr einließen. Sie behauptete aber, der Britannier sei betrunken, und seine Angabe über das Geld müsse erlogen sein. Kurz, schließlich war alles in Verwirrung, es war ein Schreien und Fluchen, und sie vermochten sich auf keine Weise zufrieden zu geben. Sicher wäre auch nimmermehr Friede gestiftet worden, wenn nicht in diesem Augenblick der Amtsverweser des Assistenten in das Zimmer getreten wäre, der gekommen war, um diese Herberge zu untersuchen, und den der Lärm dahin lenkte, woher das Geschrei kam. Er erkundigte sich nach der Ursache des Aufruhrs, und die Wirtin beeilte sich, ihm alles haarklein zu erzählen. Sie sagte, wer die Nymphe Colindres sei, die sich inzwischen angekleidet hatte, und erklärte ihm ihre stadtkundige Freundschaft mit dem Polizeidiener, deckte all seine Kniffe auf und schilderte die Art, wie er die Leute aussauge; sich selbst aber wußte sie aus der Schlinge zu ziehn, indem sie versicherte, nie sei ein Weib von zweideutigem Rufe mit ihrem Wissen und Willen in ihr Haus gekommen. Sie stellte sich als eine Heilige und ihren Mann als einen Engel hin und rief einer Dienerin zu, sie solle eilends aus einem Schrank den Adelsbrief ihres Gatten bringen, damit ihn der Herr Amtsverweser sehen könne; denn daraus könne er entnehmen, daß die Frau eines so hochgeehrten Gatten sich nichts Ungehöriges zuschulden kommen lasse. Wenn sie einige Betten vermiete, so geschehe es nur, weil sie nicht anders könne; Gott wisse, wie leid es ihr tue und wieviel lieber sie ihr tägliches Brot in Renten oder sonstwie besitzen möchte, als daß sie mit diesem Geschäft ihren Lebensunterhalt verdienen müsse. Der Amtsverweser, ärgerlich über ihr vieles Geschwätz und das Pochen auf ihren Adelsbrief, sagte zu ihr: »Frau Zimmervermieterin, ich will gern glauben, daß Euer Gatte einen Adelsbrief besitzt, da Ihr selbst zugebt, daß er Junker Gastfrei heißt.« »Ja und auf recht ehrenvolle Weise,« versetzte die Wirtin. »Und sagt mir nur, wo gibt es ein Geschlecht in der Welt, so gut es auch sein mag, dem man nicht irgend etwas anhängt oder nachschwatzt.« »Ich habe Euch weiter nichts zu sagen, Frau, als daß Ihr Euch ankleiden mögt; denn Ihr müßt ins Gefängnis.« Bei diesen Worten warf sie sich zu Boden, zerkratzte sich das Gesicht und schrie fürchterlich. Trotzdem aber nahm sie der äußerst strenge Amtsverweser sämtlich ins Gefängnis, den Britannier, Colindres und die Wirtin. Ich habe später erfahren, daß der Britannier seine fünfzig Skudi einbüßte, und überdies sollen sie ihn noch zu den Kosten verurteilt haben; die Wirtin bezahlte ebensoviel, Colindres aber ging frei aus, und an demselben Tage, an dem man sie losließ, fischte sie einen Matrosen auf, der, durch denselben Kunstgriff gezwungen, für den Britannier mitbezahlen mußte. Du siehst hieraus, Cipión, wie viele und wie große Unannehmlichkeiten aus meiner Naschhaftigkeit entstehen konnten.

Cipión. Du tätest besser, du sagtest, durch die Spitzbüberei deines Herrn.

Berganza. Nun höre nur, wie die Sache weiter ging, obgleich es mir unangenehm ist, von Polizeidienern und Notaren Böses zu reden.

Cipión. Ei, wenn man von einem Böses redet, so trifft es ja nicht alle. Es gibt viele, ja sehr viel Notare, die gut, ehrlich und rechtlich sind und gern Gefälligkeiten erzeigen, ohne dem dritten zu schaden; nicht alle stiften Streit und verraten beide Parteien, nicht alle lassen sich mehr bezahlen als ihre Gebühr, nicht alle spielen die Spione und Spürhunde nach der Lebensweise andrer Leute, um ihnen bei der Obrigkeit etwas anzuhängen, und nicht alle werfen beim Richter mit der Wurst nach der Speckseite; nicht alle Polizeidiener stehen im Einverständnis mit den Landstreichern und Beutelschneidern, noch haben alle zu ihren Betrügereien solche Freundinnen an der Hand wie die deines Herrn; viele, sehr viele sind nicht nur Edelleute von Geburt, sondern auch Edelleute von Gesinnung; viele sind nicht unverschämt, frech, ungezogen und niederträchtig wie die, die in den Schenken umherlaufen und die Degen der Fremden messen und, wenn sie sie um ein Haar breit länger finden, als sie sein sollten, ihre Besitzer unglücklich machen; ja, nicht alle nehmen gefangen und lassen los und spielen nach eigner Willkür den Richter und Verteidiger.

Berganza. Mein Herr wollte noch höher hinaus und schlug einen andern Weg ein. Er wollte den Heldenmütigen spielen und aufsehenerregende Verhaftungen vornehmen. Er behauptete auch den Ruf der Tapferkeit ohne Gefahr für seine Person, wohl aber auf Kosten seines Geldbeutels. Eines Tages griff er vor dem Jereztore sechs verrufene Kuppler an, ohne daß ich ihm hätte beistehen können, weil mein Maul mit einem Strickgebiß gefesselt war, das ich tagsüber trug und das man mir bei Nacht abnahm. Ich wunderte mich über seine Verwegenheit, sein Feuer und seine Gewandtheit; denn er fuhr unter den sechs Klingen seiner Gegner umher, als wären es Weidengerten. Es war ein wahres Wunder, wie behend er angriff, welche Stöße er führte, mit welchen Paraden, welcher Berechnung und wie flinken Auges er sich den Rücken frei hielt; kurz, ich und alle, die dem Handgemenge zusahen oder davon hörten, hielten ihn für einen neuen Rodomonte, weil er seine Feinde vom Jereztor bis zum Portal des Kollegiums Meister Rodrigos trieb, eine

Strecke von mehr als hundert Schritten. Dort ließ er sie eingeschlossen und kehrte zurück, um die Trophäen des Kampfes zu sammeln; es waren drei Scheiden, mit denen er sogleich zum Assistenten ging, um sie zu zeigen; es war damals, wenn ich mich recht entsinne, der Lizentiat Sarmiento de Valladares, berühmt durch die Zerstörung der Sauceda. Man sah meinem Herrn in den Straßen nach, durch die er ging, und man zeigte mit den Fingern auf ihn, als wollte man sagen: »Dies ist der Held, der es wagte, allein mit der Blüte der Banditen Andalusiens zu fechten.« Der Rest des Tages verging damit, daß er in der Stadt umherzog, um sich sehen zu lassen; die Nacht fand uns in Triana, in einer Straße neben der Pulvermühle. Nachdem mein Herr gehörig visiert hatte, wie man in der Gaunersprache sagt, ob ihn niemand bemerkte, trat er in ein Haus, und ich ging hinter ihm drein; hier fanden wir in einem Hof all die Riesen jenes Kampfes ohne Mäntel und Degen und ohne alle Rüstung. Einer von ihnen, der der Wirt sein mußte, hielt einen großen Krug Weins in einer Hand, und in der andern einen großen Wirtshausbecher, den er mit edlem schäumendem Weine füllte und der ganzen Gesellschaft zutrank. Kaum hatten sie meinen Herrn erblickt, als ihm alle mit offenen Armen entgegenkamen und seine Gesundheit ausbrachten. Er tat allen Bescheid, und er hätte es doppelt so vielen getan, wenn es darauf angekommen wäre; denn er war leutselig und mochte um so geringfügiger Dinge willen niemanden beleidigen. Nun könnte ich dir alles erzählen, was hier vorging: was sie zu Nacht speisten, von welchen Händeln sie sprachen, was für Diebstähle sie sich erzählten; von den Damen, die zu ihren Zwecken für tauglich erklärt wurden, und von denen, die sie nicht anerkannten; von den Lobsprüchen, die sie einander erteilten; von den abwesenden Gaunern, deren Namen sie nannten; von der Geschicklichkeit, die sie verrieten, indem sie mitten beim Essen aufstanden, um die Kunstgriffe, zu denen sich Gelegenheit bot, zu zeigen, indem sie mit den Händen fochten; von den ausgesuchten Wörtern, deren sie sich bedienten, und endlich von der Gestalt und der Persönlichkeit des Wirtes, der von allen wie ihr Herr und Vater geehrt wurde; aber mit all diesen Schilderungen käme ich in ein Labyrinth, aus dem ich beim besten Willen nicht wieder herauszukommen vermöchte. Kurz, ich überzeugte mich auf das bestimmteste, daß der Herr dieses Hauses, den sie Hintermtor nannten, ein Diebshehler und Beschützer der Kuppler, und daß der heftige Kampf meines Herrn zuvor mit ihnen verabredet gewesen war, samt allen Einzelheiten des Rückzugs und des Verlustes der Scheiden, die mein Herr nun dort zu allem, was Hintermtor für das Nachtessen berechnete, bar bezahlen mußte, bis man sich gegen Morgen unter allgemeiner Freude trennte. Zum Nachtisch gaben sie meinem Herrn von einem fremden Kuppler Nachricht, der ganz kürzlich nagelneu in die Stadt gekommen sei. Er war ohne Zweifel tapferer als sie, und aus Neid verrieten sie ihn. Mein Herr nahm ihn in der folgenden Nacht fest, als er nackt im Bette lag; denn wäre er angekleidet gewesen, so hätte er sich gewiß nicht so ohne weiteres gefangennehmen lassen; das war aus seinem Wuchse zu erkennen. Diese Verhaftung, die unmittelbar auf jenen Kampf folgte, erhöhte den Ruf meines feigen Herrn, der furchtsamer war als ein Hase, gar sehr, und er erhielt sich den Ruhm eines Helden durch viele Gastmähler und Trinkgelage, so daß alles, was sein Amt und seine geheimen Einkünfte ihm brachten, durch den Kanal seiner Tapferkeit wieder schwand und abfloß.

Nun aber habe Geduld und höre noch eine Geschichte an, die ihm begegnete. Ich werde der Wahrheit keine Silbe hinzufügen oder nehmen. Zwei Diebe stahlen in Antequera ein sehr gutes Pferd, brachten es nach Sevilla und bedienten sich, um es ohne Gefahr zu verkaufen, eines Kunstgriffs, der meiner Meinung nach Scharfsinn und Klugheit verrät. Sie begaben sich in zwei verschiedene Schenken; der eine wandte sich darauf an die Obrigkeit und klagte, daß Pedro de Losada ihm vierhundert Realen geliehenes Geld schuldig sei, was er auch durch einen mit seiner Namensunterschrift versehenen Schuldschein bewies, den er vorzeigte. Der Amtsverweser entschied, Losada über den Schuldschein zu vernehmen, und wenn er ihn anerkenne, so solle man ihn entweder pfänden oder ins Gefängnis setzen. Dieses Geschäft fiel meinem Herrn und seinem Freunde, dem Notar, anheim. Der Dieb führte sie ins Quartier des andern, der augenblicklich seine Handschrift anerkannte, die Schuld richtig fand und ihnen das Pferd bezeichnete, das sie als Pfand nehmen sollten. Sowie mein Herr es sah, stach es ihm in die Augen, und er beschloß, wenn es verkauft werde, es nicht fortzulassen. Der Dieb ließ die gesetzliche Frist verstreichen, das Pferd wurde öffentlich versteigert und einem Unterhändler für fünfhundert Realen zugeschlagen, den mein Herr beauftragt hatte, es für ihn zu erstehn. Das Pferd war anderthalbmal so viel wert, wie man zahlte; doch da es dem Verkäufer darauf ankam, den Handel möglichst zu beschleunigen, so gab er die Ware beim ersten Gebot gleich her. Der eine Dieb erhielt das Geld, das ihm niemand schuldig war, und der andre die Quittung, die er nicht brauchte; mein Herr aber hatte das Pferd, das ihm mehr Schaden brachte als das des Sejanus seinem Herrn. Die Diebe räumten sogleich das Feld, und zwei Tage darauf, als mein Herr an dem Geschirr des Pferdes und wo sonst noch etwas fehlte, alles ausgebessert hatte, zeigte er sich mitten auf dem Platze des San Francisco, stolzer und stattlicher als ein Bauer in Festtagskleidern. Man sagte ihm tausend Artigkeiten über den vorteilhaften Kauf und versicherte ihm, das Pferd sei hundertundfünfzig Dukaten wert, wie ein Ei einen Maravedí; er aber machte mit seinem Pferde allerlei Schwenkungen und Wendungen und spielte seine Tragödie auf dem Theater des besagten Platzes weiter. Als er nun so seine Sätze und Sprünge machte, kamen zwei Männer von guter Erscheinung und noch besserer Kleidung hinzu, und einer von ihnen sagte: »So wahr Gott lebt, dies ist mein Pferd Eisenfuß, das man mir vor einigen Tagen in Antequera gestohlen hat.« Alle, die bei ihm waren, und es waren vier Bediente, sagten, es sei ganz richtig, es sei der Eisenfuß, das Pferd, das man ihm gestohlen habe. Mein Herr war höchst betroffen; der frühere Besitzer beschwerte sich; man führte Beweise an, und er brachte ihrer so schlagende bei, daß das Urteil zu seinen Gunsten ausfiel und mein Herr das Pferd abtreten mußte. Der Streich und die List der beiden Diebe, die durch die Hand und Vermittlung der Obrigkeit selbst ihre Beute verkauft hatten, wurden allgemein bekannt, und fast alle freuten sich, daß die Habsucht meinem Herrn ein Loch in den eignen Beutel gerissen hätte.

Aber sein Unglück war damit noch nicht zu Ende. Noch in derselben Nacht ging der Assistent selber aus, um die Runde zu machen, weil er Kunde erhalten hatte, daß sich in dem Quartier San Julián Diebe zeigten. Da sah man auf einmal eilig einen Mann in eine Seitenstraße hineinlaufen, und der Assistent rief alsbald, indem er mich beim Kragen faßte und mich hetzte: »Auf den Dieb, Galiván! Wohlan, Galiván, pack den Dieb!« Ich, der ich die Schurkerei meines Herrn schon bis zum Überdruß mit angesehn hatte, zögerte nicht im geringsten, den Befehl des Herrn Assistenten zu vollführen, stürzte mich auf meinen eignen Herrn und warf ihn, ohne daß er sich wehren konnte, zu Boden, und wenn man mich nicht von ihm weggerissen hätte, so hätte ich mehr als vier an ihm gerächt. Schließlich machte man mich zu unserm beiderseitigen Schmerze von ihm los. Die Häscher wollten mich strafen, ja zu Tode prügeln, und sie hätten es auch getan, wenn der Assistent ihnen nicht gesagt hätte: »Berühre ihn keiner, denn der Hund hat getan, was ich ihm befohlen hatte!« Die Schlechtigkeit meines Herrn war nun offenkundig, ich aber sprang, ohne von einem Menschen Abschied zu nehmen, durch ein Loch der Stadtmauer hinaus ins freie Feld und lief noch vor Tagesanbruch nach Mayrena, einem Flecken, vier Meilen von Sevilla. Hier fügte es mein guter Stern, daß ich mit einer Kompagnie Soldaten zusammentraf, die nach dem, was ich von ihnen hörte, im Begriffe standen, sich nach Cartagena einzuschiffen. Bei ihnen befanden sich vier Kuppler, die einst Freunde meines Herrn gewesen waren, und der Trommler war ein ehemaliger Häscher und großer Possenreißer, wie es die Trommler zu sein pflegen. Alle kannten mich, alle sprachen mit mir und fragten mich nach meinem Herrn, als könnte ich ihnen Rede und Antwort geben. Am meisten Zuneigung schien aber der Trommler zu mir zu fassen, und daher beschloß ich, mich mit ihm zu verständigen, wenn es ihm recht sei; und ich wollte ihm auf dem ganze Feldzuge folgen, ob er mich nun mit nach Italien oder nach Flandern nähme. Denn ich bin der Meinung, und du wirst mir darin beistimmen, daß trotz des Sprichworts: »Es geht ein Narr übers Meer und kommt als Narr wieder her« Reisen in fremden Ländern und der Umgang mit fremden Völkern den Verstand schärfen.

Cipión. Das ist gewißlich wahr; denn ich entsinne mich, gehört zu haben, wie ein sehr geistreicher Mann sagte, daß man dem berühmten Griechen namens Ulysses nur deswegen den Namen des Klugen beigelegt habe, weil er durch viele Länder gereist sei und mit verschiedenen Menschen und Völkern Verkehr gepflogen habe. Darum lobe ich deinen Entschluß, mitzugehen, wohin man dich führte.

Berganza. Nun begab es sich, daß der Trommelschläger, um seine Possen in einem glänzenden Lichte zu zeigen, auf den Einfall kam, mich nach dem Takte seiner Trommel tanzen zu lehren und andre Affenstreiche mit mir zu treiben, die kein andrer Hund als ich hätte lernen können, wie du auch hören wirst, wenn ich sie dir erzähle. Da nun unser Marsch bald zu Ende ging, so übereilten wir uns nicht; wir hatten keinen Kommissar, der uns Vorschriften machte. Der

Hauptmann war noch jung, aber ein recht wackerer Ritter und guter Christ; der Fähnrich hatte erst seit wenigen Monaten den Hof und den Salon verlassen; der Feldwebel war geldgierig und pfiffig und verstand es aus dem Grunde, Kompanien vom Werbeort bis zum Schiff zu führen. Bei der Kompanie war viel loses Gesindel, das in den Ortschaften, durch die wir kamen, manchen Frevel verübte, und oft wurde der verwünscht, der es nicht verdiente: das Unglück manches guten Fürsten, dem die Vergehen seiner Untertanen beigemessen werden, weil die einen die Henker der andern sind; doch ohne die Schuld des Landesherrn, der beim besten Willen und Eifer solche Übel nicht abwenden kann, denn im Kriege bringt alles oder doch das meiste Strenge, Härte und Plackerei mit sich. Kurz, in weniger als vierzehn Tagen lernte ich bei meinem guten Kopf, zumal der, den ich zu meinem Beschützer erwählt hatte, sich recht Mühe mit mir gab, für den König von Frankreich tanzen und vor der schlechten Marketenderin den Schwanz einziehn. Er richtete mich ab, Schwenkungen zu machen wie ein neapolitanisches Pferd, wie ein Maultier in der Drehmühle im Kreise herumzugehen und andre Dinge, die den Zweifel hätten aufkommen lassen können, ob ich nicht gar ein Teufel in Hundegestalt sei, da ich solche Künste verstand, doch war ich darauf bedacht, sie nicht zu weit zu treiben. Mein Herr legte mir den Namen ›der weise Hund‹ bei, und wir waren kaum am Ziele unsres Tagemarsches angelangt, so schlug der Trommler abends seine Trommel und verkündete im ganzen Ort, wer die wundervollen Späße und Kunststücke des weisen Hundes sehen wolle, solle sich in das oder das Haus oder in ein gewisses Spital begeben, das er nannte, und für acht oder vier Maravedís, je nachdem der Ort reich oder arm schien, könnten sie ihn sehen. Wenn er mich so anpries, blieb keiner im ganzen Ort zurück, sondern alle kamen, um mich zu sehn, und niemand ging hinweg, ohne daß er das Schauspiel bewundert hätte und zufrieden gewesen wäre. Mein Herr triumphierte über seine reichliche Einnahme und bewirtete sechs Kameraden wie Könige. Habsucht und Neid erweckten in den Gaunern die Lust, mich zu stehlen, und sie suchten nach einer Gelegenheit; denn die Aussicht, in aller Ruhe durch Possen seinen Unterhalt zu verdienen, lockt gar manchen, der Gefallen daran findet. Daher sieht man auch so viele Puppenspieler in Spanien, so viele, die Bilder zeigen, so viele, die Stecknadeln und Lieder verkaufen. Ihr ganzer Vorrat reicht, wenn sie ihn auch auf einmal verkauften, nicht für den Unterhalt eines einzigen Tages, und doch verlassen diese Leute das ganze Jahr hindurch nicht die Schenken und Kneipen. Dies bringt mich auf die Vermutung, sie möchten die Mittel zu ihren Schlemmereien wohl gar anderswoher erhalten als durch ihr Gewerbe. Es ist ein landstreicherisches, unnützes und unbrauchbares Gesindel; Weinschwämme sind sie und Brotwürmer.

Cipión. Genug, Berganza, laß uns nicht wieder in unsre früheren Fehler verfallen. Fahre fort! Die Nacht geht hin, und ich möchte nicht, daß uns der Aufgang der Sonne in den Schatten des Schweigens zurückwürfe.

Berganza. Schweig und höre! Da es leicht ist, eine Erfindung noch zu verbessern, so machte mir mein Herr, als er sah, wie gut ich die neapolitanischen Renner nachahmen konnte, eine Schabracke aus vergoldetem Leder und einen kleinen Sattel, den er mir auf den Rücken schnallte. Darauf setzte er eine leichte männliche Puppe mit einer Lanze zum Ringelrennen und lehrte mich nun genau unter einem Ringe wegzuspringen, der zwischen zwei Pfählen aufgehängt war. An dem Tage, da dieses Ringelrennen ausgeführt werden konnte, kündigte er an, heute werde der weise Hund ein Ringelrennen halten und andre neue und unerhörte Kunststücke aufführen, was ich denn auch, um meinen Herrn nicht Lügen zu strafen, mit aller Geschicklichkeit tat. Wir kamen nun auf unsern Tagemärschen auch nach Montilla, einem Orte, der dem berühmten und altchristlichen Markgrafen von Priego gehört, dem Stammältesten des Hauses Aguilar und Montilla. Man quartierte meinen Herrn, weil er es darauf anlegte, in einem Spital ein. Er erließ sogleich die gewöhnliche Bekanntmachung, und da uns der Ruf von dem Geschick und den Kunststücken des weisen Hundes schon vorausgeeilt war, so füllte sich der Hof in weniger als einer Stunde mit Menschen. Mein Herr freute sich, als er die reiche Ernte sah, und er zeigte an diesem Tage seine Possenreißerkunst in hellstem Lichte. Die Sache begann damit, daß ich durch einen Siebring sprang, der wie ein Faßreif aussah. Mein Herr beschwor mich mit den gewöhnlichen Fragen, und wenn er eine Weidenrute, die er in der Hand hielt, niedersinken ließ, so war dies das Zeichen, daß ich springen sollte; hielt er sie aber empor, so mußte ich stille stehn. Der erste Befehl, den er mir an diesem Tage, dem merkwürdigsten meines Lebens erteilte, war dieser: »Auf, Freund Gavilán, springe für den grünen Alten, den du kennst, und der seinen Bart mariniert! Oder willst du nicht, so springe für die Pracht und den Schmuck der Doña Pimpinela von Paphlagonien, der Gefährtin der jungen Galicierin, die in Valdeastillas diente. Steht dir auch dies nicht an, guter Galiván? Nun, so springe für den Bakkalaureus Pasillas, der sich als Lizentiat unterschreibt, ohne irgendeinen Grad zu besitzen. O, du bist recht faul, warum springst du nicht? Doch ich merke und errate schon deine Schelmerei. Jetzt springe für den Rebensaft von Esquirias, der ebenso trefflich ist wie der von Ciudadreal, San Martín und Ribadavia.« Er senkte die Gerte, und ich sprang und erkannte seine bösen Gedanken. Er wandte sich zum Publikum und rief: »Denkt ja nicht, hochansehnliches Publikum, daß das, was dieser Hund weiß, Narrenpossen sind. Vierundzwanzig Künste habe ich ihn gelehrt, und auf die geringste von ihnen würde ein Sperber stoßen; ich meine: man reist wohl an die dreißig Meilen weit, um es zu sehn. Er tanzt die Sarabande und die Chacone besser als ihre Erfinderin selbst; er trinkt eine Pinte Wein, ohne einen Tropfen übrigzulassen; er singt seine Tonleiter jedem Küster zum Trotz. All diese Dinge und viele andre, die ich noch anführen könnte, sollen meine verehrten Herrschaften zu sehen bekommen, während die Kompanie hier ihr Standquartier hat. Jetzt wird unser weiser Hund noch einen andern Sprung tun, und dann soll es gleich an die Hauptvorstellung gehn.« Die Zuhörerschaft, die er ein hochansehliches Publikum genannt hatte, wurde durch diese Versprechungen nur noch begieriger, und ihr Wunsch, meine ganze Geschicklichkeit zu sehn, entflammte sich immer mehr. Dann wandte mein Herr sich an mich und sagte: »Komm her, guter Galiván, und mach mit feiner Gewandtheit und Geschicklichkeit die Sprünge, die du getan hast, umgekehrt; aber es muß zu Ehren der berühmten Hexe geschehn, die hier im Orte gelebt haben soll.« Kaum hatte er dies gesagt, als die Spitalmutter, eine alte Frau, dem Anschein nach von mehr als sechzig Jahren, die Stimme erhob und rief: »Schurke, Marktschreier, Lügenmaul und Hurensohn! Hier ist gar keine Hexe. Wenn Ihr die Chamacha meint, so hat sie ihre Sünden gebüßt und ist jetzt Gott weiß wo. Meint Ihr mich aber, Hanswurst, so bin ich keine Hexe und bin auch mein Lebtag keine gewesen; und wenn ich im Rufe stand, eine zu sein, so lag das an den falschen Zungen und dem Recht der Willkür und dem unbesonnenen, übel berichteten Richter; jetzt aber weiß alle Welt, welches bußfertige Leben ich führe, nicht zwar wegen der Hexereien, die ich nie verübt, wohl aber wegen vieler andrer Sünden, die ich als Sünderin begangen habe. Darum packt Euch nur fort aus dem Spital, Ihr Satanstrommler, oder so wahr ich lebe, ich sorge dafür, daß Ihr geschwinder hinauskommt als im Schritt!« Dabei begann sie so laut zu schreien und meinen Herrn mit einem solchen Hagel derber Schimpfreden zu bedienen, daß sie ihn ganz verwirrt und bestürzt machte. Kurz, sie ließ die Vorstellung nicht weiter gehn. Mein Herr konnte die Störung verschmerzen, denn er hatte sein Geld, und er beraumte einen andern Tag in einem andern Spital an, um nachzuholen, was noch fehlte. Die Zuschauer aber gingen unter Flüchen auf die Alte weg und fügten dem Namen Hexe noch andre Titel bei, wie Teufelsbannerin und bärtige Vettel. Trotz alledem blieben wir diese Nacht noch im Spital. Da begegnete mir, als ich allein auf dem Hof war, die Alte und sagte zu mir: »Bist du Montiel, mein Sohn? Bist du es, mein Sohn?« Ich hob den Kopf und sah sie lange an. Als sie das merkte, kam sie mit Tränen in den Augen auf mich zu, umarmte mich und hätte mich auf das Maul geküßt, wenn ich es geduldet hätte; allein mir ekelte, und ich ließ es nicht zu.

Cipión. Daran tatest du wohl; denn es ist kein Vergnügen, sondern eine Qual, eine alte Frau zu küssen oder sich von ihr küssen zu lassen.

Berganza. Was ich dir jetzt erzählen will, hätte ich dir gleich zu Anfang meiner Geschichte sagen sollen, dann hätten wir uns nicht so sehr über unser Sprachvermögen gewundert, denn du mußt wissen, daß die Alte zu mir sagte: »Sohn Montiel, folge mir, damit du siehst, wo meine Stube ist. Diese Nacht aber richte es so ein, daß wir uns dort allein sehen können; ich will die Tür offen lassen. Wisse, ich habe dir vielerlei Dinge über dein Leben mitzuteilen, die dir zum Vorteil gereichen werden.« Ich neigte den Kopf zum Zeichen, daß ich ihr gehorchen wolle, und das bestärkte sie, wie sie mir später sagte, vollkommen in der Meinung, ich sei der Hund Montiel, den sie suchte. Ich erwartete den Abend voll Staunen und Verwirrung, begierig zu erfahren, was es mit diesem Geheimnis oder Wunder, daß die Alte mich angeredet hatte, auf sich habe; und weil ich sie eine Hexe hatte nennen hören, so versprach ich mir von diesem Besuch und der Unterredung mit ihr große Dinge. Endlich kam der Augenblick, in dem ich mich mit ihr in ihrem Zimmer befand, einem düstern, engen und niedrigen Gemach, das nur durch den schwachen Schimmer einer irdenen Lampe erhellt war, die darin stand. Die Alte putzte den Docht, setzte sich auf ein Kästchen, zog mich an sich und umarmte mich, ohne ein Wort zu sagen, von neuem; ich aber sah mich wiederum vor, daß sie mich nicht küßte. Ihre ersten Worte waren: »Ich hoffte allerdings, mein Sohn, daß der Himmel mir noch einmal deinen Anblick gewähren würde, ehe diese meine Augen sich zum letzten Schlafe schlössen. Nun, da ich dich gesehen habe, mag der Tod kommen und mich aus diesem mühseligen Leben fortnehmen. Du mußt wissen, mein Sohn, daß in diesem Städtchen die berühmteste Zauberin lebte, die es je auf der Welt gegeben hat, und man nannte sie die Camacha von Montilla. Sie war so einzig in ihrer Kunst, daß Erichtho, Circe, Medea und alle, von denen, wie ich hörte, die Geschichten erzählen, ihr nicht gleich kamen. Sie zog Wolken zusammen, wann es ihr beliebte, und verhüllte mit ihnen das Antlitz der Sonne. Sie zauberte Menschen in einem Augenblick aus fernen Landen herbei; sie wußte auf eine wunderbare Art den Jungfrauen zu helfen, die in der Wacht über ihre Unschuld eine Unachtsamkeit begangen hatten; sie setzte die Witwen instand, in allen Ehren ein zügelloses Leben zu führen; sie trennte und stiftete Ehen, wie es ihr beliebte. Im Dezember hatte sie frische Rosen in ihrem Garten, und im Januar schnitt sie Weizen. Daß sie in einem Backtroge Kresse wachsen ließ, war nur eine ihrer geringsten Künste, und ebenso, in einem Spiegel oder auf dem Nagel eines Kindes alle Lebendigen oder Toten zu zeigen, die man nur verlangte. Sie stand in dem Rufe, sie verwandle Menschen in Tiere und habe sich sechs Jahre lang eines Küsters in Gestalt eines Esels bedient, ganz in der Tat und Wahrheit; doch ich konnte nie begreifen, wie es geschah. Denn wenn man von jenen alten Zauberinnen sagt, sie hätten die Menschen in Tiere verwandelt, so sagen die, die sich auf die Sache verstehn, es sei weiter nichts gewesen, als daß sie durch ihre große Schönheit und durch ihre Liebkosungen die Männer gezwungen haben, sie zu lieben, und daß sie sich ihnen alsdann ganz dienstbar machten und sich zu allem, was sie wollten, gebrauchen ließen, als wären sie Tiere. An dir aber, mein Sohn, zeigt mir die Erfahrung das Gegenteil, denn ich weiß, daß du ein vernünftiges Wesen bist, und ich sehe dich doch in Gestalt eines Hundes; dies kann nur durch die Wissenschaft geschehn, die man Tropelia nennt, und die ein Ding für das andre erscheinen läßt. Dem sei nun, wie ihm wolle, es macht mir den größten Kummer, daß weder ich noch deine Mutter, die wir Schülerinnen der guten Camacha gewesen sind, es jemals in der Wissenschaft so weit brachten wie sie, und zwar nicht aus Mangel an Scharfsinn, Geschicklichkeit oder Mut, denn in dieser Hinsicht waren wir ihr eher überlegen, sondern einzig ihre ungemeine Bosheit war daran schuld, da sie uns niemals in den größeren Künsten unterrichten wollte, um sie ganz für sich zu behalten. Deine Mutter, mein Sohn, hieß Montiela, und sie war nach der Camacha die Berühmteste. Ich heiße Cañizares, und wenn ich in der Kunst nicht so weit gekommen bin wie jene beiden, so ist doch wenigstens meine Absicht ebensogut wie die irgendeiner von ihnen. Freilich hatte deine Mutter den Mut, eine ganze Legion Teufel in einen Kreis zu bannen und selbst hineinzutreten, so daß darin sogar die Camacha sie nicht übertraf. Ich dagegen war stets etwas furchtsamer Natur und begnügte mich damit, eine halbe Legion zu beschwören. Aber mit aller Achtung vor beiden sei es gesagt, in der Kunst, jene Salben zu bereiten, mit denen wir Hexen uns salben, darin ließ ich keiner den Vorrang, und ich werde ihn auch keiner von all denen lassen, die heutzutage unsern Regeln folgen und sie beobachten. Du mußt aber wissen, mein Sohn, als ich sah, wie ich es jetzt deutlich sehe, daß mein Leben auf den leichten Schwingen der Zeit seinem Ende zueilt, da bestrebte ich mich, alle Laster der Zauberei, denen ich seit vielen Jahren verfallen war, abzulegen, und nur noch aus Neugierde blieb mir die Sucht, eine Hexe zu sein, ein Fehler, der außerordentlich schwer abzulegen ist. Deine Mutter tat dasselbe; sie reinigte sich von vielen Lastern und tat noch in diesem Leben viele gute Werke; schließlich aber starb sie als Hexe. Sie starb an keiner Krankheit, sondern an dem Schmerz, den ihr die Camacha, ihre Lehrmeisterin, antat aus Neid, weil sie ihr in der Wissenschaft gleichkommen wollte, oder aus einer andern kleinlichen Eifersucht, worüber ich nie ins klare kommen konnte. Deine Mutter wurde schwanger, und als die Stunde der Geburt herannahte, leistete ihr die Camacha Hebammendienste und empfing mit ihren Händen das, was deine Mutter gebar. Sie zeigte ihr nun, daß sie zwei junge Hunde geboren hatte. Sowie die Camacha sie sah, rief sie aus: ›Hier ist Verrat, hier ist Spitzbüberei im Spiele! Aber, Schwester Montiela, ich bin deine Freundin und werde diese Niederkunft verheimlichen. Sieh nur zu, daß du wieder gesund wirst, und rechne darauf, daß dieses dein Unglück im tiefsten Schweigen begraben bleiben soll. Mache dir keinen Kummer über diesen Vorfall, denn du weißt ja, wie es auch mir bekannt ist, daß du seit langer Zeit mit niemandem Verkehr gehabt hast als mit deinem Liebhaber, dem Tagelöhner Rodríguez; deshalb muß diese Hundegeburt einen andern Grund haben und irgendein Geheimnis enthalten.« Deine Mutter und ich, denn ich war bei dem ganzen seltsamen Vorfall zugegen, staunten. Die Camacha ging fort und nahm die Hündchen mit; ich blieb bei deiner Mutter, um ihr in ihren Wochen beizustehn, und sie konnte noch immer nicht begreifen, was ihr begegnet war. Camachas Sterbestunde kam, und als sie in den letzten Zügen lag, ließ sie deine Mutter rufen und gestand ihr, daß sie ihre Kinder aus Zorn in Hunde verwandelt habe; sie solle sich jedoch keinen Kummer darüber machen, denn sie würden einst in ihre frühere Gestalt zurückkehren, wenn sie es am wenigsten vermuteten; doch könnte es nicht früher geschehn, als bis sie das Folgende mit eignen Augen gesehen hätte:

Die vorige Gestalt wird ihnen wieder,
Wenn sie bemerken, wie mit regem Eifer
Die Stolzen, die da stehen, niederstürzen
Und aus dem Staub Demüt'ge sich erheben
Durch eine Hand, die es vermag zu wenden.

So sprach, wie gesagt, bei ihrem Tode die Camacha zu deiner Mutter. Deine Mutter schrieb es sich auf und lernte es auswendig, und auch ich prägte es meinem Gedächtnis ein, um es einem von euch wieder sagen zu können, wenn sich einmal Gelegenheit dazu finden sollte. Um euch zu erkennen, rufe ich alle Hunde von deiner Farbe, die ich sehe, und nenne den Namen deiner Mutter, nicht, als dächte ich, die Hunde kennten diesen Namen, sondern um zu sehn, ob sie auf den Ruf eines Namens hören, der von dem andrer Hunde so verschieden ist. Als ich nun heute abend sah, daß du so viele Kunststücke machtest, daß man dich den weisen Hund nannte, und daß du den Kopf emporrichtetest, um mich anzuschauen, als ich dich auf dem Hofe rief, da hielt ich dich für einen Sohn der Montiela, und ich gebe dir in größter Freude Nachricht über deine Schicksale und über die Art und Weise, wie du deine ursprüngliche Gestalt wiedererlangen kannst. Ich möchte nur, es wäre so leicht, wie Apulejus es im Goldnen Esel erzählt, wo nur eine Rose zu fressen ist; aber diese deine Verwandlung hängt ab von den Handlungen andrer und nicht von deinem eignen Bemühen. Was du zu tun hast, mein Sohn, ist dies, daß du dich in deinem Herzen Gott empfiehlst und wartest, bis das, was ich nicht Prophezeiungen, sondern Ahnungen nennen will, bald und glücklich in Erfüllung gehe; denn da die brave Camacha sie ausgesprochen hat, werden sie sich ganz sicher erfüllen, und du und dein Bruder, wenn er noch lebt, ihr werdet euch in dem Zustande sehn, den ihr euch nur wünschen könnt. Leid tut es mir nur, daß ich mich meinem Ende so nahe fühle und es nicht mehr erleben werde. Oft wollte ich meinen Bock fragen, was für ein Ende eure Geschichte nehmen werde, aber ich wagte es nicht, weil er nie offen auf unsre Fragen antwortet, sondern immer in verworrenen und vieldeutigen Reden. Darum kann man diesen unsern Herrn und Meister nicht fragen, denn er mischt in eine Wahrheit tausend Lügen, und nach dem, was ich aus seinen Antworten schließe, weiß er über die Zukunft nichts Gewisses, sondern alles ist nur Vermutung. Trotzdem hat er uns Hexen so im Bann, daß wir nicht von ihm lassen können, wenn er uns auch tausend schlimme Streiche spielt. Zuweilen besuchen wir ihn auf einem großen ebenen Felde weit von hier, und dort versammelt sich eine unendliche Schar von Leuten, Hexenmeistern und Hexen. Er gibt uns dort eine unschmackhafte Mahlzeit, und es gehn Dinge vor, die in Wahrheit bei Gott und meiner Seele so unflätig und schmutzig sind, daß ich sie nicht zu erzählen wage, weil ich deine keuschen Ohren nicht beleidigen will. Es gibt Leute, die glauben, wir gehn zu diesen Gastmahlen nur in der Phantasie, und dann spiegle uns der Teufel die Bilder all jener Dinge vor, die wir als wirklich erlebte Begebenheiten erzählen; andre wieder sagen das Gegenteil und behaupten, wir seien wirklich mit Leib und Seele dabei. Ich aber bin der Ansicht, daß beide Meinungen wahr sind, denn wir wissen es nie genau, ob wir so oder so hingehn; aber alles, was in unsrer Phantasie geschieht, hat so sehr den Anschein des Wesenhaften, daß wir keinen Unterschied machen können, ob wir wirklich mit Leib und Seele dabei sind oder nicht. Einige Erfahrungen haben die Herrn Inquisitoren darin gemacht, als einige von uns verhaftet wurden, und ich denke, sie könnten die Wahrheit dessen, was ich sage, bekräftigen. Ich wünschte, mein Sohn, diese Sünde abzutun, und ich habe mir schon viele Mühe gegeben. Ich bin Spitalwärterin geworden und verpflege die Armen; einige von ihnen sterben und erhalten mir das Leben durch das, was sie mir vermachen oder was in ihren Lumpen bleibt, da ich ihre Kleider aufs genaueste durchsuche. Ich bete wenig, aber öffentlich; ich lästere viel, aber geheim. Denn es steht mir besser an, eine Heuchlerin zu sein als eine offenbare Sünderin, und der Schein meiner gegenwärtigen guten Werke verlöscht in dem Gedächtnis derer, die mich kennen, das Andenken an die vergangenen bösen Handlungen. In der Tat schadet verstellte Heiligkeit niemandem als dem, der sie ausübt. Befolge, mein Sohn Montiel, diesen meinen Rat! Sei so gut, wie du kannst, und wenn du doch schlecht sein mußt, so suche es so verborgen zu sein, wie du nur vermagst. Ich bin eine Hexe, das leugne ich nicht; deine Mutter war eine Hexe und Zauberin, auch das kann ich dir nicht leugnen; allein der gute Schein, den wir beide zu behaupten wußten, erhielt unsern Ruf vor der ganzen Welt. Drei Tage vor ihrem Tode waren wir beide noch zusammen in einem Tale des Pyrenäengebirges bei einem großen Hexenmahl, und trotzdem starb sie so ruhig und sanft, daß sie, abgesehn von einigen Fratzen, die sie noch eine Viertelstunde vor ihrem Verscheiden schnitt, auf ihrem Sterbelager aussah, als ruhe sie auf einem mit Blumen bestreuten Brautbett. Ihre beiden Söhne lagen ihr sehr am Herzen, und selbst im Augenblick des Todes wollte sie der Camacha nicht verzeihen; so fest und bestimmt war sie in allen Dingen. Ich drückte ihr die Augen zu und geleitete sie zu Grabe. Dort verließ ich sie, um sie nie wiederzusehn, wiewohl ich jetzt doch nicht alle Hoffnung aufgegeben habe, sie vor meinem Ende noch einmal zu sehn. Denn man erzählt sich im Flekken, daß einige Leute sie auf den Kirchhöfen und Kreuzwegen in verschiedenen Gestalten haben umgehen sehn, und vielleicht treffe ich sie auch noch einmal an und frage sie, ob sie mir zur Beruhigung ihres Gewissens etwas aufzutragen habe.«

Jeder dieser Lobsprüche, die die Alte meiner angeblichen Mutter erteilte, war mir ein Dolchstich ins Herz; ich hätte sie packen und in Stücke reißen mögen, und wenn ich es unterließ, so geschah es nur, um sie nicht in diesem heillosen

Zustand sterben zu sehn. Zuletzt sagte sie mir, sie gedenke sich abends zu salben, um an einem ihrer gewöhnlichen Gastmähler teilzunehmen, und dort gedenke sie an ihren Herrn ein paar Fragen darüber zu richten, was mir noch begegnen werde. Ich hätte gern gefragt, was für eine Salbe das sei, von der sie rede; und es schien, als sähe sie mir meine Neugier an. Sie antwortete auf meine bloße Absicht, als hätte ich sie gefragt, und sagte: »Diese Salbe, mit der wir Hexen uns bestreichen, ist aus Säften eiskalter Kräuter bereitet und nicht, wie der gemeine Mann denkt, aus dem Blute der Kinder, die wir erwürgen. Du könntest mich hier vielleicht auch fragen: ›Welches Vergnügen oder welchen Vorteil zieht der Teufel daraus, daß er uns diese zarten Kinder umbringen läßt, da er doch weiß, daß sie getauft sind und als unschuldig und sündlos in den Himmel kommen, während er sich gerade über jede Christenseele ärgert, die ihm entgeht?‹ Darauf kann ich dir nichts andres erwidern, als was das Sprichwort sagt: ›Mancher reißt sich zwei Augen aus, damit sein Feind sich eins ausreiße.‹ Auch tut er es um des Kummers willen, den er den Eltern verursacht, wenn er ihre Kinder umbringt; denn einen größeren Kummer kann man sich nicht denken; und es ist ihm an nichts so sehr gelegen wie daran, daß wir jeden Augenblick eine so grausame, ruchlose Sünde begehn. Dies alles erlaubt Gott um unsrer Sünden willen; denn ohne seine Erlaubnis, das habe ich in meiner eignen Erfahrung beobachtet, kann der Teufel keiner Ameise etwas zuleide tun. Das ist so wahr, daß er mir, als ich ihn eines Tages bat, den Weinberg eines meiner Feinde zu zerstören, erwiderte, er könne auch nicht ein Blatt darin berühren, da Gott es nicht wolle. Daraus kannst du entnehmen, wenn du ein Mensch bist, daß alles Unglück, das über Völker, Königreiche, Städte und Dörfer kommt, plötzlicher Tod, Schiffbruch und Untergang, kurz alles, was man Übel und Unheil nennt, aus der Hand des Höchsten kommt und mit seiner Genehmigung geschieht; das Unheil und Übel aber, das man Schuld nennt, kommt und wird geboren aus uns selbst. Gott ist sündlos; daher kommt es, daß wir allein die Urheber der Sünde sind, indem wir sie im Willen, in Wort und Tat zum Dasein bringen, und all das erlaubt Gott, wie ich schon sagte, um unsrer Sünden willen. Du wirst nun fragen, wenn du mich verstehst, wer mich zu einer Theologin gemacht habe; ja, du wirst vielleicht in deinem Herzen rufen: ›Hol der Teufel die alte Hure! Warum hört sie nicht auf, eine Hexe zu sein, da sie doch so viel weiß; und warum wendet sie sich nicht zu Gott, da sie weiß, daß er lieber Sünden vergibt, als sie zuläßt?‹ Darauf erwidere ich dir, wie wenn du mich gefragt hättest: ›Die Gewohnheit der Sünde wird zur andern Natur, und die Gewohnheit, eine Hexe zu sein, geht in Fleisch und Blut über, und mitten in der Hitze des Bluts, die ungeheuer ist, entsteht ein Fieberfrost, der auf die Seele, selbst in ihrer Gläubigkeit, noch schaudernd und erstarrend einwirkt. Hieraus entsteht ein Vergessen seiner selbst, so daß es uns unmöglich wird, an die Schrecknisse zu denken, mit denen Gott uns droht, und uns der Seligkeit zu erinnern, zu der er uns einlädt. Und in Wahrheit, da dies eine Sünde des Fleisches und der Sinnlichkeit ist, muß diese Sucht unser ganzes Bewußtsein abtöten, in Verzückung versetzen und betäuben, so daß wir nicht mehr imstande sind, von unsern Fähigkeiten Gebrauch zu machen, wie wir sollten. Dadurch wird die Seele unnütz, schwach und schlaff und durchaus unvermögend, die Betrachtung zu tugendhaften Gedanken emporzurichten. Also versunken in den tiefen Abgrund ihres eignen Elends, hat sie nicht die Willenskraft, ihre Hand zu Gott zu erheben, der ihr die seine in seiner Barmherzigkeit entgegenstreckt, um sie aufzurichten. Auch meine Seele gehört zu denen, die ich dir beschrieben habe; ich sehe alles und begreife alles; da aber die sinnliche Lust meinem Geiste Fesseln angelegt hat, so bin ich immer ruchlos gewesen und werde es bleiben.‹ Doch lassen wir das und kommen wir wieder auf die Salben zurück. Die sind so kalt, daß sie uns, wenn wir uns damit reiben, aller Sinne berauben; wir liegen nackt auf dem Boden hingestreckt, und dann, sagt man, gehn in unsrer Phantasie all die Dinge mit uns vor, die wir nun wirklich erlebt zu haben glauben. Manchmal, wenn wir uns gesalbt haben, scheint es uns auch, als änderten wir unsre Gestalt und begäben uns, in Hähne, Eulen oder Raben verwandelt, nach dem Orte, wo unser Meister unser wartet; dort aber nähmen wir unsre frühere Gestalt wieder an und genössen dann Verzückung, die ich dir zu schildern unterlasse, weil das Gedächtnis sich vor ihnen entsetzt, wenn es sich ihrer erinnert, und weil die Zunge den Dienst versagt, wenn sie sie berichten soll. Trotzdem bin ich eine Hexe, bedecke aber all meine vielen Fehler mit dem Mantel der Heuchelei. Wenn mich nun auch wirklich einige schätzen und als rechtschaffen ehren, so fehlt es doch auch nicht an vielen, die mir den Ehrennamen in die Ohren flüstern, mit dem uns die Wut eines jähzornigen Richters gebrandmarkt hat. Er hatte in früheren Zeiten mit mir und mit deiner Mutter zu tun und legte daher seinen Zorn in die Hände seines Büttels, der seine ganze Gewalt und Strenge, da er nicht bestochen war, an unseren Rücken ausließ. Das freilich ist vorbei, und alle Dinge sind vergänglich, die Erinnerung schwindet, das Leben macht nicht kehrt, die Zungen werden müde, und neue Begebenheiten bringen die alten in Vergessenheit. Ich bin Spitalwärterin, führe scheinbar ein ordentliches Leben, meine Salbe verschafft mir gute Augenblicke, und ich bin noch nicht so alt, daß ich nicht noch ein Jahr leben könnte, obgleich ich schon fünfundsiebzig auf dem Rücken habe. Infolge meines Alters kann ich nicht mehr fasten, wegen Schwindels nicht mehr beten, wegen der Schwäche meiner Beine nicht mehr wallfahrten; ich kann kein Almosen geben, weil ich arm bin, noch gute Gedanken hegen, da ich eine Freundin der Lästerung bin; und wer etwas Gutes tun will, muß es vorher auch denken. So werden meine Gedanken immer böse sein; trotzdem aber weiß ich, daß Gott gnädig und barmherzig ist, und daß er weiß, was aus mir werden soll, und das ist mir genug. Ich schließe aber hier meine Rede, denn wahrlich, sie macht mich traurig. Komm, mein Sohn, und sieh zu, wie ich mich salbe. Denn ›leicht sind die Schmerzen bei Brot zu vergessen‹. Du mußt dem guten Tag nicht die Tür verschließen, und während man lacht, kann man nicht weinen. Ich will damit sagen, wenn die Freuden, die uns der Teufel verschafft, auch nur Schein und Blendwerk sind, so dünken sie uns doch Freuden zu sein, und die Wollust ist in der Einbildung immer weit größer als im wirklichen Genusse, obgleich bei wahren Freuden das Gegenteil der Fall sein sollte.«

Nach dieser langen Rede stand sie auf, nahm die Lampe und ging in ein andres noch engeres Kämmerchen. Ich folgte ihr, von tausenderlei Gedanken bestürmt und verwundert über das, was ich gehört hatte und noch sehen sollte. Die Cañizares hängte die Lampe an die Wand, entkleidete sich hurtig bis auf das Hemd, holte aus einem Winkel eine gläserne Büchse, steckte die Hand hinein und salbte sich von der Fußsohle bis zum unbedeckten Scheitel, wobei sie etwas zwischen den Zähnen murmelte. Ehe sie noch mit der Salbung fertig war, bat sie mich, nicht zu erschrecken, wenn ihr Leib empfindungslos in dieser Kammer liegen bleibe oder daraus verschwinde, und ich möge nicht verfehlen, bis zum Morgen auszuharren, weil ich Nachricht erhalten werde über das, was mir noch bevorstehe, bis ich zum Menschen werde. Ich erwiderte ihr durch ein Nicken des Kopfes, ich wolle es tun. Da vollendete sie ihre Salbung und streckte sich wie tot auf dem Boden aus. Ich näherte meinen Mund dem ihrigen und bemerkte, daß sie nicht im mindesten mehr atmete. Eins muß ich dir nun bekennen, Freund Cipión: daß ich mich nämlich sehr fürchtete, als ich mich in dem engen Kämmerchen eingeschlossen sah, vor mir diese Gestalt, die ich dir jetzt schildern will, so gut ich kann. Sie war über sieben Fuß lang, ein Knochenskelett, überzogen mit einer schwarzen, haarigen und runzlichten Haut. Der Bauch, der wie aus gegerbtem Schafleder war, bedeckte die Scham, ja er hing ihr noch über die Hälfte der Schenkel hinunter. Die Brüste glichen zwei dürren, zusammengeschrumpften Ochsenblasen. Die Lippen waren schwärzlich, die Zähne abgenutzt, die Nase krumm und eingedrückt, die Augen verzerrt, das Haar zerzaust, die Wangen eingefallen, der Hals schmächtig, die Brust platt; kurz, ihre ganze Gestalt war hager und teuflisch. Ich betrachtete sie genau, aber bald bemächtigte sich meiner die Angst, als ich den garstigen Anblick ihres Körpers vor mir hatte und der noch garstigeren Beschäftigung ihrer Seele dachte. Ich wollte sie beißen, um zu sehn, ob sie dann zu sich käme, fand aber an ihrem ganzen Leib keine Stelle, wo der Ekel es zugelassen hätte. Trotzdem packte ich sie endlich an einer Ferse und schleppte sie in den Hof; aber auch dabei gab sie kein Zeichen des Bewußtseins von sich. Dort vertrieben der Anblick des freien Himmels und das Gefühl, in einem weiten Raum zu sein, meine Angst, oder sie minderte sich doch wenigstens soweit, daß ich den Mut hatte, abzuwarten, was aus der Reise und Rückkehr dieses bösen Weibes würde, um dann zu hören, was sie mir von meinen Schicksalen erzählen wollte. Während dieser Zeit stellte ich mir folgende Frage: Was hat diese böse Alte so klug und so schlecht gemacht? Woher weiß sie, was Übel des Unheils und Übel der Schuld sind? Woher versteht und spricht sie so viel von Gott und handelt doch dem Teufel gemäß? Warum sündigt sie so viel aus Bosheit und entschuldigt sich nicht mit ihrer Unwissenheit?

Unter diesen Betrachtungen schwand die Nacht dahin, der Tag erschien und fand uns beide mitten im Hofe; sie verharrte in ihrer Ohnmacht, und ich saß neben ihr auf den Hinterbeinen, indem ich aufmerksam ihre ebenso abstoßenden wie häßlichen Züge betrachtete. Nun liefen die Bewohner des Spitals zusammen, und als sie dies Schauspiel sahen, riefen die einen: »Seht doch, die gebenedeite Cañizares ist gestorben! Schaut, wie eingefallen und hager die Buße sie gemacht hat!« Andre, die besonnener waren, fühlten ihr den Puls, und als sie fanden, daß er noch schlug und daß sie nicht gestorben sei, da meinten sie, sie sei in Ekstase und in den Himmel entrückt vor lauter Frömmigkeit. Wieder andre aber sagten: »Die alte Hure ist gewiß eine Teufelsbannerin und hat sich gesalbt; denn die Heiligen geraten nie in so schändliche Verzückungen, und bis auf diesen Tag steht sie unter denen, die sie näher kennen als wir, mehr im Rufe einer Hexe als einer Heiligen.« Nun gab es auch Neugierige, die herzukamen und ihr Nadeln in das Fleisch stachen, von unten bis oben; die Schläferin aber erwachte dadurch nicht und kam nicht vor sieben Uhr morgens zu sich. Und als sie fühlte, daß sie von Nadeln zerstochen, an der Ferse zerbissen und ganz zerschunden war, weil ich sie aus ihrem Zimmer herausgeschleppt hatte, und als sie sich den Blicken so vieler Zuschauer ausgesetzt sah, da kam sie sogleich auf den richtigen Gedanken, daß ich der Urheber ihrer Schmach gewesen sei. Sie fiel über mich her, faßte mich mit beiden Fäusten an der Gurgel, wobei sie mich zu erwürgen drohte, und rief: »Du Schurke, undankbarer, dummer, boshafter Wicht! Ist das der Lohn, den die Wohltaten verdienen, die ich deiner Mutter bezeugt und die ich dir zu erweisen gedachte?« Da ich mich in Gefahr sah, unter den Krallen dieser schrecklichen Harpye das Leben zu verlieren, so sträubte ich mich gewaltsam, packte sie bei der langen Schleppe ihres Bauches und zerrte und schleifte sie im ganzen Hof herum; sie aber schrie, man solle sie doch aus den Zähnen dieses bösen Geistes befreien. Auf diese Worte der Alten glaubten die meisten, die anwesend waren, ich müsse einer von jenen Teufeln sein, die da ewigen Haß gegen gute Christen hegen, und einige kamen herzu und besprengten mich mit Weihwasser; andre wagten sich nicht in meine Nähe, um mich loszureißen; wieder andre schrien, man solle mich beschwören. Die

Alte grunzte; ich biß die Zähne zusammen; die Verwirrung wuchs, und mein Herr, der auf den Lärm bereits herbeigekommen war, wollte verzweifeln, als er hörte, ich sei ein Teufel; andre, die sich auf Beschwörungen nicht verstanden, liefen mit drei oder vier Knütteln herzu und begannen mir die Lenden damit einzusegnen. Der Spaß behagte mir nicht, ich ließ die Alte los, war mit drei Sprüngen auf der Straße und brauchte nicht viel mehr, um aus dem Ort zu kommen; dabei wurde ich von einer Menge junger Burschen verfolgt, die mit lauter Stimme riefen: »Geht auf die Seite! Der weise Hund ist toll.« Und andre riefen: »Er ist nicht toll, er ist ein Teufel in Hundegestalt.«

Mit dieser Prügelsuppe verließ ich wie unter Sturmgeläute das Dorf, und viele von denen, die mir nachliefen, hielten mich im Ernst für einen Teufel, und zwar sowohl wegen der Kunststücke, die sie mich hatten machen sehn, wie wegen der Worte, die die Alte gesprochen hatte, als sie aus ihrem verwünschten Schlaf erwachte. Ich beeilte mich so sehr zu entfliehen und mich ihren Augen zu entziehen, daß sie glaubten, ich sei wie ein Teufel verschwunden. In sechs Stunden legte ich zwölf Meilen zurück und kam zu einer Horde Zigeuner, die sich auf einem Felde in der Nähe von Granada gelagert hatten. Dort erholte ich mich ein wenig, denn einige Zigeuner erkannten mich als den weisen Hund, nahmen mich mit nicht geringer Freude auf und verbargen mich in einer Höhle, damit man mich nicht fände, wenn man mich suchte, in der Absicht, wie ich später merkte, Geld mit mir zu verdienen, wie es mein Herr, der Trommler, getan hatte. Zwanzig Tage blieb ich bei ihnen, und während dieser Zeit konnte ich ihre Lebensweisen und Sitten kennenlernen und beobachten, und da sie merkwürdig sind, muß ich dir auch von ihnen erzählen.

Cipión. Ehe du fortfährst, Berganza, müssen wir bei dem Halt machen, was dir die Hexe sagte, und untersuchen, ob die große Lüge, der du Glauben schenktest, wahr sein kann.

Bedenke, Berganza, es wäre der größte Unsinn, zu glauben, daß die Camacha Menschen in Tiere verwandeln konnte und daß der Küster ihr in Gestalt eines Esels die ganze Zeit über diente, die er ihr gedient haben soll. All diese und ähnliche Dinge sind Lug, Trug und Blendwerk des Teufels, und wenn es uns jetzt scheint, als hätten wir Verstand und Vernunft, da wir sprechen und doch in Wahrheit Hunde sind, oder wenigstens ihre Erscheinung haben, so haben wir schon gesagt, daß dies ein wunderbarer und unerhörter Fall ist, und daß wir all dem, wenn wir es auch mit Händen greifen, doch keinen Glauben beimessen dürfen, bis der Ausgang uns zeigt, was wir zu glauben haben. Willst du dich noch deutlicher davon überzeugen, so betrachte nur, von was für Eitelkeiten und wie albernen Bedingungen nach der Behauptung der Camacha unsre Wiederverwandlung abhängen soll; und was dir als eine Prophezeiung erscheint, ist nichts andres als hohle Fabel und Altweibergeschwätz, wie die Märchen vom Pferd ohne Kopf und von der Wünschelrute, mit denen man sich an langen Winterabenden vor dem Feuer unterhält. Denn hätten diese Dinge einen höheren Wert, so wären sie schon in Erfüllung gegangen, vorausgesetzt, daß man ihre Worte nicht in einem bestimmten Sinn nehmen muß, den man, wie ich gehört habe, den allegorischen nennt; denn dann bedeuten die Worte nicht, was die Buchstaben besagen, sondern etwas andres, was dem wörtlichen Sinn, wenn auch von ihm verschieden, so doch ähnlich ist. Wenn man also den Spruch:

Die vorige Gestalt wird ihnen wieder,
Wenn sie bemerken, wie mit regem Eifer
Die Stolzen, die da stehen, niederstürzen
Und aus dem Staub Demüt'ge sich erheben
Durch eine Hand, die es vermag zu wenden

in der angegebenen Bedeutung faßt, so scheint er mir folgendes sagen zu wollen: Wir werden unsre wahre Gestalt wiedererhalten, wenn wir sehn, daß die, die gestern auf der Höhe des Glücksrades schwebten, sich heute, zu den Füßen des Unglücks niedergeworfen, am Boden krümmen und von denen verachtet werden, die sie früher hochschätzten. Ebenso wenn wir sehen werden, daß andre, die vor kaum zwei Stunden in dieser Welt keine andre Bedeutung hatten als daß sie die Zahl des großen Haufens vermehrten, jetzt plötzlich vom Glück so hoch getragen werden, daß wir sie gänzlich aus dem Gesicht verlieren, und daß wir sie jetzt, wenn wir sie zuvor wegen ihrer Kleinheit und Niedrigkeit nicht erkennen konnten, ihrer Größe und Erhabenheit wegen nicht zu erreichen vermögen. Hinge es nun einzig davon ab, daß wir die Gestalt, von der du sprichst, zurückerhalten, so haben wir dies ja schon oft gesehn und sehen es jeden Augenblick, woraus ich schließe, daß die Verse der Camacha nicht im allegorischen, sondern im buchstäblichen Sinne zu nehmen sind. Allein auch das kann uns keine Rettung bringen, denn wir haben das, was sie besagen, oft gesehn und sind doch immer, wie du wohl siehst, noch Hunde. Daher war die Camacha eine falsche Possenreißerin, die Cañizares eine Betrügerin und die Montiela eine boshafte, spitzbübische Törin; doch mag, was ich sage, mir verziehen werden, wenn sie etwa doch unser beider Mutter ist, oder wenigstens die deine (denn ich mag sie nicht zur Mutter haben). Der wahre Sinn dieser Worte geht, wie ich glaube auf das Kegelspiel, bei dem man mit regem Eifer die, die da stehn, niederstürzt und die Gefallenen aufhebt, und zwar durch eine Hand, die es zu wenden vermag. Nun bedenke, ob wir nicht im Laufe unsres Lebens oft haben Kegel spielen sehn und dennoch nicht wieder in Menschen umgewandelt wurden, wenn anders wir es je waren.

Berganza. Du hast recht, Bruder Cipión, und du bist gescheiter, als ich dachte. Was du gesagt hast, bringt mich auf den Gedanken und den Glauben, daß alles, was bisher mit uns vorgegangen ist und noch vorgeht, ein Traum ist, und daß wir Hunde sind. Doch das soll uns nicht abhalten, von der Gabe der Sprache, die uns zuteil ward, und von dem großen Vorzug, daß wir die menschliche Vernunft besitzen, Gebrauch zu machen, so lange wir können. Laß es dich darum nicht verdrießen, mir jetzt zuzuhören, wenn ich dir erzähle, was mir bei den Zigeunern widerfuhr, die mich in der Höhle verbargen.

Cipión. Ich höre dir mit dem größten Vergnügen zu, damit du verpflichtet bist, auch mich anzuhören, wenn ich dir, so Gott will, die Ereignisse meines Lebens mitteilen werde.

Berganza. Das Leben, das ich bei den Zigeunern führte, bestand darin, daß ich die ganze Zeit hindurch ihre vielfachen Schelmenstücke, Gaukeleien und Diebstähle beobachtete, in denen sich sowohl die Zigeunerinnen wie die Zigeuner üben, sobald sie nur eben den Windeln entwachsen sind und gehn können. Bedenke, was für eine Menge solcher Leute in Spanien zerstreut lebt! Und doch kennen sie einander alle und haben voneinander Kunde, und sie stecken und schleppen einander gegenseitig zu, was sie gestohlen haben. Mehr als einem Könige gehorchen sie dem, den sie den Grafen nennen und der mit all seinen Nachfolgern den Namen Maldonado führt; nicht, als stammten sie wirklich aus diesem edeln Geschlechte, sondern weil sich der Edelknabe eines Ritters dieses Namens in eine Zigeunerin verliebte, die seine Liebe unter keiner andern Bedingung erwidern wollte, als wenn er Zigeuner würde und sie heiratete. Dies tat der Edelknabe, und er gewann sich so sehr die Gunst der übrigen Zigeuner, daß sie ihn zu ihrem Oberhaupt machten und ihm Gehorsam leisteten. Als ein Zeichen ihrer Unterwürfigkeit geben sie ihm einen Teil von dem ab, was sie stehlen, wenn es nicht gar zu wenig ist. Sie beschäftigen sich, um ihre Faulheit zu bemänteln, mit Eisenarbeit, und so verfertigen sie sich Werkzeuge, die ihnen das Stehlen erleichtern. Stets wirst du die Männer Zangen, Bohrer und Hämmer und die Weiber Dreifüße und Schaufeln auf den Straßen zum Verkauf umhertragen sehn. Die Weiber sind alle Hebammen, und hierin haben sie einen Vorzug vor den unsern, da sie ihre Kinder ohne Kosten und Aufwand zu Welt bringen, wie sie sie auch gleich nach der Geburt in kaltem Wasser baden. Von der Geburt bis zum Tode härten sie sich ab und gewöhnen sich an die Ungunst und Strenge der Witterung. Auch wirst du sehn, daß alle gewandte Springer, Läufer und Tänzer sind. Sie vermählen sich stets unter sich, damit ihre bösen Sitten nicht bei andern bekannt werden. Die Weiber beobachten den Anstand von ihren Männern, und selten nur beleidigen sie sie durch den Umgang mit Fremden, die nicht zu ihrem Volk gehören. Wenn sie um Almosen betteln, so wissen sie sie eher durch Kniffe und Possen zu erlangen als durch Bitten; unter dem Vorwande aber, daß ihnen kein Mensch Vertrauen schenke, treten sie nie in Dienste, sondern geben sich dem Müßiggang hin. Selten oder niemals sah ich, wenn ich mich recht erinnere, daß eine Zigeunerin am Fuße des Altars kommuniziert hätte, obgleich ich oft in die Kirchen gegangen bin. Ihre Gedanken drehen sich um nichts als darum, wie sie betrügen und wo sie stehlen sollen. Sie teilen sich ihre Diebstähle mit, und ebenso die Art, wie es ihnen gelang, sie auszuführen. So erzählte eines Tages ein Zigeuner in meiner Gegenwart seinen Genossen, wie er einst einen Bauern betrogen und bestohlen habe. Der Zigeuner hatte nämlich einen Esel, dem der Schwanz abgeschnitten war; diesem hatte er an den haarlosen Schweifstumpf einen künstlichen Schwanz befestigt, der ganz wie ein natürlicher aussah. So brachte er ihn zu Markt, und ein Bauer kaufte ihn um zehn Dukaten. Als er den Esel verkauft und das Geld erhalten hatte, fragte er den Bauern, ob er Lust habe, noch einen Esel zu kaufen, der der Bruder von diesem sei; er sei ebensogut wie der gekaufte, und er wolle ihn noch billiger hergeben.

Der Bauer erwiderte, er möge hingehn und ihm den Esel bringen; er wolle ihn kaufen, und bis er zurückkomme, wolle er den gekauften in seine Herberge bringen. Der Bauer ging fort, der Zigeuner folgte ihm und fand, wie er es nun auch angefangen haben mag, Gelegenheit, dem Bauern den Esel zu stehlen, den er ihm verkauft hatte. Zugleich nahm er ihm den falschen Schwanz ab, so daß er nur seinen haarlosen Stumpf behielt, legte ihm einen andern Saumsattel und eine andre Halfter an und war so dreist, den Bauern aufzusuchen, damit er den Esel kaufe. Er fand ihn auch, ehe er noch den gekauften Esel vermißt hatte, und nach kurzem Handeln erstand er ihn zum zweiten Mal. Er ging in die Herberge, um ihn zu bezahlen, und da vermißte denn ein Esel den andern. Allein obgleich er selbst ein rechter Esel war, so hatte er doch den Zigeuner im Verdacht, er habe ihn gestohlen, und darum wollte er ihn nicht bezahlen. Der Zigeuner lief nach Zeugen und holte die herbei, denen er die Abgaben für den ersten Esel eingehändigt hatte. Sie schworen, der Zigeuner habe dem Bauern einen Esel mit einem langen und von dem des zweiten Esels ganz verschiedenen Schwanz verkauft. Bei dem ganzen Handel war ein Gerichtsdiener gegenwärtig, der so ernstlich die Partei des Zigeuners ergriff, daß der Bauer den Esel zweimal bezahlen mußte. So erzählten sie noch viele andre Diebstähle, und alle oder doch die meisten waren Viehdiebstähle; denn darin sind sie Meister und bringen sie es durch Übung auch am weitesten. Kurz, es ist ein schlechtes Volk, und obgleich viele und sehr geschickte Richter gegen sie ins Feld gezogen sind, so lassen sie sich dadurch doch nicht bessern. Nach zwanzig Tagen wollten sie mich mit nach Murcia nehmen. Ich kam nach Granada, wo sich der Hauptmann befand, unter dem mein ehemaliger Herr als Trommelschläger stand. Als die Zigeuner das erfuhren, sperrten sie mich in ein Zimmer des Wirtshauses ein, in dem sie sich einquartiert hatten. Ich hörte von ihnen den Grund; die Reise, die sie vorhatten, behagte mir nicht, und ich beschloß daher, mich zu befreien, was mir auch gelang.

Als ich Granada verließ, kam ich in den Garten eines Morisken, der mich gern aufnahm, und bei dem ich um so lieber blieb, als ich glaubte, er wolle mich zu nichts anderm als zur Bewachung des Gartens haben, was meiner Meinung nach ein minder beschwerliches Geschäft war, als die Herde zu hüten; und da wir über den Lohn nicht erst einig zu werden brauchten, so war es dem Morisken ein leichtes, in mir einen Diener, und mir, in ihm einen Herrn zu finden. Ich blieb über einen Monat bei ihm, nicht als hätte mir das Leben, das ich hier führte, sehr behagt, sondern um die Lebensweise meines Herrn und aller Morisken in Spanien kennen zu lernen. Oh, was für Dinge könnte ich dir von diesem Moriskengesindel erzählen, Freund Cipión, wenn ich nicht fürchten müßte, in ein paar Wochen nicht damit fertig zu werden; ja, wollte ich ins einzelne gehn, so reichten ein paar Monate nicht hin. Aber etwas muß ich dir doch davon berichten, und so vernimm im allgemeinen, was ich im einzelnen bei diesem saubern Volke sah und bemerkte. Es wäre ein Wunder, wenn man unter so vielen Morisken auch nur einen einzigen aufrichtigen Anhänger des heiligen Christenglaubens fände. Ihr ganzes Bestreben ist, Geld zu erwerben und erworbenes zu bewahren; zu diesem Zweck arbeiten sie viel und genießen nur wenig. Sobald cin Real in ihre Hände kommt, gerät er, wenn es nur kein einfacher ist, in ewige Verborgenheit, so daß sie durch beständiges Erwerben, ohne viel auszugeben, allmählich die größten Reichtümer in Spanien zusammenscharren. Sie sind die Sparbüchsen, die Motten, die Elstern und Wiesel dieses Landes; sie häufen alles auf, verbergen und verschlingen alles. Bedenkt man, wie zahlreich sie sind, und wie sie jeden Tag mehr oder weniger verdienen und zum Vorrat legen, daß ein schleichendes Fieber dem Leben so gut ein Ende macht wie ein hitziges, und daß ihre Zahl unaufhörlich wächst, so müssen auch in demselben Verhältnis die Sparer sich vermehren, wie es die Erfahrung lehrt. Unter ihnen herrscht keine Ehelosigkeit, und weder Männer noch Frauen treten in ein Kloster. Alle vermählen sich, alle vermehren sich; denn ihre nüchterne Lebensweise steigert ihre Fruchtbarkeit noch. Kein Krieg zehrt an ihnen, und ebensowenig eine Beschäftigung, die allzu anstrengend wäre. Sie berauben uns in aller Sicherheit, und mit der Frucht unsers Erbes, das sie an uns zurückverkaufen, werden sie reich, während wir in der Armut verharren. Sie haben keine Diener; denn sie bedienen sich selbst. Sie verschwenden nichts auf ihre Söhne, indem sie sie studieren lassen; denn ihre ganze Wissenschaft besteht darin, uns zu berauben. Den zwölf Söhnen Jakobs, die, wie ich hörte, nach Ägypten kamen, waren, als Moses sie aus dieser Gefangenschaft befreite, sechsmalhundertausend Männer ohne die Kinder und Weiber entsprossen. Daraus kann man schließen, wie sich die vermehren werden, deren Zahl von Anfang an unvergleichlich viel größer ist.

Cipión. Für alle Übel, die du mir in großen Umrissen gezeichnet und geschildert hast, hat man ein Heilmittel gefunden; ich weiß aber wohl, daß die, die du verschweigst, noch größer und häufiger sind als die, von denen du gesprochen hast, und gegen sie hat man bis jetzt noch kein wirksames Mittel gefunden. Unser Staat hat aber manchen klugen Wächter, der bedenkt, daß Spanien an seinem Busen ebensoviele Vipern wie Morisken nährt und hegt und wohl mit Gottes Hilfe ein sicheres, schnelles und gewisses Gegenmittel finden wird. Fahre fort!

Berganza. Da mein Herr, wie alle seiner Kaste, ein Geizhals war, so fütterte er mich mit Hirsebrot und einigen Resten von Maisbrei, seiner gewöhnlichen Mahlzeit; aber dieses Elend half mir, auf die außerordentlichste Weise, von der du jetzt vernehmen sollst, den Himmel zu gewinnen. Jeden Tag in aller Frühe erschien mit der Morgenröte unter einem Granatbaume, deren viele im Garten standen, ein Jüngling, dem Anschein nach ein Student. Der Flanell seines Anzugs war weder schwarz noch langhaarig genug, um nicht wie ein braungrauer, abgeschabter Rock auszusehn. Er war stets damit beschäftigt, in einem Heft zu schreiben; zuweilen schlug er sich auch mit der flachen Hand vor die Stirn, kaute an den Nägeln und blickte dann wieder zum Himmel empor. Zuweilen war er so in Gedanken versunken, daß er weder Hand noch Fuß regte, ja nicht einmal die Augenwimper rührte, in solcher Verzückung schwebte er. Einmal schlich ich mich dicht zu ihm heran, ohne daß er mich bemerkte; ich hörte ihn zwischen den Zähnen murmeln, und nach geraumer Zeit rief er mit lauter Stimme: »So wahr der Herr lebt, dies ist die beste Oktave, die ich in meinem ganzen Leben gedichtet habe!« Dann schrieb er mit großer Eile in seinem Heft und verriet durch seine Miene die größte Zufriedenheit. Aus all dem ersah ich, daß der Arme ein Dichter war. Ich spendete ihm meine gewöhnlichen Liebkosungen, um ihn von meiner Sanftmut zu überzeugen, und legte mich ihm zu Füßen; er aber fuhr in seinen Gedanken fort, kratzte sich bald auf dem Kopfe, geriet bald von neuem in Entzükken und schrieb nieder, was er ausgesonnen hatte. Inzwischen kam ein andrer hübscher und wohlgekleideter Jüngling in den Garten, der ebenfalls einige Papiere in der Hand hielt, in denen er von Zeit zu Zeit las; er näherte sich dem ersten und sagte zu ihm: »Habt Ihr den ersten Aufzug fertig?« »Soeben habe ich ihn abgeschlossen,« erwiderte der Dichter, »und zwar so prächtig, wie man es sich nur denken kann.« »Und wie?« fragte der andre. »So,« versetzte der erste: »Seine Heiligkeit der Papst tritt auf, im päpstlichen Schmuck, mit zwölf Kardinälen, die alle violett gekleidet sind; denn das Ergebnis, das den Inhalt meiner Komödie bildet, fällt in die Zeit der mutatio caparum, in der die Kardinäle sich nicht rot, sondern violett kleiden. Um also die Sitte zu bewahren, müssen meine Kardinäle durchaus in Violett auftreten. Dies ist ein Punkt, der bei einem Schauspiel sehr in die Waagschale fällt. Gewiß hätten manche daran nicht gedacht, und darum begehen sie tausend Ungereimtheiten und Widersprüche. Ich konnte mich hierin nicht irren, denn ich habe das ganze römische Zeremoniell studiert, um nur diese Kleidung richtig zu treffen.« »Und woher soll«, entgegnete der andre, »mein Direktor die violetten Gewänder für zwölf Kardinäle nehmen?« »Wenn er ein einziges wegläßt,« erwiderte der Dichter, »so lasse ich ihm mein Stück so wenig, wie ich fliegen kann. Sapperment, eine so großartige Szene soll verloren gehn? Stellt Euch einmal vor, wie sich ein Papst mit zwölf ehrwürdigen Kardinälen und andern Dienern seines Gefolges, die er durchaus bei sich haben muß, auf der Bühne ausnimmt! Beim Himmel, das muß einen der glänzendsten und erhabensten Auftritte geben, die man je gesehen hat; Darajas Blumenstrauß mit inbegriffen.«

Jetzt überzeugte ich mich vollends, daß der eine Dichter, der andre Schauspieler war. Der Schauspieler riet dem Dichter, die Kardinäle ein wenig zu beschneiden, wenn er dem Direktor die Aufführung des Stücks nicht unmöglich machen wolle. Da versetzte der Dichter, sie sollten ihm danken, daß er nicht das ganze Konklave hineingebracht habe, das bei dem merkwürdigen Akt versammelt gewesen sei, den er den Leuten durch ein treffliches Schauspiel ins Gedächtnis rufen wolle. Der Schauspieler lachte auf und überließ den andern seiner Beschäftigung, um an die seine zu gehn, die darin bestand, daß er eine Rolle aus einem neuen Stück studierte. Als der Dichter wieder ein paar Strophen zu seinem herrlichen Schauspiel geschrieben hatte, zog er mit großer Ruhe und Gemächlichkeit einige Brotkrumen und etwa zwanzig trockene Traubenbeeren aus der Tasche. Mich dünkt, ich habe sie ihm nachgezählt; ja, ich bin sogar im Zweifel, ob es so viele waren, denn mit ihnen waren die Brosamen vermengt, die er wegblies und absonderte, um dann eine Weinbeere um die andre samt den Körnern zu essen; denn ich sah nicht, daß er etwas fortwarf. Er half mit den Brotkrumen nach, die, durch das Futter der Tasche violett gefärbt, ganz schimmlicht aussahen; sie waren jedoch so hart, daß es ihm trotz all seiner Bemühungen, sie zu erweichen, indem er sie mehrmals im Munde herumschob, nicht gelang, ihnen ihre Härte zu benehmen. Dies alles schlug zu meinem Vorteil aus, denn er warf sie mir zu und rief: »Nimm! Wohl bekomm's!« Laßt sehn, sprach ich bei mir selbst, was für Nektar und Ambrosia mir dieser Dichter reicht, wovon sich nach ihrer Behauptung die Götter und ihr Apoll im Himmel ernähren! Kurz, ich fand, daß das Elend der Dichter groß ist; noch größer aber war meine Not, da sie mich zwang, das zu fressen, was selbst er verschmähte. Solange er mit seinem Stück beschäftigt war, kam er stets in den Garten, und da fehlte es mir nicht an Brotkrusten; denn er trat sie mir sehr freigiebig ab. Schließlich gingen wir immer zum Ziehbrunnen, wo wir, ich saufend und er aus einer Schale, unsern Durst wie Monarchen stillten. Zuletzt aber blieb der Dichter aus, und mich überkam der Hunger so sehr, daß ich beschloß, den Morisken zu verlassen und in der Stadt auf Abenteuer auszugehn; denn solche findet der stets, der seinen Wohnsitz verläßt.

Als ich die Stadt betrat, sah ich meinen Poeten aus dem berühmten Kloster San Gerónimo treten. Kaum hatte er mich erblickt, so kam er mit offenen Armen auf mich zu, und ich ging ihm unter allen Zeichen der Freude über dies Wiedersehen entgegen. Nun begann er sogleich Brotstücke auszupacken, die zarter waren als jene, die er in den Garten zu bringen pflegte, und die überließ er meinen Zähnen, ohne vorher die seinen daran geübt zu haben, eine Gnade, durch die ich meinen Hunger mit größerem Appetit zu stillen vermochte. Die weichen Stücke Brot und der Umstand, daß ich meinen Dichter aus dem erwähnten Kloster hatte treten sehn, brachten mich auf den Gedanken, seine Muse müsse wie die so vieler andrer zu den verschämten gehören. Er schlug den Weg zur Stadt ein, und ich folgte ihm mit dem Entschlusse, ihn, wenn er es zufrieden wäre, zu meinem Herrn zu machen, denn ich bildete mir ein, was in seinem Schlosse abfalle, könne meine Hütte ernähren. Gibt es doch keine bessere und reichere Börse als die Barmherzigkeit, deren freigebige Hände niemals arm sind, und aus diesem Grunde ist mir das Sprichwort zuwider, das da sagt: »Mehr gibt der Harte, als gibt der Nackte« –, als gäbe der Harte und Geizige überhaupt etwas, wie der freigebige Arme es tut, der schließlich, wenn er sonst nichts hat, doch seinen guten Willen gibt. Nach und nach kamen wir in das Haus eines Schauspieldirektors, der, wenn ich mich recht entsinne, Angulo der Böse hieß, zum Unterschied von einem andern Angulo, der nicht Direktor, sondern Schauspieler war, und zwar einer der besten Komiker, den das Schauspiel damals und je besessen hat. Die ganze Gesellschaft kam zusammen, um das Schauspiel meines Herrn vorlesen zu hören; denn für meinen Herrn hielt ich ihn bereits. Allein schon in der Mitte des ersten Aktes gingen alle, erst einer um den andern, dann zwei und zwei, hinweg, und ich und der Direktor blieben die einzigen Zuhörer. Das Schauspiel war übrigens so, daß es mir war, obwohl ich der Poesie gegenüber ein Esel bin, als habe der Satan selber es verfaßt, und zwar zum Unglück und Verderben des Dichters, der schon Speichel zu schlucken begann, als er sah, wie seine Zuhörer ihn allein ließen. Und es wäre kein Wunder gewesen, wenn seine ahnende Seele ihm in seinem Innern das Unglück verkündet hätte, das ihm drohte; denn alle Schauspieler, über ein Dutzend an der Zahl, kehrten zurück und packten, ohne ein Wort zu sprechen, meinen Dichter, und wenn der Direktor sich nicht mit Bitten und Drohungen ins Mittel gelegt und sein Ansehn geltend gemacht hätte, so hätten sie ihn sicherlich noch geprellt. Der Auftritt machte mich betroffen, den Direktor unwillig, die Schauspieler aufgeräumt und den Dichter verdrießlich. Er nahm, obwohl er ein wenig das Gesicht verzog, mit großer Fassung sein Schauspiel, steckte es in die Brust und murmelte zwischen den Zähnen: »Man soll die Perle nicht vor die Säue werfen.« Damit ging er ganz gelassen weg. Ich konnte und wollte ihm vor Beschämung nicht folgen, und ich traf das Rechte; denn der Direktor begegnete mir mit soviel Liebkosungen, daß ich mich dadurch bewegen ließ, bei ihm zu bleiben; in weniger als einem Monat brachte ich es zum tüchtigen Zwischenspieler und zum trefflichen Komödianten in stummen Rollen. Man legte mir einen Zaum aus Tuchenden an und richtete mich ab, auf der Bühne anzugreifen, wen immer man wollte, so daß die Zwischenspiele, die sonst meist mit Prügeln zu endigen pflegten, bei der Truppe meines Herrn mit Hundehetzen endigten, wobei ich denn alle umwarf und zu Boden rannte, was die Dummköpfe lachen machte und meinem Herrn viel Geld eintrug. O Cipión, könnte ich dir erzählen, was alles ich bei dieser und bei noch zwei andern Schauspielertruppen, unter denen ich diente, sah! Doch da es unmöglich ist, es in eine kurze, bündige Schilderung zusammenzufassen, so werde ich es auf einen andern Tag verschieben müssen, wenn überhaupt noch ein Tag erscheint, an dem wir uns unterhalten können.

Siehst du, wie lange meine Erzählung gedauert hat! Siehst du, wie viele und verschiedene Abenteuer ich durchmachte! Bedenke alle meine Reisen und meine vielen Herren! Doch all dies ist nichts im Vergleich zu dem, was ich dir von diesen Leuten erzählen könnte, was ich bei ihnen bemerkte, erforschte und sah: ihr Betragen, ihr Leben, ihre Sitten, ihre Beschäftigungen, ihre Arbeit, ihren Müßiggang, ihre Unwissenheit und ihren Scharfsinn, sowie unzählige andre Dinge, die man sich teils ins Ohr flüstern, teils öffentlich ausrufen, aber alle im Gedächtnis bewahren sollte, um all die vielen aufzuklären, die ersonnene Gestalten und erkünstelte Schönheiten abgöttisch verehren.

Cipión. Ich sehe deutlich, Berganza, welch ein weites Feld sich vor dir ausbreitet, darauf du deine Worte ergehn lassen könntest, doch ich bin der Meinung, du solltest das für eine besondere Erzählung und eine ruhige, ungestörte Stunde aufsparen.

Berganza. So sei es! Und nun höre weiter! Mit einer Schauspielertruppe gelangte ich in diese Stadt Valladolid, wo ich in einem Zwischenspiel eine Wunde erhielt, die mich beinahe das Leben gekostet hätte. Ich konnte mich nicht rächen, weil ich gerade das Halfter im Maule trug, und nachher, bei ruhigem Blute, mochte ich es nicht tun; denn überlegte Rache zeugt von Grausamkeit und bösem Willen. Ich wurde endlich dieses Treibens überdrüssig, nicht weil es mir zu anstrengend war, sondern weil ich Dinge dabei erlebte, die zugleich Abhilfe und Strafe verdienten. Da ich es aber mehr empfinden als dem Übel abhelfen konnte, so beschloß ich, es ganz aus den Augen zu lassen, und ergab mich der Frömmigkeit, denen gleich, die ihrem Laster entsagen, wenn sie es auszuüben nicht mehr imstande sind; doch ist ja spät immer besser als nie. Da sah ich dich nun einmal bei Nacht vor dem guten Christen Mahudes die Laterne hertragen, und ich bildete mir ein, du müßtest zufrieden sein bei deiner gerechten und heiligen Beschäftigung. Von edlem Neid erfüllt, beschloß ich, deinen Fußtapfen zu folgen, und lief in diesem löblichen Entschluß vor Mahudes her, der mich sogleich zu deinem Genossen erwählte und mich in dies Spital brachte. Was mir nun hier begegnet ist, ist keineswegs so unbedeutend, daß nicht einige Zeit dazu gehörte, es zu erzählen. Merkwürdig aber ist vor allem das, was ich vier Kranke habe reden hören, die das Schicksal und die Not in dies Spital, und zwar in vier nebeneinander stehende Betten geführt hatte. Verzeih mir, denn die Geschichte ist kurz, und ich kann sie nicht verschieben, da sie hier ganz am Platze ist.

Cipión. Ich habe nichts dagegen. Komm aber zum Schluß, denn ich glaube, der Tag ist nicht mehr fern.

Berganza. In den vier Betten also, die am Ende dieses Krankenzimmers stehn, lagen in dem einen ein Alchimist, in dem andern ein Dichter, in dem dritten ein Mathematiker und in dem vierten ein sogenannter Projektmacher.

Cipión. Ich entsinne mich jetzt, diese guten Leute gesehn zu haben.

Berganza. Während einer Nachmittagsruhe im vorigen Sommer nun, als die Fensterläden geschlossen waren und ich mich, um der Kühlung zu genießen, unter eins der erwähnten Betten verkrochen hatte, begann der Dichter bitterlich über sein Schicksal zu klagen. Der Mathematiker fragte ihn, worüber er sich denn eigentlich beschwere. Er versetzte: über sein Unglück. »Wie, und sollte ich nicht dazu berechtigt sein, mich zu beklagen?« fuhr er fort. »Ich habe die Vorschrift befolgt, die Horaz in seiner Poetik gibt, daß man ein Werk nicht eher herausgeben soll, als bis zehn Jahre nach der Vollendung verstrichen sind, und ich habe eins, das mich zwanzig Jahre Arbeit gekostet und das zwölf Jahre gelegen hat. Der Gegenstand ist erhaben, die Erfindung neu und bewunderungswürdig, das Versmaß edel, die Episoden unterhaltend, die Einteilung musterhaft, denn der Anfang stimmt so trefflich zu Mitte und Ende, daß das Ganze eine herrliche, volltönende, heroische, liebliche und gehaltvolle Dichtung bildet; und dennoch finde ich keinen Fürsten, dem ich es zueignen könnte, nämlich einen, der ein Kenner und zugleich freigebig und großmütig wäre. Ach, wie armselig und verderbt ist unsre Zeit!« »Wovon handelt das Buch?« fragte der Alchimist. »Es handelt von dem,« erwiderte der Dichter, »was Erzbischof Turpin vom König Artus von England zu berichten unterließ, nebst einem Nachtrag zur Geschichte von der Aufsuchung des heiligen Gral, und zwar ist alles in heroischen Rhythmen, teils in Oktaven, teils in freien Versen, und alle hören mit Daktylen auf, oder besser mit daktylischen Substantiven (denn ein Verbum ist nirgends aufgenommen).« »Ich verstehe wenig von der Dichtkunst,« entgegnete der Alchimist, »und ich kann also das Unglück nicht beurteilen, über das Ihr Klage führt. Allein wenn es auch noch größer wäre, so käme es doch dem meinen nicht gleich; denn einzig, weil es mir an Werkzeugen fehlt oder an einem Fürsten, der mir unter die Arme griffe und das Erforderliche, was die Wissenschaft der Alchimie erheischt, hergeben könnte, schwimme ich jetzt nicht in Gold und in größeren Reichtümern als ein Midas, Crassus oder Krösus.« »Ist es Euer Wohlgeboren, Herr Alchimist,« fiel hier der Mathematiker ein, »gelungen, Silber aus andern Metallen zu gewinnen?« »Bis jetzt«, erwiderte der Alchimist, »habe ich es noch nicht ausgeführt; aber ich weiß gewiß, daß man es kann, und ich brauche keine zwei Monate mehr, um den Stein der Weisen zu finden, durch den man Gold und Silber aus Steinen machen kann.« »Ihr habt beide, meine Herren, eine traurige Schilderung von eurem Unglück gegeben,« versetzte der Mathematiker; »aber doch hat der eine von euch ein Buch zu dedizieren, und der andre ist demnächst imstande, den Stein der Weisen zu finden. Was soll aber ich von meinem Unglück sagen, einem Unglück, so einzig, daß es sich mit nichts vergleichen läßt. Seit zweiundzwanzig Jahren forsche ich dem festen Punkte nach; dort lasse ich ihn fahren, hier nehme ich ihn wieder auf; und wenn ich eben meine, ich habe ihn jetzt erfaßt und er könne mir auf keine Weise mehr entwischen, so sehe ich mich unvermutet wieder so weit von ihm entfernt, daß ich ganz verwundert bin. Dasselbe begegnet mir mit der Quadratur des Kreises, deren Entdeckung ich so nahe gekommen bin, daß ich gar nicht weiß noch mir vorstellen kann, wie es zugeht, daß ich die Lösung nicht schon in der Tasche habe. So ist meine Pein der Qual des Tantalus gleich, der die Frucht vor Augen sieht und Hungers stirbt, der das Wasser neben sich hat und vor Durst verschmachtet. Auf Augenblicke glaube ich die Wahrheit ganz erfaßt zu haben, und nach ein paar Minuten bin ich ihr wieder so fern, daß ich den Berg von neuem erklimmen muß, den ich soeben gleich einem neuen Sisyphus mit meiner Last auf dem Rücken hinabging.«

Bis dahin hatte der Projektmacher in seinem Schweigen verharrt; jetzt brach er es und sagte: »Vier Leute, die sich beklagen, wie sie sich nur immer über den Großtürken beklagen könnten, hat die Armut in dieses Spital gebracht, ich will aber keine Beschäftigung und Arbeit, wie sie alle, die sie ausüben, weder unterhalten noch ernähren. Ich, meine Herren, bin Projektmacher und habe Seiner Majestät zu verschiedenen Zeiten viele und verschiedene Ratschläge gegeben, die alle ohne Schaden des Reiches zu des Königs Nutzen ausgeschlagen wären. Darum verfaßte ich eine Bittschrift, in der ich untertänig bat, mir eine Person zu bezeichnen, mit der ich über einen neuen Plan, den ich ausgedacht habe, sprechen könnte. Dieser Plan betrifft die völlige Wiederherstellung der Finanzen. Aber nach dem Erfolge der früheren Eingaben fürchte ich fast, sie wird auch wieder in den Winkel geworfen werden. Damit ihr mich aber nicht für einen Narren haltet, so will ich euch, obgleich ich meinen Plan damit verrate, doch sagen, worin er besteht. Es muß von den Cortes verlangt werden, daß alle Untertanen Seiner Majestät vom vierzehnten bis ins sechzigste Jahr hinein verpflichtet sein sollen, einmal im Monat bei Wasser und Brot zu fasten, und zwar an einem nach Belieben auszuwählenden und zu bestimmenden Tage. Der ganze Aufwand aber, der sonst an Speisen, Früchten, Fleisch, Fischen, Wein, Eiern und Gemüse für diesen Tag verbraucht worden wäre, soll in Geld berechnet und unter einem Eide, daß kein Quarto veruntreut werde, an Seine Majestät abgeführt werden. Auf diese Weise wird der Staat in der Zeit von zwanzig Jahren aller Schulden frei und ledig sein. Denn wenn man nachrechnet, wie ich es getan habe, so gibt es wohl in Spanien mehr als drei Millionen Menschen in dem bezeichneten Alter, mit Ausnahme der Kranken und der ältern und jüngern, und im Durchschnitt wird, wenn man die Summe niedrig anschlägt, keiner von ihnen weniger als anderthalb Realen des Tags verzehren. Ich will aber nicht mehr sagen als einen Real, denn weniger kann es nicht sein, und äße er Heu. Meint ihr nun, es sei eine Kleinigkeit, jeden Monat drei Millionen Realen zu erhalten, als fielen sie vom Himmel? Und für die Fastenden wäre es überdies noch eher ein Gewinn als ein Schaden; denn sie würden durch ihr Fasten den Himmel erwerben und ihrem König dienen, und manchem könnte das Fasten auch für seine Gesundheit zuträglich sein. Dies ist mein schlichtes, einfaches Projekt. Die Eintreibung könnte nach Kirchspielen geschehn, ohne daß man Einnehmer zu besolden brauchte, die den Staat zugrunde richten.« Die andern lachten über das Projekt und den Projektmacher, und er selber lachte mit über seinen Unsinn; ich aber wunderte mich über ihre Reden und über den Umstand, daß die meisten Leute dieser Art in den Spitälern sterben.

Cipión. Du hast recht, Berganza. Überlege, ob du noch etwas zu sagen hast.

Berganza. Nur noch zweierlei, womit ich meine Erzählung beschließen will; denn mir scheint, es will schon tagen. Als mein Herr eines Abends bei dem Korregidor dieser Stadt, einem wackeren Ritter und guten Christen, Almosen sammelte, fanden wir ihn allein, und ich glaubte diese Gelegenheit benutzen zu müssen, um ihm in der Stille einige Ratschläge zu geben, die ich von einem kranken Greise hier im Spital gehört hatte: wie man nämlich dem allbekannten Verderben der liederlichen Dirnen abhelfen könne, die, um nicht arbeiten zu brauchen, ein ausschweifendes Leben führen, und zwar in dem Maße, daß sie alle Spitäler mit den Wüstlingen füllen, die sich mit ihnen abgeben – eine unerträgliche Landplage, die schleunige und wirksame Gegenmittel erfordert. Um ihm dies zu sagen, erhob ich die Stimme, in der Meinung, ich habe die Gabe der Sprache; aber statt zusammenhängende Worte zu sprechen, bellte ich so heftig und so laut, daß der Korregidor unwillig wurde und seinen Dienern rief, sie sollten mich mit Prügeln aus dem Zimmer treiben. Ein Lakai, der auf den Ruf seines Herrn herbeieilte (es wäre besser gewesen, ihn hätte Taubheit geschlagen), packte ein kupfernes Gefäß, das ihm gerade zur Hand kam, und versetzte mir damit solche Schläge auf den Rücken, daß ich noch bis auf diesen Augenblick die Spuren an mir trage.

Cipión. Und du klagst darüber, Berganza?

Berganza. Soll ich mich nicht beklagen, wenn es mich noch schmerzt, wie ich schon sagte, und wenn mir scheint, meine gute Absicht habe eine solche Züchtigung nicht verdient?

Cipión. Sieh, Berganza, niemand soll sich mit dem befassen, wozu er nicht berufen ist, noch ein Amt bekleiden wollen, das ihn in keiner Weise angeht. Bedenke auch, daß der Rat eines Armen, so gut er auch sein mag, niemals angenommen wird, und der niedrige Arme soll nicht die Anmaßung haben, den Großen zu raten, und denen, die alles zu wissen meinen. Auf der Weisheit des Armen ruht dichtes Dunkel; Not und Elend sind Schatten und Wolken, die sie verdüstern; und wenn sie sich zufällig enthüllt, so hält man sie für Dummheit und behandelt sie mit Geringschätzung.

Berganza. Du hast recht, Cipión, und da ich durch eignen Schaden gewitzigt worden bin, so will ich in Zukunft deinen Rat befolgen. In einer andern Nacht kam ich in das Haus einer vornehmen Frau, die in den Armen ein Hündchen hielt, eines von denen, die man Schoßhunde heißt. Es war so klein, daß sie es hätte im Busen verstecken können. Als es mich aber sah, sprang es vom Arm der Herrin herunter, stürzte bellend auf mich los und war so wütend, daß es nicht abließ, bis es mich in ein Bein gebissen hatte. Ich sah es wiederholt mit grimmigen und achtunggebietenden Blicken an und sagte, bei mir selbst: »Wenn ich dich, gemeines Lumpenhündchen, auf der Straße hätte, so würde ich dich entweder nicht beachten oder mit den Zähnen in Stücke reißen.« Daraus zog ich den Schluß, daß selbst die Feiglinge und Mutlosen kühn und unverschämt sind, sobald sie unter hohem Schutze stehn, und sich dann erfrechen, andre, die mehr sind als sie, zu beleidigen.

Cipión. Einen Beweis und eine Bekräftigung dieser Wahrheit, die du soeben ausgesprochen hast, liefern uns manche kleinen Leute, die sich unter dem Schutz und Schirm ihrer Herren erkühnen, anmaßend zu sein. Wenn aber der Tod oder zufälligerweise ein andrer Glückswechsel den Baum fällt, in dessen Schatten sie sich gelegt haben, dann zeigt und offenbart sich ihr wahrer Wert; denn ihre Kleinode haben keinen andern Gehalt als den, den ihnen ihre Herren und Beschützer liehen. Die Tugend und der richtige Verstand hingegen bleiben sich immer gleich, nackt oder bekleidet, allein oder in Begleitung, obgleich freilich beide in der Meinung andrer herabgedrückt werden können; niemals aber kann der wahre Wert ihres Verdienstes und Gehaltes verdunkelt werden. Damit wollen wir unser Gespräch schließen, denn das Licht, das durch diese Ritzen dringt, zeigt uns, daß der Tag schon naht; und wenn in der künftigen Nacht die große Wohltat der Sprache noch nicht von uns genommen ist, so wird die Reihe an mir sein, dir meinen Lebenslauf zu erzählen.

Berganza. So mag es sein, und sieh du zu, daß du dich wieder an diesem Orte einfindest.

In demselben Augenblick, in dem der Lizentiat das Gespräch zu Ende gelesen hatte, erwachte der Fähnrich, und der Lizentiat sagte: »Wenn dieses Gespräch auch erdichtet und niemals geführt worden ist, so scheint es mir doch so trefflich angelegt zu sein, daß Ihr, Herr Fähnrich, wohl ein zweites folgen lassen dürft.« »Diesem Urteil zufolge«, versetzte der Fähnrich, »werde ich mir ein Herz fassen und mich an die Niederschrift machen, ohne mich weiter mit Euch in einen Streit darüber einzulassen, ob die Hunde gesprochen haben oder nicht.« »Herr Fähnrich,« sagte der

Lizentiat, »wir wollen diesen Streit nicht fortsetzen. Ich erkenne den Zweck des Gesprächs und der Dichtung, und das reicht hin. Jetzt wollen wir ins Espolón gehn, um die Augen des Leibes zu erquicken, nachdem ich mir die Augen des Geistes erfreut habe.«

»Gehen wir denn!« sagte der Fähnrich.

Und sie gingen.

Übersetzung der lateinischen Zitate in der Novelle ›Der Lizentiat Vidriera‹

S. 273 Filiae Hierusalem...: Ihr Töchter Jerusalems, weint über euch und über eure Söhne. (*Nach Evang. Lukas*, 23, 28.)

S. 276 Cura deum...: Sorge der Götter voreinst und der Könige waren die Dichter, / Und in der Vorzeit ward reichlich den Musen der Lohn. / Heiliges Ansehn ward und ein hoch verehreter Name / Sonst den Sängern und oft mächtige Schätze geschenkt. / *Ovid*, *Ars amatoria*, III, 405 ff. Deutsch von Alexander Berg.

Est deus...: In uns wohnet der Gott; wir erglühn, wenn *er* uns beseelet. *Ovid*, *Fastorum liber* VI, 5. Deutsch von E. Klußmann.

At sacri...: Doch nennt *uns* man von den Göttern geliebt und heilige Sänger. *Ovid*, *Amorum liber* III, 9. Elegie. Deutsch von Alexander Berg.

S. 281 Honora medicum...: Ehre den Arzt mit gebührlicher Verehrung, daß du ihn habest zur Not: denn der Herr hat ihn geschaffen, und die Arzenei kommt von dem Höchsten; und Könige ehren ihn. Die Kunst des Arztes erhöhet ihn, und macht ihn groß bei Fürsten und Herren. Der Herr läßt die Arzenei aus der Erde wachsen, und ein Vernünftiger verachtet sie nicht. (*Ecclesiasticus*, d. i. Das Buch Jesus Sirach, Cap. 38. Übersetzung der Lutherischen Bibel.)

Sumat diluculo: Morgens einzunehmen. (Der Pfuscher verwechselt das lateinische Wort *diluculum:* Morgendämmerung mit dem spanischen Wort *diluicion:* Lösung, vom lateinischen *diluere:* verdünnen.)

S. 285 Nemo novit...: Niemand kennt den Vater, niemand lebt ohne Schuld, niemand ist mit seinem Schicksal zufrieden, niemand steigt zum Himmel empor.

S. 287 In manu Dei...: In Gottes Hand steht des Menschen Macht, und über des Schreibers Antlitz breitet er seine Würde. (*Ecclesiasticus* 10, 5.)

S. 289 Nolite tangere...: Tastet meine Gesalbten nicht an. (*Psalm* 105, 15.)

Zu dieser Ausgabe:

insel taschenbuch 1007
Miguel de Cervantes
Die Novellen

Der Text folgt der gebundenen Ausgabe: Miguel de Cervantes. Die Novellen. Vollständige deutsche Ausgabe der »Novelas Ejemplares« von 1613. Unter Benutzung älterer Übertragungen besorgt von Konrad Thorer. Insel-Verlag Zweigstelle Wiesbaden (4.-9. Tsd.) 1956. Umschlagabbildung: Bartolomé Esteban Murillo: Die Verjagung des verlorenen Sohns (um 1660–70). Russborough (Co. Wicklow/Irland), Sammlung Sir Alfred Beit.

Romane, Erzählungen, Prosa

Hans Christian Andersen. Glückspeter
Mit Scherenschnitten von Alfred Thon. it 643

Bettina von Arnim. Bettina von Arnims Armenbuch
Herausgegeben von Werner Vordtriede. it 541
– Dies Buch gehört dem König
Herausgegeben von Ilse Staff. it 666
– Die Günderode
Mit einem Essay von Christa Wolf. it 702

Apuleius. Der goldene Esel
Mit Illustrationen von Max Klinger zu »Amor und Psyche«. Aus dem Lateinischen von August Rode. Mit einem Nachwort von Wilhelm Haupt. it 146

Jane Austen. Emma
Aus dem Englischen von Charlotte Gräfin von Klinckowstroem. it 511

Honoré de Balzac. Die Frau von dreißig Jahren
Deutsch von W. Blochwitz. it 460
– Das Mädchen mit den Goldaugen
Aus dem Französischen von Ernst Hardt. Vorwort Hugo von Hofmannsthal. Illustrationen Marcus Behmer. it 60

Joseph Bédier. Tristan und Isolde
Roman. Deutsch von Rudolf G. Binding. Mit Holzschnitten von 1484. it 387

Harriet Beecher-Stowe. Onkel Toms Hütte
In der Bearbeitung einer alten Übersetzung herausgegeben und mit einem Nachwort versehen von Wieland Herzfelde. Mit 27 Holzschnitten von George Cruikshank aus der englischen Ausgabe von 1852. it 272

Ambrose Bierce. Aus dem Wörterbuch des Teufels
Auswahl, Übersetzung und Nachwort von Dieter E. Zimmer. it 440
– Mein Lieblingsmord
Erzählungen. Aus dem Amerikanischen von G. Günther. it 39

Die Blümlein des heiligen Franziskus von Assisi
Aus dem Italienischen nach der Ausgabe der Tipografia Metastasio, Assisi 1901, von Rudolf G. Binding. Mit Initialen von Carl Weidemeyer. it 48

Romane, Erzählungen, Prosa

Blumenschatten hinter dem Vorhang. Von Ting Yao Kang. Aus dem Chinesischen übertragen und mit einem Nachwort versehen von Franz Kuhn. Mit 18 Holzschnitten. it 744

Giovanni di Boccaccio. Das Dekameron
Hundert Novellen. Ungekürzte Ausgabe. Aus dem Italienischen von Albert Wesselski und mit einer Einleitung versehen von André Jolles. Mit venezianischen Holzschnitten. Zwei Bände. it 7/8

Hermann Bote. Ein kurzweiliges Buch von Till Eulenspiegel aus dem Lande Braunschweig. Wie er sein Leben vollbracht hat. Sechsundneunzig seiner Geschichten.
Herausgegeben, in die Sprache unserer Zeit übertragen und mit Anmerkungen versehen von Siegfried H. Sichtermann. Mit zeitgenössischen Illustrationen. it 336

Clemens Brentano. Gedichte, Erzählungen, Briefe
Herausgegeben von Hans Magnus Enzensberger. it 557

Emily Brontë. Die Sturmhöhe
Aus dem Englischen von Grete Rambach. it 141

Giordano Bruno. Das Aschermittwochsmahl
Übersetzt von Ferdinand Fellmann. Mit einer Einleitung von Hans Blumenberg. it 548

Gottfried August Bürger. Wunderbare Reisen zu Wasser und zu Lande. Feldzüge und lustige Abenteuer des Freiherrn von Münchhausen
Mit Holzschnitten von Gustave Doré. it 207

Hans Carossa. Eine Kindheit. it 295
– Verwandlungen einer Jugend. it 296

Lewis Carroll. Geschichten mit Knoten
Herausgegeben und übersetzt von W. E. Richartz. Mit Illustrationen von Arthur B. Frost. it 302
– Alice im Wunderland
Mit 42 Illustrationen von John Tenniel. Übersetzt und mit einem Nachwort versehen von Christian Enzensberger. it 42
– Alice hinter den Spiegeln
Mit Illustrationen von John Tenniel. Übersetzt von Christian Enzensberger. it 97

Romane, Erzählungen, Prosa

Lewis Carroll. Briefe an kleine Mädchen
Aus dem Englischen übersetzt und herausgegeben von Klaus Reichert. Mit Fotografien des Autors. it 172

Miguel de Cervantes Saavedra. Der scharfsinnige Ritter Don Quixote von der Mancha
Mit einem Essay von Iwan Turgenjew und einem Nachwort von André Jolles. Mit Illustrationen von Gustave Doré. 3 Bände. it 109

Adelbert von Chamisso. Peter Schlemihls wundersame Geschichte
Nachwort von Thomas Mann. Illustriert von Emil Preetorius. it 27

Matthias Claudius. Der Wandsbecker Bote
Mit einem Vorwort von Peter Suhrkamp und einem Nachwort von Hermann Hesse. it 130

James Fenimore Cooper. Die Lederstrumpferzählungen
In der Bearbeitung der Übersetzung von E. Kolb durch Rudolf Drescher. Mit Illustrationen von O. C. Darley. Vollständige Ausgabe. 5 Bände in Kassette.
Der Wildtöter · Der letzte Mohikaner · Der Pfadfinder · Die Ansiedler · Die Prärie. – it 760

Alphonse Daudet. Montagsgeschichten
Aus dem Französischen von Eva Meyer. it 649
– Briefe aus meiner Mühle
Aus dem Französischen von Alice Seiffert. Mit Illustrationen. it 446
– Tartarin von Tarascon. Die wunderbaren Abenteuer des Tartarin von Tarascon. Mit Zeichnungen von Emil Preetorius. it 84

Daniel Defoe. Moll Flanders. Herausgegeben und mit einem Essay versehen von Norbert Kohl. it 707
– Robinson Crusoe. Mit Illustrationen von Ludwig Richter. it 41

Deutsche Künstlernovellen des 19. Jahrhunderts
Herausgegeben von Jochen Schmidt. it 656

Charles Dickens. David Copperfield. Mit Illustrationen von Phiz. it 468
– Große Erwartungen. Aus dem Englischen von Margit Meyer. Mit Illustrationen von F. W. Pailthorpe. it 667
– Der Raritätenladen. Aus dem Englischen von Leo Feld. Mit Illustrationen von Cruikshank u.a. it 716

Romane, Erzählungen, Prosa

Charles Dickens. Oliver Twist
Aus dem Englischen von Reinhard Kilbel. Mit einem Nachwort von Rudolf Marx und 24 Illustrationen von George Cruikshank. Vollständige Ausgabe. it 242
– Weihnachtserzählungen
Mit Illustrationen von Cruikshank u. a. it 358

Denis Diderot. Die Nonne
Mit einem Nachwort von Robert Mauzi. Der Text dieser Ausgabe beruht auf der ersten deutschen Übersetzung von 1797. it 31
– Erzählungen und Gespräche
Aus dem Französischen von Katharina Scheinfuß. it 554

Die drei Reiche. Roman. Aus dem Chinesischen von Franz Kuhn. Mit 24 Holzschnitten. it 585

Fjodor M. Dostojewski. Der Idiot. Aus dem Russischen von Hermann Röhl. Mit einem Nachwort von Hermann Hesse. it 740
– Schuld und Sühne. Roman in sechs Teilen. Aus dem Russischen von Hermann Röhl. Illustrationen von Theodor Eberle. it 673
– Der Spieler. Aus den Erinnerungen eines jungen Mannes. Aus dem Russischen von Hermann Röhl. it 515

Annette von Droste-Hülshoff. Bei uns zulande auf dem Lande. Prosaskizzen. Herausgegeben von Otto A. Böhmer. it 697
– Die Judenbuche. Ein Sittengemälde aus dem gebirgichten Westfalen. Mit Illustrationen von Max Unold. it 399

Alexandre Dumas. Der Graf von Monte Christo. Bearbeitung einer alten Übersetzung von Meinhard Hasenbein. Mit Illustrationen von Pavel Brom und Dagmar Bromova. Zwei Bände. it 266
– Die Kameliendame. Aus dem Französischen von Walter Hoyer. Mit Illustrationen von Paul Garvani. it 546

Joseph Freiherr von Eichendorff. Aus dem Leben eines Taugenichts Mit Illustrationen von Adolf Schrödter und einem Nachwort von Ansgar Hillach. it 202
– Novellen und Gedichte. Herausgegeben von Hermann Hesse. it 360

Romane, Erzählungen, Prosa

Eisherz und Edeljaspis
Aus dem Chinesischen von Franz Kuhn. Mit Holzschnitten einer alten chinesischen Ausgabe. Mit einem Nachwort und Anmerkungen von Franz Kuhn. it 123

Paul Ernst. Der Mann mit dem tötenden Blick und andere frühe Erzählungen. Herausgegeben von Wolfgang Promies. it 434

André Ficus/Martin Walser. Heimatlob
Ein Bodenseebuch. it 645

Harry Fielding. Die Geschichte des Tom Jones, eines Findlings
Mit Stichen von William Hogarth. it 504

Gustave Flaubert. Bouvard und Pécuchet
Mit einem Vorwort von Victor Brombert und einem Nachwort von Uwe Japp. Mit Illustrationen von András Karakas. it 373
– Die Versuchung des heiligen Antonius
Aus dem Französischen übersetzt von Barbara und Robert Picht. Mit einem Nachwort von Michel Foucault. it 432
– Lehrjahre des Gefühls
Geschichte eines jungen Mannes, übertragen von Paul Wiegler. Mit einem Essay »zum Verständnis des Werkes« und einer Bibliographie von Erich Köhler. it 276
– Madame Bovary
– Revidierte Übersetzung aus dem Französischen von Arthur Schurig. it 167
– Salammbô
Herausgegeben und mit einem Nachwort versehen von Monika Bosse und André Stoll Mit Abbildungen. it 342
– Ein schlichtes Herz. it 110
– Drei Erzählungen/Trois Contes
Zweisprachige Ausgabe. Neu übersetzt von Cora von Kleffens und André Stoll. it 571
– November. Aus dem Französischen von Ernst Sander. it 411

Theodor Fontane. Allerlei Glück
Plaudereien, Skizzen, Unvollendetes. Ausgewählt und herausgegeben von Otto Drude. it 641
– Cécile. Roman. Mit einem Nachwort von Walter Müller-Seidel. it 689

Romane, Erzählungen, Prosa

Theodor Fontane. Effi Briest
Mit Lithographien von Max Liebermann. it 138
– Frau Jenny Treibel. Roman. Mit einem Nachwort von Richard Brinkmann. it 746
– Meine Kinderjahre. Autobiographischer Roman. Mit zahlreichen Abbildungen und einem Nachwort von Otto Drude. it 705
– Der Stechlin
Mit einem Nachwort von Walter Müller-Seidel. it 152
– Unwiederbringlich
Roman. it 286
– Vor dem Sturm. Roman aus dem Winter 1812 auf 13
Mit einem Nachwort von Hugo Aust. it 583

Georg Forster. Reise um die Welt
Mit einem Nachwort von Gerhard Steiner. it 757

Anatole France. Blaubarts sieben Frauen und andere Erzählungen
Aus dem Französischen von Irmgard Nickel. Mit Illustrationen von Lutz Siebert. it 510

Johann Wolfgang Goethe. Erfahrung der Geschichte
Historisches Denken und Geschichtsschreibung in einer Auswahl herausgegeben von Horst Günther. Mit Zeichnungen des Autors. it 650
– Dichtung und Wahrheit
Mit zeitgenössischen Illustrationen, ausgewählt von Jörn Göres. Drei Bände in Kassette. it 149/150/151
– Italienische Reise
Mit vierzig Zeichnungen des Autors. Herausgegeben und mit einem Nachwort von Christoph Michel. Zwei Bände. it 175
– Maximen und Reflexionen
Text der Ausgabe von 1907 mit den Erläuterungen und der Einleitung Max Heckers. Nachwort von Isabella Kuhn. it 200
– Reise-, Zerstreuungs- und Trostbüchlein
Herausgegeben von Christoph Michel. it 400
– Über die Deutschen
Erweiterte Ausgabe mit Illustrationen, einem Nachwort, Nachweisen und Register. Herausgegeben von Hans J. Weitz. it 325
– Goethes Letzte Schweizer Reise
Dargestellt von B. Schnyder-Seidel. Mit zeitgenössischen Abbildungen. it 375

Romane, Erzählungen, Prosa

Johann Wolfgang Goethe. Anschauendes Denken
Goethes Schriften zur Naturwissenschaft. In einer Auswahl herausgegeben von Horst Günther. Mit Zeichnungen des Autors. it 550

– Wilhelm Meisters Lehrjahre
Herausgegeben von Erich Schmidt. Mit sechs Kupferstichen von F. L. Catel. Sieben Musikbeispiele und Anmerkungen. it 475

– Wilhelm Meisters theatralische Sendung. Mit einem Nachwort von Wilhelm Voßkamp. it 725

– Wilhelm Meisters Wanderjahre oder Die Entsagenden. Mit einem Nachwort von Adolf Muschg. it 575

– Novellen
Herausgegeben und mit einem Nachwort versehen von Katharina Mommsen. Mit Federzeichnugen von Max Liebermann. it 425

– Reineke Fuchs. Mit Stahlstichen von Wilhelm von Kaulbach. it 125

– Das römische Carneval. Mit farbigen Figurinen. Herausgegeben von Isabella Kuhn. it 750

– Die Wahlverwandtschaften
Mit einem Essay von Walter Benjamin. it 1

– Die Leiden des jungen Werther
Mit einem Essay von Georg Lukács »Die Leiden des jungen Werther«. Nachwort von Jörn Göres »Zweihundert Jahre Werther«. Mit Illustrationen von David Chodowiecki und anderen. it 25

Goethe – warum? Ein Almanach. Herausgegeben von Katharina Mommsen. it 759

Gogol. Der Mantel und andere Erzählungen
Aus dem Russischen übersetzt von Ruth Fritze-Hanschmann. Mit einem Nachwort von Eugen und Frank Häusler. Mit Illustrationen von András Karakas. it 241

– Die Nacht vor Weihnachten. Mit farbigen Bildern von Monika Wurmdobler. it 584

Iwan Gontscharow. Oblomow
Mit Illustrationen von Theodor Eberle. it 472

Franz Grillparzer. Der arme Spielmann. Mit einem Nachwort von Richard Brinkmann. it 690

Maxim Gorki. Der Landstreicher und andere Erzählungen. Mit einer Einleitung von Stefan Zweig und Illustrationen von András Karakas. it 749

